Volker Gedrath · Vergessene Traditionen der Sozialpädagogik

Reihe »Beiträge zur Kinder- und Jugendhilfeforschung«
Herausgegeben von Thomas Rauschenbach

Volker Gedrath

Vergessene Traditionen der Sozialpädagogik

Ihre Wünsche, Kritiken und Fragen richten Sie bitte an:
Verlagsgruppe Beltz, Fachverlag Soziale Arbeit, Erziehung und Pflege,
Werderstraße 10, 69469 Weinheim

ISBN 3-407-55895-3

Herstellung: Ulrike Poppel, Münster
Satz: Markus Schmitz, Büro für typographische Dienstleistungen, Münster
Druck und Bindung: Druckhaus »Thomas Müntzer« GmbH, Bad Langensalza/Thüringen
Umschlaggestaltung: glas ag, Seeheim-Jugenheim
Printed in Germany

Weitere Informationen finden Sie im Internet unter http://www.beltz.de

„Wir ... fordern ... unsere Mitbürger freundlichst auf,
dem Beispiele der Frauen folgend
zu einem Männer-Vereine zusammenzutreten,
der zunächst sich die Aufgabe stelle, die äusseren
Bedürfnisse der hier bestehenden Sonntagsschule zu bestreiten,
für ihre innere Förderung Sorge zu tragen, und sodann namentlich auf den sittlichen und
geistigen Zustand derjenigen Knaben sein Augenmerk
richte, welche teils durch vollkommene Vernachlässigung der Eltern, teils durch frühes
Ausgehen nach Brodverdienst, zum Teil aller
Schulbildung entblößt und sittlich ganz verwahrloset sind.
Was von da aus ferner für das sittliche Wohl der unteren Volksklassen zu thun ist,
würde von selbst mit dem wachsenden Interesse
der Glieder des Vereins für die gute Sache sich entwickeln."

Öffentlicher Aufruf zur Gründung eines bürgerlichen
Sonntagsschul-Vereins in Duisburg (1834)

Die vorliegende Arbeit wurde betreut von Prof. Dr. Thomas Rauschenbach, Universität Dortmund, und Prof. Dr. Johann Gängler, Technische Universität Chemnitz, und im Jahr 2000 vom Fachbereich 12 (Erziehungswissenschaft – Soziologie) der Universität Dortmund unter dem Titel *Gesellschaftliche Modernisierung und Sozialpädagogik – Bürgerliche Sozialreform im Vormärz* als Dissertation angenommen.

Ein Stipendium nach dem Landesgraduiertenförderungsgesetz gestattete mir zwei Jahre, mich ausschließlich der Arbeit an der vorliegenden Untersuchung zu widmen.

Die Drucklegung erfolgte mit finanzieller Unterstützung der ‚Stiftung zur Förderung masonischer Forschung'.

Mein Arbeitsvorhaben hätte ich nur schwer verwirklichen können ohne die mannigfache Anregung und Unterstützung von einer Reihe von Personen und Institutionen. In allen besuchten und im Quellenteil genannten Archiven und Sammlungen wurde ich mehr als freundlich und zum Teil unkonventionell unterstützt. Stellvertretend danke ich Rita Vogedis vom Duisburger Stadtarchiv.

Ein Gruß geht an die Loge *Zur Deutschen Burg* in Duisburg. Ich danke für die große Gastfreundschaft und die Unterstützung in allen Fragen zum Gedankengut der Bewegung. Die Ethik der Freimaurer und der sich aus ihr ergebende Handlungsimperativ wurden mir einsichtig und vertraut.

Mein herzlicher Dank gilt beiden Betreuern, die mit fachlichem Rat, mit Zutrauen, Ermunterung, menschlicher Wärme und kritischen Fragen meine Neugier angeregt und damit die Nachforschungen gefördert haben.

Einen großen Anteil am Gelingen der Arbeit hatte Manfred Wahle, der unermüdlich viel las und sich für Diskussionen viel Zeit nahm. Manfred ist mir in der zurückliegenden Zeit ein Freund geworden.

Das größte Gefühl der Dankbarkeit gilt meiner Familie, namentlich Maria Assenmacher und Hella Schlößer, insbesondere aber meiner Mutter, Waltraud Gedrath, die mich in meinem Vorhaben unterstützte und förderte. Ohne ihren andauernden Zuspruch hätte ich wohl weder studiert noch die vorliegende Arbeit abgeschlossen.

Duisburg, im Juli 2001   Volker Gedrath

Vorwort des Herausgebers

Die vorliegende Studie wird in den Debatten um die historische Rekonstruktion der Sozialpädagogik neue Impulse setzen. Ihre Ausgangsthese ist zu provokativ, als dass sie einfach übergangen, das zu Tage geförderte und eloquent verdichtete Material zu überzeugend, als dass es unbeachtet zur Seite geschoben werden kann. Volker Gedrath hat mit seiner historischen Forschungsarbeit, den damit verbundenen Einsichten in die bürgerlichen Sozialreformen in der ersten Hälfte des 19. Jahrhunderts und seinen daraus gezogenen Schlüssen für die Entwicklung einer modernen Sozialpädagogik einen Stein ins Rollen gebracht, der im Endeffekt dazu führen könnte, dass die historische Entwicklung der Sozialpädagogik – vielleicht auch der Pädagogik – um ein weiteres Kapitel erweitert werden muss.

Schon zu Beginn der Arbeit legt Gedrath das zugespitzte Ergebnis seiner Studie vor, so dass der Leser die anschließende „Beweisführung" systematischer nachvollziehen kann. Sein zentraler Befund lautet, dass die Geschichtsschreibung zur Sozialpädagogik die Anfänge moderner Sozialpädagogik und ihrer Institutionen bislang in das letzte Drittel des 19. Jahrhunderts gelegt hat. Im Gegensatz dazu beansprucht Gedrath mit seiner eigenen Studie nachweisen zu können, dass die bürgerliche Sozialreform – wenngleich noch ohne Verwendung des Begriffes der Sozialpädagogik – mit ihren Sonntagsschulen so etwas wie eine moderne sozialpädagogische Idee entwickelte.

Mit dieser starken These eröffnet Gedrath seine Studie. Nicht mehr und nicht weniger als die Revision des gesamten „zunfthistorischen" Diskussionsstandes zur Frage des Beginns der Institutionalisierung moderner Sozialpädagogik wird mit dieser Annahme in Aussicht gestellt. Wer so fulminant ein historisches Erstlingswerk beginnt, der muss wissen, was er tut. Entweder entlarvt sich dieser ambitionierte Generalanspruch ziemlich schnell als ein sich in Luft auflösendes, allzu vollmundiges Versprechen, als ein zu hoch gegriffenes Forschungsvorhaben, oder aber der Autor ist sich seiner Sache zumindest subjektiv doch so gewiss, dass er sich auf der sicheren Seite wähnt und infolgedessen seinen Paradigmenwechsel – und weniger wäre dies in der Folge für die historische Sozialpädagogik wohl nicht – ohne allzu großes Risiko ankündigen kann.

Auf jeden Fall lässt seine These aufhorchen. Gedrath geht davon aus – und zeigt dies gegen Ende seiner Einleitung auch exemplarisch auf –, dass die bislang vorliegenden Veröffentlichungen zur Geschichte der Sozialpädagogik, Sozialarbeit, Sozialen Arbeit – eine Unterscheidung, die Gedrath historisch für wenig überzeugend hält und deshalb nachfolgend außer Acht lässt – die Anfänge der Institutionalisierung einer modernen Sozialpädagogik implizit oder explizit eher gegen Ende, jedenfalls in der zweiten Hälfte des 19. Jahrhunderts ansiedeln. Im Unterschied dazu will er den Nachweis erbringen, dass bereits im Vormärz, also in der ersten Hälfte des 19. Jahrhunderts, im Rahmen der frühen bürgerlichen Sonntagsschulen so etwas wie eine nachschulische Bildung und Erziehung, eine öffentliche Nacherziehung erbracht wurde, die als Beginn der Institutionalisierung einer modernen Sozialpädagogik bezeichnet werden kann.

Um dieses Argumentationsgebäude tragfähig zu machen, führt er – fast nebenbei – drei weitere Teilhypothesen ein, die seiner Generallinie Plausibilität verleihen sollen. Dabei geht er zum ersten davon aus, dass es sich bei den Sonntagsschulen um nachschulische Bildungs- und Erziehungsprogramme, um eine umfassende Form der öffentlichen Nacherziehung handelt, die nicht primär der Schule – obgleich in dieser Phase noch Sammelbegriff für alle öffentlichen Erziehungseinrichtungen – bzw. einer wie auch immer gearteten Schulpädagogik zuzuordnen sind. Zum zweiten grenzt er diese frühen Formen der Sonntagsschulen in der Zeit des Vormärz von deren späteren Varianten im letzten Drittel des 19. Jahrhunderts und den sogenannten Fortbildungsschulen ab, die sich dann zu Berufsschulen weiterentwickelten und insoweit als Vorläufer der Berufspädagogik diskutiert werden. Und schließlich geht er drittens davon aus – auch dies eine ebenso wichtige wie durchaus plausible Teilhypothese –, dass ein „sozialpädagogischer Blick", eine sozialpädagogische Idee bereits vor dem Begriff der „Sozialpädagogik" selbst existierte, wie dieser mit Mager und Diesterweg seinen Anfang nahm und erst an der Wende zum 20. Jahrhundert wieder aufgegriffen wurde.

Mit der Stimmigkeit dieser Implikationen steht und fällt ein Teil der Argumentation Gedraths. Dies gilt nicht so sehr für die historische Rekonstruktion der bürgerlichen Sozialreform im Vormärz am Beispiel der Sonntagsschulen; diesbezüglich kommt es eher auf Qualität seiner Materialien und die Stringenz seiner Interpretation als historische Forschungsleistung an. Als weitaus folgenreicher erweisen sich diese Ausgangsannahmen jedoch mit Blick auf die weitreichenden Schlüsse, die Gedrath für die Entstehung und Entwicklung der Sozialpädagogik daraus zieht. Darin liegt nicht nur eine für die Geschichtsschreibung zur Sozialpädagogik in der Tat spannungsreiche Brisanz, damit macht er sich zugleich in vielerlei Hinsicht angreifbar.

Dabei arbeitet Gedrath eine Fülle von Themen auf, die in der bisherigen Diskussion keine sonderliche Beachtung fanden, sei dies die Rolle und Bedeutung des Wirtschaftsbürgertums in den Konzepten der Sonntagsschule, sei dies die bislang vernachlässigte und unterbelichtete Rolle der Freimaurerei, sei es die Stellung von Karl Benjamin Preusker als einem in der Pädagogik und Sozialpädagogik fast vergessenen Pionier der Bürgerschulen oder seien es die Besuchsvereine als einem Vorläufer der kommunalen Armenpflege und des Elberfelder Systems.

Die Stärke der vorgelegten Studie liegt zweifellos in der Fülle und Dichte des Materials, mit dem Gedrath seinen Gedankengang abstützt. Ohne Rückbindung in einen größeren Forschungszusammenhang hat er diese in akribischer Kleinarbeit in zahllosen Stunden mühsamer Materialsichtung und einer Fülle von Besuchen in mehr als einem Dutzend Archiven angefertigt. Die dabei zusammengetragenen Dokumente sind schon für sich genommen eine wahre Fundgrube für historisch Forschende. Im Vergleich dazu – und dies hätte den vorliegenden Text dann in der Tat gesprengt – ist die historisch-systematische Absicherung seines Argumentationsganges noch nicht in gleicher Weise durchdekliniert. Dabei wirft die Studie so viele wichtige Fragen in der Kontextualisierung einer professions- wie disziplinbezogenen Rekonstruktion der Sozialpädagogik auf, dass diese – stimmt die Ausgangsthese des vorliegenden Textes – noch manche Erörterung nach sich ziehen werden. Gedrath hat dazu einen schönen, flachen Stein so geschickt ins Wasser geworfen, das dieser noch nicht so schnell untergehen dürfte. Beachtung dürfte der gelungene Wurf indes allemal finden.

Dortmund, im Juni 2002   Thomas Rauschenbach

Inhalt

TEIL III:
Duisburger Verhältnisse und die Umsetzung
freimaurerischer Sozialethik

Verzeichnis der verwendeten Abkürzungen

1. Archive, Sammlungen, Bibliotheken

ANE	Archiv des Neukirchener Erziehungsvereins, Neukirchen-Vluyn
B GS DU	Bibliothek der Gesellschaft Sozietät e.V., Duisburg
B Loge DU	Bibliothek der Loge ‚Zur Deutschen Burg‘, Duisburg
GStA	Geheimes Staatsarchiv (Preußischer Kulturbesitz), Berlin
HAST	Historisches Archiv der Stadt Köln
HStAD	Hauptstaatsarchiv Düsseldorf
KPA	Karl-Preusker-Archivzimmer in der Stadtbibliothek, Großenhain
LHAK	Landeshauptarchiv Koblenz
RWWA	Köln Rheinisch Westfälisches Wirtschaftsarchiv, Köln
S LG DU	Sammlung Landfermann im Landfermann-Gymnasium, Duisburg
SLUB	Sächsische Landes- und Universitätsbibliothek, Dresden
StAA	Stadtarchiv Augsburg
StAC	Stadtarchiv Chemnitz
StADD	Stadtarchiv Dresden
StADO	Stadtarchiv Dortmund
StADU	Stadtarchiv Duisburg
StAHAM	Stadtarchiv Hamm
StAL	Stadtarchiv Leipzig
StAMS	Staatsarchiv des Landes Nordrhein-Westfalen, Münster

2. Schriften- und Zeitschriftenreihen

DF	Duisburger Forschungen
DH	Duisburger Hochschulbeiträge
DVS	Deutsche Vierteljahrs Schrift
GWU	Geschichte in Wissenschaft und Unterricht
HZ	Historische Zeitschrift
NP	Neue Praxis
VjswissPäd	Vierteljahresschrift für wissenschaftliche Pädagogik
VSWG	Vierteljahresschrift für Sozial- und Wirtschaftsgeschichte
ZfB	Zentralblatt für Bibliothekswesen
ZfPäd	Zeitschrift für Pädagogik
ZfS	Zeitschrift für Sozialreform
ZfU	Zeitschrift für Unternehmensgeschichte

3. Cinq codes (fünf Napoleonischen Gesetzbücher) (Rheinbund)

CN	Code civil (Code Napoléon), das Zivilgesetzbuch von 1804
CPC	Code de procédure civile, das Zivilprozessbuch von 1806 (in Kraft ab 1807)

CC	Code de commerce, die Kodifikation des gesamten frz. Handels-rechts von 1807 (ab 1808)
CIC	Code d'instruction criminelle, die Strafprozessordnung von 1808 (in Kraft ab 1809)
CP	Code pénal, das Strafgesetzbuch von 1810 (in Kraft ab 1811)

4. Kodizes (deutsche)

ALR	Allgemeines Landrecht für die Preußischen Staaten
BGB	Bürgerliches Gesetzbuch
KJHG	Kinder- und Jugendhilfegesetz
RJWG	Reichsjugendwohlfahrtsgesetz
UWG	Unterstützungswohnsitzgesetz
WRV	Weimarer Reichsverfassung

5. Sonstige

a.d.R.	an der Ruhr
Anh.	Anhang
d.Ä.	der Ältere
DDR	Deutsche Demokratische Republik
d.J.	der Jüngere
FN	Fußnote
USA	United States of America

1. Zu Gegenstand und Forschungsinteresse

[handschriftlich am Rand: Historische Forschungen]

Die einschlägigen Studien zur Geschichte der Sozialpädagogik setzten in der Regel frühestens ab 1860 ein. Aus Anlass des Beginns einer übergreifenden Diskussion über Sozialreformen, dem Bestreben einer Bündelung der Wohlfahrtsbestrebungen, dem Anfang moderner Sozialarbeit im Kontext der Genese der Sozialstadt[1] und später des Sozialstaates, der Reformpädagogik, der Jugend-, Frauen- oder Arbeiterbewegung et cetera untersuchen diese Arbeiten sozialpädagogische Entwürfe als eine Antwort auf die historisch-konkreten sozialen Probleme. Sie befassen sich mit der Professionalisierung der Sozialpädagogik und Sozialarbeit oder mit der Qualifizierung der Frauen für das soziale Berufsfeld.

Der Umstand, dass *pädagogische*, *soziale* und *ethische* Fragestellungen die gesellschaftliche Modernisierung von Anfang an – sowohl auf staatlicher wie auf bürgerlicher Ebene – begleitet haben und die Notwendigkeit sozialer Reformen und pädagogisch adäquaten Handelns beispielsweise in Preußen seit 1814 vielfach angeregt, diskutiert und nach angemessen Antworten gesucht wurde, ist bislang von der etablierten *Sozialpädagogik*forschung – soweit überschaubar – kaum aufgegriffen worden. Vor allem bürgerliche Kreise haben auf Grund der Enthaltsamkeit des liberalen Rechtsstaates und im Zusammenhang der Entwicklung bürgerlichen Selbstbewusstseins spezifische Formen sozialpädagogisch relevanter Einrichtungen entwickelt.

1.1. Zur Ausgangslage

Im Vorwort seines Buches *Die pädagogische Bewegung in Deutschland und ihre Theorie* kommt Nohl zur Feststellung, dass es zwei Wege gäbe, „ein Volk zu gestalten"[2]: den politischen und den pädagogischen. Im Rahmen der kulturkritischen Emanzipationsbewegungen habe die Pädagogik erstmals ihre Verantwortung und ihr Potenzial zur Beantwortung sozialer Fragen erkannt und mit den neugewonnenen Arbeitsfeldern das Gebiet der Sozialpädagogik entwickelt. Damit ist ein auch gegenwärtig noch bestehender Aphorismus der sozialpädagogischen Historiographie beschrieben: die Anfänge moderner Sozialpädagogik und ihrer Institutionen liegen in der zweiten Hälfte des 19. Jahrhunderts. Diesem Diktum hat bislang niemand widersprochen, so dass es noch immer als Standard der Forschung gelten kann.

---

1 Vgl. Reulecke 1995
2 Nohl 1957, o.S.

1.2. Hypothese

Im Kontext der gesellschaftlichen Modernisierung in Deutschland ab 1806/08 erfolgte in einem andauernden Entwicklungsgeschehen ein tiefgreifender Wandel, der mit dem Aufbau einer neuen Struktur und Komplexität der Gesellschaft zusammenfiel. Insbesondere nach der Konsolidierung des preußischen Staates ab 1814 verstärkte sich dieser Prozess, so dass der Zeitraum von 1815 bis 1848 von den Zeitgenossen als *Übergangsgesellschaft* und Durchgangszeitraum erlebt wurde.[3] In dem Zeitraum waren diese Veränderungen „das innenpolitische Zentralproblem. Die tatsächliche Verwandlung der Ständegesellschaft in eine freie Wirtschaftsgesellschaft beziehungsweise in die Klassengesellschaft ... lieferte täglich und stündlich die Erfahrung allgemeiner Beschleunigung."[4]

Die Kurzlebigkeit der sozialen Neuerungen bewirkte den Wandel der sozialen Deutungsmuster und des Zeitbewusstseins. Diese sind jedoch wesentliche Faktoren für die Art und Weise, in der soziale Hilfen organisiert werden.[5] Entsprechend veränderte sich die Hilfe-Semantik und mit ihr die Institutionen des Helfens. Die bestehenden sozialen Probleme wurden als neuartige *pädagogische* Aufgaben erkannt und führten zur Pädagogisierung der sozialen Hilfe. In der Epoche des Vormärz tauchte erstmals das Phänomen auf, dass Erziehung und Bildung unter ausdrücklicher Einbeziehung gesellschaftlicher *Bedingungen* und Ziele von staatlichen Stellen und bürgerlichen Kräften neu begriffen wurden. Insbesondere bürgerliche Kreise haben neuartige pädagogisch-pragmatische Institutionen gestiftet. Die beschriebene Veränderung der Hilfe-Semantik hat der Freimaurer Karl Benjamin Preusker (1786–1871), der seit 1830 ein als sozialpädagogisch zu bezeichnendes Konzept in Theorie und Praxis entwickelte, 1842 folgendermaßen gefasst:

> „Neue Zeiten bedingen neue Einrichtungen und Anstalten; das Verhältnis der erwachsenen Jugend hat sich in neuester Zeit wesentlich verändert, daher bedarf es auch für sie einer veränderten Erziehungs- und Fortbildungs-Art. Es muß jetzt von Nacherziehung und Nachschulen die Rede sein."[6]

Erziehung und *Bildung* wurden, das vermittelt bereits die Hardenberg-Enquête (1817), als Lösungsansatz für soziale Probleme begriffen, die dem Vernunftrecht nach zum (sozial)pädagogischen Handeln zwangen. Auf diesem Gedanken beruhende Projekte sind eindeutig von vormodernen Formen der Armenpflege wie auch von dem Konzept Pestalozzis abzugrenzen. Zur Wende

---

3 Vgl. Hoffmann 1996, S. 126
4 Koselleck 1962, S. 109
5 Vgl. Luhmann 1975, S. 24
6 Preusker 1842 (Bd. 5), S. 1

vom 18. zum 19. Jahrhundert veränderte sich die soziale Hilfe von einer vormals primär moralisch-religiös inspirierten Mildtätigkeit und wurde entsprechend der Formen gesellschaftlicher Erneuerung rationalen und formalen Kriterien untergeordnet.

Das *Gebiet moderner Sozialpädagogik* als ein Handlungsraum mit zweifach emanzipatorischer Zielsetzung – einerseits in dem Sinn, dass sie Begleitung sowie Lerngelegenheiten und Hilfestellungen zur selbstständigen Auseinandersetzung mit eigenen und damit zugleich mit gegebenen gesellschaftlichen Bedingungen bieten will, andererseits, indem sie kompensatorisch auf die Beseitigung gegebener Mängel und Behinderungen zur eigenen Entwicklung zielt – entwickelte sich nicht erst, im Kontext der dritten Welle der *Deutschen Bewegung*[7], mag dies auch der zeitliche Fokus aktueller sozialpädagogischer Forschungsprojekte suggerieren. Insofern zeichnet sich ab, dass zwei hartnäckig fortlebende Vorurteile kritisierbar sind: Die *Ursprünge* und ersten Formen sozialpädagogisch zu bezeichnender Institutionen als pädagogische Antwort auf entstandene soziale Verwerfungen liegen am Anfang des 19. Jahrhunderts und beginnen nicht erst um die folgende Jahrhundertwende und die Ansätze moderner Jugendsozialarbeit sind nicht „weithin eine Domäne der Kirchen"[8] gewesen, sondern waren vielmehr verbunden mit privaten Initiativen. Zweitens wäre ein bestehendes Diktum des zeitlich späteren Auftretens sozialpädagogischer Institutionen nach den schul- und berufspädagogischen Einrichtungen entkräftet. Galt in den Pestalozzischen Anstalten noch ein Konglomerat sozial-, schul- und berufspädagogischer Intentionen, finden sich knapp eine Dekade später in unzähligen Kommunen Deutschlands Einrichtungen mit eindeutiger sozialpädagogischer Zielsetzung, vornehmlich jedoch in Preußen, Sachsen und Süddeutschland (allerdings nicht in Bayern). Es zeichnet sich ab, dass überlieferte Erklärungsansätze der sozialpädagogischen Forschung modifiziert werden müssen.

Wolf Rainer Wendt hob auf der 1998er *Theorie-AG* der *Kommission Sozialpädagogik* der *Deutschen Gesellschaft für Erziehungswissenschaft* hervor, dass *Historische Sozialpädagogik* erforschen müsse, was *erziehungswissenschaftliche Relevanz* besitze. Das weite Feld *sozialpädagogisch relevanten* Handelns und als sozialpädagogisch zu bezeichnender Institutionen sowie eines entsprechenden *Diskurses* wurde in Deutschland weit eher betreten als üblich festgestellt. Im frühesten 19. Jahrhundert begannen zahlreiche für den thematischen Kontext relevante Initiativen mit der Entwicklung von Antworten auf die drängenden sozialen Nöte. Dabei ist folgender Hintergrund zu be-

---

7 Der von Dilthey geprägte Begriff meint i.e.S. den inneren Zusammenhang zwischen literarischen Strömungen, der deutschen Klassik und Romanik, philosophischen Entwicklungen von Kant bis Hegel, d.h. Kants Professur in Königsberg 1770 bis Hegels Tod 1831. Der Terminus wurde von Nohl durch Hinzurechnung einer zweiten (Kulturkritik) und dritten Phase (Reformbewegung) ausgeweitet.

8 Schwab 1992, S. 15

achten: die ungeheuren Kapitalvernichtungen durch Plünderungen, Brand-schatzungen, Anleihen, Kontributionen und Produktionsrückschläge der Zeit der Okkupation und Freiheitskriege gegen Napoleon zogen eine schwere wirt-schaftliche Krise in ganz Europa nach sich, von der sich weite Teile des Konti-nents bis weit ins Jahrhundert hinein nur langsam erholten. In der Wirt-schaftskrise von 1816–1818 erreichte das Phänomen des Massenpauperismus seit dem Dreißigjährigen Krieg einen neuen Höhepunkt: umherziehende Bett-ler, stellungslose Arbeitsuchende und Frühinvalide belasteten die Armenkas-sen, bedrohten die Ruhe des nicht von wirtschaftlicher oder sittlicher Not be-troffenen Bürgertums und ließen einen allgemeinen Systemzerfall befürchten.[9] Der Schutz der bürgerlichen Gesellschaft, aber auch anthropologische und phi-losophische Überzeugungen und die Einsicht in die Notwendigkeit sozialer Re-formen motivierten vor allem wirtschaftsbürgerliche Kreise zu sozialreforme-rischen Projekten. Diese geschahen vor dem Hintergrund der im *Allgemeinen Landrecht für die Preußischen Staaten* von 1794 (ALR) fixierten anthropologi-sche Prämisse, dass der Mensch auf Vervollkommnung durch Bildung und Er-ziehung angelegt sei. Diese pädagogisch angelegten Sozialreformprojekte ziel-ten auf den Ausgleich sozialer und ökonomischer Ungleichheit, die Verbesse-rung *individueller* Lebens- und Entwicklungschancen sozial Benachteiligter, ihrer Beteiligung an den neuen gesellschaftlichen und ökonomischen Möglich-keiten sowie auf eine allmähliche Gesellschaftsveränderung. Die Reformvor-haben wollten Aufklärung allgemein verbreiten und dienten der Emanzipation der beschriebenen Bevölkerungsschicht. Angesichts dessen spricht Conze, trotz der im frühen 19. Jahrhundert auftretenden sozialen, sittlichen und in-tellektuellen Notstände, von einer beginnenden zweiten *Aufklärung*, die nun nach dem Bürgertum auch die unterste Bevölkerungsschicht erfasste.[10] Die Umstellungskrisen verhüllten den meisten Zeitgenossen noch, dass mit der Protoindustrialisierung die Grundlage zur Überwindung des sich aus den Ver-werfungen und Umbrüchen ergebenden Massenelends gelegt wurde. Die so-zialen Verwerfungen stellten den Katalysator der Aufklärung und Emanzipa-tion der untersten Bevölkerungsschicht dar, die freilich erst in der zweiten Jahrhunderthälfte langsam zur Wirkung kamen. Die angesprochenen bürger-lichen Reformvorhaben hatten ihre Denkhorizonte im Spannungsfeld zwischen Modernisierung der Gesellschaft, neuhumanistischen Bildungsimpulsen und calvinistischem Berufsbegriff. Sie waren orientiert an den Denkformen der Rationalität, der Maxime eigener Anstrengung und der Norm der intellektuel-len Disziplin. Neben dem staatlichen Ausbau der Volksschulen entstanden vor allem in protestantischen Gegenden bürgerliche wohlfahrts- und wirtschafts-

---

9 Um 1830 war in Preußen der durchschnittliche Lebensstandard noch nicht wieder auf
   das Niveau von 1805 gestiegen (vgl. Jantke 1955, S. 140).
10 Conze 1954, S. 352f.; vgl. Winnig 1930

orientierte Sonderschulbereiche. Max Weber, der jene Bedingungen untersuchte, welche die Ausbildung einer rationalen, methodisch-planvollen Lebensführung im *Geist des Kapitalismus* überhaupt ermöglichten, beschreibt bekanntlich diesen Zusammenhang ausführlich und präzise.[11]

Die erste gesellschaftliche Wahrnehmung einer körperlichen und seelischen Gefährdung von Kindern und Jugendlichen, einer ungenügenden Verwirklichung des sich aus dem ALR ergebenden Anspruches auf Erziehung und Bildung sowie der sich aus der körperlichen und seelischen Gefährdung ergebenden sozialen Kosten – als Voraussetzung einer Genese moderner gesellschaftlicher Hilfskonzepte – wie politische und pragmatische Ansätze einer solchen Entwicklung entgegen zu steuern, lassen sich in Preußen noch vor der Konsolidierung des Staates feststellen. Sozial-ethisch und pädagogisch motivierte Antworten einzelner Staatsbeamter oder Bürger als Reaktion auf die auftretenden Verwerfungen und die zunehmende Zahl der Modernisierungsopfer sind – entsprechend der die Protoindustrialisierungsphase kennzeichnenden Phänomene – vor allem im Kontext der gewerblichen Beschäftigung von Kindern und Jugendlichen auszumachen. In diesem Kontext wurde unabhängig voneinander von verschiedenen staatlichen Stellen und bürgerlichen Gruppen vor allem das Problem der mangelnden Menschenbildung als *Misere einer sozialen Klasse* und Pauperismusproblem erkannt: auf Grund der Lebensbedingungen waren Eltern gezwungen, ihre Kinder ökonomisch einzusetzen. Daraus folgten für die Kinder schwerwiegende, individuelle Entwicklungsbehinderungen, die dem Sinn des ALR widersprachen. Obwohl durch die Aufklärung des 18. Jahrhunderts postuliert und durch die Justizaufklärer im Grunde kodifiziert, entwickelten sich erst im Kontext ökonomisch-sozialer Modernisierung und der damit verbundenen sozialen Probleme *Bildung* und *Erziehung* zu einem allgemein gefühlten, gleichen Recht, also einem Rechtsgut für alle. Hiermit wurde – ohne religiöse Überfrachtung – die sozialethische Intention calvinistischen Gedankenguts fortgeführt und unter Aufhebung aller ständischen Schranken Bildung zur gemeinsamen Basis für den sozialen Aufstieg aller gemacht. Dem widerspricht nicht, dass die Stifter und Träger eines solchen frühen sozialpädagogischen Engagements mit ihrem Handeln auch handfeste eigene Interessen verfolgten. Mit ihren sozialen Stiftungen koppelten sie private Initiative und öffentliches Wohl und nahmen von daher eine Vorreiterrolle bürgerlich organisierter Sozialreform in Preußen ein. Das Miteinander der Verfolgung *eigener* wirtschaftlicher Vorteile und der Wohltätigkeit als tätliche Menschenliebe fand vor allem im Calvinismus eine ethisch-moralische Legitimation. Katalysator sozialpolitischer Überlegungen und sozialpädagogi-

---

11 Vgl. Weber 1988, S. 17f. Seine statistischen Untersuchungen berücksichtigten jedoch nur höhere Bürgerschulen, Realgymnasien, Oberreal- und Realschulen; Sonntagsschulen als die Bürgerschulen fürs sog. *einfache Volk* beachtete er nicht.

schen Handelns war der sozioökonomische Modernisierungsschub im beginnenden 19. Jahrhundert, der, neben den Gewinnern dieser Entwicklung, dem Bürgertum, massenhaft Modernisierungsopfer produzierte. Als staatliche Reaktion auf die brisanten sozialen Probleme begannen während der Regierungszeit des preußischen Staatskanzlers Karl August Fürst von Hardenberg (1750–1822) einerseits die ersten Ansätze einer Sozialpolitik, „in denen versucht wurde, über die Schulpflicht die Frage der Kinderarbeit"[12] und das Problem des wachsenden Pauperismus in der untersten Bevölkerungsschicht, das man als eine direkte Folge der Kinderarbeit ansah, zu lösen. Zugleich kamen pragmatische Konzeptionen bürgerlicher Kräfte zum Zuge. In der Divergenz zwischen staatlichem Bildungsmoratorium und bürgerlicher Sozialarbeit kam es zu einer Unterscheidung zwischen *Schulpädagogik* und *Volksbildung*, wobei letztere überwiegend als pädagogische Einflussnahme auf *schulentlassene Erwachsene* über 14 Jahre, im modernen Sprachgebrauch: für den so genannten *sozialpädagogischen Jugendlichen,* begriffen wurde. Mit Blick auf dieses Klientel entstanden bürgerliche Ansätze sozialer Reformen, die den zweiten Sektor pädagogischer Arbeit betrafen: die Nacherziehung und -bildung bereits Erwachsener. Diese *Jugend*bildungsbestrebungen (historische Alphabetisierungskampagnen) wurden als adäquates Mittel zur Lösung sozialpolitischer Probleme, und zwar insbesondere des Problems der zunehmenden Armut und Massenarbeitslosigkeit betrachtet.[13] In dem Zusammenhang wurde der neue Blick der Sozialreformer auf die Armut bedeutsam. Sie wurde nicht mehr als gottgewollt, auch nicht als selbstverschuldet betrachtet, sondern als gesellschaftlich verursacht rezipiert. Armut wurde nicht als Einkommensarmut, sondern vielmehr als Armut an Bildung und Erziehung, an kultureller Teilhabe, an Zukunft und Entwicklungschancen des Einzelnen und damit der Gesellschaft begriffen. Der angedeutete Wandel im Denken der preußischen Innenpolitik zum Ende des *philosophisch-pädagogischen Zeitalters* (circa 1770 bis 1830) unter dem nicht adeligen Beamten- und Bürgertum löste verschiedene Sozialreformbestrebungen aus, häufig in Verbindung mit freimaurerischen Ideen oder frühsozialistischen Theorien, die auf eine Neuordnung der politischen, ökonomischen und sozialen Verhältnisse auf der Grundlage von Chancengleichheit und Teilhabe ausgerichtet waren. Ein neuer Staatsbürgerbegriff auf der einen Seite, der das politische Selbstbewusstsein der Bürger stärkte und die begonnenen bürgerlichen Reformprojekte und Volksbildungsbestrebungen auf der anderen Seite bildeten eine bedeutende Basis der bürgerlichen Revolution von 1848. Im ersten Vierteljahr des Jahres 1848 erschien ein Artikel, der den Zusammenhang von Bildung, Bewusstsein und politischen Forderungen hervorhebt:

---

12 Köllmann 1966, S. 34
13 Vgl. Koselleck 1962, S. 105

22

„Das drohend bewegte politische und geistige Leben ist, wenn wir nach dem Anstoß fragen, von einem allgemeinen Bildungsfortschritt ins Schwanken gebracht worden, der nicht in der Schule der Philosophen, sondern in dem regen Verkehr der Wissenschaften, der Künste des Staates, des Handels, der Gewerbe lebendig geworden ist."[14]

In der Phase der Frühindustrialisierung zeigte sich, dass die *Entwicklung der Industrie* und die *Bildung des Menschen* nicht unmittelbar in einem einander ergänzenden Wechselverhältnis standen. Damit ging die Selbstverständlichkeit des Verhältnisses der Generationen zueinander verloren und *Erziehung* gewann eine gesellschaftliche Funktion. Neben der häuslichen Erziehung wurde die Schule zu einer wichtigen Institution im Reproduktionsprozess der Gesellschaft.[15] Als sich im 18. Jahrhundert die traditionellen gesellschaftlichen Verhältnisse immer stärker auflösten und viele Menschen in neue, unbekannte Notsituationen gerieten, wurden im Interesse einer Befriedung der Gesellschaft (durch Schaffung sozialer Gerechtigkeit) und der Abwehr der Gefahr einer politischen Revolte sozial*politische* und sozial*pädagogische* Interventionen notwendig. Diese Problemlagen erwiesen sich als gesellschaftlich hervorgebrachte Aufgaben der sich entwickelnden Moderne. Die Rolle des Staates, der gefangen war in der Ambivalenz zwischen sozialer Verpflichtung (die im ALR angelegt war) und liberalem Staatswesen, blieb dabei (außer dem Rückgriff auf die Schulbestimmungen des ALR) zunächst eine nur initiierende. Zwar hatte der Liberalismus „das Individuum als Wert eigner Prägung sehen gelernt, dem man im Notfall seine Hilfe nicht versagen konnte."[16] Doch der Staat enthielt sich eigener sozialer Verantwortungswahrnehmung. Basierend auf der anthropologischen Sicht der Zeit, übertrug er das weite Feld sozialer Verantwortung dem Engagement bürgerlicher Kreise. Diese setzten sich im „Kampf gegen *Unwissenheit und Verworfenheit*"[17] durch Unterweisung und Erziehung jener „vom Schicksal nicht besonders begünstigten Mitmenschen"[18] in nebenschulischen Institutionen ein. Sie gründeten aus Motiven der Fürsorge vor allem so genannte Nachschulen zur Bildung und Erziehung *proletarischer Jugendlicher*.[19] Diese Einrichtungen dienten, auch wenn sie wie im Fall

---

14 S. 1848, S. 1f.

15 Gemeint ist nicht der heute eingeengte Begriff von *Schule*, sondern jede Institution pädagogischer Einwirkung: Schule war im 19. Jh. der einzig öffentlich definierte Raum für Erziehung. Die Differenzierung zwischen öffentlicher Schule und sog. Nebenanstalten (Kleinkinderschulen, Sonntagsschulen, Blindentaubstummenschulen, Rettungshäusern etc.) entwickelte sich erst langsam ab der Mitte des 19. Jh.

16 Henning 1965, S. 511

17 Thyssen 1954, S. 57, Hervorh. im Original

18 Ebd.

19 Der Begriff *Proletarier* tauchte zwar ab den 1830er-Jahren in der zeitgenössischen Literatur auf und bezeichnete in dem neuen, klassengesellschaftlichen Sinn, den, an geistigem und materiellem Eigentum besitzlosen, nicht ins soziale System integrierten Teil der

der gewerblichen Anstalten eine (relativ) berufsspezifische Bildung vermitteln wollten, grundsätzlich der Verbesserung der Lebenschancen vormals Ungebildeter und Unmündiger und waren von daher *Instrumente allgemeiner Menschenbildung*. Denn neben der Vermittlung der eigentlichen Bildungsgehalte wollten sie grundsätzlich der Vorbereitung auf gesellschaftliche Anforderungen und soziale Auseinandersetzung dienen. Sie waren Hort sozialer Sicherheit und eines Entwicklungsschonraumes. *Muße* und *Erholung* von der Berufsarbeit, *Anschauen* oder *innere Fröhlichkeit und Laune* werden in verschiedenen Quellen und Dokumenten in diesem Zusammenhang als herausragende Aspekte genannt. Entsprechend dem sozialpädagogischen Doppelcharakter dienten diese Anstalten ihrer Intention nach auch der Aufgabe, den Jugendlichen, der das Ferment zur Störung bürgerlicher Ruhe schien und der, bevor er soweit fehlging, dem Strafvollzug ausgeliefert zu werden, gesellschaftlich zu integrieren. Dies sollte geschehen durch Vermittlung erforderlicher Kenntnisse und Kompetenzen, wie sie „für die Stufe der bürgerlichen Gesellschaft, welche sie einmal betreten sollen, notwendig"[20] sind.

Bei der Geschichte der bürgerlichen Sozialreform und ihrer Institutionen handelt es sich keinesfalls um eine Disziplinierungsgeschichte im Sinne Peukerts und ähnlich argumentierender Historiker.[21] Die vorgefundenen Quellen verhalten sich gegenüber der obsolet gewordenen Disziplinierungsthese sperrig, die bei Peukert zugegebenermaßen auf die Fürsorgeerziehung der Jahrhundertwende bezogen war und faktisch erst ab der Zeit um 1880 unter dem Stichwort der *Sozialdisziplinierung* diskutiert wurde[22], heute aber häufig und generalisierend ins Feld geführt wird. Die Pädagogisierung des Jugendalters stand zumindest auf der Seite der bürgerlichen Sozialreformer vom Beginn an unter der Parole *Erziehung* statt *Bestrafung*. Es ging um Erziehung zum autonomen Staatsbürger. Diese, in der *sozialpädagogischen Forschung* bislang offensichtlich „übergangenen Sozialdiskurse"[23] sind nicht unbekannt. Zur Kenntnis genommen wurden diese vormärzlichen Ansätze einer bürgerlichen Sozialreform schon länger; sie waren wiederholt Inhalt von Beiträgen anderer

---

untersten Bevölkerungsschicht. Die Kategorie *proletarischer Jugendlicher* soll in diesem Zusammenhang den männlichen, sozial auffälligen Nachwuchs der untersten Volksschicht bezeichnen, der von den bürgerlichen Zeitgenossen als *verwahrlost an Geist und Körper* wahrgenommen wurde. Der Terminus *Jugendlicher* als solcher ist bekanntlich erst in der zweiten Hälfte des 19. Jh.s von einem Anstaltsgeistlichen geprägt und erst 1915 durch Bernfeld theoretisch als Index für das soziale Phänomen gefasst worden. Die Bezeichnung *proletarischer Jugendlicher* scheint dennoch zur Kennzeichnung der Adressaten jener Einrichtungen geeignet, die im Vormärz gegründet wurden, weil die damit konnotierten Sachverhalte des Phänomens auch vor der Genese des Begriffes Realität besaßen.

20 GStA PK, I. HA Rep. 74 K VIII, Nr. 24, Bl. 102
21 Vgl. Peukert 1986; Alheim et al. 1978
22 Vgl. Dudek 1996, S. 18; Trotha 1982, S. 258
23 Böhnisch/Niemeyer/Schröer 1997, S. 7

erziehungswissenschaftlicher Fachbeiträge, wie der Berufs- oder Schulpädagogik.[24] Insbesondere die Nachbildungsinstitute oder *Sonntagsschulen* mit allgemein gewerbsbildender Ausrichtung wurden im Vormärz zum Symbol des sozialen Aufstiegs (in eine bürgerliche Existenz), weil sie durch Nachschulung in den Schlüsselqualifikationen des alltäglichen Lebens (Lesen, Schreiben, Rechnen, selbstständiges Denken) und durch eine relativ berufsunspezifische Unterrichtung (Werken, Zeichnen, Geometrie) die Wahrscheinlichkeit des beruflichen Fortkommens und damit die Unabhängigkeit von sozialer Versorgung enorm erhöhten.[25] Bei diesen Einrichtungen ging es um sittliche, intellektuelle und gewerbliche Inhalte, sie wurden zu Institutionen sozialer und kultureller Aneignungsprozesse mit eindeutig sozialpädagogischem Auftrag. In diesem Kontext entwickelte sich vor allem ab den 1830er-Jahren eine spezielle Sonntagsschulpädagogik beziehungsweise eine Jugendbildungstheorie, die unter anderen von Diesterweg 1849 explizit mit dem Terminus einer *Sozialen Pädagogik* bezeichnet wurde und die sich auf die Nacherziehung und -bildung der um ihre Kindheit ‚bestohlenen' Kinder bezog.[26] Hilfssysteme mit diesem didaktischen Ansatz bezogen sich auf die schulentlassene Jugend (zwischen 14 und 25) der unterprivilegierten Bevölkerungsschichten, die in der frühen Kindheit durch gewerbliche Beschäftigung jegliche Erziehung und Bildung versäumt und zudem, wie es die Hardenberg-Enquête 1817 formulierte, ihre „moralische Freiheit"[27] verloren hatte. Die Folge des Verlustes der moralischen Freiheit zeigte sich nicht nur in der Abhängigkeit der einfachen Bevölkerung von der Konjunktur, sondern bedeutete zudem, so die Enquête, dass ein solcher Mensch sich zu seinem, aber auch zum Nachteil der Gesellschaft selbst aufgebe und *alle Träume und Hoffnungen fahren lasse.* Ein solchermaßen bedrängter und ins „tiefste Elend"[28] versunkener Mensch füge sich eher in sein Schicksal, „als eine Lage [zu] änder[n], die ihm durch Erziehung von frühester Kindheit an zur anderen Natur geworden ist."[29] Dies nun bewirke, so die Umfrage, auch eine sich zwangsläufig ergebende Unfähigkeit zur Einstellung auf andere Beschäftigungsmöglichkeiten und verhindere eine Erweiterung der Lebenschancen. Damit widersprach der frühzeitige Einsatz der Armenkinder in den Fabriken einerseits eklatant den im ALR kodifizierten unveräußerlichen Rechten, wie dem Anspruch auf Erziehung und Bildung. Andererseits gefähr-

---

24 Vgl. Meyer 1971; Wagenknecht 1981
25 Vgl. Wehrmeister 1995, S. 16
26 Vgl. Diesterweg 1850, S. 124. Wenn im Folgenden verschiedene Auflagen des *Wegweiser* als Quelle, d.h. die 1844er-Ausgabe (3. Aufl.), die 1850er- (4. Aufl.) und die 1873er-Ausgabe (5. Aufl.) angegeben werden, so liegt dies jeweils an Änderungen, die im Kontext der Rezension der bürgerlichen Sonntagsschule und ihres pädagogischen Ansatzes geschahen.
27 GStA PK, I. HA Rep. 74 K VIII Nr. 24, Bl. 2
28 Ebd.
29 Ebd

dete die Ausnutzung der Kinder langfristig sowohl die ökonomische Entwicklung des Landes als auch dessen Sicherheitsinteressen. Dies zeigte sich bei der erwachsenen Jugend. Die Gefahr des Systemzerfalls durch eine drohende Verrohung der Gesellschaft sowie eine mögliche Revolution motivierten den Staat und einzelne Bürger, zu steuernden Eingriffen in soziale und erzieherische Prozesse.

Es ist in jeder Hinsicht bemerkenswert, dass das Thema der *Erziehungslücke*, die soziale Folgen nach sich ziehe, um einiges älter ist als die Gedanken Oskar Paches und Georg Kerschensteiners zu diesem Gegenstand.[30] Die Stifter der nichtkatechetischen, bürgerlichen Sonntagsschulen nahmen sich der pädagogisch und sozialpolitisch bedeutsamen Frage an, was zu unternehmen wäre, damit alle Jugendlichen, insbesondere die sozial benachteiligten, lernen konnten, und wie man die *Erziehungslosigkeit* überwinden könne.[31] Es ging also um die entscheidende Frage aller *Sozialen Arbeit* oder sozialen Fürsorge: Was muss man tun, um zu helfen? Damit verbunden war eine soziale und insofern explizit *sozialpädagogische* Frage: Wie lassen sich die Kinder der Armen und sozial Benachteiligten in das sich selbst erst konstituierende öffentliche Schul- und Erziehungssystem eingliedern? Und eine weitere Frage kam hinzu: wie kann man jenen jungen Erwachsenen, denen ihre Kindheit und die damit verbundene Entwicklungsphase zum Menschen vorenthalten wurde, einen nachträglichen Entwicklungsschonraum mit pädagogischer Begleitung bieten, um entstandene individuelle und soziale Schäden zu lindern?[32] Vor allem die Institutionen, die auf die zuletzt genannte, metaphylaktisch orientierte Frage eine Antwort zu geben suchten, galten dem gewerblich tätigen, mitunter sozial auffälligen männlichen Nachwuchs armer Eltern, der grundsätzlich als erziehungsfähig begriffen wurde. Die nachwachsende Generation wurde nicht gesehen unter dem späteren Blickwinkel einer *nicht-korrektionsfähigen* Jugend. In den Subjekten sah man den *Jüngling* oder die *Jungfrau* und damit einen nützlichen (im Sinne von: dem allgemeinen Volkswohl dienenden) und autonomen Bürger, der durch erzieherische Maßnahmen zum Vorschein ge-

---

30 Im Jahre 1900 stellte die *Erfurter Akademie der gemeinnützigen Wissenschaft* die öffentliche Preisfrage: „Wie ist unsere männliche Jugend von der Entlassung aus der Volksschule bis zum Eintritt in den Heeresdienst am zweckmäßigsten für die bürgerliche Gesellschaft zu erziehen?" Kerschensteiner beteiligte sich an dem Wettbewerb und entwickelte die These, dass durch Berufserziehung der schulentlassenen Jugend die geforderte Aufgabe am zweckmäßigsten zu erfüllen sei. Staatsbürgerliche Einsichten seien der „handarbeitenden Bevölkerung vom 14. bis zum 20. Lebensjahr" (1931, S. 14) am ehesten zu vermitteln, wenn man an ihre Interessen anknüpfe, um ihnen zu verdeutlichen, dass es um „ihren Platz in der bürgerlichen Gesellschaft" (ebd., S. 15) gehe. Vom persönlichen Berufsinteresse führe der Weg zum allgemeinen Staatsinteresse: Berufserziehung sei „die conditio sine qua non aller staatsbürgerliche Erziehung." (ebd.)

31 Vgl. Engels 1974, S. 280

32 Damit geht die *Sozialpädagogische Frage* der *Sozialen Frage* voraus.

bracht werden sollte.[33] Sonntagsschulen und Arme-Mädchen-Schulen dienten der Erziehung und Bildung des Nachwuchses und seiner Qualifizierung für die moderne Gesellschaft und damit der sozialen Integration. Sie ersetzten soziale und bildungsmäßige Funktionen, „die jetzt aufgrund differenzierter Arbeitsprozesse von den Eltern nicht mehr wahrgenommen werden konnten."[34] Die sozialintegrative Funktion der Einrichtungen war jedoch die entscheidende sozialpädagogische: Denn der moderne Mensch war seit dem Beginn des 19. Jahrhunderts in einer immer weiter sich ausdifferenzierenden und arbeitsteiligen Gesellschaft existentiell auf eine gesellschaftliche Funktion wie auf andere angewiesen; er konnte nur existieren, wenn er sozial eingebunden war, so die herrschende Vorstellung jener Epoche.

Ausgangspunkt der vorliegenden Arbeit sind, vor dem skizzierten Hintergrund, die sozialen und ökonomischen Verwerfungen, welche die Kriegs- und Besatzungszeit sowie die ab 1806 begonnene gesellschaftliche Modernisierung verursacht haben. Untersucht werden soll die Frage, ob es im Vormärz, neben den bekannten Projekten einiger *Gründerpersönlichkeiten* einer vormodernen Sozialpädagogik, institutionalisierte Organisationsformen der Erziehung und Bildung auf kommunaler beziehungsweise privatwirtschaftlicher Ebene – im Sinne eines modernen Sozialpädagogikkonzeptes – gab, die den Bedürfnissen der Jugend, welche von Familie, Schule und Arbeitsstätte nicht mehr erfüllt werden konnten und den gesellschaftlich-kulturellen Erfordernissen entsprachen, die also mit dem typischen Doppelcharakter der Sozialpädagogik, nämlich Emanzipation und Integration (oder Entwicklungshilfe und Disziplinierung), zu beschreiben sind und denen zugleich langfristig ein gesellschaftsveränderndes Moment innewohnte. Dies ist gerade im Hinblick auf die *Bürgerliche Revolution* von 1848 interessant.

Dabei stellte sich die Frage, ob man für die historischen Lösungsansätze, trotz der veränderten Zeitverhältnisse, auch den Geist und die Visionen derer, die das Bildungs- und Erziehungssystem in Preußen angeschoben hatten, vor allem Pestalozzi (1746–1827), Wilhelm von Humboldt (1767–1835) und, wegen des geänderten bürgerlich-liberal-demokratischen Gesellschaftsmodells, Diesterweg (1790–1866) – und in dieser Hinsicht auch Mager (1810–1858) oder anderer reklamieren und für diese Ansätze bestimmt den Terminus der *Sozialpädagogik* verwenden kann. Mit dieser erkenntnisleitenden Fragestellung werden in der vorliegenden Arbeit ideen- und rechtsgeschichtliche Voraussetzungen und ökonomische Bedingungen staatlicher Sozialpolitik und bürgerlichen Handelns im Bereich sozialer Hilfen in den Blick genommen und ihre An-

---

33 Gleiches gilt für junge Frauen aus dem untersten sozialen Milieu, die sittlich gefährdet, doch *edle Jungfrauen*, bei entsprechender sozialer Unterstützung und Erziehung, werden konnten.

34 Friedrich 1987, S. 148; vgl. Mollenhauer 1988, S. 151

fänge im liberalen Rechts- und Verwaltungsstaat untersucht. Dabei ist auch die Frage nach der zeitlichen Vorgängigkeit der öffentlichen Schule oder der beruflichen Bildung aufzunehmen. So werden Entwicklungslinien, die bislang eher als Entstehungsgeschichte des Schulwesens analysiert oder unter berufspädagogischen Aspekten betrachtet wurden, in die Darstellung zur Frühgeschichte sozialpädagogischer Einrichtungen aufgenommen. Insbesondere soll die Rolle der zeitgenössischen Fabrikanten und Großkaufleute – als Träger der gesellschaftlich-ökonomischen Modernisierung – in Hinsicht auf solche Reformbestrebungen geklärt werden. Gerade im Wirtschaftsbürgertum der Rheinlande herrschte selten eine bloße kapitalistische Grundeinstellung vor, wie sie mit dem Begriff des *Manchestertums* von Engels (1820–1859) beschrieben und in dessen Texten über die Ausbeutung der Proletarier in England angegriffen wurde. Vielmehr pflegten sie, aus unterschiedlichen Gründen, eine Kultur des Sozial-Engagements bei korporatistischer Grundeinstellung, den so genannten *Rheinischen Kapitalismus*. Die gesellschaftliche und ökonomische Modernisierung führte hier zur „Änderungen der Mentalität, d.h. des Denkens und Planens der wirtschaftlichen Führungskräfte!"[35]

In dieser Arbeit geht es um die hauptsächliche Klientel beginnender staatlicher und bürgerlicher Jugendsozialpolitik und -pädagogik, mithin um gewerblich beschäftigte Kinder und Jugendliche des frühen 19. Jahrhundert, um ihre Arbeitssituation, um ihre Lebens- und Wohnverhältnisse und ihren Alltag zwischen sozialer Herkunft (Milieu), unselbstständiger Arbeit (Fabrik/Handwerk) und die darauf abzielenden sozialpädagogischen Institutionen der Zeit. In diesem Kontext spielt das quantitative und das qualitative Ausmaß der Kinderarbeit eine zentrale Rolle. Rühle, Alt, Hoppe oder Kuczynski weisen dieses bekanntlich, wenn auch überschätzt, für das gesamte 19. Jahrhundert als sehr hoch aus. Von daher kann das Problem beziehungsweise die sozialpädagogische Bedeutung des Kinderelends nicht vernachlässigt werden, von dem letzterer feststellt, „niemals in der Geschichte der Menschheit (verlief) das Leben der Kinder so grausam ... wie während der Industriellen Revolution. Waren sie zuvor Mithelfer ..., so wurden sie jetzt zum Teil Vollarbeiter, auch wenn oder gerade weil sie ... so ganz jämmerlich in den Fabriken bezahlt wurden."[36]

Weitere Aspekte, die in dieser Arbeit analysiert werden, deuten die folgenden Fragen an: Eröffnete die gewerbliche Arbeit im Handwerk und in der Fabrik den Jugendlichen zugleich Bildungs- und damit Entwicklungschancen, die sie ohne

---

35 Reulecke 1983, S. 12

36 Kuczynski o.J. (Bd. 3), S. 238. Rühle schreibt ähnlich: „Die Jahre 1820 bis 1840 waren in Deutschland die Zeit der schlimmsten und schrankenlosesten Kinderausbeutung. Kinder von 6 Jahren wurden in elfstündiger Nachtarbeit beschäftigt oder arbeiteten für 2 bis 3 Groschen von früh 7 Uhr bis abends 8 Uhr. Um während des Essens nicht pausieren zu müssen, wurde ihnen die karge Mahlzeit in einem Blechtopfe um den Hals gehängt." (1911, S. 270f.)

die Beschäftigung in den Fabriken nicht gehabt hätten, oder verhinderte gerade die gewerbliche Arbeit jegliche Bildungsmöglichkeiten? Welche Haltung hatten die Unternehmer gegenüber der so genannten *Sozialen Frage*? Welche *pädagogische* Bedeutung hatte die *Soziale Frage*? Sind diese Konzepte gegen die soziale Benachteiligung Jugendlicher in den Kontext der Stein-Hardenbergschen Reformen einzuordnen? Ein weiterer Untersuchungskomplex sind die Einrichtungen nachzuholender Bildung, also die *bürgerlichen* Sonntagsschulen beziehungsweise Arme-Mädchen-Schulen mit gewerblicher Ausrichtung: Welches war der unter sozialpädagogischer Perspektive interessierende genaue Zweck der Einrichtungen, welche pädagogischen Intentionen verfolgten die Stifter, wie sahen die Lehrpläne, die Unterrichtsinhalte aus, wer waren die Lehrer und welchen didaktischen Prinzipien folgten sie? Was ist an der Sonntagsschule typisch für die Pädagogik und Sozialpolitik der ersten Hälfte des 19. Jahrhunderts? Wie lassen sich Erfolg und Grenzen dieser sozialpädagogischen Projekte beschreiben? Die übergeordnete Frage lautet demzufolge: Was entstand im sozialpädagogischen Bereich am Beginn des 19. Jahrhunderts neu? Insgesamt wird somit ein *sozialpädagogischer Blick* auf die Lebens- und Arbeitswelt gewerblich beschäftigter Jugendlicher in den ersten Jahrzehnten des vorletzten Jahrhunderts geworfen. Dies geht nicht ohne eine Erläuterung der Charakteristik und Bedeutung der Vormärz-Zeit, in der sich einige zentrale pädagogische Konzepte entwickelt haben, die wiederum noch heute in sozialpädagogisch relevanten Problembezügen bedeutungsvoll und wirksam sind. Abschließend: Es soll nicht um den definitiven Ausgang der Sozialpädagogik, sondern um das Auffinden eines früheren als des bislang bestimmten Anfangs gehen.

2. Zu den Kategorien Modernisierung, Vormärz, Sozialpädagogik, Sozialpolitik, Sozialreform, Fürsorge und Sittlichkeit

Seit dem ausgehenden 18. Jahrhundert vollzog sich, zuerst in Westeuropa, ein grundsätzlicher politischer, sozialer und kultureller Strukturbruch, der sich allerdings von Land zu Land in Ausmaß und in seinen Bedingungen unterschied. Dabei stand ganz allgemein die wirtschaftliche Entwicklung im Zentrum dieses Prozesses. Bekanntlich geht das Konzept der industriellen *Modernisierung* oder der *Moderne* dem Ursprung nach auf Max Weber zurück. Seinem Theorem nach lässt sich der Prozess der Modernisierung als eigensinnige Entfaltung einer Kohärenz von Religion und ökonomischem Denken, Politik, Wissenschaft, Moral und Kunst oder knapp als *wahlverwandtschaftliches Verhältnis von protestantischer Ethik und dem Geist des Kapitalismus* begreifen. Im Verlauf dieser Entwicklung lösten sich ursprünglich miteinander gekoppelte Funktionen und gingen neue Mischverhältnisse ein. Er ersetzte das Marxsche

29

Theorem vom *Akkumulationsprozess* durch die abstraktere und offenere Vorstellung eines *Rationalisierungsprozesses.* Der Begriff der *Modernisierung* verweist unter einer Fortschrittsvermutung auf tiefgreifende, strukturelle Veränderungen und damit korrespondierend eine steigende Komplexität des gesellschaftlichen Systems seit dem frühen 19. Jahrhundert. Bezogen auf Preußen meint der Terminus zunächst den seit den Stein-Hardenbergschen Reformen einsetzenden Wandel von der Agrar- zur Industriegesellschaft und eine sich seit dieser Zeit abzeichnende Veränderung des Gegenwartsbewusstseins und den Wandel der Zeiterfahrungen. Der Prozess führte zur völligen Veränderung traditioneller Lebensverhältnisse und Lebensformen, was mit der tiefen Verunsicherung einherging. Nach dem Ende der Freiheitskriege beschleunigte sich dies dauerhaft erodierende Geschehen. Die Kurzlebigkeit der sozialen Neuerungen bewirkte den Wandel der sozialen Deutungsmuster und der Zeiterfahrung. Der Begriff steht im Kontext mit anderen Kategorien oder Phänomenen, wie der rechtlichen *Kodifizierung* tradierten Rechts in Preußen und dem Versuch, die geistigen Errungenschaften der Aufklärung und der Französischen Revolution zu einer Veränderung der bestehenden Ordnung. Außerdem spielen die Proto*industrialisierung, Urbanisierung, Demokratisierung* und *Rationalisierung* eine wichtige Rolle. Der Begriff der *Moderne* ist ein Konstrukt. Gegenüber dem Ansatz, die betreffende Epoche mit Begriffen wie Zeitalter des Bürgertums und der Nationalstaaten zu kennzeichnen, öffnet er einen größeren Interpretationsrahmen, „der den Vorteil hat, dass er die Antinomien und Disparitäten, die tiefen Widersprüche der Epoche und ihrer Erscheinungsformen als solche bestehen lässt und zum Thema macht und sie nicht gewaltsam einem allzu starren Deutungsschema"[37] oder Zeitkorridor unterwirft.

Die Zeit von 1806 bis 1848 war in vielem eine wechselvolle, ereignisreiche Zeit. Die Ereignisse standen in verschiedenen Wechselverhältnissen. Diese besondere Qualität der Zeitverhältnisse versuchte man mit dem Begriff des *Durchgangszeitalter*s zu beschreiben. Das trifft jedoch nicht ganz, handelt es sich doch nicht nur um einen Zwischenraum zwischen Romantik und Realismus, sondern vielmehr um eine Zeit grundlegender politischer und kulturgeschichtlicher Qualität.[38] Diejenige Epoche der Geschichte, die der deutschen März-Revolution von 1848 vorausging, bezeichnet man allgemein mit *Vormärz.* Im weitesten Sinne erstreckte sie sich zeitlich von 1815 bis 1848; so gehört die Zeit zwischen dem Ende der Befreiungskriege bis zum Beginn der verstärkten bürgerlichen Oppositionsbewegung (circa ab 1830) dazu. Dieser Zeitraum umfasst also auch das Biedermeier und das System Metternich. *Vormärz* im engeren Sinne bezeichnet den Zeitraum von 1830 bis 1848. Die Phase von 1815 bis 1830 war also der eigentliche Zeitraum progressiver Reformvorha-

---

37 Gall 1989, S. 2
38 Zum besseren Verständnis der Zeitepoche vgl. Brandt 1979

ben. Doch Friedrich Wilhelm III. (1770–1840) war ein schwacher Monarch, der die widerstreitenden politischen Kräfte im Staat nicht kontrollieren konnte. Die konservativen Kräfte siegten und die Reformer mussten gehen. Das Ende des Vormärz wird von der historischen Forschung mit Begriffen wie *Zeit der Reaktion* oder *Restauration* belegt. Kennzeichen des deutschen Vormärz waren unter anderem die nationalen und liberalen Bestrebungen, die zuerst in den studentischen Burschenschaften hervortraten. Der Epoche ging die politische Enttäuschung der deutschen Bürger über den Ausgang des Wiener Kongresses und insbesondere über das unerfüllt gebliebene Verfassungsversprechen und damit die nicht kodifizierte Bürgergesellschaft voran. Zwar wurden in Süddeutschland bereits 1818/19 Volksvertretungen geschaffen, aber Preußen, das maßgeblichen Einfluss auf die politischen Ereignisse in anderen deutschen Staaten hatte – insbesondere seit Gründung des Deutschen Zollvereins unter preußischer Führung (1834) –, hielt am Absolutismus fest. Infolge der Auswirkungen der französischen Julirevolution von 1830 wurde seit den Wiener Ministerialbeschlüssen (1834) die Reaktion mit Demagogenverfolgungen und Pressezensur wieder verschärft.[39]

Der Begriff der *Sozialpädagogik* wird durch ihre spezifische Beziehung zur industriellen Gesellschaft mit ihren typischen Beschleunigungsprozessen bestimmt.[40] Genauer noch kann sie als Phänomen der kapitalistisch-demokratischen Bürgergesellschaft begriffen werden, denn Sozialpädagogik ist ein Mittel der Eingliederung jener Menschen, die sich ohne Integration als sozialer Unruheherd stabilisieren und damit zur Gefährdung dieses Gesellschaftsmodells werden würden. Sozialpädagogik „ist ein Bestandteil desjenigen Systems, das durch die industrielle Gesellschaft hervorgebracht wurde. Alles, was über sie zu sagen ist, kann deshalb sinnvoll auch nur im Hinblick auf diese Gesellschaft gesagt werden. Von ihrem Beginn an und in allen ihren Formen war sie ein Antworten auf Probleme dieser Gesellschaft, die der Sozialpädagoge zu Erziehungsaufgaben umformulierte."[41]

Sozialpädagogik ist demnach ein spezieller Reflex auf soziale Transformationsprozesse. Sie bedeutet den Versuch, die sozialen Strukturbrüche, welche die Industrialisierung mit ihren Folgen (Urbanisierung, Rationalisierung et cetera) verursacht hat, mit pädagogischen Mitteln zu beheben. Dabei betrachtet sie die Phänomene *Erziehung* und *Bildung* unter dem Aspekt sozialer Bedin-

---

39 Vor diesem zeitgeschichtlichen Hintergrund wird es interessant, zu untersuchen, worin die besondere Leistung der sozialpädagogischen Einrichtungen bestanden hat.

40 Vor dem Hintergrund der Diagnose Becks zu neuerlichen reflexiven Transformationsprozessen, die durch die Strukturen und Methoden der ersten Moderne (Rationalisierung, Differenzierung, Zweckrationalität), mit erzeugt werden, ist interessant, wie Sozialpädagogik und Soziale Arbeit, selbst ein Ausfluss industriemoderner Strukturen und Organisationen, sich verändert, damit sie Probleme nicht nur unter eine Wahrnehmungsschwelle drückt, sondern lösen kann (vgl. Beck 1986; Beck/Giddens/Lash 1996).

41 Mollenhauer 1988, S. 19

gungen. Denn mit der Zerstörung der traditionellen Gesellschaftssysteme, die bis vor zweihundert Jahren die Welt dominierten, wurden die sozialen Systeme komplizierter. Wie Nohl andeutete, gehört es zur Funktion der Sozialpädagogik, Gesellschaften zu einem Miteinander aus solidarischen, gleichberechtigten und gleichverantwortlichen Mitgliedern mitzugestalten. *Sozialpädagogische Institutionen* sind der Definition Bäumers zufolge, „alles, was Erziehung, aber nicht Schule und nicht Familie ist."[42] Der Zweck der außerfamiliären und außer- sowie nachschulischen Erziehungsinstitutionen liegt im Auffangen des partiellen oder totalen Ausfalls primärer Erziehungsinstanzen. Modernen *sozialpädagogischen Institutionen* geht es in diesem Sinne „einerseits um *Emanzipation* in dem Sinne, dass sie Lerngelegenheiten und Hilfestellungen zur selbstständigen Auseinandersetzung mit den gesellschaftlichen Bedingungen des Jugendalters bieten will; sie dient darin jedoch gleichzeitig der kompensatorischen Bearbeitung der Mängel und Widersprüche dieser Bedingung und damit der Reproduktion und Stabilisierung der gegeben gesellschaftlichen Verhältnisse"[43].

Wie das Konstrukt der *Modernisierung* entwickelte sich der Begriff erst nach dem faktischen Phänomen beziehungsweise *aus einer vorgängigen Praxis.*[44] Der einzige öffentlich definierte Raum für Erziehung und Bildung in den ersten beiden Dritteln des 19. Jahrhunderts war die *Schule.* Und in Ermangelung eines spezifischen Begriffs für den sozialreformerischen, pädagogischen Ansatz der entsprechenden Einrichtungen nannte man die frühen Institutionen der Sozialpädagogik im allgemeinen Sprachgebrauch *Schule*, wenn es sich um fakultative, lebensergänzende (mit dem Zusatz der gemeinten Adressaten dieser Schulen: Sonntagsschule für Handwerker und Fabrikarbeiter, Arme-Mädchen-Schulen oder Kleinkinder-Schulen) oder *Rettungshaus*, wenn es sich um lebensweltersetzende Einrichtungen handelte. Im staatswissenschaftlichen Kontext nannte man diese Institutionen ab der Jahrhundertmitte auch *Nebenanstalten* der Schule. Als solche bezeichnete der Staatsrechtler Ludwig Peter Moritz von Rönne (1804–1891) 1855 jene Anstalten, die entweder „zu ihrer Ergänzung dienen, theils solche, welche für einzelne Kathegorien von Kindern an die Stelle der gewöhnlichen Elementarschule treten, und dieselbe zu ersetzen bestimmt sind. Zu den ersteren gehören die Kleinkinder-Bewahr- und Fortbildungs-Anstalten, zu den letzteren alle diej. Einrichtungen, welche die Sorge für Waisen und Arme, für sittlich verwahrloste Kinder, für Blinde und Taubstumme hervorgerufen hat."[45]

---

42 Vgl. Bäumer 1929, S. 3. Mit dem Begriff *Familie*, den Bäumer in der Weimarer Republik verwandte, ist für das frühe 19. Jh. sowohl die Ursprungsfamilie wie die Meisterfamilie der Lehrlinge gemeint. *Alles, was nicht Hauserziehung und nicht öffentliche Schule ist*, wäre die adäquate Bestimmung für das 19. Jahrhundert.

43 Münchmeier 1980, S. 120; Hervorh. im Original

44 Vgl. Mollenhauer 1988, S. 13

45 Vgl. Rönne 1990, S. 864

Wenn Diesterweg von *Sozialer Pädagogik* spricht, dann ist damit die Arbeit mit bestimmten sozial benachteiligten oder auffälligen Problemgruppen *in sozialer Not* gemeint.[46] Er verwendet den Terminus im Kontext von Lösungsvorschlägen zur Bekämpfung des Pauperismus und den mit ihm verbundenen sozialen Problemen. Den Adressaten der *Sozialen Pädagogik* sollte Hilfe zu einem menschenwürdigen Leben zuteil werden. Die Hilfe für die unteren Schichten sollte umfassend sein und je nach besonderem Defizit materiell, geistig und sittlich erfolgen. Die dem *practischen*, das heißt über seine Schulstunden hinaus pragmatisch engagierten Lehrer empfohlenen Schriften zur Sozial-Pädagogik sammelt Diesterweg unter einem doppelten Gesichtspunkt. „Es ist eine Lebensfrage, wie für die Sicherheit des äußeren Bestehens, so für die Ruhe des Gewissens".[47] Einerseits also ist es das Motiv der bürgerlichen Angst vor der Gefahr, dass der „Pöbel fort und fort"[48] wachse und eine Revolution von ihm ausgehen könnte. Andererseits geht es um ein sittliches Gebot. Es ist nicht nur das äußere *schlechte Gewissen*[49], sondern Diesterwegs innere Überzeugung, die der Humanität und dem Idealismus seiner Zeit entsprang. Seine Leistung liegt nun darin, dass er den Begriff *Sozialpädagogik* als einen Index, als ein *allgemeines Konstrukt* für den inneren Zusammenhang dessen einführte, was dem Begriff seit dem frühen 19. Jahrhundert innewohnt. Mit seinen literarischen Empfehlungen verweist er auf verschiedene Handlungsfelder des Sozialen, die ihrerseits Reaktion der geänderten Sozialisationslage waren. Der Begriff beschreibt Sachverhalte, die in einen bestimmten Kontext gehören, stellt diesen zugleich her und macht die theoretische Erörterung sozialpädagogischer Aufgaben, also über einzelne Erscheinungen hinausgehende Lösungsversuche, erst möglich. Zugleich leistet er damit aber auch der Entwicklung Vorschub, soziale Fragen, die einer politischen Beantwortung bedürfen, vollkommen an die Pädagogik zu delegieren.

Erstmalig und systematischer als bei Diesterweg taucht der Begriff 1844 bei Karl Wilhelm Eduard Mager (1810–1858) in der Folge der 1840 erschienenen *Bürgerschule* auf.[50] Er vertrat den Standpunkt, dass als Antwort auf die Probleme der Zeit nur eine *Collektiv-Pädagogik* als Ersetzung der *Individual-Pädagogik*, die nur das Individuum sieht, zur Lösung sozialer Probleme beitragen könne. Unter Individualpädagogik versteht er all jene Fragen zur Erziehungs- und Unterrichtsfähigkeit des Menschen, unabhängig von historischen, kulturellen und gesellschaftlichen Bedingungen.[51] Durch Berücksichtigung kul-

---

46 Vgl. Diesterweg 1850
47 Rudolph 1873, S. 153
48 Ebd.
49 Vgl. Ballauff/Schaller 1973, S. 411
50 Vgl. Mager 1840; ders.: Mai-Ausgabe der *Pädagogische[n] Revue* 1844; Kronen 1980, S. 60
51 Vgl. Buchkremer 1995, S. 49. *Sociale Pädagogik* stand damit im Gegensatz zur traditionellen Gelehrtenbildung; der Terminus umfasst bei Mager alles, was *nicht* allgemeine Pädagogik, Didaktik und nicht Scholastik ist.

tureller, gesellschaftlicher Verhältnisse und hieraus sich ergebender individu- *Mager* eller Besonderheiten sei Pädagogik, so Mager, immer *relativ*. Mit der Gegenüberstellung von allgemeiner und relativer Pädagogik (Individual- und Kollektivpädagogik) gewinnt er den systematischen Begriff der Sozialpädagogik. Beide Teilgebiete des Pädagogischen, jedes für sich, bieten nach Mager keine befriedigenden Lösungen. Erst die Synthese, die er *Social-Pädagogik* nennt, verspricht den Weg zur Gesellschaft als Gemeinschaft gleichberechtigter, gleichverantwortlicher und solidarischer Mitglieder. Die *Soziale Pädagogik* oder *Gesellschaftserziehung* zielt nach Mager auf die frühe aktive Beteiligung und Teilhabe am öffentlichen Leben. Anders als Schleiermacher (1768–1834), der das *Schleierm* soziale Moment der Erziehung erst mit dem offiziellen Schulende gekommen sah und meinte, dass gerade dann die dritte und letzte Periode der Erziehung beginne, verlegte Mager die soziale Komponente in die Zeit der zweiten Perio- *Kronen* de (Schulerziehung).[52] Mit seinem Ansatz zielte er, so Kronen, auf eine Erziehung *„in* der Gesellschaft, *für* die Gesellschaft, *durch* die Gesellschaft".[53] Diese Funktion der Pädagogik beginnt in der Theorie Magers in der Phase der Schulerziehung, weist aber darüber hinaus und hat ihren Schwerpunkt in der Nacherziehung. In einem Aufsatz in der zweiten Auflage von Diesterwegs *Wegweiser* (1838) fordert er zudem „gleichwertige Bildung für alle gesellschaftlichen Stände"[54].

Dass eine theoretische Diskussion des Begriffs, nicht des Inhalts, nach Mager und Diesterweg bis zur Jahrhundertwende vollkommen unterblieb und *Sozialpädagogik* erst zu einem mehr oder weniger einheitlich gebrauchten Terminus um 1900 wurde[55], ist nicht nur die Folge des veränderten politischen Klimas nach 1848 sowie der geänderten pädagogischen Diskussion unter dem Einfluss der Herbartianer, sondern auch des engen Blickfelds der in den verschiedenen Handlungsfeldern der Sozialpädagogik Tätigen.[56] Theoretische Schriften fanden nicht zu dem von Mager und Diesterweg vorgeschlagenen gemeinsamen Index, sondern blieben der Kleinkindererziehung, der Rettungshauserziehung, der Nacherziehung und Jugendbildung, der Armenfürsorge, der Gefangenenarbeit et cetera, das heißt der pragmatischen Orientierung, verhaftet.

Neben dem Begriff der Sozialpädagogik wird häufig jener der *Sozialarbeit* für Inhalte des ersteren verwandt. Da der Begriff aber auch als Antipode zur Sozialpädagogik erscheint, wird von den Benutzern des Terminus ein Unterschied insistiert. Ohne diese Diskussion aufzunehmen, sei gesagt: Hinter den

---

52 D.h.: im historisch-konkreten Kontext war alle Pädagogik, die auf gesellschaftliche Auseinandersetzung ausgerichtet war, *soziale Pädagogik*.
53 Kronen 1980, S. 54; Hervorh. im Original
54 Vgl. ebd., S. 58
55 Vgl. Natorp 1894; ders. 1899
56 Vgl. Winkler 1988, S. 42f.

34

verschiedenen Nomenklaturen stehen keine nachweisbar theoretisch-systematischen Unterschiede. Die Begriffe stammen aus getrennten historischen Entwicklungsverläufen. Je nachdem, ob Akteure oder Theoretiker ihren Schwerpunkt eher im *pädagogischen* oder im *sozialen* Feld sehen, wird zu entscheiden sein, welcher Terminus gewählt wird. In der vorliegenden Arbeit wird vorwiegend der Begriff der Sozialpädagogik benutzt. Wenn an einigen Stellen der Begriff der *Sozialen Arbeit* auftaucht, wird er synonym zur Sozialpädagogik angewandt. Die Akteure der zu beschreibenden Einrichtungen begriffen ihre Arbeit in beiderlei, in pädagogischer und sozialer, Hinsicht. Dieses Selbstverständnis der Handelnden steht auch für die in dieser Arbeit ausgedrückte Haltung: was zur Sozialarbeit oder zur Sozialpädagogik gehört, das lässt sich nicht logisch, sondern nur historisch-empirisch klären.

Die vorliegende Arbeit will über einen historisch eingeordneten Begriff der Sozialpädagogik oder -arbeit hinaus auch einen Beitrag zu einem systematisch, das heißt diziplinär eingeordeneten Terminus leisten und ihn kategorial entfalten. Damit verbunden ist die Frage, was *Sozialpädagogik* in der Vergangenheit war oder gegenwärtig ist und sein könnte. Zugleich sollen Anhaltspunkte dafür geliefert werden, welche Bedeutung Institutionalisierungsprozesse für die Theorie- und Wissenschaftsbildung haben.

Bislang ist das Adjektiv *sozial* unreflektiert und somit mit gegenwärtigen Konnotationen genutzt worden. Zwar haben die genannten Ideen Magers und Diesterwegs verdeutlichen können, dass der Begriff schon in etwa den Vorstellungen der nachfolgenden Jahrhundertwende entsprach. *Sozial* stände demnach für solidarisches und fürsorgeorientiertes Handeln. Aber es steht die Frage im Raum, ob, wie Henning es ausdrückt, die Vormärz-Zeit tatsächlich schon ihr „*soziales Gewissen* entdeckt"[57] hatte. Die Betrachtung der frühen Artikel Diesterwegs zur Kinderarbeit machen deutlich, dass dies im Einzelfall so zu sehen ist.[58] Auch die so genannte Hardenberg-Umfrage (1817) oder die Antwort der Berliner Bezirksregierung (1819) liefern einen deutlichen Beleg für diese These. Eine theoretische Konzeption sozialer Verantwortung ist ab der Mitte des 19. Jahrhunderts auszumachen. Lorenz vom Stein (1815–1890) ver-

---

57 Henning 1965, S. 530
58 Während seiner Moerser Zeit (1820–1832) äußerte er sich mehrmals aus pädagogischer Sicht zur *Sozialen Frage*. Unter anderem veröffentlichte er die Schriften: *Über den Gebrauch der Kinder zu Fabrikarbeiten, aus pädagogischen Gesichtspunkten betrachtet* und *Ein pädagogischer Blick auf Fabriken und – eine menschliche Bitte*. Der erstgenannte Aufsatz erschien in der *Rheinisch-Westfälischen Monatszeitschrift für Erziehung und Unterricht*. In diesem Artikel macht er erstmals eine breitere bürgerliche Bevölkerungsschicht auf das Schicksal der Fabrikkinder aufmerksam und fordert, wie schon Grashof 1814, ein staatliches Einschreiten zu ihrem Schutz. Der Titelzusatz *aus pädagogischen Gesichtspunkten betrachtet* lässt dabei erkennen, dass er hier grundsätzlich zur Fabrikarbeit der Kinder und ihrer Bedeutung für Erziehungs- und Sozialisationsfragen Stellung nimmt.

engt die *Soziale Frage* auf die konkrete Aufgabe des Staates, den neuen *Vierten Stand* in die soziale Gemeinschaft einzugliedern.[59] Damit meinte er weniger das *Einpassen* oder *Anpassen* des Arbeiterstandes, sondern vielmehr die Umgestaltung des bestehenden Gesellschaftssystems. Bevor Stein den Begriff verwandte, taucht der Terminus der *Sozialpolitik* erstmals um 1840 bei Wilhelm Heinrich Riehl (1823–1897) auf. Er steht aber eindeutig in einem anderen Kontext. Riehl beschreibt mit dem Terminus eine *Funktion des Staates*, die er in der Aufgabe sieht, innerhalb der bürgerlichen Gesellschaft darüber zu wachen, dass die einzelnen gesellschaftlichen Glieder als organische Teile des Gemeinwesens ihre ureigenen Pflichten erfüllen und ihre sittliche Besonderheit bewahren. Der Einzelne wird als Untertan und sich unterordnendes Glied betrachtet, autoritäre Herrschaft des Staates wird von Riehl begrüßt.[60] Wie auch Schleiermacher, der die Notwendigkeit der Erziehung in dem sich bedingenden Zusammenhang zwischen Individuum und Gesellschaft begründete, begreift Riehl in Relation mit dem Begriff der Sozialpolitik das Verhältnis *Individuum und sein Einzelgewissen* zur *Gesellschaft und ihrer sittlichen Ordnung* als sich gegenseitig bedingend. Jedoch hat Riehl konservative Interessen. Er denunziert städtische Fabrikarbeiter und Bauern, die das Land verlassen und keine Agrarier mehr sein wollten als Gefährdung der sozialen Ordnung. Riehl sah in einer Re-Integration der Arbeiter in die ständische Gesellschaft die alleinige Lösung des heraufkommenden gesellschaftlichen Konfliktes. Es entsprach seiner vorindustriellen, feudalen Vorstellung, dass trotz sozialer Veränderungen und Auflösung traditioneller Zunft- und Berufsständeordnung, *Gesellschaft* immer noch in ständischen Formen begriffen wurde.[61] Der Riehlsche Begriff der Sozialpolitik und seine Forderung zu einer Rückbesinnung auf Selbstsorge und Selbstbescheidung ist soziale Disziplinierung *par excellence*. Die Riehlsche Argumentation entsprach einem großen Teil des Bürgertums; sie macht die Ambivalenz des liberalen Staates im Hinblick auf soziale Fragen deutlich, der im Vormärz unentschieden war, ob den sozialen Folgen der Industrialisierung überhaupt durch sittliches Gebot oder ein positives Gesetz begegnet werden sollte. Für den absolutistisch-merkantilistischen Staat des 18. Jahrhunderts wie für den wirtschaftsliberalen Staat des frühen 19. Jahrhunderts bestand das Ziel jeder aktiven staatlichen Sozialpolitik Preußens im Schutz der Ökonomie, in der Gewerbeförderung zur positiven Entwicklung des Staates. Sozialpolitik galt vornehmlich dem staatlichen Selbstschutz, nicht dem staatlichen Schutz der Existenz, die zur Selbstsorge verpflichtet war. Andererseits machen bekannte amtliche Dokumente wie die Hardenberg-Umfrage

---

59 Vgl. Stein 1888, S. 435. Das Mittel zu dieser Einordnung ist für Stein der Erwerb. Daher entwickelt er in seiner Konzeption Sondergebiete der Innenpolitik, die er deshalb *Sozialpolitik* nennt, weil sie eine planend vorausschauende, politische Gestaltung umgreifen.

60 Vgl. Riehl 1866, S. 9

61 Vgl. Köllmann 1966, S. 32

deutlich, dass gerade im Vormärz der Konflikt zwischen dem Prinzip sozialer Verantwortung sowie dem Schutz der Existenz und dem Schutz der Ökonomie, der Förderung ökonomischen Erfolges und wirtschaftlichen Nutzens unentschieden war. Solche Dokumente spiegeln deutlich die Spannung zwischen individueller Selbstverwirklichung (Selbstvervollkommnung und Lebensglück) und gesellschaftlicher Verhaftung in einer Epoche des Umbruchs wider. Daher ist im zeitlichen Kontext der Vormärz-Zeit die kritische Frage berechtigt, ob trotz der in der Darstellung erkennbaren Tendenz des Staates zur Abstinenz in sozialen Fragen der Begriff der *Sozialpolitik* auf die Zeit des Vormärz angewandt werden kann? Diese Frage wird bei Henning eindeutig mit Hinweis auf Hardenberg und Rother bejaht.[62] Der Begriff der Sozialpolitik ist in der Zeit seines Entstehens in der Bedeutung und in seinem Gebrauch ebenso wie der in derselben Zeit geprägte Begriff der *Sozialpädagogik* vieldeutig und ambivalent. *Sozialpädagogik* und *Sozialpolitik* stehen in einem engen Wechselverhältnis. Beide Phänomene sind strukturelle Bestandteile der industriellen Gesellschaft, weil sie eine gesellschaftliche Antwort auf die Folgen sozioökonomischer Umbrüche sind. Viele zeitgenössische Sozialtheoretiker und Sozialpädagogen haben dieses Wechselverhältnis erkannt und sozialpädagogisches Handeln im Sinn sozialer Verantwortung definiert. Einer der ersten Pädagogen, der neben Ferdinand Lassalle, schon in den 1860er-Jahren die politische Bedeutung der Sozialen Frage erkannte und diesen Zusammenhang zum pädagogischen Thema machte, ist der Sozialtheoretiker, Pädagoge, Philosoph und Leiter der Duisburger Sonntagsschule, Friedrich Albert Lange (1828–1875). Dessen sozialpolitische und sozialpädagogische Bedeutung beruht darin, dass er als einer der ersten nicht den Einzelnen, sondern die Masse der Arbeiter aufrief, ein selbstständiges Bewusstsein zu entwickeln und darauf gegründete gesellschaftliche Forderungen zu erheben. Bedeutend eher als bei vielen *anerkannten Sozialpädagogen* der Jahrhundertwende, wird in den Schriften Langes, aber in seinem pragmatischen Handeln, so in der Sonntagsschularbeit, der enge Zusammenhang von Sozialpolitik und Sozialpädagogik evident. Bezogen auf den Sozialpolitik-Begriff löste sich die Ambivalenz im Spannungsfeld zwischen wirtschaftsliberaler Haltung und (schon aus Gründen der Staatsräson) notwendigem sozialen Ausgleich auf Grund beständig wachsender Probleme bekanntlich erst im letzten Drittel des 19. Jahrhunderts, als Bismarck hoffte, durch eine Sozialgesetzgebung ein geeignetes Mittel zur Aussöhnung der erstarkten Arbeiterschicht mit der bestehenden Monarchie gefunden zu haben. Erst ab dieser Zeit erlangte der Begriff seine spezielle sozialstaatliche Bedeutung im Sinn der gesamtgesellschaftlich verbindlichen Regelung der sozialen Absicherung, das heißt zum Schutz vor den Wechselfällen des Lebens (wie Krankheit oder Unfall), und im engeren Sinn der Gestaltung

[handschriftliche Randnotiz:] Friedrich Albert Lange

---

62 Vgl. Henning 1965, S. 485–539

einer Arbeitsordnung. Bis zu diesem Zeitpunkt war der Gebrauch des Begriffs gerade in den Auseinandersetzungen zur Lösung der sozialen Probleme schillernd und vieldeutig und wurde entweder nach liberaler Grundhaltung als private oder innerständische Absicherung und Selbstsorge oder nach christlicher Überzeugung als Beitrag zur Erneuerung der christlichen Gesellschaft und einer Rückkehr der Gemeinde zur göttlichen Ordnung begriffen. Erst im Verlauf des 19. Jahrhunderts wurde die Kategorie zusehends als öffentliche Aufgabe, nicht als Funktion der Zünfte oder sonstiger bürgerlicher Verbände begriffen und immer stärker mit der Forderung nach Gesetzen und administrativen Maßnahmen in Zusammenhang gebracht. Auch Kirchenvertreter, die zuvor soziale Aufgaben als eine rein kirchliche und eben nicht als staatliche Angelegenheit ansahen, reklamierten später zur Bewältigung der sozialen Probleme die staatliche Verantwortung, wie beispielsweise der Mainzer Bischof Wilhelm Emanuel Freiherr von Ketteler (1811–1877) im Jahre 1865: „Hat die Kirche die sittliche Grundlage zu geben und den Geist der Liebe anzuregen, dann soll der Staat Gesetze erlassen zur Erleichterung der Organisation".[63] Seit der 1891er internationalen Sozialkonferenz des jungen Kaisers Wilhelm II. steht der Begriff dann eindeutig für *staatliches* Handeln.[64] Daher wird der Begriff der *Sozialpolitik* im deutschsprachigen Raum auch heute schnell auf das Sozialversicherungssystem eingeschränkt, ohne die private, betriebliche oder verbandliche, durch eine vom Staat propagierte Sozialethik oder staatliches Handeln initiierte, oder die kommunale Fürsorge-, Gesundheits- oder Arbeiterpolitik zu berücksichtigen.[65] Als Geburtsstunde der staatlichen (deutschen) Sozialpolitik gilt die *Kaiserliche Sozialbotschaft* Wilhelm I. (vom 17. November 1881), welche die für den Sozialstaat grundlegenden Sozialversicherungsgesetze in Aussicht stellte.[66] Die im städtischen Gemeinwesen erfolgten Anstrengungen bleiben in diesem Blickfeld im Zusammenhang mit dem Gattungsbegriff zunächst relativ unberücksichtigt. Doch Fürsorge, Wohlfahrtspflege und Sozialpolitik waren bis ins letzte Drittel des 19. Jahrhunderts hinein auf Grund der Enthaltsamkeit des Staates infolge der oben beschriebenen Ambivalenz

---

63 Ebd., S. 54
64 Bald nach dem Regierungsantritt Kaiser Wilhelm II. im Jahre 1889 brach eine große Streikwelle unter den Bergarbeitern aus. In diesem Kontext wurden die Meinungsverschiedenheiten zwischen dem Kaiser und Bismarck deutlicher; diese Gegensätze waren auch bestimmend für die Entlassung des Kanzlers im Jahre 1890. Danach begann eine neue Periode in der Geschichte der Sozialgesetzgebung. Mit einem Erlass vom 4. Februar 1890 kündigte der Kaiser die Einberufung einer internationalen Arbeiterschutzkonferenz an. Unter Beteiligung von Vertretern aus Frankreich, England, Belgien, der Schweiz fand diese Konferenz in Berlin in der Zeit vom 15. bis zum 28. März 1890 unter der Leitung Berlepschs statt; es kam jedoch zu keinem konkreten Ergebnis (vgl. Erdmann 1948, S. 15ff.).
65 Vgl. Henning 1965, S. 485
66 Vgl. Tennstedt 1981, S. 664; Reulecke 1983, S. 10f.

Sache des kommunalen Gemeinwesens oder örtlicher Unternehmer. So entwickelte die mit den preußischen Reformen freigesetzte Bürger- und Wirtschaftsgesellschaft nach liberalem Selbstverständnis unter der Beteiligung kommunaler Funktionsträger vielfache „sozialpolitische Vorstellungen und Maßnahmen zur sozialen Absicherung und schon zur sozialen Integration der neu entstehenden Unterschichten in eine bürgerliche Gesellschaft."[67]

Obwohl in Preußen sukzessive staatliche Verordnungen und Regelungen entstanden, die man noch vor den Bismarckschen Sozialgesetzen als Beginn staatlicher Sozialpolitik deuten kann, existierte keine aktive staatliche Sozialpolitik im Sinn einer sozialen Fürsorge oder gar unter dem Anspruch sozialer Gerechtigkeit. Für ein solches „Sondergebiet der Innenpolitik"[68], das existenzsichernde Maßnahmen oder solche zur gesellschaftlichen Integration außerhalb der ständischen Ordnung stehender Zeitgenossen gerichtet gewesen wäre, war in dem Konzept des neuen preußischen Staates, wie ihn die Staatsreformer entwickelt hatten, kein Platz.[69]

---

67 Köllmann 1966, S. 40. Hier sind, neben den frühen Einrichtungen der bürgerlichen Korporationen, die Initiativen der Arbeitgeber zu berücksichtigen. So hatte z.B. die Duisburger Fabrikantenfamilie Böninger bereits 1825 in ihrem Unternehmen eine Kranken- und Versorgungskasse für Arbeiter sowie Witwen und Waisen, eine sog. *Lade*, eingerichtet. Erst 11 Jahre später wurde neben der Böningerschen Unterstützungskasse im Kreis Duisburg das Kruppsche Sozialwerk – als umfassendstes bekanntes Beispiel betrieblicher Sozialpolitik – ins Leben gerufen, das 1836 mit der Gründung einer Fabrikkrankenkasse begann (vgl. Köllmann 1978; ders. 1960, S. 81–99). Ein Jahr später (1837) richtete die 1829 gegründete Schiffswerft Haniel (u.a. auf Drängen des Ruhrorter Bürgermeisters) eine *Unterstützungskasse für kranke Arbeiter* ein (vgl. Terpoorten 1928, S. 138ff.). Auch die Duisburger Familie vom Rath richtete in ihren Unternehmungen soziale Hilfs-Kassen ein. In den 1840er Jahren errichtete sie in ihren Kölner Betrieben „Unterstützungskassen und eine ärztliche Behandlung in Krankheitsfällen für die Arbeiter ihrer Raffinerien ein, und ein Arzt hielt täglich Sprechstunde in der Fabrik" (Kellenbenz 1966, S. 112). Die o.g. Böningersche Lade wurde als eine der ältesten gewerblichen Hilfskassen in Deutschland gewürdigt (vgl. Seellos 1949, S. 113); allerdings finden sich in der Seiden- und Tuchweberei im Krefelder Raum schon im letzten Drittel des 18. Jh. solche Laden. Gerade jene Gruppen, insbesondere im rheinischen Industriegebiet, die in dieser Phase der Industrialisierung schon als *Arbeiter* bezeichnet werden konnten, waren als Teil der unteren Volksklassen doch Privilegierte, weil sie insgesamt eine höhere soziale Sicherheit genossen. Vor allem der Bergbau und die Hüttenindustrie haben Einrichtungen zur Sozialversorgung der Arbeiter geschaffen. Für den im Bergbau beschäftigten Arbeiter galt die Sonderstellung in besonderer Weise, da er als einziger Wirtschaftszweig von der allgemeinen Liberalisierung bis in die 1850er-Jahre hinein ausgenommen wurde und zudem in den Knappschaftskassen ein System sozialer Sicherheit entwickelt hatte, das später der staatlichen Sozialpolitik zum Vorbild wurde.

68 Köllmann 1966, S. 32

69 Jedoch sind die Justizreformer 1894 noch von der Pflicht des Staates ausgegangen, für notwendigen sozialen Ausgleich, existenzsichernde Maßnahmen und solche zur sozialen Integration zu sorgen. Und auch in der sog. Hardenberg-Umfrage (1817) lässt sich eine solche Überzeugung nachweisen.

Die Verordnungen des preußischen Staates waren rechtliche Minimalrahmenregelungen aus Scheu vor so genannten *positiven Gesetzen*. Weitergehende oder umfangreiche rechtliche Vorschriften des Staates wurden in der Zeit des Liberalismus abgelehnt, weil sich durch institutionalisierte Rechtsansprüche im Sinn sozialstaatlicher Ordnung der Staat durch solche Vorschriften nach zeitgenössischer Auffassung zu sehr binde und seine Machtfülle beschränke und hierdurch „auf sozialem Gebiet und besonders in der Jugendfürsorge eine weiterreichende erzieherische Absicht des Staates, zu der er sich Kraft eines transzendenten Auftrages berufen fühlte, erschweren oder gar verhindern könnte."[70]

Aktive, das heißt institutionelle, prozessuale und entscheidungsinhaltliche Sozialpolitik und eine damit gekoppelte Daseinsfürsorge oder Existenzsicherung wurde daher bis über die Mitte des 19. Jahrhunderts einzig von der bürgerlichen Gemeinde (Honoratioren, Unternehmern, Handwerks- und Handelsvereinigungen und von lokalen Hilfs-Vereinen mit christlichen, philosophischen und anthropologischen Beweggründen, häufig unter Beteiligung der Bürgermeister) gestaltet.[71] Diese bemühten sich auch um eine Bündelung ihrer sozialen Aktivitäten in zunächst regionalen Wohlfahrts-Vereinen[72] und später dann in überregionalen Vereinigungen (*Innere Mission*, *Kolpingfamilien* et cetera). Diese Entwicklung war durch die Preußische Städteordnung von 1808 beeinflusst. Freiherr von Stein hatte gemeinsam mit Freiherrn von Schroetteler dem König am 9. November 1808 eine neue Städteordnung vorgelegt. Hiermit sollte die Teilnahme der Bürgerschaft an dem Gemeinwesen, die in früheren Zeiten bestanden hatte, erneuert werden. Die frühere kommunale Selbstständigkeit war durch eine zunehmende Vormundschaft der Kriegs- und Domänenkammern verloren gegangen. Das Landrecht habe, so Stein, diese Entwicklung noch festgeschrieben. Die neue Städteordnung wurde jedoch nicht überall gleichzeitig eingeführt, sondern sukzessive installiert. In Königsberg und Elbing wurde die neue Ordnung zuerst eingeführt. Ziel der Städteordnung war: „in der Bürgergemeinde einen festen Vereinigungspunkt gesetzlich zu bilden, ihnen eine tätige Einwirkung auf die Verwaltung des Gemein-

---

70 Meyer 1971, S. 17

71 Zum Begriff der städtischen *Bürgergemeinde*: Der Terminus bezeichnet die politisch (durch Steuerzahlung) berechtigten Einwohner einer städtischen Gemeinschaft, die ihr Bürgerrecht durch Geburt, Heirat, Einkauf, Grundbesitz erworben haben. Im 19. Jh. ging, im Rahmen der Munizipalverfassung im Rheinbund und der nachfolgenden Steinschen Städteordnung, die Verwaltung auf die Bürger über und wurde zu einer privatrechtlichen Korporation. Der Begriff der *Einwohnergemeinde* bezeichnet die Gesamtheit aller an einem Ort ansässigen Bewohner, ohne Rücksicht auf ihre politischen Rechte. Der städtischen Gemeinde stand im 19. Jh. der Bürgermeister und ein Gemeinderat vor.

72 Dies zeigt sich z.B. in dem Bestreben, in Duisburg durch eine Bündelung aller sozialen Hilfsarbeit der Stadt in einem allgemeinen Wohlfahrtsverein Ressourcen freizusetzen (vgl. StADU 10/4279, *Duisburger Kreisblatt*. 5. Jg., Nr. 100, Donnerstag, den 16.12.1841).

wesens beizulegen und durch diese Teilnahme Gemeinsinn zu erregen und zu erhalten."[73]

Alle der neuen Kommunalverfassung zuwiderlaufenden Bestimmungen des ALR wurden aufgehoben. Spätere Rechtsreformen der Städteordnung förderten die kommunal- und sozialpolitischen Entwicklungen. Ab den 1850er-Jahren entstand für den Bereich der evangelischen Vereine ein reger Austausch in den Angelegenheiten der Jugendfürsorge und der Jugendpflege, der schnell überkonfessionell ausgeweitet wurde. Diese Tendenz war allgemein und berührt auch – wie unten gezeigt wird – den thematischen Schwerpunkt der vorliegenden Arbeit. Regionale Städtetage wurden in den 1860er-Jahren gegründet. Insgesamt sind die *Sozialstadt* und die in ihr angestrengten bürgerlichen Sozialreformen dem *Sozialstaat* vorausgegangen.[74] Die städtische Sozialpolitik, das heißt die wahrgenommene Sozialverpflichtung der bürgerlichen Gemeinde war während des 19. Jahrhunderts, nicht nur im Wilhelminischen Deutschland, wie Sachße betont, sondern viel eher „in vielerlei Hinsicht Vorläufer und Experimentierfeld des modernen Wohlfahrtsstaates."[75] Auf kommunaler Ebene wurde – wie beim Staat, nicht ohne widersprüchliche Entwicklungen und die Tendenz der Bürgermeister und Gemeinderäte, soziale und sich daraus ergebende finanzielle Verpflichtungen lange zurückzuweisen – schon im frühen 19. Jahrhundert sukzessive die soziale Infrastruktur ausgebaut, an die gleichermaßen die frühe moderne Jugendhilfe wie das gesamte staatliche Wohlfahrtswesen des 20. Jahrhunderts anknüpfen konnten. Von daher ist die kommunale, bürgerliche Sozialreform als ein Ausgangspunkt öffentlicher Sozialpolitik anzusehen. Der in der vorliegenden Untersuchung verwandte Terminus der *Sozialpolitik* meint *alle* Bereiche der Daseinsfürsorge, der Vor- und Nachsorge[76]: die Schaffung einschlägiger Bestimmungen (Verordnungen und Vorschriften im juristischen Sinn) durch die Kommunalparlamente und die daraus folgenden sozialpolitischen Institutionen ebenso wie auch die Gesamtheit der sozialpolitischen Maßnahmen, die sich von der Armenfürsorge, bürgerlichen Sonntagsschulen als schulgeldfreie Nachschulen zur Verbesserung beruflicher Zukunftschancen, über den Arbeitsschutz in den Fabriken, betriebliche Krankenkassen, Wohnungsbaugesellschaften, betriebliche Spar- und Darlehenskassen, Konsumvereine bis hin zum Ausbau der Bildungseinrichtungen und städtischen Sparkassen, Leih- und Pfandhäuser sowie der städtischen

---

73 Zit. bei Gundermann 1994, S. 98
74 Vgl. Reulecke 1995
75 Sachße/Tennstedt 1998 (Bd. 1), S. 147
76 Der Begriff der *Daseinsvorsorge* geht auf Ernst Forsthoff zurück, der als Staats- und Verwaltungsrechtler mit dem Terminus den Sachverhalt des Munizipalsozialismus eindeutiger und parteipolitisch neutraler zu umschreiben suchte. Hiermit legte er die Basis zu einem systematischen Verständnis von *sozialer Daseinsvorsorge*, als einer zentralen Aufgabe öffentlicher, insbesondere kommunaler Verwaltung (vgl. ders. 1964; ders. 1938; ders. 1966).

Wirtschaftsbetriebe in der zweiten Jahrhunderthälfte erstrecken. Alle diese lokalen, bürgerlichen (kommunalen, verbandlichen und betrieblichen) Einrichtungen dienten erstens dazu, die traditionelle Armenfürsorge zu entlasten und waren zweitens darauf angelegt, die Bürger vor Not und Armut zu schützen; dies gilt natürlich insbesondere für die Zeit um die Jahrhundertwende bis zum Ersten Weltkrieg. Ein weit gefasster und früh verorteter Begriff der *Sozialpolitik* wird der Tatsache gerecht, dass im 19. Jahrhundert die Kommune auf der Grundlage der oben beschriebenen Bipolarität von Staat und Gesellschaft, Öffentlichkeit und Gegenöffentlichkeit, nicht als Teil des Staates, sondern vielmehr der bürgerlichen Gesellschaft betrachtet wurde. Wenn sich innerhalb der Organisationsform der Stadtgemeinde „Einrichtungen und Aktivitäten der Daseinsvorsorge entwickelten, dann sind sie als Selbstorganisation der Gesellschaft zu interpretieren, womit die institutionelle Gemeinde im gleichen Raum stand wie andere Organisationen der Selbsthilfe ..., wie Hilfs-Vereine, Versicherungen auf Gegenseitigkeit, Genossenschaften"[77].

Der Begriff der *Sozialreform* meint sozialpolitische Bestrebungen seit dem Ende der Freiheitskriege, häufig begleitet von pragmatischen (sozialpädagogischen) Ansätzen einschlägiger Reformen. Diese geschahen meist in bürgerlichen Vereinen. *Soziale Reformen* greifen seitdem mit neuen Methoden und Institutionen soziale Verhältnisse auf, die als ungenügend, veraltet und als ungerecht empfunden werden. Sozialreformen richten sich auf die Veränderung bestimmter Aspekte der Gesellschaftsordnung und befassen sich mit spezifischen Formen von Ungleichheit. Das unterscheidende Merkmal der sozialen Reform gegenüber der Revolution ist, dass erste auf Grund vor sich gehender politischer und ökonomischer Wandlungen, dem bestehenden gesellschaftlichen Gesamtsystem durch Anpassung an veränderte Ausgangslagen neue Stabilität geben wollen.[78] Ein moderner Begriff, der dem Terminus der Sozialreform entspricht, ist der der *sozialen Bewegung*.[79] Soziale Bewegungen oder Sozialreformbestrebungen sind ein Merkmal der bürgerlichen Gesellschaft. Sie sind ein kollektiver Versuch zur Förderung gemeinsamer Interessen oder eines gemeinsamen Zieles. Eine Trennlinie zwischen sozialen Bewegungen und formalen Organisationen ist nicht immer exakt zu ziehen. Häufig entwickeln sich solche in bürgerlichen Assoziationsprozessen zur Organisation. Reformbestrebungen der Wirtschafts- und Bildungsbürger des frühen 19. Jahrhunderts entsprachen als eine Spielart des vormärzlichen, praktischen Sozialismus genau dem, was Karl Heinrich Marx (1818–1883) und Friedrich Engels im Kommunistischen Manifest 1848 abschätzig als *konservativen Sozialismus* oder *Bourgeois-Sozialismus* bezeichnet hatten. Das Konzept bürgerlicher So-

---

77 Hofmann/Ludwig 1995, S. 290
78 Vgl. Luxemburg 1992 (Bd. III), S. 85; Kramer 1971
79 Vgl. Giddens 1995, S. 680ff.

zialreformen wurde von beiden kritisiert. Soziale Reformen bedeuten grundsätzlich eine behutsame Bewegung innerhalb der gegebenen Gesellschaftsform. Damit sind soziale Reformen wesentlich verschieden von der Revolution. Die bürgerlichen Reformer strebten einzig die Schaffung adäquater und für alle gleich geltende gute Lebensbedingungen in der modernen Wirtschaftsgesellschaft an.[80]

Sofern sie Freimaurer waren, waren sie für die Aufhebung ständischer Schranken. Sie wollten bürgerliche Freiheiten, das heißt Freiheit von äußerem Zwang (liberale Freiheitsrechte), die mit der Wendung *Freiheit zu* (Selbstverwaltung, Aufhebung adeliger Privilegien, mehr gesellschaftlicher Mobilität et cetera) angedeutet werden soll, und setzten auf ein liberal-demokratisches Gesellschaftskonzept. Dabei meinten sie nicht eine Demokratie der sozialen Rechte (*Chancengleichheit, aber nicht Gleichheit*). Damit verbunden war ein bestimmtes Konzept des Staatsbürgers, wonach subjektive (negative) Rechte einen Optionsspielraum gewähren. Sie lehnten wie die meisten Reformkräfte in Deutschland die Französische Revolution von 1789, den Sozialismus und Kommunismus ab. Diese hatten die Nivellierung aller Ungleichheit gefordert. Die Freimaurer meinten an Stelle von sozialer Gleichheit ohne Standes- oder Rangunterschiede eine Gesellschaft der *bürgerlichen Ordnung*, die bei prinzipieller Offenheit die Chancen auf eine bürgerliche Existenz bei allen gesellschaftlichen Unterschiede anerkannte (Modell der Gleichrangigkeit des unterschiedlichen Menschseins). Die Wohlfahrts- und Bildungseinrichtungen, die sie schufen, waren eine Institution, die *für* die bürgerliche Gesellschaft erzog und jedem die bürgerliche Existenz ermöglichen wollte, der leistungsbereit und selbsttätig war. Ihre sozialen Institutionen zielten darauf ab, jedem Einzelnen das Bewusstsein zu geben, *er könne mit Rat und Tat in seinem näheren oder einem größeren Kreis für das Wohl des Ganzen wirken*, und zudem seine individuellen Ziele und Lebenspläne verwirklichen, falls nur die Kraft und der Wille dazu vorhanden wären. Und diese innere Kraft sahen die Freimaurer in der Ermöglichung des Gefühls der menschlichen Würde auch für die Ärmsten. Das ist gemeint mit der von ihnen unterstrichenen Gleichrangigkeit: das gleiche Gefühl eigener Menschenwürde. Die zu erlangen, setzte für Freimaurer die Öffnung der Gesellschaft für die Entwicklungschancen für alle Menschen voraus. Das heißt, das liberale Demokratiekonzept beinhaltet *Solidarität* als Quelle gesellschaftlicher Integration. Erlangung von sittlicher, intellektueller und ästhetischer Bildung und materiellem Eigentum sind in diesem Zusammenhang zentrale Elemente. Erst hierdurch sahen sie die Möglichkeit der wirklichen Emanzipation der Proletarier. Die Freimaurer des 19. Jahrhunderts folgten einem liberalen Bürgerverständnis mit republikanischem Einschlag. Die-

---

80 Der Soziologe Neil Smelser nennt sechs Vorbedingungen für soziale Bewegungen, die ausnahmslos auf die bürgerliche Sozialreform des Vormärz zutreffen (vgl. Smelser 1972).

ses Verständnis wird deutlich an der ethischen Überfrachtung der Gesellschaftsauffassung. Gesellschaftspolitik wurde, ähnlich wie heute in den USA, als Reflexionsform des sittlichen Lebenszusammenhangs begriffen. Zudem neigten die prinzipiell liberalen Freimaurer tendenziell zu einer Auffassung objektiver Rechtsordnung. Darin unterschieden sie sich von den einseitig Wirtschaftsliberalen, welche die Basis der Rechtsordnung im Individuellen sahen. Während der liberale Demokratieprozess allein in der Form des Interessenkompromisses besteht, sahen die Freimaurer den demokratischen Prozess als ethische Verständigungsform an. Die ersten Initiativen zur Sozialreform des Wirtschaftsbürgertums wurde auf dem Vehikel der ökonomischen Entwicklung vorangetrieben. Diese Strategie, eine Veränderung der sozialen und politischen Wirklichkeit zunächst nur auf einer Ebene, nämlich auf derjenigen, wo die wenigsten Widerstände zu erwarten sind, zu erreichen, beschreibt man in der Politikwissenschaft üblicherweise mit dem Stichwort *Theorie des Funktionalismus*.[81] Ihre bürgerliche Welt stellten sich die Freimaurer „als die beste Welt vor"[82], Proletarier sollten für diese gerettet oder gewonnen werden. Rudolf Bauer, der sich mit der Geschichte der Wohlfahrt, ihrer Träger und Funktion in Deutschland intensiv befasst hat, spitzt diesen Tatbestand wie folgt zu:

> „Deshalb hat das städtische Besitz- und Bildungsbürgertum auch nichts unterlassen, um der vom Land in die Stadt kommenden lohnarbeitenden Bevölkerung diejenigen Vorstellungen von Heim und Heil, auf denen sein Selbstverständnis und die Sinngebung der bürgerlichen Lebensweise beruhte, nahezubringen bzw. aufzuzwingen. Missionarisch, pädagogisch, wissenschaftlich und wohltätig oder gegen den Widerstand und *Eigensinn* der Lohnarbeiter – mit den Mitteln der rechtlich- und polizei-öffentlichen Gewalt."[83]

So richtig diese Diagnose ist, so wenig kann man undifferenziert von einer Okkupation des *proletarischen* Lebens durch bürgerliche Normen und Sitten sprechen. Mit ihren Gesellschaftsvorstellung haben bürgerliche Sozialreformer nicht nur Einfluss auf die so genannte Unterschicht genommen, sondern sie haben zudem feudale Strukturen zurückgedrängt und ständische Grenzen aufgelöst. Soziale Reformen verändern letztlich die gesamtgesellschaftliche Wirklichkeit. Während sie zunächst nur in Teilbereichen der Gesellschaft zu wir-

---

81 Der der Soziologie entnommene Begriff der *Funktion* meint in diesem Kontext „die Leistung eines Elements zur Herstellung oder Erhaltung eines bestimmten Systemzustandes" (Nohlen 1991, S. 181). Mit *Funktion* sind weiter diejenigen beobachtbaren Folgen eines sozialen Systems gemeint, welche die Anpassung oder Regulierung eines gegebenen Systems fördern (vgl. ebd., S. 183; Schmid 1974; Beyme/Offe 1996); hinsichtlich des Demokratiebegriffs: vgl. Habermas 1999, S. 277ff.; Schumpeter 1946.
82 Marx/Engels 1972, S. 488
83 Bauer 1988, S. 20

ken beginnen, lösen sie in der Regel langfristig Wandlungsprozesse aus, die letztlich zu gravierenden Systemveränderungen führen können.

Eng verknüpft mit den oben untersuchten Begriffen ist jener der *Fürsorge*. Fürsorge hat übereinstimmend mit *Sozialpädagogik, Sozialpolitik* und *Sozialreform* Anteile der Daseinsvor- und Daseinsnachsorge. Der Begriff veränderte sich seit dem Mittelalter und hatte zum Beginn der Neuzeit eine neue Bedeutung gewonnen. Vor allem mit der einsetzenden Modernisierung im frühen 19. Jahrhundert erhielt der Terminus einen gewandelten inhaltlichen Akzent. *Fürsorge* beschreibt eine *soziale*, aber eher privatwirtschaftliche Handlungsweise und Haltung des Handelnden. Im Verlauf des 19. Jahrhunderts wandelte sich der mit dem Begriff angesprochene Zweck zur Wohlfahrtspflege. Dem neueren Inhalt lag wiederum ein Modernisierungsschub zu Grunde, wobei vor allem die Tendenz zur Rationalisierung (Spezialisierung, rechtlichen Normierung und Verwissenschaftlichung) der alten Fürsorge eine ausschlaggebende Rolle spielten.[84] Scherpner beschreibt den Wandel vom Mittelalter zum frühen 19. Jahrhundert. Er kennzeichnet das Wesentliche der modernen Fürsorge; diese erscheint bei ihm ab dem 19. Jahrhundert, wie Sozialpolitik als *Funktion der Gemeinschaft*, besser: als Aufgabe der modernen (Industrie-)Gesellschaft.

> „Der einfachste Grundtatbestand, um den es sich bei der Fürsorge handelt, ist die Hilfeleistung. Es gibt in ihrem Rahmen kein Handeln, das nicht auf Hilfe abzielt. Auch wenn es nur ein technisch-organisatorisches Verwaltungshandeln ist, so ist auch dieses technische Hilfshandeln, die Aktenführung oder was im einzelnen sein mag, abgezielt auf die Hilfeleistung. Diese Feststellung bleibt noch ganz im Formalen und sieht vorläufig ab von besonderen geschichtlichen Situationen und vom Inhalt der Hilfeleistung.“[85]

Wie schon bei der Erläuterung des Begriffs der Sozialpädagogik deutlich geworden ist, steht die Kategorie der *Fürsorge* erstens in einem sozialen Raum und ist mithin eine soziale Kategorie. Und zweitens ist der Akt der sozialen Hilfe bestimmt durch den sozialen Ort und die gesellschaftliche Situation, in der sie geschieht. Die *Fürsorge* und ihre Ziele in der *industriellen* Gesellschaft unterscheiden sich von allen vorherigen Formen sozialer Fürsorge. Im Zeitalter der *großen Industrie* und der die Moderne kennzeichnenden Phänomene wird die Fürsorge rationalen Zielen untergeordnet und geschieht in neuen Institutionen des Helfens, zum Beispiel in Zweckvereinen. Sie ist nicht zufällig wie die Mildtätigkeit des Mittelalters, sondern im Gegenteil nach vernünftiglogischen Kriterien organisiert. Der fürsorgerischen Hilfe der Neuzeit ist der auch schon im Begriff der Sozialpädagogik enthaltene Doppelcharakter eigen.

---

84 Vgl. Sachße 1994, S. 48ff. Eine Form der Spezialisierung war die *Jugendwohlfahrt* als selbstständiges rechtliches Gebiet.
85 Scherpner 1974, S. 122

„Sie entstammt der Sorge für die Glieder der Gemeinschaft, die sich in der Gemeinschaft nicht halten können, sie entstammt aber auch genauso der Sorge für die Existenz der Gemeinschaft, die dadurch gefährdet ist, dass einzelne Glieder oder eine größere Zahl von Gliedern sich nicht halten können. Weder der eine noch der andere Gesichtspunkt kann ohne den anderen existieren."[86]

Eine Sonderform der sozialen Hilfe ist die *erzieherische Hilfe*. Scherpner unterscheidet zwei Grundformen der Hilfsbedürftigkeit, die einmal in materieller Not besteht, die sich gerade im 19. Jahrhundert wechselseitig mit der geistigen Besitzlosigkeit ergänzt beziehungsweise hier begründet ist. Die zweite Grundform folgt aus der ersten und besteht in der Unzulänglichkeit gegenüber der sittlichen Ordnung der Gesellschaft. In den in dieser Arbeit herangezogenen Quellen wird vorwiegend von erzieherischer Hilfsbedürftigkeit gesprochen, die ansetzt an einer so genannten *sittlichen Verwahrlosung* der Klienten. Aus diesen Texten ergibt sich ein Weiteres: Fürsorge als soziale Hilfe wird wesentlich bestimmt durch die Haltung des sozialen Helfers. Diese ist durch inneres Engagement für die Sache und durch das Interesse am persönlichen Einsatz für die Erhaltung des Hilfesuchenden geprägt. Die Haltung lässt sich durch Verantwortung für den Hilfsbedürftigen und das echte Interesse an der Lage der betreffenden Person charakterisieren. Der sozialen Fürsorge des frühen 19. Jahrhunderts liegt bekanntermaßen auch die Erforschung der persönlichen Lage der Hilfsbedürftigen zu Grunde. Damit ist nicht nur die Erfassung der Wesensart und damit der Schwachpunkte der Hilfsbedürftigen gemeint, sondern zugleich die Beachtung „der gesellschaftlichen Situation in seinem ganzen Lebensumkreis"[87], einschließlich der familiären Situation. Dies wird seitdem als „der erste Anfang zur Hilfe"[88] betrachtet. Moderne Fürsorge im 19. Jahrhundert geschah in der Regel zunächst nicht in amtlich vorgegebenen Strukturen, so zum Beispiel die traditionelle Armenfürsorge; stattdessen waren die Träger fürsorgerische Unternehmer, Initiatoren und Stifter unternehmerischer Institutionen, deren Zielsetzung auf diesem Gebiet nicht profitorientiert war, sondern den Willen zu helfen ausdrückte. „Der erste markante Vertreter dieses neuen Typus der persönlichen Hilfe war August Hermann Francke, der pietistische Gründer des Halleschen Waisenhauses."[89]

Mit Francke (1663–1727) begann eine Entwicklung, die Max Weber eingehend beschrieben hat und die im Folgenden hinsichtlich ihrer Bedeutung im Feld der Sozialpädagogik detailliert erörtert werden muss, weil sie die von Weber beschriebene *Wahlverwandtschaft* protestantischer Ethik mit dem

---

86 Ebd., S. 128
87 Ebd., S. 190
88 Ebd., S. 191
89 Ebd., S. 164

Geist des Unternehmertums und Kapitalismus aufweist. Damit wandelte sich die Unwägbarkeit des Almosen, deren Spende eher zufällig vom Aufeinandertreffen des Almosenempfängers und -gebers abhing, und es setzte die Rationalisierung durch gesetzte Mittel und Zeitpunkt ihrer Gabe ein. Die von Francke vertretene realistische, aktive Richtung des protestantischen Pietismus hatte das Ziel, die Welt und ihre politischen sowie sozialen Verhältnisse planmäßig zu verändern. Dort trat neben der fraglos gläubigen Haltung gegenüber dem Willen Gottes erstmals der Geist des Unternehmertums in Erscheinung, der die Wirtschafts- und zugleich Sozialunternehmer des späten 18. und frühen 19. Jahrhunderts sozialpolitische Bedeutung gewinnen ließ: eben die Tendenz zur Rationalisierung der sozialen Fürsorge. Auch Francke hatte jeden Schritt im Ausbau der Anstalten auf ihre Zweckmäßigkeit und auf das Ziel der Hilfe hin überprüft. Wie die späteren Stifter sozialer Einrichtungen, so hat auch er sich nicht nur von seinen Vorstellungen und Erfahrungen leiten lassen, sondern er ließ sich zudem beraten und sammelte, zum Teil im Ausland, nötige Informationen. Dieses planmäßige, reflektierte Vorgehen wird später insbesondere fast alle Stifter sozialer Einrichtungen mit evangelischer, vor allem calvinistischer, Herkunft auszeichnen. Die private Initiative und Risikobereitschaft, die persönliche Hingabe, etwas ohne die Absicherung der Gesellschaft zu beginnen, hat bei vielen der Stifter und Organisatoren erst zu der Lebensleistung geführt, die sie im Nachhinein auszeichnet. Erst als die von Weber beschriebene Wahlverwandtschaft eine entsprechende Form gewann, zeichneten sich die sozialen Einrichtungen regelmäßiger auch durch ökonomische Stärke aus. Zuvor erlitten viele Stifter einen wirtschaftlichen Ruin beziehungsweise konnten vor diesem Scheitern nur durch das Eingreifen anderer bewahrt werden. Die Übernahme der Fürsorgepflicht und ihre organisatorische Leitung durch die Kommunen führten dann später zu vermehrten Innovationen in diesem Bereich und zum Ausbau der Wohlfahrtspflege. Neben der eigentlichen, also städtischen Armenfürsorge entstanden zunächst privat organisierte Sonderbereiche der Armenpflege, die der effektiveren Abwendung oder Verhinderung sozialer Not dienten. Diese Institutionen der sozialen Fürsorge des 19. Jahrhunderts, die sich durch planmäßige Organisation auszeichneten, veränderten gegenüber frühneuzeitlichen Institutionen folgerichtig die Strategie. Während die eigentliche Idee weiterhin auf die Kreativität eines Einzelnen beruhte, bildeten sich entweder schon in der Stiftungsphase oder spätestens in den ersten Jahren dieses Engagements entsprechende Zweckvereine. Die Verantwortung, die bei den ersten großen Stifterpersönlichkeiten in einer Hand zusammengefasst war, „trug in der organisierten Armenpflege der damaligen Zeit die Gemeinschaft der Stadt"[90] in Form eines Bürgervereins oder einer städtischen Trägerschaft. Damit wurden die Organisation, finanzielle Belastung und Ver-

---

90 Scherpner 1974, S. 166

antwortung auf mehrere Schultern verteilt. Im Liberalismus des Vormärz ist der notwendige Raum dieser auf christlicher oder bürgerlicher Grundlage beruhenden Hilfsbereitschaft entstanden. Die privaten Kräfte haben immer die Form der *freien Assoziation*, des Vereins, gewählt. Die anfängliche Form des bürgerlichen Ehrenamtes, mithin der freiwilligen Hingabe, wurde auf Grund der weiter wachsenden Notwendigkeit sozialer Fürsorge über die Rationalisierung des frühen Jahrhunderts weiter gewandelt. Im späten 19. Jahrhundert tritt im Rahmen der Differenzierung des sozialen Fürsorgewesens immer weiter die Verberuflichung und Spezialisierung des beruflichen Helferwesens.

Ein weiterer wichtiger Terminus im Kontext *sozialer Arbeit* im Vormärz ist jener der *Sittlichkeit*. Erziehung ist Versittlichung, Enkulturation, Disziplinierung. Neben diesem engeren Kontext steht der Begriff in einem Konnex mit den oben genannten Kategorien, weil *Sozialpädagogik*, *Sozialpolitik*, *Fürsorge*, *Sozialreform* und auch das Phänomen der *Modernisierung* der Gesellschaft immer nur auf der Basis sittlicher Ordnung geschehen können. Sittlichkeit umgreift dabei immer auch den Aspekt der inneren Motivation und der freien Persönlichkeit des Helfenden wie des Adressaten der Hilfe. Er ist ein originär pädagogischer Terminus. Erziehung und Bildung stehen immer unter dem Prinzip der *Sittlichkeit*. So findet man die Erziehung zur Sittlichkeit als eines der zentralen Themen bei Pestalozzi. Er legitimierte hiermit sogar die strengsten Strafen; unter dem Stichwort *Meisterrecht* werden bei Pestalozzi sogar gegenwärtige, kindliche Bedürfnisse zukünftigen Zielen geopfert. Der Weg zur Sittlichkeit geht über die Selbstüberwindung. Sie ist in diesem Zusammenhang die unumgängliche Tugend. Im Brockhaus ist Sittlichkeit als „das Verhalten, Wollen und Denken freier Menschen, sofern es unter unbedingten, d.h. letzten, von keiner weiteren Bedingung abhängigen Normen steht"[91], definiert. Sittlichkeit bezeichnet also die freie Entscheidungsmöglichkeit des Menschen für das Wahre und Gute. Sittliche Erziehung kann nicht eo ipso als Indoktrination, als Anpassung verstanden werden, sondern als Hilfe zur Personwerdung, als Fähigkeit, sich selbstverantwortlich und sittlich begründet für ein Handeln zu entscheiden. Sittlichkeit ist der Grundcharakter des Verhaltens freier Wesen. Im Prozess der *allgemeinen Menschenbildung*, in dem es darum geht, der heranwachsenden Generation diejenigen Kenntnisse, Fähigkeiten, insbesondere Haltungen und auf die soziale Gemeinschaft gerichtete Einstellungen zu vermitteln, deren Beherrschung historisch jeweils als notwendig und unentbehrlich gilt, steht im Gegensatz zum Unterricht zunächst nicht Inhaltliches im Vordergrund, sondern die *Anregung* zur *Sittlichkeit*, zu einer inneren Haltung im Anspruch des Kantischen *Sollens*.[92] In der Erziehung und Bildung geht es

---

91 Brockhaus Enzyklopädie (Bd. 17) 1973, S. 468
92 Durch den inneren Bezug des Terminus der *Allgemeinen Menschenbildung* zu den Fähigkeiten und Kompetenzen, die gesellschaftliche Handlungsfähigkeit gewährleisten, wird

um die Haltung, um den Charakter des Menschen, um die Art, wie er seine Eigenschaften entwickelt und die einzelnen Elemente einander zuordnet. Gerade während der in der Vormärz-Zeit geltenden Vorstellung hinsichtlich der Menschenbildung zielten Pädagogen nicht einseitig auf die Vermehrung des brauchbaren Wissens, die Einsicht äußerer Zusammenhänge und auf das erhöhte Verstehen ab, sondern auf das *rechte Wollen* der Schüler. Die Vermehrung des brauchbaren Wissens, nutzbarer Kulturtechniken, wie Lesen, Schreiben und Rechen verweisen auf tiefere Schichten der Persönlichkeitsentwicklung. So formulierte 1836 der Duisburger Sonntagsschulleiter Dietrich Landfermann den sozialpolitischen und sozialpädagogischen Zweck der Sonntagsschule, dass es zunächst notwendig sei, den „jungen Leuten es möglich zu machen", die in ihrem selbstständigen Leben als Staatsbürger im Privaten wie im Beruflichen notwendige Schriftlichkeit zu erwerben, dass es aber ein Weiteres sei, ihnen bei „der nöthigen Ordnung, Klarheit, Zusammenhang und Richtigkeit der Gedanken"[93] zu helfen. Hier werden beide Funktionen der Versittlichung deutlich: neben dem Erlernen vorgegebener sozialer Regeln nennt er die unbedingte Notwendigkeit des weiteren, über das Einzelne hinausgehenden Zieles: das Vermögen zum Erfassen und Verstehen logischer Zusammenhänge, des Urteilens sowie das Gewinnen einer Haltung zu den Dingen. In den vorgefundenen Schriften und Reden Landfermanns wie in den zur Verfügung stehenden anderen Quellen wird die Fähigkeit zum selbstständigen Denken angeführt, das die Autonomie erhöhe und darüber hinaus zur letzten aller Sonntagsschulintentionen, zur autonomen Sittlichkeit führe. Er wird ergänzt durch einen Duisburger Kollegen, der aus seiner Sicht verdeutlicht, dass es erst in der Zeit der Sonntagsschule, also in der Zeit des frühen Erwachsenenalters zwischen 14 und 25, darauf ankäme, „jene Bestimmtheit, Kraft, Schärfe und Klarheit"[94] zu erlangen, „welche für die höhere Denkthätigkeit zum sicheren Kombinieren und Abstrahieren, zur gewandten Bildung von Begriffen, Urteilen, Schlüssen etc. erforderlich sind".[95] Daher sei es Aufgabe der Sonntagsschule, die Selbstständigkeit im Denken zu fördern, um die jungen Menschen in die höchste Form des Menschlichen, in den Zustand der Sittlichkeit zu geleiten, der erst die Gesellschaft ermögliche. Diese Festlegung des *freien* Willens, die das Subjekt unter Anleitung des Pädagogen *selbst* durch Reflexion des eigenen Bewusstseins analysiert, entwickelt sich in ihm als ein *innerer Impe-*

---

deutlich, dass sich diese nicht ausschließlich auf Schulbildung und lexikalisches Wissen beschränkt, sondern auf die Ausbildung der allseitigen Fähigkeiten, die den Menschen zu einem selbstständigen, unabhängigen Wesen macht. Damit gewinnt der Begriff eine gewisse sozialpädagogische Bedeutung, weil dem Terminus ein Element sozialer Auseinandersetzung innewohnt.

93 StADU 10/4279, Bl. 32a
94 Armstroff 1882, S. 13
95 Ebd.

rativ, als eine Regel, die das Ich objektiv zum sittlichen Handeln nötigt. Alle im Rahmen dieser Studie untersuchten Quellen und Dokumente weisen auf dieses Ziel der Erziehung hin.

Der *pädagogische* Begriff der Sittlichkeit geht auf Kant wie auf Schleiermacher zurück und bezeichnet das Ganze der Ethik. Es geht dabei also nicht um die religiösen Gebote, die äußere Sitte oder das Verhalten und eine darauf bezogene Enkulturation. Sittliche Erziehung besitzt keinen ulitaristischen, kasuistischen Charakter. Der Begriff der *Sittlichkeit* oder der Erziehung zur Sittlichkeit muss dabei in seiner sozialen Dimension gesehen werden. Entsprechend ist für Lange *Sittlichkeit* nicht anderes als das *soziale Gleichgewicht* in der Gesellschaft.[96] Das Gegenüber sieht er im Egoismus des Liberalismus des 19. Jahrhunderts. Dieser zerstöre erst die Basis aller Sittlichkeit, „weil dieses Prinzip zwangsläufig zu einer atomisierenden Auffassung der Gesellschaft führen muss, bei der alle sittlichen Motive wegfallen"[97]. Daher sieht er den Grundsatz des *laissez faire, laissez aller* der Freihandelspolitik als falsch an, da für ihn unter der Lehre der Harmonie der Kräfte und Interessen alles Sittliche zu Grunde gehen müsse. Der Mensch werde zum Einzelkämpfer und unsozialen Wesen. Menschliche Vervollkommnung in menschlicher Genossenschaft setzt Lange als Erziehungsziel. Sittlichkeit als Erziehungsziel korrespondiert mit ähnlichen Zielen, die gleichermaßen Voraussetzung wie Folge sind: Autonomie, Selbstbestimmung, Emanzipation. Schon Kant begründet sittliche Erziehung eindeutig mit Blick auf diese Zusammenhänge. Staatswissenschaftler, Nationalökonomen wie Pädagogen waren sich im 19. Jahrhundert weitgehend darin einig, dass die Auswirkungen der *Entsittlichung* der in den Industriezentren aufwachsenden Jugend, herrührend von den schlechten Lebens- und Arbeitsbedingungen, neben den persönlichen Auswirkungen wie Unfreiheit, Benachteiligung, soziale Randständigkeit et cetera, auch wirtschaftliche und staatspolitische Folgen hatte. Obwohl schon in der Antike zum Thema gemacht, ist das pädagogische Problem der Sittlichkeit des 19. Jahrhunderts an das Phänomen der beschleunigten Veränderungen im Modernisierungsprozess gekoppelt. Fraglos kann sittliche Erziehung nur dann geschehen, wenn das gesellschaftliche Leben *in Ordnung* ist, wenn das Leben von Selbstverständlichkeiten beherrscht ist. Schwierigkeiten entstehen mit der Unordnung im gesellschaftlichen Leben, mit dem *Umsturz aller Werte* und der allgemeinen Desorientierung. Entsprechend hat Gertrud Staewen-Ordemann die verwahrloste Jugend der Jahrhundertwende die „Menschen der Unordnung"[98] genannt. Sittliche Verwahrlosung und erzieherische Hilfsbedürftigkeit entspringen der mangelnden Kompetenz vor allem der heranwachsenden Menschen gegen-

---

96 Vgl. Lange 1866, S. 521ff.
97 Grebe 1965, S. 19
98 Staewen-Ordemann 1933, S. 93

über der sittlichen Ordnung des Gemeinschaftslebens. Das Versagen erzieherischer oder sozialisatorischer Instanzen führte zur Überforderung gegenüber den ethischen Normen der Gesellschaft. „Im Endstadion versagt der Verwahrlosende nicht nur gegenüber den Anforderungen, die von der Werteordnung der Gesamtheit an ihn gestellt werden, er versagt sich ihnen überhaupt."[99] Er entflieht der sozialen Gemeinschaft durch entsprechendes Verhalten und wird dadurch unfrei im persönlichen Verhalten und in der Lebensgestaltung. Der Jugendliche wurde durch seine soziale Situation und seine zunehmende Handlungsunfähigkeit *im* sozialen System zum Feind der sozialen Ordnung, der Konvention. Der Tendenz zur Verwahrlosung sollte durch erzieherische Maßnahmen begegnet werden. Die einseitige intellektuelle und zweckgerichtete Bildung der Jugend wurde abgelehnt. Die *Bildung* im neuhumanistischen Sinn wurde aber *zweckmäßig* gepaart mit ästhetischer, logischer, ethischer *und* gewerblicher Erziehung. Das pädagogische Handeln der Erzieher zielte unter dem Aspekt des Nützlichen auf die Einsicht in das *Gute* schlechthin und die praktische Vernunft. Sittliche Haltung als Ziel der Menschenbildung ist dabei identisch mit dem grundsätzlichen Bekenntnis zur *Lebensaufgabe*.[100] „Sittlichkeit äußert sich notwendig als geistiges Prinzip der Selbstgestaltung, als Tüchtigkeit im Weltverhalten und als Frömmigkeit im religiösen Zusammenhang."[101]

3. Zur etablierten Sozialpädagogik- und Sozialpolitikforschung

In seiner Schrift zu den *Ursprüngen der Sozialpädagogik* zeigt Mollenhauer, „wie in den ersten drei Jahrzehnten des 19. Jahrhunderts aus dem klassischen pädagogischen Ideengut, aus gesellschaftlicher Umstrukturierung und aus bürgerlich-romantischen Gemeinschaftsideologien jener Zusammenhang von Theorien und Institutionen entstand, der in unserem Jahrhundert dann *Sozialpädagogik* hieß."[102]

In dem Kapitel zu den sozialpädagogischen Institutionen weist er explizit auf die bürgerlichen *Sonntagsschulen* als sozialpädagogische Einrichtungen hin, die – nach dem Ende der Napoleonischen Ära und als Antwort auf die durch den Modernisierungsschub ab 1808 entstandenen sozialen Probleme – neben den religiösen Einrichtungen zumeist pietistischer Provenienz (Sonntagsschulen, Erbauungsvereine, Jünglingsvereine, Erziehungsvereine und Rettungshäuser), sich „realistischer als jene, an die realen Erfordernisse des sich neu

---

99 Scherpner 1974, S. 128
100 Die Bedeutung des Begriffes der *Lebensaufgabe* wird im Weiteren entwickelt werden.
101 Kleinert 1951 (Bd. 3), S. 662

formenden Erwerbslebens anschloß[en] und in dem eine intellektuelle Orientierung in der immer differenzierter werdenden Gesellschaft erstrebt wurde. Wir meinen die mannigfachen Vereine zur Fortbildung junger Gesellen und Arbeiter, ... die es auf intellektuelle und in einem sehr allgemeinen Sinne sozialethische Bildung abgesehen hatten. Berufliches Fortkommen, Ergänzung der Schulbildung, Bewahrung vor den sittlichen Gefahren der Industrialisierung durch *nützliche und edle Beschäftigung*, gesellige Gemeinsamkeit mit Gleichgesinnten ... [wurden] im allgemeinen als aufgelockerter Abend- oder Sonntagsunterricht durchgeführt. Im Unterschied zu den evangelischen Jünglingsvereinen und der Turnbewegung trat hier die sozialfürsorgerische Absicht deutlich zu Tage: durch *Aufklärung* sollte das intellektuelle und sittliche Niveau der unteren und mittleren Volksschichten gehoben und eine soziale Befriedigung des Proletariats erreicht werden."[103]

Den Zweck dieser frühen sozialpädagogischen Institutionen skizziert Mollenhauer neben der intellektuellen, sittlich-sozialethischen und gewerblichen (Nach-)Bildung und Erziehung, ausdrücklich als „Teilhabe an den neuen gesellschaftlichen und wirtschaftlichen Möglichkeiten"[104]. Weiter weist er darauf hin, dass diese Einrichtungen den „Bedürfnisse[n] der Jugend und [den] Erfordernisse[n] der gesellschaftlich-kulturellen Situation ... – darin sind sich alle sozialpädagogischen Bereiche gleich – [entsprachen, die] von Familie, Schule, und Arbeitsstätte nicht mehr zu leisten war[en]"[105].

Er charakterisiert sie damit als außerfamiliär sowie außerschulisch und -beruflich. Aus den von Mollenhauer genannten Zwecken der Einrichtungen lassen sich die Ziele der Emanzipation und Aufklärung der Adressaten sowie das Ziel der Gesellschaftsveränderung herauslesen.[106] Den Erfolg dieser Einrichtung bewertet er aber als mäßig, weil sie seiner Auffassung nach einer „solchen Überbürdung nicht gewachsen sein"[107] konnten. Er belegt diese Diagnose nicht, mutmaßlich weil ihm entsprechendes Quellenmaterial gefehlt hat. Der Grund dieser abschließenden Feststellung kann auch darin liegen, dass er zwar das eingangs behauptete „Phänomen des sozialpädagogischen Diskurses ... erkannt und systematisch geortet"[108] hat, hierin aber unvollständig blieb und die zeitgenössische theoretische Auseinandersetzung einzelner, in den verschiedenen Handlungsfeldern der Sozialpädagogik Tätiger nicht

---

102 Mollenhauer 1987; Auszug aus dem Abstract, vierte Umschlagseite
103 Ebd., S. 111
104 Ebd., S. 118; vgl. StADU 10/4279, *Duisburger Kreisblatt.* 5. Jahrgang, Nr. 100, vom 16. Dezember 1841, S. 2f.; Seitter 1990
105 Ebd., S. 119
106 Vgl. Preusker 1837, S. 20. Preusker hoffte auf Reformen im Staat, der Gemeinde sowie in der Pädagogik.
107 Ebd.
108 Winkler 1988, S. 339

wahrgenommen hat.[109] Während Mollenhauer dem Phänomen bürgerlicher Sozialreform in einer sehr frühen Phase moderner sozialpädagogischer Historiographie zumindest auf der Spur war, sind diese frühen Institutionen in der Folgezeit von der sozialpädagogischen Geschichtsschreibung kaum beachtet worden. Neben den *Ursprüngen* verweisen wenige Darstellungen unzureichend auf Sozialreformprojekte im Vormärz und insbesondere auf die bürgerlichen Sonntagsschulen.[110] Zusammenfassend wird klar, dass die frühen Einrichtungen der bürgerlichen Sozialreform weitgehend übergangen und ausgeblendet worden sind. Diese Tatsache gilt in gleicher Weise für die wissenschaftliche Literatur der Jahrhundertwende. Dem Historiker Hansjoachim Henning ist 1956 in einem anderen Zusammenhang aufgefallen, dass das sozialpolitische Wirken eines Freimaurers seit den 1820er-, insbesondere in den 1840er-Jahren in höchster staatlicher Position während der zweiten Jahrhunderthälfte kaum Beachtung gefunden hat und auch später nicht gewürdigt wurde[111], obwohl die Sozialpolitik um die Jahrhundertwende jeweils eine exponierte Stellung in der gesellschaftlichen Wahrnehmung hatte. Der Grund für diese Ignoranz liegt in der Verfolgung der Freimaurerei nach ihrer Blütezeit im deutschen Vormärz seit Beginn der *Restauration* und *Demagogenverfolgung* (ab 1849/50) und vor allem im *Kulturkampf* (1871 bis 1887), in dem sie zwischen deutschem Staat und Katholischer Kirche fast vollkommen zerrieben wurde. Die wesentliche Voraussetzung dieser bekannten Auseinandersetzung war die schroffe Frontstellung Papst Pius IX. gegen Liberalismus, Laizismus und Pluralismus und vor allem gegen das sich auf Grund protestantistischer Berufsethik entwickelte ökonomische Gefälle zwischen (kleindeutschem) Protestantismus und (ehemals großdeutschem) Katholizismus. Hier gab es für die römische Kirche gerade auch Anlass, gegen die Freimaurer massiv zu intervenieren. Obwohl das Konzept der bürgerlichen Sonntagsschulpädagogik vor allem im Vormärz breit rezipiert wurde und die Einrichtungen formaliter bis weit ins 20. Jahrhundert bestanden hat und teilweise noch bestehen, wurde der entsprechende Ansatz der Freimaurer regelrecht *vergessen*. Die als *sozialpädagogisch* zu bezeichnende bürgerliche Sonntagsschulpädagogik, die maßgeblich auf den schon genannten Freimaurer Preusker (1786–1871) zurückgeht und, soweit bekannt, nur im Kontext sozialer Arbeit der Logen, freilich in je eigener Ausprägung, angewandt wurde, geriet tatsächlich in Vergessenheit. Während Preusker noch 1852 im zweiten Band Karl Gottlob Hergangs *Pädagogischer Real-Encyclopädie* gemeinsam mit andern Pädagogen „in die Galerie der Ehrwürdi-

---

109 Vgl. ebd.
110 Vgl. Herrmann 1991, S. 159; Baron/Landwehr 1995, S. 13; Sachße/Tennstedt 1998; Wendt 1995, S. 78, 83, 153; Müller 1988; Hering/Münchmeier 2000, S. 27 u.a.
111 Vgl. Henning 1965, S. 536

gen"[112] gestellt wurde, erscheint sein Name später nicht mehr in einschlägigen pädagogischen Standardwerken. Daran hat sich bis heute nichts geändert. In der sozialpädagogischen Aufbruchstimmung der Jahrhundertwende wollte sich kein jugendbewegter oder reformpädagogisch orientierter Pädagoge an Preusker und seine Bedeutung erinnern, obwohl das Konzept der bürgerlichen Sonntagsschulen im Vormärz so modern war, dass die verschiedenen Ziele der Frauenbewegung, der Arbeiterbewegung und der Jugendbewegung der Jahrhundertwende sich in Preuskers theoretischen Reflexionen und praktischem Handlungskonzept wiederfinden. Ein weiterer Grund für die Unterschlagung dieses Aspekts liegt in einem Charakteristikum deutscher Geschichtsschreibung. Deutsche Geschichte wurde und wird noch immer vornehmlich mit Blick auf preußische Verhältnisse geschrieben. Preusker war aber Sachse. Obwohl er die Wahl hatte, preußischer Staatsbürger zu werden, entschied er sich für sein sächsisches Vaterland. Seine Schriften waren in Preußen weit verbreitet; jedoch wurde er nicht als preußischer Pädagoge wahrgenommen und blieb aus diesem Grund später relativ unbeachtet. Ein weiterer Grund kann in der um die Jahrhundertwende beginnenden berufspädagogischen Rezeption der sich differenzierenden Entwicklung des beruflichen Schulwesens liegen. Die bürgerlichen Sonntagsschulen, die sich von Anfang an auch der Gewerbeförderung gewidmet hatten und in den 1860er-Jahren durch Ortsstatut zu Fortbildungsschulen, dem Vorläufer der Berufsschulen, wandelten, wurden um die Jahrhundertwende vornehmlich aus dieser Blickrichtung wahrgenommen. Und da sie als solche vom Kaiserreich gefördert wurden, legte sich eine dichte Schicht berufspädagogisch begründeten Verständnisses über sie. Zwar hatten die Fortbildungsschulen des Kaiserreiches zunächst weniger berufsqualifizierende Funktion, weil sie ihre Bedeutung primär als jugendpolitisch-staatsbürgerliches Instrument gewannen und den politischen Einfluss der Arbeiterbewegung begrenzen sollten.[113] Die damit begonnene Okkupation einer sozialpädagogischen Geschichte durch die Berufspädagogik hat das angesprochene Vergessen dieser frühen sozialpädagogischen Institution begünstigt.[114] Auch die aktuelleren historischen Studien befassen sich wie die meisten älteren Arbeiten in der Regel frühestens mit der Zeit ab der Mitte des 19. Jahrhunderts. Desgleichen berücksichtigen die an die sozialpädagogische Forschung angrenzenden Analysen zur Sozialgeschichte und Sozialpolitik oder einschlägige fachhistorische Arbeiten den hier interessierenden Gegenstand kaum beziehungsweise überhaupt nicht.[115] Der Titel der 1985 von Rüdiger vom Bruch herausgegebenen Monographie *Weder Kommunismus noch Kapitalismus – Bürgerliche Sozialreform*

---

112 Hergang 1858 (Bd. II), S. 421
113 Vgl. Dudek 1996, S. 33
114 Vgl. Bruchhäuser/Lipsmeier 1985
115 Vgl. Jans 1994; Brüchert-Schunk 1994

in Deutschland vom Vormärz bis zur Ära Adenauer suggeriert eine gewisse Vollständigkeit.[116] Bruchs Ansatz besteht darin, dass sich bürgerliche Sozialreform, basierend auf einem engen Zusammenspiel zwischen Unternehmern und Repräsentanten konfessioneller Sozialethik, mit ihrer typischen Organisationsform des bürgerlichen Vereins beziehungsweise der bürgerlichen Stiftung, ab der zweiten Hälfte des 19. Jahrhunderts konstituiert hätte.[117] Auch Reulecke verortet den Beginn bürgerlicher Sozialreform „um die Mitte des 19. Jahrhunderts vorwiegend in Preußen"[118] und betont, diese sei „weitgehend an den 1844 gegründeten Centralverein für das Wohl der arbeitenden Klassen gebunden" gewesen und eine „Reaktion auf die schlesischen Weberaufstände"[119] im selben Jahr. Allerdings räumt er ein, dass diese durch „Unternehmer, Beamte, Gelehrte und Geistliche"[120] aufgenommene Sozialreform an „bereits vor der Revolution von 1848 ... sozialreformerisches Potenzial der Tradition des preußischen Staates, der christlich-pietististischen Sozialethik und der Initiative einzelner Unternehmer"[121] anknüpfen konnte. Insbesondere erwähnenswert ist, dass Reulecke den Beginn sozialer Reformen mit der Hardenberg-Umfrage setzt[122] und als Katalysator solcher Reformbestrebungen nicht nur allgemein die Modernisierung des beginnenden 19. Jahrhunderts nennt, sondern explizit die wahrnehmbaren Folgen der Kinderarbeit ins Feld führt.[123] Trotzdem: Es besteht ein deutlich erkennbares Desiderat in der sozialpädagogischen Forschung zur Frühzeit der sozialpädagogischen Institutionen. Die vorliegende Arbeit will die bestehende Lücke verkleinern und zugleich auf einen enormen Forschungsbedarf deutlich machen.

Neben der Abgrenzung von bisher nicht geleisteten Betrachtungen darüber, *wann* nun das Soziale in die Pädagogik kam, soll jedoch auf ein Werk von Jürgen Reyer (1983) aufmerksam gemacht werden. In „Wenn die Mütter arbeiten gingen ..." wird die Entwicklung der Kleinkinderschulen ab den 1830-er Jahren dargestellt. Es werden, wie in der vorliegenden Arbeit, verschiedene – christlich und bürgerlich motivierte – Entwicklungsstränge deutlich. Die Kleinkinderschulen werden als milieuorientierte „sozialpädagogische Veranstaltung der bürgerlichen Privatwohltätigkeit ... vor dem Hintergrund der bürgerlich-patriachalischen Konzeption von Kindheit"[124] beschrieben. Neben Reyers Arbeit existieren einige andere Schriften zu diesem Kontext. Allerdings er-

---

116 Vgl. Bruch 1985
117 Vgl. ebd., S. 9
118 Reulecke 1985, S. 11
119 Ebd.
120 Ebd.
121 Ebd.
122 Ebd., S. 22; ders.: 1983, S. 35f.
123 Reulecke 1983, S. 35
124 Reyer 1983, S. 162, 163

scheinen bei Reyer in der Beschreibung der Stifter und Träger der Einrichtungen, der sozialen Herkunft der Adressaten oder der „Merkmale des pädagogisch-organisierten Binnenraums"[125] zahlreiche Parallelen.

4. Eingrenzung des Themas

Um dem Beginn moderner, institutionalisierter Sozialpädagogik sowie den vielschichtigen Verflechtungen zwischen der Erziehungs-, Sozial-, Rechts- und Wirtschaftsgeschichte des 19. Jahrhunderts nachgehen zu können und zugleich der Gefahr zu begegnen, sich in einem großen Problemkontext zu verlieren, beschränkt sich die Untersuchung auf die Darstellung und Analyse einiger weniger Aspekte der Sozial- und Jugendpolitik sowie in der Hauptsache auf ein ausgewähltes frühes Beispiel bürgerlicher Sozialreform: die bürgerliche Sonntagsschule, die 1831 von der Duisburger Freimaurer-Loge gestiftet wurde, 1834 durch einen eigens gegründeten Bürgerverein weitergeführt wurde und 1846/1847 in kommunale Trägerschaft überging. Eingebunden in die Darstellung des historisch-konkreten Kontextes bildet die Untersuchung der Sonntagsschule als der bedeutendste Duisburger Wohlfahrtseinrichtung des Vormärz den Schwerpunkt der vorliegenden Arbeit zu den Ursprüngen bürgerlicher Sozialreform und institutionalisierter Sozialpädagogik. Diese Einrichtung bestand von 1831 bis 1865. In diesem Zeitraum ist die Figur Friedrich Albert Langes, der seine Tätigkeit für die Sonntagsschule am 17. April 1860 mit 31 Jahren begann und zu dieser Zeit weit über die Grenzen Duisburgs und Preußens als Philosoph und Sozialkritiker bekannt war, eine der interessanten Personen. Erst mit dem Ende seiner Amtszeit als Leiter der Einrichtung endete auch eine Epoche, in der die Sonntagsschule durch ihre Prinzipien als vormärzliche Einrichtung zu charakterisieren ist, andererseits endete mit seiner Tätigkeit erst der als *sozialpädagogisch* zu bezeichnende Zweck der Anstalt. Zudem ist er deswegen interessant, weil Lange für die geänderten sozialpolitischen Ziele der Sonntagsschule steht. Ging es nämlich zum Beginn des Jahrhunderts vor allem darum, die Selbsttätigkeit des einfachen Arbeiter so anzuregen, dass er mittels dieser Einrichtung die eigene soziale Misere selbst überwinden und eine bürgerliche Existenz gründen könnte, verfolgte der neue Leiter (ab 1860) um das andere Ziel: dem Stand *als solchem* zu mehr politischem Selbstbewusstsein und politischer Teilnahme zu verhelfen. Nur dann sah er eine tatsächliche Arbeiteremanzipation als möglich. Die materielle und geistige Hebung des Arbeiterstandes war nach Lange nur in der Selbsthilfe möglich, die er anregte und begleitete. Entsprechend war er neben der Sonntagsschularbeit in vielen Arbeiterselbsthilfevereinen wie dem Duisburger *Ar-

---

125 Ebd., S. 48

beiter-Konsumverein engagiert. Die Sonntagsschule wurde erst 1865 nach seinem Weggang (durch Ortsstatut) als eigentliche Fortbildungsschule für gewerbliche Berufe reorganisiert.[126] Allerdings wurde der Wandel von einer sozialpädagogischen zu einer berufspädagogischen Institution von Lange geplant und vorbereitet. Die Berufsbildungseinrichtung der Handwerkerfortbildungsschule entstand also aus der sozialpädagogischen Institution und ist der generellen Spezialisierungstendenz der pädagogischen Praxis geschuldet. Daher wäre es sinnvoll, die Geschichte der Einrichtung bis zu diesem Wandel zu beschreiben. Die notwendige Beschränkung auf den engeren Zeitraum, das heißt bis zur Übernahme in städtische Trägerschaft, dient aber insgesamt der Verständlichkeit. Die Bedeutung Langes für die Sonntagsschule sollte, auch wegen der Fülle an Material, anhand einer eigenen Arbeit analysiert werden. Die Einrichtung besteht formaliter bis in die Gegenwart und ist heute ein städtisches Berufskolleg. Mit der Arbeit wird deutlich, welche Impulse in Duisburg schon frühzeitig zur Institutionalisierung der Sozialpädagogik gesetzt wurden. Der darauf eingehenden Darstellung wird die pädagogische Konzeption Preuskers vorangestellt, der als erster auf der Basis seiner Tätigkeit und auf Grund des fachlichen Austausches eine systematische Sonntagsschul-, mithin eine zeitgenössische genuine Sozialpädagogik entwickelt hat.

5. Zum geschichtstheoretischen Ansatz

Winkler machte 1988 darauf aufmerksam, dass eine ernsthaft betriebene *Historiographie der Sozialpädagogik* mit systematischem Anspruch mehrere Funktionen zu erfüllen habe. Neben einer institutionellen Betrachtung, also der Darstellung historisch überlieferter sozialpädagogischer Handlungsfelder im konkreten gesellschaftlichen und mikrohistorisch-lokalen Kontext, müssten zugleich „in einem gleichsam archäologischen Zugriff die historischen Stadien des sozialpädagogischen Diskurses"[127] aufgedeckt und mit Blick auf die abstrakte phänomenologische und definitorische Festlegung des Begriffs je systematisch rekonstruiert werden. Zudem müsste die sozialpädagogische Geschichtsschreibung die historische „öffentliche Auseinandersetzung verfolgen und prüfen, wie weit durch diese Themen in der fachlichen Diskussion induziert wurden."[128] Das heißt: eine rezeptionsgeschichtliche Analyse der jeweiligen, als sozialpädagogisch zu bezeichnenden Theorie und ihres Zustandekommens gehört ebenso untrennbar zur systematischen Darstellung wie die Betrachtung des geschichtlichen Handlungsfeldes. Dabei ist nicht nur zu fragen,

---

126 Im Rahmen der preußischen Gewerbegesetzgebung wurden bürgerliche Sonntagsschulen durch rechtliche Normierung sukzessive in Fortbildungsschulen umgewandelt.
127 Winkler 1988, S. 339
128 Ebd.

wann und *warum* eine neue sozialpädagogische Theorie und Praxis in der Geschichte wirksam wurde, sondern auch wie lange sie Geltung beanspruchen konnte und, wenn, *wann* und *warum* ihre Bedeutung vergessen wurde.

Langewand spricht in diesem Zusammenhang von der „Kontextanalyse als Methode der pädagogischen Geschichtsschreibung"[129], deren vier Dimensionen er mit den Begriffen *historische Vorgeschichte, Entstehungsgeschichte, historische Gegenwart* und *Wirkungsgeschichte* umschreibt. Dieser Methode und dem sich daraus ergebenden Anspruch ist die vorliegende Arbeit verpflichtet. Sie basiert auf der These, dass die Phase der sich allmählich durchsetzenden modernen Lebensformen *den* temporalen und thematischen Bezugsrahmen historisch orientierter Sozialpädagogikforschung darstellt. Die gewählte Epoche des Vormärz stellt einen Übergangzeitraum dar, der für das Folgende bestimmend wurde. Denn in dieser Zeit wurden sowohl die gesellschaftlichen Grundlagen unserer Moderne als auch die Voraussetzungen für die gegenwärtige *Sozialpädagogik* geschaffen. Wichtigster Bezugsrahmen ist – neben der makrohistorischen Sicht auf die (*unter sozialpädagogischer Perspektive* interessante) preußische Volksbildungsgeschichte – die Betrachtung bürgerlicher Initiativen im mikrohistorisch-lokalen Rahmen während des Vormärz. Die Arbeit knüpft an die seit den 1960er-Jahren etablierte – thematisch und methodisch sehr differenzierte – Regionalforschung moderner sozial-, alltags- und mentalitätsgeschichtlicher Provenienz an.[130] Diese geschichtstheoretischen Konzeptionen ermöglichen die Darstellung der sozialen *Lebenswelten* der behandelten Subjekte.[131] Solche Lebenswelten, wie sie im Wohnen oder in der Berufsausübung, in der Kultur im weitesten Sinne deutlich werden, rücken subjektive Erfahrungen und Erlebnisse, alltägliche Strukturen und Prozesse, wie zum Beispiel *drückende Lebensumstände* oder die soziale Lage im Zusammenhang mit regionalen Eigenheiten, in den Vordergrund.

Neben staatlicher Ordnung, Recht und Politik öffnet eine solche Perspektive interessante Beobachtungsfelder, in denen auch das Bewusstsein der Akteure Bedeutung gewinnt. Die Arbeit operationalisiert mithin das bewährte Konzept einer Sozialgeschichte edukativer Prozesse.[132] Die Arbeit soll sowohl die von Fach- wie von Bildungshistorikern vorbereiteten Erkenntnisse für die Sozialpädagogik fruchtbar machen und die in sozialpädagogischem Blickwinkel bedeutenden Entwicklungen exemplarisch an der *jungen Industriestadt* Duisburg verdeutlichen.[133] Dabei zieht sie einschlägige Analysen zur historischen

---

129 Langewand 1999, S. 505–519; hier S. 505
130 Vgl. Dietz/Lange/Wahle 1996, S. 11
131 Bspw. Borscheid 1987 (Bd. 3), S. 78–100; Davis 1984; Geertz 1987; Heller 1978; Sellin 1987, S. 101–121
132 Vgl. Zymek 1983 (Bd. 1), S. 56
133 Vgl. Müller/Ringer/Simon 1987; Krüger 1988, S. 226. Mit dem Begriff der *jungen Industriestadt* sind allgemein die durch die Industrialisierung besonders betroffenen Städte gemeint, die häufig auch erst in dieser Zeit (wieder) an Bedeutung gewannen.

Bildungsforschung, zur Geschichte der bürgerlichen Wohlfahrt, der Sozialen Arbeit und Sozialpädagogik ebenso heran wie sie vorliegende Ergebnisse der Verfassungsgeschichte, der Geschichte zur Bürgergesellschaft oder sozialhistorische Arbeiten zur Industrialisierungsgeschichte im 19. Jahrhundert rezipiert. Angelegt als eine *Sozialgeschichte der Bildung und Erziehung*, soll mit dieser Arbeit ein Beitrag zur Überwindung der bestehenden Kluft zwischen der traditionellen *Geschichte der Pädagogik*, die gegenwärtig häufig eine bloße Geschichte der pädagogischen Ideen ist, und einer *alltagsgeschichtlichen Variante* einer *Sozial*geschichte der Pädagogik geleistet werden.[134] Die sozialgeschichtliche, sozialräumliche und alltagshistorische Analyse stellt die Brücke zwischen ideengeschichtlicher Pädagogik und historischer Erziehungswirklichkeit dar. Ohne die Debatte um die Methodologie pädagogischer Historiographie in allen Einzelheiten aufzunehmen oder den Kontroversen nachzugehen, die mit Begriffen wie *Fiktionalität, Narrativität* oder *Konstruktivität* angedeutet werden sollen, lassen sich Defizite der Historischen Pädagogik erkennen: Es besteht ein Desiderat wissenschaftstheoretischen Nachdenkens über die Grundlagen der historisch-pädagogischen Arbeit. Die historische Bildungsforschung hat eine bedeutende Kontroverse der Geschichtswissenschaft lange ignoriert und wohlmöglich, abgesehen von wohl vereinzelten Stimmen, bis heute nicht aufgegriffen.[135] Eine ernsthaft betriebene Historiographie in den Erziehungswissenschaften mit systematischem Anspruch muss sich Rechenschaft über ihre Methoden geben, wenn sie über eine scheinobjektive Geschichte der pädagogischen Idee hinauskommen will.

Die Quellen haben uns etwas zu sagen, sofern wir die richtigen Fragen stellen und bereit sind, diesen hermeneutischen Prozess zu prüfen. Eine methodisch strukturierte Darstellung, die hypothetische Geltung beansprucht und Erkenntnisforschritte bringen will, muss berücksichtigen, dass eine unmittelbare Widerspiegelung der Vergangenheit unmöglich ist und insofern auf die interpretierende Konstruktion von Sinnzusammenhängen verwiesen ist. Insofern muss sie theorie- und hermeneutikgeleitet Lücken zeitlicher und inhaltlicher Art füllen, die durch fehlende Dokumente in einer Sozialgeschichte der Erziehung und Bildung entstehen. Kurz: Die nicht immer vollständige Quellenlage zwingt zuweilen zu *hermeneutischen Operationen*. Dabei besteht die Gefahr, dass eigene Anliegen in die Quellen transportiert und sie in dieser Richtung interpretiert werden. Diese Einbeziehung der eigenen Subjektivität wird man sich bewusst machen müssen. *Arbeit an der Geschichte* ist immer an eine gewisse Konstruktivität gebunden. Forschen heißt in jedem Fall wählen und sich eigene Gedanken machen.[136]

---

134 Vgl. Lenzen 1993, S. 8
135 Vgl. Pronddczynksi 1999, S. 485ff.
136 Vgl. Schulin 1997, Veyne 1988 und Puls 1979

Das Resultat solcher Operationen kann kein unmittelbares Abbild der in schriftlichen Quellen vorgefundenen Wirklichkeit sein; es handelt sich vielmehr um eine Rekonstruktion zeitgenössischer Deutungsmuster.[137] Die vorgefundenen Materialien (Memoranden, Protokolle, Festreden oder Tagebucheinträge) enthalten zudem immer schon die Deutung ihrer Verfasser und geben nur einen besonderen Teil der Wirklichkeit wieder, der von jemandem anderen vermutlich anders dargestellt worden wäre. Der Vergleich verschiedener, voneinander unabhängiger Dokumente ist ein notwendiges Korrektiv, und die zeitgenössische, rezeptionsgeschichtliche Analyse aufschlussreich zusammen mit den sich im Verlauf der Entwicklung ergebenden Umstrukturierungen und Verschiebungen in den Intentionen der beschriebenen Einrichtungen, können die jeweiligen zeitgenössischen Fachdiskussionen ein eindeutigeres Zeugnis für die Realgeschichte und den Verständigungsprozess geben. Die Berücksichtigung dieser verschiedenen Ebenen des historischen Prozesses ermöglichen erst, „die Entwicklung der Sozialen Arbeit in ihrer inneren Logik und Bedeutung zu erfassen."[138]

Insgesamt ist dieser Ansatz an das Prinzip der Interpretation und Konstruktion gebunden und auf die Bildung und Überprüfung von Hypothesen angewiesen. Doch die dabei herausgearbeiteten Ergebnisse sind keine bloße Fiktion. Rekonstruktive Geschichtserzählung beginnt immer von hinten, an einem bekannten Punkt. Von da arbeitet sich der historische Forscher gewisse Strecken in der Zeit zurück, überprüft die Plausibilität des hypothetischen Resultats anhand bekannter Fakten und deutet die vorgefundenen Quellen. Dabei ist notwendig, nicht aus dem Blick zu verlieren, dass das entworfene Bild kein realgeschichtliches Abbild liefern kann. In diesem Sinne liefert die vorliegende Untersuchung unter Berücksichtigung von zum Teil unaufgearbeiteten Dokumenten und historischer Forschungsliteratur einen Beitrag zur Ideen-, Theorie-, Rechts- und Praxisgeschichte der institutionalisierten Sozialpädagogik im frühen 19. Jahrhundert. Dabei stützt sich die vorliegende Arbeit auf den bewährten Ansatz einer historischen Sozialwissenschaft, wie er beispielsweise von Wehler vertreten wird und in der Erziehungswissenschaft methodisch vor allem von Tenorth fruchtbar gemacht wird.[139]

---

137 Vgl. Mollenhauer 1993, S. 38
138 Ebd.
139 Vgl. Wehler 1980 und 1995 (Einleitung); Tenorth 1988; ders. 1993 und 1996

TEIL I

Zu den geistesgeschichtlichen, sozioökonomischen und rechtlichen Voraussetzungen bürgerlicher Sozialreform und Sozialpädagogik in Preußen

1. Zur Bedeutung einiger Aspekte des Allgemeinen Landrechts für die Preußischen Staaten von 1794 – in sozialpolitischer und sozialpädagogischer Perspektive[1]

Von Belang im Zusammenhang mit dem Thema der Arbeit ist die Bedeutung des ALR als Katalysator der Modernisierung in Preußen, die wenige Jahre später durch die Entwicklungen in den Rheinbundstaaten verstärkt wurde.[2] Das Landrecht zählt zu den geistesgeschichtlichen, sozioökonomischen und rechtlichen Voraussetzungen bürgerlicher Sozialreform und Sozialpädagogik in Preußen. Es stellte die gesellschaftliche Ordnung von Grund auf und in relativ umfassender Weise auf allgemein gültige soziale Normen und ersetzte allmählich das hergebrachte Gewohnheitsrecht. Damit wurde in Preußen eine, gegenüber vorherigem Rechtsprinzip, rechtsstaatliche Ordnung gesetzt. Das Landrecht stellte erstmals eine umfassende Rechtsstruktur, in der *Privatrecht* und *Öffentliches Recht* in einem Zivilgesetzbuch vereinigt waren. Es entwickelte sich in seiner Bedeutung zu einer Art *Staatsgrundgesetz*[3] und legte die Optio-

---

1 Allgemeines Landrecht für die preußischen Staaten (Hattenhauer 1994). Der Begriff des *Landrechts* wies im MA auf das allgemein geltende Recht, soweit es nicht für bestimmte Personen durch andere Rechte (z.B. *Lehensrecht*) oder Orte (z.B. *Stadtrecht*) ersetzt war. Das ALR vom 1. Juni 1794 galt demgegenüber für alle Bürger des Staates einschließlich dem König. Es enthielt aber bei grundsätzlicher Rechtsgleichheit der Person ständisch gebundene Rechtsunterschiede (vgl. Erler/Kaufmann 1978, S. 1527ff.). Zur Bedeutung rechtlicher Kodifizierung (vgl. Klippel 1998, S. 7–16).

2 Die Bedeutung der Französischen Revolution für die gesellschaftliche Modernisierung in ganz Europa und damit auch für die Entstehung des ALR wird als bekannt vorausgesetzt.

3 Eine echte Verfassung für den preußischen Staat blieb vorerst aus; auch 1815 kam es nicht hierzu, obwohl Friedrich Wilhelm III. ein Verfassungsversprechen gab. Zur Einlösung kam es erst 1848. Die Erwartung einer Verfassung und die Frage des verpassten Zeitpunktes wurde in der Zeitspanne zwischen 1815 und 1848 oft und hitzig diskutiert. Verschiedene Zuschriften der untergeordneten Verwaltungen an den Staatskanzler zeugen von dem wachen Bewusstsein, und die im Raume stehende Verfassungsfrage blieb nicht ohne Wirkung im politischen Leben der Monarchie. Die schwelende Frage nötigte den

nen für die spätere gesellschaftliche Entwicklung. Seiner Konzeption nach war das Landrecht wie andere moderne Verfassungen, ein subsidiarisches Gesetzbuch, dem das Recht der Provinzen dem Rang nach vorging. Obwohl das Landrecht im Gegensatz zur französischen Verfassung vorerst die bestehende ständische Ordnung bestätigte, war es von seinen geistigen Anlagen, die ebenfalls den Ideen der europäischen Aufklärungsphilosophie entnommen waren, nicht rückwärts gewandt.[4] Das moderne Element des ALR gegenüber der alten Gesellschafts- und Rechtsauffassung war, dass es durch den bürgerlichen Gesellschaftsvertrag den Staat als Vereinigung von Einzelpersonen unter dem gemeinsamen Obervormund konstruierte.[5] Die einzelnen Stände wurden zwar als natürliche Einrichtung bestätigt, die sich aus einer notwendigen Arbeitsteilung im Staat ergäbe, aber sie verloren ihre vormalige rechtliche Autonomie und Unantastbarkeit. Im Landrecht wurde eine Vorstellung einer *bürgerlichen Gesellschaft* entwickelt; die als Korporation begriffen wurde.[6] Durch die Einordnung der Stände in das Staatsganze verwandelten sich die alten ständischen Rechte und Pflichten zu einem „staatlichen Auftragsdienst"[7]. Den Ständen kam eine staatserhaltende *Funktionen* zu, ihnen wurden *nützliche* und *nötige* Aufgaben zugewiesen.[8] Die traditionellen, ständisch gebundenen Rechte und Pflichten werden im Landrecht anerkannt, aber nicht mehr aus dem Naturrecht (und damit als unumstößlich geltend) abgeleitet, sondern aus den Funktionen der Stände. Diese wurden durch das Landrecht Material des Staatsgebäudes. Da die Standesrechte nicht qua Natur (als *conditio sine qua non*) gegeben waren, konnte der Staat sie aufheben, wenn der allgemeine Zweck es erforderte. Damit wurden alle Stände „sozial verpflichtet"[9]. Durch die individualistisch bestimmten Rechte und Pflichten griff das ALR der entstehenden neuen Wirklichkeit des 19. Jahrhunderts vor: Seine Bestimmungen kündigten eine bürgerlich-sozial-liberale Zukunft und potenzielle Rechte für seine Bürger an. Die gesellschaftsverändernden Absichten sind erkennbar und deren Entfaltung wurde das Ziel der Reformära nach 1808.

Kultusminister 1839 sogar zum Handeln hinsichtlich eines Kinderarbeitsschutzes aus Angst vor einer rheinischen Separatlösung; er musste den rheinischen Ständen nach deren Ständepetition entgegenkommen.

4 Erst die preußische Verfassung von 1848 hob in Art. 4 II die Standesunterschiede formal auf: „Alle Preußen sind vor dem Gesetz gleich. Standes-Vorrechte finden nicht statt. Die öffentlichen Ämter sind für alle dazu Befähigten gleich zugänglich."

5 Vgl. §§ 1–45 I 1 ALR (Von Personen und deren Rechten überhaupt)

6 Jedoch taucht der Begriff der bürgerlichen Gesellschaft im ALR, die dem Recht stillschweigend zu Grunde gelegt wurde, nur einmal auf, und zwar in dem Zusammenhang der Differenzierung zwischen niederem oder Kleinbürgertum und höherem Bürgertum.

7 Koselleck 1967, S. 24

8 Vgl. II 7, 8, 9, 10, 11 ALR

9 Koselleck 1962, S. 83

Alle Bewohner des Staates – einschließlich dem König – traten in ein unmittelbares Rechtsverhältnis.[10] Die Rechte und Pflichten wurden im Landrecht individualistisch und nicht mehr ständisch oder korporativ definiert. Aus ihnen ergab sich der Staatszweck.[11] Die Kulturgesellschaft wurde zur Vertragsgemeinschaft, weil die Individuen allein nicht den feindlichen Kräften der Natur Widerstand leisten konnten. Der 13. Titel des II. Teils zeugt von dem an natürlichen Personen orientierten neuen Paradigma des Gesetzeswerkes. Das die ständische Ordnung bewahren wollende Landrecht ermöglichte die Durchlässigkeit der gesellschaftlichen Gliederung, da sie jedem – bei Vorhandensein der für den sozialen Aufstieg vorhandenen inneren Kräfte und Fähigkeiten und der notwendigen wirtschaftlichen Mittel für eine bessere, das heißt über den Stand hinausgehende Erziehung und Bildung – die eigene Glückseligkeit zusagte.[12] Schon hier wird die zentrale Bedeutung des ALR für das Thema dieser Arbeit evident. Glückseligkeit wurde das wichtigste „Ziel aufklärerischer Sozialarbeit".[13] Die Industrialisierung Preußens und der hierdurch ausgelöste Modernisierungsschub bewirkten neben den durch das ALR ermöglichten gesellschaftlichen Veränderungen einen innergesellschaftlichen Wandel und die allmähliche Veränderung der Wirklichkeit, die immer weniger ständischen Relikten entsprach. Der Wandel von der Stände- zur Klassengesellschaft, angeschoben durch die Rechtsreformen in den Rheinbundstaaten, die Befreiungsgesetzgebung Hardenbergs und die Industrialisierungsschübe, wurde durch das ALR vorbereitet. Die Veränderung rechtlicher Voraussetzungen und die anschließende Veränderung sozialer Wirklichkeit zogen neue gesellschaftliche Deutungsmuster und ein geändertes Zeitkonzept nach sich. Diese wesentlichen Faktoren für die Art und Weise, in der soziale Hilfen organisiert werden, beeinflussen nachhaltig die Konzepte sozialer Hilfe. Somit wandelten sich in dieser Epoche die Institutionen des Helfens in grundsätzlicher Weise.

---

10 Vgl. § 9 I 2: „Die Rechte und Pflichten der verschiedenen Gesellschaften im Staat werden durch ihr Verhältnis unter sich, und gegen das Oberhaupt des Staates, näher bestimmt."

11 In der Realität der preußischen Gesellschaft wurden die alten Rechte des Adels allerdings nur insoweit gebrochen, als sie dem absolutischen Machtanspruch entgegenstanden. Der Adel mit seinen traditionellen Privilegien wurde als Militär- und Verwaltungsadel mit neuen Funktionen wieder hergestellt und dem Staatszweck zugeordnet. Hier sah er sich allerdings den fachlich geschulten, nicht adeligen bürgerlichen Verwaltungsbeamten gegenüber und in ein Konkurrenzverhältnis gestellt.

12 Vgl. §§ 2–4 II 13 ALR. Die anthropologische Voraussetzung sowohl der Aufklärungsepoche als auch des ihr nachfolgenden Deutschen Idealismus war das natürliche menschliche Streben nach eigener Vervollkommnung und positiver Ausbildung aller im Menschen angelegten Kräfte und Fähigkeiten; in der Sprache der Aufklärer wurde dies mit dem Trieb nach Glückseligkeit umschrieben, der in dem Streben nach Beförderung des Gemeinwohls und nach wissenschaftlicher und religiöser Wahrheit gipfelte (vgl. Meyer-Abich 1979).

13 Maser 1991, Abstract auf der Umschlagrückseite

Die Verfasser Johann Heinrich Casimir Graf von Carmer (1721–1801) und seine Mitarbeiter, der Oberamtsregierungsrat Carl Gottlieb Svarez (1746–1798) und der Kammergerichtsrat, Ernst Ferdinand Klein (1743–1810) sowie der ehemalige Großkanzler Samuel von Cocceji (1679–1755), standen in der Tradition des Geistes der europäischen Aufklärungsphilosophie, die sie nun in preußische Rechtspraxis umsetzen wollten. Neben der rechtlichen Gleichstellung der Staatsbürger vertraten sie die Idee eines *sozialen Interessenausgleiches*.[14] Klein sah die Aufgabe des Gesetzgebers auch in der Schutzfunktion gegenüber Ausgebeuteten vor deren Ausbeutern.[15] Der Staat dürfe und müsse dann Zwang als Mittel zum Schutz der Freiheit derer einsetzen, welche durch Eingriffe anderer die jedem Menschen zustehende Freiheit beschränkten. Der Staat hatte, das wird beispielsweise in der Hardenberg-Umfrage von 1817 deutlich, die Aufgabe, alle Staatsbürger und jene, die zu solchen erzogen werden sollten, vor fremden Zwecken zu schützen. Der Staat wurde dem ALR folgend als Schutzaufsicht begriffen, die alle Staatsbürger vor dem Verlust der *natürlichen Freiheit* zu bewahren habe.[16] Damit wurden die Beförderung der privaten Glückseligkeit und die Verbesserung der Lebenschancen aller, die in der Selbstvervollkommnung und der Aneignung aller notwendigen Kenntnisse und Fertigkeiten für den eigenen Stand bestand, zum ausdrücklichen Staatszweck erklärt. Das ALR anerkannte, dass es nach der Philosophie der Aufklärung der menschlichen Natur entspräche, für die Erhaltung des eigenen Lebens zu sorgen, nach moralischer Freiheit zu streben und die eigenen Fähigkeiten und Kräfte auszubilden. Die preußischen Reformer gingen von der neuhumanistischen Überzeugung aus, dass der Mensch die Pflicht habe, sich und seinen Stand zu vervollkommnen. Die anthropologische Gegebenheit des Strebens nach Vervollkommnung wurde in der Sprache der Aufklärer mit dem Trieb nach Glückseligkeit umschrieben. „Nicht was einer ist, sondern was er kann und soll, gehörte [danach] ... zur Bestimmung des Menschen.“[17] Dem grundsätzlich auf Beibehaltung der Standesgrenzen bedachten Landrecht wohnte prinzipiell die Tendenz inne, jede äußere Behinderung einer dem Kind möglichen Entwicklung (wie sie den gegebenen Verhältnissen nach zu leisten war) von Staats wegen zu beseitigen. Auch wenn das Maß der gegebenen Verhältnisse durch einen wohlmeinenden Gönner weit überschritten wurde, durfte der positiven Entwicklung eines Kindes nichts im Wege stehen. Die Zukunft des Kindes hing prinzipiell nur von den wirtschaftlichen Möglichkeiten ab; damit eröffnet das ALR die Möglichkeit, eine höhere Bildung als es der eigentli-

---

14 Vgl. Engeli/Haus 1975, S. 67
15 Vgl. Hattenhauer 1994, S. 20
16 § 83 I Einleitung ALR: „Die allgemeinen Rechte des Menschen gründen sich auf die natürliche Freiheit, sein eigenes Wohl, ohne Kränkung der Rechte eines Anderen, suchen und befördern zu können.“
17 Meyer 1971, S. 26

che Geburtsstand vorsah, zu realisieren, wenn dafür die ökonomischen Mittel zur Verfügung standen. Durch die Schaffung einer Nachbildungsanstalt für gewerblich tätige, aber ungebildete und sozial benachteiligte Jugendliche wurden die notwendigen Bedingungen einer höheren Bildung und besserer Chancen realisiert. Bildung wurde unter Aufhebung aller ständischen Schranken „zur gemeinsamen Basis für den Aufstieg aller gemacht"[18]. Kinder von Ortsarmen konnten unter Einsatz eigener Anstrengungen und der Hilfe Dritter bürgerliche Existenzen ergreifen, wie die einschlägigen Beispiele belegen. Damit öffnete das ALR die ansonsten undurchlässige ständische Ordnung um einen schmalen Spalt. Jeder sollte nach seiner Begabung gefördert und ausgebildet werden. Dieses Erziehungsparadigma drang bis in den Bereich der Gutsuntertänigkeit vor. Der Gutsherrschaft wurde es zur Pflicht gemacht, besondere Begabungen der Kinder zu fördern und ihnen die Erlaubnis zu einer höheren Ausbildung nicht zu verweigern.[19]

> „Wenn auch die Basis unzureichend war, um von der Erziehung her durch die Berücksichtigung individueller Unterschiede die herkömmliche, an die Geburt und den Stand gebundene Gesellschaft zu überwinden, so setzte das Landrecht hier doch den Anfang, der es für die Zukunft erlaubte, die Erziehung stärker nach der Eigenart des einzelnen Kindes auszurichten und somit die ständische Gesellschaftsordnung allmählich aufzulösen."[20]

Hierdurch gewann der moderne Gedanke der Hilfe zu sozialer Verbesserung, der jeder Sozialpädagogik zu Grunde liegt, erstmals *rechtlich* ein schmales Fundament. Moderne Sozialpädagogik ist die Idee, durch *soziale Hilfe* zur Behebung gesellschaftlich verursachter Behinderungen und Notstände beizutragen. Diesterweg, der mit seiner Pädagogik ab den 1820er-Jahren die Phänomene *Erziehung* und *Bildung* unter dem Aspekt sozialer Bedingungen betrachtete, zielte genau auf den Ausgleich sozialer Benachteiligung und forderte früh die Besserung der materiellen Verhältnisse der Armen, eine Umgestaltung des gesellschaftlichen Lebens und eine Beseitigung der Armut.[21] Eben diesem Ziel der Elendsbekämpfung folgten auch die Stifter der Sonntagsschulen, der Arme-Mädchen-Schulen et cetera. Voraussetzung solchen Bestrebens, fassbar

---

18 Hauser 1976, S. 52

19 Allerdings mit der Einschränkung, dass die erforderlichen Mittel bereitstanden; eine Gutsherrschaft war nicht verpflichtet, die Mittel für eine bessere Ausbildung bereitzustellen (vgl. § 176 II 7 ALR).

20 Meyer 1971, S. 34

21 Dass sozialpädagogische Hilfen heute vielfach nicht mehr das Ziel des sozialen Aufstiegs für die Betroffenen vor Augen haben, sondern häufig genug nur noch akute Soforthilfe im sozialen Konfliktfall zu leisten vermögen und ein adäquates Arrangement der faktischen Lebensumstände Benachteiligter versuchen, ist zum einen Folge der Einsicht in die Unwirksamkeit solcher Methoden angesichts der vielschichtigen Disparitäten und sozialen und ökonomischen Probleme der posttraditionalen Gesellschaft.

mit dem Begriff der *Sozialreform*, das auf Veränderung sozialer Bedingtheit und den gesellschaftlichen Umbau zielte, ist ein Rechtssystem, das eine solche Veränderung grundsätzlich zulässt.

Das ALR versprach Erziehung und Bildung für jedermann und die Brechung des Bildungsprivilegs der höheren Stände. Genau dieser Zielsetzung entsprachen die ab 1806 eingerichteten modernen Sonntagsschulen neueren Typs. Es war das erklärte Ziel des ALR, den Einsichten der praktischen Philosophie und der von ihr hochgehaltenen Maxime der Vernunft Geltung und Anerkennung zu verschaffen.

1794 konnten die Verfasser des ALR ihre sozialpolitischen Intentionen noch nicht verwirklichen, weil sie an der patrimonalen Gedankenwelt der preußischen Monarchie scheiterten und Grundrechte wie Freiheit und Gleichheit, wie sie die Französische Revolution formuliert hatte, nach einer Revision der Vorschläge keinen Eingang in den Kodex fanden. Durch die reale Veränderung in die freie Bürger- und Wirtschaftsgesellschaft nach 1815 wurden die im Text angelegten Optionen jedoch sukzessive in die Wirklichkeit überführt.[22] Das ALR bejahte insgesamt das Prinzip sozialer Verantwortung, das der wirtschaftsliberale Staat des 19. Jahrhunderts in der Praxis fast völlig negierte. In dem Abschnitt der ALR über die *wechselseitigen Rechte und Pflichten der Aeltern und Kinder* tritt die Tendenz hervor, die Kinder vor jeder willkürlichen Behinderung ihrer konkret vorhandenen Erziehungs- und Bildungschancen zu schützen. Das Landrecht bestimmte, welche Erziehungsleistungen die Eltern zu erfüllen hatten. Auch hier scheute das ALR, das zum Erhalt des Staates auch die Möglichkeit vorsah, die natürlichen Freiheiten eines Einzelnen zu beschränken, nicht davor zurück, die Eltern, welche die moralische Pflicht zur Erziehung und Pflege ihrer Kinder, die sich aus der Natur des Eltern-Kind-Verhältnisses ergab, hatten, durch positive Gesetze zu gewissen Leistungen zu verpflichten.[23] Damit sah sich der Staat in der Pflicht, darauf zu achten, dass jedem Kind die ihm aus der Natur des Eltern-Kind-Verhältnisses und seiner Lebensumstände zufließenden Mittel für seine Pflege und Erziehung auch wirklich zugute kamen.[24] Nach dem ALR waren die Eltern nicht nur verpflichtet, für die physischen Bedürfnisse ihrer Kinder zu sorgen. Zudem bestimmte es, dass die Eltern auch die „moralische Ausbildung und Erziehung"[25] zu gewährleisten hätten.[26] Die Entscheidung darüber, wie die Erziehung der Kinder geschehen sollte, kam allerdings allein dem Vater zu.[27] Das Kind konnte solche

---

22 Vgl. Birtsch 1968, S. 97–115; MERTEN 1986, S. 56–69
23 Vgl. §§ 59, 64ff. II 7 ALR
24 Vgl. §§ 74–85 II 2 ALR
25 Svarez 1960, S. 624
26 Vgl. ebd.
27 Vgl. § 74 II 2 ALR: „Die Anordnung der Art, wie das Kind erzogen werden soll, kommt hauptsächlich dem Vater zu." Die Mutter war erst bei der Frage nach der Ausbildung der Töchter für ein Gewerbe mit einbezogen.

§ Leistungen zwar nicht einklagen, aber der Vater war gehalten, „vorzüglich dafür [zu] sorgen, dass das Kind in der Religion und nützlichen Kenntnissen den nöthigen Unterricht, nach seinem Stande und Umständen, erhalte"[28].

Der Hintergrund dieser Bestimmung ist folgender: Das Landrecht bestätigte das Prinzip der Autorität. Der König war Autorität gegenüber allen Untertanen, der Gutsherr gegenüber dem Gesinde, der Lehrer gegenüber den Schülern und der Vater gegenüber den Kindern. Diese Autoritäten hatten noch ein verbrieftes Züchtigungsrecht.[29] Aber, und hier ist es spannend, die Justizreformer beschworen in den Anlagen des ALR doch schon eine andere Zukunft; die traditionellen Autoritäten wurden als Schutzgewalten zu Gunsten der ihr Unterworfenen gedeutet.[30] Im Verhältnis des Lohnarbeiters zu seinem Arbeitgeber sicherte das Landrecht dem Arbeitnehmer das Arbeitsverhältnis. Wenn ein Arbeitgeber willkürlich und ohne Grund dem Arbeiter die Gelegenheit zur Leistung nahm, konnte dieser durch Gerichtsentscheid zur Lohnfortzahlung verpflichtet werden.[31] Das Züchtigungsrecht einer Autorität wurde durch das ALR begrenzt; niemand durfte so sehr misshandelt werden, dass dessen Gesundheit gefährdet wurde. Auch das elterliche Züchtigungsrecht unterstand diesem Prinzip.[32] Wenn Eltern ihre Kinder augenscheinlich doch „grausam mißhandeln; oder zum Bösen verleiten; oder ihnen den notdürftigen Unterhalt versagen: so ist das vormundschaftliche Gericht schuldig, sich der Kinder von Amts wegen anzunehmen"[33]. Weiter führt das Landrecht dazu aus: „Nach Befund der Umstände kann den Aeltern, in einem solchen Falle, die Erziehung genommen, und auf ihre Kosten andern zuverläßigen Personen anvertraut werden."[34]

Gerade im Bereich der elterlichen Erziehungsleistungen wird der Grad der sozialen Verantwortungsbereitschaft, die der preußische Staat mit dem Landrecht übernahm, deutlich. Da aber infolge der Liberalisierung der Gesellschaft im frühen 19. Jahrhundert der Staat die Erziehung des Nachwuchses als Privatangelegenheit ansah, waren diese Bestimmungen im 19. Jahrhundert von papierenem Wert. Wie schon im speziellen Fall der Kinderarbeit als ein Ausdruck des Pauperismus- und Arbeitslosenproblems des Vormärz war der liberale Staat in dem Konflikt zwischen geltenden Bestimmungen des ALR und prinzipieller liberaler Grundhaltung gefangen. Da das Landrecht dem Erhalt der bestehenden Gesellschaftsordnung und dem Bestand des Staates dienen sollte und in der Trennung nach Ständen eine Notwendigkeit sah, die der Zweck des Staates bedingte, lag das vordringlich pädagogische Ziel entspre-

---

28 § 75 II 2 ALR
29 Bsplw. §§ 86ff. II 2 ALR
30 Vgl. § 122 II 7 ALR
31 Vgl. § 918 I 11 ALR
32 Vgl. §§ 86, 90 II 2 oder § 50 II 12 ALR
33 § 90 II 2 ALR
34 Ebd. § 91

Antwortung des moralischen Aspekts der Erziehung

chend jeden Gesellschaftsvertrages in der Disziplinierung, in der für alle brauchbaren Einordnung eines Kindes in die Gesellschaft.

Eine Erziehung zur Brauchbarkeit bedeutete aber anderes als die vormalige Industrieschulprogrammatik vermitteln wollte, die allein auf eine Erziehung zur Arbeitsamkeit abzielte, denn im ALR überwog der Aspekt der moralischen Freiheit und der Selbstvervollkommnung und Erhöhung der Lebenschancen. Daher setzten sich neuhumanistische Erziehungs- und Bildungsvorstellungen vor philanthropinistischen bei den meisten Staatsreformern durch. Es entsprach jedoch der gesellschaftlichen Realität, dass sich die Kinder seit ihrem frühesten Alter an der Wirtschaft oder an dem Gewerbe der Eltern beteiligten und dass insbesondere alle Arbeitspflichten innerhalb des *ganzen Hauses* auch für den Nachwuchs galten. Die Familie wurde als die einzige natürliche Lebensgemeinschaft erklärt. Das Landrecht bestimmte daher in § 121 II 2 ausdrücklich, dass die Kinder ebenso wie alle im *ganzen Haus* lebenden Personen verpflichtet sind, „den Aeltern in deren Wirtschaft und Gewerbe nach Kräften hülfreiche Hand zu leisten". Gleichzeitig bestimmte das ALR, dass diese aber den Kindern nicht die in den Unterrichtsbestimmungen geregelte nötige Unterrichtung und Bildung verwehren dürften.[35] Aus den Artikeln des ALR lässt sich herauslesen, dass es dem Gesetzgeber ernst damit war, über das Wohl der Kinder zu wachen.[36] Jedoch bekannte er sich nach dem ALR selbst nicht zu einer zu wirksamen Aufsichtspflicht über die Erziehungsleistung der Eltern beziehungsweise zu einer Fürsorgepflicht gegenüber den Kindern. Erziehung und Fürsorge sollten im privaten Bereich der Familie verbleiben. Obwohl sich der Staat gemäß der Bestimmungen des Landrechts für den Schutz vor willkürlicher Behinderung der konkret im Kind vorhandenen Erziehungs- und Bildungschancen aussprach, liegt hier ein Grund für die zögerliche Entwicklung des gesetzlichen Jugendarbeitsschutzes im 19. Jahrhundert. Da Erziehung und Fürsorge nach liberaler Auffassung in den Privatbereich der Familie gehörten, der Staat prinzipiell aber davor zurückscheute, sich in diesen einzumischen, waren die Erziehungs- und Bildungsbestimmungen des Landrechts letztlich unwirksam. Die Schöpfer des Landrechts befürworteten nur dann den vorsichtigen Eingriff des Staates, wenn mit Gewissheit feststand, dass die bürgerliche Gesellschaft in Gefahr wäre. Und der Nachweis dieser Gefahr beziehungsweise die Herstellung eines entsprechenden Konsens war nur unter schwierigen Bedingungen und kontroversen Diskussionen zu erbringen.

---

35 Vgl. § 122 II 2 ALR: „Es darf aber den Kindern dadurch die zu ihrem Unterricht und Ausbildung nöthige Zeit nicht entzogen werden."

36 Auch dies wird aus der Hardenberg-Umfrage deutlich. Denn die Autoren machen auf die in der Verfassung liegenden Mittel aufmerksam, die „der Jugend eine Freiheit ... sichern" (GStA PK, I. HA. Rep. VIII, Nr. 24, Bl. 3) könne gegen die zu intensive Beanspruchung seitens der jungen Industrie.

Aus den vorangegangenen Ausführungen darf aber nicht der Eindruck entstehen, vom Landrecht her hätte sich zwangsläufig eine Sozialgesetzgebung in Preußen entwickelt, wie Schmollers spätere Grundthese suggeriert, wonach die Sozialversicherungsgesetze des deutschen Kaisers und seines Kanzlers am Ende des 19. Jahrhunderts in der Kontinuität einer Politik preußischer Könige seit Mitte des 18. Jahrhunderts ständen. Damit wollte er das sozialpolitische Engagement des Kaiserreiches „als konsequente Fortführung dieser Politik"[37] erscheinen lassen.[38] Zwar hat Koselleck zurecht darauf hingewiesen, dass das Landrecht für Preußen-Deutschland eine zentrale Bedeutung als sozialgeschichtliches Dokument gehabt und bis zum Inkrafttreten des Bürgerlichen Gesetzbuches (BGB) die rechtliche Grundlage der preußischen Sozialverfassung gebildet hat[39], aber man wird dem Geist des Landrechts nicht gerecht, wenn man von seinen Bestimmungen aus eine direkte Entwicklungslinie zu moderner Sozialpolitik und öffentlicher Aufgabenwahrnehmung im Erziehungs- und Bildungsbereich konstruieren will, wie sie gegenwärtig Teil des modernen Sozialstaates ist.[40] Hemmnisse für eine solche Entwicklung waren im ALR selbst angelegt. Das ALR entsprach in wesentlichen Teilen den staatstheoretischen Ideen Humboldts. Von daher wird verständlich, dass sich zum Beispiel ein Primat des Staates zur Volkserziehung und zum Eingriff in die Sozialverfassung nicht bruchlos aus dem Kodex ableiten lässt. Die Widerstände, die sich beispielsweise gegen die Lösung der Kinderarbeitsfrage durch Sicherstellung der Elementarbildung auf verschiedenen Ebenen abzeichneten, waren im preußischen Recht selbst enthalten: den Schöpfern des Landrechtes kann, trotz des im ALR verankerten Prinzips der sozialen Verantwortung des Staates für seine Bürger, nicht die Absicht unterstellt werden, die Befugnisse und insbesondere die Funktion des Staates gegenüber der Erziehungsgewalt der Familie, der Stände, der Berufsverbände oder der Kirche auszudehnen oder den Staat in die Pflicht zu nehmen, gesellschaftliche Prozesse im Staat zu steuern. Das ALR sicherte vornehmlich die persönlichen Freiheiten des Bürgers gegenüber dem Staat. Daher schlug sich dieses Prinzip auch im Bereich der Erziehung nieder. Die Erziehung des Nachwuchses gehörte zu den unveräußerlichen Privatrechten eines jedes Preußen, die der Staat nicht beschneiden durfte. Der liberale Rechtsstaat ging von der Freiheit und Gleichheit der Person im Rahmen der ständischen Gesellschaft, der Freizügigkeit und der

---

37 Meyer 1971, S. 16
38 Vgl. Spranger 1963, S. 9, 61
39 Vgl. Koselleck 1967, S. 23; ebenso Hattenhauer, der dem ALR noch für juristische Fragestellungen der Gegenwart eine wichtige Bedeutung beimisst (vgl. Hattenhauer 1994, S. V).
40 Im Jahr 1896 wurde das BGB verabschiedet; es trat am 1.01.1900 in Kraft und gab der modernen öffentlichen Jugendhilfe die entsprechenden gesetzlichen Grundlagen, die im RJWG von 1922 konkretisiert wurden. Zur Bedeutung des ALR als sozial- und bildungsgeschichtliches Dokument vgl. auch Koselleck 1967, S. 23ff.; Rössler 1961, S. 231ff.

Garantie des Privateigentums aus. Der Rechtsstaat hatte ausschließlich die Staatsinteressen nach außen und nach innen zu schützen, jedoch weder das Recht noch die Verpflichtung, in das gesellschaftliche Leben einzugreifen. Dem Staat kam kein Recht zu einer Zwangsmaßnahme zu, seine Einwohner positiv zu fördern. Nach der Prämisse der allgemeinen Menschenbildung Humboldtscher Prägung wurde zwar ein solches positives Ziel für den Einzelnen und den Staat gesehen, aber der Staat durfte niemanden zu seinem Glück zwingen, beispielsweise durch den Zwang zum Besuch einer Schule, welche eine bessere Volksbildung bewerkstelligen sollte. Damit unterschied sich der liberale Staat von der Konzeption des *merkantilen Wohlfahrtsstaates* im aufgeklärten Absolutismus Friedrichs des Großen. Am Beginn des 19. Jahrhunderts reduzierte sich die Funktion des Rechtsstaates in seinem Selbstverständnis auf die Wahrung individueller Interessen oder den Schutz des Staates: nach diesem Rechtsverständnis bedeutete dies, dass der Staat nur *negativ* zu wirken, also Störungen abzuwehren habe. Damit ließ die liberale Konzeption keine *positive* Rechtgebung, wie zum Beispiel Schutzrechte für soziale Benachteiligte, also eine aktive staatliche Sozialpolitik zu. Das ALR ist also weniger die Konsequenz wohlfahrtsstaatlicher Überzeugungen, die aus der Aufklärungsphilosophie resultierten, sondern markiert eher den Beginn des Rechtsstaates, der sich in Abgrenzung zu der Erfahrung des merkantilen Staates, der sich in alles eingemischt hatte, zum liberalen Staat entwickelte. Trotz dieser Konstruktion des Staates als einer Vereinigung *freier* Einzelpersonen unter einem gemeinsamen Obervormund, wurde die Beförderung der privaten Glückseligkeit weiterhin ausdrücklich zum Staatszweck erklärt. Aus dem Recht auf private Glückseligkeit, also aus dem wahren letzten Zweck des menschlichen Daseins, ergaben sich alle weiteren, natürlichen und unveräußerlichen Individualrechte: das Recht auf das eigene Leben, das Recht auf gleiche Ausgangschancen, die Erweiterung der Lebenschancen, das Recht auf moralische Freiheit, geistige Selbstbestimmung und freie Religionsausübung, das Recht der freien Meinungsäußerung, das Recht auf Freizügigkeit, das Recht auf Gleichheit vor dem Gesetz (und damit zugleich Unabhängigkeit der Justiz), das Recht auf freie Verfügung und Vervollkommnung der individuellen Fähigkeiten und Kräfte, und nicht zuletzt das Recht auf *Bildung* und *Erziehung*. Aus der Summe dieser Rechte ergab sich der Zweck des Staates. Das Staatsrecht gründete auf dem Naturrecht; da sich aus der bürgerlichen Gesellschaft andere Bedingungen als aus der Naturgesellschaft ergaben, führte es diese in eine komplexere Struktur, entwickelte mithin den Staat weiter.[41]

Gerade das im ALR zugestandene Recht auf eigene Entwicklung und prinzipielle Chancengleichheit macht die Ambivalenzen deutlich, die sich mit einem staatlichen Eingriff in soziale Belange verbanden. So genannte *positive* Geset-

---

41 Vgl. Rousseau 1984

ze des Staates waren nicht vereinbar mit der *Idee der Freiheit*. Dieses unveräußerliche Recht setzte der gesetzgebenden Gewalt eine Schranke. Daher überließ der Staat notgedrungen das weite Feld sozialer Verantwortung dem Engagement bürgerlicher Kreise. Allerdings macht die 1817er Hardenberg-Umfrage deutlich, dass der Gesetzgeber sehr wohl solche unveräußerlichen Rechte und natürlichen Freiheiten beschränken konnte (und wollte), wenn der im ALR festgelegte Staatszweck gefährdet war. Hier ist wieder die Vorstellung evident, dass die bürgerliche Gesellschaft nicht mehr allein aus so genannten natürlichen und unabänderbaren Rechten bestand, sondern dass der Staat die Ordnung auch durch Recht setzen und damit verändern könne.[42] Der Staat konnte das Naturrecht suspendieren, wenn der Staatszweck dies erforderte beziehungsweise wenn bestimmte gesellschaftliche Entwicklungen diesen gefährdeten. Dilthey hat diese durch das ALR gesetzte Option mit dem Terminus der *paradoxen Formel* des preußischen Naturrechts umschrieben.[43] Eine solche gesellschaftliche Situation war zum Beispiel die Krise in den Jahren nach 1815, die, so zeichnet es die 1817er-Enquête, ihre Ursache vorwiegend darin hatte, dass die Unternehmer schon kleine Kinder viel zu früh für ihre Zwecke in Beschlag nahmen. Zur Verhütung weiterer Gefahren für den Staat und die Gemeinschaft sah sich der frühliberale, noch nicht ganz vom Wirtschaftsliberalismus erfasste Staat prinzipiell berechtigt zum Eingriff in den Sektor sozialer Zusammenhänge. Der Inhalt der Hardenberg-Umfrage macht deutlich, dass die Regierung zur Sicherung des Gemeinschaftsvertrages Staat auch zu Ansätzen sozialer Gesetzgebung, das heißt zu *positiven*, den Staat bindenden Regelungen hinsichtlich einer Klasse bereit war; die Autoren der Enquête (Hoffmann, Rother und der verantwortliche Minister Hardenberg) gingen eindeutig von einer sozialen Verantwortung des Staates für seine Einwohner aus.[44] Die entscheidende Frage war, ob der Staat den Einzelnen vor staatlicher Willkür oder der Willkür einer anderen gesellschaftlichen Kraft schützen sollte. Diese Frage stellte sich beispielsweise 1817 und führte zu der Erhebung Hardenbergs und damit zum Beginn staatlicher sozialpolitischer Überlegungen, denn die Folge des Verlustes der moralischen Freiheit zeigte sich nicht nur in der direkten Konsequenz einer ungerechtfertigten Beschränkung, sondern vielmehr grundsätzlich darin, dass ein Mensch, der seiner moralischen Freiheit beraubt wurde, sich in letzter Konsequenz zu *seinem*, aber auch zum Nachteil *der Gesellschaft*, wie es später die Hardenberg-Enquête formulierte,

---

42 Vgl. § 2 I 1 ALR
43 Vgl. Dilthey 1960, S. 131–204
44 Vgl. Koselleck 1962, S. 105; Baron/Landwehr 1995, S. 14ff. So argumentieren die Verfasser, dass der Staat gezwungen sei zu solchen Maßnahmen, wenn das Handeln der aufkeimenden Industrie sich „in solchem Maaße seinen höheren Zwecken entgegen" (GStA PK, I. HA Rep. 74 K VIII Nr. 24, Bl. 3) setzte. Zum Wohl der Gemeinschaft sah sich der Staat zu Zwangsmaßnahmen gegen den Einzelnen berechtigt; bspw. § 9 II 7 ALR.

Liberalismus v. s. Verantwortung

selbst aufgebe und alle Träume und Hoffnungen fahren lasse.[45] Die Grenzfrage, die sich die Justizreformer 1794 stellten, lautete: Wie weit darf der staatliche Zwang zu sozialem Verhalten reichen, ohne sich in das Eigenleben seiner Bürger zu sehr einzumischen?"[46] Der Konflikt betraf die Frage, inwieweit die im ALR angelegte Bereitschaft zu sozialer Verpflichtung des Staates mit dem individuellen Rechtsanspruch auf freie Entfaltung in Einklang zu bringen war. Diese Frage war zur Zeit der Gesetzesstiftung noch nicht aktuell, weil die gesellschaftliche Struktur des Ständesystems noch fest bestand. Aber die Inkraftsetzung des ALR wirkte wie ein Katalysator; alle sozialen Regeln wurden aus der Sphäre des Naturrechts in die des willkürlichen Staatsgesetzes gehoben und damit „politisiert. Der Staat selber übernahm die subsidiäre Verpflichtung zu einer allgemeinen Daseinsvorsorge."[47] Das ALR erschloss „über die Fixierung des status quo hinaus ... die doppelte Möglichkeit einer zunehmenden Liberalisierung durch den Abbau der ständischen Rechte und Pflichten, und den Weg zu einem sozialen Gesetzestext, der die frei werdenden Energien einzubinden verstand."[48]

Diesen Mittelweg der Justizreformer suchten Stein und Hardenberg ab 1808 zu gehen.[49] Jedoch führte, bedingt durch die ökonomisch-soziale Entwicklung, der Weg in den preußischen Verwaltungs- und Beamtenstaat. Ohne wirkliche Loslösung von der alten Ständeordnung wurde die Gesellschaft in eine neue Ordnung überführt. Die neue Industriebourgeoisie und adlige Großgrundbesitzer dominierten die Gesellschaft. Die sozialen und die liberalen Prinzipien des ALR standen in der gesellschaftlichen Wirklichkeit in dauernder Auseinandersetzung. Es siegte bekanntlich die liberale Wirtschaftsordnung. Da, wo der liberale Verwaltungs- und Rechtsstaat durch die inhärente Ambivalenz der Struktur des ALR in der Daseinsvorsorge gehindert war, überließ und ermöglichte er die bürgerliche Daseinsnachsorge für Benachteiligte.

An die vorhergehenden Ausführungen muss ein Hinweis auf die Besonderheit der *Preussischen Lande am Rhein* – auf Grund der zeitweiligen Territorialzugehörigkeit zu Frankreich (1792–97/1801) oder durch Zugehörigkeit an das Empire im Rheinbund (1806) – angeschlossen werden; die richtige Einordnung der weiteren Ausführungen hängt hiervon ab: Im Jahr 1801 hatten die Franzosen (Gebietsgewinn durch den Vertrag von Lunéville) am linken Rheinufer den *cinq codes*, eine einheitliche Rechtsordnung eingeführt. 1804 wurde der *Code Civil* als bürgerliches Gesetzbuch eingeführt. 1807 wurde der *Code Napoléon* als reformierter Kodex eingeführt. Mit der Einführung des *Code Ci-*

Napoléon

---

45 Vgl. GStA PK, I. HA Rep. 74 K VIII Nr. 24, Bl. 2
46 Koselleck 1962, S. 84. Wilhelm von Humboldt stellte wenige Jahre später (1792) dieselbe Frage (Wie weit darf sich die Sorgfalt des Staates erstrecken?).
47 Ebd., vgl. §§ 1ff. II 19 ALR
48 Koselleck 1962, S. 84
49 Vgl. ebd., S. 105f.

vil, der Zivilrecht, Zivilprozessrecht, Handelsrecht und Strafverfahrensrecht umfasst, hatten die Franzosen ein einheitliches, verständliches Recht eingeführt, das durch die Juristen Franz von Lassaulx und Heinrich Gottfried Wilhelm Daniels seit 1805 auch in deutscher Sprache vorlag. Die Einführung des französischen Rechtssystems machte keine Schwierigkeiten. Von der Bevölkerung wurde es als Ausweis ihrer Rechtssicherheit verstanden. Das französische Recht bedeutete in erster Linie Gleichheit aller Staatsbürger vor dem Gesetz, Mündlichkeit und Öffentlichkeit bei Gerichtsverhandlungen sowie Beteiligung von Laienrichtern an der Verurteilung schwerer Verbrechen. Nicht nur im besetzten Rheinland galt der Code. Die Rheinbundstaaten führten das französische Rechtssystem in unveränderter oder modifizierter Form ein. Der übersichtliche Aufbau des Werkes, die deutliche Sprache, aber auch der Umstand, dass es auf Traditionen zurückgriff, die den deutschen Vorstellungen entsprachen und den Grundsatz von Gleichheit und Freiheit berücksichtigten – eine Idee, die in vielen Köpfen lebte –, begründeten seinen großen Erfolg im deutschsprachigen Raum. Entscheidend war, dass mit der neuen Rechtsordnung zugleich die bürgerlichen Freiheiten in Deutschland erstmals durch Gesetz garantiert wurden. Das napoleonische Recht, das die Freiheit der Person und das Eigentum sowie die Gleichheit vor dem Gesetz zur Grundlage einer bürgerlichen Gesellschaftsordnung gemacht hatte, sicherte die Errungenschaften der Revolution und breitete sie über ganz Europa aus, obwohl man nach der Völkerschlacht bei Leipzig und der begeisterten Abschüttelung einer Fremdherrschaft hätte erwarten können, dass das französische Recht als fremdes und aufgezwungenes Recht sofort abgeschafft worden wäre. Doch nach dem Ende der französischen Herrschaft konnte das aus Frankreich stammende Recht, das die Ideen der Aufklärung kodifiziert hatte, nicht ohne weiteres zurückgenommen werden. Er ist eine beachtenswerte Besonderheit der deutschen Rechtsgeschichte, dass die Länder links des Rheins sowie Berg und Baden am *Rheinischen Recht* festhielten. Während der Rheinbundzeit war diese Rechtsordnung auch in den rechtsrheinischen Gegenden bindend gewesen. Die Kreise Duisburg, Essen und Rees hatten jedoch historische Bindungen an Preußen. Hier war die Entscheidung für ein Rechtssystem schwierig. Die Rheinländer in diesen Landkreisen waren überzeugte Preußen, froh über das Ende der Besetzung. Jedoch erkannten sie das französische Recht als eine Ordnung auf liberaler Grundlage an. Dagegen bedeutete das Landrecht einen Rückschritt. Staatskanzler Hardenberg setzte die *Rheinische Immediat-Kommission*, unter dem Vorsitz Christoph W. Sethes, beraten durch den Juristen Daniels, ein, welche die Vor- und Nachteile beider Rechtssysteme abwägen sollte. Ein Ergebnis dieser Arbeitsgruppe war die Gefahr der Rechtsvermischung, sofern man uneindeutig entscheidet. Nach großem Widerstand in der Bevölkerung hatte der König 1818 die vorläufige Beibehaltung dieses Rechts in den preußischen Rheinlanden bewilligt (außer in den vor Kriegsende preußischen

73

Ländern und dem ost-rheinischen Teil des Regierungsbezirkes Koblenz). Der preußische Justizminister Beyme hatte in dieser Situation auf Veranlassung des Königs mit einer Revision der ALR begonnen, deren Ergebnis vom ersten *Rheinischen Provinziallandtag* 1826 nach heftigen Auseinandersetzungen angenommen wurde. Das *Rheinische Recht* hatte die Freiheiten des alten Rechtssystems festgeschrieben und mit der Ordnung des Landrechts verbunden. Etwa ab 1849 wurde sukzessive versucht, das ALR auf die Rheinlande zu übertragen. Ab 1851 wurde das Rheinische Recht durch modernere Kodifikationen, die aber mit dem Geist dieser Gesetzgebung übereinstimmten, abgelöst: 1851 das Strafrecht, 1875 das Personenstandsrecht, 1879 das Prozess- und Gerichtsverfassungsgesetz, und erst zum 1. Januar 1900 löste das BGB als Zivilrecht das Napoleonische Gesetzbuch vollständig ab. Trotzdem gelten die oben gemachten Aussagen, weil die für sozialpädagogisches oder sozialreformerisches Handeln bedeutsamen rechtlichen Veränderungen im Rechtsverständnis und der Rechtswirklichkeit in gleicher Weise Wirkung fanden. Nach der Befreiung weigerten sich die Bürger des Rheinlandes nicht nur, das ALR und die aus dem ALR folgende Änderungen der Verfassungsrealität voll und ganz zu übernehmen; auch die Steinsche *Ordnung für sämtliche Städte der preußischen Monarchie* vom 19.11.1808 stieß auf Widerstand. Dabei ging es Stein auch um ein Modell für die Beteiligung des städtischen Bürgertums an den kommunalen Angelegenheiten.[50] In großen Teilen des Rheinlandes lebte nach dem Ende der Befreiungskriege das französische Munizipalsystem weiter. Die Institution der rheinischen Bürgermeisterei, welche die Rechtsstellung der Gemeinden aus französischer Zeit (Mairieverfassung) hatte, wurde beibehalten. Wie im Fall der bürgerlichen Rechte verteidigten die Rheinländer erfolgreich ihre Gemeindeverfassungen gegen das preußische Modell. Das französische Gemeindeverwaltungsrecht, das auf dem *code civil* beruhte, kannte keinen Unterschied von Stadt- und Landgemeinde.[51] Für die Städte bedeutete die neue preußische Ordnung mit ihrer erweiterten Selbstverwaltung zwar einen Fortschritt, doch die Rheinländer wehrten sich gegen die Einführung der preußischen Städteordnung. Erst circa dreißig Jahre später (1845) konnte die preußische Regierung eine rheinische Gemeindeordnung installieren, die aber die gleichmäßige Behandlung von Städten und Landgemeinden beibehielt.[52] Die

---

50 Vgl. Schwab 1971. Mit dem Begriff des städtischen Bürgertums ist hier die Gesamtheit der in der Stadt lebenden Bevölkerung gemeint, nicht das im 19. Jahrhundert rechtlich heraus gehobene besitzende, wahlberechtigte Bürgertum (vgl. Kocka 1987, S. 21ff.; ders. 1988 (Bd. 1), S. 22; zu Selbstverständnis, Selbstbewusstsein, politischen und sozialen Erwartungen und Zielvorstellungen des städtischen Bürgertums vgl. auch Gall 1994, S.29ff.).

51 Die preußische Städteordnung galt nur für wenige Städte. Der ländliche Bereich, der den größten Teil des Staatsgebietes ausmachte, war vielfach von den Regelungen ausgenommen.

1845er Gemeindeordnung vereinigte überwiegend die Vorteile der Steinschen Verwaltungsreform und der französischen Ordnung. Sie schaffte den aus französischer Zeit stammenden und bis dahin gültigen verwaltungsmäßigen Zusammenschluss mehrerer Orte zu so genannten *Bürgermeistereien* als unterster staatlicher Verwaltungsinstanz ab und behielt die bürokratische Verwaltungsspitze statt eines kollegialen Magistrats bei. Die Gemeinderäte wurden mit der neuen rheinischen Gemeindeverfassung nicht mehr von den Bezirksregierungen ernannt, sondern von der Bevölkerung direkt – allerdings nach dem Dreiklassenwahlrecht – gewählt. Durch Novellen der Ordnung in den Jahren 1850 und 1856 wurde den Städten im Gegensatz zu den Landgemeinden auch das Recht der Wahl der leitenden Gemeindebeamten zugebilligt. Dies förderte die weitere Entwicklung der kommunalen Selbstverwaltung.

> „Die *rheinische Städteordnung* von 1856 ... [hob] sich von den im übrigen Preußen geltenden Regeln dadurch ab, dass der Oberbürgermeister zugleich Vorgesetzter aller städtischen Bediensteten – einschließlich der Beigeordneten, die anderswo mit dem Stadtoberhaupt den Magistrat bilde[te]n – ist und den Vorsitz in der Stadtverordnetenversammlung führt. ... [diese Organisationsform kam] starken Persönlichkeiten an der Spitze der rheinischen Großstädte sehr zugute."[53]

2. Zur Kinderarbeitsfrage als sozialer und pädagogischer Frage und zur administrativen Wahrnehmungen der Kinderarbeit und des Pauperismusproblems

Die allgemeine sozioökonomische und politische Situation in Preußen nach dem Ende der Freiheitskriege und das Phänomen der Kinderarbeit mit ihren Folgen muss als bekannt vorausgesetzt werden.[54] Insbesondere die Bedeutung

---

52 Das Fehlen der für Preußen typischen Unterscheidung zwischen Stadt und Land war allerdings keine Folge der französischen Gesetzgebung, sondern eine rheinische Eigenart aus dem 18. Jh. Im Gegensatz zu Altpreußen gab es hier keine selbstwirtschaftenden Gutsherren mit abhängigen Bauern, sondern die ehemaligen Grundherren hatten schon seit dem Mittelalter die Eigenwirtschaft weitgehend aufgegeben und das Land verpachtet. Die ursprüngliche Abhängigkeit war auf geringe Geld- und Sachleistungen geschrumpft und links des Rheins unter den Franzosen ganz abgelöst worden. Dieser Umstand begünstigte am Ausgang des 18. Jh. vor allem die Textilmanufakturen im Aachener Raum, die Seidenweberei in und um Krefeld, die Bleichereien in Barmen und Elberfeld; die Entwicklung des Gewerbes auf dem Land wurde zudem durch den Widerstand der Zünfte in den Städten gegen den technischen Fortschritt begünstigt (vgl. Höroldt 1971, S. 321).

53 Höroldt 1971, S. 336, Hervorh. im Original

54 Vgl. beispielsweise Thun 1879, S. 175f.; Kuczynski 1968/19, S. 73f.; Scherpner 1979, S. 158

der Stein-Hardenbergschen Reformen und die durch sie in Gang gesetzte Symploké ökonomischer und sozialer Verwerfungen ist häufig dargestellt worden.[55] Während der liberale Rechtsstaat die ökonomische Entwicklung durch Gewerbeförderung vorantrieb, ohne die entstehende Wirtschaftsgesellschaft verfassungsmäßig einzubinden, enthielt er sich trotz wahrnehmbarer sozialer Folgen der voranschreitenden Protoindustrialisierung der sozialen Verantwortung „und versagte sich damit weitgehend das Recht zur Einflußnahme auf die sozialen Prozesse."[56] Zusammenfassend kann gesagt werden: Das durch die liberale Gesetzgebung initiierte *freie Spiel* der Wirtschaftskräfte hatte zur Folge, dass eine stetig wachsende Zahl Beschäftigungssuchender in die Zentren frühindustrieller Entwicklung im Westen, vor allem in die Manufaktur- und Fabrikgegenden im Bergischen Land und am Niederrhein strömten. Hier fiel das Problem des Massenpauperismus nach der Kriegszeit zum ersten Mal auf. Betroffen von dieser Entwicklung waren besonders die Kinder der Armen, Stellungslosen und Bettler. Durch die zum Teil vierzehnstündige Beschäftigung des Nachwuchses in den Manufakturen und Fabriken konnten diese Armenkinder weder in die Schule gehen, um Lesen, Schreiben, Rechnen zu lernen, noch hatten sie einen einigermaßen angemessenen Entwicklungsschonraum.

Trotz der liberalen Rechtsauffassung waren die sozialen Probleme wiederholt Gegenstand amtlicher Berichte und Untersuchungen; die Sorgen vor einem Schaden für die gesellschaftliche Entwicklung des Staates blieben virulent. Insbesondere wurde früh über eine staatliche Verantwortung für die physische und psychische Entwicklung der nachwachsenden Generation nachgedacht. Vor allem aus den preußischen Rheinlanden kamen seit 1814 drängende Berichte, die einen Schutz der Kinderarbeiter und die Sicherstellung eines entsprechenden Entwicklungsschonraumes forderten. Eine besondere Rolle spielte dabei der Kölner Konsistorialrat Karl Friedrich August Grashof (1770–1841), der seine Berichte über den Generalgouverneur Johann August von Sack (1764–1831) an Süvern (1775–1829) sandte.

2.1. Grashofs Reisebericht (1815)

Das Problem pauperisierter Kinder fand noch vor dem Ende des ersten Wiener Kongresses Beachtung. Der Reisebericht Grashofs vom 16. Januar 1815 über die Lage dieser Kinder. Ausgangspunkt des ersten offiziellen Dokuments war das Interesse des Konsistorialrates an der Situation der gewerblich arbeitenden Kinder.[57] Die Absichten dieses Leiters der Schulverwaltungsbehörde im

---

55 Vgl. Brandt 1979; Köllmann 1966; Koselleck 1962, 1967; Schieder 1979; Wehler 1995
56 Köllmann 1966, S. 32
57 Als Direktor des Konsistoriums war Grashof Mitglied der Bezirksregierung.

Gouvernement (seit 1814) zielten entsprechend seines Amtes auf die Möglichkeit eines kontinuierlichen Unterrichts, das heißt: sein Interesse lag vordergründig in der ordnungspolitischen Durchsetzung der Lernpflicht. Aber aus seinen Berichten kann man eine Sorge um die Armenkinder ablesen, die ihren Lebensunterhalt durch Fabrikarbeit verdienen mussten, weil die Unsicherheit des Arbeitsplatzes der Eltern und niedrige Löhne dazu führten, dass viele Familien auf den Verdienst der Kinder angewiesen waren.[58] Der Einsatz Grashofs für die Fabrikkinder erinnert sehr an die späteren, identischen Bemühungen Diesterwegs.[59] Noch 1814 hatte Grashof nach Erfahrungen und Eindrücken, die er auf Inspektionsreisen gesammelt hatte, in Aachen eine Schulkonferenz einberufen. Zur Kinderarbeitsfrage hatte der Kreis in einer Art Kommuniqué vom 19. Dezember 1814 Folgendes festgehalten:

> „Von so großem Werthe das in neuerer Zeit immer weiter sich ausbreitende Maschinenwesen in den Fabriken, in Staatswirtschaftlicher Hinsicht ist: von so traurigen Folgen ist es dagegen in pädagogischer. Die Leichtigkeit des Broderwerbs für Kinder, und die Eltern durch Kinder, lockt an, dass man diese ohne alle Rücksicht auf die Folgen, dabei in Arbeit zu bringen sucht; woraus denn Versäumnis des Schul- und Religions-Unterrichts, Verkrüppelung am Bürger, und ein Raum mancher Kinderfreude entsteht. Für die Kinderwelt und für die Menschenwelt wäre es zu wünschen, dass der Staat geböte, dass vor dem 8ten Jahre kein Kind zur Fabrick gebraucht werden dürfte, wenigstens in dem Falle nicht, wenn nicht wenigstens täglich ein paar Stunden für den Unterricht der Kinder und ihrer Bildung frei ausfielen!"[60]

Es wird deutlich, dass Grashof und die anderen Mitglieder der Kommission 1814 für eine soziale Verantwortung des Staates für die Fabrikkinder eingetreten sind. Durch die Reorganisation des Elementarschulwesens sollte den Kindern eine „Kinderwelt", das heißt ein pädagogischer Schutz- und Entwicklungsschonraum, eingerichtet werden. Der Staat sollte die Kinder damit vor Schäden schützen, welche die Kinderarbeit nach Überzeugung der Kommissionsmitglieder anrichtete. Den Mitgliedern war sicherlich bewusst, dass eine solche Forderung in der Zeit nach dem Ende des aufgeklärten Wohlfahrtsstaates ohne jede Chance auf Realisierung war. Trotzdem suchte Grashof nach Verbündeten unter den Handelsvorständen seines Amtbezirkes, um durch die Errichtung von so genannten Nachschulen ein Mittel zur Behebung der offen-

---

58 Während seiner Inspektionsreisen legte er sorgfältige Tabellen über die tatsächlichen Schulbesuche in den Regierungsbezirken Düsseldorf, Köln, Cleve und Aachen an. Er ermittelte, dass von 129 568 schulpflichtigen Kindern nur 52 322 die Schule besuchten (GStA PK, I. HA., Rep. 76 II. Sekt. 1 Ge e, Nr. 5, Bl. 295ff.).

59 Dies ist nicht zufällig, denn beide waren eng miteinander befreundet und sie standen im Austausch über diesen Sachverhalt (vgl. Bloth 1966, S. 23).

60 GStA PK, I. HA, Rep. 76 II. Sek. 1 Ge e, Nr. 5, Bl. 191

sichtlichen Schäden zu entwickeln.[61] Diese bürgerlichen Sonntagsschulen standen im Kontext eines neuen Menschenbildes und Staatsbürgerverständnis: dem Bild des Menschen, „der aus allseitig entwickeltem Bildungsgrund, aus eigenem Antrieb und in eigener Verantwortung zu handeln vermochte"[62], galt auch den einfachen Arbeiter. Nur durch dessen Einbindung in eine positive Zukunftsperspektive und durch sozialen Frieden ließ sich die neue Gesellschaft im Sinne einer humanistisch-idealistischen Nationalerziehung realisieren.

Ein Inspektionsbericht, den Grashof am 16. Januar 1815 anfertigte, nennt als Ursachen für die schlechte Lage der Kinder die „Armuth, auf der anderen Seite ... [aber den daraus resultierenden] Geiz der Einwohner"[63], etwas für die Erziehung und Bildung der Kinder auszugeben. Als Quintessenz seiner Reiseeindrücke prangerte Grashof „das leidige Fabrikwesen" an, das er als eine „wahre Pest für den physischen wie für den moralischen Menschen"[64] bezeichnete. Er beschrieb die Eindrücke plastisch und mit unverhohlener Abscheu gegen die angetroffenen Zustände:

> „Kinder von sechs Jahren werden bereits hinter die Maschinen gestellt, um dort selbst zur Maschine zu werden. Sechs Tage lang in jeder Woche, wenn nicht ein eintretender Feiertag eine Ausnahme macht, und auch wohl bei dringender Arbeit – sieben Tage, und jeden Tag von früh morgens bis spät abends bewegt der Knabe in derselben Stellung dieselben Maschinen unaufhörlich zu demselben Geschäft. Das herrliche Geschöpf der schaffenden Meisterhand mit all seinen schönen Anlagen, gewaltigen Kräften, erfreulichen Hoffnungen erstarrt hinter den künstlichen Menschenerfindungen, ehe noch ein Keim seines edleren Seins hervorbrechen konnte. Muß denn die Politik mit der Moral in ewiger Collission stehen und läßt das große Problem, mit dem äußeren Wohle des Bürgers auch das innere des Menschen zu vereinigen, sich den nirgends befriedigend lösen!"[65]

Grashof sah in der Fabrikarbeit der Kinder ein Hindernis für die durch die preußische Aufklärung postulierte und im ALR zugesagte individuelle Glückseligkeit. Er schließt seine Ausführung bestimmt: „Hier hat der Staat, dieser anerkannte Vormund aller Unmündigen, die unter seinem Schutz leben, die Pflicht, in die angemaßten Rechte der Mündigen, welche sie mißbrauchen und so unverantwortlich mißbrauchen, mit Nachdruck einzugreifen, und dem Unwesen kräftigst zu steuern"[66].

---

61 Vgl. HStAD, Generalgouvernement Nieder- und Mittelrhein, Nr. 117
62 Huber 1967, S. 271
63 GStA PK, I. HA Rep. 76 – II Sekt. 1 Ge e Nr. 5, Bl. 78
64 Ebd.
65 Ebd., Bl. 78f.
66 Ebd., Bl. 79

Pädagogische Einflüsse Grashofs

Dies ist programmatisch und engagiert; Grashof, ein durch die Idee der Aufklärung geprägter und durch Rousseau, Pestalozzi und Humboldt beeinflusster Zeitgenosse und späterer Freund Diesterwegs, wünschte eine schnelle Besserung der Lage der arbeitenden Kinder. Der vierundvierzigseitige Bericht Grashofs gelangte über den Generalgouverneur Sack, einem Vertrauten Hardenbergs, nach Berlin an den preußischen Staatsrat in Humboldts Kultus- und Unterrichtsabteilung des Innenministeriums (dem dieser seit 1810 nicht mehr vorstand), also an Johann Wilhelm Süvern, der zuständig war für die Struktur und Organisation des öffentlichen Schulwesens in Preußen. Im Interesse an der Besserung der Situation der Kinder schloss Sack sich den zwei einschlägigen Berichten Grashofs vom 16. Januar und 19. Mai 1815[67] am 9. Juli desselben Jahres mit einem eigenen Bericht an. In diesem äußerte er den Wunsch, für die Organisation des öffentlichen Unterrichts für die Fabrikkinder am linken Rheinufer autorisiert zu werden. Er setzte sich dabei zwar für besondere Nachbildungseinrichtungen (am Abend und sonntags) für die Fabrikkinder ein, betonte aber zugleich, dass diese nicht an ein *positives Gesetz* zu binden seien. Sack wies in diesem Zusammenhang auf die bestehende Lücke in der Schulverordnung hin, die zu schließen sei.[68] Damit sprach Sack erstmals jene pädagogisch und sozialpolitisch bedeutsame Frage an, was zu unternehmen wäre, damit alle Erziehungs- und Bildungsbedürftigen lernen konnten und wie man die Erziehungslosigkeit überwinden und die bestehende Erziehungslücke schließen könnte. Die erwerbstätigen Kinder gingen statt zur Schule in die Manufakturen und Fabriken. Ihnen waren daher die normalen Bildungs- und Erziehungsmöglichkeiten verwehrt. Neben der Bildung ging es Sack insbesondere um die moralisch-sittliche Erziehung der Kinder, die er durch die inhumane Fabrikbeschäftigung als gefährdet ansah: „Unter den Allgemeinen Argumenten, welche in dem theoretischen Streite, über die Vorzüglichkeit des Agricultur oder Industrie Systems, zu Gunsten des ersten vorkommen, ist dasjenige eines der siegreichsten, welches aus der von großen Fabrik und Manufactur Anlagen unzertrennlichen moralischen Verkrüppelungen der Kindheit und Jugend hergenommen wird."[69]

Schon mit diesem Zitat wird der Wandel im neuhumanistischen Bildungsdenken in der Epoche des Vormärz deutlich. Entsprechend der Form gesellschaftlicher Erneuerung wurde das Bildungs- und Erziehungsdenken rationalen und formalen Kriterien untergeordnet, in der zweckfreie und zweckgebundene Bildung nicht mehr unversöhnlich einander gegenüberstanden. Der Auftrag der Schule als dem öffentlichen Raum für Bildung- und Erziehung veränderte sich sukzessive. Die öffentliche Schule erhielt zumindest im Hinblick auf

---

67 Vgl. GStA PK, I. HA Rep. 76 – II Sekt. 1 Ge e Nr. 5, Bl. 231–236
68 Vgl. ebd., Bl. 269. Der Bericht Sacks findet sich auch im LHAK, Abt. 358, Nr. 25, Bl. 2–5
69 Ebd.

die Armenkinder den Auftrag, Erziehungsschule *und* Berufsschule zu sein. Sack wies auf die zwei Jahre später von der Hardenberg-Kanzlei wieder aufgegriffene Gefährdung des Staatszwecks hin. Durch die mangelnde Bildung wuchsen die Kinder heran, „ohne einigen Unterricht im Lesen, Schreiben, Rechnen, Moral und allen denjenigen, was nach den Bedürfnissen unseres Zeitalters, den Menschen selbst auf der untersten Bildungsstufe, zu wissen nützlich und notwendig ist."[70]

Das heißt, die mangelnde intellektuelle und moralische Erziehung und allgemeine Menschenbildung führte zur mangelnden sozialen Kompetenzen und gefährdete die bürgerliche Gesellschaft in ihrem Bestand. Dieser Zustand, um nicht zu sagen: Bildungsnotstand, war nach Sack nicht länger hinnehmbar.

Der bei Süvern eingehende achtseitige Bericht Sacks trägt das Datum vom 9. Juli 1815. Sack nimmt den von Grashof entfalteten Vorschlag der „Sonntagsschulen in den Fabrikstädten"[71] auf und als sinnvolle Einrichtungen für sozialpolitisches Handeln vor. Sinn und Zweck der angedachten Sonntagsschulen war neben einer formalen die *soziale Alphabetisierung* der Jugendlichen. „Die Nützlichkeit und Notwendigkeit dieses Instituts glaube ich bei Euer Exellenz nicht erst ausführlich entwickeln zu müssen."[72] Sack sprach mit diesem Satz den Pädagogen und Aufklärer Süvern an, erhielt jedoch von ihm eine bildungspolitisch und wirtschaftsliberal akzentuierte Antwort.

Hatte Sack angenommen, in dem bekannten Pädagogen Süvern einen Befürworter spezieller Armenschulen zu finden und diesem nicht deren „Nützlichkeit und Notwendigkeit ... ausführlich entwickeln zu müssen", so musste er sich jetzt getäuscht sehen. Weder sein Bericht noch die Mahnungen Grashofs hatten in Berlin zu pädagogischen Bedenken gegen die Kinderarbeit geführt.[73] Während er politisch nichts erreichen konnte, gab er doch im Rheinland in verschiedenen Kommunen Anstöße für die Errichtung für besondere Nachbildungseinrichtungen (am Abend und sonntags) für die Fabrikkinder ein. So findet sich in Köln ein Dokument, in dem die Städtische Schulkommission sich am 13. September 1816 an Stadtrath Kempis, mit der Aufforderung richtet, der Arbeit der Sonntagsschule, die unter der Leitung des Consitorialrates Grashof stände, nicht „ihre Mitwirkung"[74] zu entziehen.

Ein Zusammenhang zwischen der Grashof-Sack-Initiative mit späteren staatlichen Initiativen besteht – zumindest offensichtlich – nicht, da sich keine der untersuchten Quellen aus anschließenden Jahren darauf bezieht. Dass das

---

70 Ebd.
71 Ebd.
72 Ebd.
73 Der Grund wird aus der Notiz Süverns auf dem eingegangenen Dokument deutlich. Er verwies nämlich auf Pestalozzi und dessen Theorie der Armenerziehung (vgl. hierzu Oelkers 1995, S.8ff.).
74 HASK, Bestand 550, Nr. 1117, Bl. 11

preußische Staatsministerium indessen Kenntnis von der Grashof-Sack-Initiative hatte, wird aus vielen Hinweisen deutlich, liegt aber auch schon deshalb nahe, weil Sack ein enger Vertrauter des Staatskanzlers war.

2.2. Das Hardenberg-Dokument (1817)[75] – die Sozialpädagogische Frage

Wenig später wurde die preußische Staatsregierung auf den Problemzusammenhang *Kinderarbeit-Pauperismus* aufmerksam. Allerdings war der Anlass zunächst kein pädagogischer, sondern er war entsprechend der wirtschaftsliberalen Ideen primär ökonomisch. Aber die Hardenberg-Initiative war zugleich sozialpolitisch motiviert. Dies räumt sogar Kuczynski ein, der sich in seinen Werken stets besonders kritisch mit der preußischen Administration und dem Frühkapitalismus auseinander setzt.[76]

Hardenberg war Freimaurer: von 1778 bis 1781 war er Meister vom Stuhl der Loge *Zum weißen Pferde* in Hannover. Im Gedankengut der Freimaurer spielt der Humanitätsaspekt und seine praktische Umsetzung eine bedeutende Rolle. Mit großer Wahrscheinlichkeit lag der Grund für die mit der Umfrage verbundenen Reflexion der gesellschaftlichen Zustände in der ideologischen Verwurzelung Hardenbergs in der Maurerei.[77] Es ist bekannt, dass der Koautor der Umfrage, Christian Rother, sein soziales Engagement, sei es dienstlich oder privat, ebenfalls aus den Idealen der Freimaurerei begründete.[78] Zudem hatte Freiherr vom Stein, ebenso Freimaurer, seinem Nachfolger in einem politischen Testament einen entsprechenden pädagogischen Auftrag ans Herz gelegt.[79] Hardenberg war also der *pädagogische Blick* in der Zeit sozialer Not nicht fremd. Vieles spricht dafür, dass er eine Initiative der Leipziger Freimau-

---

75 Die Umfrage findet sich GStA PK, I. HA Rep. 74, K VIII, Nr. 24, Bl. 1–4. Unterzeichnet nur von Hoffmann, einem Mitarbeiter Hardenbergs, mit dem zunächst angegebenen Datum 16. Juli 1817, später aber geändert auf 5. September 1817; sie ist zudem vollständig abgedruckt in: Hoppe 1958, S. 70ff.

76 Vgl. Kuczynski 1968/19, S. 4

77 So hat Henning schon 1965 nachgewiesen, dass der Einfluss der freimaurerischen Lehren für einen weiteren vorpreußischen Staatsbeamten des Vormärz, Christian Rother, der bestimmende Grund für dessen dienstliches und privates Sozialengagement war (vgl. Henning 1965, S. 485–539, hier: 534f). Neben Hoffmann, der der eigentliche Autor der Umfrage war, war Rother der Koautor der Umfrage. Dies wird in einem Schreiben Rothers an Hoffmann vom 29. Januar 1820 bestätigt (GStA PK, I. HA Rep. 74 K VIII, Nr. 24, Bl. 137). Zudem wies Henning darauf hin, dass die Verbindung solcher Ideale, die in der Freimaurerei gründeten, in Preußen weder beim König noch in der untergeordneten Administration Widerspruch auslöste. Eine Großzahl der preußischen, nicht-adeligen Staatsbeamten hing während des Vormärz der Freimaurerei an (vgl. 1965, S. 535).

78 Vgl. Henning 1965, S. 534f.

79 Vgl. Stein, Briefe und amtliche Schreiben (Bd. III), S. 395

rer-Loge *Balduin zur Linde* von 1817 kannte, und so ist zu vermuten, dass die Enquête mit ihren Fragen zum Problem vernachlässigter Volksbildung durch Kinderarbeit und dem folgenden Massenpauperismus diese örtliche bürgerliche Initiative *mit* vor Augen hatte. Die Leipziger Antwort auf das erkannte jugendpolitische Problem der *Erziehungslosigkeit* hieß: Sonntagsschule für Handwerker und Arbeiter.

Insgesamt wird aus der Umfrage an die Oberpräsidenten der Provinzen Preußen, Brandenburg, Sachsen, Westfalen, Jülich-Kleve-Berg und dem Großherzogtum Niederrhein, das in den Kontext der Stein-Hardenbergschen Reformplanungen gehört, wie aus den eingegangenen Antworten deutlich, wie das Problem der Volkserziehung insbesondere der unteren Klasse von preußischen Staatsbeamten aus staatspolitischem Blickwinkel betrachtet und gehandhabt wurde.[80] Die Beschäftigung der Kinder im zeitgenössischen Gewerbe, die unter liberalen Gesichtspunkten und dem Anspruch auf eine freie Nutzung der verfügbaren Kräfte durchaus ökonomisch und gerechtfertigt schien, geriet in Konflikt mit den anthropologischen Prämissen der Verfassung und dem Erziehungs- und Wehranspruch des Staates, wie sie grundsätzlich im Landrecht und besonders in den Schulartikeln des ALR und der Landwehrordnung vom Februar 1813 sowie dem Gesetz über die allgemeine Militärpflicht vom September 1814 kodifiziert waren. Allerdings darf die Nennung des Wehranspruches nicht in die Irre führen: Auffällige Rekrutierungsschwierigkeiten, wie sie später (1828) Generalleutnant von Horn für das Rheinland reklamierte, hatten keine Bedeutung bei der Umfrage. Wie sich im Folgenden zeigen wird: Nur ganz nebenbei bemerkt der Autor der Umfrage auch die *fehlende Bereitschaft der jungen Männer*, für ihr Vaterland in der *Stunde der Not* bereit zu sein, wenn ihr Leben unglücklich und elendig verlaufe. Neben dem wirtschaftspolitischen Motiv kann man in der Umfrage mit dem Hinweis auf den Erziehungsanspruch des Staates vor allem aber auch ein Indiz für ein vom Hardenberg-Ministerium erkanntes Erziehungsproblem hinsichtlich der arbeitenden Jugend aus der unteren Klasse, nämlich das Problem einer Erziehungs- und Bildungslücke und damit verbunden die Forderung lesen, dass auch für die Kinder der Armen eine Erziehung und Bildung um ihrer selbst willen ermöglicht werden müsse.

Vermutlich eher als Folge einer Reise Hardenbergs in die preußischen Rheinlande im Jahr 1817[81], kaum aus militärischen Gründen oder aus Anlass der Exportschwierigkeiten der schlesischen Textilindustrie – dann hätte der Staatskanzler sicher auch der schlesischen Oberpräsidenten befragt –, erfolg-

---

80 Die Hardenberg-Enquête ist der historischen Forschung erst seit 1958 bekannt und führte sowohl in der Sozial- als auch in der Bildungsgeschichte zu völlig veränderten Einsichten hinsichtlich der preußischen Sozialpolitik.

81 Vgl. HStAD Regierung Dssd. 1668, Bl. 2, 3 (o. Num.)

te am 5. September 1817 die seit 1958 der Forschung bekannte Umfrage an die genannten Oberpräsidenten, welche auf die Behebung der miserablen Verhältnisse für die Kindern der untersten Bevölkerungsschicht, so wie der Staatskanzler sie auf seiner Rundreise angetroffen hatte, zielte. Nach dieser Reise beauftragte Hardenberg einen vertrauten Mitarbeiter, Johann Gottfried Hoffmann (1765–1847)[82], eine Vorlage für eine Enquête zu erstellen.[83] Der Staatskanzler hatte schon früh „die möglichen sozialen Konsequenzen einer völligen Freisetzung der Wirtschaft"[84] erkannt. Die zu frühe Bindung an die Fabrikarbeit schränkte die Kinder grundsätzlich in ihrer anthropologisch vorausgesetzten und durch das ALR zugesicherten Freiheit zu einer individuellen Entwicklung ein. Die „Menschen werden zu Fabrikarbeitern erzogen, ehe sie eine Wahl haben, ... eine andere Lebensart zu ergreifen"[85]. Kuczynski, der den *Hauch der Sorge* und damit Ansätze eines humanen und philanthropen Motivs anerkennt, sieht in seiner erkenntnisleitenden Perspektive allerdings nur „klassen-ökonomische und – echt preußisch! – militärische Erwägungen"[86]. Das letztgenannte Motiv scheint aber für Hardenberg und Hoffmann nicht relevant gewesen zu sein, weil die 1817er Umfrage, anders als die spätere Kabinettsorder Friedrich Wilhelms III. vom 12. Mai 1828 (in Verbindung mit dem Landwehrgeschäftsbericht des Generalleutnants von Horn), nicht das Problem der mangelnden Möglichkeit zur Rekrutierung wehrfähiger und gesunder Männer als Grund für die Umfrage nennt. Die Wehrartikel des ALR werden nur als eine Möglichkeit zur Lösung des Problemkontextes *Kinderarbeit-Pauperismus* ins Gedächtnis gerufen. Kuczynski irrt offensichtlich, wenn er militärische Motive als Ursache der Anfänge preußischer Sozialpolitik sieht.[87] Zwar einleuchtender, aber in Kenntnis der historischen Abläufe und angesichts der Zugehörig-

---

82 Dass die Umfrage nicht von Hardenberg selbst ausging, sondern von Hoffmann, hat Koselleck 1962 als erster vermutet (vgl. Koselleck 1962, S. 106, Anmerk. 91).

83 Hoffmann hatte von 1807 bis 1810 eine ordentliche Professur der Staatswissenschaften in Königsberg inne. 1808 war ihm die Stelle in der neuen Zentralverwaltung des Innenministeriums angeboten worden. Da er dem Staatskanzler direkt unterstand, entwickelte sich eine intensive Arbeits-, vermutlich auch eine persönliche Beziehung. Dabei wurde das Aufgabengebiet Hoffmanns immer weiter ausgeweitet. 1810 wurde ihm eine Professur an der neu errichteten Berliner Universität angeboten, die er annahm. Nach erneut beginnenden Kriegshandlungen begleitete Hoffmann den Kanzler zudem auf dessen außenpolitischen Reisen nach Frankreich und England und unterstützte ihn beim Wiener Kongress. In den folgenden Friedenszeiten befasste er sich als Referent für Handel und Gewerbe vor allem mit den wirtschaftlichen Kriegsfolgen.

84 Reulecke 1983, S. 35

85 GStA PK, I. HA Rep. 74 K VIII Nr. 24, Bl. 2

86 Kuczynski 1968/19, S. 4

87 Der Grund dieser häufig genannten These liegt nicht in der Hardenberg-Initiative, sondern steht im Kontext der Begründung des 1839er-Regulativs. Innenminister Rochows Vergegenwärtigung der militärischen Probleme, die erst in den späten 1820er-Jahren vermehrt auffällig wurden, war ein strategischer Schachzug, um den König von der Notwendigkeit eines Jugendarbeitsschutzes zu überzeugen. Weder das Innen- noch das Kul-

keit Hardenbergs zur Freimaurerei nicht besonders überzeugend scheint die Einschätzung des Politikhistorikers Erdbrüggers, der in der Umfrage wohl den *ersten Schritt auf dem Wege zur Befreiung der Kinder im Fabriksystem* erkennt, dennoch in ihr nur „das Ergebnis kalten, nüchternen Nachdenkens"[88] sieht und mithin davon überzeugt ist, „daß hier nicht das warme Herz des Menschen Hardenberg in echtem Mitgefühl für das Leid und die Not der Fabrikarbeiter schlägt".[89] Schulze, Koselleck und Köllmann sehen wie Kuczynski in der Umfrage in je unterschiedlicher Qualität humanistische, philanthropische und durch den vormärzlichen Frühsozialismus angeregte Motive für die Aktion der Staatskanzlei, die eindeutig von einer „sozialen Verantwortung des Staates"[90] ausgehen. Denn mit der Hardenberg-Enquête wird erstmals die Bereitschaft des liberalen Staates deutlich, sozial benachteiligte Gruppen zu schützen und wirtschaftpolitische Vorstellungen zu Gunsten sozialpolitischer Zielvorstellungen aufzugeben.[91] Während zunächst also rein ökonomische Motive im Vordergrund stehen, befasst sich die Umfrage auch mit einer – durch das ökonomische Motiv angeregten – pädagogischen Fragestellungen, denn die Umfrage sollte eine ausgemachte Erziehungslücke schließen und eine Verbesserung der häuslichen Erziehung der Fabrikkinder einleiten.[92]

Die Enquête basierte allerdings auf den Erfahrungen der wirtschaftlichen Krise dieser Jahre. Die sozialen Folgen belasteten nicht nur die öffentlichen Kassen, sondern die gesamte innere Sicherheit des Staates. Denn die weite Teile der Gesellschaft erfassende soziale Not hatte, so die Enquête, zur Folge,

---

tusministerium haben je irgendwelche Untersuchungen im Zusammenhang mit dem Landwehrgeschäftsbericht anstellen lassen. Rochows amtliche Begründung für das Regulativ suggeriert bei oberflächlicher Prüfung eine besondere Bedeutung des militärischen Motivs. Nach der Rekonstruktion der historischen Ereignisse ist aber die insbesondere von Kuczynski wiederholt vorgebrachte Behauptung eines vorrangig militärischen Motivs für die Anfänge preußischer Sozialgesetzgebung als Fehlurteil entlarvt. Das von ihm gewählte Bild, dass „ein deutscher General, dem sein Menü von Kanonenfutter nicht fett genug [war], zum Einleiter deutscher sozialpolitischer Maßnahmen" wurde, entbehrt jeder Basis.

88 Erdbrügger 1958, S. 434
89 Ebd., S. 434ff.
90 Koselleck 1962, S. 105 (vgl. ders. 1967, S. 624 sowie Schulze 1958, S. 302f. und Köllmann 1966, S. 33)
91 Vgl. Reulecke 1983, S. 35
92 So mahnte Hoffmann am 24. Juli 1818 im Namen des Staatskanzlers die noch ausgebliebenen Antworten der Oberpräsidenten an: „Ew. pp. sind unterm 5ten Sept. vorigen Jahres ausführlich benachrichtigt, wie ich in der häuslichen Erziehung der Kinder der Fabrikarbeiter einen besonderes wirksamen Grund des Elends finde. [...] Ich habe Sie zugleich ersucht, mir in folge ihrer besonderen Kenntniß der örtlichen Verhältnisse gefälligst Ihre Gutachten darüber zukommen zu lassen, durch welche Mittel die häusliche Erziehung bei den Fabrikarbeitern eine andere Richtung gegeben, und es möglich gemacht werden könnte, ihren Kindern die Wahl eines lohnenden Erwerbs im Jünglingsalter unverkümmert zu erhalten" (GStA PK, I. HA Rep. 74 K VIII, Nr. 24, Bl. 53).

dass ein großer Teil der Betroffenen „lieber in das tiefste Elend versinkt, und endlich in der äußersten Noth zu Verbrechen seine Zuflucht nimmt"[93].

Hoffmann und Hardenberg wollten vor allem die nachwachsende Generation vor dem individuellen Schicksal „der äußeren Noth bewahrt[94] wissen. Unter diesem spezifischen Aspekten forderte er die Oberpräsidenten dazu auf, „sehr ernstliche Untersuchungen über die Mittel [anzustellen], wodurch es überhaupt zu verhindern ist, dass die … [Fabrikproduktion] nicht eine zahlreiche Menschenklasse erzeuge, die in den besten Jahren dürftig und bei jeder Mißernte oder Stockung des Absatzes dem tiefsten Elend preisgegeben ist".[95]

Die Umfrage zielte ab auf die Lage der gewerblich arbeitenden Kinder *an sich*, die schon Grashof so eindringlich und letztlich folgenlos beschrieben hatte. Wie eingangs angesprochen, ging es Hoffmann zunächst um das Problem der so genannten *Verwöhnung* der Fabrikkinder, das heißt um die frühzeitige Gewöhnung an meist nur einen Handgriff, welche die Arbeiterjugend primär daran hindere, in andere Berufe, beispielsweise als Tagelöhner im Ackerbau, als Gesinde für die gemeinen häuslichen Verrichtungen oder als Handwerker im Bauwesen auszuweichen, wenn die wirtschaftlichen Notwendigkeiten dies geböten beziehungsweise den Schritt in eine wirtschaftlich selbstständige Existenz nahe legten.[96] Damit wurde die Umfrage zunächst ökonomisch begründet. Tatsächlich waren die Ursachen der sozialen Not dieser Epoche auf den ersten Blick eindeutig auf ökonomische und wirtschaftspolitische Bedingungen zurückzuführen. In gut situierten bürgerlichen und adeligen Kreisen herrschte die weit verbreitete Überzeugung vor, dass die hohe Arbeitslosigkeit und das daraus resultierende Elend nicht zuletzt auf das Unvermögen oder gar die Faulheit der unselbstständigen Lohnarbeiter zurückzuführen seien. Diese Überzeugung macht auf einen Wandel im *zeitgenössischen Verständnis von Armut* aufmerksam, das sich in der Folge von Rationalisierung und Industrialisierung entwickelt hatte.[97] Dieses Vorurteil griff die Hardenberg-Umfrage zunächst auf, bestritt aber dieses allgemeine Ressentiment gegenüber der einfachen Bevölkerung und nannte als konkrete Ursache der beruflichen Unflexibilität der unteren Klasse die zur seelischen und geistigen Verkümmerung führende frühe Gewöhnung der Kinder an die Fabrikarbeit, die sich aus der Mechanik der Arbeitsvorgänge selbst ergebe. Durch die bedingungslose Eingliederung in die mechanischen Abläufe wurden diese jungen Menschen selbst

---

93 GStA PK, I. HA Rep. 74 K VIII Nr. 24, Bl. 2
94 Koselleck 1962, S. 107; ders. 1967, S. 642
95 GStA PK, I. HA Rep. 74 K VIII Nr. 24, Bl. 1
96 Vgl. ebd., Bl. 2f.
97 Wurde im MA Armut als gottgewollt und gottgefällig betrachtet, so unterstellte man dem Armen im 19. Jh. eigenes Versagen, i.d.R. Arbeitsscheue oder bespw. eben Unvermögen, sich auf wechselnde Tätigkeiten einzustellen. Armut ist nicht integrierter Bestandteil der ständischen Ordnung.

zum Teil der Maschine, also zur Sache. Dabei wurde aber jede Menschenbildung oder, modern gesprochen: *Subjektwerdung* verhindert. Nicht zur Autonomie und zum freien Willen, sondern zur Unselbstständigkeit und Abhängigkeit von äußeren Umständen erzogen, würden die arbeitslos werdenden jungen Arbeiter gehindert, in andere Berufe oder Lebensperspektiven auszuweichen. Der Autor widerspricht damit dem in seiner Zeit gegebenen Verständnis von *Armut* und stellt die Ausbreitung sozialer Not in der sich modernisierenden Welt als systembedingt dar. Die Enquête argumentiert anthropologisch: „Der Mensch wird hierdurch in dem Maaße abhängig von gewissen Verhältnissen und Umgebungen, dass er einen großen Theil seiner moralischen Freiheit verliert".[98]

Der frühe Einsatz zu gewerblicher Arbeit schränkte die natürliche Freiheit des Menschen zu *proportionierlicher* Entwicklung ein. Die Folge des Verlustes der moralischen Freiheit zeige sich zudem aber nicht nur in der Abhängigkeit der einfachen Bevölkerung von der Konjunktur, sondern bedeute auch, dass ein solcher Mensch sich zu seinem Nachteil, aber auch zum Nachteil der Gesellschaft selbst aufgebe und alle Träume und Lebenspläne fahren lasse. Denn ein solchermaßen bedrängter und ins „tiefste Elend"[99] versunkener Mensch füge sich in sein Schicksal, „als eine Lage [zu] änder[n], die ihm durch Erziehung von frühester Kindheit an zur anderen Natur geworden ist"[100].

Schon hier wird die Bedeutung der Hardenberg-Umfrage als sozialpädagogisches Dokument sichtbar, zielt doch Sozialpädagogik immer auf genau diesen, hier deutlich ausgesprochenen Aspekt: gesellschaftlich gewordene Bedingungen zu erkennen und die Perspektive zu öffnen zur Beseitigung gegebener Behinderungen zur eigenen Entwicklung, das heißt konkrete Lebensplanung zu fördern und umzusetzen. Ein Fehlen dieser Bereitschaft zur aktiven Lebensgestaltung bewirke, so die Enquête, zwangsläufig eine entstehende Unfähigkeit zur Orientierung und damit zur Einstellung auf andere Beschäftigungsmöglichkeiten. Damit widersprach der frühzeitige Einsatz der Armenkinder in den Fabriken eklatant den im ALR kodifizierten unveräußerlichen Rechten, was zugleich den Staatszweck gefährde:

„Außer dem Nachteile, welche diese Verwöhnung für den einzelnen Menschen erzeugt, greift sie auch selbst höchst verderblich in den höheren Staatszweck ein."[101]

Das heißt nicht, dass der Autor der Enquête die Kinderarbeit an sich beanstandete. Aus den oben schon genannten Gründen entsprach diese grundsätzlich *allgemeinen* und *pädagogischen* Wertvorstellungen der Zeit. Kinderarbeit

---

98 GStA PK, I. HA Rep. 74 K VIII Nr. 24, Bl. 2
99 Ebd.
100 Ebd.
101 Ebd.

hatte eine lange Tradition und war nicht erst eine Erscheinung der (proto-)industriellen Phase. Die gewerbliche Arbeit der Kinder – vom achten Jahr an oder früher – war traditionell selbstverständlich. Zudem waren der calvinistische Berufsbegriff und die damit verbundene Formel vom Selbstwert oder *Adel der Arbeit* allgemein bei den Zeitgenossen anerkannt. Aus diesen Gründen hieß auch die Umfrage die Beschäftigung der Kinder schon aus liberalen, ökonomischen Motiven als richtig. Der Wortlaut des Schreibens vereinigt die Bedenken der Staatskanzlei, dass dem Staat die Mittel fehlen, für die wachsende Masse der Arbeitslosen und Almosenempfänger aufzukommen mit der liberalen Sorge, die Humboldt in seiner Ideenschrift so genau formuliert hatte, die Grenzen zwischen den individuellen Rechten und Pflichten und denen des Staates zu überschreiten. Entsprechend hebt die Umfrage zunächst sowohl den Vorteil für die Unternehmer als auch für die Familie hervor. So wird beispielsweise der Mitverdienst der Kinder am Familieneinkommen als sinnvoll betrachtet – eine Argumentation, die sich durch viele der gesichteten Quellen bis in die Mitte des 19. Jahrhunderts wie ein roter Faden durchzieht. Der Einsatz der Kinder an der Erwirtschaftung des Volksvermögens wird von der Staatskanzlei eindeutig begrüßt:

> „Sehr viele Fabrikenarbeiten können von Kindern verrichtet werden und die Unternehmer finden sehr ihre Rechnung dabei, die Kinder ihrer Arbeiter so früh als möglich, dabei anzustellen. Den Arbeiterfamilien wird die Möglichkeit gegeben mit sehr geringem Lohne für die Person zu bestehen, wenn auch die achtjährigen schon etwas erwerben; und die Fabrikation wird dadurch im Ganzen sehr viel wohlfeiler. ... [durch die Arbeit der Kinder, die von früher Jugend an in der Fabrik tätig sind und hierdurch] eine erstaunliche Fertigkeit in schweren Handgriffen und die Gewöhnung an die Ausdauer bey einer höchst einförmigen Beschäftigung [erreichen ... beruht] die Vollkommenheit der mehrsten Fabriken ... [und die Möglichkeit] wohlfeil und gut zugleich zu fabricieren."[102]

Gleichwohl erkennt der Autor der Umfrage im Anschluss an die Nennung des unbestreitbaren kurzfristigen Vorteils für alle Beteiligten – auch für die Kinder, die am Rande ihrer Existenzsicherung durch das Zubrot eine Grundlage für das Auskommen erwirtschaften konnten – den gravierenden Nachteil. Denn die „so sehr frühe Gewöhnung artet in eine Verwöhnung aus; die Menschen werden zu Fabrikarbeitern erzogen, ehe sie eine Wahl haben, und wenn die Jahre eintreten, wo vernünftige Ueberlegung über eine Zukunft bestimmen sollte, haben sie schon alle Neigung, und häufig selbst die Fähigkeit verloren, eine andere Lebensart zu ergreifen."[103]

---

102 GStA PK, I. HA Rep. 74 K VIII Nr. 24, Bl. 1
103 Ebd., Bl. 2

Die Beschäftigung der Jugend in den Fabriken bedeute eine „Erziehung zum Fabrikarbeiter auf Kosten der Erziehung zum Menschen und Staatsbürger"[104]. Eine solch einseitige Arbeit, die zur Abhängigkeit des Einzelnen von zufälligen Lebensumständen führe, vernachlässige die allgemeine Menschenbildung und fördere zum Nachteil der bürgerlichen Gemeinschaft die sittliche Verkommenheit der häufig ohne andere als die Fabrikerziehung und oft ohne Heim und Elternliebe aufwachsenden Kinder. Jedes Fabrikkind sei „ein Band mehr, welches den Arbeiter [eine Klasse der Gesellschaft] an die Fabrik fesselt, ... diese ... Menschen werden ... von ihr abhängig"[105]. Der Autor kommt auf die wesentliche kulturelle Veränderung, die mit der Industrialisierung einhergegangen ist. Während die bürgerliche Gesellschaft, die „Handwerke [bislang] eben einen ganz anderen Stamm von Menschen geliefert [habe], als die Fabriken"[106], nämlich eher einen gereiften, selbstständigen und hinreichend gebildeten Menschen, fördere die neueste gesellschaftliche Entwicklung einen Menschen, der ohne Erziehung, Bildung, sittliche Reife und ungenügende Selbsterkenntnis aufwachse. Während nämlich die Handwerksmeister Lehrlinge in der Regel erst mit dem vierzehnten Lebensjahr aufgenommen hätten und zudem in der Meisterfamilie noch auf Menschenerziehung geachtet worden sei, „und weil die Wanderjahre ... [den Lehrling] in vielseitige Verhältnisse"[107] gebracht hätten, fehle dem jüngeren Fabrikkind die notwendige Erziehung, Bildung, sittliche Reife und Lebenserfahrung, das heißt eine hinreichende beziehungsweise pädagogische Kenntnis von der Welt. Während sich die Enquête bislang anthropologischer, sozial- und wirtschaftspolitischer Argumente bediente, kommt sie nun beiläufig zum militärischen Aspekt der Krise. Zu der Gefahr der Verelendung größerer Menschengruppen komme hinzu, dass der höhere Staatszweck und die bürgerliche Gemeinschaft dadurch gefährdet würden, dass die jugendlichen Arbeiter bei der einseitigen Verwöhnung in frühester Jugend wenig geneigt seien, „das Vaterland in der Stunde der Gefahr zu verteidigen"[108]. Neben dem Anspruch des Staates an die Erziehung der Kinder zu Staatsbürgern und Gliedern der bürgerlichen Wertegemeinschaft, engte auch der staatliche Anspruch an die Wehrhaftigkeit seiner Untertanen „die Ansprüche der Wirtschaft – nicht nur der Unternehmer, sondern auch der Eltern – an die extreme Ausnutzung ... [der kindlichen] Arbeitskraft ein, wobei die in der Verfassung festgelegte allgemeine Schul- und Wehrpflicht ausdrücklich als Schutz gegen solche Selbstentfremdung durch eine der freien Persönlichkeit entgegenstehende Eingliederung in der industrielle Arbeitswelt hervorgehoben wurde."[109]

---

104 Ebd., Bl. 3
105 Ebd., Bl. 1
106 Ebd., Bl. 3
107 Ebd.
108 Ebd.
109 Köllmann 1966, S. 33f.

Denn die Umfrage schließt mit dem Hinweis, dass in „der Verfassung des Staats ... [die] unverkennbar Mittel [liegen], der Jugend eine Freiheit zu sichern, die gegen die frühe Verwöhnung schützen konnte. Die allgemeine Verpflichtung, die schulfähigen Kinder bis zur Konfirmation zur Schule zu halten widerstreitet – vollständig durchgeführt – ihrer allzufrühen Verwendung zu mechanischen Arbeiten. Die allgemeine Militärpflicht entzieht die Jünglinge gleichfalls in einem noch biegsamen Alter dem unbedingten Mechanismus der Werkstätten. Wohlmeinende *Fabrikherren und Verleger müssen endlich selbst fühlen*, welche Anforderungen an sie dadurch entstehen, dass der Staat sie bei Vortheilen schütze, welche in solchem Maaße seinen höheren Zwecken entgegengesetzt sind."[110]

Damit betont die Enquête im modernen sozialpolitischen Sinn das Prinzip der sozialen Verantwortung der Unternehmen für die beschäftigten Kinder und droht im Grunde mit der Möglichkeit wirtschaftspolitischer Konsequenzen, wenn diese nicht freiwillig auf die einseitige Ausnutzung der kindlichen Arbeitskraft verzichten und stattdessen den Kindern den notwendigen Schonraum gewähren.

Es soll hier aber nicht der falsche Eindruck vermittelt werden, die Staatskanzlei trete in der Umfrage als Gegner der Industrialisierung auf. Das Gegenteil ist der Fall: Wie die bürgerlichen Sozialreformer, von denen im Weiteren die Rede sein soll, hält der Autor ein Plädoyer für die weitere Industrialisierung. Die Staatsreformer waren, ebenso wie die bürgerlichen Reformkräfte, welche die staatlichen Anregungen vorweg- oder später aufnahmen, die Träger der Modernisierung. Aber die Autoren der Umfrage erkannten und nannten den Interessenkonflikt, der von Grashof als Kollision der „Politik mit der Moral"[111] beschrieben worden war. Der Autor der Umfrage bekennt freimütig:

> „Ich verkenne keineswegs, welche Schwierigkeiten die Armut und Indolenz der Aeltern, der Wunsch der Fabrikherren, sich wohlfeile und geübte Arbeiter durch frühe Gewöhnung anzueignen, der Fabrikenneid, welcher die Verbreitung der Arbeiter zu verhindern sucht, und vornehmlich das Bestehen einer Menge Gewohnheiten und Anstalten, die auf die jetzigen Verhältnisse berechnet sind, aller enstlichen und zweckmäßigen Besserung hierin entgegenstellen."[112]

Er versichert ausdrücklich, dass mit seiner Initiative den „Fortschritten der Fabrikation ... [kein] positives Hinderniß"[113] gesetzt werden soll und hebt abschließend hervor, dass es nur in der Absicht der Aktion stehe, wirksame „Maaßregeln gegen die vorerwähnten großen Uebel ..., und den wohlverstan-

---

110 GStA PK, I. HA Rep. 74 K VIII Nr. 24, Bl. 3; Hervorh. V.G.
111 GStA PK, I. HA Rep. 76 II Sekt. 1 Ge e, Nr. 5, Bl. 191f.
112 Ebd. 74 K VIII Nr. 24, Bl. 4
113 Ebd., Bl. 3

denen Vortheil der Fabriken selbst in bessere Uebereinstimmung mit den allgemeinen Staatszwecken"[114] zu bringen. Diese 1817er Enquête der Staatskanzlei kann als historische Grundlage der staatlichen Jugendsozialpolitik und der durch sie angeregten bürgerlichen Initiativen im Bereich sozialer und pädagogischer Einflussnahme gelten. Vor allem will die Umfrage Initiativen anregen, die den Interessenkonflikt zwischen beiden extremen Positionen zu Gunsten der Erziehung und Bildung der Kinder lösen sollen. Das Auffinden dieses *Mittelweges* nennt die Initiative des preußischen Staatskanzlers nicht nur eine ausgesprochen soziale Aufgabe, sondern überhaupt „eine der gemeinnützigsten Aufgaben"[115]. Die Umfrage spricht jene beiden Kumulationspunkte der Jugendpflege und -fürsorge an, die fortan (bis heute) den Komplex der Jugendwohlfahrt, vor allem für die nachschulpflichtige Jugend bestimmen wird: *Jugend* und *Arbeit*. Sie konzipiert eine frühliberale, nicht zuletzt durch den vormärzlichen Sozialismus mit angeregte, auf Jugendliche gerichtete Wohlfahrtspolitik, die unter dem Aspekt der gelungenen sozialen Eingliederung eine gesellschaftliche Jugendfürsorge anthropologisch, gesellschaftstheoretisch und sozialpolitisch begründet. Vom Aufbau her ist die Umfrage ganz so angelegt, die Oberpräsidenten argumentativ von der Richtigkeit der Thesen Hardenbergs/Hofmanns zu überzeugen. Sie thematisiert zuerst ein allgemein bekanntes gesellschaftliches und ökonomisches Problem, das sie im zweiten Schritt mit der Industrialisierung in Verbindung bringt. Die industrielle Entwicklung, die sie als Ursache von Kultur und Wohlstand „der blühensten Länder"[116] bezeichnet, stellt sie als grundsätzlich richtige Entwicklung dar und hebt die Vorteile für Staat und Gesellschaft hervor. Erst danach richtet sie das Augenmerk der Oberpräsidenten auf die Nachteile, die diese Entwicklung auch gebracht hat. Diese nun stellt sie ausführlich dar und begründet das eigene Anliegen anthropologisch, staats- und gesellschaftstheoretisch sowie sozialpolitisch und weist abschließend einen Weg aus der faktischen Krise, indem sie den Erziehungsanspruch des Staates und damit die gesellschaftliche Funktion der Erziehungsfürsorge hervorhebt. Allerdings erweist sich die mit der Umfrage vermittelte Bereitschaft der Staatskanzlei zu sozialpolitischem Handeln als zeit*un*gemäß in der Phase nach dem Ende des Polizei- und Wohlfahrtsstaates. Die Botschaft kam bei den Oberpräsidenten nicht an. Sie entsprach nicht der allgemeinen zeitgenössischen Geisteshaltung. Die angeschriebenen Vorsitzenden der jeweiligen Zentralbehörde einer Provinz antworten zum Teil sehr zögernd auf das Rundschreiben des Staatskanzlers. Die letzte Antwort ging erst nach fast drei Jahren, datiert vom 16. Januar 1820, aus Breslau ein.[117] Insgesamt machten die Oberpräsidenten in vielfältiger Weise vorsichtige Vorschläge, die

---

114 Ebd., Bl. 4
115 Ebd., Bl. 3
116 Ebd., Bl. 1
117 Vgl. Ebd., Bl. 133–136

allesamt entsprechend der liberalistischen Grundhaltung immer darauf bedacht waren, die unternehmerischen Freiheiten so wenig wie möglich einzuschränken. Aus dem allgemeinen Tenor der Stellungnahmen hebt sich einzig die westfälische Antwort vom 6. September 1818 deutlich heraus, weil sie zur Verhinderung der weiteren Ausweitung der Fabrikarbeit der Kinder eine Beschränkung der Gewerbefreiheit durch Rückkehr zum Zunftzwang, vor allem für die „alten, mit der Zeit nicht fortgeschrittenen Zünfte"[118] vorschlägt.[119] Der westfälische Oberpräsident Ludwig Freiherr von Vincke (1774–1844) in Münster stellte seiner Antwort das im Hardenberg-Dokument angedeutete „Prinzip der sozialen Verantwortung voran"[120]. Er forderte, in gewisser Weise revisionistisch, die Ein- und Unterordnung der Ökonomie unter staatliche Interessen.[121] Eine solche wirtschafts- und sozialpolitische Haltung hatte in letzter Konsequenz auch die Umfrage angedeutet.

Zusammenfassend wird Folgendes deutlich: Die Intention der Hardenberg-Umfrage war ihrer Zeit zu weit voraus. Die mehrheitlich wirtschaftsliberal eingestellten Oberpräsidenten konnten die Anregungen der Enquête nicht aufnehmen. Der Staat, vertreten durch den Staatskanzler, wollte die Erziehung seiner Bürger – insbesondere der sozial benachteiligten – trotz gerade überwundener merkantiler Wohlfahrtspolitik bis zu deren sittlicher Reife in die eigene Verantwortung übernehmen.

Da in breiteren Regierungskreisen auf Provinzialebene und darunter mehrheitlich eine wirtschaftsliberale Grundhaltung überwog und die Frage, ob man den Auswüchsen der ökonomischen Modernisierung durch eine soziale Politik und soziale Gesetzgebung begegnen sollte, überwiegend verneint wurde, löste die Initiative der Hardenberg-Kanzlei kein staatliches Sozialengagement aus. Jedoch können die mit der Umfrage in die Welt gebrachten Reflexionen, welche die Folgen der Freiheitsgesetzgebung aufzufangen suchten, als ein Anfang der Wendung zu modernem Gerechtigkeitsdenken gelten. Die Umfrage bildet ideengeschichtlich den ersten Teil eines gesellschaftlichen Sozialreform-Denkens, der im Gegenzug von bürgerlichen Reformkräften aufgegriffen und umgesetzt wurde.[122] Koselleck hat in diesem Zusammenhang richtig auf die sich hieraus ergebende Polarisierung zwischen Staat und Gesellschaft hingewiesen.[123] Trotz

---

118 Ebd., Bl. 64
119 Vgl. Ebd., Bl. 60–65
120 Köllmann 1966, S. 34
121 Die wirtschafts- und sozialpolitische Überzeugung Vinckes, die hier deutlich wird, teilte auch Diesterweg: Die wirtschaftsliberale „Aufhebung aller Corporationsverhältnisse" (1836, S. 321) war für ihn „das Resultat der missverstandenen Freiheit und Gleichheit". (ebd.) Er sprach sich aus sozialpolitischen Gründen gegen die absolute Gewerbefreiheit und ein freies Zugangsrecht aus; ohne Kenntnisse des betreffenden Gewerbes dürfe niemand ein solches eröffnen.
122 Vgl. Reulecke 1985, S. 22
123 Köllmann 1966; wieder abdruckt in: Wehler 1973, S. 55–84

der kurzfristigen Wirkungslosigkeit der Hardenberg-Enquête stellt die Initiative der Staatskanzlei ideengeschichtlich einen wichtigen Impuls für die beginnende gesamtgesellschaftliche Bereitschaft zu sozialer Verantwortung dar. Diese sich allgemein durchsetzenden Reflexionen zogen, weil der liberale Staat sich letztlich als handlungsunwillig zeigte, bürgerliche Ansätze zu sozialer Reform nach sich. Die Umfrage ist in diesem Zusammenhang von besonderer Bedeutung. Denn die Anregungen der Staatsreformer mündeten in einer neuen sozialen Bewegung, die, vermittelt über ein neues Menschenbild, das weitere Entstehen sozialpädagogischer Institutionen förderte. Der neue Begriff vom Menschen, den Fichte theoretisch begründete, lag die *Idee der Freiheit des Geistes* als einzigem Prinzip der Wirklichkeit zu Grunde. Diese kristallisierte sich im Wunsch nach Selbstbestimmtheit der wirtschaftlichen und sozialen Existenz. *Selbstständigkeit* war das entscheidende Stichwort. Mit Beginn des neuen Jahrhunderts hatte man die ständisch-korporative Welt des Handwerks – in wirtschaftlicher und gesellschaftlicher Hinsicht und im Blick auf die Zugangschancen und Aufstiegsmöglichkeiten – hinter sich gelassen. An die Stelle des geburtsständischen Prinzips war der Grundsatz getreten, dass die individuelle Leistung das Entscheidende und die gesellschaftliche Ordnung daraufhin ausgerichtet sein müsse. Die neue Wirtschaftsgesellschaft erforderte einen autonomen, allseitig gebildeten freien Bürger, der im Zeitalter der beginnenden Industrialisierung auf generelle Weise auf die Anforderungen des Lebens vorbereitet ist und vielfältige Funktionen in Staat und Wirtschaftsgesellschaft übernehmen könne; diese ergänzte sich mit einer angestrebten neuen Gesellschaftsordnung, die auf der ausgeglichenen „Balance zwischen Verantwortungen, Rechten und Pflichten"[124] beruhte, die eine Demokratie und moderne Gesellschaft erst möglich machen.

2.3. Die Antwort der Berliner Regierung auf die Hardenberg-Umfrage (1819) – die Sozialpädagogische Antwort

Zur Beantwortung der vom Staatsministerium ausgehenden Umfrage wandten sich die Oberpräsidenten an die Regierungspräsidenten ihrer Verwaltungsbezirke. Diese Antworten sammelten, interpretierten und bündelten sie zu einer eigenen Stellungnahme, bevor sie ihre Antwort an die Staatskanzlei zurückgaben, was auch den zum Teil langen Zeitraum erklärt, bis alle Antworten aus den Provinzen in Berlin eingingen. Unter den Antworten, welche die Oberpräsidenten von den einzelnen Bezirksregierungen eingefordert hatte, nimmt die Stellungnahme des Berliner Regierungsbezirkes (Provinz Brandenburg) vom 1. Juni 1819 einen besonderen Rang ein, weil sie eine kritischere

---

124 Fest 1997, S. 7

und reflektiertere Haltung zur Kinderarbeit einnimmt als die andern Regierungen, zudem die Zeitverhältnisse aufschlussreich dokumentiert und augenscheinlich die Konnotationen der Umfrage als einzige neben Vincke aufnahm, sie aber mutiger zur Grundlage des eigenen Gutachtens macht.[125] Die Stellungnahme in aller Ausführlichkeit zu behandeln, verbietet sich durch den Grundsatz der notwendigen Beschränkung. Sie macht aber insbesondere die sich durchsetzende gesamtgesellschaftliche Haltung zum Prinzip sozialer Verantwortung des Staates und insbesondere zu pädagogischen Fragen deutlich. Neben der mutigen Haltung und der großen Reflexivität, zeichnet sich das Dokument zudem durch eine besondere *sozial*(-politische und) *pädagogische* Grundhaltung aus und die Regierung entwickelt konkrete Vorschläge, die in dieser Form in der Phase des Liberalismus von allen anderen befragten Regierungsstellen grundsätzlich abgelehnt wurden. Denn sie schlägt umfangreiche institutionalisierte Rechtsverhältnisse im Sinn sozialstaatlicher Ordnung vor, was allerdings erst im zweiten in dritten Teil deutlich wird.

Im ersten Teil widerspricht die Regierung dem Schreiben Hardenbergs in dessen spezifischer Diagnose. Auch wenn in diesem Gliederungsteil im Prinzip nicht bestritten wird, dass es die von Hardenberg beschriebenen sozioökonomischen Verhältnisse gebe, wird doch erst einmal, strategisch klug, vehement bestritten, dass in Berlin solche Verhältnisse der Ausbeutung jugendlicher Arbeiter *als besonderes Problem* vorkommen. Dabei nimmt die Berliner Stellungnahme zuerst die wirtschaftsliberale Argumentationslinie der Zeit auf.

Gegen Ende des wichtigen und aussagekräftigen zweiten Teils nennen die Autoren des Gutachtens die Gründe, die dem ersten Teil seinen Charakter gaben und der mit dem zweiten Teil entkräftet wurde. Es heißt dort:

> „Wir haben durch die geschilderte Lage der in den Fabriken arbeitenden Kinder, und durch die nothwendig aus dieser Beschäftigung und Erziehungsart sich ergebenden Folgen im Ganzen alles dasjenige widerlegt, was wir im ersten Theil des Gutachten, *welche die Ansicht der Fabrikanten* überwiegend darstellt, behauptet haben"[126].

Die Bezirksregierung bestätigt die in der Umfrage beschriebenen Probleme und belegt im zweiten Teil sogar noch die Kurzsichtigkeit Hardenbergs; die Autoren entwickeln das Prinzip sozialer Verantwortung des Staates und dessen Recht, in falsche gesellschaftliche Entwicklungen steuernd und zugleich einschränkend einzugreifen. Die Stellungnahme macht auf die soziale Gesamtverantwortung des zivilisierten Staates für alle und besonders für die, durch besonderes Schicksal, benachteiligten Bürger aufmerksam.

---

125 GStA PK, I. HA Rep. 74 K VIII, Nr. 24, Bl. 90–113, Bl. 114–116. Auszüge des Gutachtens finden sich in: Alt 1958, S 164ff.
126 Ebd., Bl. 103; Hervorh. V.G.

„Der schwache, alte, krankte Mann, der Vater einer zahlreichen Familie kann freilich bei unglücklichen Zeitverhältnissen in große Verlegenheiten gerathen, allein abgerechnet, dass ein solches Schicksal nicht bloß dem Fabrikarbeiter eigentümlich ist, muß auch hier die Sorge des Staates wirksam werden, und muß und wird auf Mittel denken, die Noth solcher Unglücklichen zu mindern.[127]

Die bürgerliche Freiheit des Einzelnen dürfe nicht so weit gehen, dass andere Personen oder das Staatsganze einen Schaden nähmen. Explizit nennt die Regierung die einseitige Durchsetzung der Wirtschaftsinteressen der Fabrikanten als eine ungute Entwicklung; *englische Verhältnisse* lehnt sie, auch mit dem Unterton kultureller Überlegenheit gegenüber einem solchen System, ab.[128] Solche Verhältnisse nähmen, wie in der Umfrage beschrieben, vielen Menschen ihre moralische Freiheit und stürze einen Kulturstaat über kurz oder lang ins Unglück. Die weitgehende Differenzierung in der Produktion, die zunehmende Arbeitsteilung, die neben zum Teil ausbeuterischen Verhältnissen das englische Fabriksystem bestimmte und die singulär die Produktivität steigerte, gefährdete die Daseinsbewältigung und war eine Bedrohung für die Erfüllung des menschlichen Lebens. Die Stellungnahme befasst sich, wie deutlich wird, mit den grundsätzlichen Modernisierungsfolgen, die sich unter anderem in vermehrter Arbeitslosigkeit durch strukturelle Veränderungen ausdrückt. Je spezifischer sich die Autoren des Gutachtens mit dem Einzelfall beschäftigt, desto intensiver meldet sich ihr *soziales Gewissen*, desto mehr fordern sie das Einschreiten des Staates. Die Regierung bestätigt das frühe Alter der beschäftigten Kinder und greift entwicklungspsychologische Kenntnisse der Zeit auf. Die Beschäftigung der Kinde erfolge schon vor der „Periode der eigentlichen Erziehung ... [und] des physischen Wachstums"[129]. Die Autoren formulieren den besonderen Schutzanspruch der Kinder und vergleichen ihn mit dem des *Schwachen, Alten* oder *Kranken* oder des *Vaters einer zahlreichen Familie*.[130] Das Gutachten greift an mehreren Stellen, neben der Situation der Kinder in den Fabriken auch deren Lebensumstände auf und sagt, dass sie neben der harten Arbeit zu Hause „nicht hinreichend gute Nahrung erhalten, sondern von Kartoffeln und Wasser leben müssen".[131] Diese Aussage werten die Autoren für ihre Diagnose, dass das von Hardenberg beschriebene *Fabrikarbeiterproblem* ein größeres, alle armen, Not leidenden Bevölkerungsschichten umgreifendes soziales Problem darstelle. Weiter nennen die Autoren Arbeitszeiten und Verdienst. Die geistige Ausbildung der Kinder nennt die Berliner Regierung *rückständig* und *unentwickelt* und bezeichnet als Ursache die-

---

127 Ebd., Bl. 96
128 Vgl. ebd.
129 Ebd.
130 Vgl. ebd.
131 Ebd., Bl. 99

ser mangelnden (Elementar-)Bildung die Lebenssituation der Kinder, die eine positive geistige Entwicklung einfach nicht zulasse.[132] Das heißt, sie macht die *sozialen Lebensbedingungen* der Kinder zum Thema ihrer Stellungnahme. Zum Entwicklungs- und Bildungsstand der Kinder äußert sich das Gutachten drastisch. Obwohl man die Lebensumstände berücksichtigt und die Erwartungen niedrig angesetzt habe, sei er *unerwartet* gering und „das Resultat zum Erschrecken"[133]:

Dem eigenen Gutachten nach besuchten wenige der arbeitenden Kinder überhaupt Schulen; einige Kinderarbeiter waren ehemalige Schüler, hatten diese aber schon vor vielen Jahren verlassen.[134] Von den 715 ermittelten Fabrikkindern konnten 234 rechnen, während der Rest, also 481 Kinder, „im Rechnen völlig unwißend"[135] sei. Nur 351 von den 715 Kindern konnten „etwas schreiben"[136], 364 waren dem Bericht nach in „dieser Fertigkeit unkundig".[137] 455 der ermittelten Fabrikkinder hatten es immerhin „zum Lesen gebracht"[138] und nur 39 besaßen Religionskenntnisse, während „676 ganz unwissend in diesem Gegenstande"[139] waren. Während die Unkenntnis in den drei erstgenannten Schlüsselqualifikationen einer modernen, literaten Gesellschaft, wie der vormärzlichen preußischen Bürgergesellschaft, vor allem individuelle, aber auch soziale Benachteiligungen nach sich zog, bedeutete die Unkenntnis ethischer Werte tatsächlich eine über die Gefahr für eine prosperierende Wirtschaftsgesellschaft hinaus grundsätzlichere Gefährdung. Die wachsende Verrohung, die eine im Bildungs- und Wirtschaftsbürgertum vielfach diskutierte Gefahr für die bürgerliche Gesellschaft bedeutete, hatte hier ihren Ursprung. Es ging gerade bürgerlichen Kreisen beim Religionsunterricht nicht unbedingt um die Steigerung der Frömmigkeit der Kinder. Mit der zunehmenden Säkularisierung der Gesellschaft und dem spürbar schwindenden Einfluss frommer Kreise in der Wirtschaftsgesellschaft veränderte sich die Intention des Religionsunterrichtes, wenn er nicht in Parchioalschulen gehalten wurde, und erhielt mehr den Charakter der Vermittlung ethischer Grundwerte. Mit dem immer wichtigeren Erziehungs- und Bildungsziel des autonom handelnden Staatsbürgers war es wichtig, moralische Werthaltungen zu tradieren. Der ethisch-normative Konsens musste, gerade weil der Bürger in dieser Phase innenpolitischer Entwicklung nicht mehr als Untertan und Weisungsempfänger betrachtet wurde, erhalten bleiben. Daher war besonders die völlige Unkennt-

---

132 Vgl. ebd.
133 Ebd., Bl. 100f.
134 Ebd.; Hervorh. V.G.
135 Ebd.
136 Ebd.
137 Ebd.
138 Ebd.
139 Ebd.

nis von einer überwiegenden Mehrheit aller ermittelten Kinder in ethische Zusammenhänge und gesellschaftliche Wertvorstellungen eine ernsthafte gesellschaftliche Bedrohung.

Der Berliner Bericht macht an dieser, wie an zahlreichen anderen Stellen deutlich, dass die Ursache des Pauperismus nicht, wie die Umfrage behauptet hatte, allein in der mangelnden Schulausbildung und der einseitigen Fabrikarbeit zu suchen sei. Vielmehr nennt die Regierung die *soziale Benachteiligung* einer ganzen Klasse. Der Mangel an Erziehung und allgemeiner Menschenbildung betreffe allgemein die Kinder der Armen. Das Problem der mangelnden Bildung wurde von der Regierung eindeutig als Misere einer sozialen Klasse und als Armutsproblem erkannt. Die Kinder bezeichnet die Berliner Regierung als „eine Spezies von Unglücklichen ..., welche ... der Sorge des Staates bedürfen"[140]. Infolge der eindeutig als Armutsproblem erkannten Tatsache, befasst sich die Berliner Stellungnahme in seinem dritten Teil mit der grundsätzlichen Frage einer sozialpolitischen und pädagogisch angemessenen Lösung, die sie in einer adäquaten Elementarbildung sieht, die sich gerade an die Kinder der Armen wenden solle, also die sozialen Verhältnisse berücksichtigen müsse. In der Beantwortung der Frage, mit welchen Mitteln man einer so bedrohlichen Lage für die Gesellschaft und einer so „unglaublichen Unwißenheit"[141] begegnen könne, nennt die Berliner Regierung vor allem so genannte *Nachholungsschulen*, „Abend- und Sonntags Schulen"[142], die sie jedoch sogleich nur als einen *Notbehelf* bezeichnet, weil sie „das sicherste Zeichen einer zerrütteten Organisation des Schulwesens"[143] seien. Im Weiteren macht die Bezirksregierung sehr detaillierte sozialpolitische und volksbildnerische Vorschläge. Diese sollen hier aus Gründen der Beschränkung nicht vorgestellt werden. Wichtig war die Haltung, die in der Stellungnahme der Regierung deutlich wird. Die Vorschläge zur staatlich durchgesetzten Sozialpolitik weisen insgesamt in die Richtung der bürgerlichen Sozialreform. Insbesondere schlägt die Regierung eine quasi *sozialpädagogische Regelschule* für die auf Grund ihrer Lebenssituation benachteiligten Kinder vor. Dabei greift sie dem Nohlschen Satz von den beiden Möglichkeiten ein Volk zu gestalten, zeitlich weit voraus. Die Vorschläge der Regierung hatten keine weiteren sozialpolitischen Konsequenzen. Das Berliner Votum ging in der eigenen Stellungnahme des Oberpräsidenten unter; es hatte keine Berücksichtigung gefunden. Der Staat war gefangen in der Ambivalenz zwischen sozialer Verpflichtung und liberalem Staatswesen. Staatliche Beamte hatten den ersten Teil einer sozialpädagogischen Frage gestellt; die pragmatische Beantwortung blieb vorerst offen. Während der Staat *langsam* qua Durchsetzung der allgemeinen Schul-

---

140 GStA PK, I. HA, Rep. 74 K VIII, Nr. 24, Bl. 103
141 Ebd., Bl. 101
142 Ebd.
143 Ebd.

pflicht für die unter 14-Jährigen, die nötige Erziehungsvorsorge sicherstellen und die weitergehende Verrohung der Gesellschaft verhindern konnte, überließ er die Lösung der zweiten sozialpädagogischen Aufgabe und damit das weite Feld sozialer Verantwortung dem Engagement bürgerlicher Kreise. Darauf geht der zweite Teil der vorliegenden Untersuchung detailliert ein. Zuvor ist jedoch ein Fazit aus den bislang dargestellten Aspekten zu ziehen und ein erster Ertrag der Untersuchung vorzustellen:

Zwischenbetrachtung I:
Biographische Lebensbewältigung als Grundvoraussetzung moderner Sozialpädagogik und Sozialarbeit

Seit Becks Schrift zur *Risikogesellschaft* ist die sozialwissenschaftliche Diskussion und damit auch die sozialpädagogische Erziehungswissenschaft durch die Thematik der zunehmenden *Individualisierung* als Folge der beschleunigten sozioökonomischen Entwicklung geprägt. Becks Leistung besteht neben der Beschreibung eines neuerlichen Modernisierungsschubes, der nach seiner Argumentation die zweite Stufe der Modernisierung darstellt, darin, dass er systematisch darstellen konnte, was schon Durckheim erfasst und beschrieben hat: Individualisierung und Isolation als eine Folge der gesellschaftlichen Modernisierung. Individualisierung meint die „Herauslösung aus historisch vorgegebenen Sozialformen und -bindungen im Sinne traditioneller Sicherheiten im Hinblick auf Handlungswissen, Glauben, leitende Normen"[144]. Die völlige Auflösung der Traditionen als bestimmend für das menschliche Handeln ist erst auf der von Beck beschriebenen Stufe erreicht. Aber diese Entwicklung fand mit Beginn des 19. Jahrhunderts seinen Anfang. Noch im 18. Jahrhundert waren biographische Verläufe unveränderbar vorgezeichnet. Im Kontext der Befreiungsgesetzgebung Hardenbergs wurde Biographie zur Aufgabe: individuelle Entscheidungen mussten getroffen, Strategien und Lebensperspektiven entwickelt werden. Vor allem junge Männer mussten Pläne für den Lebenslauf entwerfen, weil ihre Biographie nicht mehr durch Übernahme eines väterlichen Handwerks oder Hofes diktiert war. Dieser historisch-konkrete Prozess der Individualisierung oder besser: die zeitgenössische Eröffnung alternativer Optionen, führte zu einer neuen Problemlage, und die Aufgabe der biographischen Lebensbewältigung wurde zur Grundvoraussetzung moderner Sozialpädagogik und Sozialarbeit.

Die Auswertung der Enquête der Staatskanzlei von 1817 macht vor diesem Hintergrund etwas sehr deutlich: Mögen auch ökonomische Gründe im Kontext der schlesischen Webernot, der preußischen Freihandelspolitik et cetera.

---

144 Beck 1986, S. 206

Anlass für Hoffmann und seinen Vorgesetzten gewesen sein, die Not der unterprivilegierten Bevölkerung zu untersuchen; die Umfrage selbst geht
keinesfalls auf Fragen zur Gewerbeförderung oder sonstige ökonomische Aspekte ein. Sie fragt stattdessen nach der Lage der erwerbstätigen Kinder und
deren Not, wobei die Gefahr, die sich daraus für den Staat ergab, eine zentrale
Rolle spielt. Die Umfrage hat einen pädagogischen oder sozialpolitischen Akzent. Dass die Umfrage bislang immer in den Kontext der durch verschiedene
Exportschwierigkeiten entstandenen Krise der schlesischen Textilindustrie
gestellt wurde, hat suggeriert, eben sie mache die Vorgeschichte der Umfrage
aus. Während der allgemeine Kontext, in den die Umfrage gestellt ist – Gewer-
bekrise und Pauperismus –, stimmt, muss für die Umfrage mehr die Harden-
berg-Reise ins Rheinland im Jahre 1817 als Vorgeschichte gelten. Auch wenn
der preußische Staat keine *Innen-* und *Sozialpolitik* als Mittel zur direkten Lösung der anstehenden Probleme kannte, stellten zeitgenössische Staatsbeamte bis in die Spitze der Staatskanzlei doch innen- und sozialpolitische Fragen:
Lässt sich eine wachsende Notsituation unter der einfachen Bevölkerung lindern und wie kann dies geschehen? Was kann man tun, um größeren Schaden vom Staat und der Nation abzuwenden? Was ist zu tun, um das Volk, das
sich als Nation nach Okkupation und Befreiungskriegen erst finden musste, zu
gestalten? Mit welchen Mitteln sind die erfassten gesellschaftlichen Probleme
zu bewältigen, ohne mit ordnungspolizeilichen Beschränkungen und Anordnungen die ökonomische und bürgerliche Gesellschaft in ihrer Entwicklung zu
behindern? Der Inspektionsbericht Grashofs, die Ideen Johann August von
Sacks und die Hardenberg-Enquête zeichnen zwei Wege zur Lösung der sozialen und innenpolitischen Aufgabe auf: nämlich erstens den politischen und
zweitens den pädagogischen. Die Zeit war jedoch nicht reif für eine öffentliche
Verantwortungsübernahme. Angst vor Kosten und Furcht vor einer Behinderung der ökonomischen Entfaltung des Staates hemmten solche Entwicklung.
Das staatstheoretische Paradigma ließ aktives staatliches Handeln nicht zu und
es lief alles auf jene Antwort, die Grashof in seinem Reisebericht angedeutet
hatte. Die bürgerliche Gesellschaft, damit jeder Einzelne, musste zum Schutz
gegen die Gefahr einer Verrohung der Gesellschaft Verantwortung für gemeinsame Interessen übernehmen. Doch belegen die Initiativen dieser Beamten,
dass die neuen pädagogischen Institutionen und ihre Intentionen allgemein in
der Zeit lagen. Der Wandel rechtlicher Voraussetzungen und die folgende Veränderung sozialer Wirklichkeit zogen veränderte gesellschaftliche Deutungsmuster und ein geändertes Zeitkonzept nach sich. Den Rahmen für eine solche Entwicklung steckte das ALR ab. Es ermöglichte die Durchlässigkeit der
gesellschaftlichen Gliederung, da sie jedem – bei Vorhandensein der für den
sozialen Aufstieg notwendigen inneren Kräfte und Fähigkeiten wie der wirtschaftlichen Mittel für eine bessere, das heißt über den Stand hinausgehende,
Erziehung und Bildung – die eigene Glückseligkeit zusagte. Die Industrialisie-

rung Preußens und der hierdurch ausgelöste Modernisierungsschub bewirkten neben den, durch das ALR ermöglichten, gesellschaftlichen Veränderungen einen innergesellschaftlichen Wandel und die allmähliche Veränderung der Wirklichkeit, die immer weniger ständischen Relikten entsprach. Der Wandel der Ständegesellschaft zur Klassengesellschaft, angestoßen durch die Befreiungsgesetzgebung Hardenbergs und die Industrialisierungsschübe, wurde durch das ALR begründet. Es ermöglichte neue pädagogische Ziele und eine *sozialreformerische* – und, da dies im Mittel pädagogischer Interventionen geschah – *sozialpädagogische* Tätigkeit. Die *Idee der Freiheit des Geistes*, die ein neues, aktives Staatsbürgerverständnis nach sich zog, dessen Konzept und Selbstverständnis im Begriff des in Deutschland ungebräuchlichen *Citoyen* beschrieben werden kann, führte zu bürgerlicher Eigenverantwortung im sozialen Umfeld. Im Ergebnis entstand eine bürgerlich-sozial-liberale Reformpolitik, eben *bürgerlicher Sozialismus*.[145] Die bürgerlichen Sozialreformbestrebungen geschahen im Wege pädagogischer Institutionen und dienten der sozialen Gleichberechtigung und der Schaffung eines sozialen Friedens. Die Situation der Kinder, insbesondere der nachschulischen Jugend, die auf Grund ihrer Kindheitsbedingungen (Fabrikarbeit, mangelnder Schulbesuch) in einem beklagenswerten und nicht hinnehmbaren Zustand war, muss als Grund einer entstehenden sozialpädagogischen Betrachtungsweise erkannt werden. Die beschriebenen staatlichen Anregungen müssen neben den sozioökonomischen Veränderungen als Vorbedingungen *bürgerlicher Sozialreform* und *Sozialpädagogik* in Preußen gelten. Auch Conze nennt diese die sozialgeschichtlichen Voraussetzungen für den Sozialismus in Deutschland.[146]

---

145 Vgl. Koselleck 1962, S. 83ff.
146 Vgl. Conze 1954

TEIL II

Zur Ethik der Freimaurerei sowie zum Konzept der bürgerlichen Sonntagsschule

1. Freimaurerei in Preußen und soziales Engagement

Der Beginn moderner Freimaurerei[1] – einer weltweiten, nicht eindeutig auf eine bestimmte philosophische, ideologische oder religiöse Richtung fixierten Bewegung – fällt zeitlich zusammen mit der geistig-philosophischen Strömung der europäischen Epoche der Aufklärung, frühsozialistischen Theorien und der politisch-sozialen Emanzipation des Bürgertums.

Die Grundanliegen der Freimaurer besteht im Streben nach wohltätiger Menschenliebe und menschlichem Handeln, Vernunft, Mut zur Kritik, sozial gerechtem Zusammenleben, politischer und religiöser Toleranz, der Humanisierung der Gesellschaft durch Anerkennung der individuellen Eigenart des Menschen, der Demokratisierung und der Chancengleichheit sowie individueller und sittlicher Vervollkommnung.

Die erste geistig-metaphysische, nicht mehr an die Werkmaurerei gebundene Logenvereinigung konstituierte sich am 24. Juni 1717 in London. Vier einzelne Bruderschaften schlossen sich zu einer Großloge zusammen. Hier sammelten sich vornehmlich intellektuelle Adelige. Diese Loge wurde der Ausgangspunkt der Ausbreitung des Logenwesens über die britischen Inseln, Kontinentaleuropa und Amerika. In Deutschland wurde die erste Loge am 6. Dezember 1737 in Hamburg von Männern gegründet, die bereits Brüder in englischen Logen waren. Die Loge mit dem Namen *Societé des acceptés maçons libres de la ville de Hambourg* unterstand der Großloge von England. Obwohl das Logensystem von den staatlichen Behörden und anderen gesellschaftlichen Gruppen und Institutionen in Deutschland mit Argwohn beobachtet und zeitweilig in Einzelstaaten verboten wurde, breitete sich die Freimaurerei in Deutschland schnell aus. Da die Freimaurer des 18. und 19. Jahrhunderts sich

---

1 Lehnübersetzung vom engl. *freemasonry*. Erstmalig taucht die Bezeichnung *freemason* 1376 in einer Londoner Urkunde auf. Der Begriff *Freimaurer* bezieht sich auf das englische *freestone-manson* und bezeichnet den Steinmetz, der den freistehenden Stein als Bildhauer zu bearbeiten verstand. Der *freemason* musste, wollte er sein Handwerk frei ausüben, von freien Eltern geboren sein, selbst frei sein von Leibeigenschaft und feudaler Abhängigkeit.

allein auf die Vernunft für ihr Handeln und Denken beriefen, lehnten sie den alleinigen Wahrheitsanspruch der Kirche ab. Die Logen forderten von ihren Mitgliedern kein konfessionelles Bekenntnis. Ihr Gottesglaube konzentrierte sich vor allem im Bewusstsein des außenstehenden Weltenschöpfers, in der Sprache der Freimaurer: auf einen *großen Baumeister*.

Der sich in Deutschland entwickelnde Neuhumanismus beeinflusste die Freimaurer stark. Vor allem bürgerliche Großkaufleute und adelige Intellektuelle traten der maurerischen Bewegung bei, denn nur Belesene und Sprachkundige hatten Zugang zu den Inhalten der philosophischen Systeme. Große Anziehungskraft hatten diese Bünde vor allem wegen des angesammelten und nur Mitgliedern geöffneten Wissens in der Epoche der Neuzeit und durch die von den Logen geschaffenen Versorgungseinrichtungen für Witwen, Waisen, Arme, Kranke, Invalide und Alte. Gefördert wurde die Ausbreitung durch das wachsende Interesse der herrschenden Feudaladels. Insbesondere die Aufnahme des preußischen Thronerben Friedrich II. in die Berliner Loge *Zu den drei Weltkugeln* 1738 wirkte belebend für die Entwicklung. In den größeren deutschen Städten entstanden Zentren der Freimaurerbewegung durch die Bildung von Großlogen. Nach der Thronbesteigung 1740 gewann insbesondere Berlin eine große Bedeutung. Aus der ursprünglichen Loge bildete sich die *Königliche Loge* Friedrichs und eine bürgerliche Loge unter Beibehaltung des alten Namens. Aber auch in anderen deutschen Städten entstanden Zentren der Logenbewegung. In der sozialen Zusammensetzung dominierte in dieser Phase zumeist der männliche Adel. Gegen Ende des 18. Jahrhunderts verschoben sich, parallel zur Entwicklung der europäischen Aufklärungsepoche, die Gewichte zu Gunsten des aufstrebenden männlichen Bildungs- und Wirtschaftsbürgertums. Mit Beginn des 19. Jahrhundert dominierte besonders das sich emanzipierende *Wirtschafts*bürgertum. Dieses trieb auch die Neugründung örtlicher Logenvereine voran. Logen spielten wie patriotisch-gemeinnützige Gesellschaften eine wichtige Rolle bei der Entstehung überständischer Gruppen, die mit wachsendem Selbstbewusstsein die Führung im politisch-sozialen und kulturellen Leben übernahmen. Durch die stetig wachsende Zahl von Ortslogen wurde die Entstehung höherer Organisationsstrukturen begünstigt. Es bildeten sich Provinzial- oder Mutterlogen. In Hamburg, Dresden, Berlin und Frankfurt a.M. bildeten sich Großlogen, welche die Rechte einer Mutterloge für sich beanspruchten. Der Konstitution nach gehörten sie zur englischen Großloge. Ab 1770 vollzogen sich tiefgreifende Reformen unter den deutschen Freimaurern. Da eine Vielzahl historischer Darstellungen sich mit Geschichte und Entwicklung der Freimaurerei befasst, soll hier nicht näher auf die unterschiedlichen, viel schillernden Strömungen eingegangen werden.[2] Im 19. Jahrhundert setzte sich in Deutschland nach mehreren Verwirrungen das so ge-

---

2 Vgl. Lagutt 1958; Lachmann/Schiffmann 1974; Wein 1977; Reinalter 1982 u.a.

nannte ‚Schottische Logensystem' durch. Dabei bildete das dreistufige *Lehr-ling-Geselle-Meister-System* der Johannis-Loge die Basis der Logenvereine. Parallel zu den eigentlichen Freimaurerlogen entstanden in Deutschland einige logenähnliche Korporationen (unter anderem die Druiden- und Templerorden) sowie unter Studenten die Korps, Bünde und Landsmannschaften.[3]

Auf Grund mehrfacher Anfeindung und Verfolgung, zeitweiligen Verbots oder zumindest staatlicher Überwachung übten die Brüder Verschwiegenheit über eigene Aktivitäten oder die Namen lebender Mitglieder. Diese Verschwiegenheit schützte sie vor allem in absolutistischer oder sonst nicht demokratischer Zeit vor dem Zugriff des Staates. Hierdurch entstand vielfach das Bild des Geheimbundes. Solche Legenden, Diffamierungen und Halbwahrheiten bestimmen heute noch weitgehend die herrschende Meinung über die Bruderschaften. Die Freimaurer waren jedoch nie ein Geheimbund, sondern eine Gemeinschaft, die aus Selbstschutz Diskretion übte. Verstärkt wurde die Zurückhaltung der Freimaurer durch die Hochphasen der Verfolgung im Kulturkampf (1872–1878/87) und in der Zeit nach dem verlorenen Ersten Weltkrieg und der Novemberrevolution. 1886 erschien unter dem Titel *Enthüllung des Systems der Weltbürger-Republik* ein vielbeachtetes Pamphlet von August Anton von Göchhausen, in dem erstmalig eine *Verschwörungstheorie* entwickelt und behauptet wurde, Freimaurer bildeten eine weltweit Organisation zur Vernichtung aller bestehenden Religionen und politischer Autoritäten. In der Zeit der Weimarer Republik war es dann die rechtskonservative Agitation Ludendorffs, später der Nationalsozialisten, durch die Zerrbilder, gepaart mit Sensationslust und Furcht vor den geheimnisvollen Freimaurern, entstanden, die bis in die Gegenwart wirken.

Die von Weber beschriebene Wahlverwandtschaft christlicher Ethik und dem Geist des Kapitalismus ist in der calvinistisch beziehungsweise puritanisch ausgerichteten Freimaurerei am ausgeprägtesten. Aber der den christlichen Glauben bestimmende Gedanke und die Prinzipien der Freimaurerei unterscheiden sich in ihren Ausrichtungen. Der christliche Glaube will den Menschen in erster Linie auf das Jenseits vorbereiten. Das Freimaurertum richtet sich auf das Diesseits. Nicht um des himmlischen Lohnes willen soll der Mensch das Wahre und Gute verwirklichen. Er soll diesseitig nach Vollendung streben und zum wahren Menschen werden. Ihr Selbstbewusstsein, ihr Glaube an den Menschen und seine Fähigkeiten veranlasste sie zum Handeln in der Welt, in der sie lebten und wirkten. Hier liegt ihre besondere Bedeutung als Sozialre-

---

3 International gehen neben den genannten Gemeinschaften auch die jüdische Vereinigung B'nai B'rith oder die Odd Fellows auf das Beispiel der Logen zurück. Die B'nai B'rith ist ein unabhängiger Orden, der nur jüdischen Männern zugänglich war und ist; diese Vereinigung pflegt Rituale, die denen der Freimaurer sehr ähneln. In einigen deutschen Kommunen bestanden diese Vereinigungen neben den maurerischen Orden. Der Austausch zwischen diesen Logenvereinigungen ist je nach Region oder Zeit unterschiedlich gewesen.

former in der Zeit des Vormärzes. Ihr Wissen von einer besseren, gerechteren Welt, ihre Fähigkeiten und Mittel als Wirtschaftsbürger, nötigte sie als innerer Imperativ zum sozialpolitischen Handeln. Dabei wirkten prominente Brüder, welche die Verheißung einer menschlicheren und gerechteren Welt in ihren Werken verbreiteten, als Ansporn. Unter dem an sozialer und politischer Bedeutung gewachsenen Bürgertum, in dem sich viele Anhänger der Freimaurer fanden, sowie unter der demokratisch gesinnten, preußischen, nichtadeligen Beamten- und Militärelite, die größtenteils der Freimaurerei anhingen (vom Stein, Hardenberg, Rother, Altenstein, Blücher, Gneisenau, Scharnhorst und andere), gewannen neben den ursprünglich freimaurerischen Zielen (Selbstveredelung durch Selbsterkenntnis, Hebung sittlicher Zustände und Toleranz gegenüber anders Denkenden und Vernunft als der Maßstab allen Handelns) zunehmend auch eindeutig politische Ziele an Bedeutung (Humanisierung der Gesellschaft, Achtung vor dem Mitmenschen und seiner Persönlichkeit, Brüderlichkeit, Streben nach wohltätiger Menschenliebe und menschlichem Handeln, sozial gerechtes Zusammenleben, Demokratisierung[4], Haltung

---

4 Wenn im Folgenden wiederholt behauptet wird, die durch die Freimaurer initiierte und getragene Sonntagsschule wäre von diesen als Baustein zur Demokratisierung der Gesellschaft begriffen worden, dann ist an dieser Stelle Genaueres zur politischen Haltung der Frmr. des 19. Jh. angebracht: Sie wollten bürgerliche Freiheiten, d.h. Freiheit von äußerem Zwang (liberale Freiheitsrechte), die mit der Wendung Freiheit zu (Selbstverwaltung, Aufhebung adeliger Privilegien, mehr gesellschaftlicher Mobilität etc.) angedeutet werden soll, und setzten auf ein liberal-demokratisches Gesellschaftskonzept. Dabei meinten sie nicht eine Demokratie der sozialen Gleichheit, sondern der Chancengleichheit. Damit verbunden war ein bestimmtes Konzept des Staatsbürgers, in dem subjektive (negative) Rechte einen Optionsspielraum gewähren. Sie lehnten, wie die meisten Reformkräfte in Deutschland, die Französische Revolution von 1789, den Sozialismus und Kommunismus ab. Diese hatten die Nivellierung aller Ungleichheit gefordert. Die Freimaurer meinten an Stelle von sozialer Gleichheit ohne Standes- oder Rangunterschiede eine Gesellschaft der bürgerlichen Ordnung, die bei prinzipieller Offenheit in den Chancen für eine bürgerliche Existenz gesellschaftliche Unterschiede anerkannte (Modell der Gleichrangigkeit des unterschiedlichen Menschseins). Die Sonntagsschulen waren eine Institution, die für die bürgerliche Gesellschaft erzog und jedem die bürgerliche Existenz ermöglichen wollte, der leistungsbereit und selbsttätig war. Die Sonntagsschule zielte darauf, jedem Einzelnen das Bewusstsein zu geben, er könne mit Rat und Tat in seinem näheren oder einem größeren Kreis für das Wohl des Ganzen wirken, und seine individuellen Ziele und Lebenspläne verwirklichen, falls nur die Kraft und der Wille in ihm sei. Und diese innere Kraft sahen die Frmr. in der Ermöglichung des Gefühls der menschlichen Würde auch für die Ärmsten. Das ist mit der Gleichrangigkeit gemeint: das gleiche Gefühl eigener Menschenwürde. Die zu erlangen, glaubten die Frmr. nur durch Öffnung der Gesellschaft in den Entwicklungschancen für alle Menschen. D.h., das liberale Demokratiekonzept beinhaltet Solidarität als Quelle gesellschaftlicher Integration. Erlangung von sittlicher, intellektueller und ästhetischer Bildung und materiellem Eigentum. Erst hierdurch sahen sie die Möglichkeit der Emanzipation der Proletarier.

Dem Freimaurer Benjamin Franklin hatte als Verfassungsideal die eidgenössische Schweiz gedient. Allerdings kann man die preuß. Frmr. des 19. Jh. nicht als Republikaner einschätzen. Sowohl als Bürger ihres Landes, denen die Freimaurerkonstitution einen ge-

politischer Toleranz und gegen feudale Unterdrückung und religiöse Zwänge, Teilhabe aller an den neuen gesellschaftlichen und ökonomischen Möglichkeiten, Gleichheit). Das Prinzip der Selbstbildung und Selbstveredlung, das allen Menschen als Möglichkeit gemein ist, macht das aktive Menschenbild der Freimaurer deutlich.

Vor allem die Protoindustrialisierung ab 1815 begünstigte im Rahmen der Modernisierung der preußischen Gesellschaft (Bauernbefreiung, Zunftfreiheit, Bildungsreform, Entwicklung der Wirtschaftsgesellschaft, Entstehen einer spezifischen Form der Rationalität) eine politisch und gesellschaftstheoretisch weithin modernistische, vorwärts gewandte Geisteshaltung unter den Brüdern. Die Logen begriffen sich insgesamt als „Baumeister einer gerechteren Gesellschaft"[5] und einer humaneren Welt. Diesem Ziel traten sie in zwei Schritten näher. Zunächst hoben die Logen auf Freimaurer-Konvent 1782 in Wilhelmsbad bei Hanau in ihren eigenen Reihen jegliche Standesunterschiede auf und sie beschlossen die *Verbürgerlichung* der Bruderschaften, weil sie hier die kommende bestimmende Gesellschaftsgruppe sahen. In den Logen „gab es keine Untertanen, sondern – beruhend auf dem Grundsatz der Gleichheit aller Menschen – nur gleichberechtigte, frei denkende und arbeitende Brüder"[6].

Allen Freimaurern gemeinsam ist die Freimaurerverfassung, die *Constitutions* von 1723.[7] Die Konstitution geht zurück auf den englischen Presbyterianer James Andersen (geb. 1680). Besonders das Kapitel *The Charges of a Freemason*, was mit den *Alten Pflichten* übersetzt wird, beinhaltet die wichtigsten, noch heute gültigen Regeln der Freimaurer.[8] Diese stellen die unter anderem

---

nauen Verhaltens- und Haltungskodex zur eigenen Herrschaft gab, aber auch als aufstrebende Bürger, anders als die Armen, die von den staatlichen Reformen den größten Nutzen hatten, standen sie zu ihren adligen Fürsten. Weder Revolution noch Volksherrschaft gehörte (und gehört) zu den gesellschaftspolitischen Vorstellungen der Frmr. Wenn man Wendts neuerliche Vorschläge zum Komplex der Bürgererziehung in der sozialen Arbeit oder Habermas' Theoriemodelle zur Demokratie anlegt, dann ergibt sich folgende Einschätzung: Die Frmr. des 19. Jh. folgten einem liberalen Bürgerverständnis mit republikanischen Anteilen. Diese werden deutlich in der ethischen Überfrachtung des Gesellschaftsverständnisses. Gesellschaftspolitik wurde, ähnlich heute in den USA, als Reflexionsform des sittlichen Lebenszusammenhangs begriffen. Zudem neigten die prinzipiell liberalen Freimaurer tendenziell zu einer Auffassung objektiver Rechtsordnung. Darin unterschieden sie sich von den Wirtschaftsliberalen, welche die Basis der Rechtsordnung im Individuellen sahen. Während der liberale Demokratieprozess allein in der Form des Interessenkompromisses besteht, sahen die Freimaurer den demokratischen Prozess als ethische Verständigungsform an (vgl. Habermas 1999, S. 277ff.; Schumpeter 1946; Wendt 1995).

5 Festschrift 1995, S. 4

6 Fiedler 1999, o.S.

7 Noch älter ist die Urkunde der Alten Landmarken, die bereits aus dem 14. Jh. stammt und die Anerkennung des Großen Baumeisters aller Welten verlangt.

8 Abgedruckt in: Lennhoff/Posner 1932, S. 13–21. Die Alten Pflichten sind nach folgenden Abschnitten gegliedert: 1. Von Gott und der Religion. 2. Von der bürgerlichen Obrigkeit, der höchsten und der untergeordneten. 3. Von den Logen. 4. Von Meistern, Aufsehern,

die noch heute gültige Selbstverpflichtung aller Mitglieder zu Toleranz und Achtung gegenüber anders Denkenden dar; in religiösen Dingen billigen die Konstitutionen jedem seine eigene Überzeugung zu. Die Freimaurerverfassung verpflichtete jeden Einzelnen auf das Sittengesetz und zum Gehorsam gegen den jeweiligen Staat. Im bedeutsamen ersten Kapitel heißt es: „Der Maurer ist ein friedlicher Bürger des Staates, wo er auch wohne und arbeite. Er darf sich nie in einen Aufstand oder eine Verschwörung gegen den Frieden der Nation verwickeln lassen." Entsprechend dieser Verpflichtung und der freimaurerischen Haltung vieler Staatsbeamter verband die preußischen Logen ein enges Band mit dem Haus Hohenzollern. Alle drei Berliner Großlogen standen unter dem persönlichen Schutz des preußischen Königs. Ihre Stellung wurde zusätzlich durch das Edikt vom 20. Oktober 1798 *Wegen Verhütung und Bestrafung geheimer Verbindungen* gestärkt, das nichtpreußische Logen auf preußischem Territorium verbot, preußische Logen aber ausdrücklich erlaubte. Das Edikt legte den Grund für eine besonders enge Verflechtung der preußischen Großlogen mit dem Staat im frühen 19. Jahrhundert. Freimaurer waren *gute* Untertanen, zugleich aber selbstbewusste Staatsbürger und identifizierten sich mit dem preußischen Staatswesen. Die enge Symploké markiert gleichzeitig den zunehmenden Beginn politischen Bewusstseins und sozialpolitischen Engagements. Die Blütezeit der Freimaurerei in Preußen fällt, wie in ganz Deutschland, in die Phase der deutschen Klassik und Romantik bis in den Vormärz. In dieser Zeit progressiver bürgerlicher Ideologie trug die Freimaurerei besonders vorwärts gewandte Züge und stand allen fortschrittlichen Erkenntnissen auf naturwissenschaftlichem, technischem, philosophischem, sozialem und künstlerischem Gebiet ausgeschlossen und tolerant gegenüber. Gerade die Wirtschaftsbürger mit freimaurerischem Hintergrund waren in Preußen (und anderswo) die Träger der Modernisierung. Trotz erkennbarer, aber als vorübergehende Erscheinung interpretierter sozialer Krisen, sahen sie in den Veränderungen und Verwerfungen einen Katalysator für den Fortschritt der Menschheit. Die Maximen der Freimaurer wurden ergänzt durch die grundsätzliche Aufgeschlossenheit für Fragen der Zeit, moderne gesellschaftliche und technische Entwicklungen und das Bestreben, eigenes Wissen zu erweitern und zu vertiefen. Von 1750 bis 1820 war eine Vielzahl Prominenter auf kulturellem, philosophischem, ökonomischen und politischem Gebiet, die als Theoretiker das freimaurerische Gedankengut bereichert, und systematisiert haben.[9]

Als auf dem zweiten Wiener Kongress (1833) unter den Herrscherhäusern über generelles Verbot aller Vereinstätigkeit beraten wurde, stellte sich König Friedrich Wilhelm III. – selbst Freimaurer – dem Kongress und insbesondere

---

Zunftgenossen und Lehrlingen. 5. Vom Verhalten der Zunft bei der Arbeit. 6. Vom Betragen.

9 Neben den schon genannten: Mozart, Wieland, Goethe, Lessing, Kleist, Lizst, Campe, Basedow, Fichte, Haydn, Friedrich List u.a.

Metternich entgegen, indem er die Freimaurer als „die treusten meiner Untertanen"[10] vor politischer Verfolgung in Schutz nahm. Trotzdem konnte er
nicht verhindern, dass in anderen deutschen Staaten Logenverbote weiter bestanden.[11] Auch in Preußen selber wurden die Logen, obwohl offiziell geduldet, durch die politische Polizei überwacht.[12] Die Unbehelligtheit des Logenle-
bens in Preußen geschah in dieser Zeit und vor allem nach der Reaktion nach
1848 um den Preis der öffentlichen politischen Enthaltsamkeit und unbeding-
ter Systemtreue. In dieser Phase relativer Unauffälligkeit befassten sich die
Logen intensiv mit eigenen Ritualen und ihrer Modifikation. Daneben betrieben sie in vielfacher Form soziale Wohlfahrts- und Gemeinwesenarbeit, die
von der Freimaurerei immer schon als sichtbarer Ausdruck ihrer humanitären, auf Achtung und Toleranz gegenüber anderen Menschen beruhenden Geisteshaltung angesehen wurde: Aus humanitärer Verantwortung übernahmen
sie soziale Aufgaben und halfen Menschen in Not: So hatten sächsische Logen
aus Dresden, Leipzig und Görlitz gemeinsam das *Freimaurer-Institut* gestiftet,
das in Dresden am 1. Dezember 1772 mit 30 Waisen und einer Speise-, Schul-
und Erziehungsanstalt begann. Dies war der Anfang einer im 19. Jahrhundert
sehr bekannten Einrichtung der Erziehungsfürsorge. Zudem stützten Logen finanziell das *Philanthropin* des Freimaurers Basedow.

Neben diesem überörtlichen, von einzelnen Landes- oder Mutterlogen getragenen sozialen Wirken übernahmen die Ortslogen in ihren eigenen Städten
als Mitglieder der örtlichen Honoratiorenschaft vielfach soziale Aufgaben. So
beschlossen Freimaurer in vielen Städten die Gründung bürgerlicher Sonntagsschulen. Diese wurden als wohlfahrtspflegerische und volkspädagogische
Maßnahme oft in Verbindung mit dem städtischen Armenkomitee gegründet.
Mit der Zuspitzung der Sozialen Frage intensivierten Freimaurer ihr Engagement um Veränderung der sozialen Verhältnisse. Das Schul- und Ausbildungs-
wesen, die Armen- und Krankenfürsorge waren die Schwerpunkte sozialen
Engagements. Das 1779 gegründete Freimaurer-Krankenhaus in Hamburg,
das bis heute als freimaurerische Einrichtung besteht, ist ein Beispiel für die
soziale Tätigkeit, die immer auf Initiativen der örtlichen Logen und eben nicht
auf Grund einer von Nationallogen verordneten Sozialpolitik zurückging.

Die Institute der Freimaurer oder vergleichbarer Gruppen hatten einen ganz
anderen Rückhalt als die Gründungen unabhängiger Personen, nicht zuletzt
in finanzieller Hinsicht.[13] Ab circa 1850 wurde eine Vielzahl neuer sozialer Stif-

---

10 Zit. nach Endler/Schwarze 1994 (Bd. 1), S. 24
11 Logenverbote bestanden in Baden (1813–1847), Bayern (1785–1850 – mit Ausnahme der
    1807 neu erworbenen Landesteile), Württemberg (1784–1834), Kurhessen (1824–1866)
    und Sachsen.
12 Vgl. HStAD Regier. Dssd. 8821; ebd. Präsidialbüro 852
13 Im weiteren Kontext der Freimaurerei waren seit 1805 verschiedenste bürgerliche Re-
    formerziehungsanstalten entstanden, die häufig Reflex auf Pestalozzi waren. Die bekann-

tungen, Erholungsheime et cetera in ganz Deutschland in der Verantwortung von Landeslogen oder übergreifenden Logenverbindungen ins Leben gerufen. Getragen von rheinischen und westfälischen Logen wurde 1894 in Düsseldorf die Stiftung *Kinderfürsorge* gegründet. Diese wurde zunächst von den Logen in Düsseldorf, Krefeld, Köln, Dortmund und Schwelm gemeinsam getragen. Das Interesse anderer Ortslogen an dieser Stiftung war um die Jahrhundertwende so groß, dass 23 weitere örtliche Logen aus dem rheinisch-westfälischen Raum dem am 19. Mai 1900 konstituierten Verein *Kinderfürsorge* beitraten. Im 19. Jahrhundert unterstützten deutsche Logen die Errichtung eines Findelkinderhauses in Stockholm oder eines Waisenhauses und einer Taubstummenanstalt in Prag.

Trotz der wahrnehmbaren sozialen Probleme in der Zeit nach dem Rheinbund, den Befreiungskriegen und dem Anbruch des industriellen Zeitalters in Deutschland (Verelendung breiterer Bevölkerungsschichten sowie Massenarbeitslosigkeit) vermieden die Freimaurer aus den dargestellten Gründen politische Stellungnahmen oder theoretische Auseinandersetzung mit sozialen Fragen. Jedoch nahmen sie als progressive bürgerliche Kräfte staatliche Anregungen zur Sozialreform auf.[14] Durch diese pragmatische Umsetzung beförderten sie, häufig schneller als die Theoretiker der Sozialen Frage, die Veränderung der sozialen Wirklichkeit. Und Anregungen zur Gründung bürgerlicher Sonntagsschulen hatte der Staat schon sehr früh gegeben. Bevor durch die Hardenberg-Umfrage sozialethische Prinzipien sozialer Verantwortung auf Seiten des Staates deutlich wurden, hatte die Zentralregierung in Berlin die Ober- und Regierungspräsidien aufgefordert, *„zur Förderung des Gewerbewesens* mangels gesetzlicher Bestimmungen und daraus ableitbarer administrativer Vorschriften den nachgeordneten Behörden auf die Gründung von Gewerbevereinen und die Errichtung gewerblicher Schulen"[15] hinzuwirken. Diese Aufforderung entsprang ursächlich dem staatlichen Wunsch auf Gewerbeförderung[16], enthielt aber auf Grund der engen Verflechtung des preußischen Staats mit der Freimaurerei, bildungsphilosophische, sozialethische und maurerische Motive.

---

teste und einflussreichste, die hier nur der Vollständigkeit halber erwähnt werden soll, um den Einfluss der Freimaurerei und ähnlicher Gruppen darzustellen, war die Frankfurter Musterschule, an der Diesterweg fünf Jahre lang, und zwar seit dem 1. Februar 1813 lehrte und die eine Illuminatengründung war. Wie den Freimaurerbünden lag den Illuminaten (gegründet: 1776) ein Erziehungskonzept zu Grunde, dass durch geplante Einflussnahme auf das Individuum sittliche Aufklärung verbreiten, die Lösung aus dem absolutistischen Ständestaat und den Umbau der Gesellschaft verfolgte.

14 Vgl. Wald 1921 (Bd. 1), S. 174ff.

15 Vgl. Festschrift: 125 Jahre Staatliche Berufsfachschule Iserlohn, S. 41.

16 Die gewerbliche Sonntagsschule Iserlohn, deren Gründungsdatum auf den 3. Juni 1831 zurück geht, verfolgte das ausgesprochene Ziel, „der vielfachen Gewerbetätigkeit unserer Stadt nützlich zu werden" (Bettge o.J., S. 374).

Wendt bestätigt in seiner *Geschichte der sozialen Arbeit*, dass die Freimaurer sich als eine *frühbürgerliche* Gesellschaft gleichermaßen sozialethisch wie sozialstabilisierend motiviert sozialfürsorgerisch in der Armen-, Erziehungs- und Krankenpflege engagierten.[17] Der Historiker Henning hebt im Zusammenhang mit sozialen Reformbestrebungen in Preußen die Bedeutung der Freimaurer hervor.[18] Die sozialstabilisierende Bedeutung wird von vielen Wissenschaftlern hervorgehoben, die den Freimaurern bescheinigen, in verschiedensten Zeiten gesellschaftlicher Notstände vergangene Hoffnungen der Menschen auf Humanität, Kultur und Toleranz eingelöst zu haben.

Neben dem pragmatischen gemeinnützigen sozialen Wirken der Logen oder einzelner Freimaurer in vielen Kommunen pflegten die Brüder die private Geselligkeitspflege in der Loge. Wendt verweist in seiner Studie auf diese zweite Seite des Doppelcharakters freimaurerischer Kommunität:

> „Gesellschaft als Geselligkeit meinte im 18. [und beginnenden 19.] Jahrhundert nicht einen dauerhaften und vorgegebenen Zustand menschlichen, gar staatlich organisierten Zusammenlebens. ... [sie] war bürgerlich, zivil, und nicht mehr politisch (wie in der hergebrachten ständischen *societas civilis sive politica*) charakterisiert. Gesellschaft (*société*) hieß Kommunikation und partnerschaftlicher Umgang. Freundlichkeit und Verständnis schwang im frühen Wortgebrauch mit. In Gesellschaft, so die allgemeine Überzeugung verfeinert sich der rohe Zustand der menschlichen Natur und wird *zivilisiert*."[19]

Diese geschah in der Regel in Gremien und kleineren Interessengruppen. Die Logen unterhielten eigene „Archive, Bibliotheken und Sammlungen von z.T. bedeutendem Wert."[20] Zur Bearbeitung bestimmter Fragestellungen und Gesprächsthemen wurden „Lese-, Bildungszirkel, Bau- und Weinkommissionen"[21] gebildet. Es bildeten sich natürlich auch Unterhaltungs-, Lyrik- oder Musikzirkel. Hierzu hatten die Logen eigene Gedichtbände und Gesangsbücher. Die Logenhäuser verfügten über Tanzparketts und Kegelbahnen.[22]

An der bürgerlich-demokratischen Bewegung von 1848/49 beteiligten sich die Logen als Vereine nicht. Sie hielten am Standpunkt der politischen Enthaltsamkeit fest. Jedoch beteiligten sich einzelne Logenbrüder an den revolutionären Ereignissen um die Frankfurter Paulskirche.[23] Spätestens die Phase der

---

17 Vgl. Wendt 1995, S. 27
18 Vgl. Henning 1965, S. 534f.
19 Wendt 1995, S. 26, Hervorh. im Original
20 Endler/Schwarze 1994 (Bd. 2), S. 13
21 Ebd.
22 Zur gesellschaftlichen Funktion der Freimaurer vgl. auch Koselleck 1959; Dülmen 1986; Dann 1979, S. 399ff.
23 Vgl. Wald 1921 (Bd. 1), S. 182

Reaktion, in der große Teile des deutschen Bürgertums in tiefe Resignation verfiel, wirkte sich auch auf das Logenleben aus. Die politisch engagierten Gruppen wandten sich von der Freimaurerei ab. Für viele Logen ging es in dieser Zeit um die Fragen nach *Sein oder Nichtsein*. Sie sicherten ihr Bestehen vor allem durch völlige politische Abstinenz und vermieden jegliches öffentliche Auftreten. Zahlreiche Logentempel blieben in diesen Jahren zudem vorübergehend geschlossen.

2. Das Konzept der Sonntagsschulpädagogik

Sonntagsschulen waren im Kontext der europäischen Aufklärung entstanden. Als Einrichtungen der nichtstaatlichen Volksbildung standen sie seit ihrer ersten Gründung außerhalb des öffentlichen Schulsystems. Träger der Sonntagsschulen waren während des 18. und in der ersten Hälfte des 19. Jahrhunderts private Vereine auf religiöser oder freireligiöser Basis. Diese Anstalten, die zumeist im Kontext bürgerlicher Selbstverwaltungsbestrebungen standen, entsprachen in jedem Fall gesellschaftspolitischen Intentionen ihrer Stifter. Diese privaten, außerschulischen und nebenhäuslichen Einrichtungen, die eine Antwort ihrer Stifter und Träger auf sozioökonomische Veränderungen waren, lassen sich entsprechend der zu Grunde liegenden Gesellschaftsdiagnose prinzipiell in zwei Lager teilen: in das rückwärtsgewandte konservative Lager und in das liberal-modernistische Lager.

2.1. Zum Ursprung moderner Sonntagsschulen

Die Idee der Errichtung einer Institution der Nacherziehung und -bildung für die erwerbstätige Jugend der unteren Volksklasse im deutschen Vormärz war nicht neu. Obwohl die frühesten Katechismusanstalten im 16. Jahrhundert entstanden waren, geht die moderne Sonntagsschule auf protestantische Volksbildungsbestrebungen im Kontext englischer Aufklärung zurück. Hier wurden die ersten Sonntagsschulen in den letzten Jahrzehnten des 18. Jahrhunderts geschaffen; sie zielten auf die „in den Industriecentren Englands ... völlig ohne Unterricht umhervagierenden Proletarierkinder"[24]. Der englische Staat war früh um eine Hebung der Volksbildung bemüht; begünstigt wurden die Bemühung jedoch auch durch größere staatsbürgerliche Freiheit in England im Rahmen der Selbstverwaltung.[25] Voraussetzung der *Sunday-School-Movement* war die pietistische *Erweckungsbewegung*, die sich die Aufgabe der

---

24 Baumgarten 1908, S. 653
25 Schultze 1912, S. 39

Wiederbelebung christlicher Werte unter dem entstehenden Proletariats widmete, wie die geistesgeschichtlich bedeutsame *Entdeckung der Kindheit*. Im Kontext der Erweckungsbewegung ging die Entwicklung christlicher Sonntagsschulen von Gloucester aus.[26] Vor allem die Nadelfabriken der mittelenglischen Stadt machten sie zum Anziehungspunkt für stellungslose Landarbeiter. Wie in allen Industriezentren Englands, so wurden auch hier Kinder und Frauen zu bevorzugten Arbeitskräften, da ihre Geschicklichkeit der der Männer oft überlegen war, die geringere Körperkraft aber zum Bedienen der Maschinen ausreichte. Robert Raikes (1735–1811), Methodist und Redakteur der einzigen Zeitung der Region (*Gloucester Journal*), entwickelte frühzeitig ein Bewusstsein für die sozioökonomische Fehlentwicklungen der Zeit. Er war ein Kritiker des inhumanen und unwirksamen englischen Strafvollzugsystems und der Arbeitsbedingungen der ärmeren Bevölkerung in den Fabriken. 1780 eröffnete er gemeinsam mit Thomas Stock die erste Sonntagsschule.[27] Diese richtete sich an Kinder zwischen 7 und 12 Jahren, die durch Frauen im Lesen unterrichtet wurden. Diese Frauen kamen, wie die Kinder, aus der Unterschicht. Sie besaßen außer ihren Kenntnissen im Lesen und Schreiben und ihrer Mütterlichkeit keine weiteren pädagogischen Qualifikationen. Die Sonntagsschule von Raikes und Stock diente primär der Unterweisung im Katechismus und den Glaubensartikeln. Mit dieser Einrichtung verfolgten sie aber ausdrücklich auch sozial-humanitäre Ziele und sie stand jedem Kind offen.[28] 1798 entstanden in Notthingham Sonntagsschulen, die Bibellektüre und Unterricht „in den weltlichen Künsten des Schreibens und Rechnens"[29] anboten; sie standen ausschließlich Personen ab 13 Jahren offen. Sie dienten vornehmlich dem Ziel „junge Seelen den Stricken des Versuchers zu entreißen"[30]. Diese erste *Adult School* wurde von Singleton Fox begründet. Ursprünglich war sie für junge Arbeiterinnen bestimmt. Die Schule wurde aber bald mit einer Männerklasse ergänzt.[31] Von Notthingham aus breiteten sich die Sonntagschulen nach Wales aus. Von England und Wales fanden Sonntagsschulen schnell Verbreitung in ganz Europa.[32] Die *Sonday-School-Movement* hat in der englischen Volksbildungsbewegung eine bedeutende Rolle gespielt.[33] Im 19. Jahrhundert wurden eine Reihe von Zentralorganisationen für die Koordination der Arbeit und die weitere Verbreitung ins Leben gerufen. Die erste war 1803 die *Sunday*

---

26 Stange 1829, S. 7
27 Über Stock ist in diesem Zusammenhang wenig zu erfahren. Bei Stange ist nur zu erfahren, dass es sich um einen, mit Raikes befreundeten Geistlichen handelte, der den „gleichen Antheil an der Stiftung" (Stange 1829, S. 7) gehabt habe.
28 Berg 1987, S. 28
29 Schultze 1912, S. 154
30 Ebd., S. 151
31 Ebd., S. 156
32 Vgl. Rice 1917, S. 17
33 Schultze 1912, S. 155

School Union. Mit den ersten Migrationswellen breitete sich die Sonntagsschulbewegung vor allem in der neuen Welt aus. Die erste Sonntagsschule in Amerika wurde in Virginia 1786 durch den methodistischen Bischof Asbury gegründet. 1816 entstand die *American Sunday School Union*.[34] Durch volksmissio-
narische und Handelskontakte entstand um 1790 die erste deutsche Sonntagsschule nach englischem Vorbild.[35] Der Plan zur Gründung der ersten Hamburger Sonntagsschule ging von dem pietistischen Kaufmann Baron Caspar von
Voght (1752–1839) aus, der 1788 während eines Aufenthaltes in Birmingham
und Sheffield die Arbeit der dortigen katechetischen Einrichtungen kennen
gelernt hatte. Insbesondere hatten sich die Sonntagsschulen offensichtlich in
der Armenpflege bewährt. Aus der Hamburger Armenreform von 1788 war
ein neuer Armenpflege-Verein entstanden. Dieser Reform lag eine anhaltende
Diskussion der Bürgerschaft über eine ungeordnete Mildtätigkeit zu Grunde.
Den Armen sollte Gelegenheit gegeben werden, ihren Lebensunterhalt selbst
zu erwerben, den Armenkindern sollte ein Unterricht ermöglicht werden, der
durch das öffentliche Schulsystem nicht zu gewährleisten war. Johann Georg
Büsch (1728–1800), Johann Arnold Günther (1755–1805) und Voght entwar-
fen im *Patriotischen Verein* entsprechende Pläne.[36] Nach einer Englandreise
schlug Voght – gewählter Armenpfleger – zur Ergänzung der Armenarbeit die
Gründung einer Sonntagsschule nach englischem Vorbild vor. 1789 wurde
zunächst eine Abendschule errichtet. Es stellte sich aber bald heraus, dass die
Kinder wegen der täglichen Arbeitsbelastung überfordert waren, dem Abendunterricht zu folgen. Daher wurde dieser 1790 auf den Sonntag verlegt. Aus
verschiedenen Gründen konnte sich die Einrichtung aber nicht lange halten.
Um 1800 wurde sie in eine allgemeine *Übungs- und Repetierschule* umgewandelt. Wegen der Besetzung und auferlegten Kontributionen von 1811 musste
die Einrichtung ihre Arbeit völlig einstellen. Nach dem Kriegsende war eine
Wiederbelebung aus ökonomischen Gründen nicht möglich. 1817 löste sich der
noch bestehende Trägerverein auf. Bis 1824 bestanden weder im Hamburg
noch sonst in Deutschland, Sonntagsschulen nach englischem Vorbild.[37] Bedeutungsvoll für die weitere Entwicklung christlicher Sonntagsschulen wurde
Pastor Johann Wilhelm Rautenberg (1791–1865), der geistliche Führer der
norddeutschen Erweckungsbewegung. Nachdem er 1824 durch den Kaufmann
Johann Georg Oncken (1800–1884) zu einer Neugründung angeregt worden
war, entwarf er einen öffentlichen Aufruf zur Gründung eines Vereins. Die
Wiederbelebung des Sonntagsschulgedankens stand wiederum im Zusammenhang mit der aus England kommenden Bewegung. Vermittelt durch Oncken,
sagte die *Sunday School Union* eine einmalige finanzielle Unterstützung zu.

---

34 Vgl. Schaff 1870, S. 878
35 Wichern 1958, S. 41
36 Vgl. Wendt 1990, S. 28f.
37 Vgl. Berg 1987, S. 30

Rautenbergs Aufruf, der zugleich die Statuten des in Aussicht genommenen Vereins enthielt, traf auf entsprechende Resonanz, so dass sich im gleichen Jahr ein neuer Trägerverein für eine Sonntagsschule konstituieren konnte.[38] Am 9. Januar 1825 konnte eine entsprechende Wohlfahrts- und Volksbildungseinrichtung als christliches Pendant zur Armenschule des Hamburger Senats gegründet werden. Der Sonntagsschul-Verein fungierte einzig als Trägerverein der Einrichtung. Der Unterricht begann mit 31 Jungen und 29 Mädchen. Die Sankt Georger Sonntagsschule stand, stärker als die erste Sonntagsschulgründung, in der Tradition der englischen *Sunday-School-Movement*. Zwar standen neben den antirationalistischen, erweckungstheologischen Beweggründen auch *soziale Belange* im Vordergrund der Stiftung, aber die religiösen Motive waren eindeutig ausschlaggebend. Im Kontext der allgemeinen Notsituation konnte die Hamburger Sonntagsschule auf einen ähnlich schnellen Erfolg zurückblicken, wie im Mutterland der Bewegung. Da in der Einrichtung bald mehr Anmeldungen eingingen als Schüler aufgenommen werden konnten, wurde 1826 eine Zweigstelle in Barmbek gegründet. 1830 erfolgte in Hamburg unabhängig von der St. Georger Anstalt eine weitere Sonntagsschulgründung mehrerer Kandidaten des Hamburgischen Schulministeriums. Sie schlossen sich im *Kandidatenverein zur Pflege und Förderung der Sonntagsschule* zusammen.[39] Im gleichen Jahr entwickelte Rautenberg die Idee eines Besuchsvereins für die Sonntagsschule. In diesem Besuchsdienst übernahmen es die Lehrer der Einrichtung neben dem Unterricht „Hausbesuche bei den ihnen überwiesenen Kindern"[40] zu machen.[41] 1832, einem Jahr, das die Sonntagsschule in eine Existenzkrise brachte, konnte Rautenberg den Kandidaten der Theologie Johann Hinrich Wichern überzeugen, das vakant gewordene Amt des Oberlehrers zu übernehmen. Dessen Tätigkeit als Mitglied des *Männlichen Besuchsvereins* in den Armenquartieren der Hamburger Vorstadt St. Georg hielt er präzise in seinen *Notizen über gemachte Besuche, besonders in Beziehung auf die Sonntagsschule* fest.[42] Insbesondere beschrieb er die Familienverhältnisse und die soziale Situation, die er bei seinen Besuchen antraf. Auf einer Sitzung des Vereins am 8. Oktober 1832 wurde als Ergänzung der Arbeit der Sonntagsschule die Gründung eines Rettungshauses für verwahrloste Kinder diskutiert. Im darauf folgenden Jahr konnte Wichern, der sich die-

---

38 Die Statuten des Sonntagsschul-Vereins finden sich im Dokumententeil der Arbeit.

39 Die pietistische Sonntagsschulbewegung traf im evangelischen Lager aber auch auf heftige Kritik. Vor allem Pastor Rentzel, Wortführer der Hamburger Rationalisten, konnte viele evangelische Christen um sich scharren. Die Sonntagsschulen nach englischem Modell bezeichnete er als eine „verfluchte Einrichtung" (zit. bei Berg 1987, S. 33).

40 Wittenborn 1982, S. 28

41 Vgl. die Festschrift zum 100-jährigen Jubiläum der St. Georger Sonntagsschule und der aus ihr erwachsenen Stiftskirche Hamburg-St. Georg. Hamburg 1925

42 Vgl. Meinhold 1958, S. 19ff. (Notizen über gemachte Besuche, 1832/33); ebd. S.42 (Hamburgs wahres und geheimes Volksleben, 1832/33).

se Idee zu Eigen machte, den Plan auf Grund eines Grundstücksgeschenkes realisieren. Ein Jahr nach der genannten Vereinssitzung verließ er die Sonntagsschule und baute die neue Arbeit auf. An der Verbreitung der christlichen Sonntagsschulen in Deutschland hatte Wichern großen Anteil. Durch die *Fliegenden Blätter*, der Hauszeitung des *Rauhen Hauses*, die er an evangelische Einrichtungen in ganz Deutschland weitergab, und durch eine enge Verbindung Wicherns mit dem Berliner *Komitee für Sonntagsschulen* wurden viele Gründungen, besonders auch in Süddeutschland angeregt und unterstützt. Auch die Absolventen des Brüderseminares, die als Stadtmissionare und in neugegründeten Diakonenanstalten wirkten, wurden zu Trägern der Sonntagsschulidee. In den folgenden Jahren wurde diese Idee mehrfach modifiziert und in Richtung eines Kindergottesdienstes verändert.[43] Vor allem die bürgerliche Bewegung und die 1848er Revolution, aber auch die Reform des Hamburger Armenschulwesens werden als Ursache dieser Veränderungen angeführt.[44] Man besann sich wieder auf die ursprüngliche Idee der Verbreitung des Christentums. Die organisatorische Anbindung der Träger der verschiedenen christlichen Sonntagsschulen an die Innere Mission verstärkte die Entwicklung. Der Charakter dieser Sonntagsschulen wird eindeutig von dem Chronisten der *Sunday-School-Movement* in Amerika Edwin Rice charakterisiert: „Origin of the modern Sunday-school. What inspired the modern Sunday-school movement? How came it to be? We may reverently answer – God inspired it; social conditions and the spirit of Christianity called for it."[45]

Er hebt aber hervor, dass die Sonntagsschulen eine religiös motivierte Antwort auf die englische und nachziehende kontinentaleuropäische Industrialisierung und die sich hieraus ergebenden sozialen Verwerfungen war. Rice beschreibt die schlechten Lebens- und Wohnverhältnisse in schillernden Farben. Er geht auf Frauen- und Kinderarbeit ein und stellt die philanthropinistischen, aufklärungspädagogischen Einflüsse dar. Die Zeitdiagnose der religiösen Stifter war traditionell-christlich geprägt. Die Ursache der von Rice beschriebenen Proletariernot wurde ganz einseitig im Abfall vom christlichen Glauben, im moralischen Versagen der Arbeiter, im Funktionsverlust der Familien verortet, nicht aber in den Lebens- und Arbeitsbedingungen.[46] Die Lösung der wahrnehmbaren sozialen Fragen wähnte man allein in der, wie Wichern es ausdrückte: *Christlichen Wiedergeburt* durch *Innere Mission*. Ziel dieser Einrichtungen war die Bewahrung traditioneller christlicher Werte vor allem

---

43 So entwickelte Wichern in seinen Fliegenden Blättern schon Gedanken zur Gestaltung der Sonntagsschularbeit in diese Richtung. Er gilt daher als der Begründer des Kindergottesdienstes, den er in mehreren Spezialkonferenzen der Inneren Mission zu diesen Themenspektrum behandelte.
44 Vgl. Berg 1987, S. 37
45 Rice 1917, S. 11
46 Vgl. Schultze 1912

durch Katechese und Bibellehre. Einen eigenen didaktisch-methodischen Ansatz entwickelten die Parchioalschulen nicht. Obwohl auch sie sich im Kontext mit irdischen Nöten der Proletarier entwickelten, stand indessen die jenseitige Ausrichtung im Vordergrund; die sozialen Verhältnisse der Gegenwart waren demgegenüber untergeordnet. Das Interesse an sozialen Reformen, an einer progressiven Änderung der gesellschaftlichen Wirklichkeit, konnte auch nicht in einem kirchlichen Programm des frühen 19. Jahrhunderts stehen. Erst die Ansätze kirchlich-sozialer Arbeit nach 1848 (Kolping, Ketteler) verfolgten auch eine Neuordnung der sozialen Verhältnisse. Dennoch hat die von England kommende *Sunday-School-Movement* in Europa und Amerika bedeutende soziale Wirkung gehabt und die Entwicklung auf dem Gebiet religiös motivierter Wohlfahrts- und Volksbildungsarbeit maßgeblich beeinflusst.

2.2. Zur Geschichte der bürgerlichen Sonntagsschulen

„Jeder pädagogische Strukturwandel, jede neue Praxis muß die eigenen Innovationen gegen das überholte Alte abgrenzen ... und zugleich einen Bruch mit der defizitären Gegenwart vollziehen."[47]

Gewisserweise in Opposition zu den antirationalistischen Schulen entstanden nach der Wende vom 18. zum 19. Jahrhundert in vielen deutschen Ländern bürgerliche Sonntagsschulen, häufig freimaurerischer Provenienz, die sich einem völlig anderen Ansatz verpflichtet fühlten als die Parochialschulen. Auch verschiedene Kirchenmänner sahen in den pietistischen Sonntagsschulen wenig gesellschaftlichen Nutzen, und der schon genannte rheinische Schulrat Bracht bezeichnet sie in einem Bericht an die Regierung in Düsseldorf als „einen Krebsschaden für die untere Klasse der Bevölkerung"[48]. Die Kinder erhielten dort nur wenige Stunden Unterricht und wurden „ungenügend abgerichtet"[49].

In der Literatur werden zwei Gründungsphasen für bürgerliche Sonntagsschulen unterschieden. Die erste Phase von 1790 bis 1825 und die zweite von 1826 bis in die 1840er-Jahre.[50] Von welchem Ort der Beginn der Sonntagsschulbewegung neueren Typs, die im Kontext des neuen Staatsbürgerverständnisses eines selbstbewussten Wirtschaftsbürgertums in Deutschland aus-

---

47 Vgl. Oelckers 1993, S. 91
48 Zit. bei Rothkranz 1943, S. 76
49 Zit. ebd.
50 Vgl. Thyssen 1954, S. 47ff. Allerdings scheint diese Einteilung wenig sinnvoll und willkürlich gesetzt. Die Phasenteilung sollte den Momenten Rechnung tragen, in denen tatsächlich gesellschaftliche Veränderungen eine neue Gründungsphase einleiten: Zweckmäßig erscheint eine Gliederung der Phasen entweder 1790–1805 und 1806–1840 oder 1790–1814 und 1815–1840.

ging, ist ungewiss. Wehrmeister nennt für Sachsen die Anstalt der Leipziger Freimaurer-Loge, deren Stiftungsdatum im Jahre 1815 liegt.[51] In der Erzgebirgsstadt Freiberg wurde 1807, also vor Leipzig, „der Plan zu einer Sonntagsschule *für Handwerks-Gesellen und Lehrlinge* entworfen"[52]. Aus verschiedenen Gründen hatten die Freiberger aber vor „Unbilden von Seiten ungesitteter und unfleißiger Schüler"[53] Angst vor einem Scheitern der Sache. Einer der beteiligten Organisatoren, ein Lehrer am Gymnasium, reiste 1817 nach Leipzig und sah den pädagogischen Erfolg der dortigen Sonntagsschule. Zurückgekehrt nach Freiberg, trug er „seinen Plan der Loge zu den 3 Bergen"[54] vor und überzeugte damit das Logenkollegium. 1817 wurde die Freiberger Sonntagsschule durch die Loge gestiftet. Sie begann zu Ostern 1818 ihren Betrieb. Eher liegt das Gründungsdatum der Augsburger Anstalt. Sie wurde 1801 eingerichtet.[55] Zu den bürgerlichen Stiftungen der ersten Gründungsphase in Deutschland muss man zudem die Einrichtungen in Meiningen (1791), Lübeck (1795), Kiel (1795) und Berlin (1799), wo mehrere bürgerliche Einrichtungen neben kirchlichen Anstalten bestanden[56], rechnen. Gründungen von Sonntagsschulen ohne religiöse, sondern mit gewerblicher Ausrichtung erfolgten außerdem in Hameln (1803), Tondern (1803), Göttingen (1812), Dresden (1816/17), Frankfurt a.M. (1817), Zittau (1819), Potsdam (1820), Coburg (1821), Wittenberg (1822), Annaberg (1823). In die zweite Gründungsphase gehören unter anderen die Sonntagsschulen in Schneeberg (1827), Chemnitz (1828), Großenhain (1929/30), Duisburg (1831) oder Schwerin (1832). Die meisten dieser Gründungen standen im Kontext mit der Freimaurerlehre. Eine Ausnahmeerscheinung sind die bayrischen Sonntagsschulen mit gewerblicher Ausrichtung. Sie waren keine Bürgerschulen, sondern staatliche Pflichtanstalten.[57]

Zum Begriff der bürgerlichen gewerblichen (1) Sonntagsschule (2):

---

51 Wehrmeister 1995, S. 34
52 StAC Kap. IV, Sekt. IV 12a (Elbe-Blatt, Nr. 34. Leipzig, 22. August 1828, Sp. 532).
53 Ebd.
54 Ebd.
55 Beyschlag o.J. (1803)
56 Vgl. GStA PK, I. HA Rep. 74 K VIII, Nr. 24, Bl. Bl. 90–113
57 Vgl. Liedtke 1993, S. 282ff. Diese Schulen hatten auch ein unverkennbar am Beruf bzw. der Erwerbstätigkeit der Schüler und Schülerinnen orientiertes didaktisches Profil. Da vor allem in Bayern eine andere Struktur im Schulsystem galt, ist das Klientel nicht ganz identisch mit den anderen Sonntagsschulen. Die bayrischen Anstalten waren staatliche Einrichtungen, und es bestand ein Sonntagsschulzwang. Durch die bayrische Generalverordnung von 1803 wurde bestimmt, dass „sowohl Knaben als auch Mädchen vom 12ten bis zum 18. Lebensjahr einschlüßig" (zit. ebd., S. 285) die Schule besuchen sollten. Von der Schulpflicht betroffen waren vor allem Handwerkslehrlinge und „alle jungen Leute männlichen und weiblichen Geschlechts" (ebd.), die bislang nur die bayrische sechsjährige Werkschule besucht hatten. Auf der Sonntagsschule sollten sie das dort Gelernte festigen und Fehlendes aufarbeiten, nützliche Kenntnisse erwerben und ihre sittliche Bildung vollenden.

(1) Die bürgerlichen Einrichtungen zielten auf *allgemeine Menschenbildung* und *Gewerbebildung*.[58] Das Adjektiv *gewerblich* beschreibt zunächst nur das Klientel der bürgerlichen Sonntagsschulen. Die Aufnahme war an sozioökonomische Verhältnisse gebunden; die Kriterien waren in der Regel: a) Jünglingsalter, b) Unbemitteltheit und c) *gewerbliche* Beschäftigung.

(2) Der Tag der Durchführung des Unterrichts stand weder im Zusammenhang mit der Heiligung des Sonntags oder mit einer inhaltlichen Verbindung zum sonntäglichen Gottesdienst. Die bürgerliche Sonntagsschule heißt aber einzig deswegen Sonntagsschule, „weil ihre Unterrichtsstunden sämmtlich, oder doch hauptsächlich, auf den Sonntag verlegt sind"[59]. Dies war der einzige Tag der Woche, der den gewerblich beschäftigten Kinder und jungen Leuten die Möglichkeit der Bildung gab.

Zum Begriff der *Bürgerschule* findet sich bei Friedrich Albert Lange, einem der späteren Leiter der Duisburger Sonntagsschule, in einem Antwortschreiben auf die Bitte Friedrich Wilhelm Dörpfelds um eine Rezension der Schrift *Die freie Schulgemeinde* diese Definition:

(1) Sie steht erstens in Konkurrenz zu den staatlichen und zu den kirchlichen Einrichtungen.

(2) Die Träger der Bürgerschulen sind freie Assoziationen, Orden und Verbrüderungen, Stadtgemeinden und Kreisverbände, Fabrikbesitzer, Genossenschaften, beliebige Vereine sowie Lehrer auf eigene Rechnung.[60]

Der Begriff der *Bürgerschule* wurde seit circa 1832 von Preusker systematisch genutzt.[61] Mager verwandte den Terminus erst ab 1840 in seiner gleichnamigen Schrift. Im Kontext mit bürgerlichen Sonntagsschulen taucht der Begriff aber schon seit 1801 auf. Die Sonntagsschulen wurden als sozial-fürsorgerische Einrichtung gegründet, um die Jugendlichen speziell vor den gegebenen gesellschaftlichen Gefahren, also vor sittlicher und sozialer Verwahrlosung zu bewahren. Vormärzliche Bürgerschulen dienten der Beförderung des Bürgerstandes. Die bürgerlichen Sonntagsschulen versuchten dies insbesondere durch Öffnung und die Möglichkeit des sozialen Aufstiegs in den dritten Stand. Sie waren die sozialpädagogische Variante der Bürgerschulen, weil sie sich

---

58 Entsprechend dieser Intentionen gliederten sich die gewerblichen Sonntagsschulen meist in die beiden didaktischen Säulen allgemeine Sonntagsschule und eigentliche gewerbliche Sonntagsschule.

59 Preusker 1842 (Bd. 5), S. 119

60 Vgl. Eckert 1968, S. 127

61 Vgl. Preusker 1835b, S. 262f.; 1839 (Bd. 4), S. 117. Erstmals gefordert wurden bürgerliche Erziehungsanstalten für den in bürgerlichen Gewerben Tätigen erstmals 1773 von Abt Resewitz, weil die Lateinschulen für den künftigen Stadtbürger unnütz seien und keine für diesen brauchbaren Kenntnisse vermittelten.

bemühten, auf die sozialen Notstände durch eine Ergänzung der allgemeinen und gewerblichen Bildung der lohnabhängigen Handwerker und Arbeiter zu antworten. Dabei lag ihnen, anders als den christlichen Einrichtungen, nicht an einer Bewahrung traditioneller Werte durch Unterrichtung im Lesen und Schreiben durch Katechese und Bibellehre. 1848 berichtet der Duisburger Schulpfleger Hermann von dem guten Erfolg und der hohen Frequentierung der bürgerlichen Bildungseinrichtung seitens „der bereits entlassenen Jugend"[62], weil sich die Lehrgegenstände neben der „Befestigung des Erlernten und Nachholen des noch Mangelhaften"[63] an den Bildungswünschen der Jugend orientiere. Neben dem allgemein didaktischen Anspruch lag der augenscheinliche Erfolg der bürgerlichen Sonntagsschulen an dem erweiterten Bildungsangebot mit gewerblicher Ausrichtung. Adäquater als die Einrichtungen auf religiöser Grundlage schlossen sie „an die realen Erfordernisse des sich neu formenden Erwerbslebens an"[64], um ihren Klienten eine Orientierung in der immer differenzierter werdenden Gesellschaft und damit eine Teilhabe an den neuen ökonomischen und sozialen Optionen zu ermöglichen.[65] In ihren Zielsetzungen, ausgedrückt in Statuten, wird „die sozialfürsorgerische Absicht deutlich ...: durch *Aufklärung* sollte das intellektuelle und sittliche Niveau der unteren und mittleren Volksschichten gehoben und eine soziale Befriedigung des Proletariats erreicht werden."[66] Die Sonntagsschulen dienten zudem der Ablenkung vom grauen Berufsalltag durch Gemeinschaftserlebnisse, der Reflexion und der konkreten Lebensplanung. Die Anstalten wollten die individuelle Entwicklung der Jugendlichen fördern, und ihnen lag ein Begriff der Person zu Grunde, der insbesondere die freie, ungehinderte Entwicklung begünstigen sollte. Das Attraktive war aber die Unterrichtung im Zeichnen, im Werken sowie in der (praktischen und theoretischen) Geometrie als den berufsbezogenen Fächern, die nur an den gewerblichen Schulen gelehrt wurden.[67] Eine historische Darstellung aus dem 19. Jahrhundert hebt das Besondere der gewerblichen gegenüber der allgemeinbildenden Sonntagsschule hervor. Es war der praktische Nutzen des Unterrichts, „für ihr Handwerk oder für ihre sonstige Berufsarbeit"[68], den Jugendliche, die eine bürgerliche Sonntagsschule mit gewerblicher Ausrichtung besuchten, erlebten.[69] Diejenigen Unterweisungen

---

62 HStAD Regier. Dssd. 2642
63 Ebd.
64 Mollenhauer 1987, S. 111
65 Vgl. ebd.
66 Ebd.; vgl. Preusker 1835b, S. 145ff.
67 Vgl. Wehrmeister 1995, S. 42
68 Armstroff 1882, S. 164f.
69 Die gewerblichen Elementar-Sonntagsschulen wurden nicht als Berufsschulen für Lehrlinge gegründet. Der Ort der Ausbildung war der Handwerksbetrieb. Die Schulen richteten sich zunächst an unselbstständige Handwerker, ehemalige Handwerksgesellen, die

und Übungen, „welche mit jenen im notwendigen und engsten Zusammenhange stehen, welche die Arbeiten, die sie die ganze Woche hindurch beschäftigen, und die sie in der Werkstatt nur praktisch erlernen, dort, je nach ihrer Befähigung und Beschaffenheit ihrer Arbeiten wissenschaftlich begründen"[70] konnten, machten die bürgerliche Sonntagsschule mit gewerblicher Ausrichtung zu einer attraktiven und sinnvollen Bildungsanstalt aus der Sicht der arbeitenden Jugendlichen.[71] Die Sonntagsschule für erwerbstätige Jugendliche stellte ein organisatorisches Muster einer milieugelagerten Institution dar. Die berufstätige Jugend hatte von diesem Angebot einen großen praktischen Nutzen im Alltag. Daher war die Bereitschaft zum Verzicht auf den einzigen freien Mußetag höher als bei den religiösen Sonntagsschulen, die beide ein freiwilliges Bildungs- und Wohltätigkeitsangebot bürgerlicher Schichten an die Jugend waren und außerhalb des staatlichen Bildungsangebotes standen. Die von Wehrmeister hervorgehobene sächsische Freimaurerloge *Balduin zur Linde* hatte mit wohlfahrtspflegerischer Zielsetzung zur *Heilung der inneren Schäden des Landes nach der Kriegszeit* und den spürbaren Folgen der begonnenen Modernisierung durch Volksunterricht am „24. August 1815 den Plan zur Gründung einer Sonntagsschule zum Beschluß erhob[en] und am 11. Febr. 1816 zum ersten Male mit 14 Schülern den Unterricht"[72] begonnen. Aufgenommen wurden „Lehrlinge und Gesellen hiesiger und benachbarter Handwerker"[73]. Das Institut war der Ausgangspunkt für Sachsen und „Prototyp weiterer Entwicklungen"[74] in Deutschland. Wie in anderen Fällen gingen der Stiftung Konferenzen zur sozialen Lage der unselbstständigen Handwerker als auch Klagen über deren Unwissenheit voraus.[75] Die Leipziger Anstalt war als wohlfahrtspflegerische und volkspädagogische Maßnahme in Verbindung mit dem städtischen Armenkomitee gegründet worden. Die Arbeit war den Statuten nach Teil des städtischen Armenwesens, ihre Ergebnisse sollten mit denen

in den Fabriken beschäftigt waren, und ungelernte Fabrikarbeiter, aber auch an unerfahrene selbstständige Handwerker und Kaufleute (niederer Gewerbe).

70 Armstroff 1882, S. 164f.

71 Deutlich wird der neue Begriff der Einheit der Pädagogik, die in Preuskers Schriften fundiert wird: Die Idee der Bildung wird konzentriert auf die Lebensumstände der Adressaten, durch ihre Beziehung auf den Beruf. Nohl verdeutlicht dieses Bildungsparadigma dieser Epoche: „Der junge Mensch sieht keinen Zusammenhang mehr in dem was er lernt, er braucht ein persönliches Zentrum, Bindung an scharf umrissene Aufgaben, die ihm einleuchten und auf die er alles bezieht. Diese Aufgaben gibt der künftige Beruf. Das Berufsinteresse ist der große Hebel, der alles übrige in Bewegung setzt. So tritt hier die alte Berufserziehung des 18. Jahrhunderts, nur neu vertieft, in Ehren wieder in die Pädagogik ein" (Nohl 1949, S. 13f.).

72 Festrede 1871, S. 9

73 StAL SchuA Kap. VIII Nr. 1 (§ 9 der Statuten im Quellen- und Dokumententeil der Arbeit)

74 Schlesinger 1993, S. 29

75 Vgl. StAL, Stiftungsakten [Stift] G Nr. 12a (1816–1838); StAL Stift XIII Nr. 1a (1824–1831); Schlesinger 1993, S. 29

der anderen Arbeit im Armenpflegebereich veröffentlicht werden. Der Ansatz der Leipziger Freimaurer zielte auf die Behebung individueller Nöte und diente der Verbesserung der Lebenschancen der gewerblich beschäftigten Jugendlichen aus der ärmeren Bevölkerungsschicht, die als Kinder nicht oder kaum die Schule besucht und nicht lesen, schreiben, rechnen gelernt hatten, weil die wirtschaftlichen Notwendigkeit zu einer frühen Arbeitsaufnahme gezwungen hatte.[76] Der Aufnahme eines Zöglings lag eine Einstufungsprüfung zu Grunde, nach der entschieden wurde, „welchen Stunden er beiwohnen kann"[77]. Die Sonntagsschule war in den Räumen des Logenhauses untergebracht. Der Unterricht erstreckte sich zunächst auf eine Zeit von zwei Jahren. Im ersten Jahr wurden überwiegend allgemeine Bildung und einführende gewerbliche Fächer gelehrt. Im zweiten Jahr begann der gewerbespezifische Unterricht. Das heißt: Die Anstalt war im Prinzip in zwei Abteilungen geteilt, in denen Schüler mit unterschiedlichen Voraussetzungen unterrichtet wurden. In einer Art Vorklasse sollten die Jugendlichen Versäumtes nachholen und sich im zweiten Jahr dem eigentlich Gewerblichen widmen. Durch eine zeitadäquate, pädagogisch-psychologisch moderne und realistische Jugendbildung, durch Grundqualifizierung für die neuen Anforderungen der modernen Wirtschafts- und Bürgergesellschaft sollten die Jugendlichen Orientierung im sozialen Gefüge, eine angemessene und ausreichende Menschenbildung, *Sozialkompetenz* und ihren sicheren Platz durch eine gesellschaftliche Funktion (Beruf) finden, mittels dessen der Einzelne seine Lebenserfüllung und Zufriedenheit finden könnte.[78] Die Einrichtung existierte bis ins 19. Jahrhundert. Um Mitte der 1920er-Jahre wurde sie eingestellt. Der Historiker Schlesinger resümiert, dass das Nacherziehungs- und -bildungsinstitut *Sonntagsschule* seine „historische Aufgabe erfüllt [hatte] – die Zeit brachte neue Aufgaben und Herausforderungen"[79]. Etliche andere Ortslogen oder Gemeinderatskollegien erkannten den Wert dieser Einrichtung. Vor allem in den 1820er- und 1830er-Jahren wurden an vielen Orten Deutschlands ähnliche bürgerliche Volksbildungsanstalten gegründet. Auch die Dresdener Sonntagsschule war durch Freimaurer ins Leben gerufen worden. Genau ein Jahr nach der eigenen Konstituierung (1815) stiftete die Loge *Astraea zur grünenden Raute* anlässlich ihrer Jahrfeier eine Sonntagsschule. Zum ersten Schultag nahm die Anstalt nur „vorzüglich bedürftige ... zur Theilnahme an dem Schulunterrichte" auf. Die Schüler waren nur solche Jugendliche, die dem bürgerlichen Armenverein „*Rath und That* bereits bekannt [waren] und unterstützt worden wären"[80], hätten sie nicht den Weg

---

76 Vgl. Wehrmeister 1995, S. 34
77 StAL SchuA Kap. VIII Nr. 1 (§ 17 der Statuten (vgl. im Quellen- und Dokumententeil der Arbeit)
78 Vgl. StAL Stift XIII Nr. 1a; ähnlich Preusker 1842 (Bd. 5), S. 3
79 Schlesinger 1993, S. 33
80 StADD B VIIa 89, Bl. 14a

in die Sonntagsschule genommen. Begründet wurde die Sonntagsschule damit, dass jungen Erwachsenen Mittel und Möglichkeiten fehlten, ihren Verstand und ihre Seele weiter auszubilden und so die allgemeine „Vervollkommnung des *Menschen*"[81] für diese unterbleiben müsse. In ihrem Schreiben an den Bürgermeister nennt die Loge als Ziel der Einrichtung „eine ächt weltbürgerliche Bildung des Geistes und Herzens".[82] Als institutionelles Beispiel nennt die Loge die Anstalt der Leipziger Ortsloge. Bevor die Brüder den Magistrat über die Stiftung der Anstalt offiziell unterrichtete, hatte sie sich mit den örtlichen Handwerksmeistern und dem Armenverein zusammengesetzt, das heißt sowohl die Interessen der örtlichen Wirtschaft als auch die der Armenverwaltung miteinander abgestimmt (ein Vorgehen, das sich bei etlichen Sonntagsschulstiftungen wiederholte) und dann die Eröffnung der Einrichtung offiziell angezeigt. Die Lehrer waren in der Gesamtheit Brüder der Loge. Die Schule wurde in den Besuchszimmern der Loge eingerichtet. Auch in der Erzgebirgsstadt Annaberg wurde eine eben solche Erziehungsanstalt für arme Handwerker und Arbeiter gegründet. Der Freimaurer und Kaufmann Julius Köselitz (1882–1846) stiftete 1823 diese Sonntagsschule mit gewerblicher Ausrichtung. Des Weiteren wurde 1831 in Schwerin eine Sonntagsschule durch die dortige Loge *Harpokrates zur Morgenröthe* gegründet.[83] In weiteren Fällen waren entweder einzelne Freimaurer oder die jeweilige Ortsloge für die Stiftung verantwortlich. Wenige vormärzliche bürgerliche Sonntagsschulen stehen nicht im Zusammenhang mit Freimaureraktivitäten.

2.3. Zur Vorgeschichte der Großenhainer Elementar-Sonntagsschule Karl Benjamin Preuskers als Modellfall für die entwickelte Theorie und Praxis dieser Bürgerschulen

Von größter Bedeutung für die Verbreitung des bürgerlichen Sonntagsschulkonzeptes war der Freimaurer Karl Benjamin Preusker (1786–1871), ein zumindest von der Allgemeinen und von der Sozialpädagogik *vergessener* Pädagoge, der ein theoretisches Konzept sowie einen selbstständigen pragmatischen Handlungsansatz entwickelt hatte.[84]

---

81 Ebd., Bl. 14a; Hervorh. im Original
82 Ebd., Bl. 1
83 Vgl. Bericht ueber die Sonntagsschule fuer Handwerkslehrlinge. Schwerin 1831.
84 Preusker wird in verschiedenen berufspädagogischen Darstellungen genannt. Sein Name erscheint aber kaum in Darstellungen der Geschichte zur Pädagogik. So bei: Ballauff/ Schaller 1973 sowie bei: Tenorth 1988, S. 342. In keinem der genannten Werke finden sich viel weiter, als über den Namen hinausgehende Informationen. Ballauff/Schaller nennen in ihrer Bibliographie ein Hauptwerk (Über Jugendbildung) (S. 798). Bei Tenorth

Preusker war Begründer und Anreger zahlreicher weiterer Sonntagsschulen.[85] Eingeleitet durch sein erstes größeres, „auf Theorie und Praxis"[86] beruhendes Werk *Andeutungen über Sonntags-, Real- und Gewerbschulen, Cameralstudium, Bibliotheken, Vereine* (1833)[87] hatte er in der Reflexion der eigenen Erfahrungen als auch im Austausch mit Pädagogen und Sonntagsschulstiftern einen eigenen pädagogischen Ansatz entwickelt.[88] Die genannte Schrift hatte derart große Resonanz in Deutschland gefunden, dass er sie zwei Jahre später völlig bearbeitet neu herausgab. Der umfangreiche Titel der *Andeutungen* gibt bereits das Programm Preuskers und die Adressaten seines Ansatzes wieder: unbemittelte Handwerksgesellen und Fabrikarbeiter genauso wie selbstständige Handwerker, Fabrikanten, Kaufleute, Landwirte und andere Gewerbetreibende.

Die Vita dieses Mannes ist im Kontext mit der Thematik dieser Arbeit interessant und aufschlussreich. Es lässt sich leicht erschließen, dass neben den freimaurerischen Idealen der Lebensweg die Intentionen seines pädagogischen Ansatzes bestimmte und ihm die notwendige Energie zur Umsetzung dieses Jugendbildungskonzeptes gaben.[89] Er war der Sohn eines armen Leinwebers. Im Alter von zwei Jahren erkrankte er nach eigenen Angaben lebensgefährlich.[90] Die Folgen dieser Krankheit beeinträchtigen ihn später des Öfteren. Sein „Vater hatte sich in frühester Jugend mit Beeren- und Leseholzsammeln, dann durch Hausieren mit Leinwandresten das Brot erwerben müssen"[91]. Obwohl er vorübergehend einen kleinen Wohlstand erarbeiten konnte, war der Vater bald wieder völlig mittellos.[92] Preuskers Schulbildung war gering und fiel, wie diejenige der meisten Kinder armer Eltern des frühen 19. Jahrhunderts der wirtschaftlichen Notwendigkeit zum Opfer, früh sein eigenes Geld zu verdienen. Vom sechsten bis zum zehnten Lebensjahr besuchte er mit Unterbrechungen die Elementarschule. In den folgenden zwei Jahren (1796/97) konnte er am Hausunterricht einer Kaufmannsfamilie teilnehmen. Zwei entscheidende Einflüsse des Hauslehrers auf den jungen Preusker bestimmten eine Lebensgewohnheit, die Einfluss auf seine pädagogische Konzeption haben wird: Der

---

findet sich der Name zunächst im Register, der angegebene Ort (S. 290) stimmt aber nicht. In dem entsprechenden Kapitel (IV.) über den Wandel der Erziehungsverhältnisse im frühen 19. Jh., findet sich Preusker. Jedoch sind die Informationen sehr dürftig.

85 Solche Würdigungen finden sich für das 19. Jh. in zahlreichen Bekundungen, die Preusker selber in einem Handschriftenapparat gesammelt und archiviert hat.

86 Preusker 1842 (Bd. 5), S. 14 (Anmerk. II)

87 Kleinere Schriften Preuskers zur Großenhainer Sonntagsschule entstanden schon eher.

88 Die Sonntagsschulpädagogik macht als Baustein in seinem System der Volksbildung das Hauptschwergewicht aus (vgl. Preusker 1837 (Bd. 1), S. 16).

89 Vgl. Preusker 1842 (Bd. 5), S. 33f.

90 Vgl. KPA, bibliographische Orginal-Schriften des Rentamtsmannes K. Preusker 1786–1824 (Bd. I).

91 Förstemann 1888 (Bd. 26), S. 576

92 Stöcker 1884, S. 15

Kandidat regte die Kinder an, Tagebücher zu führen und auf Spaziergängen Steine, Mose et cetera zu sammeln und aufzubewahren.[93] Während des Unterrichtes erwarb er aber nur wenig Wissen, weil die Vorbildung zu gering war. Er lebte beständig mit dem Bewusstsein, Bildung nachholen zu müssen. Im Alter von 12 Jahren (1798) besuchte er bis 1801 hoch motiviert die Stadtschule seiner Geburtsstadt Löbau (Oberlausitz). Auch das hier Gelernte empfand „er später als ungenügend und wenig zweckmäßig."[94] Preusker schildert die Verhältnisse in der Stadtschule als so mangelhaft, dass selbst bei fleißigen Schülern „an Fortschritte wenig zu denken"[95] war. Dieses Bewusstsein für seine soziale Benachteiligung motivierte ihn permanent zur Kompensation. Ihm war früh bewusst, dass die sozialen Verwerfungen dieser Jahre nicht durch Gegenmaßnahmen wie Unterstützungsleistungen der Armenvereine et cetera, also durch äußerliche Maßnahmen, zu beheben waren. Die Wurzel sozialer Ungleichheiten lag in den geringen Erziehungs- und Bildungsmöglichkeiten der großen Masse. Die eigenen Erfahrungen haben ihn veranlasst, sein Leben lang für die Beseitigung sozialer Schranken im Bildungssystem zu kämpfen. Auf verschiedenen Hausiererwanderungen, die er für seinen Vater unternahm, besuchte er örtliche Bibliotheken, was von ihm viel Durchsetzungswillen bei den lokalen Behörden verlangte, denn diese waren nicht öffentlich. Er las, „was ihm in die Hände kam"[96], wenn er es wert fand, das Betreffende zu lesen. Dabei las er nicht nebenbei und zur Unterhaltung, sondern vielmehr mit dem *Stift in der Hand*, fertigte Exzerpte und schrieb kleine Rezensionen. 1803 konnte er seinen Vater überzeugen, in die erste Klasse des Löbauer Lyzeums einzutreten. Allerdings erkannte er schnell seine bestehenden Wissenslücken. Jedoch war diese Schulzeit prägend. Die Schule stand unter dem Einfluss des Pädagogen Carl Traugott Thieme (1744–1802). Preusker nennt dessen Namen mehrfach unter denen, die ihn beeinflusst haben. Thieme war der Herausgeber des *Sächsischen Kinderfreundes*. In diesem Organ legte er seine richtungsweisenden pädagogischen Auffassungen nieder. Es ist mehr als unwahrscheinlich, dass Preusker dieses pädagogische Blatt nicht gelesen hat. Schon als Schüler überforderte er sich häufig, was zu gesundheitlichen Problemen führte. Schlimmer aber war sein Bewusstsein der sozialen Kluft, die ihn von den Mitschülern trennte.[97] Er wurde jedoch am kontinuierlichen Schulbesuch durch eine Erkrankung des Vaters gehindert. Abermals musste er in dessen Geschäft eintreten „und bezog nun wieder wie früher mit seinen Waaren die Jahrmärkte."[98] Trotz

---

93 Vgl. KPA, bibliographische Original-Schriften des Rentamtsmannes K. Preusker. 1786–1824 (Bd. I).
94 Marwinski 1971, S. 449
95 Zit. bei Stöcker 1884, S. 4
96 Ebd., S. 4; vgl. Hohendorf 1994, S. 88
97 Vgl. Marwinski 1996, o.S.
98 Förstemann 1888, S. 577

der Umstände begann er autodidaktisch seine eigene Bildung voranzutreiben und besuchte so gut es ging Bibliotheken und Antiquare. Preusker wird als „begabter Autodidakt"[99] beschrieben. Da der Vater die Bedürfnisse seines Sohnes sah, stimmte er einer Buchhändlerlehre des Sohnes zu. So konnte Preusker, trotz seiner sozialen Herkunft, 1805 – mit 19 Jahren – eine bürgerliche Lehre in Leipzig beginnen. In dieser Zeit begann er Französisch und kaufmännische Rechnung zu lernen. Die Lehre beendete er vorzeitig. In der Zeit um 1808/1809 war er häufig ohne den Lehrherrn mit nur einem weiteren Gehilfen im Laden, den er gewissenhaft führte. Neujahr 1809 konnte er *unerwartet sein Gesellenstück ablegen*.[100] Er wurde wegen guter Leistungen freigesprochen und beendete seine Lehrzeit.[101] Den zeitgenössischen *Gefahren der Großstadt* entging er nach eigenem Bekunden dadurch, dass er sich täglich ausgewählte Lebensregeln ins Bewusstsein holte, eine Methode, die er von Benjamin Franklin (1706–1790), einer Epigone der Freimaurer, und Christian Gotthilf Salzmann (1744–1811), dem Kritiker pietistischer Erziehungsmethoden, übernommen hatte.[102] Von 1809 bis 1811 arbeitete er in der Braunschweiger *Waisenhaus- und Schulbuchhandlung* des Schulrates Joachim Heinrich Campe (1746–1818). Campe war ein bedeutender Theoretiker des Philanthropismus, er hatte als Erzieher im Hause Humboldt den Bildungspolitiker mit erzogen, der diesem Ansatz den neuen Humanismus gegenübergestellt und den Kampf angesagt hatte. Campe hatte 1785 ein bekanntes Revisionswerk der Aufklärungspädagogik herausgegeben. Im Hause des Pädagogen setzte Preusker sich mit pädagogischer Theorie auseinander und er kam mit vielen Gelehrten und Künstlern zusammen. Er nahm Privatunterricht bei bekannten Naturwissenschaftlern, lernte, noch ungewöhnlich für die Zeit, die englische Sprache und alte Geschichte, er las Goethe, Schiller, Salzmann, Ernst-Moritz Arndt und vor allem den pädagogischen Schriftsteller Jean Paul (eigentlich Johann Paul Friedrich Richter).[103] Jean Paul hat Literatur und Pädagogik der Romantik besonders beeinflusst. Er hat sich dabei eingehend mit anthropologischen Fragen und mit solchen der Volks- insbesondere der Jugendbildung beschäftigt. Seine Kritik betraf die Bedingungen der industriellen Wirtschafts- und Bürgergesellschaft und die damit verbundene *Entfremdung des einfachen Arbeiters*, dessen *Dasein* unter den gegebenen Bedingungen *zum Maschinenleben* herabgesunken sei.[104] Solche Kulturkritik traf sich mit den Vorstellungen

---

99   Marwinski 1996, o.S.

100 Vgl. Stötzner 1873, S. 35; KPA, bibliographische Orginal-Schriften des Rentamtsmannes K. Preusker. Bd. I, 1786–1824

101 Vgl. Marwinski 1996, o.S.

102 Vgl. ebd.

103 Marwinski 1971, S. 449

104 Der politische und pädagogische (Fragmente über Menschenbildung, 1805) Schriftsteller Arndt, der seit 1811 an der Greifswalder Universität lehrte, war ein Helfer Steins

Preuskers. Goethe (1749–1832) beeindruckte ihn in besonderer Weise, weil er viele eigene Interessen und Vorlieben, wie das Sammeln von Naturgegenständen und Mineralien, das Führen eines persönlichen Tagebuches oder Reistagebücher mit ausführlichen Reisebeschreibungen und Kartenwerken et cetera bei dem Dichter wiederfand. Im Sommer 1811 wurde Preusker allerdings arbeitslos. Daher wanderte er „mit unguten Gefühlen"[105] hinsichtlich der beruflichen Zukunft zurück nach Löbau. Seine düsteren Ahnungen traten ein; er musste in das Geschäft seines Vater zurück. 25-jährig wurde er „depressiv und flüchtete in die Krankheit."[106] Goethes Autobiografie regte ihn zu einem eigenen ersten Lebensrückblick an. Als er 1814 nach Weimar kam, versuchte er vergeblich dem Schriftsteller zu begegnen.[107] Er suchte den Rat des bekannten Leipziger Psychologen Johann Christian Heinroth (1773–1843). Von ihm lernte er die Bedeutung der Selbsterkenntnis und anderer psychologisch bedeutender Fähigkeiten für das eigene Leben. Auch die Bedeutung von Lebensplanung und Reflexion, aber auch von Aktivität wurden ihm durch Heinroth vermittelt.[108] Der Psychologe riet ihm zu vielseitigen Beschäftigungen. Preusker, der einen wachen Blick „für soziale Ungerechtigkeiten und Mißstände"[109] hatte, erhielt so die ersten Anregungen für seine vielfältigen sozialen Engagements und zugleich wichtige pädagogisch-psychologische Prinzipien. Preusker wurde wie viele seiner Altersgenossen von den „politischen und geistigen Strömungen, die die nationale Befreiungsbewegung im Kampf gegen die Napoleonische Unterdrückung ausgelöst hat"[110], erfasst und beeinflusst. 1814, nach der Völkerschlacht bei Leipzig, trat er für 11 Jahre (1813–1824) in die sächsische Armee ein. Von Falk sind Berichte aus Sachsen (Thüringen) über die sozialen Nöte und die Verhältnisse dieser Zeit bekannt, die Preusker ähnlich erlebt haben muss.[111] Während seiner Leipziger Aufenthalte besuchte er das

---

und hatte seinen Anteil an den politischen Reformen in Preußen. Sein Bild vom Menschen gewann er, wie Jean Paul von einem kulturkritischen Ansatz her.

105 Vgl. Marwinski 1996, o.S.
106 Vgl. ebd.
107 Vgl. Stötzner 1873, S. 67
108 Vgl. ebd., S. 49
109 Marwinski 1996, o.S.
110 Hohendorf 1994, S. 88
111 Falk hatte sich ab 1813 in den Kriegs- und Hungerzeiten verwahrloster Kinder und Jugendlicher angenommen. 1821 gründete und leitete er in Weimar den Lutherhof, eine Jugendfürsorgeanstalt, in der er die Kinder und Jugendlichen durch Unterricht und berufsrelevante Bildung im Zeichen und Werken für das eigene Leben in der Gesellschaft vorbereiten wollte. Im Lutherhof verwirklichte er im Gegensatz zu zeitgenössischen und durch den Herbartianismus geprägten Korrektionsinstituten das Prinzip der Erziehung in Freiheit und zur Freiheit. Anders als die meisten Vertreter der späteren Rettungshausbewegung, die ihre Erziehung in familienähnlichen Kleingruppen im Heim gestalteten, erstrebte Falk, wie der Ulmer Erziehungsverein, eher die Unterbringung der Zöglinge in Ersatzfamilien (Pflegestellen) außerhalb der Institution. In Oppo-

Leipziger Logenhaus und lernte die Arbeit der dortigen Sonntagsschule kennen. Ob er erst hier die Bekanntschaft mit der Freimaurerei machte, ist ungewiss. Auf jeden Fall begeistert ihn die Bewegung. Seine Beziehung zu Bautzen ist unbekannt, doch am 2. März 1814 trat er der 1802 gegründeten Bautzener Loge *Zur goldenen Mauer* als Mitglied bei. Preusker trat in einen persönlichen Verkehr mit Heinroth, der an der Leipziger Universität lehrte. 1815 lernte er Alexander von Humboldt (1769–1859) kennen, mit dem er seine geographischen und kameralwissenschaftlichen Interessen teilen konnte. Mehrere Versetzungen führten dazu, dass er das Rheinland, Süddeutschland, das Elsaß und Frankreich kennen lernte. Seine Vorliebe für den Besuch örtlicher Bibliotheken behielt er bei.[112] Urlaube nutze er für verschiedene Reisen, auf denen er in Bayreuth Jean Paul (1762–1825) kennen lernte.[113] Wie in Leipzig, wo er sich ausführlich über die dortige Sonntagsschule der Loge informierte und Gespräche mit den Pädagogen führte, besuchte er überall, wo ihn seine Reisen hinbrachten, die dortigen Sonntagsschulen der Logen. Insbesondere beeindruckte ihn der Besuch der Pariser Sonntagsschule, die als eine der Errungenschaften der französischen Revolution entstanden war. Preusker beschäftigte sich gewissenhaft mit der Idee der Sonntagsschulerziehung. Er hatte auch die Anstalten im näheren Umfeld Leipzigs besucht, so in Dresden und Chemnitz; vermutlich existierte auch in Bautzen eine solche Einrichtung.[114]

Da Preusker das Lyzeum vorzeitig abgebrochen hatte, besaß er kein Abitur. Trotzdem konnte er ein Studium in Leipzig beginnen. Nach dem Militärdienst begann er 31-jährig (von 1817 bis 1819) kameralwissenschaftliche, also staats- und volkswissenschaftliche Vorlesungen, sowie Geschichte, Natur- und Völkerrecht bei Karl Heinrich Ludwig Pölitz (1772–1838) zu hören und *Collegien ge-*

---

sition zu Herbart gab Falk der Erziehung den Vorrang gegenüber dem reinen belehrenden Unterricht. In seiner Pädagogik vereinigten sich Grundsätze Pestalozzis mit den Gedanken des pädagogischen Optimismus der Philanthropen, der Kulturkritik des Deutschen Idealismus und der Gläubigkeit der Erweckungsbewegung. Falk hat eine Sozialpädagogik auf christlicher Grundlage angestrebt und verwirklicht. Durch seine Schriften hat er den späteren theoretischen Ansätzen in der Sozialpädagogik entscheidende Anregungen gegeben. Insbesondere in den ersten drei Punkten kann man Parallelen zur späteren Pädagogik Preuskers finden.

112 Vgl. KPA, bibliographische Orginal-Schriften des Rentamtsmannes K. Preusker. Bd. I, 1786–1824

113 Vgl. Stötzner 1873, S. 97

114 In seinem Nachlass ist eine Reisekarte von Deutschland und den europäischen Nachbarstaaten erhalten. Hier hatte er mit einem Stift seine Reiserouten aufgezeichnet. Danach war er u.a., neben Bayreuth, einmal oder mehrfach in Berlin, Prag, Dresden, Leipzig, Chemnitz, Schneeberg, Meissen, Freiberg, Weimar, Erfurt, Magdeburg, Braunschweig, Lübeck, Hamburg, Hannover, Frankfurt/M., Würzburg, Heidelberg, Gießen, Koblenz, Straßburg, Luxemburg, Nancy, Reims, Paris, Lille, Dünkirchen u.a.O. (vgl. KPA, bibliographische Orginal-Schriften des Rentamtsmannes K. Preusker. Bd. I, 1786–1824).

meinnütziger Art[115] zu besuchen, worunter auch pädagogische Vorlesungen fielen. Auch Pölitz hielt Vorlesungen über Pädagogik und befasste sich mit dem pädagogischen und sozialen Problem der Jugendbildung.[116] Bei Heinroth, den Preusker als Mentor beschreibt[117], hörte er auch Thesen zur *therapeutischen Psychologie als Selbsterkenntnislehre*, zur *Seelengesundheitslehre*, Anthropologie und zu pädagogischen Fragen wie den *Grundfehlern der Erziehung und ihren Folgen* als auch Gedanken über *Erziehung und Selbstbildung*. Heinroth veröffentlichte zu diesen Fragen auch mehrere eigene Werke. Preusker hörte fast ausschließlich Realwissenschaften an der Universität. Er war bedeutend älter als seine Kommilitonen. Der Altersunterschied war im eher unangenehm und bewirkte noch mehr eine Überanstrengung als es seinem Wesen entsprach. Er überforderte sich und geriet in einen depressiven Seelenzustand. In dieser Situation suchte er Rat bei dem Psychologen Heinroth, dessen Ratschläge sein weiteres Leben wie auch die inhaltliche Ausgestaltung seiner späteren Pädagogik bestimmten. Durch Heinroths Beratung konnte Preusker später zu sich selbst und einer inneren Ruhe finden. Auf Grund seines Seelenzustandes schloss er das Studium nicht mit einem Examen ab, sondern begann schriftstellerische Arbeiten. Allerdings nahm er weiter Privatunterricht bei weiteren Lehrern der Universität. Er übernahm kleinere Artikelaufträge, so beispielsweise einige Artikel im Brockhausschen Konversations-Lexikon. 1820, zwölf Jahre vor Goethes Tod, trat er in brieflichen Verkehr mit dem Dichter.[118] 1824 siedelte er nach Großenhain zwischen Leipzig und Dresden, wo er heiratete und die Rentamts-, das heißt die Steuerverwaltung, übernahm. Preusker hatte also durch Ehrgeiz und Selbsttätigkeit aus ärmlicher Herkunft eine bürgerliche Karriere bis zum Honoratiorenbürgertum seiner Gemeinde geschafft. Er selbst verstand sich vollständig als sächsischer Verwaltungsbeamter und als *Arm* der Regierung. Seine Zugehörigkeit zum Honoratiorenbürgertum sah er allerdings immer als gefährdet an. Ihm blieb Zeit seines Lebens seine Herkunft als Makel bewusst.

Mit der Übernahme des Rentamtes begann eine neue Phase in seinem Leben. Hatte es bislang überwiegend studiert und damit seine Bildung erweitert, legte er nun seine pädagogischen Grundsätze schriftlich nieder und begann vielfältige soziale Tätigkeiten. In Großenhain beklagte er die Unvollkommenheit allen Gemeinwesens sowie die bestehenden Mängel des Bildungswesens und die Folgen, die sich beispielsweise in den in der Hardenberg-Enquête beschriebenen Phänomenen zeigten. Dabei beschäftigte ihn das Problem fehlender Bildung und allzu früher Festlegung der Kinder auf ein Gewerbe, die sich

---

115 Vgl. Förstemann 1888, S. 577
116 Vgl. Preusker 1842 (Bd. 5), S. 5 (Anmerk.)
117 Vgl. SLUB Mscr. R 265, Bd. XII, S. 521; Haan 1875, S. 422
118 Vgl. Stötzner 1873, S. 110f. Die Rückantwort Goethes ist auf S. 110 enthalten.

bei den erwachsenen Arbeitern in der Unfähigkeit manifestierte, sich aktiv mit der eigenen Lebenssituation auseinander zu setzten und auf Umstellungskrisen zu reagieren. Die Krisen der Zeit im schlesischen und sächsischen Textilgewerbe, der Niedergang der Hausindustrie, sind bekannt. Preusker „erkannte, daß infolge der verstärkten ... Industrialisierung in Sachsen ... zahlreiche Kleinproduzenten ins Proletariat"[119] absanken. Hierin sah er die Gefahr, dass „tausend Arme ... ihr Leben in Dürftigkeit und Elend"[120] zubringen müssten. Die Lösung dieser Misere sah er übereinstimmend mit der dargestellten Berliner Antwort in der angemessenen Bildung beziehungsweise in der Integration der schulpflichtigen Armenkinder ins Elementarschulwesen sowie in der Nacherziehung und -bildung der jungen Erwachsenen.[121]

An seinem eigenen Werdegang hatte er „den Demokratisierungsprozess, dem Wissen und Bildung unterworfen waren"[122], erlebt. Als Jugendlichem war ihm schon bewusst, „daß derjenige, der den Zugriff zur Literatur hatte, Bildungsschranken überwinden und soziale Sperren durchbrechen konnte"[123]. Die verschiedenen Kontakte zu Sonntagsschulen anderer Logen, die er während seiner Reisen machte, wird er beibehalten und für einen übergreifenden Austausch genutzt haben. Er pflegte intensive Kontakte vor allem mit deutschen Sonntagsschulanstalten.[124] Auf diese Weise wird ein reger Austausch in den Angelegenheiten der Sonntagsschulpädagogik entstanden sein. Abgesehen von der freimaurerischen Gepflogenheit der gegenseitigen Geselligkeitspflege und der Kenntnis der Wesenszüge Preuskers, deutet er dies in seinen Schriften selber an.[125] 1828 wurde im Kontext einer Sonntagsschulgründung in Chemnitz ein Trägerverein für diese Einrichtung gegründet. Zugleich sollte dieser *Polytechnische Verein* als Zentralverein für *alle* in Sachsen gegründeten bürgerlichen Sonntagsschulen dienen.[126] Im gleichen Jahr der Konstituierung des Zentralvereins trat Preusker als Präses, gemeinsam mit Reiniger und dem Fabrikanten Bodener als Beisitzer, an die Spitze des Großenhainer Zweigvereins.[127] Neben vielen verschiedenen gemeinnützigen Aktivitäten in Großen-

---

119 Marwinski 1971, S. 449
120 Zit. ebd., S. 454
121 Vgl. Preusker 1838 (Bd. 3), S. 116f.
122 Vgl. Marwinski 1996, o.S.
123 Vgl. ebd.
124 Haan berichtet, dass Preusker in dieser Hinsicht „mit über 900 Personen, Anstalten und Vereinen" (vgl. Haan 1875, S. 438) in Kontakt stand. Darunter waren allein 206 Lehrer an „61 solchen Volks-, Bürger- und Sonntagsschulen" (ebd.). Preusker hat z.T. zu den von ihm benannten und im folgenden Kapitel als geistige Verwandte Behandelten Kontakt aufgenommen.
125 Vgl. Preusker 1837 (Bd. 1), S. III. Die Untersuchung seiner Tagebücher in dieser Richtung ist lohnend.
126 Vgl. StAC Kap. IV, Sekt. IV 12a (Elbe-Blatt, Nr. 34. Leipzig, 22. August 1828, Sp. 533); SLUB Mscr. R 265b, Bd. II, S. 74 ff. (Elbe-Blatt, Nr. 26. Leipzig, 27. Juni 1828, rechte Sp.)
127 Vgl. Stötzner 1873, S. 155

hain – Gründung eines Lesezirkels für Arbeiter, Stiftung der ersten deutschen öffentlichen Volksbibliothek (1828)[128], die Vorbild für die meisten Volksbibliotheken wurde[129], und anderem – engagierte er sich in vielen Fragen der kommunalen Verwaltung, für Straßenbeleuchtung, für genügend Volksschulen oder den Anschluss an die Eisenbahnverbindung Dresden – Leipzig. Er gab die erste Anregung für die Gründung einer Sparkasse, einer Witwen- und Waisenkasse und eines Frauenvereins sowie einer Kleinkinderschule für berufstätige Eltern. Preusker setzte sich auch für die Stiftung von Waisenhäusern und Fürsorgeerziehungsheimen ein.[130] In allen seinen sozialen Aktivitäten interessierte er sich immer für die Lebenssituation der Betroffenen, deren Kenntnis er für eine Grundvoraussetzung zur sozialen Hilfe erachtete.[131] Ein Jahr nach Eröffnung der Bibliothek (1829) beschloss auf Initiative Preuskers eine Versammlung angesehener Wirtschaftsbürger die Gründung einer *Sonntagsschule für Gesellen und Lehrlinge*, ähnlich dem Vorbild anderer ihm bekannter Einrichtungen, die alle Modellcharakter für Großenhain gehabt haben werden. Der Beschluss des Komitees wurde zu Beginn des folgenden Jahres (1830) umgesetzt.[132] Preusker wurde als Präses der Schule eingesetzt, im Vorstand standen ihm zwei Präsidiumsmitglieder zur Seite.[133] Er leitete die Sonntagsschule vierzig Jahre (bis 1869) lang. Dabei wurde die Großenhainer Anstalt ein häufig nachgeahmtes Modell der Arbeiter- und Volksbildung während der ersten Jahrhunderthälfte.[134] Die inhaltlichen Ziele und die didaktischen Methoden wurden hauptsächlich von Preusker entwickelt und von ihm während seiner Präsidentschaft unter „sorgfältiger Benutzung der neueren und neusten Literatur und erbetener Ansichten [von] befreundeten Sachkundigen"[135], zu denen andere praktisch tätige Sonntagsschulpädagogen, Praktiker sowie Lehrer und Schriftsteller gehört haben, fortlaufend weitergeschrieben.[136] Unter *befreundeten Sachkundigen* sind neben einigen bekannteren Pädagogen und Mitarbeitern vermutlich vorwiegend andere Freimaurer gemeint, die sich in der Jugend- und Volksbildung und ähnlichen sozialpädagogischen Arbeitsfeldern engagierten.

---

128 Vgl. Preusker 1828. Bis 1864 erlebte dieses Werk die sechste Auflage als: Die Stadtbibliothek in Großenhain, die erste vaterländische Bürgerbibliothek, nach ihrer Gründung (1864).
129 Vgl. Förstemann 1888, S. 578
130 Vgl. Stöcker 1884, S. 30
131 Vgl. Preusker 1835b, S. III
132 Vgl. Preusker 1832; ders. 1855, S. 1
133 Vgl. Preusker 1835b, S. 200
134 Vgl. Förstemann 1888, S. 578. Neben der Sonntagsschule gründete er weitere ungenannte Anstalten der Volksbildung, die aber „in Folge der Zeitverhältnisse nicht lange" (ebd.) bestanden.
135 Preusker (1837) (Bd. 1), S. III
136 Zur von Preusker genannten pädagogischen Literatur s. den nächsten Punkt.

Während der Julirevolution 1830 hielt sich Preusker in Dresden auf. Seine politische Haltung entsprach der des liberalen Bürgertums. Die aus den Unruhen entstehende Neukonstituierung des Großenhainer Stadtrates empfand er einerseits als eine Befreiung des Geistes und der Verhältnisse, andererseits fürchtete er sich vor einer Unordnung, von der er nicht wusste, was sie für die Zukunft bringen würde.[137] Auf der einen Seite hielt er fest an seiner Treue zum König, auf der anderen Seite hob er aber auch zur Klage darüber an, dass es „zahlreiche Mängel in der Staatsverfassung"[138] gäbe. Alle pädagogischen Äußerungen Preuskers müssen zwar im Kontext der gesellschaftlichen Modernisierung ab 1815 gesehen werden. Jedoch die Juli-Revolution in Frankreich und die politischen Bewegungen in Europa, die aus den Ereignissen folgten, bilden den konkreten Hintergrund dessen, was er über Jugend- und Volksbildung schrieb und was er an konkreter Bildungs- und Erziehungsarbeit leistete. Preusker war schon als Freimaurer ganz den Ideen der Aufklärung verpflichtet. Er wollte wie die meisten Bürger nicht die Revolution, bestand vielmehr auf der Position, dass nur Menschenbildung und Freiheit den gesellschaftlichen Fortschritt beförderten. Er wollte die Emanzipation der unteren Bevölkerungsschicht, die Aufhebung ständischer Grenzen, bürgerliche Freiheiten für alle. Die warnenden Rufe mancher Zeitgenossen vor den Gefahren einer Emanzipation der arbeitenden Klasse stimmte er nicht zu. Die „angeblichen Gefahren, die der Jugend durch politische Emanzipation"[139] drohten, sah er nicht als bedrohlich an. 1832 entstand auf seine Initiative ein örtlicher Gewerbe-Verein, der in Struktur und Zielsetzung zum Vorbild für etliche sächsische Gewerbe-Vereine wurde[140] und dessen Intention sich beispielsweise deutlich auch bei Kolping und in dessen Idee der Gesellenvereine wiederfinden.[141] 1839 entwickelte er für die ländlicheren Gemeinden die Idee einer Wanderbibliothek, der sich 16 kleinere Orte anschlossen.[142]

Der bedeutendste zeitgenössische Bildungspolitiker und Pädagoge in Deutschland war der Berliner Seminardirektor Diesterweg. Es erscheint gerade für einen Charakter wie Preusker als zwingend, Kontakt zu Diesterweg aufzunehmen. Dieser war für Preusker ein pädagogisches Vorbild.[143] Neben diesem nennt Haan weitere bekannte Pädagogen, mit denen Preusker im Aus-

---

137 Vgl. SLUB Mscr. App. 199, X. Nr. 1, S. 19, 27a ff.; Stöcker 1884, S. 15

138 Preusker, Karl: Erinnerungen aus meinem Leben (Bd. 11 für die Jahre 1830–1835). Großenhain 1853, S. 104f. Handschriftliches Manuskript im KPA

139 Hohendorf 1994, S. 99

140 Vgl. Marwinski 1971, S. 454

141 Im Verlauf des 19. Jh. entwickelten sich, gerade im eher katholischen Raum, einige bürgerliche Sonntagsschulen in die Richtung der KOLPINGschen Gesellenvereine, d.h. sie gingen Symbiosen mit diesen ein.

142 Vgl. KPA, Original-Schriften des Rentamtsmannes K. Preusker (Bd. II); Stöcker 1884, S. 20

143 Vgl. Hohendorf 1994, S. 84–102; Haan 1875, S. 439 (unten mehr dazu)

tausch über seine *Bausteine* zu einem System der Volksbildung gestanden hat. So Philipp Emanuel von Fellenberg (1771–1844), bei dem Pestalozzi einige Zeit war.

Die didaktisch-methodischen Überlegungen zur Sonntagsschulpädagogik zielten aber weniger auf „Männer vom Schulfache"[144], sondern mehr auf pädagogisch interessierte Laien, die sich in der Jugenderziehung engagierten, aber keine geeignete Literatur vorfanden, „woraus der Nicht-Pädagoge sich näheren Rath"[145] holen könne. Seine Schriften wandten sich nicht an Gelehrte, sondern an den „weiteren Kreis der mehr oder minder Gebildeten"[146], an Väter, Mütter, wohltätige und gemeinnützige Vereine, auch an die erwachsene Jugend selbst. Dennoch erwartete Preusker, dass seine pädagogischen Reflexionen auch „dem Pädagogen manchen Gegenstand darbieten [werden], der gewöhnlich nicht zu ihrem nähern Berufe gerechnet wird, wie z.B. die Nacherziehung, die Nachschulen und anderes".[147]

Zur traditionellen Pädagogik und damit zum *näheren Beruf* der Pädagogen zählten bislang nur die Erziehung und Bildung der Kinder bis zum Erwachsenenalter (von 14 Jahren). Daher hat Preusker Recht damit, die Nacherziehung nicht zu diesem Gebiet zu zählen. Zugleich setzte er neue Maßstäbe. Denn er sieht die Pädagogik, weil ihr eben die Regeneration der Gesellschaft zur Funktion zugerechnet wird, in der Verantwortung der Beantwortung der Sozialen Frage; damit entwickelt er in seinen Reflexionen mit den neugewonnenen Arbeitsfeldern das Gebiet der *Sozialpädagogik*, auch wenn er diesen Begriff nicht verwendet. Die Klassifizierung dieses neuen Teilgebietes der Pädagogik hat arbeitsteilig Diesterweg vorgenommen. Weil Preusker – ohne dass er selbst das *Neue* schon benennen konnte – das neue Feld und *seine* Vorreiterrolle sah, rechnete er sich eine gewisse innovative Wirkung für die Pädagogik zu und erwartete durch sein eigenes, unablässiges Engagement, das Einsetzen *möglichst vernunftgemäßer „Reformen"*[148] im Staat, der Gemeinden sowie im besonderen Feld der Jugendbildung. Sonntagsschulen waren in dieser Zeit, das wird bei Preusker deutlich, die Antwort auf das erkannte jugendpolitische Problem und eine sozialpädagogische Interventionsform, ein historisches Benachteiligtenförderprogramm in Form einer Nacherziehungs- und -bildungsoffensive – eine Form historischer Jugendsozialarbeit. Preusker wollte dem „unvermeidlichen Prozeß [der Industrialisierung und Veränderung sozialer Gefüge] mit seinen Schattenseiten entgegenwirken."[149] Er hatte die „Bedeutung des Vereinswesens mit seinen standesübergreifenden Organisationsformen oder

---

144 Preusker 1837 (Bd. 1), S. 16
145 Ebd.
146 Vgl. Haan 1875, S. 436
147 Preusker 1837 (Bd. 1), S. 16
148 Preusker 1837 (Bd. 1), S. 20; Hervorh. im Original
149 Marwinski 1996, o. S.

auch nur als Instrument zur Interessenvertretung einzelner sozialer Gruppen"[150] hellsichtig erkannt und „in seiner gesellschaftspolitischen Relevanz geschickt"[151] genutzt. Die Aufgabe, die er als Voraussetzung für jede Sozialreformarbeit erkannte, war, „die Verhältnisse der beschriebenen Volksschichten näher kennen zu lernen und mittels akademisch-cameralistischen Studiums und fortgesetzter Beachtung der neuesten Literatur über jene Gegenstände sich theoretisch zu unterrichten".[152]

In den Revolutionsjahren 1848/49 stellte Preusker seine öffentliche, schriftstellerische Tätigkeit vorübergehend ein. Er zog sich in dieser Zeit ganz zurück auf seine pragmatische Arbeit. Die Großenhainer Sonntagsschule, die als gemeinnützige, wohltätige Institution der Armenfürsorge und der Handwerker- und Arbeiterbildung eingerichtet wurde[153], bestand bis weit über seinen Tod hinaus.[154] Noch im Jahre 1990, vor der Wende, bekannte sich die Großenhainer Berufsschule zur Tradition der Sonntagsschule und wies sich als institutioneller Nachfolger aus.[155]

2.4. Zu den geistigen und pädagogischen Verwandten des Preuskerschen Konzeptes (Genealogie der Sonntagsschulpädagogik)

In den 1830er-Jahren war das pädagogische Konzept der *Nacherziehung* und *Nachbildung* junger Erwachsener ein relativ neues Gebiet der literarisch-wissenschaftlich Pädagogik. Im gerade beendeten philosophisch-pädagogischen Zeitalter war das *pädagogische Verhältnis* bis zum Ende der Schulzeit beschränkt. Die Differenzierung nach Lebensaltern oder Lebensphasen hatte erst um die Jahrhundertwende mit der Rousseauschen Erkenntnis zur Differenz zwischen Kindern und Erwachsenen eingesetzt. Unter den Pädagogen herrschte die weitgehende Übereinstimmung, „daß die Aufgabe der Erziehung beendet sei, wenn der Zögling in das Erwachsenenalter eintrete"[156]. So sahen Pädagogen die Funktion ihres Faches im *Führen der Knaben ins Erwachsenalter*.[157] *Nach*erziehung durch andere, die zugleich auf die Selbsttä-

---

150 Ebd.
151 Vgl. ebd.; Dann 1984
152 Preusker 1835b, S. III
153 Vgl. ebd.
154 Vgl. Stötzner 1873; Stöcker 1884
155 Das Großenhainer Stadtmuseum besitzt eine entsprechende Darstellung der Berufsschule mit einem genealogischen Nachweis bis zur Sonntagsschule.
156 Gottschalch 1999, S. 397
157 Die Kindheit wurde zwar offiziell erst durch die Konfirmation spätestens im Alter von 16 Jahren beendet, aber die Schulpflicht, die mit dem 5. Lebensjahr begann, endete schon mit dem 14. Lebensjahr (vgl. Prinzipia regulativa vom 30. Juni 1736; Preußi-

tigkeit der Adressaten zielte und diese zur Voraussetzung hatte – gewissermaßen eine Erwachsenenpädagogik war –, besaß keine konkreten Vorbilder. Die großen praktisch tätigen Pädagogen des 18. Jahrhunderts (Rousseau, Basedow, Pestalozzi) oder philosophischen Pädagogen (Schleiermacher, Humboldt) hatten diesen Erziehungskontext „in den pädagogischen und staatswissenschaftlichen Schriften"[158] nicht behandelt. Auch im beginnenden 19. Jahrhundert war das Problem der Nacherziehung „selbst von den ausgezeichnetsten Pädagogen und Staatslehrern"[159] kaum aufgegriffen worden. Aber auch wenige zeitgenössische Praktiker waren auf dem Gebiet der Nacherziehung zu Hause.

> „Die Lehrer höherer Anstalten sind theils nicht berechtigt, theils ohne Meinung dazu, sich um jenen Gegenstand in Bezug auf ihre Schüler bekümmern; diese dagegen glauben schon selbstständig zu seyn, ihrer eigenen Einsicht vertrauen zu können und gehen aus eigener Lust, oder auch aus Schwäche, dem bösen Beispiel Anderer zu widerstehen, dem ungezügelten Leben, und in dessen Folge, oft dem physischen und moralischen Verderben entgegen."[160]

Preusker war aber nicht nur ein handlungspraktisch orientierter Sonntagsschulpädagoge, sondern er entwickelte das Konzept theoretisch, didaktisch und methodisch. Sein Gesamtwerk ist umfangreicher als das der meisten bekannten Pädagogen der ersten Jahrhunderthälfte. Jedoch schwebte dieser Ansatz nicht im *Bodenlosen*. Zunächst sind als konkrete institutionelle Vorbilder die von ihm besichtigten Sonntagsschulen zu nennen. Preusker nennt insbesondere die bestehenden Einrichtungen in Sachsen, ausführlich geht er auch auf das *Polytechnische Institut* in Paris ein, eine Bildungseinrichtung, die ihr Entstehen der Französischen Revolution verdankt und er macht in diesem Zusammenhang zudem auf die 1828 in Dresden entstandene *Technische Bildungsanstalt* aufmerksam.[161]

---

sches Generalschulreglement vom 12. August 1763, § 1; ALR vom 1. Juni 1794, §§ 43, 44, 46 II 12). Das Ende der Schulausbildung bedeutete i.d.R. auch die Beendigung der religiösen Erziehung. Hierdurch wurde die Aufnahme in die Kirchengemeinde vorgezogen. Diese bedeutete zugleich das Ende der Kindheit und den Eintritt in die Welt der Erwachsenen. Dem ALR nach waren Kinder „diejenigen, welche das siebente, und Unmündige, welche das vierzehnte Jahr noch nicht zurückgelegt haben." (§ 25 I 1 ALR). Die staatsbürgerschaftlichen Rechte erwarben sie jedoch erst ab 24 Jahren (§ 26 ALR: „Die Minderjährigkeit dauert, ohne Unterschied des Orts der Herkunft und des Standes, bis das vierundzwanzigste Jahr zurückgelegt ist." Eine Jugendphase als eigenständige Lebensphase wurde erst gegen Ende des 19. Jahrhunderts eine eigene Kategorie.

158 Preusker 1842 (Bd. 5), S. 2
159 Ebd.
160 Ebd.
161 Preusker 1835a, S. 235ff.

Als *geistige Verwandte* der Preuskerschen Pädagogik sind vor allem Herder, Goethe, Schleiermacher, Fichte, Humboldt, Salzmann und Basedow zu nennen. Preusker nennt alle außer Schleiermacher. Dessen Bedeutung ist jedoch evident; weniger als konkretes Vorbild, sondern weil das Preuskersche Konzept eine Antwort auf Schleiermachers Forderung nach einem „Supplement"[162] im Anschluss an die Schulerziehung war, indem auf ein „umfassenderes gemeinschaftliches öffentliches Leben"[163] als selbstständiger Staatsbürger vorbereitet wurde. In seinem originär pädagogischen Denken ist Preusker neben den genannten hauptsächlich an Jean Paul orientiert. Dessen Bedeutung für Preuskers Erziehungsdenken wird seiner Liebe für den Schriftsteller gleich gewesen sein. Paul war ihm Vorbild und Leitfigur.[164] Neben den pädagogischen Schriften Jean Pauls verweist Preusker selbst ausdrücklich auf einige *bessere und größere Werke über Pädagogik*, in denen er den Gegenstand der Nacherziehung, ... allerdings mehr oder weniger berührt" sieht, so auf „Pölitz Erziehungslehre, Niemeyer's Grundsätze der Erziehung, Schwarz Erziehungslehre ec."[165], deren Arbeiten er „zu den vorzüglich gelungenen Darstellungen" zählt. August Hermann Niemeyer (1754–1828), der Enkel Franckes und Leiter der von ihm gegründeten Anstalten, hatte 1806 eine *Reise durch einen Theil von Westphalen und Holland* gemacht, dabei auch das Bergische Land bereist und, allerdings erst 1824, einen entsprechenden Reisebericht über seine Eindrücke des industriellen Wuppertals veröffentlicht, in dem er das Schicksal der Fabrikkinder und das Problem der mangelnden Erziehung und Bildung angeprangert und ein erschreckendes Bild von den möglichen Folgen für die Einzelnen entwirft.

> „Man wird auch zweifelhaft, ob es möglich sey, daß der Geist dieser von Morgen bis in die Nacht arbeitenden Classe, die fast ganz mit den Dreh- und Spinnmaschinen in eine Linie tritt, bey dem immer wiederkehrenden Mechanismus noch die Kraft behalten könne, Ideen zu erzeugen und an innerer Bildung fortzuschreiten."[166]

Die Veröffentlichung 1824 erfolgte dann in einer durch verschiedene Stellungnahmen vorbereiteten öffentlichen Diskussion über das Problem der Kinderarbeit. Niemeyer kannte also – auch durch die Arbeit in Halle –, anders als viele andere Pädagogen, das Problem. Man kann annehmen, dass er in seinen Vorlesungen von solchen Erfahrungen berichtete. In seinen *Grundsätzen* hatte er zudem in einem den Sonntagsschulen gewidmeten Paragraphen zu diesem Problemkontext, zur notwendigen Nacherziehung und -bildung Stellung bezo-

---

162 Schleiermacher 1966, S. 352
163 Ebd., S. 351
164 Vgl. Diesterweg 1844, S. 111
165 Preusker 1842 (Bd. 5), S. 5 (in den Anmerkungen)
166 Niemeyer 1824, S. 243

gen.[167] Daher war er als kundiger Pädagoge ein hervorragender geistiger Vater für das Konzept des Freimaurers. Ernst Stange, Autor einer 1829 erschienenen Schrift mit dem Titel *Ueber Sonntagsschulen überhaupt und über die Dresdener insbesondere*, hatte er Niemeyers *Grundsätze* ausdrücklich als Literatur zur Sonntagsschulpädagogik empfohlen. Auch Friedrich Heinrich Christian Schwarz (1755–1837) hatte sich im Rahmen seiner Bildungstheorie mit dem Problem der Jugendbildung in der Zeit der Protoindustrialisierung auseinandergesetzt.[168] Der genannte Pölitz hatte als Kameralwissenschaftler, Philosoph und Pädagoge in seinen Vorlesung an der Leipziger Universität auch das Problem der Jugendbildung angeschnitten. Preusker hatte dessen Vorlesungen besucht. Neben einigen Werken zur Geschichte, den Staatswissenschaften und Philosophie hatte Pölitz 1806 die *Erziehungswissenschaften* veröffentlicht. Diese Arbeit war auch von Stange ausdrücklich als Literatur zur Sonntagsschulpädagogik empfohlen worden.[169]

Ein weiterer wichtiger *Vater* der Sonntagsschulpädagogik ist der Leipziger Psychologe und Hochschullehrer Preuskers, Johann Christian August Heinroth (1773–1843). Zu Heinroth soll mehr gesagt werden, weil im Gegensatz zu den vorstehend genannten, dessen Ideen nicht als bekannt vorausgesetzt werden können. Er hatte seit 1811 an der Leipziger Universität ein Extraordinariat für psychische Therapie inne. Philosophisch war er durch Kant und Herder beeinflusst, was in seinen psychologischen Studien deutlich wird. Gegenstand seiner Studien waren die Störungen des menschlichen Seelenlebens. Zudem forschte er über psychosomatische Zusammenhänge. Heinroth entwickelte eine psychologische Begründung der Psychiatrie und war an der Reform der zeitgenössischen so genannten Irrenpflege beteiligt. Neben den psychologischen Sichtweisen, die Preusker deutlich von Heinroth übernahm, ist auch dessen Einfluss in Preuskers Thesen zur pädagogischen Diätethik und Gesundheitslehre zu erkennen.[170] Heinroths Begriff der *Person*, deren verantwortliche Selbstbestimmung Gesundheit und Lebensglück bestimmten, scheinen durch alle sonntagsschulpädagogischen Grundsätze Preuskers hindurch. Das Prinzip der menschlichen Freiheit, deren Einschränkung zu Krankheit und Seelenstörungen (wie Depression) führe, wendet Preusker pädagogisch. Von Heinroth übernahm er den Gedanken der notwendigen inneren Ruhe und Besinnung,

---

167 ders. 1802a; ders. 1802b
168 Schwartz, Friedrich Heinrich Christian: Lehrbuch der Pädagogik und Didaktik. 1805; ders.: Erziehungslehre. Leipzig 1829; ders.: Die Schulen. Die verschiedenen Arten der Schulen, ihre inneren und äußeren Verhältnisse und ihre Bestimmung im Entwicklungsgange der Menschheit. Leipzig 1832
169 Stange 1829, S. 57. Neben Niemeyer und Pölitz empfahl er u.a. auch Beyschlag (Etwas über die Sonntagsschulen ...) und Gutsmuts (Pädagogische Bibliothek, 1806/1807).
170 Pädagogische Diätethik umfasst die Begriffe der Ernährung, Wohnung, Kleidung, Lebenswandel und Gymnastik und lässt sich bei allen großen Pädagogen des frühen 19. Jahrhunderts nachweisen.

der Reflexion und Planung im Leben, eine Idee, auf die hin er alle seine Pädagogik ausrichtete. Auch die Bedeutung der Selbsttätigkeit und Regsamkeit für die Entwicklung der Person, hat Preusker originär von dem Psychologen.[171] Allein schon die Betrachtung der wissenschaftlichen Veröffentlichungen Heinroths macht den Einfluss auf das Preuskersche Sonntagsschulkonzept deutlich.[172] Die Kinder- und Jugenderziehung und -bildung nennt Preusker den Grundstein aller Volksbildung. Als Hauptgrundsatz der Erziehung gilt ihm „jede Anlage im Kinde, die für die Zukunft irgend vorteilhaft erscheint, zu wecken und nach und nach möglichst auszubilden"[173]. Die entwicklungspsychologischen Kenntnisse der Zeit, auch vermittelt von Heinroth, verwertet Preusker in seiner Konzeption. Das erste Lebensjahr gilt ihm als die Zeit, auf die der Erzieher besondere Sorgfalt verwenden sollte. Dabei verband er die psychologischen Überzeugungen mit diätischen und gymnastischen Regeln. Gerade auch in der frühen Kindheit soll, so Preusker, die intellektuelle, ästhetische und moralische Erziehung nicht vernachlässigt werden.[174] Die frühkindliche Erziehung müsse insbesondere die individuelle Art des Kindes und seinen eigenen Willen (die Person des Kindes) berücksichtigen und schon frühzeitig zum Selbstdenken anregen.

Preusker vermischt dies alles vor allem mit dem Paulschen Erziehungsidealismus und dessen romantische Gesellschaftskritik mit einem progressiven Gesellschaftsbild sowie mit freimaurerischen Lehrern. In Pauls Schriften sah er Ansätze zur Behebung der sozialen Probleme, „die freilich nur derjenige begreift, der es selbst erfahren, wie Jean Paul, welcher einen *leeren Magen und ungeheizte Oefen geschmeckt*"[175] hatte. Er hebt mehrfach in seinen Schriften die *beispielgebende Bedeutung* Pauls hervor.

In seiner Gesellschaftskritik, bei gleichzeitiger Befürwortung der sozioökonomischen Modernisierung, ist auch eine Nähe zu Diesterweg erkennbar, in dessen Schriften ähnliche Gedanken und eine ähnliche Haltung deutlich werden.[176] Preusker hatte begierig alle pädagogischen Schriften zur Kenntnis ge-

---

171 Vgl. Haan 1875, S. 422f.
172 Vgl. Heinroth, Johann Christian August: Lehrbuch der Anthropologie (1822), Lehrbuch der Störungen des Seelenlebens oder der Seelenstörungen und ihrer Behandlung – vom rationale Standpunkt aus entworfen. (o.J.), Lehrbuch der Seelengesundheitslehre (2 Bde). (1823f.), Über die Wahrheit (1824), Die Psychologie als Selbsterkenntnislehre (1827), Von den Grundfehlern der Erziehung und ihren Folgen (1828), Die Lüge. Ein Beitrag zur Seelenkrankheitskunde für Ärzte, Geistliche, Erzieher u.s.w. (1834), Über Erziehung und Selbstbildung (1837), Orthobiotik oder die Lehre vom richtigen Leben (1839).
173 Preusker 1837 (Bd. 1), S. 68
174 Preusker 1837 (Bd. 2), S. 1
175 o. A. 1848, S. 116
176 Während seiner Moerser Zeit äußerte er sich mehrmals aus pädagogischer Sicht zur Sozialen Frage; er veröffentlichte die Schriften: Über den Gebrauch der Kinder zu Fabrikarbeitern, aus pädagogischen Geschichtspunkten betrachtet (1826) und Ein päda-

nommen. Für die von ihm selbst angelegten Volksbibliothek hatte er Diesterwegs Schriften angeschafft, zudem finden sich verschieden Ausgaben dessen *Rheinische Blätter*[177] im Bestand. Auch die *Pädagogischen Jahrbücher* schaffte er für die Volksbibliothek an.[178] Den theoretischen Gedanken einer Nacherziehung für die mündige, ältere Fabrikjugend, der in einer bekannten öffentlichen Rede Diesterwegs in Moers angeklungen war, griff Diesterweg 1844 wieder auf. In der 3. Auflage des *Wegweisers* rezensierte er Preuskers Hauptwerk (*Ueber Jugendbildung*) und ordnet dessen Schriften in der 4. Auflage unter den Gliederungsteil *Schriften über Sozial-Pädagogik*. Diesterweg, der in seinem Seminar die angehenden Lehrer aufforderte, sich nicht nur der Bildung wohlhabender Jünglinge am Gymnasium, sondern ebenso „sich der Armen im Volk anzunehmen"[179]; er nennt Preusker ein glühendes Beispiel solchen Verhaltens. Er empfiehlt allen Volksschullehrern, die sich über die bloße Unterrichtung ihrer Schüler engagieren wollten, die Errichtung einer Abend- oder Sonntagsschule, eines Lesevereins, einer Volksbibliothek oder die Leitung gymnastischer Übungen.[180] Er empfiehlt Preuskers Beiträge allen *praktischen* Volksschullehrern. Dessen Schriften über Jugendbildung enthielten die „schätzbarsten Bemerkungen über praktische Erziehung in und außerhalb der Schule"[181]. Er hebt den Fortschritt der Einrichtung der Sonntagsschulen hervor und bezeichnet die Nachbildungsschulen als Stätte der allgemeinen Menschenbildung mit berufsvorbereitenden Aufgaben. Die lebensnahen Real- und Bürgerschulen betrachtete er als eine wichtige Ergänzung der Volksschule. Preusker und Diesterweg standen, auf Grund Preuskers Initiative, früh im regelmäßigen Austausch miteinander. Im März 1836 antwortete Diesterweg dem Sachsen auf dessen Schreiben vom 1. Februar 1836 und bezeugte ihm große Bewunderung für sein letztes Werk, vermutlich die *Förderungsmittel*.[182] Der Lei-

---

gogischer Blick auf Fabriken und – eine menschliche Bitte (1828). Der erstgenannte Aufsatz erschien in der Rheinisch-Westfälischen Monatszeitschrift für Erziehung und Volksunterricht. In diesem Artikel macht er erstmals eine breite bürgerliche Bevölkerungsschicht auf das Schicksal der Fabrikkinder aufmerksam. Der Titelzusatz, ‚... aus pädagogischen Geschichtspunkten betrachtet', ließ dabei erkennen, dass er hier grundsätzlich zur Fabrikarbeit der Kinder und ihrer Bedeutung für Erziehungs- und Sozialisationsfragen Stellung nahm. 1832 erschien wieder ein Beitrag in den Rheinischen Blättern (Für einen braven Mann unserer Tage gibt es ohne öffentliches Wohl kein Privatglück mehr).

177 Bd. 13 (1836). Bd. 16 (1837), Bd. 29 (1844), Bd. 34 (1846), Bd. 37 (1848), Bd. 39 (1849), Bd. 40 (1849)
178 Jg. 4 (1854), Jg. 6 (1856), Jg. 8 (1858), Jg. 9 (1959), Jg. 11 (1861), Jg. 14 (1864). Zudem schaffte er für die Bibliothek, die von August Berthelt herausgegebene Allgemeine Deutsche Lehrerzeitung an, deren Jahrgänge von 1854–1871 vollständig in Großenhain stehen.
179 Diesterweg 1849/50 (Bd. 1), S. 266
180 Vgl. Diesterweg 1873 (Bd. 1), S. 154
181 Ebd.
182 Vgl. Preusker 1836. Im gleichen Jahr erschien die erste Auflage der Lebensfrage Diesterwegs.

ter des Berliner Lehrer-Seminars bescheinigte ihm große Umsicht und meinte bestimmt: „Es kann nicht fehlen: das Publikum muß sie mit fortgesetztem Beifall aufnehmen, u. die leitenden Behörden, Schulvorsteher etc. müssen sie zum Segen für das öffentliche Wohl nutzen."[183]

Diesterweg scheint sichtlich begeistert von der neuesten Schrift Preuskers, denn er schließt das Lob mit den Worten: „Darum stelle ich es Ihnen ganz anheim, in wie fern Sie aus irgend einer meiner Schriften etwas für die erwünschte Fortsetzung Ihrer Schrift benutzen könnten. Es kann mir solches nur zur Freude gereichen, indem ich mich mit ganzer Neigung den Bestrebungen für die Erhöhung des bürgerlichen Wohls zugeselle."[184]

Daher war der *Wegweiser* nicht das erste Organ, in dem er auf Preusker ausführlicher Bezug nahm. Seit circa 1835 empfahl er Preusker an verschiedener Stelle.[185] 1839 schrieb er unter anderem in den *Rheinischen Blättern*: „Herr Rentamtsmann Preusker ist ein enzyklopädisch gebildeter, alles das, was Volkswohlfahrt, äußerliche wie innerliche, betrifft, umfassender, ihre Förderung begünstigender Patriot. Allgemeines Wohlwollen erfüllt ihn, auf die Praxis ist sein ganzes Streben gerichtet."[186]

Diesterweg lobte und empfahl das Werk Preuskers die folgenden Jahre mehrfach.[187] Preusker informierte Diesterweg anscheinend immer wieder über eigene Veröffentlichungen und bat diesen um Stellungnahme.[188] In den *Rheinischen Blättern* äußert Diesterweg zur fünfbändigen *Jugendbildung*, dass sie trotz der umständlich-ausführlichen Titel der Einzelschriften „nur schwach ihren erstaunlichen Reichtum"[189] wiedergäben. Umgekehrt bezieht sich Preusker in der *Jugendbildung* an verschiedenen Stellen auf Diesterweg. Seine Vorstellung von allgemeiner Menschenbildung kam der Auffassung Diesterwegs sehr nahe. Der Diesterweg-Kenner Gerd Hohendorf hat auf die innere Verwandtschaft der beiden hingewiesen. Als Beleg gibt Hohendorf ein Zitat Preuskers aus den *Bausteinen* wieder:

---

183 SLUB Msc. R 265/d. (Bd. I, Nr. 35), Bl. 130 vom 12. März 1836 (Antwort von Diesterweg an Preusker).
184 Ebd.; Preusker hatte einen zweiten Band seiner Förderungsmittel geplant.
185 Auch der preußische Kultusminister Altenstein schreibt Preusker 1835, dass er nicht daran zweifelt, „daß Ihre Ratschläge denen, die mit der Gründung und Leitung von Bürgerschulen beauftragt sind, zu großen Nutzen gereichen werden" (SLUB Mscr. R 265, Bd. 10, S. 302f., vom 16. September 1835).
186 Zit. bei Hohendorf 1994, S. 84
187 Rezessionen Preuskers durch Diesterweg finden sich in den von Hohendorf herausgegeben Sämtlichen Werken in Bd. IV: S. 400–402, Bd. V: S. 184, 415, 477, Bd. IX: S. 255.
188 SLB Dresden, Nachlass Preusker, Msc. Dresd. R 265/d. (Bd. III, Nr. 40c), Bl. 35 vom 2. Januar 1841 (Antwort von Diesterweg an Preusker).
189 Diesterweg 1969, S. 400

„Die wahre Gelehrsamkeit , die höhere Geistes- und überhaupt Menschenbildung besteht bekanntlich nicht in der Menge der Kenntnisse und in formeller schulgerechter Betreibung, nicht im Besuch einer Gelehrtenschule oder Universität, sondern in richtiger klarer Verstandes- und Vernunftbildung, im richtigen Auffassen und Anwenden des Wesens des Erlernten, der Erkenntnis des Lebens und seiner geistigen Bedingungen, der Wahrheit und des Rechts".[190]

Außer von Diesterweg wurde das Werk Preuskers von mehreren zeitgenössischen Bürgerschulpädagogen rezensiert und weiterempfohlen. Mager, der den Sozialpädagogik-Begriff vor Diesterweg verwandte, ordnet das Werk Preuskers ähnlich wie Diesterweg ein. Er nennt Preusker einen „verständigen Geschäftsmann"[191], der vor vielen anderen berufen sei, sich zu Erziehung und Bildung zu äußern. Die pädagogischen Ideen Preuskers, die sich hauptsächlich an Eltern, Lehr- und Dienstherren, Ortsbehörden, Gewerbe- und Wohltätigkeitsvereine, also die außerschulischen Erziehungsinstanzen richten, beurteilt Mager insbesondere als außerschulische Erziehungslehre als gelungen. Die Sonntagsschule für Erwachsene bezeichnet er 1840 als „eine von den Erfindungen"[192] für das *Helferwesen*. Das sozialpädagogische Ziel aller Preuskerschen Reflexionen, die *„Selbsthülfe"*, sieht Mager mit diesem Konzept als erreichbar an. Zugleich empfiehlt er Preusker allen tätigen Pädagogen, aber auch den „Gelehrten und ... mit der Schulverwaltung betrauten höheren Behörden"[193].

„Hr. P. muss das heutige Leben in ausgezeichneter Weise kennen, er betrachtet es von allen Seiten und ist unerschöpflich an Verbesserungs-Vorschlägen, die, wie es mir scheint, meistens bei gutem Willen ausführbar wären und von denen manche längst ausgeführt sein sollten. Bücher, wie sie Hr. P. schreibt, machen ihren Urheber um die Nation verdient."[194]

Preuskers Konzept wird 1836 in den *Mitteilungen für das Erzgebirge und Voigtland* in ebensolcher Weise gelobt und seine *Bausteine* als „eine wahre Fundgrube"[195] der Volksbildung bezeichnet. In der Vormärzzeit lassen sich für Preußen und Sachsen etliche Titel belegen, in denen Preuskers Werk genannt und empfohlen wird. Auch in der Phase der Restauration lassen sich Rezeptionen seines Werkes in allgemeinen Tages- und Wochennachrichten sowie in

---

190 Preusker 1835a (Bd. 1), S. 79 (Anmerk.); vgl. Hohendorf 1994, S. 92
191 Zit. bei Kronen 1989, S. 296
192 Zit. ebd., S. 372
193 Zit. ebd., S. 296
194 Zit. ebd., S. 296
195 Mittheilungen für das Erzgebirge und Voigtland (Zwickau) Jg. 1836, Nr. 5 vom 2. Februar

Fachperiodika nachweisen. Desgleichen wird er in pädagogischen Nachschla-
gewerken, beispielsweise 1852 in Karl Gottlob Hergangs *Pädagogischer Real-
Encyklopädie*[196], oder in Fachzeitschriften, so der *Sächsischen Schulzeitung*[197]
von Zschille, mit dem Preusker im Austausch stand, besprochen. In Süddeutschland scheinen seine Schriften weniger bekannt gewesen zu sein.
Allerdings berichtet Haan, dass Eisenlohr „in seinen Blättern aus Süddeutschland, 1842, Heft I, Seite 58"[198] ausdrücklich auf die Werke hingewiesen hat.
Preusker hat diese Wahrnehmung seines Werkes sicher zur Kenntnis genommen. Es entspräche durchaus der Person Preuskers, die Rezeption seiner
Schriften mit wachen Augen verfolgt zu haben.[199] Für seine pädagogische Konzeption waren trotz sichtbarer Parallelen in den theoretischen Reflexionen
beispielsweise mit Diesterweg und Mager andere Konzepte nicht ausschlaggebend und werden nur als Anregung gedient haben. Das Werk Preuskers konnte sich neben Diesterwegs und Magers Beurteilung nach Information eines
entsprechenden Nachschlagewerks insgesamt „19 günstiger Beurtheilungen
von berühmten Pädagogen ... erfreuen"[200].

2.5. Anteil der Freimaurerlehre an der pädagogischen Theorie

Die Sonntagsschulpädagogik Preuskers hat neben den genannten *Großvätern*
(wie Goethe, Herder oder Schleiermacher), Vätern (wie Jean Paul, Heinroth,
Pölitz, Niemeyer oder Schwarz) und Geschwistern (wie Diesterweg oder Mager) ein weiteres geistiges Zuhause: die Freimaurerei. Man kann sagen, dass
es sich bei dem Preuskerschen Konzept der bürgerlichen Sonntagsschule um
keine Aufklärungspädagogik oder um einen neuhumanistischen Ansatz handelt, sondern um eine *freimaurerische Pädagogik*. Preusker geht weit über die

---

196 Hergang 1858, S. 421
197 Sächsische Schulzeitung (1842, Nr. 37; 1854, Nr. 12), vgl. Haan 1875, S. 440.
198 Haan 1875, S. 438. Eisenlohr hatte als Superintendent selber schon 1754 eine Sonntagsschule in seiner Diözese in Pforzheim, allerdings mit christlichem Hintergrund, gestiftet.
199 Seine Tagebücher, die er Zeit seines Lebens führte, geben hierüber Auskunft. Neben
der Beachtung in der pädagogischen Fachwelt wurden Preuskers Schriften übrigens
von einer breiten Öffentlichkeit wahrgenommen. So wurde vor allem sein Hauptwerk in
verschiedenen populären Zeitschriften rezipiert – es werden „einige hundert nur belo-
bende" (Haan 1875, S. 441) und wenige bemängelnde Artikel genannt – und verschiedene sächsische und preußische Staatsbeamte empfahlen seine Werke (vgl. ebd.). Auch
das Conversations-Lexicon von Meyer aus dem Jahre 1850 nennt ihn und sein Werk in
einem längeren Artikel (vgl. Das große Conversations-Lexikon von J. Meyer. Zweite Abtheilung: O. bis Z. – Vierter Band, S. 880). Im Brockhausschen Conservations-Lexicon
und in Piepers Universal-Lexicon aus diesem Jahr lassen sich ebenso Informationen zu
Preusker finden.
200 Vgl. Haan 1875, S. 435

beiden älteren Bildungskonzepte hinaus und entwickelt sie in eigenständiger Weise in die Richtung maurerischer Gesellschaftstheorie weiter. Die dargestellten maurerischen Prinzipien bestimmen maßgeblich die pädagogischen Ziele dieses Ansatzes. Er zieht mithin an mehreren Stellen ausdrücklich die Freimaurerlehre als Grundlage seiner pädagogischen Reflexionen und Intentionen heran. Angefangen beim Menschenbild bis hin zu den sozialen, das heißt gesellschaftsverändernden, Zielen wie die Humanisierung oder Demokratisierung der Gesellschaft.[201] Diese Prinzipien für die Pädagogik beinhalten die Idee der politischen und religiösen Gleichberechtigung, die Achtung und Wahrung jeder Person und ihrer Individualität. Jede andere Ordnung, „bei welcher auch noch so wenige einzelne Glieder leiden und leiden müssen, ist Bemäntelung der Thyrannei"[202]. Es wurde schon an anderer Stelle hervorgehoben, dass das Selbstbewusstsein der Maurer, ihr Glaube an den Menschen und seine Fähigkeiten, sie damals wie heute als innerer Imperativ zum Handeln in der Welt, in der sie lebten, nötigte. Als Freimaurer konnten sie nicht anders, als eigene Erkenntnis von einer möglichen gerechteren, humaneren Welt in soziale Reformen umzusetzen. Das soziale und gestaltende Handeln in den freimaurerischen Stiftungen der Sonntagsschulen bildete den Versuch, mit privaten Mittel eine vorausschauende, reformerische gesellschaftliche Ordnungspolitik mit den genannten Zielen zu betreiben. Auch das Prinzip der *sittlichen*, also der *sozialen Erziehung* geht auf die maurerische Vernunftgebundenheit und die Tendenz zur allgemeinen Menschenverbrüderung zurück. Die Ziele einer ethisch-sittlichen Menschenerziehung und -bildung entsprechen den Maximen der Freimaurer. Diese auf die *Constitutions* von 1723 zurückgehenden Prinzipien finden sich weitgehend in dem Kapitel über *The Charges of a Free-Mason* wieder. Die Ideale, die er durch die Arbeit verwirklichen wollte, sind das des sorgsamen, liebevollen Haus- und Familienvaters, das des treuen, gemeinnützig gesinnten Staatsbürgers, das des fleißigen, geschickten und umsichtigen, sich fortbildenden Gewerbetreibenden und denkenden Wissenschaftsfreunds, das des kultursinnigen, heiteren Gesellschafters und das des sittlich-guten, charakterkräftigen Menschenfreundes zentral.[203] Freimaurer prägen durch ihr Handeln, ihr Beispiel, ihre ethischen Haltungen; aber sie missionieren nicht wie andere Interessengruppen und sie erziehen keine *neuen* Freimaurer. Freimaurer kann man nicht auf dem Wege der Nachwuchserziehung werden, sondern man erhält auf Grund eines ethisch vorbildlichen Lebens einen Ruf oder wird von einem Logenbruder der Loge als *Suchender* vorgeschlagen. Zudem muss ein solcher Suchender sich in einer bürgerlichen Stellung bewährt haben. Damit waren die Sonntagsschulzöglinge als Logen-

---

201 Vgl. Preusker 1837 (Bd. 1), S. 20; ebd. 1842 (Bd. 5), S. 30
202 o. A. 1848, S. 147
203 Vgl. Marwinski 1996, o. S.

nachwuchs ungeeignet. Aber in der sozialen Arbeit werben Maurer sie doch für ihre Maximen. Im frühen 19. Jahrhundert waren Freimaurer in der überwiegenden Zahl Wirtschaftsbürger. Die bürgerliche Gesellschaft galt ihnen als die bestmögliche Gesellschaftsform, die sie stabilisieren und vor inneren Verwerfungen und Revolution sichern wollten. In diesem Sinn kann der Preuskersche Ansatz als normativ und disziplinierend gelten. Sein pädagogisches Konzept lebt von den Prinzipien der Freimaurerei:

> *„Der Sieg der Erziehung* muß aber dahin gehen, daß die Jugend, wenn auch zeitig zum Guten gewöhnt, doch nicht aus Zwang nur gut und sittlich handle, sondern daß sie aus freier Ueberzeugung dieß ausführe, welches dann um so mehr Verstand haben, und auch fortgesetzt werden wird, wenn sie aller Zucht und Oberaufsicht entnommen, selbstständig ins bürgerliche Leben und Geschäft treten. Die rechte Erziehungskunst besteht ja doch ohnehin darin, die Jugend, und zwar so zeitig wie möglich, der eigenen Leitung und Selbstbildung zuzuführen."[204]

Das Zitat enthält die Programmatik des Ansatzes, wie im Weiteren deutlich werden wird. Alle nachstehenden geistigen und sittlichen Fähigkeiten waren nicht Voraussetzung, sondern vielmehr das Wesentliche der Pädagogik. Hauptziel dieses Konzeptes der Erziehung ist die harmonische Ausbildung der dem Menschen eigentümlichen wertvollen Anlagen des Gemütes (der Seele) und der Vernunft; höchste Entfaltung menschlicher Kultur und Gesittung und dementsprechendes Verhalten gegenüber den Mitmenschen. In der Sprache Preuskers ist Humanität „die Nächstenliebe, das unermüdliche Wirken für des Nächsten Wohl, auch wenn Undank und Anfeindung der Lohn seyn sollte"[205]. Bekämpfung von *Selbstsucht* und *Eigennutz* nennt er als die *Haupterfordernisse* dieses Weges „zur immer erhöhten Menschenliebe, Hülfe durch That oder durch Rat, Rettung wahrhaft Hülfsbedürftiger und Nachsicht mit den Irregehenden. Wer für sich nur sorgt und wirkt, bei dem unterliegt das Bessere im Menschen; wer für Andere nach Kräften mitwirkt, wer die Menschheit liebt, und in ihr lebt, der ist der Glückliche. – *Licht* für den Geist, *Liebe* für das Herz, *Harmonie* aller Kräfte und Anlagen, dieß sind die Zauberworte, wodurch der Mensch sich so recht zwischen Himmel und Erde erhält, seinem Lebenszwecke gemäß. Dies ist die wahre Humanität."[206]

---

204 Preusker 1842 (Bd. 5), S. 7

205 Preusker 1837 (Bd. 1), S. 6. Kant hatte mit dem Begriff Humanität gemeint: den „Sinn für das Gute in Gemeinschaft mit anderen überhaupt; einerseits das allgemeine Teilnehmungsgefühl, andererseits das Vermögen, sich innigst und allgemein mitteilen zu können, welche Eigenschaften zusammen verbunden die der Menschheit angemessene Geselligkeit ausmachen, wodurch sich die Menschheit von der tierischen Eingeschränktheit unterscheidet".

206 Preusker 1837 (Bd. 1), S. 6f.; Hervorh. im Original

Preusker lehnt den politischen Liberalismus, der Egoismus und Einzelkämpfertum hervorbringe, ab. Er sieht den einzigen menschlichen Fortschritt nur im wachsenden sozialen Gemeinsinn. Darin erkennt er die Basis aller Sittlichkeit. Und hierin gründet der Wunsch nach sozialen Reformen, die er als gesellschaftliche Aufgabe fasst. Allerdings wird auch deutlich, dass Preusker bürgerlicher Idealist war. Was ihn von späteren Sozialreformern wie Friedrich Albert Lange unterschied, ist, dass er die gesellschaftliche Gleichwertigkeit des vierten mit dem dritten Stand noch nicht sah. Sein Ansatz zielte nicht auf die Stärkung des Selbstbewusstseins des entstehenden vierten Standes, den er wahrscheinlich so noch nicht erkennen konnte, sondern nur auf das individuelle Selbstbewusstsein. Entsprechend der freimaurerischen Ideale zielte die Sonntagsschulpädagogik in ihrem Selbstbildungsansatz erstens auf die *„Selbsterkenntnis*; [das ist zunächst die] Erforschung der eigenen physischen und geistigen Anlagen, um sie mehr und mehr veredeln zu können. (Lerne dich selbst kennen und zugleich die Welt!)"[207]

Der zweite wichtige Punkt hinsichtlich der Selbstbildung ist die *„Selbstliebe*, doch nicht die sehr gewöhnliche falsche, wobei man in sich selbst, sein Aeußeres, seine Kleidung ec. Verliebt ist, sondern die, das allseitige eigene Wohl fördernde Selbstachtung; es ist das Streben, die Ausbildung aller physischen und geistigen Anlagen in möglicher Vollkommenheit auszuführen, die üblen zu unterdrücken, die zu schwachen guten mehr zu erhöhen, und auf rechte Art zu benutzen. Dazu wird die rechte Ehrliebe die Handreichen, welche bei jungen Leuten besonders anzuregen ist. ... (Nur wer sich selbst achtet, kann Achtung von Anderen erwarten!)"[208]

Als weiterer Punkt, der als unentbehrlich für die angestrebte, durch Begleitung angeleitete Selbstbildung der Sonntagsschüler erachtet wurde, war die *„Selbstbeherrschung*, die schwerste der Pflichten, aber auch die einflußreichste. (Lerne dich selbst leiten, bevor du Andere leiten willst!)."[209]

Im Ganzen steht das Konzept der bürgerlichen Sonntagsschulpädagogik in der Zeit des frühen 19. Jahrhunderts. Pestalozzis Ideen oder die damaligen Zeitverhältnisse müssen genauso wie die Emanzipierung des Bürgertums als deren Voraussetzung gelten. Aber die Freimaurerei, welche die Tendenz der Aufnahme alles Progressiven hat, war besonders geeignet für die Synthese einer neuen Gesellschaftstheorie und eines neuen Staatsbürgerbegriffes mit verschiedenen, für sich rückständigen Bildungstheorien, die jeweils allein keine Antwort auf die Probleme der Zeit geben konnten. Allerdings bestimmte der dem Neuhumanismus entnommene Gedanke der *Bildung* als Streben nach Selbstvervollkommnung den neuen pädagogischen Ansatz.

---

207 Preusker 1842 (Bd. 5), S. 30; Hervorh. im Original
208 Ebd., Hervorh. im Original
209 Ebd.; Hervorh. im Original

Es gehört zu den Leistungen Preuskers, dass er den die Pädagogik bestimmenden Gedanken der Menschenbildung, der *Allseitigkeit* und *Harmonie der Persönlichkeit* auf eigenständige Weise weiterentwickelte. Er paarte in seinem pragmatischen Ansatz soziale Einsichten mit der Idee der durch Selbsttätigkeit gewonnenen Selbstbestimmung des Menschen. Er achtete die Individualität seiner Schüler und bezweckte die Entfaltung ihrer Persönlichkeit. Das Sonntagsschulkonzept galt zwar Zöglingen, die auf Grund der bestehenden, sozialen Verhältnisse der pädagogischen Einwirkung und Förderung durch Andere bedurften, aber sie zielte entsprechend dem einschlägigen maurerischen Menschenbild auf Selbstbildung und Selbstbestimmung. Dies war der prinzipielle Zweck der pädagogischen Einflussnahme: Anregung der *Selbst*bildung[210], des *Selbst*denkens und der sittlichen *Selbst*vervollkommnung des Menschen.[211] Alle pädagogische Einflussnahme hatte von daher die Funktion, Verstand und Herz so in Einklang miteinander zu bringen, *„daß die Jugend sich selbst weiter zu erziehen vermag"*[212].

Herbart, der in vielem etwas völlig anderes wollte und andere Methoden anwandte, beschreibt diesen pädagogischen Anspruch mit den Worten: „Machen, dass der Zögling sich selbst finde, als erwählend das Gute, als verwerfend das Böse, dies oder nichts ist Charakterbildung". Preusker sprach nicht von *Machen* und meinte dies auch nicht. Die Begriffe, die er anwendet, sind die *Anregung* und das *Bewirken* im Sinne von Auslösen. Aber der Aphorismus Herbarts traf auch auf Preuskers Pädagogik zu. Dies war schon der Kerngedanke der Pädagogik des späten 18. und frühen 19. Jahrhunderts. Er findet sich bei Pestalozzi und anderen Pädagogen: *Hilfe zur Selbsthilfe.*

> „Soll die Verbesserung des Zustandes des menschlichen Geschlechts in immer erhöhtem Grade zunehmen, so muß auch diese Humanitäts-Bildung in immer weiterem Kreise Platz gewinnen; sie muß bei der Jugendbildung und in der Fortbildung der Erwachsenen vorherrschen und Jeden von der Wiege bis zum Grabe begleiten, als ein steter und immer siegreicher Kampf des Besseren im Menschen gegen die oft überwiegende sinnliche Natur, gegen Trägheit und üble Gewohnheit, unklaren Verstand, selbstsüchtigen Willen ec zur nöthigen Selbstbeherrschung, auf klarer Selbstkenntniß beruhend."[213]

Der Akt des *Erziehens* bedeutet nach Preusker „den Reisenden des, über seine materiellen und persönlichen Interessen hinaus bestehenden Menschheitszieles inne werden zu lassen und in ihm die Sehnsucht [zu] erwecken, zwecks

---

210 Preusker 1835b, S. 149
211 Vgl. ebd.
212 Preusker 1837 (Bd. 1), S. 13
213 Ebd., S. 10

Verwirklichung dieses allgemeinen Zieles sein persönliches Tun und Lassen in Einklang zu bringen mit dem Lebensziel"[214].

In diesem Erziehungsbegriff wird die bürgerlich-idealistische Herkunft der Sonntagsschulpädagogik deutlich. Er beruhte auf der Vorstellung, dass der Mensch sich nach eigenen, im Inneren angelegten Kräften entfaltet. Jean Paul hatte entsprechend eine *entfaltende Erziehung* entwickelt, deren Aufgabe es sei, den in jedem Menschen schlummernden *Preis- und Idealmenschen* hervorzulocken.

Das Ziel der Unterweisung der Sonntagsschüler war bestimmt vom aufklärerischen Prinzip der Entwicklung der Unmündigen zur Mündigkeit, die dadurch in der Fähigkeit, sich selbst zu regulieren und autonome, rationale Entscheidungen zu treffen, gestärkt werden sollten. Der Ansatz war bestimmt durch die Selbsttätigkeit der Schüler. Preuskers Pädagogik zielte auf *strebende Jünglinge*, das heißt junge Erwachsene, die ihrem Leben durch den Besuch der Einrichtung eine Wende geben wollten und durch Bildung eine bessere Zukunft erstrebten. Die *Selbst*veredlung, das heißt die Zunahme an aktivem Selbsttun der Zöglinge, machte den größten Teil dieses Ansatzes aus.

Sonntagsschulen richteten sich als *Nacherziehung unvollendet gebliebener Haus- und Schulerziehung* an junge Erwachsene. Das Besondere ist der passive und der aktive Anteil der Zöglinge an diesem Konzept. Dieser pädagogische Ansatz hatte beides: „die Nacherziehung durch Andere und die Selbstbildung"[215]. Dabei hatte, entsprechend dem Menschenbild der Freimaurer, der Anteil der Selbstveredlung den größten Anteil. Sie sollte nach und nach „das Meiste dabei leisten ... und daher als Hauptsache gelten"[216] in dem Sinne, in dem man den Weg als das Ziel betrachtet. Preusker fordert ausdrücklich die Notwendigkeit der „Mitwirkung der *erwachsenen Jugend* selbst [an] deren Nacherziehung ..., und zwar ... durch die so einflußreiche *Selbstbildung*"[217]. Vollkommen entwickelt sein musste diese Kraft zur Selbstveredlung, der Wille zur Selbstbildung und -erziehung, noch nicht, aber er musste schon „das Meiste"[218] ausmachen.

> „Die Jugend hat seit mehreren Decenien sich selbst der Leitung und der Fürsorge Seiten der Eltern mehr und mehr entzogen; mithin wird ihr die Pflicht der Selbsterziehung, der Selbstleitung, in desto höherem Grade zukommen, sie hat sich gleichsam emancipirt und die ältere Generation hat es zugelassen, während die selbst im Emancipiren begriffen war."[219]

---

214 Eberhard 1931, S. 554
215 Preusker 1842 (Bd. 5), S. 10
216 Ebd.
217 Ebd., S. 165, Hervorh. im Original
218 Ebd., S. 1
219 Ebd., S. 6

Erziehung müsse in *Selbst*erziehung, Bildung in *Selbst*bildung münden. Diesem pädagogischen Problem räumte Preusker eine zentrale Bedeutung in seinem Konzept ein. Die reformpädagogische Feststellung, dass der Erzieher sich überflüssig machen müsse, hat hierin einen historischen Vorläufer. 1835, im zweiten Band der *Bausteine*, hat er diesen Fragen ein eigenes Kapitel gewidmet.

3. Theorie und Praxis der Jugendbildung mit dem Anspruch einer pädagogisch-realistischen Methode (Sozialpädagogik)

Gerade die Phase des Vormärz war durchdrungen von dem Wunsch nach gesellschaftlichen Veränderungen. Und die Unterweisung der Jugendlichen wurde immer mehr ein Mittel zum Erreichen des Übersteigens ständischer Grenzen, eines im ALR immerhin als möglich benannten Zieles. Neben der individuellen Verbesserung der Lebenschancen zielte die Einrichtung der Wirtschaftsbürger zugleich auf die Förderung des heimischen Gewerbes. Die bürgerliche Sonntagsschule stand in der Tradition des vormärzlichen Volksbildungsansatzes. Die ökonomische und soziale Motivation Preuskers zu seiner Arbeit lässt er in einem Zitat deutlich werden, das er dem ersten Band der *Bausteine* voranstellte. Es stammte vom liberalen englischen Politiker Henry Peter Brougham (1778–1868):

> „Die Fortschritte, welche die arbeitende Klasse in den Wissenschaften macht, kommen ihr bei ihren täglichen Beschäftigungen, sonach bei der Verbesserung ihres Schicksales zu gut. Denn nicht leicht wird man eine Art Gewerbe oder Arbeit finden, bei welchem man nicht zweckdienlichen Gebrauch von den Kenntnissen machen kann, welche man durch die Betreibung einer oder der anderen Wissenschaft gewonnen hat."[220]

Preuskers Sozialkritik fällt deutlich aus: „Die Masse des Volkes scheint mehr und mehr in zwei ungleiche Teile, wenige Reiche und zahlreiche Arme, zu zerfallen, der mittlere Bürgerstand sich zu vermindern, woran das Fabrikwesen großen Teil hat."[221]

In dieser Kritik greift er Diesterwegs 1836 erschienene Zeitdiagnose auf und bezeichnet es ebenfalls als *Lebensfrage der Civilisation*, dass es verhindert werden müsse, dass der von Diesterweg *Pöbel* genannte Teil der ärmeren Bevölkerung ständig wachse: „nicht nur das Fortschreiten einzelner, sondern des gesamten Volkes, ... der Erstrebung allgemeiner, wahrer humaner Volksbildung,

---

220 Preusker 1835a (Bd. 1), S. II
221 Preusker 1838 (Bd. 3), S. 116f.

nicht nur der höheren, sondern auch der niederen Stände"[222] müsse das Ziel institutioneller Bildungs- und Erziehungsanstalten sein. In seinen *Erinnerungen* hebt Preusker rückblickend die Motivation hervor, die seiner Beschäftigung mit sozialen und pädagogischen Fragen und insbesondere seiner Sonntagsschulgründung zu Grunde lag: „Durch meine Rücksicht auf das Schulwesen und die Lektüre darüber war ich überhaupt auf manche Mängel gestoßen, worüber ich mich auszusprechen müssen glaubte, so z.B. über die des Schulunterrichts so sehr entbehrenden Kinder in den Fabriken und Ähnliches mehr."[223]

Preusker fragte sich nach den Ursachen, die einer mangelnden Erfüllung der Schulpflicht entgegenstanden. Er fand sie in der frühen Beschäftigung der Kinder in den Fabriken, der Landwirtschaft oder den anderen Gewerben. Er nannte das Schicksal der Kinder ein „sklavenartiges Joch"[224], das auf ihnen lastete. Wie in der Hardenberg-Enquête, die ihm sicher nicht bekannt war, und wie in den Zeitungsartikeln Diesterwegs prangerte er „das Schicksal der unglücklichen, zur Fabrikarbeit verdungenen Kinder [an], welche oft in zarter Jugendzeit vom frühen Morgen bis zum späten Abend mit geistlosen, einförmigen Arbeiten beschäftigt werden und ermüdet von der Tagesarbeit noch abends spät Schulunterricht erhalten"[225].

Mit der Bezeichnung *Sonntagsschule* für die bürgerliche Einrichtung war Preusker augenscheinlich sehr unzufrieden. Da die ersten dieser Anstalten aber schon bestanden und sich die Bezeichnung durchgesetzt hatte, konnte er sich nicht zu einem anderen Begriff durchringen. *Sonntagsschule* erinnerte ihn wahrscheinlich zu sehr an die christlichen Anstalten und an den dieser Zeit schon hergestellten Nexus *Sonntagsschule – Kindergottesdienst*. Auch seine Betonung, dass der Begriff nur mit dem einzigen verfügbaren Tag zur Jugenderziehung verknüpft sei, weist auf eine Distanzierung vom kirchlichen Kontext hin.[226] Obwohl Preusker sich nicht endgültig von der Bezeichnung trennen mochte, lavierte er lange herum und suchte Alternativen, die den bürgerlichen und den gewerblichen Charakter dieser Jugendbildungsanstalten deutlicher hervorzuheben vermochten. Für die Nachschulen für die gewerblich tätige, erwachsene, männliche Jugend nannte er auch *Elementar-Gewerbschule, niedere Gewerbschule, Gewerbschule dritter Classe* oder *städtische Gewerbschule*, wenn sie nicht durch einen Bürgerverein, sondern durch die Kommune selbst getragen wurde.[227] Diese Varianten scheinen ihn aber nicht wirklich be-

---

222 Preusker 1838 (Bd. 3), S. 179; vgl. ebd., S. 20 (Anmerk.) (vgl. Diesterweg 1836).
223 Preusker, Karl: Erinnerungen aus meinem Leben (Bd. 11 für die Jahre 1830–1835). Großenhain 1853, S. 156. Handschriftliches Manuskript im KPA.
224 Preusker 1835a (Bd. 1), S. 34
225 Ebd., S. 33f.
226 Vgl. Preusker 1842 (Bd. 5), S. 119
227 Vgl. Preusker 1835b, S. 146. Solches Ringen um die Bezeichnung einer Anstalt, auch aus Gründen der Abgrenzung, beschäftigte zeitgleich auch viele Stifter von in dersel-

friedigt zu haben. Wichtig ist, dass er Einrichtungen der Jugendbildung „hauptsächlich für Gehilfen, Gesellen und Lehrlinge der Fabrikanten und Handwerker ohne allen Unterschied der (mechanischen oder chemischen) Gewerbebetreibung"[228] meinte. Mit seinem Konzept der Jugendbildung sprach er den heute so genannten *sozialpädagogischen* Jugendlichen an. Klientel dieses Ansatzes waren die sozial benachteiligten, unselbstständigen Gesellen und Lehrlinge des Handwerks sowie die ungelernten Arbeiter, deren Zukunftsaussichten er als gering einschätzte, wenn diese nicht etwas unternähmen und sich bildeten. Er sah die industrielle Entwicklung als Gefahr für jene, die sich nicht bewegten, erkannte aber die Chance, die in der Entwicklung für Handwerker bestände. Als die industrielle Entwicklung auch in Großenhain in neuen Fabriken sichtbar wurde, bezog er die Fabrikarbeiter in sein Jugendbildungskonzept mit ein. Darüber hinaus entwickelte er entsprechende pädagogische Gedanken auch für Schiffer oder Gefangene, deren soziale Situation Erziehungs- und Bildungsbemühungen erforderte.

Das Jugendbildungskonzept Preuskers beziehungsweise die Einrichtungen der bürgerlichen Sonntagsschulen darf man aber, wie es vielfach geschehen ist, nicht einzig von dem Ende ihrer Entwicklung aus sehen.[229] Unter diesem Blickwinkel wird die geschichtliche Entwicklung zum Teil deutlich verfälscht. So findet sich beispielsweise 1996 noch eine solche Einschätzung bei Wittmütz. Er kennzeichnet die Gründung der Elberfelder Sonntagsschule von 1821[230] völlig richtig als Ergänzungs- und Nachschule „für gewerblich tätige *Lehrlinge und Gesellen*", nennt sie aber in einem bildungsgeschichtlichen *Schnellschuss* einen „Vorläufer der Berufsschule"[231]. Wittmütz stellt institutionelle Kontinuität allein durch Personen her, nicht über Programme. Diese aus einer geschichtstheoretisch-systematischen Fehlinterpretation an den falschen Parametern geschlossene Feststellung blendet knapp sechzig Jahre einer völlig anderen Einrichtung als die einer Berufsschule aus. Die begonnene Sozialreform des Wirtschaftsbürgertums wurde auf dem Vehikel der ökonomischen Entwicklung vorangetrieben. Die Gründungen dieser Wohlfahrtseinrichtungen als soziale Stiftungen des Wirtschaftsbürgertums standen eindeutig im Kontext von Gewerbeförderungsmaßnahmen und mündeten durch gewerblich-rechtliche Normierung in der zweiten Jahrhunderthälfte in ihrer Entwicklung in der Regel in Handwerkerfortbildungsschulen, aber sie standen zu Beginn ihrer

---

ben Zeit entstehenden bürgerlichen Kleinkinder-Schulen, Fabrikkinderschulen, Bürger-Kindergärten, Lavana-Kindergärten, Bewahranstalten, Warteschulen, Kleinkinderbeschäftigungsschulen, Hüteschulen oder Kinderpflegen, Fröbel-Kindergärten (u.s.w.).

228 Preusker 1835b, S. 146
229 Vgl. Barschak 1929; Thyssen 1954; Wagenknecht 1981; Wehrmeister 1995 u.a.
230 Schon 1818 war dort eine Sonntagszeichenschule durch den 1816 gegründeten Elberfelder Verein für Kunst und Gewerbe eingerichtet worden.
231 Wittmütz 1996, S. 56

Stiftung in einem grundsätzlich anderen Kontext: In sozialfürsorgerischer Absicht wurde durch intellektuelle, sittliche und gewerbliche Nachbildung und Nacherziehung eine, wie Mollenhauer beschreibt, „Erziehungshilfe zur gesellschaftlichen Eingliederung"[232] von bürgerlichen Kräften durchgeführt. Sie sollte vor den Gefahren der Stadt, der Straße, allgemein der Verwahrlosung bewahren, die fachliche Ausbildung des Handwerkers ergänzen und überhaupt eine fachliche Ausbildung der ungelernten Fabrikarbeiter ermöglichen. In dieser Hinsicht stand die Sonntagsschule vollkommen in der Tradition von Pestalozzis Pädagogik. Dieser hatte in seiner Schrift *Ansichten und Erfahrungen die Idee der Elementarbildung betreffend* geschrieben:

> „Mein Leben war wie weniger Menschen Leben durch einen Hintergrund von lebendigen Anschauungen geeignet, mich zu einer unerschütterlichen Überzeugung zu erheben, daß alles mögliche, was man immer für die Sicherstellung des Broterwerbs und selber für die Ausbildung der Geisteskräfte des Armen zu thun versuchen möchte, ohne eine das Herz befriedigende und erhebende Behandlungsweise ihn durchaus nicht wahrhaft bilden können."[233]

Entsprechend bestand die weitergehende Aufgabe der Sonntagsschule in der Schaffung einer Möglichkeit der intellektuellen Betätigung und zugleich der gelenkten Geselligkeit, um mit beidem die freie Zeit der Jugendlichen sinnvoll auszufüllen.[234] Das Besondere der bürgerlichen Sonntagsschulen mit gewerblicher Ausrichtung war der pädagogische Ansatz, der ohne ausdrückliche religiöse Lehre eine enge Verbindung philanthropinistischer und neuhumanistischer Grundsätze und damit am deutlichsten den bildungsphilosophischen Paradigmawechsel des frühen 19. Jahrhunderts darstellte. In pragmatischer Ausrichtung wurde durch Synthese das jeweils Beste ausgewählt. Unter Berücksichtigung der pädagogischen Väter und Großväter dieses Ansatzes und der geistigen, nämlich freimaurerischen, Heimat der meisten bürgerlichen Sonntagsschulstifter galt der Gedanke der *allgemeinen Menschenbildung* als die bessere pädagogische Idee vor der rein zweckgebundenen Bildung. Die Erfahrung der ersten Jahre der Industrialisierung, die Zunahme eines immer ungebildeteren Anteils unter den Armen und die spürbaren Folgen für die innere Sicherheit und das Wachstum der Wirtschaftsgesellschaft hatte den Zeitgenossen den Vorteil des Staates für eine humanistisch bestimmte Erziehung und Bildung deutlich gemacht. Der grundsätzliche Mangel an intellektueller, vor

---

232 Mollenhauer 1987, S. 119
233 Pestalozzi 1823 (Bd. 11). Diesen Ausspruch Pestalozzis hatte Diesterweg als Motto über seinen Artikel Über den Gebrauch der Kinder zu Fabrikarbeiten in der Rheinisch-Westfälischen Monatszeitschrift für Erziehung und Volksunterricht (hrsg. von J. Ph. Rossel, Märzheft 1827) verwandt.
234 Mollenhauer 1987, S. 119

allem aber *sittlicher* Bildung, der in der Folge der sozioökonomischen Veränderungen spürbar wurde, hatte deutlich gemacht, dass Erziehung und Bildung an soziale Bedingung gebunden ist und nicht mehr selbstverständlich gelang. Auch in der Nacherziehung und -bildung, die an die realen Erfordernisse der Wirtschafts- und Bürgergesellschaft anknüpfte, galt der Grundsatz der Vorrangigkeit der allgemeinen Menschenbildung, das Prinzip *sittlicher, ästhetischer* Erziehung vor der gewerblichen Bildung. Die Adressaten waren aber nicht behütete Kinder aus einer bürgerlichen Welt, sondern junge Erwachsene ohne wirkliche Kindheit, *proletarische* Jugendliche, die Orientierung in den neuen Zeitverhältnissen und einen für beide Seiten, die bürgerliche Gesellschaft, aber auch die betroffene Jugend, rationell planbaren Platz in der Wirtschaftsgesellschaft benötigten. Die gewerbliche Bildung war der pragmatischste Weg zur Integration. Sittliche, intellektuelle *und* gewerbliche Erziehung miteinander verbunden war die Lösung zur Befähigung zu einem relativ autonomen, planvollen und zufriedenen Leben dieser Jugendlichen *im* sozialen System, *in* der bürgerlichen Gesellschaft. Ähnlich bestimmte der Zeitgenosse Mager 1844 die Funktion der *Sozialen Pädagogik*, die auf die aktive und autonome Teilnahme am sozialen Leben ziele. Kronen hat den Magerschen Ansatz mit dem Schlagwort einer Erziehung „*in* der Gesellschaft, *für* die Gesellschaft, *durch* die Gesellschaft"[235] charakterisiert. Mit dieser Devise lässt sich die bürgerliche Sonntagsschulpädagogik kennzeichnen.

Soziale und berufsrelevante Kompetenzen der jungen Generation armer Handwerker und Arbeiter waren die Voraussetzung für die soziale und berufliche Integration und den sozialen Frieden. Die schon genannte Maxime der bürgerlichen Sonntagsschulpädagogik war ein Schlachtruf gegen die Not der Zeit: „*Vorwärts!*' ertönet der Ruf, ‚die *Wissenschaft* einet mit der *Praxis!*' ... Blickt auf die *Armuth* herab, und helft mit vereinten Kräften; *Denn die glückliche Zeit erblüht nur in harmonischem Ganzen.*"[236]

Dieser Ruf macht die realistische Wende der Pädagogik im *Zeitalter der großen Industrie*, im Zeichen der Sozialen Frage deutlich: im Miteinander von Menschen- und Berufsbildung. Theorie und Praxis bildeten für ihn eine untrennbare Einheit. Die ureigensten Elemente seines Ansatzes „waren Lebensalltag und Erwerbstätigkeit. Bereiche, die jeden, der seinen Lebensunterhalt mit seiner Hände Arbeit verdienen musste, ansprachen."[237] Damit wird zudem

---

235 Kronen 1980, S. 54; Hervorh. im Original
236 Preusker 1835b, S. 1; Hervorh. im Original. Preusker war nicht der einzige Protagonist, der die Verbindung von Theorie und Praxis forderte und praktizierte. Vor ihm ist der Sachse Gottlieb König (1779–1849) zu nennen.
237 Marwinski 1996, o. S. Die kategorische Trennung der beiden Bereiche, die Humboldt so scharf, z.B. im Litauischen Schulplan, vorgenommen hatte, konnte den Ansprüchen der Wirklichkeit nicht mehr genügen. Die neuen Zeiten erforderten, wie Preusker bestimmt erklärte, neue Institutionen des sozialen und beruflichen Lernens (vgl. Preusker 1842 (Bd. 5), S. 1).

deutlich: Lange vor dem reformpädagogischen Begriff der *Erziehungswirklichkeit* war Preusker an der *Lebenswelt* der Jugendlichen interessiert. Seine Lebensweltorientierung war ihm „berufsmoralische Orientierung" und „Praxisverständnis"[238] in einem; dies wird unter anderem bei seinen Methoden und Inhalten des Unterrichts deutlich werden.

Das bildungspolitische Ziel Preuskers wird verdeutlicht durch den Titel einer 1835 erschienenen umfangreichen Schrift: die *Bausteine*. Er bildete ein System verschiedenster Elemente, eine Volksbildung für verschiedene Adressaten mit dem einen Ziel: „Anstalten zur Bildung für das praktische Leben"[239] zu schaffen. Diese Anstalten sollten der wirklichkeitsnahen Bildung und zugleich der praktischen Erziehung und Hilfe zur Lebensbewältigung dienen und waren damit Einrichtung der *Lebenshilfe*. Preusker kritisierte das Bildungs- und Erziehungssystem seiner Zeit. „Der alte Gegensatz Volk und Gelehrte paßt nicht mehr zur Jetztzeit."[240] Das bestehende Schulsystem sollte möglichst abgelöst werden durch Bürger-, das heißt Realschulen. Den, durch das gesellschaftliche System, hervorgebrachten Veränderungen, müsste ein angemessenes Erziehungs- und Bildungssystem gegenüberstehen. Auch für die jungen Menschen *vor* der Schulpflicht und jene *nach* der Schulpflicht müssten entsprechende Schul- und Erziehungsanstalten zur Menschenbildung (Kleinkinder- und Nachschulen) geschaffen werden. Ebenso griff Preusker die in der Zeit liegende Forderung nach Einführung von Fabrikschulen auf, in denen ein Minimum an Tagesunterricht für Fabrikkinder stattfinden solle. Bürger- und Realschulen sollten allen jungen Menschen offen stehen. Er forderte solche Einrichtungen, welche die soziale Benachteiligung armer, vom Leben nicht privilegierter Menschen behoben und die gesellschaftspolitischen (sozialreformerischen) Ziele der Freimaurer beförderten: Brechung der Bildungsprivilegien der Eliten, Aufhebung der Standesgrenzen, Humanisierung und Demokratisierung der Gesellschaft et cetera. Insbesondere nannte auch er die Schulgeldfreiheit eine wichtige Voraussetzung und forderte zudem Ausbildungsbeihilfen, weil diese erst „eine gerechte Ausgleichung der meist zufälligen Verhältnisse der Armut und des Reichtums"[241] seien. Entsprechend der bildungstheoretischen Konzeption im Vormärz und auf Grund eigener Lebenserfahrung begriff Preusker Bildung als lebenslangen Prozess. Den noch im ersten Jahrzehnt des 19. Jahrhunderts unter Pädagogen gültigen Gegensatz zwischen zweckhafter und zweckfreier Bildung kannte Preusker, auch auf Grund des eigenen Werdegangs, nicht. Den obsolet gewordenen Dualismus *Menschenbildung – Berufsbildung* sah er, wie beschrieben, nicht. Das Zusammenspiel von Menschenbildung und Berufsbildung beginne mit dem „Eintritt in den

---

238 Mollenhauer 1996, S. 872.
239 Preusker 1835a (Bd. 1), S. V.
240 Preusker 1839 (Bd. 4), S. 74 (Anmerk.)
241 Ebd., S. 28

selbstständigen staatsbürgerlichen Wirkungskreis, dem eigenen Etablissement oder sonstigen freieren Verhältnis und der geistigen und bürgerlichen Mündigkeit, beim Übergang vom Jüngling zum Manne; sie endet mit dem Eintritt in das Greisenalter"[242].

Gemeint ist hier der Staatsbürgerbegriff, der schon in der Hardenberg-Umfrage deutlich wurde. Der *Eintritt in den selbstständigen staatsbürgerlichen Wirkungskreis* erfolgte, „gewöhnlich mit dem 20–25jährigen Alter".[243] Jedoch mit der Veränderung der Zeitverhältnisse für die gereiftere Jugend sah Preusker diesen vorverlagert auf die Zeit ab dem 14. Lebensjahr, wenn nicht überhaupt mit der Aufnahme der wirtschaftlichen Selbstversorgung. Durch die Zeitverhältnisse sah er die Jugend der unteren Bevölkerungsschicht früher gereift als die behütete bürgerliche Jugend. Wie der ältere neuhumanistische Ansatz begriff er Bildung (Selbstbildung) als unendliche Aufgabe des Menschen. Dies entspricht dem maurerischen Ideal der (Selbst-)Vervollkommnung: *Der Mensch soll sich strebend bemühen.* Danach galt es als ehrenhaft, „eifrig an eigener Fortbildung zu arbeiten und deshalb ein *Schüler* zu bleiben durchs ganze Leben ... unermüdlich"[244] zu streben. Das hieß bei Preusker, dass *jedermann* im Wissen fortschreiten und dieses nützlich einsetzen müsse.[245] Als Freimaurer war er ein gemäßigter Liberaler und ein treuer Untertan seines Königs. Er lehnte jede revolutionäre Bestrebung ab. Sein Bildungs- und Emanzipationsprogramm war ein bürgerliches Sozialreformprojekt, das gerade *die beste aller Welten*, die bürgerliche Welt, sichern half.[246] Zudem hoffte und erwartete er, wie andere bürgerliche Reformkräfte frühsozialistischer Provenienz, auf gesetzliche Maßnahmen zur Abschaffung sozialer Missstände und zur Hebung der sozialen Lage des einfachen Volkes.

„Höhere Bildung, Einsicht und zunehmender Wohlstand sollen die Herausbildung eines loyalen Staatsbürgers fördern. ... Preusker glaubt, daß für die berufliche und gesellschaftliche Stellung des einzelnen in erster Linie sein individuelles Bildungsniveau bestimmend sei und tritt daher für das Recht auf Bildung für jedermann und die Brechung des Bildungsprivilegs der herrschenden Klasse ein."[247]

---

242 Zit. ebd.
243 Preusker 1842 (Bd. 5), S. 1
244 Preusker 1855, S. 7
245 Diesem Ansatz nach war die Bürgerschul- insbesondere die Sonntagsschulpädagogik modern, weil sie dem Anspruch nach egalitär, das heißt an alle Menschen gerichtet, und der politischen Philosophie der Aufklärung verpflichtet ist. Somit ist die Sonntagsschulpädagogik unter sozialpädagogischem Aspekt in Hinsicht auf ihre Adressaten von besonderer Bedeutung, weil sie sich gerade an diejenigen richtete, die sich auf Grund von Bildungsprivilegien und anderer sozialer Benachteiligungen von jeder Bildung ausgeschlossen sahen.
246 Vgl. Marx 1962, S. 488
247 Marwinski 1971, S. 454

Er kritisierte vor allem in den 1830 Jahren wiederholt die ständische Gliederung der Gesellschaft, die zugleich Bildungsschranken nach sich ziehe.[248] Preusker hielt, wie schon hervorgehoben, die sozioökonomische Veränderung der Gesellschaft für einen Fortschritt, auch wenn die Modernisierung vorerst „manche Uebelstände ... mehr hervortreten ..., wie z.B. jene Mängel des Fabrikwesens".[249] Die gesellschaftliche Modernisierung verdränge doch mehr alte Übelstände, als sie vorübergehende, neue erzeugte. Vor allem, dass das „Licht der Wissenschaften nicht mehr Eigentum einer Classe"[250] sei, bewertet er als Fortschritt. Dieses Licht leuchte nun „Jedem, wer es verständig benutzen will, zu höherer geistiger Bildung und regerer Geschäftsthätigkeit."[251] Damit aber der *Geist der Zeit fortschreite*, müssen Jedem die Wege geöffnet werden, um „höhere Geisteskräfte zum eigenen und zu seiner Mitbürger Wohl anzuwenden".[252] Als Freimaurer erkannte er die zunehmende Industrialisierung in den Fabrikorten als *historischen Fortschritt* und als Chance für den Arbeiterstand.[253] Die Lösung der durch die industrielle Modernisierung verursachten sozialen Probleme sah er nur in einer Verbindung zwischen Verbesserung der materiellen Verhältnisse und dem Besitz von Bildung. Das Missverhältnis zwischen Arbeit und Verdienst, Kraftanwendung und Genuss wollte er beheben. Dem neuen Stand der besitzlosen *Proletarier* gehörten jene Menschen an, „die weder *Bildung* noch *Eigentum* als Basis im gesellschaftlichen Leben"[254] besaßen. Er wandte sich gegen den aus Frankreich kommenden Sozialismus. Der Ruf der Französischen Revolution nach Nivellierung aller sozialen Ungleichheit lehnte er, überzeugt vom liberalen System, ab. Allein durch die Verteilung materiellen Besitzes konnte die materielle Not der Proletarier nicht gelindert werden. Nur durch ihre intellektuelle Selbstständigkeit und höhere sittliche Dignität, das ist vergleichbar mit dem modernen Begriff der *sozialen Kompetenz*, würde die wirkliche Emanzipation der einfachen Arbeiter und Handwerker bewerkstelligt; nur hierdurch konnten sie in den Stand gesetzt werden, ein bewusstes, menschenwürdiges Leben zu führen. Der geistigen Bildung maß er eine Macht zu, dem Druck von außen Gegendruck zu bieten. Nur darin, dass auch der Niedrigste durch das Gefühl der Menschenwürde erhöht wird, könne ein inneres Gleichgewicht und innerer Friede hergestellt werden, wodurch das Menschengeschlecht „sich als Eine Familie, als große Verbrüderung"[255] fühlt. Die Schüler sollten einerseits für die bürgerliche Welt gerettet werden, das

---

248 Vgl. Preusker 1835a (Bd. 1), S. 13
249 Preusker 1842 (Bd. 5), S. 9f.
250 Ebd.
251 Ebd.
252 Preusker 1835a (Bd. 1), S. 14
253 Vgl. Preusker 1855, S. 7
254 o. A. 1848, S. 114
255 Ebd., S. 123

heißt zum „selbstständigen Bürger"[256] erzogen werden. Neben dieses normative Ziel stellten die Stifter aber ausdrücklich – aus innerer Überzeugung – die Ziele des individuellen Lebensglückes, der Zufriedenheit, der Emanzipation aus der sozialen Benachteiligung und Unterdrückung und den sozialen Aufstieg aus dem eigenen Milieu (eben durch Schaffung einer bürgerlichen Existenz). Den Sonntagsschulen wies Preusker die Aufgabe zu, durch intellektuelle, sittliche und gewerbliche Erziehung und Bildung die untere Volksschicht zu einer selbstbewussteren Stellung zu führen und sie im Sinne der sozialen Gerechtigkeit und unter dem ausdrücklichen Aspekt der Teilhabe in die moderne Gesellschaft einzugliedern und den Gewerbestand an sich zu fördern. Diese sozialpolitische Antwort auf die noch unklar formulierte Soziale Frage wurde zum Programm der bürgerlichen Sonntagsschulen des frühen 19. Jahrhunderts. An seiner sozialpolitischen und sozialpädagogischen Zielsetzung orientierten sich viele Stifter ähnlicher Einrichtungen des Vormärz, etliche spätere Selbsthilfeinitiativen der Arbeiter und Frauen sowie viele Nationalökonomen und Sozialpolitiker der zweiten Jahrhunderthälfte.

4. Korrelationspunkte der pädagogischen Theorie und Unterscheidung zur Berufsbildung

Das Konzept der Jugendbildung hatte zwei zentrale Korrelationspunkte. Mit ihnen ist in der modernen Arbeitsgesellschaft die Kernstruktur des Lebenslaufes gegeben: Der erste und zentralere wird mit dem Anspruch der Begriff der *Bildung* (Volksbildung als Menschenbildung) vermittelt. Dieser Anspruch wurde durchaus in zwei Hinsichten begriffen. Es ging um die *Bildung des Menschen an sich*, um die allgemeine Menschenbildung, um die Vervollkommnung seiner Kräfte und Fähigkeiten, um sein Lebensglück. Der zweite, im Begriff der Bildung mitschwingende Zweck der neuen bürgerlichen Einrichtungen wird mit dem Begriff des *Berufes* manifest. Er schließt nahtlos an den ersten Begriff an und basiert auf einem calvinistischen Verständnis. Der Beruf hatte eine weit über das Wirtschaftliche hinausgehende Bedeutung. Die beiden Korrelationspunkte kann man auch als Begriffspaar *Lebensalltag* und *Erwerbstätigkeit* ausdrücken. Preusker formuliert in seinen didaktischen Überlegungen entsprechend dieses Verständnisses: „Einem Berufsgeschäfte sollte sich ein Jeder widmen, bedürfe er es auch nicht zum Unterhalt; es gewöhnte ... an eine bestimmte Thätigkeit, die wohlthätig auf das ganze Lebensverhältnis einwirkt".[257]

Im Beruf, den jemand durch eine ausreichende Grund- und Berufsbildung qualifiziert und selbstzufrieden ausüben kann und dadurch seinen Platz und

---

256 Preusker 1835b, S. 148
257 Preusker 1842 (Bd. 5), S. 86

Zweck in der Gesellschaft findet, konzentriert sich das Lebensglück.[258] Entsprechend diesem Verständnis gehörte *Arbeit* für die Stifter der Sonntagsschulen zu den wichtigsten Voraussetzungen der Jedem durch das ALR zugesagten Glückseligkeit. Sie stellte das primäre „Ziel aufklärerischer Sozialarbeit dar"[259].

Das mehrfach hervorgehobene individuelle Lebensglück oder der eigene „zu Erdenglück und Himmel führende Lebensweg"[260] waren das explizit ausgesprochene Ziel aller Sonntagsschulpädagogik. Die Freimaurer glaubten, dass nur das *Total* der einzelnen Glückseligkeit aller Glieder der Gesellschaft die Glückseligkeit des Staates sichern könnte. Außer diesem Total gebe es keine solche. Und diese war nach freimaurerischer Lehre nur in der Harmonie allseitiger Ausbildung aller eigenen, guten Kräfte und Fähigkeiten zu finden. Hierdurch konnte jeder seinen Platz in der Gesellschaft und seine Glückseligkeit finden, jeder „seine Rechte und Pflichten"[261] wahrnehmen. Für die Freimaurer war jede andere Gesellschaftsordnung, die einzelne Glieder wie beispielsweise die Sonntagsschüler in ihrer freien Entfaltung behindere, so Preusker, „Bemäntelung der Thyrannei."[262] Das absolute Ziel des Lebensglücks durch allseitige Förderung galt für die intentionale *Lebensführung* der Einzelnen wie auch für die *Pädagogik* als Einflussnahme auf andere. Eine einseitige Erziehung und Bildung wie reine Menschenerziehung oder ausschließliche Standes- oder Berufserziehung fördere eher den unzulänglich Ausgebildeten:

> „So würde z.B. die Rücksicht auf den Körper allein, leicht zur Genußsucht führen; auf Verstandesbildung allein, zum Verstandesmenschen, ohne Herz und beglückende Gemüthlichkeit; die Rücksicht auf Sittlichkeit allein, zum Splitterrichter, oder gutmütigen, schwachen leicht zu mißbrauchenden Gefühlsmenschen; auf Religiösität allein zum Frömmler oder Fanatiker ec."[263]

Dies ist zugleich noch einmal eine Absage an alte Erziehungsmodelle philanthopinistischer oder neuhumanistischer Provenienz. Zugleich hing am Berufsbegriff, an der Tätigkeit, die jemand ausübte, ein bürgerliches Selbstverständnis: Das des autonomen Staatsbürgers, der vielfältige Funktionen in Staat und Wirtschaftsgesellschaft übernehmen wollte und sich mit der neuen Gesellschaftsordnung ergänzte. In dem Beruf erfüllte sich die Pflicht, sich „dem Ganzen, der Gemeinde, dem Volke, durch nützliche Wirksamkeit einzureihen."[264]

---

258 Vgl. Blankertz 1969, S. 42
259 Maser 1991, Abstract auf der Umschlagrückseite
260 Preusker 1842 (Bd. 5), S. 31
261 Ebd.
262 o. A. 1848, S. 147
263 Preusker 1842 (Bd. 5), S. 31f.; Splitterrichterei bedeutet soviel wie Pharisäertum oder Rechthaberei.
264 Ebd., S. 86

In seinen didaktischen Überlegungen in Bezug auf das *kaufmännisch-öko-nomisch*, *gewerblich-praktische Denken und Handeln* der Schüler hebt Preus-ker zunächst die Bedeutung des Berufes für das Lebensglück hervor.[265] Die pädagogischen Ziele lauten Geschicklichkeit, Arbeitsamkeit und Fortschreiten im Berufsgeschäft (handwerkliches Können, Ausdauer und Erfolg im Beruf).[266]

Ein weiteres Anliegen der Wirtschaftsbürger war zweifelsohne die Förde-rung des heimischen Gewerbes, das heißt des Gewerbestandes, sowie die Si-cherung der bürgerlichen Welt. Dies lag in ihrem ureigensten Interesse als Großkaufleute und Fabrikanten. Zudem versprach nur ein florierender Gewer-bestand, das heißt eine wieder prosperierende Volkswirtschaft, nach dem Zu-sammenbruch der heimischen Wirtschaft die erforderlichen Kräfte. Die „Bil-dung der Jugend, ... [die Förderung] des Einzelnen Wohl [bewirkt das] Heil im Ganzen! Nur durch der Jugend gedeihen, erblühen die schöneren Zeiten; Nur dann wohne das Glück im Haus', in Gemeinde, im Staate."[267]

An zahlreichen Stellen hebt Preusker das besondere Geschäft der Sonntags-schulpädagogik hervor, die eine reine Nacherziehung für den so genannten *sozialpädagogischen Jugendlichen*, aber keine spezielle Berufsbildung war. Er unterscheidet deutlich Nacherziehungs- und -bildungseinrichtungen von „Be-rufs- oder so genannten Fach-Schulen"[268]. Sie waren, trotz gegenteiliger Be-hauptung mancher berufspädagogischer Arbeiten, der Form nach *keine* Ein-richtung der speziellen Berufsbildung. Diese war den Handwerksmeistern vor-behalten. An anderer Stelle nennt er die Sonntagsschulen „wesentlich ver-schieden von den Lehranstalten für einen gelehrten, gewerblichen oder sons-tigen besonderen Berufszweig."[269] Sonntagsschulen hatten nicht die Aufgabe der beruflichen Ausbildung, sondern der berufsrelevanten Bildung, die „Kennt-nisse allgemeiner Art"[270] zu vermitteln habe. Preusker ergänzt den allgemei-nen Erziehungscharakter der Sonntagsschulen: „Die Nacherziehung ist die Fortsetzung der [unvollständig gebliebenen] häuslichen Erziehung der Kin-der."[271] In dieses Feld konnte die Sonntagsschule als außerhäusliche Instanz nicht unmittelbar eindringen; daher versuchte sie die verpasste oder ungenü-gende häusliche Erziehung nachzuholen.

---

265 Ebd.
266 Vgl. ebd., S. 87
267 Preusker 1837 (Bd. 1), S. 1
268 Preusker 1842 (Bd. 5), S. 47
269 Ebd., S. 1
270 Ebd., S. 47
271 Ebd., S. 1

5. Preuskers *Bausteine* zu einem System der Volksbildung

„Die Volksbildung im weiteren Sinne oder, was in der Hauptsache als gleichbedeutend gilt, die allgemeine Menschenbildung, ist die Entwicklung und
zweckmäßige Leitung aller Kräfte und Anlagen zum harmonischen Ganzen im
Menschen, um denselben dem Ideal näher zu bringen, nach welchem ein jeder, seinem Zwecke gemäß, zu streben verpflichtet ist."[272]
Überblickt man das umfangreiche literarische Werk, so bilden die Schriften
und Reflexionen zu Volksbildung und Volkswohlfahrt für die einfache Bevölkerung den zentralen Mittelpunkt. Er entwickelt konzeptionell ein Bürger-
schulsystem von der Kleinkinderschule bis zur höheren Bildungsanstalt und
zur Universität, die er ausdrücklich in dieses System der Volksbildung einbe-
zieht, oder den Nacherziehungsschulen. Die Institutionen für die einfache, gewerbetreibende oder abhängig beschäftigte Bevölkerung hatten in der praktischen und theoretisch-konzeptionellen Arbeit seine besondere Aufmerksamkeit. Im Hinblick auf das Ideal des Selbstbildungsprinzips und auf Grund seines eigenen Bildungsweges war er sich sicher, dass den ärmeren Menschen
das erste Mittel fehlte, das die Bildung des Menschen ermöglichte: geeignete
Bücher *edlen Inhalts* oder „gut gewählte Lectüre"[273] und die Fähigkeit des Lesens. So organisierte er in den ersten Großenhainer Jahren einen angeleiteten
Lesezirkel für Handwerker und Arbeiter, den er leitete, und er erteilte Unterricht im Lesen. 1828 ging aus diesem Lesezirkel eine Leihbibliothek hervor, die
allen bildungswilligen Personen offen stand.[274] Diese Bibliothek, die Preusker
zusammen mit Emil Reiniger (1792–1849), dem Herausgeber der *Sächsischen
Provinzialblätter*, gründete, war die erste öffentliche Volksbibliothek in
Deutschland und Vorbild für die meisten Stadtbibliotheken.[275] Preusker und
Reiniger trennten sich jedoch sehr schnell wieder. Der letztere wird in Dokumenten und Darstellungen als jemand beschrieben, der zwar schnell von einer Sache zu begeistern war, aber nicht wie Preusker die nötige Ausdauer entwickelte, um die Angelegenheit fortzuführen. Die Bibliothek enthielt belletris-
tische Werke (Volkserzählungen und Dichtungen), historische Darstellungen,
geographische, biographische sowie gewerblich-technische Bücher, die kostenlos entliehen werden konnten, „sowie die daselbst aufgestellten Sammlungen von technischen und mathematisch-physicalischen Instrumenten und Modellen, von Mineralien, getrockneten Pflanzen in mehreren Herbarien, von
Conchylien, Vögeln und anderen Naturprodukten wie sonstigen wissenschaftlichen Sammlungsgegenständen".[276]

---

272 Preusker 1836 (Bd. 1), S. 1
273 Vgl. Preusker 1842 (Bd. 5), S. 11; vgl. ders. 1855, S. 10, 11
274 Vgl. Preusker 1828
275 Vgl. Förstemann 1888, S. 578; vgl. Tenorth 1988, S. 164
276 Preusker 1855, S. 6; Conchylion [Konchylion]: Sammlung der Schalen von Weichtieren.

Die 1830 errichtete Sonntagsschule und die Bibliothek standen in engem organisatorischen Verhältnis und die Bücherei wurde intensiv für die Sonntagsschule genutzt. Sie wurde zu einem wesentlichen Bestandteil der Sonntagsschulpädagogik; ihr Hauptzweck war „die Jugend-, Gewerb- und Volksbildung"[277]. Ergänzt wurden Sonntagsschule und Leihbibliothek durch den 1832 erstmals geplanten und 1837 endgültig gegründeten Gewerbeverein, der aber seit 1832 ohne feste Vereinsstruktur bestand. Der Gewerbeverein hatte die Aufgabe, das Angebot der Sonntagsschule zu ergänzen. Anders als die schulisch organisierte Sonntagsschule mit inhaltlich aufeinander aufbauenden, komplexeren Inhalten waren die Bildungsangebote des Gewerbevereins konzeptionell eher als Vorträge, Impulsreferate et cetera angelegt. Zudem war der Gewerbeverein ein Ort der Geselligkeit, ein Gesellschaftsklub für die niedere und mittlere Bürgerklasse. Wie die späteren Gesellenvereine Kolpings sollte der Gewerbeverein den jungen Männern Halt im Leben geben und ein Ort der Ruhe und Erholung in der Gemeinschaft mit anderen jungen Gewerbetreibenden sein. Obwohl Preusker im Zusammenhang mit dem Gewerbeverein nicht davon spricht, diente dieser Teil des *Dreiblattes* beziehungsweise der *Bausteine* der Volksbildung zudem als eine Erziehungsgemeinschaft. Dieser Verein wurde in Struktur und Zielsetzung zum Vorbild für etliche sächsische und andere deutsche Gewerbe- und Gesellen-Vereine.[278]

1836 erschienen die *Förderungsmittel*, die Preusker bei dem demokratischen Leipziger Verleger Otto Wigand (1795–1870) drucken ließ. Wigand gab auch die Zeitschrift *Soziale Reform* heraus, für die er, neben Luise Otto (1819–1895), einer frühen Frauenrechtlerin, die Pädagogen Julius Fröbel (1805–1893), Karl Fröbel und dessen spätere Ehefrau Johanna Küstner, selbst Artikel verfasste. Die *Förderungsmittel* stellten die Fortsetzung der *Bausteine* dar; hier gibt Preusker eindrucksvoll die Entwicklung von der Sonntagsschule wieder und stellt sie als *Baustein* und *Urzelle* eines gesamten Systems der Volksbildung dar. Preusker reflektiert die Erfahrungen, die er seit 1832 mit dem Gewerbeverein gesammelt hatte. Einerseits wird in den *Förderungsmitteln* die Verantwortung von Staat und Kirche für die Volksbildung und Volkswohlfahrt hervorgehoben, andererseits rief er aber auch die Verantwortung der Bürger für die Gesellschaftsordnung in Erinnerung. Er fordert das Bürgertum zu Vereinsbildungen und weiteren Maßnahmen auf, die das gesellschaftliche und private Leben der gesamten Bevölkerung heben sollten. Im Kontext der Systematisierung der Volksbildung hebt Preusker besonders die Zusammenhänge zwischen Volksbildung und sozialen Problemen der Zeit hervor. So forderte er die Verbesserung der Wohnverhältnisse der ärmeren Bevölkerung, plädiert für die Anlage von öffentlichen Gärten, für Spielplätze für Kinder und

---

277 Ebd., S. 10
278 Vgl. Marwinski 1971, S. 454

Sportplätzen für die Jugend und alle, die auf den körperlichen Ausgleich auf Grund einseitiger Arbeitsverhältnisse angewiesen waren. Er regte die Herausgabe einer Volkszeitung an und empfahl die Gründung von Lese- und Gesprächszirkeln an jedem Ort. Durch beides wollte er das Zeitungslesen und die Selbst- und Fortbildung im einfachen Volk anregen. Solche eigenverantwortliche Selbstbildung bezeichnete er im System der Volksbildung als den *Schlussstein* aller Volksbildung, während er in der Bildung der Jugend der ärmeren Bevölkerung den *Grundstein* sah, um die ärmere Bevölkerung überhaupt und ihr Gedeihen als Basis im gesellschaftlichen Aufbau fördern zu können. [279] Der fortlaufend erweiterte Bestand der Bibliothek wurde besonders „für die Sonntagsschule, wie für den Gewerbverein angeschafft"[280]. Bibliothek, Sonntagsschule und Gewerbeverein sind für Preusker eng miteinander verknüpft und machen sein Programm zur Jugendbildung und Volkswohlfahrt aus. Er selbst nennt das entstandene Triumvirat der Volksbildung „ein wahres Dreiblatt".[281] Die genannten Einrichtungen dienten dem „hochwichtigen, einflußreichen Ziele, *der Jugend-, der Gewerbs- und der wahren, höheren Volksbildung, ... dem allseitigen Bürgerwohle!"*[282] Alle drei Anstalten wurden durch den weiter bestehenden gemeinsamen Lesezirkel vereinigt.[283] Ergänzt wurde das allgemeine und berufsrelevante Handwerker- und Arbeiterbildungsangebot dieses *Dreiblatts* durch wissenschaftliche Vorträge, die im Rahmen der Öffentlichkeitsarbeit ein interessiertes Publikum ansprechen und über gewerblich-technische und allgemein interessierende Innovationen aufklären sollte, gleichzeitig aber auch den Sonntagsschülern und anderen Angehörigen des Gewerbestandes eine ergänzende Bildung vermittelte.

6. Zum organisatorischen Aufbau der Elementar-Sonntagsschule

In der Theorie entwickelte Preusker einen vollständigen Entwurf eines Bürgerschulkonzeptes, den er nach den Adressaten gliederte. Bestandteile seiner richtungweisenden sozialpädagogischen Variante der Bürgerschulen waren die Kleinkinderbewahranstalten (für Zwei- bis Vierjährige), Kleinkinderschulen (für Vier- bis Sechsjährige) für die Vorschulpflichtigen, die die Volksschule ergänzende Sonntagsschule für Schulpflichtige (Kinder-Sonntagsschulen für gewerblich Tätige), aber auch höhere Bürgerschulen, wie Realschulen (Gewerbschulen zweiter Classe oder Mittelrealschulen) und Realgymnasien (Ge-

---

279 Vgl. Preusker 1836, S. 234ff.
280 Preusker 1855, S. 10
281 Ebd., S. 9
282 Ebd., S. 11
283 Vgl. ebd., S. 9

werbschulen erster Classe oder höhere Realschulen) und die Nachschulen (Elementar- oder niedere Gewerbschulen oder Sonntags-Gewerbschulen, Mädchen-Sonntagsschulen) für junge Erwachsene.[284] Die Sonntagsschulpädagogik wurde von Preusker als Nachsorgeansatz für die ältere Jugend betrachtet.

> „Gewiß ist es, daß den Grundstein zu einem höheren, geistig-sittlichen Volksleben hauptsächlich die Kindererziehung und der Schulunterricht bildet, und vor Allem dieß beides zu fördern ist, da die Nacherziehung immer nur als eine weit weniger einflußreiche Nachhülfe erscheint; allein dennoch kann mit dieser nicht gewartet werden, bis sich jene besser gestalten wird. ... Die Kindererziehung gleicht einem Rechenexempel; die Probe dazu liefern später die Jünglinge und Jungfrauen und erweisen die Richtigkeit oder Unrichtigkeit der ersteren".[285]

Der Zeitraum einer notwendigen außerhäuslichen beziehungsweise gesellschaftlichen und damit als sozialpädagogisch zu bezeichnenden Jugendbildung bestimmte er entsprechend der Zeitverhältnisse anders als Schleiermacher: „von frühester Kindheit bis in das reifere Jünglings- und jungfräuliche Alter."[286] Als frühestes Alter nennt Preusker das 2. Lebensjahr für Kinder ärmerer Schichten. Zweck dieser frühen gesellschaftlichen Funktion ist der Schutz vor mangelnder häuslicher Erziehung, die den Beginn der sozialen Benachteiligung durch fehlende Fürsorge, das fehlende sittliche Beispiel und entstehende Verwahrlosung setzten könne.[287] Elementar-Sonntagsschulen für die arbeitende und nachschulpflichtige Jugend zielten auf die Jugend im „kindlichen Alter ... [von] etwa dem vierzehnten oder fünfzehnten Jahre ... bis ungefähr zum ein und zwanzigsten bis fünf und zwanzigstem Jahre".[288] In diesem Ansatz einer metaphylaktischen *Lückenfüller-Pädagogik* ging es um intellektuelle, um die, in einem praktisch-moralischen, weniger religiösen Sinn, sozialethische Bildung und letztlich um eine gewerbliche Bildung, das heißt berufsrelevante Vorbereitung. Auf Grund der ungenügenden Hauserziehung und der verpassten Elementarschulbildung ging es um die Vermittlung elementarer Bildungsgehalte, um die Ergänzung oder völlige Ersetzung der Schulausbildung.[289] In die Elementar-Sonntagsschule gingen gewerblich tätige Jugendliche, die sich intellektuell und gewerblich vervollkommnen wollten.

Preusker befasst sich überhaupt mit den Bürgerschulen als Pendant zu den lateinischen Schulen und tritt mit Eifer für eine entsprechende höhere Bürgerbildung im Realschulwesen ein. Stöcker bezeichnet ihn entsprechend als Vor-

---

284 Vgl. Preusker 1835b, S. 262f.; 1839 (Bd. 4), S. 117
285 Preusker 1842 (Bd. 5), S. 10
286 Preusker 1837 (Bd. 1), S. 21
287 Vgl. Preusker 1835b, S. 262f.; 1837 (Bd. 1); 1839 (Bd. 4), S.117
288 Preusker 1837 (Bd. 1), S. 21
289 Vgl. Preusker 1835b, S. 148, 150

kämpfer für das Realschulwesen.[290] Eine eigene Theorie entwickelte er allerdings nur für die bürgerlichen Sonntagsschulen mit gewerblicher Ausrichtung für einfache Handwerker und Arbeiter. Jedoch sahen die Statuten konzeptionell ein Aufbau-Institut vor, das in die Richtung einer Realschule ging:

> „Wofern günstige Umstände es künftig gestatten, so soll eine höhere Abtheilung der Gewerbschule zu ausführlichern Vorträgen über mathematische, physikalische und technische Kenntnisse ec. für die fleißigern und vorgeschrittenen Schüler, und außerdem für die Bauhandwerker ein besonderer Wintercursus gegründet werden. (Welche von diesen zum Theil nur abwechselnd vorgetragenen Gegenständen in den halbjährigen Cursen den Unterricht bilden, wird nebst der dazu bestimmten Stundenzeit (in der Regel Sonntags 1–4, so an mehreren Wochentagen Abends 7–9 Uhr) vor jedem Cursus besonders bekannt gemacht)."[291]

Das pädagogische Konzept der Elementar-Sonntagsschule, das er für die Großenhainer Anstalt entwickelte, wurde von ihm wiederholt überarbeitet. Es erfuhr im Verlauf der Zeit etliche inhaltliche Änderungen, zerfiel jedoch grundsätzlich in zwei Teile, in „die allgemeine Sonntagsschule" und die „eigentliche gewerbliche Sonntagsschule"[292], im Folgenden auch Gewerbs- oder Zeichenschule genannt.

> „Dem Unterrichte nach theilt sich unsere, wie alle solche Fortbildungsanstalten, in 2 Abtheilungen, und zwar 1) als allgemeine Sonntagsschule, zur Wiederholung und Nachhülfe des so leicht vergessenen oder vielleicht auch versäumten Volksschulunterrichtes in Hinsicht allgemeiner Bildungsfächer, wie Schreiben, Rechnen ec., 2) als eigentliche gewerbliche Sonntagsschule, in Hinsicht der zum Gewerbebetriebe insbesondere nöthigen Kenntnisse und Fertigkeiten, z.B. höheres Rechnen nebst Geometrie, Naturkunde, gewerblicher Unterrichtsstyl, Zeichnen ec. Beide Abtheilungen wurden möglichst berücksichtigt und, da die freien sonntäglichen Stunden dazu nicht ausreichten, die Abendstunden mehrerer Wochentage mit zu Hilfe genommen."[293]

In der ersten Abteilung, der *allgemeinen* Sonntagsschule wurden die Schüler zunächst „in den Elementarkenntnissen des Schreibens und Lesens"[294] gebildet, bevor sie in weitergehenden Kenntnissen unterrichtet wurden. Diese all-

---

290 Vgl. Stöcker 1884 , S. 29. An anderen Orten entwickelten sich aus den Nachschulen für einfache Handwerker auch Realschulen, so bspw. in Göttingen.
291 Vgl. die Statuten der Großenhainer Sonntagsschule (§ 2) im Anschluss an diese Arbeit. Es ist allerdings unbekannt, ob die Großenhainer Anstalt in die erhofften günstigen Umstände gekommen ist.
292 Preusker 1855, S. 4
293 Ebd.
294 Preusker 1835b, S. 201

gemeine Sonntagsschule war in den ersten Jahren besonders wichtig, weil die Zahl der Fabrikknaben, „Lehrlinge und Gesellen, ohne alle Kenntnisse im Schreiben, selbst ohne ausreichenden Lesens"[295] groß war.

Mit der Verbesserung der Volksbildung ab den 1850er-Jahren wurde die allgemeine Sonntagsschule im Stundenplan weitgehend zurückgedrängt. Beim Nachweis der erforderlichen Grundkenntnisse in den Kulturtechniken brauchten die Schüler die jeweiligen Fächer nicht zu besuchen. Für diesen Fall wurde eine Einstufungsprüfung vorgenommen, in der auch die sittliche Reife der Schüler einer mündlichen Prüfung unterzogen wurde. Diese galt als Voraussetzung der *eigentlichen Gewerbschule*. Anders gesprochen: Die allgemeine Menschenbildung war für Preusker notwendiger *state of the art* der gewerblichen Unterrichtung. Wie im neuhumanistischen Ansatz zielte die Sonntagsschulpädagogik auf eine möglichst umfassende Bildung des *ganzen* Menschen. Hierbei ging es um die Ausrüstung des Individuums für alle Fälle des Lebens. Je umfassender und harmonischer die Sonntagsschüler für das Leben, das heißt für alle „Sphären der menschlichen Verhältnisse ... [an] Körper und Geist, Verstand und Gemüth,"[296] ausgerüstet werden, desto leichter und sicherer würde ihnen die glückliche Bearbeitung der einzelnen Zwecke des Lebens gelingen.[297] Die *allgemeine Menschenbildung*, also die Bildung der Humanität, Menschenwürde sowie die Verstandesbildung, bildet in diesem Konzept die Basis. Der Adressat dieser Allgemeinbildung war der künftige autonome Staatsbürger. Damit ist zugleich das grundsätzliche Ziel der bürgerlichen Sonntagsschule benannt. Für alle Bürger war, wenn sie als autonome Wirtschaftssubjekte und politische Handelnde im Gemeinwesen mit beteiligt sein wollten, der Erwerb basaler Fähigkeiten die Voraussetzung der späteren Lebensführung. Nur auf dieser Grundlage sah Preusker die Möglichkeit für eine zufriedene und erfüllte Ausübung des erwählten Berufes und Lebenszweckes. Daher waren Logik und Ästhetik wichtige Fächer. Nur auf Grund einer erlangten „*Virtuosität* im zur That gelangten *humanen Leben*"[298] im Herderschen Sinne kann „auch Virtuosität im *speziellen Berufsfache*"[299] gewonnen werden. Der weitergehende Unterricht, der zu eben der genannten *Virtuosität* führen sollte, erfolgte in der zweiten Abteilung der Anstalt, der *eigentlichen gewerblichen* Sonntagsschule. Dieser didaktische Teil diente explizit der Vorbereitung des angestrebten Gewerbes, der Förderung berufsrelevanter, gewerblicher Kenntnisse und Fertigkeiten, zur Qualifizierung für den Berufsalltag, der Absicherung des Berufes beziehungsweise dem Schutz vor dem Verlust des Arbeitsplatzes durch Erlangung erweiterter Kenntnisse und zugleich der allgemeinen Förderung des Gewerbestandes.

---

295 Ebd.
296 Preusker 1842 (Bd. 5), S. 2
297 Dies erinnert sehr an Pestalozzis Begriff der Selbstkraft (vgl. Pestalozzi 1964, S. 31).
298 Preusker 1837 (Bd. 1), S. 11; Hervorh. im Original
299 Ebd.; Hervorh. im Original

7. Unterrichtsgegenstände (einschließlich Didaktik und Methodik) sowie ihre Intentionen

Preusker kritisiert wiederholt, dass die bisherige Pädagogik immer nur angegeben hatte, *was* durch Erziehung und Bildung vermittelt werden solle, dass
aber bislang niemand ernsthaft um das *Wie* bemüht gewesen sei. Seine größte
Kritik gegen die zeitgenössischen pädagogischen Konzepte richtete sich vor
allem darauf, dass in der Regel „nur Ermahnungen und Lehren"[300] gegeben
wurden, „ohne dass auf das *Wie* der Ausführung in der Wirklichkeit und das
Wo in Hinsicht der schon deshalb gemachten Versuche genügend Rücksicht
genommen wurde, so daß durch die Lektüre zwar ein allgemein guter Wille,
danach zu handeln, erregt wird, dieser jedoch, wie bei allen solchen allgemeinen, nicht durch Einzelnes belebten Vorsätzen, wenig fruchtreiches Wirken
zur Folge hat. Es fehlt darin so oft an Hinweisen zur unverzögerten praktischen
Handanlegung, die allein zu jenem Zwecke führt."[301]

Dieser Einwand gegen die Theorien und Reflexionen der bedeutenden Pädagogen dieser Zeit war ein allgemein verbreiteter Kritikpunkt. Gerade im Zeitalter der zusehends verbreiteten Sozialen Frage, in der die Pädagogik neue,
unbekannte Aufgaben zu lösen hatte, war der Ruf nach einer Methode allgemein.

> „Wenn jedoch unsere Zeit, und zwar mit Recht, immer entschiedener verlangt, daß die
> Wissenschaft ihre Ergebnisse eintreten, praktisch werden lasse, so ist dies gewiß vor
> anderen bei der Erziehungswissenschaft der Fall, welche überall nur durch ihre An-
> wendung Werth und Bedeutung erhält"[302].

In allen pädagogischen Schriften kommt es ihm vor allem darauf an, *die Mittel anzugeben*, durch welche pädagogische Ziele zu erreichen und allgemeiner Wohlstand zu erlangen sei. Es geht ihm darum, einen *Wegweiser* oder ein
didaktisch-methodisches Erziehungswerk zu begründen, das Eltern, Erziehern
und Lehrern die Art darlege, wie sie ihre Ziele erreichen, und vor allem Reflexion über die Methode bieten könnte. Preusker rät insbesondere allen Eltern, sich pädagogisch zu bilden und über die Methoden der Erziehung Rechenschaft zu geben.[303] Er legt viel Wert auf die pädagogische Unterweisung
der Mütter, und zwar in der Frauenbildung als auch in den theoretischen Ju-
gendbildungsschriften, die sich auch an Eltern als pädagogische Laien richteten. Er betont die Notwendigkeit der regelmäßigen Prüfung der Erziehungsre-
sultate und rät zur Anlage eines Elterntagebuches. Die ersten drei Bände sei-

---

300 Zit. bei Stöcker 1884, S. 23
301 Preusker 1836, S. 232
302 K. 1846, S. 67
303 Ebd., S. 24f.

ner fünfbändigen Hauptschrift *Ueber Jugendbildung* behandeln fast ausschließlich die *Erziehung im Hause der Eltern*. Beim Überblick über sein Gesamtwerk wird jedoch deutlich, dass er in der Hauptsache naturgemäß über die Didaktik und Methodik in der Elementar-Sonntagsschule reflektiert. Der Unterricht an der Elementar-Sonntagsschule oder Sonntagsschule „dritter Classe ... hauptsächlich für Gehilfen, Gesellen und Lehrlinge der Fabrikanten und Handwerker ohne allen Unterschied der (mechanischen oder chemischen) Gewerbebetreibung"[304] war zunächst überwiegend allgemeinbildend, was vor allem im weit verbreiteten Analphabetismus der im Handwerk oder in den Fabriken lohnabhängig Beschäftigten begründet war. Er erhielt aber in den folgenden Jahren einen deutlicher gewerblichen Charakter, einerseits weil die fortschreitende Entwicklung im Gewerbebereich ständig neue Fragen aufwarf, die die Schüler beschäftigte und die ursprüngliche Häufigkeit der Unkenntnis des Lesen und Schreibens auf Grund der Verbesserungen im Volksschulwesen immer seltener wurde.[305] Andererseits hatten die Jugendlichen an einer Unterweisung in technisch-gewerblichen Dingen den größten eigenen Nutzen und konfrontierten die Lehrer mit Fragen des technischen Zeichnens und Werkens oder solchen des Maschinenbaus oder der besseren Handhabung der Maschinen, die vor allen in den größeren Werkstätten und Fabriken vorhanden waren. Die Sonntagsschüler verpflichteten sich mit dem aufgenommenen Besuch, „wenigstens ... zu einem halbjährigen Schulbesuch"[306]. Damit stellte Preusker sicher, dass die Schüler, entwöhnt von geistiger Anstrengung, trotz eines ersten Motivationsverlustes nicht sofort aufgaben, andererseits aber doch ein Ende der Selbstverpflichtung sahen. Es ist denkbar, dass die meisten Sonntagsschüler nach einem halben Jahr an die mit dem Besuch verbundenen Mühen und vielleicht Freuden gewöhnt waren und weitermachten.

Preuskers Schriften enthalten reichhaltige inhaltliche und methodische Reflexionen mit handlungsanleitendem Nutzen zu beiden Abteilungen der Sonntagsschule: der allgemeinen und der gewerblichen. In der Grundabteilung der Sonntagsschule wurden Deutsch (Sprachkunde, Lesen, Rechtschreiben, Schönschreiben), Logik (folgerechtes, vernunft-gebundenes Denken) und Rechnen (Kopf- und Tafelrechnen), Geschichte, Geographie und staatsbürgerliche Rechte und Pflichten (Vaterlandskunde) sowie *andere gemeinnützige Kenntnisse*, Gesang und ästhetische Erziehung, moralisch-sittliche Erziehung (Religion), Gesundheitserziehung und Turnen als allgemeinbildende Fächer unterrichtet.[307] Diese Vielfalt der Fächer weist nur auf die in der Sonntagsschule behan-

---

304 Preusker 1835b, S. 146
305 Das 1835 in Kraft getretene sächsische Volksschulgesetz, das die Elementarschulbildung durch bessere Ausstattung der Schulen, eine bessere Organisation (mehrklassige Struktur) wesentlich verbesserte, kam in den folgenden Jahren zur Wirkung.
306 § 4 der Statuten der Großenhainer Sonntagsschule
307 Vgl. Preusker 1855, S. 4

delten Bildungs- und Erziehungsgehalte hin, nicht auf einzeln erteilte Fächer. Hierzu hätte die Zeit der Adressaten und ihr Interesse nicht ausgereicht. Im Stundenplan ausgewiesene Fächer waren nur Lesen, Orthographie, Schönschreiben, Rechnen, Vaterlandskunde, Gesang und Religion.

In der gewerblichen Sonntagsschule ging es um die Unterrichtung der Jugendlichen in allen Fragen des *kaufmännisch-ökonomischen Denkens und Handelns* und in *gewerblichen Fertigkeiten*. Wenn man das Programm und die Methoden des pädagogischen Handeln betrachtet, könnte man meinen, die Adressaten waren nicht arme Gesellen, Lehrlinge oder Arbeiter, sondern Jugendliche höherer Bürgerschulen. Aber die Sonntagsschule für proletarische Jugendliche zielte auf die mögliche Erreichung einer bürgerlichen Existenz. Neben den allgemeinen Fächern, die der Alphabetisierung dienten, ging es in der gewerblichen Abteilung um die Vermittlung von Schlüsselqualifikationen für die modernen Zeiten. „Höheres Rechnen, Geometrie, Naturkunde und andere ratsame Kenntnisse und Fertigkeiten, Werken (Modellieren und Arbeiten in Wachs, Ton und Gips), (technisches und praktisches) Zeichnen, kaufmännische Rechnungsführung und Korrespondenz (*Geschäftstyl*)" enthielten unentbehrliche Kenntnisse für eine selbstständige Existenz.[308] Besonders das Zeichnen und die mit ihr verbundene Geometrie wurde von Preusker, auf Grund ihres *außerordentlichen Vorteils für fast alle Gewerbetreibenden* hervorgehoben[309].

Jugendliche, denen es auf Grund ihrer Arbeit unmöglich war, das gesamte Angebot, insbesondere den allgemeinbildenden Teil der Sonntagsschule, wahrzunehmen, konnten bei „nachweisbarer Unmöglichkeit"[310] allein den Zeichenunterricht besuchen.

Die detaillierten Reflexionen und Anweisungen Preuskers zu jedem einzelnen Inhalt sollen an dieser Stelle nicht ausgebreitet werden. Aus Gründen der Beschränkung werden im Duisburger Fallbeispiel die Quellen durch Preuskers Anweisungen ergänzt.

Um den Anspruch, den Preusker mit den bürgerlichen Sonntagsschulen verband, zu begreifen, ist wahrscheinlich seine „nach Tiefe und Umfang"[311] getroffene Unterscheidung zwischen *Geistesklarheit* und *Geistesreichtum* wichtig. Die Elementarschule müsse eigentlich schon zu beidem führen. Da sie dies nicht leiste, bleibe, so Preusker, also „der Nacherziehung noch Vieles zu thun".[312]

---

308 Vgl. auch die Darstellung zu Lehrplan, Einrichtung und Gesetzen der Sonntagsschule zu Schneeberg/Sachsen. In: StAC Kap. IV, Sekt. IV 12a (Elbe-Blatt, Nr. 34. Leipzig, 22. August 1828, Extra-Beilage, Auszug aus Nr. 29 des Blattes Sp. 3 bis 6)

309 Vgl. Preusker 1855, S. 7

310 Vgl. § 6 der Statuten (Preusker 1835b, S. 219). Der Quellenteil enthält die Großenhainer Statuten.

311 Preusker 1842 (Bd. 5), S. 46

312 Ebd.

Der erstere Begriff beschreibt die Voraussetzung zum Gebrauch des Verstandes. Geistesklarheit geht nach Preusker jeder Ausbildung des Geistes und des Gemütes voraus. Geistesklarheit ist begreifendes, verstehendes Erfassen.

> „Geistesklarheit ist Geistesfreiheit, – diese, nicht in politischer Hinsicht, sondern als klares, daher unbefangenes Erschauen der Verhältnisse, frei von Täuschung durch sich selbst und Andere; daher: ‚Freier Geist, freier Lebensweg.'"[313]

Der Sonntagsschüler sollte in der Anstalt „das Selbstdenken ... als die zu möglichst klarer Einsicht, richtigem Urtheilen und Schließen führende Verstandes-Cultur"[314] lernen.[315] Preuskers Pädagogik ist *Erziehung zur Mündigkeit* und zur Demokratie. Er leitet in reflektierenden Gesprächen zum Mitdenken an, das schließlich in Selbstdenken münden soll. Preuskers Ansatz zielt darauf, dass „die Verstandeskräfte der jungen Leute ... *geschärft*"[316] werden. Dies bezeichnete er als „die erste und feste Grundlage der *wahren Volksbildung*"[317]. Preusker spricht von Bürgerbildung, welche die Mündigmachung des Erwachsenen zum Ziel hatte. Es ging ihm darum, die untere, lohnabhängige Bürgerschicht soweit zu bilden, dass sie die ihr gewährten (kommunal-)politischen Freiräume durch Sachverstand nutzen konnte. Hier begegnet man der Einsicht, dass die Rechtsmöglichkeiten der Städteverfassung nur gefüllt werden können, wenn autonome Staatsbürger, die ihre politischen und sozialen Kenntnisse anzuwenden befähigt und bereit wären, am öffentlichen Leben teilzunehmen. Dagegen betraf der „Geistesreichthum ... die Aneignung möglichst zahlreicher nützlicher Kenntnisse"[318], das aber dem Gebrauch des Verstandes üblicherweise vorgehe. Preusker trifft hierbei die sich nach dem Paradigma dieses Ansatzes logisch ergebende Unterscheidung: Geistesreichtum meint erstens Wissen „zur allgemeinen Menschenbildung und zum gemeinnützigen Mitwirken"[319] und zweitens Wissen „zum besonderen Geschäftsberuf"[320]. Es ging Preusker, der das *Unwissen* unter der ärmeren Bevölkerung beseitigen wollte, um das *Bescheidwissen* über das Leben und seine Zusammenhänge. Übergreifend ging es in beiden Abteilung der Sonntagsschule um die Herstellung eines jugendgemäßen Entwicklungsschonraumes, einen Hort sozialer Sicherheit, und um die sittliche Reifung der Schüler, das heißt um ihr Wachsen als autonomer Bürger.

---

313 Ebd.
314 Ebd.
315 Vgl. Preusker 1837 (Bd. 1), S. 54
316 Preusker 1835b, S. 146; Hervorh. im Original
317 Ebd.; Hervorh. im Original
318 Preusker 1842 (Bd. 5), S. 47
319 Ebd.
320 Ebd.

„Ergänzung der Schulbildung, Bewahrung vor den sittlichen Gefahren der Industrialisierung ..., gesellige Gemeinsamkeit mit Gleichgesinnten ... als aufgelockerter Abend- oder Sonntagsunterricht durchgeführt."[321]

Ergänzt wurde das Programm durch reflektierendes Gespräch über die eigene Lebenssituation, zur Orientierung und letztlich zur Neupositionierung in der sich modernisierenden Gesellschaft. Es gehört zur Überzeugung der Freimaurer, dass sinnvolles Leben einzelner wie auch gesellschaftlicher Gruppen zweierlei erfordere: *Bescheidwissen* über die Welt, in der man lebt, und den Besitz von Überzeugungen, die das Handeln leiten. Preusker wollte mit seiner Einrichtung durch gemeinsames Nachdenken Orientierungshilfen im Lichte von Menschlichkeit, Brüderlichkeit, Toleranz, sozialer Gerechtigkeit und zugleich Entscheidungsmaßstäbe vermitteln. Zudem dienten diese Orientierungen der gemeinsamen *Anschauung*, *Muße* und *Erholung* von der Berufsarbeit. Die Lehrer der Sonntagsschule sahen ihre Funktion in der Beratung, Begleitung, Reflexion und Motivierung der Schüler. Sie boten einen väterlichen Bezug und ein vertrautes Verhältnis. Im Verhältnis zu den Schülern legten die Pädagogen Wert auf *Fröhlichkeit*. So sehr ihnen die individuelle Entwicklung der Schüler zu deren Lebensglück am Herzen lag, so genau zielten sie auf deren Lebenszuversicht: „Lebensmuth (mit Selbstvertrauen gepaart)"[322] und Lebensfröhlichkeit.[323] Sie sahen ihre Aufgabe darin, ihre Klientel durch die Zeit des Sonntagsschulbesuches (in allen Fragen des persönliches Lebens) zu begleiten, zu beraten und zu helfen.

Scherz und Spiel, gemeinsamer Gesang, die Einübung von Gedichten, das Turnen beziehungsweise der selten realisierte Ausmarsch diente dem Gemeinschaftserleben. Diese Gemeinschaft, das belegen nicht nur Selbstäußerungen Preuskers, sondern auch die vorgefundenen Quellen, erlebten auch die Lehrer im Verhältnis zu den Schülern. Die sozialen Bindungen, auf die sich alle einließen, sind mehrfach belegt. Gemeinschaftliche Besinnung und Erheiterung machen im didaktischen Konzept Preuskers einen wichtigen Part aus.[324] Der Ansatz zielt ausdrücklich auf die Autonomie der Jugendlichen, auf die Ermöglichung eines freien, selbstständigen Lebens. Ermöglicht werden sollte die intendierte Autonomie durch stete Selbstreflexion und Planung. Damit kommt Preusker zu einem wichtigen Aspekt eines selbstbestimmten Lebens, dem „möglichsten Vorausdenken des beabsichtigten Thuns und Wirkens"[325], der rationalen, methodisch-planvollen Lebensführung[326], der Anwendung der Ver-

---

321 Mollenhauer 1987, S. 111
322 Preusker 1837 (Bd. 1), S. 95
323 Ebd., S. 12f.
324 Vgl. Preusker 1842 (Bd. 5), S. 29
325 Ebd., S. 30; Hervorh. im Original
326 Vgl. Weber 1988

nunft. Rationales Handeln sah er vor allem in einem gesichert, dem Entwurf eigener Ziele. Die Sonntagsschüler wurden aufgefordert, „einen vorsichtig entworfenen Lebensplan beharrlich in Ausführung zu bringen."[327]

> „Hohes Verdienst um junge Leute wird man sich erwerben, wenn man ihnen, bei Besprechung über den Lebensplan und andere Gelegenheit, dieß Verhältnis klar auseinander zu setzen sucht.[328]

Die Bedeutung einer reflexiven Lebensplanung für ein autonomes und glückliches Leben wurde schon in der Hardenberg-Enquête hervorgehoben. Die Aufgabe eines solchen Lebensplanes sei verbunden mit der gleichzeitigen Aufgabe alle Träume. Erst hiermit versinke man in sein Elend und füge sich seinem Schicksal, statt ihm eine positive Wende zu geben.[329] Der oben angesprochene Lebensmut, im eigentlichen Sinn: die Lust aufs Leben und die damit verbundene Planung von Lebenszielen, waren Preusker wichtige Ziele seiner Arbeit. Das, was er mit seiner Einrichtung vermitteln möchte, so wird es aus seinen Reflexionen deutlich, ist Hoffnung. Hoffnungslosigkeit und Verzweiflung führe zur Selbstaufgabe. Gerade diese Intentionen machen den genuinen sozialpädagogischen Charakter der Elementar-Sonntagsschule deutlich. In der gemeinsamen Reflexion und Besprechung ausgewählter Lebensperspektiven war ein Eingehen auf individuelle Pläne wichtig. Allgemein gehaltenes Nachdenken war, so Preusker, nicht mehr als „in den Wind geredet".[330] Jedes direkte Belehren, alle Besserwisserei der Lehrer, alles strenge Mahnen ist in den leeren Raum geworfen. Wie viele ähnlich motivierte Pädagogen trat er damit in Opposition zu Herbart. Er gab der *Erziehung* den Vorrang gegenüber dem belehrenden Unterricht. Alle „Belehrung der Jugend wird meist fruchtlos seyn"[331] ohne gemeinsames, besinnendes Gespräch. Nur in der persönlichen Beratung, nur dann, wenn man mit den Sonntagsschülern im Einzelnen bespricht, ob und wie sich Lebenspläne in einzelnen Handlungsschritten verwirklichen lassen, hat der Einzelne die Möglichkeit der Selbstreflexion, „dann wird die Berathung von gewünschtem Erfolg seyn"[332]. Gerade in der Nacherziehung, in der die Adressaten selbstständige junge Erwachsene seien, sind die Beratung, das reflektierende Gespräch, auch das gütliche Zureden sinnvoller als das „nutzlose directe Belehren"[333] und strenge Forderungen. Die Erziehungs- und Bildungsanstalten auf freimaurerischer Grundlage sollen nicht belehren, sondern zum

---

327 Preusker 1842 (Bd. 5), S. 30
328 Vgl. ebd., S. 31
329 Vgl. GStA PK, I. HA Rep. 74 K VIII Nr. 24, Bl. 2
330 Preusker 1842 (Bd. 5), S. 31
331 Ebd., S. 58
332 Ebd., S. 31
333 Ebd., S. 60; Hervorh. im Original

Selbststudium und insbesondere zum Selbstdenken anregen. Damit sei noch vor der Vermittlung positiver Kenntnisse ein entscheidendes Mittel der Volksbildung und Emanzipation erreicht.

> „Der Zwang ist möglichst zu vermeiden, da ein gezwungenes Verbleiben auf rechter Bahn nie eine Bürgschaft des Beharrens bei eintretenden freien Verhältnissen giebt und die gewünschte Charakterstärke auf dieser Stufe sich nur vollständiger ausbilden kann durch freien Entschluss für das Gute um seiner selbst willen."[334]

Im reflektierenden Gespräch über „moralische Betrachtungen", gesellschaftliche Regeln, die sich oft in Sprichwörtern wiederfinden, und die eigene Stellungnahme der Lehrer, würden junge Leute tiefer ergriffen und der Gehalt dieser ethischen Regeln „tief empfunden werden".[335] Preusker hält die Beratung und gemeinsame Reflexion mit den Sonntagsschülern, die Autonomie und Selbstbewusstsein fördern sollen, für so wichtig, dass er neben der Gründung von Nacherziehungseinrichtungen für die Verbesserung der „häuslichen Kindererziehung"[336] und anderen *„pädagogische Vereine"*[337], „einen *Verein zur Beratung junger Leute* in Vorschlag"[338] bringt.

Reflektiert werden sollten alle kurz-, mittel- und langfristigen Ziele der jungen Arbeiter und Handwerker, alle Entwürfe der Schüler, „für einzelne Lebensperioden, Jahre, Wochen, selbst für Tage"[339], insbesondere aber der „Lebensplane, nach Stand, Beruf"[340]. Im Zusammenhang mit solchen Zielvorstellungen und Plänen, empfahl er den Schülern die Anlage von „Notizbüchern [in denen] mit kurzen Worten"[341], beispielsweise am Morgen Ziele fixiert werden sollten, „um sie nicht in Vergessenheit kommen zu lassen"[342]. Er empfiehlt den Zöglingen der Sonntagsschule das Führen von Tagebüchern. Dies diene der zielstrebigen Verfolgung eigener Entwürfe. Wie in vielen Fällen, zieht er ausdrücklich die Freimaurerlehre als Grundlage seiner pädagogischen Reflexionen heran. Die Freimaurerei lehre ausdrücklich „die Entwerfung und beharrliche Ausführung eines vernunftgemäßen *Lebensplanes*, sowohl im Allgemeinen, als in Hinsicht des besonderen Geschlechts, Standes, Berufes ec."[343]

Zur Verdeutlichung dieses für ein rationelles Leben notwendigen Planens verwendet Preusker das Beispiel einer Reise:

---

334 Stöcker 1884, S. 28
335 Preusker 1842 (Bd. 5), S. 61
336 Ebd.
337 Ebd., S. 156; Hervorh. im Original
338 Ebd., S. 158
339 Ebd., S. 31
340 Ebd.
341 Ebd.
342 Ebd.
343 Ebd., S. 30

> „So wie wohl ein jeder Reisende sich einen bestimmten Zweck vorzunehmen, sich nach den besten Wegen, und nach dem Allen in Voraus möglichst zu erkundigen pflegt, was ihm auf seine beabsichtigten Reise irgend von Vortheil seyn könnte, so wird auch der Wanderer auf der, zu Glück oder Verderben führenden Lebensbahn um so dringender der gleichen Festsetzung eines vernunftgemäßen Lebensplanes und der dazu führenden, mit Lebensklugheit ausgewählten Mittel bedürfen."

Als Vorbild für den erwachsenen Zögling diente zunächst der Lehrer. Auch der Hinweis auf Personen des gesellschaftlichen oder historischen Lebens sollte Orientierung geben. Dabei sollen nicht unerreichbare Idole als Ideal vermittelt werden, sondern Menschen, die aus eigener Kraft und Zivilcourage Vorbildcharakter gewonnen haben.

> „Nicht Personen, denen ihre begüterten Eltern den Pfad ebneten, und denen Geburt, Stand und Reichtum es leicht machten, sich auf die gewünschte Art auszubilden, sondern solche, die von Jugend auf mit manchem Ungemach zu kämpfen hatten und durch eigenen rastlosen Fleiß, durch unablässige Selbstbildung und eigenes Erstreben des schwierigen Pfades, mit manchen Entbehrungen und Kämpfen dennoch sich geistige Umsicht und tugendhafte Charakterstärke aneigneten und dadurch ihr Lebensglück erstrebten und in der Regel war es jene allseitige Bildung, welche dazu führte."[344]

„Jeder Mensch", sagt Preusker, muss „Ideale und Vorbilder in sich tragen, wenn er zum Besseren fortschreiten will; sie sind es, welche auch in den ungünstigsten Verhältnissen ermutigen". Der Mensch, der ohne solche Vorbilder sei, sei „dem Verfall anheimgegeben".[345] Dass Preusker hier auch an sich selber als Vorbild für die Sonntagsschüler dachte, lässt sich leicht erschließen.[346]

---

344 Ebd.
345 Preusker 1836, S. 265
346 Vgl. Preusker 1842 (Bd. 5), S. 34ff.; insbes. Anm. II, S. 35. In schriftstellerischen Versuchen entwarf er nachzuahmende Lebensmodelle, die er als Prämiengeschenke an die Sonntagsschüler ausgab (Der Sophien-Dukaten, oder des Tischler's Gustav Walther's Lehrjahre). Er konnte auch auf wirkliche Biographien verweisen, wie auf die des „nicht auf Gelehrten-Schulen gebildeten Buchdrucker Fanklin" (Anmerk. II), dessen Lebensweisheiten (Franklin's alte Goldbriefe) Preusker auch als Geschenk an Schüler verteilte. Dabei handelt es sich um Benjamin Franklin (1706–1790), einem von dreizehn Freimaurern, die 1776 die Verfassung der USA unterzeichneten. Er kam aus einfachen Verhältnissen und führte ein im Sinne der Freimaurerei und des gemilderten Puritanismus geordnetes, sparsames und zum Erfolg führendes Leben. Seit 1736 gab er eine Zeitschrift und einen Almanach mit Volksbildungscharakter heraus. Preusker beschreibt ihn als einen, aus mit den Sonntagsschülern vergleichbaren Verhältnissen kommenden, der sich „zum wohlhabenden Geschäftsmanne, zum geachteten Gelehrten, zu einem um sein Vaterland hochverdienten Staatsmann und, was als das schönste Lob gilt, zum wahren Weltweisen und allgemein geliebten tugendhaften Mann erhob" (ebd.).

In seinen Schriften nennt Preusker die indirekten didaktischen Mittel, die dem Lehrer in der auf Erwachsene bezogenen Pädagogik der Sonntagsschule zur Verfügung stehen. Im Gespräch mit den Schüler sollen die Lehrer *ermuntern, auffordern, anregen und sittlich Beispiel geben*. Er nennt die *Vermittlung*, die *Reflexion*, die *Hinführung*, das *Anhalten* und *Motivieren*, die intellektuelle *Unterweisung*, die *Vorbauung* und *Verhinderung*, das gelebte gute Beispiel.[347] Weitere Methoden und Prinzipien sind ihm die *Beharrlichkeit* in der pädagogischen Arbeit, die *Vergebung* gegenüber Irregeleiteten, *Nachsicht* mit ihren Schwächen, *Ehrlichkeit*, *Wahrhaftigkeit*, *Dankbarkeit* und *Vertrauen* im pädagogischen Verhältnis.[348] Dies sind Grundsätze seiner Pädagogik *und Handlungsprinzipien* gegenüber jedem jungen Menschen und Voraussetzung für den Erziehungserfolg. Ein weiterer Grundsatz ist die Art und Weise, wie der Lehrer dem Schüler gegenübertritt, nämlich als prinzipiell Gleicher und ohne den Anspruch auf eine höhere Stellung gegenüber dem Schüler, den er als selbstständiges, autonomes Wesen, als freie Person sehen muss. Der Pädagoge, so kann man Preusker verstehen, sieht den Empfänger erzieherischer Hilfe in seiner Individualität. Begründet in der Freimaurerlehre, vermittelt durch Heinroth, geht die fürsorgerische Hilfe in der Sonntagsschule aus von der Individualität der Person, von seinem Wert als autonomer Bürger für die bürgerliche Gesellschaft. Durch eine unmittelbare Enkulturationshilfe, durch das persönliche Beispiel, durch Beratung und Reflexion sucht der Pädagoge der drohenden sittlichen Verwahrlosung der Jugend zu begegnen. Mit diesem Prinzip verband er aber zugleich die Notwendigkeit, den Schülern bewusst zu machen, dass die Achtung ihrer Autonomie eine entsprechende Haltung erfordere. Er nennt dies „die Hinweisung der Jugend auf die, mit der in Anspruch genommenen selbstständigen Leitung zugleich notwendig zu verbindende und zu steigende *Selbstbildung* und die Anregung des, zum Fortschreiten im Guten und Edlen erforderlichen rechten Ehrgefühl.“[349]

Weitere Mittel sind die *Heranführung*, zum Beispiel an eine „gut ausgewählte Lectüre“[350], was sowohl im Deutschunterricht als auch durch die Bibliothek realisiert wurde, sowie das *Wecken* eines Interesses und Bewusstseins für die eigene Lebenssituation durch reflexive Gespräche mit den Lehrern und durch Gemeinschaftserziehung und Interessengruppenbildung. „Gruppenbildung erkannte er frühzeitig als ein geeignetes Mittel sozialer Integration“[351] Die zuletzt

---

347 Mit den Begriffen der Vorbauung oder Verhinderung meint er die „Hinwegräumung aller Verhältnisse, welche die Jugend irgend auf falsche Wege verleiten könnte“ (Preusker 1842 (Bd. 5), S. 11).

348 Vgl. Preusker 1837 (Bd. 1), S. 6ff., S. 52; 1838 (Bd. 3), S. 1, 3, 11ff.; 1842 (Bd. 5), S. 11, 57, 64

349 Preusker 1842 (Bd. 5), S. 11; Hervorh. im Original

350 Ebd.

351 Marwinski 1996, o. S.

genannte Intention wurde neben der Schule insbesondere durch den Gesellen-
verein im Preuskerschen Dreiblatt zu verwirklichen gesucht. Zur *Stärkung* des
individuellen Selbstwertgefühls wurden besondere Einzelleistungen der Schüler prämiert und öffentlich ausgestellt. Neben diesen indirekten Mitteln stehen
dem Pädagogen, nach dem pädagogischen Konzept Preuskers keine in der traditionellen Pädagogik verwandten Mittel zu Verfügung: kein Zwang, kein Belehren.[352] Da das Ziel in der Freigabe, das heißt Befähigung zum selbstständigen und vernunftgeleiteten Denken, besteht, schließt er jedes *Ein*wirken, *Be*-
wirken und Herstellen oder Herbeiführen aus. Die Methoden der Sonntagsschulpädagogik waren nicht unbedingt neu und wurden „theils schon früher
angewendet"[353], wie er zugibt. Bereits das Menschenbild Preuskers und seine
Achtung vor der Autonomie der Jugendlichen machen seine Forderung gegenüber den Jugendlichen deutlich: Er hebt die Arbeit und Energie hervor, welche sie leisten müssten. Aber „wie viel Schwierigkeiten besiegt man nicht, um
andere Zwecke, tiefe Kenntnisse, Ehre, Geld- und Guts-Besitz ec. sich zu erwerben. Man wendet Körper- und Geistes-Anstrengungen, schlaflose Nächte,
stete Sorge, selbst oft das Leben daran, um Etwas dieser Art zu erstreben"[354].

Damit die Schüler solche Anstrengungen aushielten und nicht auf halber
Stecke aufgaben, war es der Theorie nach notwendig, den Schülern die notwendige sittlich-ethische Festigung mitzugeben. Der entworfene Lebensplan,
das unmittelbare Bildungs- oder Berufsziel musste im gemeinsamen Gespräch
so anziehungsstark und verheißungsvoll gemacht werden, dass die Jugendlichen den beschriebenen Kampf gegen eigene Schwächen durchstehen konnte. Er betont den Wert des einmal Errungenen und Gefestigten. Nur was unter
Anstrengungen, schlaflosen Nächten und steter Sorge errungen wurde[355], ist
echt erworben und von Beständigkeit. Der Besuch der Sonntagsschule war
prinzipiell einzig vom Willen des Jugendlichen abhängig. Aber viele Fabrikna-
ben, Lehrlinge und arme Gesellen wurden, wie zeitgenössische Berichte belegen, auch am Sonntag von ihren Meistern und Dienstherren eingesetzt, um
Besorgungen zu machen oder Waren auszuliefern.[356] Auch die Eltern neigten
dazu, ihre Kinder, wenn sie noch bei ihnen lebten, für eigene Interessen einzusetzen. Daher erinnert Preusker an die Mitwirkungspflicht bei der Nacherziehung und an die besondere Verantwortung aller „Eltern, Dienst- und Lehrherrn oder sonstige[r] Dienstvorgesetzte[r]"[357].

---

352 Vgl. Preusker 1842 (Bd. 5), S. 6
353 Ebd., S. 11
354 Ebd., S. 61
355 Vgl. ebd.
356 Vgl. ebd., S. 110
357 Ebd., S. 1; vgl. ebd. S. 5

8. Zu den Adressaten der Großenhainer Sonntagsschule

Die Elementar-Sonntagsschulen richteten sich vor allem an „Gehilfen, Gesellen und Lehrlinge der Fabrikanten und Handwerker ohne allen Unterschied der (mechanischen oder chemischen) Gewerbebetreibung"[358]. Vom Lebensalter war es also die männliche die Jugend zwischen dem 14. Lebensjahr und dem „Eintritt in den selbstständigen staatsbürgerlichen Wirkungskreis"[359], der spätestens zwischen dem 20. und 25. Lebensjahr vollzogen werde[360], die sich für eine gewerbliche Beschäftigung entscheiden wollte oder entschieden hatte, wie Fabrikknaben, Handwerkslehrlinge, Gesellen, selbstständige Handwerksmeister und selbstständige Kaufleute (niederer Gewerbe), und wurde von dieser Zielgruppe auch angenommen, wie die Bestandsaufnahme 1855 bewies.[361]

Die Klientel der Sonntagsschulpädagogik, die eigentlich in der schönsten Zeit ihres Lebens – *in der Jugend* – stehe, aber auf Grund der sozialen Verhältnisse am bedrohtesten sei, beschreibt Preusker mit den Worten:

> „Unendlich viele hoffnungsvolle jugendliche Seelen gehen in derselben unter, indem sie sich dem Leichtsinn und der Unordnung ergeben, sich zur Sinnlichkeit hinneigen, nach und nach wohl auch Unschuld und Tugend, und ein reines Gewissen, meist unbedachtsam Preis geben, dafür aber körperliche und geistige lebenslängliche Kränklichkeit und Verdorbenheit, frühen Tod oder doch ein nagendes Gewissen, wenn nicht auch noch öffentlich Schande und obrigkeitliche Strafe, als Lohn dafür, einerndten. Ungezügelte Sinnenlust und Genußsucht, Arbeitsscheu, Spiel, Trunk, Verschwendung, Unkeuschheit, Unredlichkeit und ähnliches Unrecht, sind die Klippen, woran so Viele scheitern. Unzählige könnten vor diesem unheilvollen Leben gesichert, oft noch, bei dem ersten Schritt dahin, von weiterem Verfalle in Unsitte, zu ihrem lebenslänglichen Glücke und Heil gerettet und zugleich zu der Ihrigen Freude und Wohl erhalten werden, wenn ihnen eine verständige Nacherziehung zu Theil würde".[362]

Jedoch beschränkte sich die Sonntagsschulpädagogik Preuskers nicht nur auf die männliche Jugend. In der Theorie nannte er als Adressaten auch Dienstmädchen, Mägde und Mädchen in anderen niederen Frauenberufen. Solche waren alle „Jungfrauen in Bezug auf ihre allseitige veredelnde Fortbildung"[363] oder generell die ältere weibliche Jugend[364], häufig in Dienstbotenberufen,

---

358 Preusker 1835b, S. 146
359 Zit. bei Marwinski 1971, S. 454
360 Preusker 1842 (Bd. 5), S. 1
361 Vgl. Preusker 1855, S. 6
362 Preusker 1842 (Bd. 5), S. 3
363 Ebd., S. 1
364 Vgl. ebd., S. 97

aber auch die in Fabriken und Manufakturen in Arbeit stehende weiblich Jugend.[365] Die entsprechenden Sonntagsschulen für Mädchen oder *Arme-Mädchen-Schulen* richteten sich an unverheiratete, sittlich gefährdete Dienstmädchen, Mägde und stellungslose junge Frauen. Die Großenhainer Sonntagsschule hatte jedoch nur Klassen für männliche Schüler. An anderer Stelle nennt Preusker „in Fabriken, als Lehrling oder Lohnarbeiter beschäftigte[n], wohl sogar noch Schulpflichtige[n] junge[n] Leute".[366] Für die letzteren bestand in Großenhain in der Praxis jedoch auch keine Klasse. Adressaten der Großenhainer Sonntagsschule waren also nur schulentlassene, gewerblich tätige, männliche Jugendliche zwischen 14 und 25 Jahren, die als „schulpflichtige Kinder, die durch Fabrikarbeit oder sonstigen Unterhaltserwerb vom Besuch der Volksschule abgehalten"[367] wurden. Entsprechend war der Anteil der Fabrikknaben, „Lehrlinge und Gesellen, ohne alle Kenntnisse im Schreiben, selbst ohne ausreichende Lesefähigkeit"[368] gerade in den ersten Jahren des Bestehens der Einrichtung hoch. Mit der Beschreibung der Adressaten verbindet Preusker zugleich eine Kritik am Fabrikwesen, das nicht grundsätzlich schlecht sei, aber durch unsittlich handelnde Fabrikherren in Verruf komme. Er wiederholt das schon in der Hardenberg-Umfrage hervorgehobene Übel der Beschäftigung, der „in *Fabriken und Manufacturen* in Arbeit stehenden *jungen Leute*"[369], die zu einer „meist rein mechanischen und geistlosen Thätigkeit und Einseitigkeit"[370] führe, aus der kein *geistiges Ausbilden und Aufstreben* erwachsen könne, sondern nur der „Rohheit und niedrigen Sinnlichkeit ... Vorschub leiste"[371] und den Frieden in der Gesellschaft gefährde. Die Lehrlinge im Handwerk oder die Fabrikarbeiter, deren „schlechte ökonomische Lage ..., ihre geistlose, rein mechanische Arbeit, ihre *barsche Behandlung durch die Fabrikbesitzer*, ihr Abhängigkeitsverhältnis, das viel schlimmer als das zwischen Leibeigenen und Adeligen ist, ihre unsichere Zukunft, wenn Krankheit und Arbeitslosigkeit eintreten."[372]

Wie die 1817er-Enquête hebt Preusker den möglichen Schaden für den Staat hervor:

„Soll durch ... [das Fabrikwesen] aber das Empor-Steigen des Gewerbefleißes, mit dem dadurch zu erzielenden national-ökonomischen Gewinn, nicht zu theuer erkauft, nicht die gerechte Befürchtung erregt werden, daß, – außer dem zugleich herbeigeführten

---

365 Vgl. ebd., S. 121
366 Ebd., S. 9
367 Ebd., S. 119
368 Preusker 1835b, S. 201
369 Preusker 1842 (Bd. 5), S. 109
370 Ebd.
371 Ebd.
372 Zit. bei Marwinski 1971, S. 460

Nachtheil der Verminderung des zum Volkswohl unbedingt erforderlichen Mittelstandes, und der Theilung der Gewerbetreibenden in einige hundert Reiche und Millionen von diesen völlig abhängigen Arme – auch das Volk noch dazu in tiefe Rohheit und Unsitte zurückgeführt wird, so ist baldigst auf mögliche Milderung des Uebels ernstlich zu denken und jede dazu geeignete Maaßregel ohne Verzug in Ausführung zu bringen."[373]

Als geeignete Mittel nennt er einerseits das freiwillige, *wohlwollende Verhalten von Fabrikherrn*, andererseits staatliche Maßnahmen. Als Beispiel für solche geeigneten Maßnahmen nennt er die „besserer Fürsorge für die noch schulfähige Fabrikjugend ... als auch ... Einwirkung auf die älteren Arbeiter und zugleich Anregung aller dieser zu einer edleren Beschäftigung in den freien Stunden"[374], womit er insbesondere Sonntagsschulen und Gewerbevereine meinte. Er schlägt eine gesetzliche Sonntagsschulpflicht vor und die Einführung einer *Fabrik-Casse* oder *Sparcasse*. Die Situation der Handwerkslehrlinge nennt er ähnlich nachteilig wie die der jugendlichen Fabrikarbeiter. Die Ursachen wurden oben angesprochen und werden von Preusker bestätigt:

„Der Lehrling wird nur als Haus- und Kindes-Magd, als Bote mit gefertigter Arbeit auf's Land ec. benutzt, bis vielleicht ein jüngerer ihn davon erlöset; er wird wenig in's Fach eingeweiht, oft nur mit unbedeutender, gleichförmiger Arbeit beschäftigt, und an ein Erläutern und Einüben der geschicktern Handgriffe und feineren Arbeiten wird nicht gedacht."[375]

Denn Gesellen gehe es nicht besser als den Lehrlingen oder Fabrikarbeitern.[376] Die Elementar-Sonntagsschule, die „den eigentlichen Kern des Preuskerschen Schulplanes [und Erziehungsprogramms] ausmacht"[377], fand in ihrer Zeit, wie schon hervorgehoben, viele Freunde und Befürworter. Jedoch gab es aus dem bürgerlichen und dem proletarischen Lager zahlreiche Gegner der bürgerlichen Sonntagsschulen.

„Einige eifern gegen diese Gewerbe[Sonntags]schulen, weil sie den kirchlichen Sinn vermindern, die Sonntagsfeier stören wollen. ... Andere tadeln, daß Abendstunden, wo der junge Mann bereits von der Tagesarbeit ermüdet sei, dazu angewendet werden."[378]

---

373 Preusker 1842 (Bd. 5), S. 109
374 Ebd.
375 Ebd., S. 110
376 Vgl. ebd
377 Hohendorf 1994, S. 95
378 Preusker 1835a (Bd. 1), S. 157 (Anmerk.)

Die Kritik ging dahin, dass man die lohnabhängig arbeitende Bevölkerung als unreif für mehr Bildung und die erteilten „Wissenschaften als zu hoch" stehend erklärte, „als dass sie diesen Menschen mitgeteilt werden [zu] können"[379]. Die Gegner, zumeist bildungsbürgerliche und adelige Kreise, sahen in der Bildung fürs einfache Volk, wie auch in der Mädchen- und Frauenbildung, mit der sich Preusker ebenfalls im Rahmen seines Volksbildungskonzeptes befasste, mehr Gefahren – wohl für die eigenen Privilegien – als einen allgemeinen Nutzen.[380]

9. Zum Prinzip der Freiwilligkeit, zur Frequentierung und zur Finanzierung der Anstalt

Bei der Einrichtung der vormärzlichen bürgerlichen Sonntagsschule handelte es sich wie bei den beiden anderen *Blättern des Dreiblatts* um ein fakultatives Angebot im Kontext der Armen- und Erziehungsfürsorge für Arbeiter und Handwerker. In die Schule gingen die Sonntagsschüler nicht auf Grund eines äußeren Zwanges, sondern aus eigenem Willen und freier Einsicht. Es war eine freiwillige Unterordnung unter den in der Autonomie der Vernunft selbst gegebenen Wunsch zum Nachholen des Versäumten. Die Schüler suchten sich in der Weise zu bilden, die ihnen notwendig erschien und ihren Zielen entsprach. Nicht jeder wollte eine bürgerliche Existenz ergreifen, selbstständiger Handwerker, Kaufmann oder Fabrikant werden und „sich höheren Ständen einreihen"[381]. Jene, welche dies aber suchten, denen mahnte er an, „um so dringender auch höhere geistige Bildung zu erwerben"[382].

> „*Der Sieg der Erziehung* muß aber dahin gehen, daß die Jugend, wenn auch zeitig zum Guten gewöhnt, doch nicht aus Zwang nur gut und sittlich handle, sondern daß sie aus freier Ueberzeugung dieß ausführe, welches dann um so mehr Verstand haben, und auch fortgesetzt werden wird, wenn sie, aller Zucht und Oberaufsicht entnommen, selbstständig ins bürgerliche Leben und Geschäft eintreten. Die rechte Erziehungskunst besteht ja doch ohnehin darin, die Jugend, und zwar so zeitig wie möglich, der eigenen Leitung zuzuführen.[383]

Bei Preusker liest sich dies folgendermaßen: „[w]er nicht Lust hat, bleibt fern, und es ist sein Schaden! Es ist gleichsam der Fall wie bei einem Gastmahle,

---

379 Ebd., S. 158
380 Zur freimaurerisch begründeten Mädchen- und Frauenbildung im Vormärz vgl. Gedrath 2002
381 Preusker 1842 (Bd. 5), S. 52
382 Ebd.
383 Preusker 1842 (Bd. 5), S. 7

wozu allgemein eingeladen wird; wer nicht kommen will, wird nicht gezwungen; genug, daß Alles bereit steht."[384]

Mit dem Angebotscharakter der außerfamiliären und nachschulischen Erziehung und Bildung wurde ein virulentes Problem geboren: „Die Nacherziehung ist in neueren Zeiten weit schwieriger geworden; während sonst Befehl und Zwang ausführbar war, wird sie jetzt meist nur in Güte, durch Belehrung, Beschauung, Vorbauung ec. erreicht."[385]

Dadurch dass das Erziehungsgeschäft der Sonntagsschulen in einer Lebensphase nach Beendigung der Schulzeit einsetzte, in der junge Leute sich „schon als völlig freie, selbstständige Staatsbürger ... wähnten", war die Aufgabe der Anstalten erschwert. Die wirtschaftliche Selbstständigkeit beförderte den Glauben der Jugendlichen, in allen Dingen autonom zu sein. Beschränkungen irgendwelcher Art setzte nach dem Wegfall aller Erziehungsinstanzen niemand mehr. Einzig wirtschaftliche Bedürftigkeit konnte die Jugendlichen dazu bringen, sich von den Eltern in Schranken weisen zu lassen. Der Schulbesuch blieb für längere Zeit völlig unentgeltlich. Da einerseits „die Theilnahme bekanntlich nur auf freiem Willen" der Schüler beruhte und mit der Zeit „eine Menge Lehrlinge, welche der Fortbildung wohl ebenfalls bedürftig wären"[386], zeitweise ausblieb und so der kontinuierliche Lern- und Entwicklungserfolg gefährdet schien, andererseits die Zahl der Sonntagsschüler kontinuierlich anstieg und nur die wirklich motivierten Jugendlichen ausgewählt werden sollten, kamen Leitung und Lehrer der Schule aus pädagogischen Gründen zu der Einsicht, dass es notwendig sei, „einen geringen Beitrag zur Schulunterhaltung von den Schülern einzucassiren"[387]. Nachweislich völlig unbemittelte Schüler blieben auch nach Einführung des Eigenanteils vom Schulgeld befreit. Die Lernmittel und sonstigen Unterrichtsgegenstände (Bücher, Zeichenbögen, Stifte, Modelle et cetera) blieben frei. Im 1855er-Rechenschaftsbericht konnte Preusker stolz darauf verweisen, dass die Einrichtung ohne eine öffentliche Unterstützung aus der Stadtkasse auskam und sich nur durch „freiwillige Beiträge" zahlreicher „Gönner der Anstalt"[388] finanzierte. Bibliothek und Gewerbeverein trugen sich ebenso wie die Sonntagsschule nur durch private Mittel selbst.[389] Ebenso konnte er auf den nachweisbaren Erfolg der Stiftung verweisen und insbesondere „die bewiesene Dankbarkeit zahlreicher bereits abgegangener Schüler" und deren eigenes Bekunden der besonderen „Nützlichkeit der Anstalt und die ihnen durch den erlaubten Besuch derselben erwiesene Wohl-

---

384 Preusker 1855, S. 5
385 Ebd., S. 6; vgl. Drewe 1999, S. 395
386 Preusker 1855, S. 5
387 Ebd., S. 4.
388 Ebd., S. 3.
389 Vgl. ebd., S. 10.

that"[390] für den weiteren eigenen Lebensweg erwähnen. In seiner 1835 in der zweiten Ausgabe veröffentlichen Schrift, konnte Preusker auf 231 Schüler verweisen, die in den ersten vier Jahren (1830–1834) die Sonntags- und Gewerbschule besucht hatten.[391]

Zwischenbetrachtung II
Bürgerliche Sonntagsschule –
das sozialpädagogische Konzept der Vormärzzeit

In der Zeit des Vormärz gewann die Pädagogik das Potenzial als Lösungsinstrument für innen- und sozialpolitische Aufgaben. In Teil I sind die Voraussetzungen bürgerlicher Sozialreform, die sich pädagogisch an junge Schulentlassene wandte, deutlich geworden, und in Teil II konnte mit der Darstellung des bürgerlichen Sonntagsschulkonzeptes eine in dieser Zeit verbreitete Form pädagogischer Einflussnahme auf gesellschaftliche Entwicklungen vorgestellt werden. Nicht die wissenschaftlich-literarische Pädagogik, aber pädagogisch gebildete oder interessierte Bürger sahen ihre soziale Gesamtverantwortung für die Beantwortung der zunehmenden sozialen Fragen und betraten mit den neugewonnenen Arbeitsfeldern das Gebiet der *Sozialpädagogik*. Dem unter sozialpädagogischem Blick relevanten Konzept der bürgerlichen Sonntagsschulen lagen der zeitgenössische *Bildungs-* und *Berufsbegriff* zu Grunde.

Die moderne Sozialpädagogik entwickelte sich etwas zeitverzögert mit der bürgerlichen Gesellschaft. Diese ist der *direkte Nährboden sozialpädagogischen Handels*. Die so genannte *Sozialisierung* der sozialpädagogischen Aufgaben – so die zeitgenössische Diktion im Kontext des RJWG – ist die zweite Phase sozialpädagogischer Entwicklung, mit ihrem bekannten Ausbau und ihren Differenzierungen.

Die Untersuchung ermöglichte die Rekonstruktion der historischen Entwicklung; sie verhalf ein tradiertes Missverständnis aufzudecken, das auf Grund interessengeleiteter Darstellung seit dem frühen 20. Jahrhundert gefestigt wurde. Zwar hatten die Akteure der Reformpädagogik nach 1890 einen ausgeprägten Modernitätsanspruch, aber sie wollten sich zugleich in eine starke

---

390 Ebd., S. 5

391 Er nennt „1 Buchdrucker, 3 Buchbinder, 12 Bäcker, 1 Böttcher, 2 Beutler, 1 Büchsenmacher, 14 Cattundrucker, 4 Copisten und Expedienten bei Juristen, Fabrikanten ec., 3 Drechsler, 3 Formstecher, 3 Fabrikarbeiter, 1 Fleischer, 4 Glaser, 2 Kupferschmiede, 1 Klempner, 4 Kürschner, 1 Kammmacher, 3 Leinweber, 1 Lohgerber, 11 Maurer, 1 Musicus, 1 Müller, 4 Nagelschmiede, 1 Oeconom, 1 Riemer, 29 Schuhmacher, 6 Schlosser, 7 Schneider, 7 Seiler, 10 Sattler, 1 Schornsteinfeger, 3 Stellmacher, 6 Schmiede, 1 Strumpfstricker, 1 Seifensieder, 34 Tuchmacher, 21 Tischler, 4 Tuchscherer, 1 Tuchbereiter, 2 Töpfer, 1 Wagner, 2 Weißgerber, 9 Zimmerleute, 2 Zeugschmiede. Darunter 61 Gesellen, 166 Lehrlinge …" (Preusker 1935b, S. 221).

Tradition stellen. In Pestalozzi fanden sie die Leitfigur, die der Erneuerungs-
bewegung pädagogischer Intentionen, die im Wilhelminischen Kaiserreich zur
erstarrten Konvention geraten war. Nietzsche hatte die Kritik formuliert, die
Nohl als Keimboden der Reformpädagogik wertete. Dass er sich auf die Deutsche Bewegung als Vorgeschichte der Reformpädagogik berief, geschah nicht
zweckfrei und zufällig. Indem sich Reformpädagogen auf Pestalozzi beriefen,
den sie aus der Vergessenheit zurückholten und relativ nahtlos für die eigene
Programmatik instrumentalisierten, blendeten sie den Wandel der pädagogischen Geschichte zwischen Pestalozzi und der eigenen Zeit aus. Die Tradition,
auf die sie sich beriefen, und die eigene reformpädagogische Intention wurden durch einen zeitlichen Hyperbus in eine starke Kontinuität gestellt. Jedoch
war der Zugriff auf Pestalozzi ahistorisch, weil selektiv und willkürlich. Pestalozzi sollte nur als Zeuge für die eigene Modernität stehen; es sollte allein die
unhintergehbar „richtige" Absicht und eine plausible Beständigkeit zwischen
dem zum pädagogischen Helden stilisierten Schweizer und der Reformpädagogik hergestellt werden. Das behauptete Novum durfte durch die Tradition
nicht in Frage gestellt werden. Hier liegt eine Ursache der Nohlschen Behauptung, das Gebiet der Sozialpädagogik habe sich *erst um die Jahrhundertwende* als eigenständige pädagogische Professionalität entwickelt. Pestalozzi steht
aber für restaurative Ziele; seine Pädagogik geschah nicht „um des jungen
Menschen willen", sondern zum Erhalt ständischer Begrenzungen. Pestalozzi
als völlig vormodern abzutun, wäre nicht richtig. Grundbegriffe seiner Pädagogik, wie etwa die Erziehung für die neuen Arbeits- und Lebensbedingungen,
die Erziehung zur Selbsttätigkeit, die Individualsorge und das angestrebte Er-
zieher-Zögling-Verhältnis, waren fortschrittlich und wurden auch von Pädagogen mit freimaurerischem Hintergrund und unter Berufung auf den Schweizer angewandt. Aber ihm fehlte das entscheidend Neue. Den Adressaten seiner Pädagogik wurde keine pädagogische Hilfe zur Verbesserung der eigenen
Situation gegeben, sondern durch Erziehung sollten sie gefügig gemacht werden. Die Ziele lauteten: Selbstbescheidung und fröhlich die eigene Lebenslage
tragen und nicht nach einer positiveren Zukunft Ausschau halten, Erziehung
zur Armut und Bewährung in den gegeben Lebensverhältnissen. Dies macht
den gravierenden Unterschied zwischen Pestalozzi und jenem Konzept bürgerlicher Reformer freimaurerischer Herkunft aus.

Professionsgeschichtlich ist ab 1806 ein Anfang, der Beginn einer ehrenamtlich durchgeführten und als sozialpädagogisch zu charakterisierenden Tätigkeit nachzuweisen. Dabei ließen sich die in der Sonntagsschule Tätigen auf
verbindliche, langjährige Verpflichtungen zu diesem Engagement ein. Damit
wurde im Vormärz solche soziale, auf das Gemeinwesen wie auf die einzelnen
Adressaten der Bemühungen gerichtete Pädagogik zwar nicht schon zu einer

---

392 Wehrmeister 1995, S. 16

Profession Sozialer Arbeit, aber dieses Bürgerengagement ist als Pionierarbeit in diese Richtung zu begreifen.

Die Schriften Preuskers sind nicht als wissenschaftstheoretische Texte zu verstehen, sondern als eine pragmatische Handlungstheorie, die sich an Personen richtete, die sich in natürlichen oder professionellen Erziehungskontexten bewegten. Seine Beiträge verstand er als eine methodische und reflektorische Hilfe. Seine Erziehungsschriften begriff er selbst als semantischen Code für die Implementierung einer Praxis der metaphylaktischen Erziehung. Den Begriff der *Sozialpädagogik* verwendete Preusker für diese Praxis nicht. Dieser Terminus war zu neu und noch bar jeder Fundierung. Wichtig waren ihm das methodisch Neue einer allgemeinen und zugleich gewerbsbildenden Nacherziehung mit wirklichkeitsverändernden und gesellschaftsgestaltenden Zielen. Die bürgerliche Sonntagsschule des Vormärz wurde ein „Symbol zum sozialen Aufstieg"[392], weil sie ihre Zöglinge aus der gesellschaftlich verschuldeten Unmündigkeit in die Mündigkeit führen konnte. Sie boten ihrer Klientel das Minimum an Qualifikationen, das in der industriellen Gesellschaft von jedem erwartet wurde, der an ihr teilhaben wollte. Dazu gehörte auch die Erreichung eines Mindestmaßes an sozialer Kompetenz; man kann ihre Funktion mithin als *soziale Alphabetisierung* bezeichnen.

Sozialpädagogik konnte sich nicht, wie von Diesterweg vorgeschlagen, als *allgemeines Konstrukt* für in einen Kontext gehörige Sachverhalte durchsetzen, weil eine theoretische Auseinandersetzung, die über rein pragmatische Fragen hinausging und damit das Entstehen einer allgemeinen Theorie und Methode bis zur Jahrhundertwende unterblieb. Damit ist der Beginn einer Theorie- und Wissenschaftsgeschichte wesentlich später zu verorten. Aber die Setzung für den Beginn moderner Sozialpädagogik als Handlungstheorie, das belegen etwa die umfangreichen Schriften Preuskers, ist willkürlich und eine zweckgebundene Behauptung.

Die Vormärz-Zeit und ihre *sozialpädagogischen* Konzepte beachteten Reformpädagogen nicht, weil sie einerseits eigenen gesellschaftstheoretischen Zielen und Methoden an Modernität wenig nachstand, andererseits weil man sich auf ihre Begründer in der politisch aufgeladenen Zeit des Kaiserreiches, die durch Nationalismen und Zeitgenossen wie Ludendorff, die den Juden- und Freimaurerhass schürten, wenig berufen konnte und ein angeblicher *Vater der Reformpädagogik* in eine weite, nicht überbrückbare Ferne gerückt wäre, denn Pestalozzi galt den Sozialreformern des Vormärz schon als veraltet. Es mag sein, dass die Reformpädagogen in ihrer Frontstellung gegen den Herbartianismus ältere Konzepte übersehen haben, aber sie müssen Kenntnis von diesen Dingen gehabt haben. Es entsprach aber dem Zeitgeist, sie nicht zu beachten oder sich nicht auf Freimaurer als geistige Väter einer neuen Pädagogik zu berufen. Pestalozzi war unverfänglicher, weil man eine Legende aufbauen konnte. Alles, was eine direkte Genealogie zu Pestalozzi hätte erschweren können, war so zu vermeiden. Den wissenschaftlichen Reformpädagogen hätte in redlicher wissenschaftlicher Arbeit die große Ähnlichkeit des freimaurerisch begründeten Ansatzes im pädagogischen Bezug oder Verhältnis auffallen müssen: Der in der freimaurerisch begründeten Pädagogik liegende ethische Rationalismus, die Ansätze zur Gesundheitspädagogik, die Betonung der Naturerlebnisse, die Bedeutung des Wandern, des Gleichaltigrenerlebnisses, die Frauenbildung und Gedanken zur Frauenberuflichkeit und vieles mehr, Ingredienzen, die auch die verschiedenen reformorientierten Ansätze der Jahrhundertwende prägten, hätten ihnen auffallen müssen. In all dem bot der reformpädagogische Ansatz der Jahrhundertwende wohl eine Alternative zum Herbartianismus, mitnichten aber irgend etwas Neues. Es ist deutlich geworden, dass das höhere Bürgertum ein verständliches Interesse an Nacherziehungsschulen für die einfache Bevölkerung hatte. Die neuen Einrichtungen waren keine Fabrikschulen, die ihre Adressaten zweckgerichtet für nützliche ökonomische Zwecke ausbilden sollten. Vom Neuhumanismus hatte die Freimaurerei die Überzeugung übernommen, dass der Ausgangspunkt jeden allgemeinen gesellschaftlichen Fortschritts der Menschheit das Individuum sei und der Zweck der Sonntagsschulen nur das Subjekt sein dürfe. Den Neuhumanismus Humboldtscher Prägung allerdings lehnten die Wirtschaftsbürger als unzeitgemäß ab.

Preuskers Konzept der Sonntagsschulpädagogik ist allerdings überfrachtet mit bürgerlich-romantischen Vorstellungen und von bürgerlichem Selbstverständnis. Er lässt sich von aus seiner Sicht guten und edlen Zielen leiten und entwickelt in seinen didaktischen Überlegungen zum Teil unrealistische Ziele für die Sonntagsschüler. Obwohl er wiederholt die Klientel beschreibt, die er anzusprechen sucht, scheint er oft die Erziehung bürgerlicher Jünglinge zu meinen. Seine Vorschläge zum Turnen und anderen Freizeitanregungen erscheinen nicht nur als weltfremd, sondern als undurchführbar. In der Praxis wird auch Preusker sich auf die Unterrichtung dringenderer Bildungsgehalte und Erziehungsziele bescheidet haben. Auch die Stundenpläne der Großenhainer Einrichtung lassen keine andere Schlussfolgerung zu. Das Besondere der Sonntagsschulpädagogik ist das Menschenbild und die Erziehungsvorstellung. Beeindruckend ist sein Begriff der Person und der Individualität. Ihm liegt, das wird in seinen Schriften deutlich, am Einzelnen und seiner Entwicklung. Insbesondere sein Bestreben, den Adressaten einen Ort der inneren Ruhe und durch gemeinsame Reflexion Orientierung in einer sich wandelnden Welt zu geben und die Betonung der Wichtigkeit eines geplanten, überlegten Vorgehens zur Bewältigung der Biografieprobleme macht den sozialpädagogischen Charakter seiner Pädagogik deutlich. Die Konzeption ist geleitet von den Gedanken der Selbstkraft, Selbstbildung, Selbstvervollkommnung und des Selbstdenkens und zielt pädagogisch auf autonome Bürger. Die bürgerliche Sonntagsschulpädagogik war *das sozialpädagogische Konzept* des frühen 19. Jahrhunderts schlechthin. Die Einrichtungen zielten auf ein eingrenzbares Lebensalter: auf junge Erwachsene ab 14 bis circa 25 Jahren. Diese waren durch ihre soziale Herkunft in biographischen Krisensituationen und rangen nach Handlungsfähigkeit und sozialer Integration. Die Jugendlichen mussten ihre Teilnahmeberechtigung durch individuelle Leistung bestätigen; ohne entsprechende individuelle Anstrengung, mussten sie die Einrichtung wieder verlassen. Die Funktion der Sozialpädagogik entsprach historisch gegebenen Zielen: Lebensbewältigung und soziale Integration. Das Modell sozialpädagogischen Handelns zielte auf systemkonforme soziale Integration. Trotz der im Fluss befindlichen gesellschaftlichen Strukturen erschien den pädagogisch Handelnden eine Integration in eine geordnete, bürgerliche und angepasste Existenz als erstrebenswert. Marx hatte diese Form des „Bourgeoisie-Sozialismus" abgelehnt, weil er aus seiner Sicht darauf angelegt war, die Arbeiterschaft in die bürgerliche Welt und damit ein feindliches System einzugliedern und die sozialistische Revolution zu verhindern. Durch die Eingliederung in die bürgerliche Gesellschaft entstand eine für die Industriemoderne charakteristische Vergesellschaftung: Teilhabe bedeutete Abhängigkeit von den vielfältigen Institutionen der bürgerlichen Gesellschaft. Hinter dem unbestrittenen Primat der Fürsorge und dem individuellen Glück des Einzelnen stand der Wunsch der Systemerhaltung: ein Ziel, dem alle Sozialpädagogik – auch heute – dient.

TEIL III

Duisburger Verhältnisse und die Umsetzung freimaurerischer Sozialethik

1. Logen in Duisburg

Die erste logenähnliche Verbindung in Duisburg wurde 1767 als Studentenorden gegründet; er bezog sich auf freimaurerähnliche Grundsätze.[1] Die ersten echten Logenvereine bildeten sich 1784: die Logen *De The Gefallen* und *Zur Hoffnung*. Für das späte 18. Jahrhundert wird eine weitere Loge (*Pelopia*) von Dotzauer nachgewiesen. Die Gründung der Duisburger Logen erweckte bei vielen örtlichen Institutionen Widerstand. So erhob der Senat der in dieser Zeit sehr orthodoxen Duisburger Universität gegen die Logengründung Protest bei Friedrich dem Großen.[2] Friedrich wies jedoch am 2. August 1784 den Protest des Senats zurück. Über diese Logen ist allerdings relativ wenig bekannt. Sie bestanden allesamt nur wenige Jahre. Das letzte Sitzungsprotokoll der Loge *Zur Hoffnung* stammt beispielsweise vom 15. Januar 1788.[3] Warum die Logentätigkeiten eingestellt wurden, ist nicht zu ermitteln. Das Stiftungsdatum der heute noch bestehenden Loge *Zur Deutschen Burg* liegt auf dem 1. Oktober 1820.[4] Sie gehörte der ältesten preußischen Mutterloge *Zu den drei Weltkugeln* an. Die Duisburger Freimaurer entstammten als Mitglieder des protestantisch-calvinistischen Wirtschaftsbürgertums der führenden Oberschicht in der Stadt. Sie waren überwiegend als Fabrikanten und Großkaufleute am wachsenden Aufschwung Duisburgs als Wirtschaftszentrum des 19. Jahrhunderts beteiligt. Sie gründeten und leiteten Seifensiedereien, Zuckerraffinerien, Tabakfabriken, Tuch- und Seidenmanufakturen und waren als Unternehmer sehr erfolgreich.[5] Als Honoratioren legten die Freimaurer viel Wert auf Kultur- und Geselligkeitspflege. Neben den Räumen der am 2. November 1774 gegründeten *Societät* bildete das Logenhaus (die *Elisabethenburg* in der Beginengasse) und ein dazugehörender Garten den Mittelpunkt gesellschaftlichen Lebens, in dem auch Nicht-Brüder Gast- und Verkehrsrecht hatten. Das Lo-

---

1 Vgl. Pietsch 1961, S. 1-45
2 Vgl. Festschrift 1920, S. 2; Dotzauer 1977, S. 103, 31, 26
3 Vgl. Rhoden 1970/I, S. 332
4 Vgl. Festschrift 1920, S. 2; StADU 307/134
5 Vgl. StADU 10/2602

genhaus diente als Treffpunkt für Gesang, Musik, Literatur und vieles mehr und bot neben dem eigenen Weinkeller und einer umfangreichen Bibliothek ein Tanzparkett, Billard und eine Kegelbahn. Die Freimaurer hielten sich hier in ihrer Freizeit auf und verbrachten diese neben „erlaubten Spielen und Ergötzlichkeiten"[6] mit Rauchen und Gesprächen, um „auf eine Art des Lebens froh zu sein, wie es gesitteten Bürgern wohl ansteht"[7].

Sie leiteten vor allem große Handelshäuser für Kolonialwaren und Fabriken, die diese weiterverarbeiteten. Duisburg hatte schon vor der Jahrhundertwende vom 18. zum 19. Jahrhundert in der Verarbeitung von Kolonialwaren eine überregionale Bedeutung erlangt. Da sich die Stadt zu einem der wichtigsten deutschen Zentren der Tabakindustrie entwickelt hatte, war in den Revolutionsmonaten 1848/49 der Anteil der Tabakarbeiter in der Stadt groß; Heid berichtet von 521 Arbeitern.[8] In der Stadt wurde ein Zweigverein der deutschen *Cigarrenarbeiter-Association*, einer der ersten Arbeiter-Gewerkschaftsvereine, gegründet.[9] Auf Grund des hohen Tabakarbeiteranteils gab es hier wie in Werden und Dortmund einige kleinere Tumulte. Ansonsten waren die Revolutionsmonate im Ruhrgebiet ruhige Monate. Die Bevölkerung beteiligte sich kaum an den Aufständen, anders als in Solingen, Elberfeld, Hagen oder Köln. Die Duisburger Loge selbst hielt während der bürgerlich-demokratischen Bewegung von 1848/49 am Standpunkt der politischen Neutralität fest und versuchte gemäß ihren Überzeugungen „den politischen Affekt zu besänftigen".[10] Mit der Arbeiterbewegung gab es trotz des Sozialengagements sehr wenige Berührungspunkte. Zu groß waren die Unterschiede der sozialen Milieus und der politischen Vorstellungen. Kurz: Sie blieben bürgerliche Staatsbürger mit ausgeprägtem sozialen Sinn. Die Logenbrüder riefen in diesen Tagen die Arbeiter und Schüler in ihren Fabriken und der Sonntagsschule, die zwar seit 1846 in städtischer Trägerschaft verantwortet wurde, aber weiterhin durch die Freimaurer gefördert wurde, und an der Freimaurer als Pädagogen arbeiteten, zur Besonnenheit und Enthaltsamkeit in politischen Dingen auf. Drei Mitglieder der Duisburger Loge, die jedoch nicht in Duisburg lebten und wirkten, waren allerdings in die bürgerliche März-Revolution verwickelt. Ein Bruder war als Vertreter der bürgerlichen Ideologie unter den 568 Abgeordneten des Frankfurter Nationalparlaments: Freiherr Heinrich von Gagern (1799–1888), der zum Präsidenten der Nationalversammlung gewählt wurde. Erheblichen Einfluss auf die Frankfurter Versammlung hatte zudem Felix Fürst von Lichnowski (1814–1848), welcher der konservativen Sammlungsbewegung ange-

---

6 Linzen 1949, S. 14
7 Zit. ebd.
8 Vgl. Heid 1983, S. 18
9 Vgl. Tenfelde 1990 (Bd. 2), S. 189; Heid 1983, S. 17ff.
10 Festschrift 1995, S. 18

hörte. Ein weiterer Logenbruder gehörte den Radikalen in der Versammlung an: Robert Blum (1807–1848), der Führer der *Linken*.[11] Grundsätzlich betätigten sich die Freimaurer aber nur gesellschaftspolitisch: Erziehung zu Humanität und Toleranz vereint mit philanthropischem Wirken bildete seit Konstituierung das Rückgrat der nach außen wirkenden Arbeit der Loge. Die in aller Stille betriebene Unterstützungtätigkeit, die, allein schon auf Grund der Quellensituation (Vernichtung des Logenarchivs), in wenigen Fällen dokumentiert ist, wurde nur zum Teil institutionalisiert. Während der vergangenen 180 Jahre wurden immer wieder Katastrophen- und Unfallopfer, Witwen- und Waisen, unverschuldet in Not Geratene ideell oder finanziell durch die Loge unterstützt. Situative Hilfeleistungen im Seuchen-, Brand- oder Kriegsfall, beispielsweise beim Ausbruch der Cholera 1830 in Duisburg, Errichtung eines Lazarettes im Deutsch-Französischen Krieg 1870/71 und vieles mehr. Diese sozialen Dienste verbanden die Freimaurer immer mit ihren humanitären Prinzipien.[12] Es existieren nur noch wenige konkrete Hinweise auf Einzelfallhilfen. Unter anderem unterstützten die Duisburger Freimaurer in den 1830er-Jahren Opfer verheerender Brände im ostpreußischen Johannesburg und im westfälischen Werdohl sowie die Cholera-Opfer in Halle/Saale. Als am 27. Februar 1844 in Schweidnitz/Schlesien ein Zentralverein zur *Abhilfe der Webernot* gegründet wurde, beteiligte sie sich durch Geldspenden an den Zwecken des Vereins.[13] Die Theodor Fliednersche Stiftung in Duisburg wurde ebenfalls

---

11 Vgl. Festschrift 1995, S. 18f. Warum die Männer Mitglied der Duisburger Loge waren, ist unklar. Viele Logen im 19. Jh. nahmen häufig prominente Maurer als Ehrenmitglied in ihre Loge auf, so dass Mehrfachmitgliedschaften die Regel waren. So war Robert Blum auch Mitglied der Leipziger Loge. Aufgenommen wurde er 1836; vermutlich gehörte er auch einer Kölner Loge an. Nach allem, was über die Freimaurer, die Alten Pflichten und das sich ergebende Verhältnis zur eigenen Regierung gesagt wurde, stellte sich die Frage: Wie ist zu erklären, dass Freimaurer an Revolutionen und Freiheitskämpfen teilgenommen haben? Trotz der Verpflichtung, die sich aus der Verfassung aller Freimaurer ableitet, hat der einzelne Freimaurer durch seine Situation im Leben auch eine, sich aus den Idealen der Freimaurerei ergebende, eigene politische Haltung und handelt nach seiner Überzeugung und seinem Gewissen. Der einzelne Freimaurer ist an der Stelle, wo er im Leben steht, oft politisch aktiv und handelt nach seiner Überzeugung und seinem Gewissen. Dagegen darf und soll eine Loge keine Stellung in parteipolitischen Auseinandersetzungen beziehen.

12 Als nach dem Deutsch-Französischen Krieg im Jahre 1871 der Hass auf die französische Nation zur deutschen Staatsdoktrin erhoben wurde, traten die Freimaurer entschieden dafür ein, dem geschlagenen Feind die Liebe nicht zu versagen.

13 Vgl. Festschrift 1995, S. 19; Zimmermann 1885, S. 343ff. Der Schweidnitzer Zentralverein war 1844 gegründet worden, nachdem sich die örtlichen Hilfsvereine nicht mehr in der Lage sahen, der immer wieder aufkeimenden Not unter den Webern wirksam zu begegnen. Der Verein fasste alle Hilfsvereine und Einzelpersonen organisatorisch zusammen und diente vor allem als Zentralverwaltung zur Verteilung eingehender Hilfsmittel und zur Koordinierung einzelner Maßnahmen. Die Duisburger Loge hatte wahrscheinlich auf einen schriftlichen öffentlichen Aufruf reagiert, der von dem Zentralverein bei dessen Konstituierung ergangen war. In einer historischen Darstellung zur Entwick-

durch die Loge unterstützt.[14] Sie beteiligte sich an weiteren sozialen und pädagogischen Einrichtungen. So trat sie am 19. Mai 1900 dem in Düsseldorf durch 28 rheinisch-westfälische Ortslogen getragenen Verein *Kinderfürsorge* bei.[15] Neben der Sonntagsschule, war und ist die Duisburger Loge noch Träger weiterer sozialer Stiftungen beziehungsweise unterstützte solche Einrichtungen in Vergangenheit und Gegenwart durch ideelle oder monetäre Beteiligung.[16] Seit 1969 realisiert die Duisburger Loge ihre soziale Tätigkeit hauptsächlich durch ihr Hilfswerk *Humanitas*, durch das die Loge „innerhalb und außerhalb der Gemeinschaft"[17] in Not geratenen Menschen „materiell und seelisch"[18] Unterstützung zukommen lässt. Gemäß dem Grundsatz, der das soziale Engagement der Loge charakterisiert, geschieht diese Unterstützung unter „strikte[r] Wahrung der Toleranz in allen Lebensbereichen und entschiedene[r] Ablehnung aller Unmenschlichkeit und gewaltsamen, nicht friedlichen Verhaltensweisen im Zusammenleben der Einzelnen und der Völker"[19]. Konkret lassen sich neben der Sonntagsschule Quellen zu vier weiteren nennenswerten Institutionen bürgerlicher Sozialreform in Duisburg nennen: zur Witwen- und Waisenkasse (1821), zum evangelischen Frauenverein mit der ersten Frauenschule in Duisburg (1833), zum evangelischen Verein für eine Kleinkinderschule (1838) und zum Mäßigkeitsverein (1845); zudem ist ab 1841 eine Diskussion um einen Allgemeinen Duisburger Wohlfahrtsverein auszumachen. Diese Quellen vermitteln zusammen mit denen zur Sonntagsschule ein Bild bürgerlichen Sozialengagements während der Vormärz-Zeit in Duisburg. Jedoch kann diesen Einrichtungen an dieser Stelle nicht weiter nachgegangen werden.

---

lung des Textilgewerbes in Schlesien und die Not der Weber schreibt der Autor, dass gerade aus der Rheinprovinz große Unterstützung nach Schlesien gekommen und Geldmittel schon eingegangen seien, noch bevor der Zentralverein seine Arbeit aufgenommen hätte. Der schlesische Innenminister verfasste am 7. April 1844 einen Bericht, in dem er insbesondere auf die Hilfsmittel aus der Rheinprovinz einging und feststellte, dass ihm „unerklärlich [sei], wie der Nothruf in die Rheinprovinz gekommen sei, eher als er in Schlesien erschallt sei" (zit. ebd.). Während er ökonomische Interessen hinter der schnellen Hilfe wähnte, ist eher zu mutmaßen, dass freimaurerische Verbindungen zwischen den Ortslogen diese rasche Unterstützung ermöglichten.

14 Vgl. Festschrift 1995, S. 19. Fliedner entsandte auch Diakonissen in den Freimaurern nahestehende Einrichtungen. Das Verhältnis des orthodoxen Fliedner zu den Freimaurern zu untersuchen, wäre eine interessante Aufgabe.

15 Vgl. Endler/Schwarze 1994 (Bd. 1), S. 353ff.

16 Die Loge unterstützt auch das heutige Berufskolleg als institutionelle Nachfolgeeinrichtung der Sonntagsschule und andere Projekte der Jugendhilfe und Jugendsozialarbeit, der Aidshilfe, der Behindertenhilfe, Frauenhäuser und Tschernobylopfer, die in deutschen Pflegefamilien leben u.ä.

17 Humanitas – Hilfswerk Duisburger Freimaurer (e.V.), S. 1f.

18 Ebd.

19 Ebd.

2. Zu den politischen, kulturellen und ökonomischen Verhältnissen in Duisburg (1780–1850) und zum Duisburger Bildungswesen in der Gründungsphase der Sonntagsschule

Die Stiftung der bürgerlichen Sonntagsschule 1831 in Duisburg ist nur durch die historische Zeitanalyse, also vor dem in Teil I geschilderten rechtlichen, politischen, ökonomischen und bildungsphilosophischen Hintergrund, zu verstehen; aus diesem Gesamtkonnex ergibt sich erst die grundsätzliche Motivation ihrer Stifter. Es ist deutlich geworden, dass das entstehende soziale Bewusstsein verschiedenster gesellschaftlicher Kräfte und des veränderten Erziehungs- und Bildungsparadigmas vor allem eine Reaktion auf die beschriebenen sozioökonomischen Entwicklungen war. Der Wandel der sozialen Wirklichkeit traf in den gewerblich-industriellen Räumen vor allem den Handwerkerstand, das heißt unselbstständige Gesellen und Lehrlinge. Seit der Jahrhundertwende wurde hier das Problem wachsender Erwerbslosigkeit unübersehbar. Neben der Gewerbefreiheit, die zu einer partiellen Übersetzung einzelner Gewerke führte, wurde die sich ausweitende Maschinenproduktion als Ursache erkannt. Dazu kam, dass das Niveau der allgemeinen Bildung der Handwerkslehrlinge und -gesellen selten den primitivsten Grad überstieg. Dies führte verbunden mit den konjunkturellen Verwerfungen zur allgemeinen Verarmung des Handwerkerstandes. Die Menschen gerieten in die gesellschaftliche Isolation und ernsthafte Existenzprobleme. Im zeitgenössischen Kontext der ökonomisch-gesellschaftlichen Modernisierung brachen die bisherigen sozialen Gefüge auseinander. Vermehrt fielen hergebrachte Erziehungsinstanzen aus und es veränderte sich die Lebenswelt *aller*. Die Lebens- und Entwicklungsbedingungen von Kindern unterlagen grundlegenden Veränderungen. Die Trennung von Wohnort und Arbeitsplatz mit dem Niedergang der Hausindustrie verstärkte diese Entwicklung. Die in den neuen Produktionsorten (Fabriken) Beschäftigten, dies waren stellungslos gewordene Handwerksgesellen und Ungelernte sowie ein Teil ehemals unselbstständiger Bauern, mussten sich neuen, nämlich fabrikspezifischem Arbeitsrhythmus und einer streng reglementierten Arbeitsdisziplin unterordnen. Der wachsende Konkurrenzdruck auf die industrielle Produktion, vor allem ab 1830, die zunehmend differenzierte Arbeitsteilung, die Belastungen der mechanisierten Arbeitsabläufe, in der Hardenberg-Enquête *Verwöhnung* genannt, und die Tendenz, dass sich Frauen und in zunehmendem Maße auch Kinder am Lebenserwerb beteiligten, zerrissen die Familien.[20] Deren Funktion als soziale Primärgruppe zur Be-

---

20 Die beschriebene Entwicklung bezieht sich nur auf die unterste Gesellschaftsschicht; bürgerliche oder adlige Kreise waren anderen Bedingungen ausgesetzt. Entsprechend wurde hier der Begriff der Familie idealisiert. Marx kritisiert im Kommunistischen Ma-

friedigung wichtigster Daseinsbedürfnisse (Ernährung, Erholung, Geborgenheit, Erziehung et cetera) ging sukzessive verloren. Aber auch im kleingewerblichen Handwerk waren die Lehrlinge zumeist ähnlich schwierigen, wirtschaftlichen und sozialisatorischen Verhältnissen und sittlichen Gefährdungen ausgesetzt, ebenso wie die in den Fabriken Beschäftigten.

> „Der Handwerks-Lehrling, früher bis zur Lossprechung, streng beaufsichtigt und im Hause gehalten, besucht jetzt nicht selten, und nach völligen Belieben, bis in die Nacht hinein, Schank- und Tanz-Orte, und glaubt, außer der Arbeitszeit, weder dem erfahrenen Gesellen Achtung, noch dem Gebot des Herrn oder Meisters Gehorsam schuldig zu seyn. Vielmehr dem unheilvollen Vorbilde nachstrebend, in welchem die in Fabriken, als Lehrling oder Lohnarbeiter beschäftigten, wohl sogar noch schulpflichtigen jungen Leute, sich öfters zu überbieten pflegen"[21].

Die Ursache lag vor allem im Niedergang der Meisterfamilie als Lebens- und Erziehungsgemeinschaft, aber auch im Missbrauch der Handwerkslehrlinge durch die Meister, der sich in der gewerbefremden Beschäftigung, im Garten des Lehrherrn oder in Hilfsarbeiten im Betrieb zeigte.[22] Mollenhauer formuliert knapp die Konsequenz: „Nichts füllt die Lücke aus. ... So wuchsen weite Kreise der Jugend in einer Umwelt heran, die sie den Gefährdungen des gesellschaftlichen Lebens ohne jede institutionelle Sicherung auslieferte."[23]

Seit der Hardenberg-Umfrage wurde das Problem des Massenpauperismus immer häufiger mit dem angesprochenen Funktionsverlust primärer Erziehungsinstanzen und den Auflösungstendenzen der gewerblichen Organisationen des sozialen Zusammenhalts (Zünfte, Korporationen, Innungen als Sozialisationsinstanzen) mit mangelnder Daseinsvorsorge sowie der Kinderarbeit in

---

nifest 1847/48: „Die bürgerlichen Redensarten über Familie und Erziehung, über das traute Verhältnis von Eltern und Kindern werden um so ekelhafter, je mehr in Folge der großen Industrie alle Familienbande für die Proletarier zerrissen und die Kinder in einfache Handelsartikel und Arbeitsinstrumente verwandelt werden" (zit. bei Ballauff/Schaller 1973 (Bd. III), S. 595).

21 Preusker 1842 (Bd. 5), S. 9

22 Vgl. ebd., S. 3, 110ff. Das Handwerk war noch bis in die Mitte des 19. Jh.s der klassische Ort der Berufsausbildung. Die Ausbildung lag uneingeschränkt in den Händen der Handwerksmeister. Vor allem im 18. Jh. wohnten die Lehrlinge auch in der Familie des Meisters. Mit dem Verfall der Zünfte seit der Zunftfreiheit fehlte aber eine moralische Instanz. Lehrlinge wurden häufig als gewerbefremden Hilfsarbeiten in Haus, Garten und auf dem Feld missbraucht. Zeitgenössische Berichte, wie der Bericht an den Gewerbeverein in Hannover vom 13. Juni 1829, vermitteln ein dramatisches Bild (vgl. Wagenknecht 1961, S. 7). Vom durch Königliche Verordnung vom 28. August 1828 entstandenen Hannoverschen Gewerbeverein sind weitere ähnliche Berichte überliefert (vgl. Bessell o.J. (1904), S. 8).

23 Mollenhauer 1987, S. 23; vgl. o. A.: Ueber die ästhetische Erziehung der Proletarier. In: DVS 1. Heft. Jg. 11 (1848), S. 129

Verbindung gebracht. Der Staat hatte mit den Reformen seit 1808 nur den Mut bewiesen, die alten Institutionen, „die alte sociale Ordnung"[24], zu zerstören, nicht aber die Kraft, eine neue Ordnung zu schaffen. Die Untätigkeit des Staates hat „wesentlich zur Schöpfung des Proletariats oder des so genannten vierten Standes beigetragen"[25]. Diese Kraftlosigkeit resultierte aus der widersprüchlichen Verfassungsrealität des Staates. Das Pauperismusproblem wurde zwar vom Staat erkannt. Daraus folgten aber nur Ansätze zu einer Diskussion sozialer Reformen des Gesetzgebers. Für eine sozialpolitische Einmischung durch eine positive Gesetzgebung fehlte zwar nicht die rechtliche, aber die moralische Voraussetzung. Das Landrecht hatte einen entsprechenden gesetzlichen Horizont ausgezogen, innerhalb dessen der Staat zunehmend seine rechtsstiftende Befugnis absteckte, die seitdem gezielter in das soziale Leben einzugreifen erlaubte als zuvor. Vorerst aber ließ das neue liberale Staatswesen, das den merkantilen *Policeystaat* überwunden hatte, einen solchen Schritt nicht zu. Jene Menschen, welche die Befreiungsgesetzgebungen wohl *freigesetzt* hatte, die ansonsten jedoch sich selbst überlassen waren, die kleinbäuerliche Landbevölkerung und die unselbstständigen Handwerker sowie ihre Familien, strömten in die industriellen Ballungsräume und in die Fabriken. „Der Übergang von der ständischen zur Klassengesellschaft war im Gange. Dieser Prozeß, dessen geistesgeschichtliche Wurzeln wesentlich weiter zurück reichen, fand jetzt seinen deutlichen Niederschlag."[26]

Die so genannte *Soziale Frage* war in dieser historischen Phase als bestehender Klassengegensatz noch nicht formuliert, obwohl das Hardenberg-Dokument ein entstehendes Bewusstsein für das Pauperismusproblem deutlich macht. Den bürgerlichen Reformkräften wurde das Entstehen eines neuen gesellschaftlichen Standes erst allmählich bewusst. Daher konnten die frühen sozialen Reformkräfte die Forderung nach einem Ausgleich zwischen sozialen und ökonomisch-technischen Bedingungen, zumindest am Anfang, noch nicht *eindeutig* formulieren, obwohl sie ihre Projekte im Anschluss an die gesellschaftliche Modernisierung ausdrücklich als Teilhabe aller an den neuen gesellschaftlichen und wirtschaftlichen Möglichkeiten begriffen.[27] Ihr Sozialengagement erfolgte meist auf Grund philosophischer und anthropologischer (ethisch-sittlicher) Überzeugungen und weniger auf Grund eines entsprechenden Problembewusstseins. Trotz ihrer ethischen Begründung stießen ihre Überlegungen und Ansätze zur Sozialreform im bürgerlichen Lager nicht nur

---

24 o. A.: Ueber die ästhetische Erziehung der Proletarier. In: DVS 1. Heft. Jg. 11 (1848), S. 129
25 Ebd.
26 Mollenhauer 1987, S. 23
27 Vgl. StADU 10/4279, Duisburger Kreisblatt, 5. Jg., Nr. 100, vom 16. Dezember 1841, S. 2f.

auf Befürworter: „an *Einwürfen*, ... an Widerstrebungen, Anfeindungen und nachtheiligen Einwirkungen mancherlei Art"[28] mangelte es nicht.

1815 hatte Grashof eine Frage gestellt, die – freilich nicht deutlich ausgesprochen – eine Instanz ins Spiel gebracht hatte, die zwischen den verschiedenen gesellschaftlichen Interessen ausgleichend zu vermitteln hätte. „Muß denn die Politik mit der Moral in ewiger Collission stehen und läßt das größte Problem, mit dem äußeren Wohle des Bürgers auch das innere des Menschen zu verteidigen sich denn nirgends befriedigend lösen! [29]"

Diese Frage bestimmte die gesamte Reformpolitik des neuen Staates. Indes war, das ergibt sich aus dem paradoxen Selbstverständnis des Frühliberalismus, nicht der Staat mit dieser Instanz gemeint, sondern die Gesellschaft, das heißt – gegenüber dem alten Bild des Untertanen – der freie und autonome Bürger in neuer Ordnung. Hier wird der neue von den Reformern gemeinte Staatsbürgerbegriff deutlich. Der Bürger sollte sich zur Entlastung des Staates, darauf war die Steinsche Städteordnung angelegt[30], im Gemeinwesen engagieren und vielfältige Funktionen in der Wirtschafts- und Bürgergesellschaft übernehmen, allerdings mehr um den Staat von Kosten und Aufgaben zu entlasten.[31] Er sollte den Ausgleich zwischen dem im Kontext der Hardenberg-

---

28 Preusker 1835b, S. 153

29 GStA PK, I. HA Rep. 76 – II Sekt. 1 Ge e Nr. 5, Bl. 78

30 Die Steinsche Städteordnung von 1808 war, neben der Munizipalverfassung, die in den französisch besetzten Landesteilen bzw. im Rheinbund eher eingeführt wurde, die Voraussetzung der kommunalen Selbstverwaltung in Preußen. Das Bürgerrecht galt unabhängig von Stand, Geburt, Religion (§ 19). Das Recht der Wahl der Stadtverordneten war allerdings an wirtschaftlicher Selbstständigkeit und Besitz gebunden. Im 19. Jh. sind städtisches (öffentliches) und privat(-bürgerlich)es Sozial-Engagement kaum zu trennen. Das wahlberechtigte, steuerzahlende Bürgertum – alle volljährigen Männer, die Grundbesitz oder ein Jahreseinkommen von mindestens 150 Talern nachweisen konnten, und die politische Führung der Stadt bestand i.d.R. aus demselben Personenkreis. Diese Oberschicht beeinflusste maßgeblich die Geschicke der Stadt als Gemeinderatsmitglieder oder in ihrer gesellschaftlichen Stellung, bspw. als Arbeitgeber; aus ihrer Mitte wurde der Bürgermeister gewählt. Gleichzeitig begegneten sich Teile dieses Personenkreises z.B. im Presbyterium oder in der örtlichen Handelskammer. Die Bürgermeister waren i.d.R. im Vorstand bürgerlicher Wohlfahrtseinrichtungen wie auch anderer bürgerlicher Anstalten (bspw. der Handelskammern). Die Struktur des Staates hörte prinzipiell beim Landrat auf. Die Kommunen waren im Grunde bürgerliche Vereinigungen, ähnlich den kirchlichen Gemeinden. Verfassungsrechtlich wurde die Kommune noch in der WRV nicht im Kapitel über den strukturellen Aufbau des Reiches, sondern im Kap. Gemeinschaftsleben (Art. 127) eingeordnet. Zwar waren die Bürgermeister staatlich bestätigte Beamte, aber gerade im 19. Jh. waren sie wirtschafts- wie sozialpolitisch Interessenvertreter der Kommune gegen den Staat. Dabei kam ihnen zugute, dass sie, im Vergleich mit heutigen Bürgermeistern, mit ausgedehnten Befugnissen ausgestattet waren. Im Laufe des 19. Jh. weiteten die Gemeinden auf Grund der sich ergebenden Notwendigkeiten sukzessive die Selbstverwaltung aus.

31 Trotz der Besonderheit in den ehemals französisch besetzten oder verwalteten Gebieten, in denen das französische Munizipalsystem bis 1845 galt, gelten die Aussagen in gleicher

Umfrage deutlich gewordenen Prinzip sozialer Verantwortung und staatlicher Enthaltsamkeit schaffen und die ausgeglichene „Balance zwischen Verantwortungen, Rechten und Pflichten"[32] herstellen, die eine Demokratie und moderne Gesellschaft erst möglich machen. Die Lösung der sozialen Fragen und wohlverstandene eigene Interessen (Stärkung des eigenen Standes) nicht auf Kosten Dritter zu realisieren, sondern auch das Wohl der untersten Volksschicht zu berücksichtigen (und hierdurch das innere Wohl des Menschen zu verteidigen, heißt die Menschlichkeit nicht zu verlieren), nahmen sich die bürgerlichen Kräfte zur Aufgabe. Zudem wollten sie unter dem unselbstständigen Handwerker- und Arbeiterstand die Bildung eines Selbstbewusstseins und ihrer gesellschaftlichen Emanzipation ermöglichen. Diese Anfänge der bürgerlichen Sozialreform bilden ideengeschichtlich und institutionell den zweiten „eigenständigen Teil ... [des] *Reformzyklus*[es]"[33], der mit der Stein-Hardenbergschen Reformphase begann. Vor diesem Hintergrund wird im folgenden die Duisburger Geschichte interessant, und zwar als ein regionalgeschichtliches Beispiel der frühen Entwicklung sozialpädagogischer (Reform-)Konzepte im 19. Jahrhundert.

Während der schweren Wirtschaftskrise 1816–1818 zählte Duisburg rund 5.700 Einwohner.[34] 1830 hatte sich die Zahl auf 7.000 Einwohner erhöht und war damit seit 1740 mehr als verdoppelt.[35] Politisch gehörte die Stadt (erste gesicherte urkundliche Erwähnung 883)[36] als klevische Stadt (seit 1290) ab 1666 zu Brandenburg-Preußen (mit Ausnahme der Rheinbundzeit 1806 bis 1814).[37]

Weise. Das städtische Bürgertum erlangte durch die, infolge der Kriegshandlungen, ausgeweiteten Selbstverwaltungsrechte größere politische Spielräume, die von den Staatsreformern in Preußen aus den genannten Gründen gewünscht waren.

32 Fest 1997, S. 7

33 Reulecke 1985, S. 22

34 Duisburg hatte damit zu Beginn des 19. Jh.s eine mittlere Größe; die meisten Städte auf dem Gebiet des späteren Deutschen Reiches erreichten in dieser Phase der Urbanisierung gerade eine Einwohnerstärke von weniger als 3.000. Die beiden einzigen größeren Städte waren Berlin und Hamburg. 1800 hatte Berlin schon über 100.000 Einwohner.

35 Rhoden 1970 (Bd. 1), S. 161; Linzen 1949, S. 21. Demographische Entwicklung in Duisburg von 1740–1905:

1740	–	3.154 Einwohner	1806	–	5.254 Einwohner
1816	–	5.749 Einwohner	1825	–	6.408 Einwohner
1830	–	7.005 Einwohner	1850	–	11.856 Einwohner
1875	–	36.706 Einwohner	1880	–	40.533 Einwohner
1900	–	92.530 Einwohner	1904	–	100.000 Einwohner
1905	–	110.317 Einwohner			

36 Die Stadt geht auf eine Germanensiedlung des 5. Jh. zurück. Die erste Bebauung des späteren Stadtkerns wird auf ca. 740 datiert. Die Besetzung und Zerstörung Duisburgs durch die Wikinger 883/884 war der Anlass der ersten urkundlichen Erwähnung (vgl. Rhoden 1970, S. 349).

37 Vgl. Averdunk 1894

Während die Kriege des 16. und 17. Jahrhunderts und die durch sie bedingten Wirtschaftskrisen und Veränderungen der alten Handelsströme (vor allem
im 16. Jahrhundert) den Niedergang der anderen Hansestädte an der Ruhr, so
in Dortmund (durch die merkantile Wirtschaftspolitik der preußischen Territo-
rien), beschleunigt hatte, bildete Duisburg, das auf Grund Klevisch-Branden-
burger Heiratsverbindung zu Brandenburg-Preußen gehörte, eine Ausnahme.[38] Die ausgeprägte Grenzlage in dem vom übrigen klevischen Gebiet durch
die Ruhr abgetrennten Territorium zwischen Ruhr und Rhein, das Duisburg
mit dem benachbarten Ruhrort teilte, begünstigte die wirtschaftliche Entwicklung. Als preußisch-klevische Stadt konnte Duisburg seinen für die ökonomische Entwicklung wichtigen, durch einen westlich der Stadt, gegenüber vom
Essenberg bei Homberg, gelegenen Schiffsladeplatz nutzen und die selbstständige wirtschaftliche Entwicklung der östlich gelegenen kleinstaatlichen Gebil-
de, der Herrschaft Broich, des Stifts Essen und der Abtei Werden, denen durch
den Einschluss in das preußisch-klevische Gebiet der Zugang zum Strom ver-
sperrt war, mit Unterstützung der preußischen Zoll- und Handelspolitik unter-
binden. Im Verlauf des 17. Jahrhundert hatte Duisburg in ständiger Konkurrenz zu Ruhrort eine Bedeutung als wichtiges Handelszentrum gewonnen.[39]
1796 beschreibt der damals 22-jährige Reisende Justus Gruner (1777–1820),
Mitglied der Reformgruppe um Humboldt und späterer Polizeipräsident Ber-
lins, das zeitgenössische Duisburg positiv: „Ihr Inneres ist nicht schön, hat aber
artige Häuser, helle Gassen, und im ganzen den Charakter der Wohlhabenheit,
die hier wirklich zuhause ist."[40] Diesen Status hatte Duisburg auf Grund folgender Entwicklungen erlangt: In der zweiten Hälfte des 18. Jahrhunderts wurde
die Stadt zu einem Zentrum der niederrheinischen Textilherstellung. Nach einem Brand der Bergischen Stadt Lennep (1746) siedelten mehrere Bergische
Handels- und Manufakturfamilien mit ihren Arbeitern nach Duisburg um: Peter Christian Tuckermann, Engelbert Hardt und Johann Abr(aham). Merrem.
Bis zum Ende des Jahrhunderts folgten einige andere bedeutende Bergische
Kaufmannsfamilien. Diese calvinistisch geprägten Neu-Duisburger, zu denen
auch die Familien vom Rath, Langens, Bredt und Heantjen zählten, haben in
starkem Maße zur Entwicklung des rheinischen Industriegebietes im 19. Jahrhundert beigetragen; zugleich waren sie mit einigen älteren Duisburger Fami-

---

38 Gruner, der spätere preußische Generalgouverneur für die Gebiete Berg und Mark vor
   der Gründung der preußischen Westprovinzen, beschrieb 1803 bspw. die wirtschaftlichen, politischen und kulturellen Zustände in Dortmund als verfallen, unsittlich, eng und
   dunkel und „im Äußeren und Inneren gleich sehr verwahrloset" (zit. bei Reulecke, in:
   Köllmann et al. 1990 (Bd. 1), S. 72) beschrieben.
39 Vgl. Lehmann 1958, S. 59ff.
40 Zit. bei Linzen 1949, S. 16. Weiter schreibt Gruner: „Ehemals gehörte Duisburg zur Han-
   se, und noch jetzt ist ihr Handel sehr blühend, theils durch Speditionen der Fabrikate
   aus dem Herzogtum Berg nach Holland, theils durch eigene Manufakturwaren, deren
   Verfertigung eine Menge Menschen nährt." (ebd.); vgl. Rhoden 1998, S. 117

lien Träger der privatbürgerlichen Wohlfahrt während der ersten Hälfte des 19. Jahrhunderts.[41] Der so genannte rheinische Kapitalismus, das heißt die Symploké kapitalistischen Unternehmertums mit der Bereitschaft zur Übernahme sozialer Verantwortung, hat hier einen bedeutenden Ursprung.

Zwischen dem Ende des 18. und dem Beginn des 19. Jahrhunderts war die Stadt vor allem im Zuge der regen Rheinschifffahrt zwischen dem gewerbereichen Bergischen Land – dem bedeutendsten Konzentrationspunkt frühindustrieller Entwicklung auf dem europäischen Festland in dieser Zeit – und den Niederlanden (Rotterdam) in ihrer Entwicklung begünstigt. Durch den genannten westlich der Stadt gelegenen Ladeplatz hatte sich der lokale Handel wieder einen wirtschaftlich nutzbaren Zugang zum Rhein erschlossen, der im 13. Jahrhundert durch eine natürliche Verlagerung des Flusses verloren gegangen war. In der so genannten Börtschifffahrt hatte sich Duisburg seit dem Ende des Dreißigjährigen Krieges (1648) zu einem überregionalen Umschlagplatz für Frachtgüter entwickelt.[42] Es herrschte eine lebhafte Handels- und Gewerbetätigkeit – hauptsächlich mit Kolonialwaren (Reis, Rosinen, Südwein, Tabak, Zucker, Gewürze, Kaffee und anderem), Bier, Kohlen, Papier, Eisenprodukten und Textilrohstoffen (wie Wolle, Baumwolle, Seide, Hanf, Leinen); zudem gab es die Textil-, Seifen- und Tabakindustrie und den Schiffsbau.[43] Neben dem Handel mit Kolonialwaren bestanden etliche Manufakturen und Fabriken zur Weiterverarbeitung der genannten Produkte.[44] Insbesondere die Tabakverarbeitung zählte in Duisburg zu den ältesten industriellen Anlagen.[45] Im *Historischen Bericht der Stadt Duisburg* von 1721 wird zum ersten Mal die Bearbeitung von rohen Tabakblättern erwähnt.[46] Die Liste der Duisburger Neubürger aus dem Jahre 1712 verzeichnet unter den neuen Bürgern einen Franz Beggem, der als Tabakspinner geführt wird.[47] Seit Mitte des 18. Jahrhunderts betrieb unter anderen Petrus Carstanjen neben dem eigentlichen Rohtabakhandel entsprechende Produktionsanlagen. 1777 bestanden in Duisburg sieben Tabakfabriken, unter ihnen die bedeutende Böninger Manufaktur. Ein Sohn

---

41 Vgl. Weber 1988, S. 17f.

42 „Beurth" oder „Bört" (holländisch) bedeutet „Gebühren". Den betreffenden Schiffern gebührte eine besondere Reihenfolge, ein Rang in der Schifffahrt. Die Börtschifffahrt war ein Handelslinienverkehr mit Segelschiffen nach einem festen Fahrplan zwischen Duisburg und Rotterdam seit 1674. Letzter Duisburger Börtvertrag 1844.

43 Vgl. RWWA Köln, 20–1-7 (Jahresberichte 1832–1834); 20–1-8 (Jahresbericht 1834)

44 Zu den Begriffen Manufaktur und Fabrik: Sie werden in den Dokumenten uneinheitlich gebraucht, meinen aber fast immer dasselbe. Der letztere suggeriert eine gewisse Neuheit der Produktionsmethoden, z.B. zunehmende Arbeitsteilung etc. Etymologisch wurde Fabrik schon im Merkantilismus gebraucht. In Preußen wurde bspw. 1712 vom Staat ein Fond zur Förderung von Industrie und Gewerbe, mit der Bezeichnung „Fabrikenkasse" gegründet.

45 Vgl. Tenfelde, in: Köllmann et al. 1990 (Bd. 1), S. 131

46 Vgl. Heid 1983, S. 17

47 Vgl. StADU 10 A 109

Carstanjens, Peter Carstanjen, der die Fabrik 1794 übernahm und vergrößerte, konnte die überregionale Bedeutung weiter steigern.[48] In dieser Zeit war Duisburg für über ein halbes Jahrhundert lang das Zentrum der deutschen Tabakindustrie. Auf Grund dieser Entwicklung hatte einzig Duisburg im Vergleich zu den alten Hansestädten der Ruhrregion zu Beginn des 19. Jahrhunderts mehr Einwohner als im Mittelalter.

Der Pädagoge, Sprachforscher (und Freimaurer) Joachim Heinrich Campe, der sich auf einer Reise ins revolutionäre Frankreich im Jahre 1789 eine Zeitlang in Duisburg aufhielt, notierte in einem Brief vom 22. Juli 1789 an seine Tochter: „Die Stadt scheint ... ein durch Manufakturen und Handel blühender, nach Maßgabe seines Umfanges, sehr bevölkerter Ort zu sein."[49]

Für das Jahr 1784 wurden bei einer Bestandsaufnahme industrieller Fertigungsbetriebe 6 Tuch-, 3 Woll-, 5 Decken-, 6 Strumpf-, 1 Stärke-, 1 Porzellan-, 1 Essig-, 2 Samt-, 2 Leder-, 2 Leim-, 7 Tabak- und 1 Papierfabrik gezählt.[50] Als Friedrich der Große im Rahmen der merkantilen Wirtschaftspolitik erfolglos versuchte, in Duisburg auch den Seidenbau anzusiedeln, bemerkte der Duisburger Magistrat 1795 im Nachhinein: „Der Überfluß an Gelegenheit, sein Brot zu verdienen und auf allerhand Art Geld zu erwerben, ist hier schon zu groß, als daß solche Industriezweige als der Seidenbau, der Kenntnisse und Geduld erfordert, dem gemeinen Manne willkommen sein könnten."[51]

Die ökonomische Blüte, die Duisburg im 18. Jahrhundert erlebt hatte, wurde in der Napoleonischen Epoche vorerst beendet.[52] Infolge der preußischen Niederlage kam die Stadt 1806 mit dem rechtsrheinischen Teil Kleves zum neugebildeten Großherzogtum Berg. Durch die Kontinentalsperre, die Napoleon gegen England verhängt hatte, war seit dem 21. November 1806 die Einfuhr aller englischen Waren verboten. Damit fehlten den Tuchfabriken die erforderlichen Farbstoffe, den Tabakfabriken fehlte der Rohstoff aus Amerika, ebenso stagnierte die Papierproduktion auf Grund fehlender Holzmengen. Auf Napoleons Befehl wurden alle 1810 noch aufgefundenen englischen Waren, also auch die Vorräte der Fabriken verbrannt. Am 17. Dezember 1811 erließ er ein Verbot, Tabak anzubauen oder zu verarbeiten. *Jede* Fabriktätigkeit musste eingestellt werden und die circa 40 Fabriken mussten alle Arbeiter

---

48 Vgl. HStAD, Großherzogtum Berg, Nr. 5548, 5550, 5593, 5595, 10235, 10238
49 Zit. bei Rhoden 1998, S. 103
50 Vgl. Rhoden 1970/I, S. 170; ausführlicher: Schmidt 1964
51 Zit. bei Rhoden 1970/I, S. 169
52 Eine Fabrikenstatistik des Herzogtums Kleve aus der Zeit 1787/88 macht die Zunahme der wirtschaftlichen Bedeutung gegen Ende des 18. Jh. deutlich „Ohne das die genaue Zahl der Unternehmer ... [in der Statistik] genannt ist, kann man für das in sich stark differenzierte Tuchgewerbe mit etwa 25 und einer Arbeiterzahl von rund 800 annehmen. Dem stehen als hauptsächlich erwähnenswert gegenüber: 2 Leimfabriken, 1 Gedrucktpapier-Fabrik, 2 Seifensiedereien, 1 Stärkefabrik, 1 Essigfabrik, 7 Tabakfabriken und 1 Porzellanfabrik mit zusammen rund 150 Arbeitern."

entlassen.[53] Der Arbeitsplatzverlust der circa 1.000 Fabrikarbeiter, das waren circa 20 Prozent der Bevölkerung, führte sofort zu einer großen Notsituation. Die städtische Armenverwaltung konnte die Menge der Arbeitslosen kaum unterstützen und soziale Unruhen und die Bettelei nahmen zu. Man kann durchaus sagen, Frankreich versuchte die Wirtschaft in den dem Empire einverleibten Staaten zu Gunsten der heimischen Wirtschaft zu schwächen. Obwohl der Rheinbund Teil des Grand Empire war, bedeutete der Rhein wirtschaftpolitisch eine Grenze zum Ausland.[54] Nach Beendigung der Rheinbundzeit fiel das bündische Rheinland wieder an Preußen, einschließlich der ehemals nicht-preußischen Gebiete im Kurkölnischen und Kurtrier sowie den genannten Kleinstaaten.[55] 1816 wurden die Provinzen *Großherzogtum Niederrhein* mit dem Regierungsbezirken Koblenz und Trier (Regierungssitz Koblenz) und *Jülich-Kleve-Berg* mit den Regierungsbezirken Kleve, Düsseldorf, Aachen und Köln (Regierungssitz Köln) gebildet.[56] Nach dem Tod des Kölner Oberpräsidenten wurden die beiden *preußischen Lande am Rhein* zu einer Provinz mit dem Regierungssitz Koblenz vereinigt.[57]

Zwischen 1820 und 1830 konnte Duisburg seine wirtschaftliche Prosperität langsam wiedererlangen. Trotz des hier wie überall in Deutschland spürbaren Umbruchs der wirtschaftlichen und sozialen Verhältnisse ist für die Region in dieser Zeit nicht in der Weise wie in Berlin, Hamburg oder Oberschlesien das vielfach beschriebene Arbeiterelend als Ergebnis von anhaltend hoher Arbeitslosigkeit, niedrigen, ungerechten Löhnen, schlechten, unwürdigen Wohnverhältnissen und Hungersnöten überliefert.[58] Daher waren die sozialen Folgen (Arbeitslosigkeit, Hunger et cetera) dort die größten. Anders war die Ent-

---

53 Vgl. StADU 10/1627, Bl. 5

54 Es stimmt also nicht generell, wenn Henning schreibt: „Mit dem Rheinland ... hatte der Staat für die damalige Zeit hochindustrialisierte Gebiete gewonnen, denen die Kontinentalsperre eine kurze, aber kräftige Blütezeit gewährt hatte" (Henning 1965, S. 486). Während der geschützte Binnenmarkt einige wirtschaftliche Vorteile für bestimmte Industriebranchen brachte und die Aussage sicherlich für die Textilindustrie Aachens, Krefelds und des Bergischen Landes oder die Metall verarbeitende Industrie der Eifel trifft – so ist das Beispiel der Fa. Friedrich Engels (sen.) im Wuppertal, das durch das Berliner Dekret eine konjunkturell gute Entwicklung erlebte, bekannt –, kann man dies nicht allgemein und für alle Produktionszweige sagen. Das Gegenteil war für die Tabak- und Textilindustrie im Kreis Duisburg der Fall; die Sperre hatte jede wirtschaftliche Blüte abrupt beendet. Denn durch die Kontinentalsperre büßten z.B. die Tabakfabrikanten wichtige Rohstoffmärkte durch den behinderten Rheinzugang der Handelsseefahrt aus Übersee ein.

55 Mit dem Patent vom 5. April 1815. Duisburg feierte am 14. Juli seine Befreiung (vgl. StADU 41/254a, S. 29a).

56 Am 1. Januar 1822 wurde der Regierungsbezirk Kleve mit Düsseldorf vereinigt.

57 Der Begriff der Rheinprovinz ist umgangssprachlicher Herkunft und setzte sich erst später allgemein durch.

58 Die Textilindustrie in den Ostgebieten Preußens war in besonderer Weise durch die staatliche Freihandelspolitik betroffen. Preußen war das einzige europäische Land, das

wicklung an Rhein und Ruhr. Während der dortige Niedergang der Leinenindustrie (vor allem im westfälischen Raum) zum einen „vom Intensivierungsprozeß der Landwirtschaft bei beginnende[r] Ausbreitung der Ruhrstädte aufgefangen werden konnte"[59], kam zum anderen die beginnende Berg- und Hüttenindustrie zur Wirkung. Vor allem aber die heimische Tabakindustrie konnte sich relativ rasch erholen und den Menschen Arbeit geben. Führend waren die Familien Böninger und Carstanjen.[60] Der Böningersche so genannte *AB-Tabak* erfreute sich vor allem unter der wachsenden Arbeiterschaft einer großen Beliebtheit.[61] Zu Beginn der 1830er-Jahre war Duisburg mit seinen 12 Tabakfabriken *das* Zentrum der preußischen Tabakproduktion.[62] Mehr als ein Sechstel der gesamten deutschen Tabakeinfuhren aus Übersee ging nach Duisburg. In Bremerhaven unterhielten die Duisburger Fabrikanten eigene Reedereien. Böninger hatte vier eigene Fregatten zum Transport aus Amerika und Java. Auf der Fahrt nach Amerika nahm Böninger Auswandererfamilien aus Europa mit. Die Familien Böninger und Carstanjen waren mit ihren Handelsunternehmungen ihrer Zeit weit voraus. Beide Handelshäuser eröffneten 1840 in Baltimore/Virginia jeweils eigene Filialen, worunter das Einkaufshaus ‚Brothers Böninger' das bekannteste war.[63] Die einfachen Arbeiter und unselbstständigen Handwerker in der Stadt und dem umliegenden Ruhrtal waren in dieser Zeit zwar arm, aber vor allem durch die florierende Tabak- und Textilindustrie, die im näheren Umfeld Duisburgs bestehenden Öl- und Papiermühlen sowie durch die entstehenden Hüttenbetriebe im Duisburger Landkreis (ab

---

nach dem Abbau der Kontinentalsperre zum völligen Freihandel übergegangen war. Die Handelspartner Preußens hatten sich hingegen weiter zum Schutz ihrer eigenen industriellen Produktion mit Schutzzollmauern umgeben. Die schlesische Leinenindustrie war durch die billigeren englischen Einfuhren besonders im Nachteil (vgl. Henning 1965, S. 485–539).

59 Ebd., S. 487
60 Das Unternehmen Carstanjen wurde als Fa. Carl & Wilhelm Carstanjen ab 1832 von den beiden Söhnen weitergeführt (vgl. StADU T 187, S. 1ff.). Die Familie gründete weitere im Rhein-Ruhr-Raum bedeutende Unternehmen. Arnold Julius Maximilian Carstanjen (1856–1934) konnte als Brückenbauingenieur das Familien-Unternehmen erfolgreich in die Eisenindustrie überführen. Besondere Erwähnung verdient auch der Chemiker Ernst Carstanjen (1836–1884), der dem Unternehmen den Strukturwandel der 1850er-Jahre erleichterte.
61 Vgl. Wilden 1951, S. 204
62 Die Gewerbetabelle der Stadt Duisburg zählte 1832 folgende Tabakfabriken: Böninger (94 Arb.), Arnold Friedrich Carstanjen (30 Arb.), Martin Friedrich Carstanjen (32 Arb.). Wilhelm & Carl Carstanjen (59 Arb.), I. W. Davidis 13 Arb.), Esch (10 Arb.), Fahlenbach (12 Arb.), Haas (1 Arb.), Schmitz (8 Arb.), Schombart (9 Arb.), vom Rath (20 Arb.) (vgl. StADU 10/2602); vgl. auch Heid 1983, S. 18
63 Vgl. Ring 1930; ders. 1937, S. 180–197; Heid 1983, S. 18. Den Strukturwandel der ersten Jahrhunderthälfte (Niedergang der Tabakindustrie und Aufblühen der Eisenhüttenindustrie) konnten Böninger als Unternehmer mit gestalten. Die Familie gehörte bspw. zu den Begründern der Niederrheinischen Hütte (1852).

1808 in Sterkrade, Ruhrort, Mülheim und Essen) entwickelte sich kein Arbeiter*elend* wie in andere Regionen Deutschlands. „Arbeitsmangel ist in Duisburg infolge der mannigfaltigen Industrie und der damit verbundenen Krisenfestigkeit höchstens Grund vorübergehender Verarmung gewesen."[64]

Bereits 1824 wurde in Duisburg der Grundstein zur chemischen Industrie durch die Sodafabrik Matthes & Weber gelegt. Der Unterschicht des gesamten westlichen Ruhrtales ging es bedeutend besser als in den übrigen preußischen Landesteilen.[65] In diesem Kontext muss schon an dieser Stelle eine erste Richtigstellung erfolgen. Zwar gab es aus beschriebenen Gründen das Phänomen der Kinderarbeit: das vielfach beschriebene Kinderelend existierte in Duisburg, ebenso wie ein Arbeiterelend, nie. Wer nach der Lektüre von Rühle, Alt, Kuczynski und Co. „Appetit auf pikante Fälle mehrwerthungriger Kapitalisten im Duisburger Raum haben sollte"[66], wird mit der vorliegenden Schrift enttäuscht. Die weitgehende Beschränkung der vorliegenden Arbeit auf die bürgerlichen Sonntagsschulen berücksichtigt mithin die nicht zu verifizierende Tatsache einer Kinderausbeutung in Duisburg. Den ersten und einzig dokumentierten Hinweis einer gesundheitsgefährdenden Beschäftigung von Kindern geben die Duisburger Akten für die Zeit zwischen 1805 und 1815, wahrscheinlich vor der französischen Besetzung. Hier wird von einem Vater, selbst Tagelöhner, berichtet, der seinen Sohn aus der Böninger Mühle weggenommen habe, weil „derselbe die strenge Arbeit durch Raddrehen nicht mehr aushalten könne und Blut gespieen habe."[67] Andere Fälle, die Hinweise auf die Ausbeutung von Kindern oder ein bestehendes Elend geben, existieren nicht, und die Wahrscheinlichkeit, dass solche Zustände geherrscht haben, tendiert gegen Null. Während in Duisburg die Beschäftigungsquote sehr hoch war und auf viele Einwohner wenige (statistische) Arme kamen, bot zum Beispiel Köln ein anderes Bild. Dort kam (statistisch gesehen) auf zwei bis drei Einwohner ein Armer. In anderen preußischen Städten, wie Berlin oder Hamburg, war die Relation noch schlechter.[68] Diese Statistiken sind insofern von Bedeutung, weil zeitgenössische *Arme* (Paupers) überhaupt nur statistisch erfasst wurden. Eine amtliche Statistik definierte diesen Personenkreis als diejenigen Hilfeempfänger, die „aus öffentlichen Fonds oder Privatmitteln unterstützt werden, sei es in barem Gelde, sei es in Naturalien. Es sind also alle Almosen-Empfänger,

---

64 Bork 1965, S. 113
65 „Im Ruhrgebiet war es ... leicht, Arbeit zu bekommen, vergleichsweise gut bezahlte Arbeit, und noch war die Chance für dauerhaften Besitzerwerb nicht schlecht (vgl. Tenfelde in: Köllmann et al. 1990/II, S. 139). In allen drei Landkreisen der Ruhrregion sind Hinweise auf Nahrungsmittelknappheit oder gar Hungersnöte, die im Preußen im 19. Jh. nichts Ungewöhnliches waren, in der Phase vor der Märzrevolution nicht überliefert.
66 Adolphs 1972, S. 86
67 StADU 10/2506 (Sammlung verschiedener Polizeiberichte; 1805–1815)
68 Vgl. Baron/Landwehr 1995

auch Reisende, Kranke, welche Unterstützung haben müssen, wenn sie nicht untergehen sollen. Die Unterstützung wird theils für den ganzen Lebensunterhalt gewährt, theils für bestimmte Zwecke, wie für Unterricht (arme Schulkinder) in Krankheitsfällen für Arzenei und dergl."[69]

Auf Grund der ökonomisch günstigen Bedingungen konnte Duisburg einen Zuzug weiterer Handwerker- und vor allem Kaufmannsfamilien verzeichnen. Um 1820 zwang die wachsende Bevölkerungszahl, neues Bauland außerhalb der Stadtmauern zu erschließen; das erste Haus stand unmittelbar vor dem Kuhtor.[70]

1829 stellt Friedrich Adolf Wilhelm Diesterweg (1790–1866), von 1820–1832 Direktor des Lehrer-Seminars im linksrheinisch benachbarten Moers, in seinen Beschreibungen der *preußischen Rheinprovinzen* fest: „Duisburg, mit 4500 Einw., unweit der Ruhr und durch einen Kanal mit dem Rheine verbunden, treibt sehr bedeutenden Handel".[71]

Im Jahre 1826 wurde der Rheinkanalbau begonnen und 1831 endgültig abgeschlossen.[72] Der Kanal brachte Duisburg Vorteile gegenüber der Nachbargemeinde Ruhrort im Kampf um die ökonomische Entwicklung und war explizit gegen ein Ruhrorter Projekt aus dem Jahre 1819 gerichtet. Der dortige Ausbau des Hafens und die Unterstützung der Ruhrorter durch die preußische Regierung – so stand der Ruhrorter Hafen unter direkter staatlicher Verwaltung – ließ auch die Umsiedlung des Hauptsteueramtes von Duisburg nach Ruhrort befürchten.[73] Bei der Eingabe des Rhein-Kanal-Vorhabens bei der Regierung in Düsseldorf aus dem Jahre 1825 wiesen die Duisburger auf die wirtschaftliche Bedeutung ihrer Stadt hin:

---

69 Tabellen und amtliche Nachrichten über den Preußischen Staat für das Jahr 1849. Berlin 1853 (Bd. IV), S. 429

70 Vgl. Rhoden 1970/I, S. 143

71 Zit. bei Goebel o.J. Die von Diesterweg angegebene Einwohnerzahl stimmt aber nicht. 1825 hatte Duisburg 6408 und 1830 7005 Einwohner Der Rheinkanal war 1929 noch nicht vollendet. Wahrscheinlich erschien der Bau zu diesem Zeitpunkt aber schon so weit gediehen, dass er den Eindruck eines fertigen Bauwerks hatte. Für Düsseldorf gibt Diesterweg 22.000 Einwohner, für Essen 4.800 Einwohner an.

72 Am 6. April 1826 wurde ein Zuruf an Duisburgs begüterte Bürger erlassen. Die Duisburger Großkaufleute und Fabrikanten gründeten daraufhin den Rheinkanal-Aktienverein zum Ausbau einer neuen Verbindung zum Rhein und eines Außenhafens. Durch die Fertigstellung gewann Duisburg wieder eine besondere Rolle in der Rheinschifffahrt. Das erste Direktorium der Rheinkanalgesellschaft setzte sich aus Ludwig Wintgens (Stadt- und Landgerichtsdirektor), Friedrich Carstanjen (Kaufmann), Johann Wilhelm Davidis (Kaufmann), Schlengtendahl sen. (Justiz-Kommissar) und Berkmann (Hauptmann und Rentmeister/ Kämmerer) zusammen (vgl. Ring 1927, S. 162; HStAD, Regier. Dssd. 2142). Der Aufsichtsrat war mit 7 Kaufleuten, einem Bäcker und einem Rentner besetzt: Johann Jacob vom Rath, Carl Böninger, Christian Ludwig Vogel, Adam Esch, Samuel Gallenkamp, Engelbert Döpper, Ferdinand Schröder sowie Bäckermeister Küpper und J.G. Herx.

73 Vgl. Bork 1965, S. 35

„Die Stadt Duisburg treibt einen bedeutenden Eigenhandel mit Kolonial- etc. Waren und Speditionsgeschäfte von sehr großem Umfange; sie zählt 13 Tabaks-Fabriken, 2 Seifensiedereien, 1 Zuckerraffinerie, 1 Vitrol-Oel-Fabrik, und 5 Fabriken in Baumwoll-Waren, welche letztere allein 300-400 Menschen hier und in der Umgegend, beschäftigen und ernähren".[74]

Im Jahre 1844 konnte der Ruhrkanal eröffnet und damit der Grundstein des noch heute weltgrößten Binnenhafens gelegt werden. Während der Kanalbauten setzten die Kanal-Bau-Vereine und die beteiligte Stadtverwaltung Erwerbslose und andere Bedürftige ein, um auf diese Weise den Ärmsten der Stadt eine Verdienstmöglichkeit zu geben.[75] Die wachsenden Hafenanlagen und der weitere Ausbau des Kanalsystems begünstigten die ökonomische Entwicklung ebenso wie der Anschluss an das Eisenbahnnetz durch die Eisenbahnlinie der Köln-Mindener-Eisenbahn 1846 und der Übergang von der Bört- zur Dampfschifffahrt in den 1840er-Jahren. Vor allem die Eisenbahn gestattete ein neues Wachstum im Massengutverkehr, der sich von seiner bisherigen Bindung an die Stromläufe löste und unabhängig davon den gesamten Wirtschaftsraum erschloss. Der Ausbau der Eisenbahnstrecken im rheinischen Industriegebiet vollzog sich bis in die 1860er-Jahre in rasantem Tempo. Dabei wurde Duisburg innerhalb des rheinischen Eisenbahnnetzes zu einem hervorragenden Schnittpunkt. Im System der Köln-Mindener-Eisenbahngesellschaft lag die Stadt an jener exponierten Stelle, an der die Strecke direkt auf den Rhein stieß und dann im rechten Winkel rheinaufwärts nach Köln führte. Dabei gewann Duisburg als Endpunkt der Strecke Duisburg–Dortmund besondere Bedeutung dadurch, dass man von der Bahnhofsanlage der Gesellschaft schneller und günstiger den Rhein erreichen konnte als im benachbarten Düsseldorf. Diese Bedeutung wurde unterstrichen durch die zusätzliche Streckenüberquerung (von Hochfeld nach Rheinhausen) in die linksrheinischen Gebiete der Grafschaft Moers. Die ökonomischen Auswirkungen des Ausbaus des Verkehrssystems über den Rhein waren für das Duisburger Gewerbe enorm. Hierdurch gelang es nicht nur, dem Handel die bislang unerschlossenen linksrheinischen Gebiete zu öffnen, sondern es ermöglichte auch neue Industrieansiedlungen am gegenüberliegenden Ufer. Eine weitere Rheinüberquerung lief von Ruhrort nach Homberg.[76]

Neben der wirtschaftlichen Bedeutung hatte die Stadt auch ein kurzes Ansehen als geistiges Zentrum. Neben Köln (seit 1388) und Münster (seit 1622/29) beherbergte Duisburg als dritte rheinisch-westfälische und als einzige protestantische Stadt seit 1654 eine Universität mit Artistenfakultät und den drei hö-

---

74 Zit. ebd.
75 Vgl. ebd., S. 102
76 Zur Urbanisierung Duisburgs im 19. Jh. und zur industriellen Entwicklung der Stadt vgl. Schulz 1977.

heren Fakultäten für Medizin, Jurisprudenz und Theologie.[77] Allerdings konnte die *Alma Mater* niemals den wissenschaftlichen Ruf der älteren Hochschulen erwerben. Dies lag zum Teil an der materiell und räumlich schlechten Ausstattung. Viele Professoren wechselten nach Antritt ihrer Stelle schnell an niederländische oder andere deutsche Universitäten mit besserem Renommee. Trotzdem errangen einzelne Gelehrte einen gewissen Ruhm, so im 17. Jahrhundert der Theologe, Philosoph und erste Rektor (von 1654–1665) Johannes Clauberg (1622–1665), im 18. Jahrhundert der Orientalist und Kirchenhistoriker Johann Peter Berg (1737–1800), der Historiker August Christian Borhek (1751–1816), die Rechtsgelehrten Otto Ludwig von Eichmann (1726–1783), Caspar Theodor Summermann, Friedrich Gottfried Schlengtendahl und Karl Bierdemann, die Mediziner Johann Gottlob Leidenforst (1715–1794), Conrad Jacob Carstanjen (1763–1840), Daniel Ehrhard Günther (1752–1834), der Theologe Friedrich Adolf Krummacher (1767–1845) oder die an der philosophischen Fakultät vertretenen Historiker Johann Hildebrandt Withof (1694–1769), Blasius Merrem oder der Philosoph Friedrich Victor Lebrecht Plessing (1749–1806).[78] Im Hinblick auf die Studentenzahlen nahm die Universität indessen während des 18. Jahrhunderts stets den vorletzten Platz ein.[79] 1774, als die Stadt circa 4000 Einwohner zählte, waren an ihr nicht mehr als insgesamt 150 Lehrkräfte und Studierende im Verhältnis von circa 1 : 2 verzeichnet.[80] Wilhelm von Humboldt, der nach dem Ende seiner eigenen Studienzeit seinen früheren Erzieher Campe auf einer Reise ins revolutionäre Frankreich begleitete, vermerkt in seinem Tagebuch nach einer Begegnung mit Duisburger Studenten deren Vorliebe, über Dinge „mit einer Miene von Wichtigkeit"[81] zu sprechen, von denen sie wenig wissen, aber ansonsten, dass sie „gesitteter [wirkten], als ich nach der Kleinheit und Abgelegenheit der Universität dachte."[82] In der Napoleonischen Ära waren alle Universitäten von totaler Auszehrung bedroht. 1818 fiel die Duisburger Hochschule diesen Verhältnissen zum Opfer.[83] Nach der Schließung der Universität, die in Bonn als *Friedrich-Wilhelms-Universität* neu eingerich-

---

77 Die Duisburger Universität war überhaupt erst die dritte preußische Universität. Kurfürst Friedrich III. von Brandenburg hatte die erste Universität in Frankfurt/Oder (gegr. 1506), die zweite in Königsberg (ggr. 1544) ins Leben gesetzt. Erst nach Duisburg folgte die Gründung der Universität Halle/Saale (1694).

78 Vgl. Carstanjen o.J., S. 42a–43a. Carstanjen verzeichnet 103 Professoren, die im Laufe der Zeitspanne der Universität dort lehrten. Gruner berichtet bei seinem Aufenthalt in Duisburg (1796): „Die juristische Fakultät ist übrigens wohl besetzt, und die Namen Borhek, Bierdemann und einiger anderer sind rühmlich bekannt." (zit. bei Linzen 1949, S. 16).

79 Vgl. Asen 1913, S. 353-365; Ring 1920; Rhoden 1968; Hantsche 1997

80 Vgl. Linzen 1949, S. 11 (Lehrkräfte wie Studierende wurden nicht als Bürger der Stadt gezählt)

81 Zit. bei Rhoden 1998, S. 103

82 Zit. ebd.

83 Vgl. Jeismann/Lundgreen 1987, S. 222ff.

tet wurde, verblieben einige Professoren in Duisburg, zumal sie zum Teil aus Duisburger Familien stammten. Durch die Konzentration wissenschaftlich gebildeter und in calvinistischer Tradition stehender Männer herrschte unter der Honoratiorenschaft der Stadt für einige Dekaden ein Geist vor, der unter anderem bestimmt war durch die Fortführung sozialethischer Intention pietistischer sowie neuhumanistischer Provenienz. Hierzu gehörte auch die Einsicht in den Wert einer Bildung an sich und die Überzeugung, dass *Bildung* die gemeinsame Basis für den sozialen Aufstieg aller bedeute.[84] Diese Gesinnung ergab sich insbesondere aus der freigeistigen Haltung; die meisten dieser Honoratioren waren Freimaurer. Diese Haltung wurde unterstützt durch die sich auch in der preußischen Beamtenschaft durchsetzende, die liberale Wirtschaftstheorie ergänzende, durch die Nationalökonomen Christian Jacob Kraus(e) (1753–1807) (Königsberg) und Johann Heinrich von Thünen (1783–1850) (Göttingen) vermittelte Überzeugung, dass Ausgaben für eine Verbesserung des Unterrichts- und Erziehungswesens für das breite Volk zu den Investitionen zählten, die langfristig die Produktivität des Staates und dessen innere Sicherheit erhöhten.[85] Im Bestreben sowohl des eigenen wie des ökonomischen Erfolges der Kommune (und aller in ihr Lebenden) auf deren positive Entwicklung und den eigenen Anteil daran man stolz war, zeigte sich für den Calvinisten die höchste Form der sittlichen Selbstbetätigung.[86]

Zum gesellschaftlichen und kulturellen Leben des gehobenen Bürgertums in Duisburg finden sich trotz der wirtschaftlich schwierigen Zeiten für die Nachkriegszeit und den Vormärz verschiedene dem Inhalt nach vergleichbare Zeugnisse. Als Beispiel des kulturellen Geistes soll das Bild Dietrich Landfermanns (1800–1882) dienen, das er 1836 seiner Schwiegermutter vermittelte:

> „Was ich hier habe, ist bis jetzt durchgängig erfreulich gewesen, eine heitere Gegend, waldige Hügel, weite Ebenen, schiffreiche Ströme, gesellschaftlicher Ton, etwas zu luxuriös, doch nicht durchgängig, sonst einfach, schlicht und treuherzig und nicht träumerisch und krämerhaft, geistige Anregung mancher Art. Interesse auf dem Gebiet der Litteratur, der Politik, der Religion, für welche drei Punkte in Soest unbeschreibliche Stumpfheit herrschte"[87].

---

84 Vgl. Hollenberg 1875, S. 4; o. A.: D. W. Landfermann. Erinnerungen aus seinem Leben. 2 Bd., o.O., o.J., S. 300

85 Brandt verweist in seiner Abhandlung zum Problemkontext Bürgerliche Gesellschaft und soziale Frage auf die „sozialpolitische Sorge und prognostische Krisenahnung" Thünens (Brandt 1979, S. 49) im Hinblick auf die „Unterdrücker der Arbeiter" (ebd.), womit er den dritten Stand im Allgemeinen und die Ständeversammlung im Besonderen meinte. Nach BRANDT war Thünen „ein hellsichtiger Voraussager einer proletarischen Revolution" (ebd.).

86 Vgl. Weber 1988, S. 69; StADU 10/22 76 b), Bl. 37

87 Zit. bei Jäger 1890, S. 145. Diese Darlegung findet sich in einigen zeitgenössischen Darstellungen wiederholt. Aus solchen Beschreibungen der tatsächlichen Verhältnisse sind

Das geistig-gesellschaftliche Leben der Bürger wurde trotz evangelischer Zugehörigkeit und Gläubigkeit nicht durch den Pietismus bestimmt, dessen gesamte Wirkung andernorts auf eine übersteigerte gefühlsbetonte Frömmelei
ausgerichtet war. Die an anderen Orten vehemente Ablehnung von Sinnen-
freuden, Lebenslust und Kunst lässt sich in Duisburg nicht finden. Wache Geis-
ter pflegten einen kulturellen Austausch in exklusiven Zirkeln. Selbstständige
Handwerker, Gewerbetreibende und Bildungsbürger erweiterten ihren Horizont mit Fachliteratur und Belletristik. Während die Stadt und ihr Gesell-
schafts- und Bildungswesen im Spätmittelalter eher als muffig beschrieben
werden, brach in Duisburg mit dem 19. Jahrhundert die moderne Entwicklung
ein. Die beschriebene Gesellschaftsschicht setzte sich aus (Groß-)Kaufleuten,
Manufakturbesitzern, Fabrikanten, Akademikern, Offizieren und höheren Beamten zusammen.[88] Dem ALR nach wurde diese Schicht der „öffentlichen Beamten, ... Gelehrten, Künstler, Kaufleute, Unternehmer erheblicher Fabriken
und diejenigen, welche gleiche Achtung mit diesen in der bürgerlichen Gesellschaft genießen", zum *höheren Bürgerstand* gezählt.[89] Gesellschaftlich war das
gehobene Bürgertum in der seit 1774 bestehenden *Societät* zusammenge-
schlossen.[90] Zugleich waren die meisten dieser Männer Mitglieder in der am

---

einige Irrtümer entstanden. So schreibt bspw. Kuczynski: „Duisburg, das um 1900 zur
Großstadt wurde, wurde kaum ein halbes Jahrhundert zuvor, von der Droste-Hülshoff
als Sommerfrische benutzt." Das Studium einer Droste-Biographie klärt jedoch dieser
Irrtum auf. Droste-Hülshoff verbrachte den Sommer häufiger in (Bad) Driburg (vgl. Kuczynski o.J., S. 182).

88 Die überwiegende Mehrheit der Manufactur- und Fabrikbesitzer bezeichnete sich im
Vormärz selbst noch als Kaufmann. Erst ab ca. 1860 begann die Mehrheit der Fabrikan-
ten sich auch so zu bezeichnen. Diese Entwicklung lässt sich adäquat auf der Seite der
Fabrikarbeiter feststellen. Die Arbeiter fühlten sich noch als Handwerker. Erst in den
1850er- und 1860er-Jahren wurde ihnen mit fortschreitender Industrialisierung die
Neuheit und Andersartigkeit ihrer gesellschaftlichen Stellung bewusst.

89 Im Unterschied zu diesem Wirtschafts- und Bildungsbürgertum bildeten einfache Handwerker und kleine Gewerbetreibende im Verständnis des ALR das niedere oder Kleinbürgertum. Beide Gruppen lebten in den Städten. Auf dem Land dagegen wohnten voll-,
klein- und unterbäuerliche Schichten.

90 Vgl. StADU 307/443 Akten betreffend: Societät. Das gesellschaftliche Leben des wohlhabenden Bürgertums konzentrierte sich vor allem auf die am 2. November 1774 gegründete Societät. Neben dieser Gesellschaft bestand später eine weiterer gesellschaftlicher
Club namens Harmonie. Hier wie da trafen sich die Männer des Wirtschafts- und Bildungsbürgertum in ihrer Freizeit und verbrachten die Zeit überwiegend mit Rauchen
und Kartenspielen. Der Clubs dienten dem Zweck des Genusses bürgerlicher Wohlhabenheit. Die Clubmitglieder trafen sich um, wie es in einem zeitgenössischen Magistrats-
bericht heißt, sich „freundschaftlich zu unterhalten und nach Zeit und Umständen mit
Musik, Billard und anderen erlaubten Spielen und Ergötzlichkeiten auf eine Art des Lebens froh zu sein, wie es gesitteten Bürgern wohl ansteht." (zit. bei Linzen 1949, S. 14,
67); vgl. die Statuten des Vereins Societät (StADU 307/443). Auswärtige konnten Mitglied
der Societät werden. Jedoch keine Studenten oder Frauen. Studenten konnten aber die
Ehrenmitgliedschaft erwerben, was immerhin ab und zu zum Besuch der Räume und

18. September 1831 gegründeten Duisburger Handelskammer.[91] Der überwiegende Teil des besitzenden oder gebildeten männlichen Bürgertums war Mitglied der am Johannisfest 1821 (dem Geburtstag Friedrich des Großen am 24. Januar)[92] gegründeten Duisburger Freimaurerloge *Zur Deutschen Burg*.[93] Der Beitritt zur Loge war häufig auch ein Zeichen der Selbstkonstituierung. Dem Wirtschafts- und Bildungsbürgertum kam eine bevorrechtigte politische Stellung zu. Diese wurde noch dadurch bestärkt, dass aus dem Kreis der Duisburger Honoratiorenfamilien die unbesoldeten Beigeordneten gewählt wurden. Als calvinistisch geprägte Bürger werteten sie ihren weltlich-ökonomischen Erfolg als Segen Gottes und als sichtbaren Beweis seiner Liebe. Gerade die Berufsausübung war der Weg, Gott wohlzugefallen. Sie erfüllte sie mit Freude und dem Stolz, zahlreichen Menschen in Duisburg *Arbeit gegeben* zu haben und so am ökonomischen Aufblühen der Heimatstadt beteiligt gewesen zu sein.[94]

Infolge der ersten Gebietsreform von 1816 war Duisburg zunächst Teil des Landkreises Dinslaken im Regierungsbezirk Kleve geworden. Im Zuge der Aufgabe des Klever Regierungsbezirkes, seiner Vereinigung mit dem Düsseldorfer am 1. Januar 1820 und der Auflösung des Dinslakener Landkreises war 1823 der Landkreis Duisburg gebildet worden.[95] Bürgermeister in Duisburg waren im 19. Jahrhundert nach der französischen Zeit Johann Friedrich Maassen (von 1815 bis 1819), Philipp Anton Daniel Davidis (von 1819 bis 1834) und Heinrich Adolf Junkermann, der spätere erste Fabrikeninspektor (ab 1853) des Düsseldorfer Regierungsbezirkes (von 1834 bis 1850).[96]

Gesellschaften berechtigte. Die Frauen, die in diesen Clubs grundsätzlich nicht zugelassen waren, trafen sich in eigenen Zirkeln, den sog. Kaffeeclubs.

91 Die Duisburger Handelskammer (Stiftung zur Beförderung des allgemeinen Handels), die unter anderem dem Einsatz des Johann Jacob vom Rath zu verdanken war (er war, wie schon sein Vater, Vertreter des 1797 gegründeten Duisburger Handelsvorstandes und hatte in dieser Funktion neben anderen Persönlichkeiten die Gründung der Handelskammer in Berlin betrieben), war die, in den preußischen Provinzen Rheinland und Westfalen dritte Kammer preußischen Rechts nach Elberfeld-Barmen und Düsseldorf, während in Essen erst 1840, in Bochum 1856 und in Dortmund 1863 Handelskammern gegründet wurden (vgl. StADU 41/254a, S. 96).

92 Friedrich der Große hatte sich unmittelbar nach seiner Thronbesteigung öffentlich als Freimaurer bekannt (vgl. Festschrift 1995, S. 9).

93 Das eigentliche Gründungsdatum liegt auf dem 1. Oktober 1820 (vgl. Festschrift 1920, S.2); StADU 307/134

94 Vgl. Weber 1988, S. 61

95 Seit dem 27.09.1823 gehörten zum Kreis Duisburg die Städte und Gemeinden Duisburg, Mülheim, Holten, Sterkrade, Essen, Werden, Ruhrort, Kettwig, Steele, Dinslaken. Diese kommunale Ordnung bestand von 1823 bis 1859. Danach wurde, auf Grund der Entwicklung im Ruhrgebiet, der Altkreis Duisburg wieder in die selbstständigen Landkreise Duisburg und Essen aufgeteilt. Zum Duisburger Landkreis gehörten weiterhin Ruhrort, Sterkrade, Holten, Dinslaken, Stadt- und Landgemeinde Mülheim.

96 Junkermann war zuvor als Polizei-Inspektor in Bielefeld tätig (vgl. ebd.). Zwischen dem Bürgermeisteramt in Duisburg und dem Fabrikeninspektorat hatte er wieder eine Stelle als Polizeiinspektor (in Krefeld).

Im Anschluss an die Kriegszeit mit den beschriebenen Auswirkungen begann das 19. Jahrhundert in ganz Europa – so auch in Duisburg – mit einer schweren Wirtschaftskrise, deren Folgen bis in die 1820er-Jahre deutlich spürbar waren. Die Reaktionen auf eine Gewerbebestandsaufnahme der preußischen Regierung – wahrscheinlich vom Finanzministerium in Auftrag gegeben[97] – in den vormals französisch regierten oder verwalteten Gebieten zeugt von der schwierigen ökonomischen Situation.[98] Das Schwergewicht des Duisburger Gewerbes lag noch bis in die 1830er-Jahre hinein auf dem Textil- und Tabakgroßgewerbe, den Zuckerraffinerien sowie auf dem traditionellen Handwerk.[99] Die größeren Betriebe, die beispielsweise 1832 in der Stadt bestanden, nennt eine *Fabrikentabelle*, die Bürgermeister Davidis in diesem Jahr erstellen ließ.[100] Die verschiedenen Berufsbilder dieser Zeit nennt eine *Statistische Tabelle der Bürgermeisterei Duisburg*[101] für das Jahr 1834.[102] Die Statistik nennt explizit kaum Fabrikarbeiter. Der Grund liegt im Zeitbewusstsein derje-

---

97 Vgl. StADU 10/1627, Bl. 13
98 So schildert bspw. der Textil-Fabrikant Joh. Arnold Momm die wirtschaftliche Situation seiner Fabrik vor der Okkupation mit der Selbstauskunft, dass er „eine Cotton-Spinnerei [betreibe], womit er 60 Menschen beschäftigt" (StADU 10/1627, Bl. 4). In einem weiteren Manufakturbetrieb habe er zudem „110 Arbeiter, Spinner, Weber, Walker, Plüßer, Scherer, Scharber" (ebd. Bl. 5) angestellt. Zum Stand der aktuellen Produktion in seinem Betrieb verweist er auf die Wirren der letzten Jahre: Die „so glücklich[e Zeit] unter der preußischen Regierung", die eine hohe Ertragslage ermöglicht hätte, läge lange zurück. „In den letzten unglücklichen Jahren ... [insbesondere] 1812 und 13 unter der drückenden französischen Regierung mußten wir alle unsere Arbeiter ... gehen lassen .... Erst seit einigen Monathen habe ich unter der alten Firma von Hardt & Co. die Fabrik wieder in Thätigkeit gesetzt, und hoffe ..., daß wir mit der Zeit auch unsere Fabrik wieder" (ebd.) in die Blüte der Zeit vor 1806 setzen können. Vgl. Verzeichniß der in der Bürgermeisterey Duisburg existierenden vorzüglichen Fabriken, Manufakturen (ebd., Bl. 33)
99 Vgl. StADU 10/2602 (Gewerbe Tabelle des Bürgermeister-Amts Duisburg für das Jahr 1828)
100 Seifensiedereien: vom Rath (1 Arbeiter), Curtius (4 Arb.), Gallenkamp (6 Arb.); Zuckersiedereien: vom Rath (35 Arb.), Brockhoff (9 Arb.); Tabakfabriken: Böninger (94 Arb.), Arnold Friedrich Carstanjen (30 Arb.), Martin Friedrich Carstanjen (32 Arb.). Wilhelm & Carl Carstanjen (59 Arb.), Joh. Wilh. Davidis (13 Arb.), Esch (10 Arb.), Fahlenbach (12 Arb.), Haas (1 Arb.), Schmitz (8 Arb.), Schombart (9 Arb.), vom Rath (20 Arb.); Wollen Tuchfabriken: Scheidtmann (47 Arb.) „hiesige, ohne die auswärtigen 9 Arbeiter", F. Davidis und Michaelis (70 Weber) „incl. der auswärtigen", Breidenbach & Sohn (50 Weber), Besserer (50 Weber), Meyer (120 Weber) „incl. der auswärtigen", Vielhaber (7 Weber), Keller (4 Weber), Hülsmann (1 Weber) (zit. bei Eynern 1930, S. 80). Ein Handelskammerbericht aus diesem Jahr gibt die gleiche Anzahl von Unternehmungen wieder (vgl. RWWA Köln, 20–1–7).
101 Zum Begriff der Bürgermeisterei: Im Rhld. (und teilw. in Westf.) nach französischem Vorbild (auf Grund vormaliger französischer Besetzung oder Verwaltung) bestehende Gemeindeverfassung (vgl. Maire). In der Bürgermeisterei sind mehrere (kleinere) Gemeinden zu einer (Land-)Bürgermeisterei zusammengefasst. Der Bürgermeister, als alleiniger Gemeindevorstand, leitete in Verbindung mit der Bürgermeistereiversammlung die politische Gemeinde.

nigen, die als Beamte die Statistiken anfertigten, aber auch im Selbstverständnis der Arbeiter. Aus verschiedenen historischen Quellen wird deutlich, dass noch 1848, im Jahr der Veröffentlichung des *Kommunistischen Manifestes*, die lohnabhängig Beschäftigten in den Betrieben, deren Arbeitsweise deutlich mehr industriell denn handwerklich geprägt war, doch noch das Bewusstsein hatten, sie seien Handwerker. Erst in den 1850er- und 1860er-Jahren im Kontext der aufstrebenden Schwerindustrie wurden ihnen „die Neuheit und Andersartigkeit ihrer Stellung bewusst".[103] Der Begriff des *Arbeiters* als Beschreibung einer eigenen Berufsgruppe entstand später als der soziale Begriff des *Proletariers*, mit dem durchaus auch schon in den 1830er-Jahren arme Handwerksgesellen gemeint waren.[104] Um 1830 waren wieder circa 640 Arbeiter (bei 7.340 Einwohnern) in den Fabriken der Tabakindustrie, in den Textilma-

---

102 StADU 10/2602, Bl. 190. Die Gewerbetabelle enthält unter der Liste Mechanische Künstler und Handwerker folgende Berufsbilder: Bäcker, Kuchenbäcker/Pfefferküchler und Konditoren, Fleischer oder Schlachter, Seifensieder und Lichtzieher, Gerber aller Art, Schuhmacher/Pantoffelmacher und Altflicker, Handschuhmacher und Beutler, Kürschner/Rauchwarenhändler und Zobelfärber, Riemer und Sattler, Seiler und Reepschläger, Schneider, Posamentirer, Putzmacher und /-innen, Hutmacher/Hutstaffirer und Filzmacher, Zimmerleute, worunter auch Schiffszimmerleute und Röhrmeister, Tischler-/Stuhlmacher/Meubelnfabrikanten und Meublenpolirer, Rade- und Stellmacher, Böttcher und Kleinbinder, Drechsler in Holz, Horn, Bein, Kammmacher, Bürstenbinder fallen, Mauer/Steinmetzen, Schiffer- und Ziegeldecker, Töpfer- und Ofenfabrikanten, Glaser, Zimmer- und Schildermaler/Anstreicher/Vergolder und Staffirer, Grobschmiede/Huf und Waffenschmiede, Schlosser worunter auch Zirkel-, Zeug-, Bohr-, Säge- und Messerschmiede, Nagelschmiede, Büchsenschmiede/Sporer und Feilhauer, Gürtler/Schwerdtfeger und Metallknopfmacher, Kupferschmiede, Roth-Geld- und Glockengießer, Zinngießer, Klempner, Mechanici, Uhrmacher/Uhrgehäuse und Zifferblattmacher, Gold- und Silberarbeiter zählen, Steinschneider und Pettschaftstecher, Buchdrucker, Buchbinder, Ziegeleien, Kalkbrennereien, Glashütten, Theeröfen. Eine weitere Liste enthält Mühlen: Getreidemühlen (zu Mehl, Grütze, Graupen) unterteilt in Wasser, Wind und Roßmühlen, dann Oelmühlen, Walkmühlen, Lohmühlen, Sägemühlen auf Wasser und Wind, Papiermühlen sowie eine Liste ohne besondere Überschrift: Eisenhämmer, Kupferhämmer, andere Hüttenwerke, welche durch Wasser betrieben werden, (die letzten drei Gewerbe weisen lt. Liste keine Betriebe aus), eine Liste benennt bestehende Weberstühle, gewerbsweise und aus Nebenbeschäftigung, nennt Gewerbe in Seide und Halbseide, Baumwolle und Halbbaumwolle und Wolle und Halbbaumwolle und Leinen und Strumpfwebstühle, Bandstühle und die weitere Einteilung in Tuchscherer/Tuchbearbeiter, Schwarz- und Schönfärber auch Zeugdrucker und in Handelsgewerbe, unterteilt in mit kaufm. Rechten: ohne offenen Laden (Großhändler) und mit offenen Laden wie Buch, Kunst und Musikalienhandel, Gewürz-Material und Specerei-Waaren, Ausschnitthandel, Eisen-/Stahl-/Messing-/und andere Quinkallerie-Waaren.

103 Blättner 1961, S. 232

104 Vgl. o. A.: Ueber die ästhetische Erziehung der Proletarier. In: DVS 1. Heft. Jg. 11 (1848), S. 130. Die Bezeichnung Proletarier hatte schon in den ersten Jahren ihres Gebrauchs eine eher abwertende Konnotation. Es wurde von sozialpolitisch Engagierten deshalb als „ein unglückliches Wort" bezeichnet, „in so fern es etymologisch und historisch eine Herabwürdigung der Menschheit ausdrückt ..., – unglücklich auch darum,

nufakturen, den Zuckerraffinerien oder den Hüttenbetrieben beschäftigt, deren Arbeitsverhältnisse deutlich stärker fabrikbetrieblich geprägt waren.[105] Neben der vorwiegend maschinellen Produktionsweise der Arbeitsverhältnisse nahm auch der Anteil der lohnabhängigen Beschäftigten stetig zu. Vermutlich wurden in solchen Statistiken nur erwachsene, das heißt über 14-jährige, männliche Personen gezählt, nicht aber mitarbeitende Familienangehörige wie Kinder, die häufig von den Vätern mit zur Arbeit genommen wurden. Die genannten Fabrikarbeiter machten Anfang der 1830er-Jahre (einschließlich Angehörigen) zwischen 20 und 30 Prozent der Duisburger Bevölkerung aus.[106] Die in den Manufakturen und Fabriken beschäftigten Arbeiter waren unter anderem ehemalige Handwerksgesellen, die zum Teil als ausgebildete Fachkräfte die Produktionsmaschinen warten mussten, überwiegend aber ungelernte oder angelernte Arbeitskräfte ab 14 Jahren. Der übrige Teil der arbeitenden Bevölkerung war im Handel oder traditionellen Handwerk als Meister, Geselle oder Lehrling beschäftigt.[107] In den folgenden Jahren wandelte sich das Bild in der Beschäftigungsstruktur mit dem Beginn der industriellen Entwicklung der Maschinenproduktion im rheinischen Industriegebiet. Für Preußen veranschlagt Conze 1848 insgesamt schon 45,5 Prozent der männlichen Gesamtbevölkerung als „abhängige Handarbeiter"[108]. Diese Zahl wird auf Duisburg zu übertragen sein. Bis in die 1830er-Jahre war man bei der Beschaffung der Dampfmaschinen auf englische und belgische Importe angewiesen, obwohl Franz Dinnendahl schon 1808 mit der Produktion solcher Maschinen in Mülheim a.d.R. begonnen hatte; jedoch waren die ausländischen Produkte billiger und leistungsfähiger. Erst gegen Ende der 1830er-Jahre wurden auch im Kreis Duisburg – etwa in der *Gute-Hoffnungshütte* in Sterkrade – vergleichbare Produkte hergestellt. Erst danach lief die Produktion mit eisengefertigten Maschinen im großen Stil an. „Während 1822 im ganzen Rheinland erst 22 Dampfmaschinen aufgestellt waren, arbeiteten 1836 im Kreis Duisburg, dem rheinischen Teil des späteren Ruhrgebietes, bereits 35 – davon die Hälfte im Bergbau".[109]

---

weil es dazu führt in dem vorhandenen gesellschaftlichen Zustande einen Theil gegen den anderen als eine Kraft zu stempeln, einen gegen den anderen in Kriegszustand zu erklären" (ebd., S. 113). Proletarier waren jene Menschen, „die weder Bildung noch Eigentum als Basis im gesellschaftlichen Leben" (ebd. S. 114) besaßen.

105 Vgl. Tenfelde in: Köllmann et al. 1990/II, S. 132. Linzen nennt für das 1832 650 Fabrikarbeiter (vgl. 1949, S. 21).
106 Tennfelde nennt bei 640 Arbeitern eine Zahl von 18 Prozent. Wenn man aber 640 mit vier multipliziert (Eheleute und zwei Kinder) kommt man auf 2560 Personen, gerechnet auf 7.340 Einwohner (1832) kommt man auf 1/3 der Bevölkerung, das dem Arbeitermilieu angehörte.
107 Vgl. StADU 10/2602
108 Conze 1954, S. 347
109 Janssen 1997, S. 279

Kohle wurde während des Vormärz im Duisburger Raum, das heißt im westlichen Ruhrtal, noch nicht gefördert.[110] Die Schwelle zwischen der Phase der Proto- und der eigentlichen Industrialisierung wurde in dieser Zeit in Duisburg aber deutlich überschritten. Während sich die Industrie in der ersten Jahrhunderthälfte vor allem im Handel und in der Tabak- und Textilfabrikation entwickelte, verlagerte sich das Schwergewicht nach 1850 auf den Sektor Chemie- und vor allem Eisenindustrie. „1845 gab es in Duisburg [noch] 10 Tabakfabriken, bis 1871 sank die Zahl auf 5 Betriebe. Anders in der Metallindustrie: 1845 gab es lediglich einen Betrieb, 1871 waren es bereits 20 Fabriken."[111]

Der Anteil der unselbstständigen Arbeiter wurde in dieser Zeit zu einem bedeutenden Faktor sozialer Entwicklung. Infolge der sich rasch entwickelnden Industrie und der damit verbundenen beschleunigten Bevölkerungszunahme begann vor allem ab 1850 eine verstärkte, zunächst wilde, unkoordinierte Bautätigkeit.

„Dennoch stand besonders in der *Ziehzeit*, d.h. während der Zeit vor und nach der Ernte, wenn viele Familien [und junge alleinstehende Männer] neue Arbeit suchten, kein ausreichender Wohnraum zur Verfügung, so daß stets mehrere Familien tage- und wochenweise im Polizeigefängnis beherbergt werden mußten."[112]

Ab 1850 entstanden besonders viele „große Kasernen für eine Menge Familien"[113], was Bürgermeister Keller bei seinem Amtsantritt 1863 als eine folgenschwere sozialpolitische Entwicklung bezeichnete.

„Es gibt noch einzelne Straßen, in welchen mehrere kaum zu Ställen geeignete Räume von Menschen bewohnt werden: eins der schlechtesten Häuser auf dem sog. Grate ist zum Glück im Frühjahr eingefallen. Einige ältere Häuser leiden an Überfüllung; so ist ein zwar geräumiges, aber nicht übermäßig großes Haus vorhanden in welchem 95 Menschen vom Keller bis zum Boden wohnen."[114]

---

110 Die Gute-Hoffnungshütte beschäftigte Mitte der 1830er-Jahre bereits 353 Arbeiter und war in dieser Zeit das größte industrielle Unternehmen im ganzen Ruhrgebiet; die Eisenhütte Friedrich Wilhelm in Mülheim wurde ab 1830 parallel mit der Eisenhütte Stankt Johannes in Ruhrort von Johann Dinnendahl und dem Ruhrorter Kaufmann Friedrich Wilhelm Liebrecht geplant; 1832 wurde in den beiden Hüttenbetrieben Eisen gegossen. In Essen produzierte die Gussstahlfabrik von Krupp mit 70 Arbeitern. Die größten Gruben dieser Zeit waren in Eppinghofen und Winkhausen. Jedoch wurden Erze zur Gewinnung von Eisen- und Stahlprodukten bis in die 1850er-Jahre aus Nassau und dem Siegerland nach Duisburg transportiert. Bohrungen nach Kohle begannen spät. Die erste Kohle wurde auf der Zeche Java gefunden, aber nicht gewerblich gefördert. Die gewerbliche Förderung begann 1855 auf der Zeche Medio-Rhein.
111 Heid 1983, S. 9
112 Bork 1965, S. 219
113 Verwaltungsbericht der Stadt Duisburg 1864
114 Ebd.

Die lange Zeit der Depression nach 1813/14 mit ihrer anhaltenden Agrarkrise und die starke britische Konkurrenz, die das Erschließen neuer Märkte verhindert hatte, gingen zu Ende. Die Schaffung eines großflächigen und einheitlichen Zoll- und Handelsgebietes, das 1833/34 durch die Gründung des Deutschen Zollvereins realisiert wurde, wirkte als weiterer Katalysator der industriellen Entwicklung Duisburgs. Der ökonomische Wachstum und die steigende Bevölkerungsdichte brachten viele, auch äußere Veränderungen. Das alte, seit dem Mittelalter unverändert gebliebene Stadtbild wandelte sich. Stadttore und Mauern wurden, wenn sie nicht Teil der Wohnbebauung der einfacheren Bevölkerung geworden waren, abgerissen; Klöster wurden aufgelöst und in Schulen oder Kasernen umgewandelt.

Neben der zunächst schwierigen wirtschaftlichen Situation in der Zeit nach der Phase von 1806 bis 1813, in der sich die soziale Situation (Arbeitslose/Ortsarme) verschärft hatte, war in Duisburg, wie im gesamten Rheinland, das Bildungs- und Erziehungswesen nicht befriedigend entwickelt worden. Zwar hatte der französische Staat das Schulwesen prinzipiell vereinheitlicht, aber eben nicht gefördert. Im Rheinland bestand die Bevölkerung 1814 zu drei Vierteln aus Analphabeten.[115] Diese Entwicklung war aber nicht allein durch die mangelnde französische Schulverwaltung entstanden, sondern zudem Folge der gesamten Zeitverhältnisse. Die soziale Not und der Mangel an Elementar- und Volksschulen führte zu einem hohen Anteil Ungebildeter. Die Kinder gingen anstatt in eine Schule in der Regel einer gewerblichen Beschäftigung nach oder begleiteten den Vater bei der Arbeit, um das schmale Familieneinkommen aufzubessern. 1809 beklagte der oben genannte rheinische Schulrat Bracht die fortschreitende Verwahrlosung der Jugend und forderte die Errichtung neuer Schulen für das einfache Volk.[116] Da diese aber in der Regel durch die infolge der Belastung der Armenbehörden ausgezehrten Kommunen finanziert werden mussten, blieb diese Mahnung ungehört.[117] Es besteht kein Zweifel, dass die bekanntermaßen sehr schlechten Bildungsverhältnisse des frühen 19. Jahrhunderts, die schon in der Berliner Stellungnahme deutlich geworden sind, auch auf Duisburg zutrafen. Alle einschlägigen Dokumente, die sich mit der Elementarschulbildung der Kinder einfacher, armer Menschen in Duisburg befassen, machen einerseits auf eine schlechte Organisation des öffentlichen Elementarschulsystems, andererseits auf hohe Schulversäumnisse auf Grund gewerblicher Beschäftigung der Kinder aufmerksam.[118]

---

115 Vgl. Böhme/Tenorth 1990
116 Vgl. Rothkranz 1943, S. 74
117 Vgl. Müller 1977, S. 264; Jeismann/Lundgreen 1987, S. 127, 386f.
118 Bspw. noch eine Nachricht des Duisburger Bürgermeisters an den Vorstand des Sonntagsschul-Vereins vom 10. Dezember 1839 (vgl. StA 10/4279, Blatt 102a vom 10. Dezember 1839).

Gegen Ende des 18. Jahrhunderts bestanden in der Stadt zwei öffentliche Stiftungen der Armen- und Krankenfürsorge. Die älteste, die *Gasthausstiftung* am Knüppelmarkt in der Nähe des Rathauses, stammte aus dem 14. Jahrhundert (1318/19).[119] In diesem Gasthaus (im Sinne eines Hospitals) wurden arme und kranke Einwohner und Reisende aufgenommen und versorgt. Zu den Fremden, die im *Gasthaus* versorgt wurden, gehörten auch die nicht reformierten Einwohner der Stadt.[120] Für über normale Krankheiten hinausgehende Erkrankungen gab es ein Siechenhaus. Daneben wurde 1319 ein weiteres Gasthaus von Adam Gerlemann gestiftet. Im 15. Jahrhundert wurden beide privat geführten Stiftungen dem Magistrat unterstellt und vereinigt. Diese Versorgungseinrichtung bestand bis 1802. In diesem Jahr musste es wegen zunehmenden Gebäudeverfalls geschlossen werden.[121] Ab dieser Zeit war die schnell wachsende Stadt bis 1822 ohne eine besondere Einrichtung der Kranken- und Armenpflege Fremder, „passierende Kranke und erkrankte fremde Dienstboten"[122] mussten in einem Wirtshaus gegen Bezahlung gepflegt werden. 1803 wurde, angeregt durch den reformierten Pfarrer Johann Christof Spieß, eine bürgerliche, für alle Konfessionen (Reformierte, Katholiken, Lutheraner und Juden) bestimmte Armenanstalt gegründet.[123] Mit dem ALR war die allgemeine öffentliche Fürsorgepflicht gegenüber den Armen auf der Grundlage der Freizügigkeit anerkannt worden; danach waren die Gemeinden zur Armenpflege verpflichtet.[124] Die Verwaltung und Leitung wurde einer Deputation übertragen, bestehend aus dem Bürgermeister, den beiden Medizinprofessoren Daniel Ehrhard Günther und Conrad Jacob Carstanjens, jeweils einem Geistlichen der drei christlichen Konfessionen und dem Rendanten Johann Ja-

---

119 Auf das Jahr 1318 datiert die früheste Urkunde, eine Schenkungsurkunde, an das Gasthaus. Das Gründungsdatum ist unbekannt. Finanziert wurde es nach dem mittelalterlichen System der freiwilligen Almosenbereitschaft und geführt wurde es nach den Regeln der klösterlichen Lebensordnung, die für Insassen und Pfleger bestimmend war. Trotz des geschlossenen Charakters hat im Spitalwesen die moderne Entwicklung der sozialen Fürsorge eingesetzt. Das mittelalterliche Hospital ist die erste Sondereinrichtung der Fürsorge und der Ausgangspunkt für ihre weitere Institutionalisierung. Es war nach rationalen Gesichtspunkten organisiert und wurde durch weltliche Obrigkeiten geleitet. An dieser Stelle griff sie erstmals in den Ordnungsanspruch der Kirche ein. In diesem Machtkampf gewannen die städtischen Obrigkeiten im späten Mittelalter die Aufsicht über die in ihrem Gebiet liegenden Gasthäuser. Von hier konnte sich eine städtische Armenpflege entwickeln.
120 Vgl. StADU 10/2073, Bl. 2
121 Vgl. ebd., Bl. 35
122 Ebd., Bl. 2
123 Vgl. StADU 10/2073
124 Vgl. § 1 II 19: „Dem Staat kommt es zu, für die Ernährung und Verpflegung derjenigen Bürger zu sorgen, die sich ihren Unterhalt nicht selbst verschaffen, und denselben auch von anderen Privatpersonen, welche nach besonderen Gesetzen verpflichtet sind, nicht erhalten konnen."

cob vom Rath d.Ä.[125] „sowie aus 16 aus der Bürgerschaft durch die Armenkommission gewählten Armenpfleger[n]."[126] Diese Armenpfleger versahen die eigentliche Pflege der Armen. Dazu war die Stadt in Viertel eingeteilt. Die Zahl 16 ergab sich aus dem Modus, dass für jedes Viertel vier Pfleger gewählt und diese ein Jahr lang ihre Arbeit verrichten mussten. Als Ärzte zur medizinischen Versorgung arbeiteten die beiden genannten Mediziner, welche die Ortsarmen mit Arznei auf Rechnung der Armenanstalt versorgten. Kommune und Kirchengemeinden arbeiteten in dieser Kommission in gegenseitigem Einvernehmen, wobei die Entscheidungen des Bürgermeisters entscheidend waren. Während der großherzoglich-bergischen Zeit wurde das gesamte Duisburger Armenwesen unter die Aufsicht des Magistrats gestellt und vollkommen zentralisiert.[127] Das Armenwesen wurde während der Befreiungskriege 1808–1814 ergänzt durch *Frauen-* und *Jungfrauen-Vereine*, „zur Milderung der Leiden derer, die, im heiligen Kampf fürs Vaterland verwundet, der Hilfe und Pflege bedürfen".[128] Nach Beendigung der französischen Besetzung wurde die frühere Armenverfassung wieder hergestellt. Die Kabinettsorder vom 21. Mai 1823 bestätigte die öffentliche Fürsorgepflicht gegenüber den Armen und die Verwaltung des Armenwesens wurde in alleinige kommunale Verantwortung gelegt. Auf Grund der Kabinettsorder wurde eine interimistische bürgerliche Armenkommission, ein halbamtlicher städtischer Beirat unter dem Vorsitz des Bürgermeisters in allen politischen Gemeinden gegründet. Dem gehörten in Duisburg neben dem Bürgermeister „drei Stadtverordnete, die Vorsitzenden der 3 christlichen Gemeinden und 6 Armenbezirksvorsteher an."[129]

Für die Verpflegung der Durchreisenden wurde erst 1822, anlässlich des 50-jährigen Doktorjubiläums von Günther, durch eine Kollekte ein außerhalb der Stadtmauern vor dem Marientor gelegenes Haus, die *Freiburg* unweit des Siechenhauses, erworben und als Günthersche Krankenstiftung eingerichtet.[130] Das Siechenhaus, das seit 1447 unter der Bezeichnung *Melatenhaus* existierte, nahm die Aussätzigen der Stadt auf. Jedoch scheint das Melatenhaus auch als Heilanstalt gedient zu haben, denn Rhoden berichtet in seiner *Geschichte*, dass die Geheilten sich erst im Kölner Melatenhaus untersuchen lassen mussten, bevor sie wieder frei in der städtischen Korporation leben durften. Seit dem Ende des 17. Jahrhunderts gab es den Aussatz in Duisburg nicht mehr.

Das Waisenhaus bestand seit 1591 und hat seinen Ursprung in der Beginenvereinigung, einem in den Niederlanden entstandenen katholischen Frauen-

---

125 Vgl. StADU 10//4366 (ohne Num.); 41/254a, S. 46b
126 Wolf 1915, S. 35
127 Ausführlich bei Wolf 1915, S. 42ff.
128 Zit bei Rhoden 1970/I, S. 231
129 Ebd.
130 Vgl. HStAD, Regier. Dssd. 942

orden, der sich in seiner Blütezeit im 13. und 14. Jahrhundert vor allem der Kranken- und Kinderpflege gewidmet hatte. Im Beginenhaus wurden durchgängig zwischen 10 und 12 Kinder erzogen. Das eigentliche Waisenhaus, in dessen Gründungsurkunde der Bezug zum Beginenorden hergestellt ist, geht auf die Stiftung des Bürgermeisters Heinrich Thybis und der Familie Rüdiger Tack aus dem Jahre 1665 zurück. Während der ersten hundert Jahre war es eine Stiftung zu Gunsten armer junger Männer. Im Kontext verschiedener Kriegshandlungen (Truchsessnische und Kölnische Kriege) entstand das Problem, übermäßig viele Kriegswaisen in der Stadt versorgen zu müssen. In der Folge wurde das *Arme-junge-Männer-Haus* auf Bitte des Rates in ein Waisenhaus umgewandelt, das bis in die Mitte des 20. Jahrhunderts bestand und 1943 durch Fliegerbomben zerstört wurde.

Zu Beginn des 18. Jahrhunderts sind die bestehenden Kranken-, Erziehungs- und Armenpflegestiftungen (Gast-, Waisen- und Siechenhaus) im Rahmen der Rationalisierung des städtischen Armen-, Erziehungs- und Krankenwesens zusammengelegt worden. Ab 1831 diente die oben genannte *Freiburg* als reines Armenkrankenhaus. Weitere öffentliche Kollekten, die anlässlich besonderer Jubiläen veranstaltet wurden, ermöglichten die Stiftung eines weiteren Krankenhauses. Der Ehrentag Professor Carstanjens 1835 ermöglichte die Gründung der *Carstanjenschen-Krankenhausstiftung*, die erst 1842, also zwei Jahre nach dem Tod des Stifters, eröffnet werden konnte. Carstanjen sorgte mit seinem Testament für eine umfassende ökonomische Sicherung der Armenanstalt und des Krankenhauses.[131] Während des Vormärz kam es zu einer weiteren Stiftung im Armen-, Erziehungs- und Krankenpflegebereich. Das Krankenhaus der Fliednerschen Diakonenanstalt eröffnete Ende September 1847 im Stadtzentrum. Die Duisburger Diakonieanstalt war 1844 eingeweiht und bezogen worden.[132] Seit 1846 wurden im Duisburger Bruderhaus der so genannten *Rheinisch-Westfälischen Pastoralgehülfen-Anstalt* (Diakonenanstalt) nach dem Vorbild Wicherns evangelische Diakone vielseitig theoretisch und praktisch ausgebildet, um später im Rahmen der Mission selbstständig Armenanstalten, Waisen- oder Rettungshäuser zu leiten.[133]

---

131 Vgl. StADU 10/4754
132 Vgl. StADU 10/5626
133 Wichern setzte sich, gerade im Hinblick auf gesellschaftliche Einflussmöglichkeiten, dafür ein, dass die Kirchen die Aufgabe der Armenpflege und -fürsorge, die ihnen seit dem späten Mittelalter durch die weltliche Gemeinde abgenommen worden war und nun vor allem von wirtschaftsbürgerlichen Kräften mehr und mehr eingenommen wurde, wieder aufnehmen sollten. Für eine dauerhafte, regelmäßige und allgemeine Gemeindediakonie wähnte er aber die Kräfte der Freiwilligkeit auf Dauer als nicht ausreichend. Neben den ehrenamtlichen freiwilligen Liebesdienst wollte er eine hauptberufliche kirchliche Diakonie bauen, die unaufhebbarer Wesensbestandteil einer glaubwürdigen Kirche wäre. In einem 1847 veröffentlichten Aufsatz *Über Dilletantismus in der inneren Mission* hatte er einen hauptamtlichen Berufsarbeiter für die Aufgaben der In-

In den 1840er-Jahren wurden die Günthersche und die Carstanjensche Stiftung zum Güntheriano-Carstanum zusammengelegt.[134] Die Krankenbehandlung und Versorgung der Ortsarmen wurde durch die Familien-Stiftungen der ehemaligen Hochschullehrer übernommen.[135] Damit standen den Duisburgern in den 1840er-Jahren bei einer Gesamtbevölkerung von circa 9.000 bis 10.000 Einwohnern zwei große Krankenhäuser zur Verfügung.[136]

Eine behördliche Statistik aus dem Jahre 1826 nennt für die Altstadt vier Elementarschulen für Kinder bis 14 Jahren: die einklassige *Schule am Marientor* (seit 1572) mit einem Lehrer, einem Hilfslehrer, 90 Jungen und 79 Mädchen. Die einklassige *Schule der kleineren evangelischen Gemeinde* (seit 1745) mit einem Lehrer, 69 Jungen und 62 Mädchen und die einklassige *Schule der katholischen Gemeinde* (seit 1706) mit einem Lehrer, 94 Jungen und 86 Mädchen. Die einzige zweiklassige mit einem so genannten Unterlehrer für die Elementarschüler bis zum 10. Lebensjahr und einem Lehrer für die Schüler von 10 bis 14 Jahren war die *Schule auf dem Gasthofe* (seit 1563) mit 52 Jungen und 58 Mädchen in der 1. Klasse und 68 Jungen und 62 Mädchen in der 2. Klasse. Zusätzlich bestanden einklassige Schulen in den Ratsdörfern Duissern (seit 1664) mit einem Lehrer, 47 Jungen und 44 Mädchen, Neuenkamp (seit 1798) mit einem Lehrer, 29 Jungen und 34 Mädchen sowie Wanheim (seit 1670) mit einem Lehrer, 43 Jungen und 42 Mädchen.[137] Der Unterricht begann in der Regel morgens um 8 Uhr und dauerte bis 11 Uhr an, nachmittags wurde von 13 bis 16 Uhr unterrichtet. Auch in der zweiklassigen Schule bestand kein Jahrgangsstufenstufensystem oder Ähnliches, vielmehr wurden in zwei Lerngruppen die Schüler unabhängig von Alter und Geschlecht nach unterschiedlicher Vorbildung getrennt. Die Eltern dieser Schüler waren überwiegend Personen, die der untersten Bevölkerungsschicht angehörten, also entweder Tagelöhner, Schiffer, Fabrikarbeiter, Handlanger mit einer unspezifischen Arbeitstätigkeit et cetera waren oder einfachen Handwerksberufen nachgingen wie Leinweber, Strumpfwirker, Spinner, Kupferschläger, Pflasterer, Fassbinder, Zimmermann, Glasschleifer, Kesselflicker,

---

neren Mission gefordert. Dem genannten Ziel im Kampf um gesellschaftliche Einflussgewinnung (gegen die weltliche Bürgergemeinde und die Modernisten) sowie auch der Professionalisierung der sozial-pflegerischen Arbeit diente die Diakonenanstalt Fliedners. D.h., dass in dieser Zeit widerstreitende Kräfte (Wirtschaftsbürger und Freimaurer auf der einen Seite und evangelische Pietisten auf der anderen) um das Terrain Sozialer Arbeit bemüht waren.

134 Vgl. StADU 10/5115, 10/5111, 10/5073

135 Vgl. StADU 10/4754

136 1832 (7.340 Einwohner), 1850 (11.856 Einwohner). Damit war die Versorgungsmöglichkeit der Kranken wesentlich besser als im preußischen Durchschnitt. 1846 kam in Preußen ein Krankenhaus auf 39.400 Personen (vgl. Henning 1965, S. 494).

137 StADU 10/2602

Eisendreher, Fuhrmann, Eisenarbeiter, Packknecht.[138] Der schulpflichtige Nachwuchs dieser Menschen begleitete den Ernährer der Familie häufig zu dessen Arbeitsort, um diesem bei der Arbeit zur Hand zu gehen und das Einkommen aufzubessern.[139]

Die Elementarschulen waren der Bildungsort der Proletarierkinder. Dieser war „ausschließlich für die Kinder der *ärmsten* Volksklassen bestimmt."[140] Sie blieben auf diese Vorstufe der Bildung verwiesen. Diese Schule prägte neben der gewerblichen Tätigkeit die Kindheit. Einschlägige Quellen und historische Darstellungen zum Elementarschulwesen vermitteln zur Situation an den Schulen kein positives Bild. Die Ausstattung der Elementarschule und die Bildungsmöglichkeiten für ihre Schüler war schlecht. Die Lehrpläne enthielten einzig, „das für jeden Menschen Notwendigste"[141], dass heißt „nur die unentbehrlichsten Gegenstände"[142]. Inhaltlich blieb es den Lehrern überlassen, wie sie diese *unentbehrlichen Gegenstände* gestalteten. Die einzige *Methode* des Unterrichts bestand in mechanisch-repetitiven Beschäftigungen der Schüler, in Diktierübungen oder im „Hersagen des auswendig Gelernten"[143]. Die Schulgeschichten geben überwiegend das Bild einer Armendisziplinierung wieder. „Verhaltensweisen werden an Stelle von Kenntnissen vermittelt, um die Anpassungsfähigkeit und eine damit gegebene Verwertungsmöglichkeit des einzelnen im industriellen Arbeitsprozess schnell zu erreichen."[144] Mechanische Fertigkeiten wurden eingeübt. Die Lehrer arbeiteten nach dem „Grundprinzip ‚bete ... und arbeite'"[145]. Das Bildungsziel der Elementarschulen dieser Zeit lässt sich auf Grund ihrer unzureichenden didaktisch-methodischen Verhältnisse charakterisieren mit den Begriffen „Ordnung, Fleiß und Gehorsam".[146] Nicht gefördert wurden Verstand und Denkkraft, Einsichtsfähigkeit und reflexive Fähigkeiten. Wer die Möglichkeit hatte, ließ seine Kinder auf andere Weise unterrichten, entweder in Privatschulen oder durch Hausunterricht. Die

---

138 Vgl. bspw. StADU 10/2276 c Bl. 20 vom 26. Mai 1832
139 In der Frage der Einkommensverhältnisse bleibt die vorliegende Arbeit enthaltsam in der Angabe von Summen. Zwar tauchen gelegentlich in den Dokumenten solche Zahlen zum Familieneinkommen auf. Es fehlen aber Angaben über die Durchschnittsgröße der Familien und es fehlt vollkommen die Möglichkeit. eine Art Warenkorb für diese Zeit zusammenzustellen. Auch fehlen genaue Einblicke in die Mietkosten etc. Deshalb scheinen Versuche, wie sie Kuczynski 1961 anstellte, reine Konstruktionen, deren Wirklichkeitsverhältnisse umstritten bleiben müssen. Ihre Wertlosigkeit wird zudem offenbar, wenn man bedenkt, dass die Preise fortlaufend Schwankungen unterlagen und zudem regional völlig unterschiedlich waren.
140 Müller 1977, S. 264
141 Zit. ebd., S. 264
142 Zit. ebd.
143 Wittmütz 1996, S. 46
144 Müller 1977, S. 264
145 Ebd.
146 Zit. ebd.

Elementarschule war trotz der Bildungsreformen der Appendix des öffentlichen Schulsystems. „Jeder Anreiz, diese Schulen anstelle von Privatschulen und unteren Klassen der höheren Schulen zu besuchen, wird bewußt vermieden."[147]

Schon aus der Lehrer-Schüler-Relation der oben genannten 1826er-Statistik gehen eine Überforderung der Lehrer und die Mangelhaftigkeit der Ausbildung hervor.[148] In der katholischen Schule Alt-Duisburgs hatte der Lehrer 180 Kinder unterschiedlichsten Alters zu unterrichten. Die wenigen Schulen waren bei weiter wachsender Bevölkerung überfüllt. Infolge der Bevölkerungszunahme der folgenden Jahre stiegen auch die Schülerzahlen weiter an. Über das auf Grund der gewerblichen Arbeit der Kinder immer wieder vorkommende Ausbleiben der Schüler scheinen die Lehrer eher froh gewesen zu sein. Die Schulbesuchslisten enthalten als scheinbar zu rechtfertigende Ursachen Angaben wie: *Kälte halber, Wechselfieber, war krank, oft nicht wohl, periodisch unüberwindliche Schulfurcht, Saumseligkeit der Eltern, Dürftigkeit der Eltern, Eltern wollen Schulgeld sparen, Kühe hüten, Geschwister versorgen/Kinder-Warten, dem Vater helfen, zum Broderwerb für seine dürftigen Eltern, wegen großer Armut entschuldigt, Betteln, keine Kleider, Arbeit als Tagelöhner, Besuch der Abendschule.*[149]

Auf zwei Aktennotizen des Bürgermeisters Davidis vom 28. April 1832 ist dokumentiert, dass ein Großteil der Ende der 1820er-Jahre gegründeten *Schule der größeren evangelischen Gemeinde* den unentgeltlich bewilligten Schulunterricht „zum Theil nachlässig und unterbrochen, theils gar nicht besuchen"[150]. Ein Dokument vom 18. Mai 1832, demzufolge mehrere Kinder an 90 Tagen in einem Quartal dem Unterricht ferngeblieben waren, macht zudem die Unwirksamkeit der behördlichen Kontrolle über den Schulbesuch deutlich. Zwar hatte die Kabinetts-Ordre vom 14. Mai 1825 strenger als das ALR die generelle Anordnung getroffen, dass alle Kinder zwischen fünf und dreizehn/vierzehn Jahren „auch in den Landestheilen, in welchen das Allgemeine Landrecht bisher nicht eingeführt ist"[151], den Schulunterricht besuchen müssen, aber die Obrigkeit, das heißt der Schulgeistliche, der Bürgermeister oder die Ortspolizeibehörde, konnten das Kind „wegen vorkommender Hindernisse" doch zeitweise vom Schulzwang dispensieren. Die Entschuldigung der Eltern oder Pflegeeltern bei Vorladung, dass die Kinder krank, schwächlich oder aus ähnlichen Gründen (unüberwindliche Schulangst) schulunfähig waren, reichte den Behörden in der Regel aus, vorübergehende längere Dispense auch im

---

147 Ebd.
148 Vgl. Rothkranz 1943, S. 75
149 Vgl. StADU 10/2276 c) Bl. 27 vom 26. März 1833
150 StADU 10/2276 c), Bl. 2 vom 28. April 1832
151 Altgelt 1841, S. 184

Nachhinein zu erteilen und die Verfolgung der Erziehungsberechtigten einzu-stellen.[152] Von dieser Möglichkeit machten die Behörden Gebrauch und die El-tern erkannten hier schnell eine Methode, den Schulzwang, der in den preußi-schen Rheinprovinzen neu war, zu umgehen.

Überall in den preußischen Landen am Rhein war dies ein häufig beklagtes Phänomen. Bei den genannten Angaben zu den bestehenden öffentlichen Schulen und den Schülern ist hervorzuheben, dass diese Relationen nur für den Fall des regelmäßigen Besuchs aller Schüler galten. Die Wirklichkeit sah, wie gezeigt, anders aus. Die Absenten-Liste der *Schule auf dem Gasthofe* vom I. Quartal 1832 nennt einundsechzig Schüler, die vermehrt gefehlt haben; neunzehn Schüler waren während des gesamten Quartals nicht in der Schule. Ähnlich ist die Situation in *Schule am Marientor* in diesem Zeitraum. Vierzig Schüler fehlten ganz oder teilweise; im zweiten Quartal erhöhte sich diese Zahl auf vierundneunzig Schüler. Ein weiteres Dokument enthält eine Liste „über die Schulversäumnisse bei der *katholischen Schule* zu Duisburg vom 1. Januar bis den 1. April 1832"[153] und bestätigt das grundsätzliche Problem:

Name der Schüler	Name der Eltern oder Pfleger	Zahl der säumigen Schultage
Anna und Christiana	Johann Betteram	90 [von 90 Tg.]
Bernh., Julchen u. August	Heinrich Fromm	40
Johann und Jakob	Heinrich Bönk	90
Tillmann	Heinrich Brockerhoff	90
Christiana u. Maria	Wittwe Börks	90
Christian u. Anna	Wilhelm Bonnmann	40
Anna	Wittwe Hochmuth	90
Helena	Heinrich Möller	52
Heinrich u. Johan	Sanders	38
Carl	Gärtner	90
Heinrich	Johann Schreiner	23

Über die Hälfte der genannten Kinder fehlte während des gesamten Quartals. Die Bemerkungen des Lehrers zu den Schulversäumnissen beziehungsweise die vorgefundenen Korrespondenzen mit der Bürgermeisterei geben den ur-sächlichen Grund für die Schulversäumnisse deutlich wieder. Die Eltern wa-ren „nicht im Stande das Schulgeld für ihre Kinder selbst zu bezahlen, weil sie mit ihren Kindern im Winter oft kaum das tägliche Brodt"[154] hatten. Zudem waren Schulutensilien zu teuer. Viele Duisburger Kinder gingen einer gewerb-lichen Arbeit nach, mit der sie das Familienaufkommen aufbessern halfen. Die oben zitierte Absenten-Liste, nach der einige Kinder vollständig nicht zur Schule gingen, ist kein herausgehobenes Phänomen dieses einen Quartals, son-

---

152 Vgl. StADU 10/2276 c), Bl. 16 vom 18. Mai 1832
153 StADU 10/2276 c), Bl. 15 vom 18. Mai 1832
154 Ebd., Bl. 20 vom 26. Mai 1832

dern lässt sich mit weiteren Absenten-Listen anderer Quartale belegen. Nicht nur die Fehlzeiten waren sehr hoch, sondern auch die Fehlquote. Im Sommer kamen mehr Schüler als im Winter. Lag die Quote während der wärmeren Jahreszeit zwischen 25 und 50 Prozent, blieben während der Wintermonate teilweise weit über 50 Prozent der Kinder dem Unterricht fern. Ein zusätzlicher Grund für hohe Fehlzeiten lag im Verhalten der Lehrer und in der Dürftigkeit der Schulräume. Die genannte Kabinetts-Ordre von 1825 sagte Eltern wie Schülern zwar zu, dass letztere nicht misshandelt werden dürften, aber die Züchtigung durch den Lehrer war erlaubt; und wenn man Dokumentationen glauben darf, nutzten sie dieses Recht. Zwar sicherte die Order den Eltern Rechtsmittel gegen die Pädagogen zu, wenn Misshandlungen vorkamen, aber man wird nicht annehmen können, dass diese in der Regel von dieser Möglichkeit keinen Gebrauch gemacht haben. Die Schulräume müssen auch nach der langen Kriegszeit und längerer Zweckentfremdung als Hospital, Krankenhaus oder Ähnliches die schlimmsten baulichen Mängel aufgewiesen haben. Wittmütz berichtet über eine vergleichbare Industriegegend im Rheinland von zu kleinen, feuchten und dunklen Räumen.[155] Zwar werden diese Gebäudeverhältnisse den beengten Wohnverhältnissen der Armen entsprochen haben, aber die Schüler werden kaum angeregt worden sein, diese Schulen zu besuchen. Zudem lagen viele Schulräume sehr dicht an „Kuhställen, Dunghaufen oder *Abtritten*"[156].

Die Zahlen verdeutlichen zunächst nur die Häufigkeit der Schulversäumnisse, sie sagen aber nichts aus über die Lebensverhältnisse der Armen. Die Bemerkungen der Lehrer verweisen auf bestehende Armut der Eltern wie auf die Normalität der Kinderarbeit. Sie sagen aber nichts über die Qualität beider Phänomene. Zunächst sollen mit den angegebenen Zahlen nur die Unwirksamkeit des Elementarschulsystems und die für alle wahrnehmbare Notwendigkeit der Nacherziehung und -bildung belegt werden. Die demographische Entwicklung und die augenscheinliche Unwirksamkeit des Elementarschulwesens bildeten den elementaren Hintergrund für den in den folgenden Jahren einsetzenden Ausbau der Elementarschulen in mehrklassige Einrichtungen und die Qualifizierung der Bildungs- und Erziehungsprozesse im öffentlichen Raum. Neben der geringen öffentlichen Förderungen dieser Armenschulen und der sich daraus ergebenden unzureichenden Organisationsstruktur (zumeist einklassige Organisation[157]) bei einem in dieser Zeit stetig an-

---

155 Wittmütz 1996, S. 47
156 Ebd.
157 Ein Struktur- und Funktionswandel der Elementarschulen setzte erst Mitte der 1830er-Jahre ein, weil die wachsenden Schülerzahlen und die stetige Überforderung der Lehrer eine Veränderung der zumeist einklassigen Anstalten erfordert. Die demographische Entwicklung bildete dabei den elementaren Hintergrund für den nun alle Volksschichten ergreifenden Umbruch der Bildungs- und Erziehungsprozesse. Erst die

wachsenden Schülerpotenzial (auf Grund des Anschwellens der Bevölkerungs-
zahlen in den industriellen Ballungsräumen) lag eine andere Ursache der Unwirksamkeit der Elementarschulen in der *Selbstverständlichkeit* gewerblicher
Kinderarbeit, die nicht unbedingt Ausdruck der gegebenen Armut war.
Adolphs nennt in ihrem Werk acht Gründe für diese Selbstverständlichkeit.[158]
Ähnlich wird in allen einschlägigen Studien zur Geschichte der Pädagogik
über die Gründe informiert. Die wichtigste Ursache für die Fehlquoten in den
Elementarschulen der Jahre nach 1815 wird im Charakter Duisburgs als in
dieser Zeit entstehende *Fabrick-Gegend*[159] bestanden haben. Das Phänomen
der beträchtlichen Schulversäumnisse hielt in Duisburg augenscheinlich während des gesamten Vormärz an. 1841 erschien im *Duisburger Wochenblatt*
eine Artikelserie verschiedener Autoren aus dem Umfeld der Sonntagsschule,
die sich mit der Stiftung eines *Allgemeinen Duisburger Wohltätigkeits-Vereins*
beschäftigte. Ein Artikel vom 16. Dezember 1841 befasste sich unter anderem
mit der Lebenssituation und den gegebenen Entwicklungsmöglichkeiten der
Elementarschüler, um damit die Notwendigkeit der Sonntagsschule sowie anderer so genannter Nebenanstalten der Schule zu begründen.[160] Neben den
allgemeinen sozialen Verhältnissen nennt der Beitrag als Ursache mangelnden Erfolges der Elementarschulen das Verhalten der Eltern. Denn die Eltern
suchten die Entlassung ihrer Kinder aus der Schule „so schnell wie möglich
herbeizuführen; mitunter aus Dürftigkeit, aber auch vielseitig aus Eigennutz,
ohne den Werth gehörig zu erkennen, welcher dem Kinde, in jeder Beziehung,
für das ganze Leben, durch einen gründlichen Unterricht geboten wird. Dürftiges Schreiben, Lesen und Rechnen, sind gewöhnlich die Ausbeute des Schulunterrichts, und wie wenig bleibt davon, *ohne fernere Nachhülfe*, für das reifere Alter übrig!"[161]
Als Voraussetzung für eine wirkliche Änderung der Verhältnisse bewertete
der Autor die Errichtung der Kleinkinderschule im Jahre 1838 durch Landfermann. Während die Sonntagsschule die Folgen der Verhältnisse an den Elementarschulen nur im Nachhinein angehe, werde sozusagen prophylaktisch
durch eine dem Alter entsprechende sittliche und intellektuelle Unterrichtung
eine Basis für einen erfolgreichen und kontinuierlichen Elementarschulbesuch
gelegt.[162]

ökonomisch bedingte Vergrößerung des Klassensystems ermöglicht schulintern eine
Differenzierung der Schüler nach Leistungs- und Alterskursen (vgl. Jeismann 1987,
S. 13).
158 Vgl. Adolphs 1972a, S. 17ff.
159 Vgl. StADU 10/1627, Bl. 5
160 Vgl. StADU 10/4279, *Duisburger Kreisblatt*, 5. Jg., Nr. 100, vom 16. Dezember 1841,
S. 2
161 Ebd.; Hervorh. V.G.
162 Ebd.

Ein Stipendium der städtischen Armenkasse oder der zusätzlich in der Stadt bestehenden *Diakoniecasse* befreite viele Eltern von der Last des Schulgeldes und machte damit häufig erst einen Schulbesuch ihrer Kinder möglich.[163] Doch die Eltern sahen ihre Kinder die Zeit in der Schule sinnlos vergeuden und hielten sie, wie das oben angeführte Zitat deutlich macht, lieber zur Arbeit und zum Geldverdienen an. Zwar verpflichtete das ALR alle Hausväter dazu, die Kinder in die Schule zu schicken, damit sie die für jeden vernünftigen Menschen seines Standes notwendigen Kenntnisse erwerben konnten, und drohte Zwangsmittel und Strafen an, wenn sie nicht darauf achteten.[164] Aber solche Maßnahmen wurden selten durchgeführt. Die Durchsetzung solcher Strafen verursachte Kosten für die Gemeinden. Da die Familien keine Geldstrafen begleichen konnten, musste in der Regel der Familienvorstand *mit Gefängnis belegt* werden. In diesem Fall fiel der Hauptverdiener aus und die Familie musste während dieser Zeit aus der Armenkasse unterstützt werden. Eine entsprechend positive Wirkung, wie man sie sich von einer Bildung fürs einfache Volk erwartete, wurde durch die miserablen Verhältnisse in den Schulen, durch die verbreitete Notwendigkeit des Mitverdienstes der Kinder am Familieneinkommen und die mangelnde Fähigkeit des Staates zur Durchsetzung der (in Preußen seit 1717 bestehenden) Lernpflicht behindert. Die Elementarschulbildung litt während des ersten Drittels des 19. Jahrhundert schwer unter diesen Bedingungen. Der Bildungslevel des so genannten einfachen Volkes konnte erst ab den 1850er-Jahren ein höheres Niveau erreichen.[165] Ursache und Wirkung waren ein vermehrtes staatliches Engagement im Schulwesen, die gleichzeitige Stabilisierung ökonomischer Prosperität, die Verbesserung der Lebensverhältnisse der unteren Volksschicht und die abnehmende Kinderarbeit. Ab der Jahrhundertmitte nahm die Kinderarbeit in Deutschland bekanntlich immer mehr ab. In Duisburg lässt sich gewerbliche Beschäftigung von Kindern ab den 1850er-Jahren überhaupt nicht mehr nachweisen. Die Arbeitsbedingungen in der Montanindustrie erforderten immer mehr Muskelkraft, ökonomisch lohnte der Einsatz von Kindern immer weniger und das *Regulativ über die Beschäftigung jugendlicher Arbeiter in den Fabriken* vom 9. März 1839 beziehungsweise das 1853er-Ergänzungsgesetz zeigten ihre Wirkung.

Neben den Elementarschulen, als Bildungsort für den Nachwuchs armer Eltern, gab es in Duisburg seit 1559 ein bürgerlich-evangelisch-stiftisches, althumanistisches Gymnasium, dessen Geschichte auf eine alte Lateinschule

---

163 In den Quellen findet sich ein Dokument, nach dem an der vereinigten ev. Elementarschule 174 Schüler auf Rechnung der Diakoniekasse auf die Schule gingen (vgl. StADU 10/3969, Bl. 63ff.).

164 §§ 43, 44, 46 II 12 ALR

165 Vgl. Müller 1977, S. 264

166 Carstanjen geht auf diese Geschichte in seiner Chronik ausführlich ein (vgl. StADU 41/254a, S. 75b ff.; Rhoden 1998, S. 183).

zurückgeht, die bereits 1280 erwähnt wird.[166] Das Gymnasium war seit dem späten 18. Jahrhundert eine Hochburg der bürgerlichen, männlichen Jugend und wurde überwiegend von Söhnen der Duisburger Oberschicht besucht.[167] Die Töchter dieser Gesellschaftsschicht besuchten seit 1804 die einklassige Privatschule des lutherischen Pastors Peter Friedrich Mohn (1762–1845), in der die Töchter der angesehenen Familien „in mancherlei Wissenswertem"[168] unterrichtet wurden. Dieses Institut bestand jedoch nur wenige Jahre (bis 1822). Ein Jahr später gründete auf Initiative von vier Duisburger Honoratiorenfamilien Wilhelmine Wuppermann aus Barmen mit städtischer Genehmigung eine höhere Töchterschule. An dieser Schule unterrichteten nebenamtlich auch Lehrer des humanistischen Gymnasiums.[169] Diese Töchterschule bestand mit einigen Veränderungen bis ins 20. Jahrhundert.[170] Am Gymnasium wurden die Söhne der örtlichen Honoratiorenschicht um 1830 ausschließlich auf ein Universitätsstudium vorbereitet. Latein und Griechisch waren die dominierenden Fächer.[171] Das in der Jahrhundertwende an Einfluss gewinnende, überwiegend protestantische Wirtschaftsbürgertum, dessen Söhne das elterliche Unternehmen übernehmen sollten, lehnten eine humanistische Oberschulausbildung ab, weil sie die nachwachsende Generation nicht auf die beruflichen Aufgaben vorbereitete.[172] Um den eigenen beruflichen Aufstieg auch über Generationen zu festigen und die Vergrößerung des väterlichen Unternehmens zu ermöglichen, stellte sich „als entscheidende Frage der Zukunftssicherung die qualifizierte Ausbildung des männlichen Nachwuchses: Die jungen Männer mußten die Qualifikationen und Werthaltungen erlernen, die sie in der nächsten Generation befähigten, als Unternehmer erfolgreich agieren zu können. In ähnlicher Weise stellte sich das Problem auch für die angrenzende Schicht des Bildungsbürgertums (höhere Beamte, Professoren, Ärzte, Rechtsanwälte)."[173]

Der erworbene soziale und ökonomische Status dieser Familien konnte nur dann in die nächste Generation verpflanzt werden, wenn die Söhne eine den Verhältnissen adäquate, das heißt wirklichkeitsnahe Bildung erfolgreich abschlossen. Der Direktor des Gymnasiums, Johann Gottfried Christian Nonne (1749–1821), Philanthropinist und seit 1774 Schulleiter, versuchte der Forderung der Duisburger Kaufmannschaft im Jahre 1796 entgegenzukommen. In

---

167 Die Chronik Carstanjens weist für das Jahr 1828 bspw. insgesamt 92 Schüler in sechs Klassen aus (vgl. StADU 41/254a, S. 75a). Bis 1836 wuchs die Zahl auf 120 Schüler, bei 14 Lehrern an (vgl. Jäger 1890, S. 145).

168 Ring 1927, S. 264; vgl. StADU 41/254a, S. 13a

169 Vgl. ebd.

170 Vgl. Rhoden 1970/I, S. 296

171 Vgl. bspw. Stundenplan des Gymnasiums aus dem Schuljahr 1822/23, in: Wiesenthal 1934, S. 11

172 Vgl. ebd., S. 26ff.; Weber 1988, S. 17f.

173 Tillmann 1989, S. 190

Anlehnung an das Dessauer Institut Basedows versuchte er, die Bildung *den Bedürfnissen des praktischen Lebens* anzupassen durch Aufnahme so genannter Realienfächer in den schulischen Bildungsplan. Bis 1804 war das Duisburger Gymnasium unter Nonne zum einem der angesehensten Institute in der Region geworden. Erst nach der französischen Zeit, die das Gymnasium unbeschadet überstanden hatte, geriet es in eine längere Krise, da ein anhaltender Streit zwischen Neuhumanisten und Philanthropinisten entbrannt war. In dieser Situation blieben vor allem Söhne der Fabrikanten- und Kaufmannsfamilien aus.[174] 1818 stellte Bürgermeister Maassen in einem Bericht an das Schulkollegium die aus dem Schulstreit entstandene Unfähigkeit des Gymnasiums fest, die notwendige Bildung des *bedeutenden Bürgertums* in der Stadt zu gewährleisten.[175] Daher gründete die Oberschicht ein eigenes Lehrinstitut in Verbindung mit dem ehemaligen Kaufmann Hoeninghaus, der in Düsseldorf eine Handelsschule gestiftet hatte. Gegen diese Bürgerschule wehrte sich Nonne, der sich zerrieben sah in dem Schulstreit, weil das neue Institut dem Gymnasium immer mehr Schüler entzog. In dem entstehenden Konflikt zwischen der Regierung und der Bürgerschaft setzten sich Bürgermeister Maassen und sein Nachfolger Davidis vehement für die Erhaltung des bürgerlichen Instituts ein.[176] Jedoch hatte diese bürgerliche Privatschule nicht lange Bestand, weil die Regierung ihre dauerhafte Zustimmung versagte. Die Auseinandersetzung macht jedoch die Veränderungen in der deutschen Bildungsideologie und den wachsenden Einfluss der Wirtschaftsbürger im Vormärz deutlich. Nach Nonnes Tod im Jahre 1821 wurde das Gymnasium trotz sich vollziehender Änderung der Bildungsprogrammatik zunächst noch im Sinn des Humboldtschen Neuhumanismus reformiert. Damit verstärkte sich jedoch die Unzufriedenheit der Kaufmannschaft. Die Wirtschaftsbürger schickten ihre Söhne in die neue Privatschule Friedrich Wilhelm Fuldas (1804–1859), der wie Wichern bei Friedrich Daniel Ernst Schleiermacher und August Wilhelm Neander in Berlin evangelische Theologie studiert und möglicherweise Vorlesungen über Philosophie bei Georg Wilhelm Friedrich Hegel (1770–1831) gehört hatte. Fulda hatte auch einige geographische Vorlesungen bei Carl Ritter (1779–1859), dem Mitbegründer der wissenschaftlichen Geographie, gehört.[177] Er war Neuphilologe aus Überzeugung und begeisterte sich für die modernen Wissenschaften (Naturwissenschaften, moderne Sprachen, Geschichte, Geographie und kaufmännische

---

174 Vgl. Knoll 1970
175 Vgl. Wather 1956, S. 14f.
176 Maassen war im Jahr 1823 ‚Deputierter Meister vom Stuhl' unter dem Vorsitzenden Joh. Wilh. Davidis. In den Jahren 1824–1830 war er selbst Meister vom Stuhl. Davidis war von 1824 bis 1827 unter Maassen Meister vom Stuhl (vgl. Festrede 1871, Übersichtstabelle).
177 Ritter war ein Schüler Johann Christoph Friedrich Guts Muths, der durch Basedow beeinflusst war.

Bildung).[178] Ganz anders als Wichern, der vor allem die alten christlich-ethischen Werte wiederzubeleben suchte, war Fulda ein Befürworter der gesellschaftlichen Modernisierung und der pädagogisch-realistischen Wende. Als solcher diagnostizierte er die Gründe des sozialen Elends nicht verkürzt als in der Entchristlichung und Verweltlichung der Gesellschaft begründet, sondern auch in der sozialen Benachteiligung einer Klasse des Volkes und der unzureichenden Bildung und Erziehung für das breite Volk.[179] Das Problem fehlender Erziehung und Bildung und die frühe Festlegung der Kinder auf ein Gewerbe, die sich bei erwachsenen Arbeitern in der Unfähigkeit manifestierte, sich aktiv mit der eigenen Lebenssituation und Veränderung auseinander zu setzen, wurden seit dem zweiten Jahrzehnt des 19. Jahrhunderts allgemein diskutiert. Wie Wichern hatte auch Fulda während seiner Berliner Zeit die gesellschaftlichen Veränderungen wahrgenommen. In Berlin war bereits Mitte der 1820er-Jahre die industrielle Entwicklung mit ihren Begleiterscheinungen besonders deutlich zu erkennen.[180] In dem Maße, wie die industrielle Entwicklung voranschritt, wuchs die Zahl brotloser ehemaliger Handwerker und Bauern. Ein Heer an stellungslosen Männern, Frauen und Kindern zog von Ort zu Ort und füllte die Städte auf der Suche nach Arbeit. Eine ähnliche Entwicklung wie in Berlin verlief bis circa 1830 in fast allen größeren Städten und Ballungsräumen. Es entstanden Arbeiterquartiere oder Stadtmauersiedlungen mit mangelhaftem Wohnraum.[181] Das gesamte Leben der zumeist kinderreichen Familien spielte sich überwiegend in ein bis zwei kleinen, schlecht belichteten und belüfteten und sanitär unzureichend ausgestatteten Räumen ab. Anders als der Pietismus entwickelte Fulda auf dem Boden freimaurerischer Überzeugungen eine spezifische christlich-*soziale*, vormärzlich-liberale Haltung gegenüber den Problemen seiner Zeit, die ganz auf dem Gedanken der Volksbildung und Selbstverantwortung basierte. Fuldas Wirken in Duisburg wurde qualitativ in eine Reihe mit den Gründungen Wicherns und Fliedners eingeordnet.[182] Insbesondere in den 1840er- und 1850er-Jahren hatte Fulda sich in der Armenfürsor-

---

178 Vgl. Walther 1956, S. 29f.

179 Diese Diagnose, dass die soziale Lage für die weitgehende Verelendung breiter Bevölkerungsschichten verantwortlich und nicht nur auf dem Abfall vor sittlichen und christlichen Werten begründet war, hatten auch andere Theologen, sogar aus dem pietistischen Lager, erkannt. Andreas Bräm hatte die Verhältnisse 1835 schon als Wechselwirkung einander bedingender Faktoren begriffen und dazu aufgerufen, sich mit den tatsächlichen Lebensverhältnissen der Fabrikarbeiter zu befassen. Er nennt sowohl den Missbrauch dieser Menschen durch die Fabrikherren, als auch die mangelnden Bildungsmöglichkeiten der Jugend. „In wie vielen Familien ist der arbeitenden Jugend alle Gelegenheit, sich zu unterrichten entweder ganz genommen oder doch sehr erschwert" (zit. bei Lohbeck 1989, S. 112).

180 Vgl. Baron/Landwehr 1995, S. 16

181 Vgl. Bleeck 1989, S. 5-33

182 Vgl. Walter 1956, S. 30

ge Duisburgs für die Belange der benachteiligten Arbeiterschicht eingesetzt.[183] Dessen Umsiedlung von Berlin nach Duisburg war auf Grund eines Rufes der Duisburger Kaufmannschaft erfolgt. Welche spezielle Verbindung Fulda zu Duisburg hatte, lässt sich nicht mehr ermitteln. Wahrscheinlich waren die Duisburger Logenbrüder über Vermittlung der Berliner Mutterloge an Fulda geraten. Dieser hatte 1827 auf deren Veranlassung eine Bürgerschule für den kaufmännischen Stand eröffnet. Hier wurden die Schüler durch gewerblich-kaufmännische Bildung auf ein bürgerliches Erwerbsleben vorbereitet und in modernen Sprachen (Englisch, Französisch), Mathematik, Geographie, neuerer Geschichte und Buchhaltung unterrichtet. Dabei ging es aber nicht wie im Philanthropinismus allein um *den* Bildungs*wert* und die Zweckmäßigkeit des Gelernten, sondern um eine vollkommene Menschenbildung. Sie zielte auf das Lebensglück und den angemessenen Platz in einer bürgerlichen Welt. Aus dem klassischen pädagogischen Ideen- und aufklärerischem Gedankengut sowie dem im ALR kodifizierten Recht auf Glückseligkeit hatten sich bürgerlich-romantische Gemeinschaftsideologien sowie (gesellschafts- und bildungsideologische) neue Ansichten entwickelt, die üblicherweise als pädagogisch-realistische Wende bezeichnet werden. In diesem Kontext entstanden bezogen auf die Bildungsbedürfnisse der höheren Kaufmannsschicht *Realschulen*, die der „allgemeinen höheren Menschen und insbesondere realistischen Bildung (letztere im Gegensatz zur classisch-philologischen Gelehrtenbildung)"[184] dienten. Diese Bildung sollte nicht auf das Studium, sondern vielmehr auf einen gewerblichen Beruf oder andere bürgerliche Beschäftigungen vorbereiten.[185] Im Zuge dieser Entwicklung schien das neuhumanistische Gymnasium Duisburg endgültig an Bedeutung zu verlieren und war in seiner bestehenden Form existentiell bedroht.[186] Deshalb wandte sich der Nachfolger Nonnes, Johann Daniel Schulze in einem offenen Brief an das lokale Bürgertum und berief am 18. März 1829 in den Räumen der *Societät*[187] eine Versammlung „aller gebildeten Hausväter der

---

183 Vgl. StADU *Rhein- und Ruhrzeitung* vom 15. und 16. November 1859, dies. vom 25. Oktober 1859 sowie vom 12. November 1851

184 Preusker 1835b, S. 1

185 Um den gesellschaftlichen und ökonomischen Aufstieg über Generationen zu festigen und die Vergrößerung des eigenen Unternehmens zu ermöglichen, stellte sich „als entscheidende Frage der Zukunftssicherung die qualifizierte Ausbildung des männlichen Nachwuchses: Die jungen Männer mussten die Qualifikationen und Werthaltungen erlernen, die sie in der nächsten Generation befähigten, als Unternehmer erfolgreich agieren zu können" (Tillmann 1989, S. 190). Hierzu mussten neue Bildungsinstitute gegründet werden, die den spezifischen Anforderung der Wirtschaftsbürger entsprachen.

186 Vgl. Wiesenthal 1934, S. 27. Diese Entwicklung, dass die Gründung von höheren Bürgerschulen zum Schülerschwund am Gymnasium führte, war eine in dieser Zeit übliche Folge und betraf viele neuhumanistische Bildungsanstalten.

187 Die Räume der *Societät* waren bis in die 1870er-Jahre deshalb der Ort für wichtige gesellschaftliche Zusammenkünfte, weil der Gesellschaftsverein „den einzigen großen und würdig ausgestatteten Saal in Duisburg besaß, in dem sich alles abspielte, was nicht

Stadt"[188] zur Rettung und möglichen Reform des Gymnasiums ein.[189] Aus der Mitte der Geladenen wurde ein Komitee, bestehend aus den Großkaufleuten und Fabrikanten Johann Jacob vom Rath d. J. (1792–1868), Reinold Besserer[190], dem früheren *Medicinalwarenhändler* Friedrich Wilhelm Curtius (1782–1862)[191], Carl Böninger (1795–1877), dem städtischen Steuerbeamten Ernst Berkmann und dem *Mathematikus* des Gymnasiums, Oberlehrer Franz Wilhelm Bahrdt (1792–1858) gewählt, das sich mit der Gründung von Realklassen am Gymnasium befassen sollte. Conrad Jacob Carstanjen, der gemeinsam mit dem Mediziner Günther und dem Juristen Bierdemann zu den letzten Professoren gehört hatte, die bis zur Aufhebung der Universität im Jahre 1818 Vorlesungen hielten, und der die geistig bedeutsamste Gestalt der Duisburger Honoratiorenschaft war, notiert in seiner handschriftlichen Chronik der Stadt unter dem Monat April des Jahres 1831, dass „auf dem hiesigen Königlichen Gymnasium eine Realschule für diejenigen Jünglinge, welche sich dem Kaufmanns- und höherem Gewerbestand widmen wollen ... eröffnet"[192] wurde. Den Zweck der Realienbildung am Gymnasium verdeutlichte Landfermann 1835 während seiner Antrittsrede am Gymnasium, das er als Schüler besucht hatte. Es ging darum, der bürgerlichen Jugend, die keine humanistische Bildung suchte, sondern eine kaufmännische Lehre machen wollte, eine entsprechende vorbereitende Bildung zu bieten. [193]

Er beendet den langen Gedanken zum Zweck der Realienbildung, indem er

---

wegen seines amtlichen Charakters auf dem Rathaus verhandelt werden mußte. ... Selbst für das Rathaus lieh der Bürgermeister, als der Kronprinz im Jahre 1839 Duisburg besuchte, von der Societät die Wandleuchter und den Kronleuchter." (Linzen 1949, S. 28). Die Räume der Societät wurden daher in den folgenden Jahren wiederholt für gemeinsame Treffen von Arbeitskommitees oder Generalversammlungen des 1834 gegründeten Sonntagsschul-Vereins genutzt.

188 Zit. bei Wagenknecht 1981, S. 10

189 Walther 1956, S. 16. Die genannten Kaufmanns- und Industriellenfamilien standen in dieser Zeit und später in engen wirtschaftlichen Verbindung, die z.T. durch Heirat ergänzt wurden. Insbesondere gab es kein Handels- oder Fabrikunternehmen, das nicht irgendwie verwandtschaftliche Beziehungen zur Familie Carstanjen gehabt hätte. Als 1831 die Handelskammer gegründet wurde, war unter den sechs Gründungsmitgliedern nur eine Person, Friedrich Wilhelm Curtius, nicht unmittelbar durch Heirat oder Geburt mit den Carstanjens verknüpft (vgl. Korn 1959, S. 212–221; Eynern 1930, S. 361ff.).

190 Reinold Besserer war der Sohn der Duisburger Pfarrers Conrad Arnold Hermann Besserer (* 1722) (vgl. StADU 41/254a, S. 68b).

191 Friedrich-Wilhelm Curtius hatte 1824 die erste moderne industrielle Fabrik in Duisburg eröffnet, die nicht Kolonial- und Textilwaren verarbeitete, sondern Chemikalien herstellte. Damit bereitete er z.T. die Hütten- und bergtechnische Industrie des späteren Ruhrreviers mit den für das Revier charakteristischen Stahl- und Eisenproduktionsanlagen mit vor.

192 StADU 41/254a, S. 93b. Mit *Jünglingen* waren der männliche Nachwuchs im Alter zwischen vierzehn und fünfundzwanzig Jahren gemeint (vgl. Bühler 1990, S. 15f.).

193 Vgl. Jäger 1890, S. 134

zum Ausdruck bringt, dass eine solche moderne, epochenadäquate Bildung dazu diene, die Stadt und ihre Umgebung „vor Stillstand und Rückschritt"[194] zu schützen. Er verdeutlicht damit die Entwicklung im Bildungsdenken des Vormärz.[195] Bildung diente dem Zweck, den Menschen für die modernisierte Welt zu qualifizieren und hiermit *nützliche* und *glückliche* Glieder der Gesellschaft zu bilden.

Am 26. Februar 1831 erschien im *Unterhaltungs- und Anzeigenblatt für den Kreis Duisburg* die Eröffnungsanzeige für die Realschule:

> „Um dem sich dringend darlegenden Bedürfnisse einer den Anforderungen der Zeit entsprechende Ausbildung derjenige Jüngling hiesiger Stad[t und] Umgehend, die sich dem Kaufmanns- und höheren Gewerbestande widmen wollen, [zu] helfen, wird mit Genehmigung des hohen Ministeriums der geistlichen, Unter[richts-] und Medizinalangelegenheiten eine Realschule mit dem hiesigen Königlichen Gymnasium verbunden, und zu Ostern dieses Jahres eröffnet werden."[196]

Der hier angewandte Begriff des *Jünglings* hatte sich am Ende des 18. Jahrhunderts schrittweise mit dem sozialen Aufstieg des Bürgertums, besonders des Wirtschaftsbürgertums, entwickelt. Die Jugendphase ist *„zunächst ein historisches Produkt des Bürgertums".*[197] Spätestens die Notwendigkeit der Festigung des bisherigen ökonomischen Aufstiegs des Bürgertums und die Prozesse der Industrialisierung und des technischen Fortschritts brachten es mit sich, dass die Zeitspanne, die der Erziehung und Ausbildung vorbehalten war, verlängert und bedarfsgerecht, das heißt der modernen Wirtschaftsgesellschaft angepasst, werden musste. In dieser Phase entwickelte sich das von Rousseau unter biologischem und moralischem Blickwinkel beschriebene Phänomen der Kindheit zum gesellschaftlichen Phänomen der erweiterten Jugend. Eine Hochburg der bürgerlichen Jugend war das Gymnasium. Neben der Vorbereitung auf das Studium kam ihm nun auch die Vorbereitung auf die nicht akademische, bürgerliche Existenz zu.

Aus der oben zitierten Anzeige ist der Unterrichtsinhalt der Realklassen am Gymnasium ersichtlich. Neben Religion wurden Französisch, Englisch und Deutsch als Pflichtveranstaltungen und Latein als fakultativer Sprachunterricht angeboten. Griechisch entfiel ganz. Als (moderne) Wissenschaften gehörten Geschichte, Geographie, Mathematik und praktisches kaufmännisches Rechnen, Physik, Chemie, Technologie und Naturbeschreibung zum Stundenplan. Als Kunstfertigkeiten zählen die Fächer, die auf die ästhetische Erzie-

---

194 Zit. ebd.; vgl. Preusker 1835b, S. 90ff.
195 Preusker 1842 (Bd. 5), S. 1
196 StADU 10/4278 (Bl. 1/o. Num.)
197 Hurrelmann 1994, S. 30; Hervorh. im Original

hung zielten, also Schönschreiben, Zeichnen und Gesang.[198]

Wahrscheinlich wurde in dem genannten Gremium zur Gründung des Realzweiges am Gymnasium bereits die Entscheidung zur Errichtung einer gewerblichen Sonntagsschule für jugendliche Arbeiter getroffen. Das Problem der unzureichenden oder nicht zweckmäßigen Bildung war für diese Männer nicht nur im Hinblick auf die Bildung des eigenen Nachwuchses spürbar. Auch die zum Teil im Rechnen, Schreiben oder Lesen völlig ungebildeten Arbeiter entsprachen nicht mehr den Anforderungen der betrieblichen Arbeitsorganisation. Zum einem wurde die Fabrik zunehmend zum *literaten Arbeitsplatz*, der auf Grund seiner Größe, des beginnenden Schichtbetriebes, der Arbeitsteilung nicht mehr ohne schriftliche Instruktionen, Arbeitszettel et cetera auskam. Die Arbeiter mussten lesen und schreiben können. Auf Grund der Fabrik- und sonstigen gewerblichen Arbeit in der frühen Kindheit waren sie nicht nur des Schreiben und Lesens unkundig, sondern sie waren, wie die Hardenberg-Umfrage deutlich machte, nur sehr eingeschränkt einsetzbar im Produktionsablauf und inflexibel. Die ständige Fluktuation der Fabrikbelegschaften, konnte den Fabrikbesitzern schon aus ökonomischen Erwägungen auf die Dauer nicht gefallen. Mittels der *tieferen, allgemeineren Bildung* wurden die Jugendlichen zusätzlich in den Stand gesetzt, auch den Berufsanforderungen in der industriellen Welt zu entsprechen. Gebildete Arbeiter waren zugleich verständigere, fleißigere, flexibler einsetzbare und verlässlichere Arbeiter, die das ökonomische Fortkommen der Fabrikbesitzer sichern halfen.

„Die Brodherren hätten weniger über unredliche, faule und nachläßige Arbeiter zu klagen und das glückliche Gedeihen unserer Stadt wäre gesichert, wenn die Bürger sich das wahre Wohl der Bedürftigen so recht angelegen sein lassen, und nicht ruhen, bis auch diese Theil an einer christlichen Bildung haben."[199]

Im Rahmen der Modernisierung setzte sich in Wirtschaftsbürgerkreisen zunehmend eine die liberale Wirtschaftstheorie ergänzende Überzeugung durch, dass eine hinreichende, zweckmäßige und elementare Bildung und damit eine Verbesserung des Unterrichts- und Erziehungswesens für das gemeine Volk zu den Investitionen zählten, die langfristig die große Almosenbedürftigkeit verminderte, die Produktivität des eigenen Betriebes und des Staates und die innere Sicherheit der bürgerlichen Gesellschaft erhöhten. Neben ökonomischen Überlegungen spielten bei den Duisburger Honoratioren hauptsächlich andere, über die Berücksichtigung der bloßen Abwendung von Gefahren für die bürgerliche Gesellschaft hinausreichende, gesellschaftstheoretische und anthropologische Überlegungen eine Rolle. Dies wird deutlich, wenn man die

---

198 Vgl. StADU 10/4278 (Bl. 1f./o. Num.).; vgl. dazu auch Preusker 1835b, S. 90
199 StADU 10/4279, *Duisburger Kreisblatt.* 5. Jg., Nr. 100, vom 16. Dezember 1841, S. 2f.

bedeutende Rolle berücksichtigt, welche die Humanisierung und ihre praktische Verwirklichung im Gedankengut der Freimaurer spielen. Hier liegt der Grund für alle soziale Tätigkeit der Freimaurer, im Beruflichen und im Privaten. Das soziale und gestaltende Handeln in den Stiftungen der Real- und Sonntagsschule bildeten den Versuch, mit privaten Mitteln eine vorausschauende gesellschaftliche Ordnungspolitik mit den Zielen der Humanisierung und Demokratisierung zu betreiben. Zudem entspräche es dem zielgerichteten Vorgehen dieser bürgerlichen Oberschicht, nicht nur die Karriereplanung der eigenen Söhne, sondern auch die in die weitere eigene Unternehmensplanung gehörende Bildungsplanung der Arbeiterschicht zu bedenken, die den wirtschaftlichen Erfolg schließlich mittragen musste.[200] Zugleich erkannte man in dem Bestreben, vielen Menschen Bildung, Arbeit und damit ein Auskommen zu geben, den *eigenen Wert* für das Wohl der Gemeinschaft und damit vor Gott.[201] Sich in der eigenen Stadt für eigene Interessen *und* für die Benachteiligten zu engagieren, war für die Freimaurer ebenso wie im breiten Bürgertum des 19. Jahrhunderts eine kulturelle Selbstverständlichkeit.[202] Es ist bezeichnend, dass dieselben Bürger, die sich für eine Reform der Gymnasialbildung durch eine Anpassung an die Erfordernisse des realen Lebens stark machten, sich auch für die Errichtung einer fakultativen gewerblichen Sonntagsschule einsetzten. Tatsächlich besteht so ein logischer Zusammenhang zwischen den Stiftungen beider Einrichtungen in Duisburg. Selbst ohne Kenntnis der didaktischen Überlegungen Preuskers wird nur aus dem Vergleich der Inhalte der oben zitierten Eröffnungsanzeige mit der Rede zur offiziellen Eröffnung der Sonntagsschule deutlich, dass beide Gründungen einer einheitlichen Konzeption entsprungen waren. Insofern ist die Wahrnehmung der Jugendphase als eine besondere Entwicklungsperiode vom Kind zum Erwachsenen ein historisches Produkt des zeitgenössischen Bürgertums, das wiederum auf gesellschaftlich herausfordernde Probleme des Jugendalters mit einem pädagogischen Konzept reagierte.[203]

---

200 Vgl. Gillis 1984; Bühler 1990
201 Vgl. Weber 1988, S. 69
202 Vgl. Fest 1997, S. 8
203 Die entsprechenden Unterlagen zur Gründung der Realklasse am Gymnasium und der Gründung der Sonntagsschule finden sich in einem Akte, die in dieser Weise nach Auskunft des Archivs auch von den Zeitgenossen in eben diesem Zusammenhang angelegt wurde. Entsprechend wurden bei Anlage der betreffenden, anscheinend 1831 angelegten Akte, beide Vorgänge als *Capo 10 No. 7* zusammen angelegt (vgl. StADU 10/4278).

3. Zur Umsetzung freimaurerischer Sozialethik am lokalen Beispiel

Die Festrede zum fünfzigjährigen Bestehen der Duisburger Loge greift die oben vielfach für Sonntagsschulen genannten Motive auf und nennt sie explizit als Motor des wohltätigen Wirkens. Nach der langen Kriegs- und Besatzungszeit sowie der damit verbundenen Auszehrung der Bevölkerung richtete die Duisburger Loge die Sonntagsschule mit gewerblicher Ausrichtung ein, um „bei tief erschöpften Mitteln einer unendlichen Aufgabe, der Heilung und Herstellung, der Organisation und Neubildung [des Volkes]. ... Der Ruhm der Initiative um die inneren Schäden des Landes zu heilen durch Volksunterricht, – wird einer Loge *Balduin zur Linde* in Leipzig zuzuschreiben sein, welche am 24. August 1815 den Plan zur Gründung einer Sonntagsschule zum Beschluß erhob und am 11. Febr. 1816 zum ersten Male mit 14 Schülern den Unterricht begann. Darauf erheben sich, dem edlen Beispiel folgend, in den 20er-, hauptsächlich in den 30er-Jahren an vielen Orten Deutschlands ähnliche gewerbliche Schulen. In diesen ersten Anfang der 30er-Jahre fällt auch die Gründung der hiesigen Sonntagsschule."[204]

Neben der Sonntagsschule der Leipziger Freimaurer-Loge, die auch schon im Fall der Dresdener Stiftung explizit in ihrem Vorbildcharakter genannt wird, kann man zu Recht vermuten, dass die Gründer in Duisburg auch von anderen maurerischen Volksbildungseinrichtungen Kenntnis hatten. Es entspräche der Mentalität der Freimaurer, freundschaftliche, das heißt brüderliche, Kontakte zu anderen Ortslogen zu unterhalten und sich gegenseitig in der maurerischen Arbeit auszutauschen und zu befruchten. Zudem ist bekannt, dass einige Brüder der Duisburger Loge zugleich in anderen Ortslogen Mitglied waren. Die Freimaurer zeichnete gerade der Wesenszug aus, alles Moderne und Neue, das in die grundsätzlich anthropologisch-philosophische Neigung der Freimaurer *passte,* zu übernehmen und anzuwenden. Als Hinweis auf die Kenntnis mehrerer ähnlicher Freimaurer-Institute kann man die Bemerkung der Duisburger Lehrer in dem ältesten erhaltenen Bericht an den Logenmeister werten, dass die „Logen, besonders die in Fabrikstädten"[205], mit den Sonntagsschulen auf die Hebung des „sittlichen und intellectuellen Zustand[es] dieser Klasse"[206] der Fabrikarbeiter zielten. Ob die oben zitierte Festrede des Jahres 1871 auf das tatsächlich ursprüngliche Vorbild eingeht, ist nicht zu verifizieren und für die Sache unerheblich. Das theoretische Konzept Preuskers, das

---

Gerade die industrielle, handelsökonomische und technische Entwicklung bewirkte im Ggs. zur staatlich geförderten Idee der (elementaren wie höheren) Einheitsschule eine Differenzierung des Bildungswesens.

204 Festrede 1871, S. 9
205 StADU 10/2276 b) Bl. 39a (o. D.)
206 Ebd.

erst in den 1830er-Jahren entstanden ist, kann nicht ausschlaggebend für die Duisburger Stiftung sein. Die Frage ist jedoch, ob dieses Konzept mit seinen reichhaltigen Reflexionen in Duisburg bekannt geworden ist. Dafür sprächen mehrere Sachverhalte: Die zeitliche Nähe zum Großenhainer Projekt und die überörtlich gepflegte Geselligkeit und Bildungsarbeit unter den Logen legt die Vermutung nahe, dass der Einfluss Preuskers auf die konzeptionelle, pädagogische Arbeit in Duisburg direkter war als die Kenntnis der Leipziger Initiative. Außer vielleicht einer kleinen Festschrift zum zehnjährigen Bestehen in Leipzig werden die Duisburger kaum Informationen über die Anstalt gehabt haben. Möglich, weil in dieser Zeit üblich, wäre entweder eine kleine Informationsreise oder ein brieflicher Erfahrungsaustausch mit anderen Ortslogen. Wahrscheinlicher ist, dass nach der Duisburger Stiftung die dortigen Brüder entweder wachen Geistes nach anderen Institutionen gesehen haben und so auch auf Preusker stießen. Wahrscheinlich ist auch, dass der umtriebige Preusker in maurerischer Mentalität als Gastredner bei Logenversammlungen sein Konzept verbreitet hat und so, selbst wenn er nicht persönlich in Duisburg aufgetreten ist, diese Ideen andernorts vorgestellt wurden und dortige Brüder davon erzählt haben. Der rege bruderschaftliche Austausch unter den Landes- und Ortslogen in Deutschland ist hinlänglich bekannt. Die Großenhainer Sonntagsschule wurde 1829 errichtet. Der bürgerliche Intellektuelle Preusker wird, wie es unter Logen-Vereinen üblich ist, Gastvorträge in befreundeten Logen gehalten haben. Er wird von eigenen Erfahrungen, aber auch von dem Vorbild anderer Anstalten gesprochen haben. Zudem ist die schriftstellerische Aktivität Preuskers bekannt. Die vielfach rezipierten Werke, die zum Teil nach wenigen Jahren mehrere Neuauflagen erlebten, werden ihren Weg auch nach Duisburg gefunden haben. Im Vorwort zur zweiten Auflage der 1833 erstmals erschienenen umfangreichen *Andeutungen* (knapp 650 Seiten) weist Preusker selbst auf die weite Verbreitung und Rezeption seines Werkes bei vielen „hohen Landesbehörden und Beamten mehrerer Staaten, als von sachkundigen Privatpersonen in öffentlichen Blättern"[207] hin. Zudem sind Preuskers Besichtigungen und Gespräche in ähnlichen Einrichtungen vor der eigenen Gründung bekannt. Die entwickelten Kontakte wird er nicht nur beibehalten, sondern ausgebaut haben.[208] Angesichts dessen ist es nahe liegend, dass die Ideen einer Nachschule für die Arbeiterjugend auch in Duisburg wahrgenommen worden waren.

Unbeschadet des mangelnden Nachweises der angestellten Überlegungen, sprechen die Duisburger Quellen für sich und haben ihren Wert als regionales Fallbeispiel für eine frühe bürgerliche und als sozialpädagogisch einzustufende Einrichtung. Als maurerische Einrichtung gehört sie aber in den Kon-

---

207 Preusker 1835b, S. VII
208 Vgl. Preusker 1837 (Bd. 1), S. III

text anderer Freimaurerinstitute gestellt. Durch den Hinweis auf Preuskers Gesamtwerk ist auch der innere Zusammenhang zwischen der Gründung der Duisburger Sonntagsschule und der der Realschule am Duisburger Gymnasium deutlicher. Die dargelegten Intentionen Preuskers in der Sonntagsschularbeit finden sich bei allen Stiftern, Leitern und Lehrern der Anstalt, insbesondere auch später auch bei Friedrich Albert Lange wieder, dessen soziales und pädagogisches Engagement in Duisburg auf die Besserung der wirtschaftlichen und Hebung der geistigen Lage des Arbeiterstandes zielte, und der seine soziale Arbeit mit der Notwendigkeit begründete „die Arbeiterschaft zu bilden und auf die Lösung ihrer geschichtlichen Aufgaben vorzubereiten"[209].

Nachdem die Gründung der Realklassen am Gymnasium vollzogen war[210] und der Unterricht nach den Osterferien 1831 begonnen hatte, beschlossen die örtlichen Logenmitglieder am Johannisfest 1831 (also am 24. Juni) die Errichtung einer Sonntagsschule mit gewerblicher Ausrichtung für die ärmere Volksklasse. Es ist bezeichnend, dass sich dieselben Bürger, die sich für eine Reform der Gymnasialbildung durch eine Anpassung an die Erfordernisse der Wirtschafts- und Bürgergesellschaft stark machten, auch für die Errichtung einer fakultativen, gewerblichen Sonntagsschule einsetzten. Tatsächlich besteht ein innerer Zusammenhang zwischen den Stiftungen beider Einrichtungen.[211] Vergleicht man den Inhalt der Eröffnungsanzeige mit dem Inhalt der Rede zur offiziellen Eröffnung der Sonntagsschule, wird deutlich, dass beide Gründungen einer einheitliche Konzeption entstammten. Insofern ist die Wahrnehmung der Jugendphase insgesamt, das heißt auch die der proletarischen Jugend, ein historisches Produkt des Bürgertums, weil das Bürgertum auf erkennbare und gesellschaftlich relevante Probleme des Jugendalters mit einem einheitlichen Konzept, den Bürgerschulen, reagierte. Die Sonntagsschul-Stiftung kennzeichnet das grundsätzlich Charakteristische jeder Stiftung: die Verbindung von privater Initiative und öffentlichem Wohl. Das Stiftungswesen deckte zu allen Zeiten prinzipiell ein Zwischenfeld zwischen staatlichen Interessen und dem In-

---

209 Bork 1965, S. 19

210 Die entsprechenden Unterlagen zur Gründung der Realklasse am Gymnasium finden sich in: StADU 10/4278. Die Entwicklung der Realschulen wurde von dem zuständigen Kultusministerium eher geduldet oder z.T. verzögert, als dass es sie förderte. Wie im Duisburger Fall überließ man ihre Gründung und Unterhaltung dem Bürgertum und den Kommunen. Diese höhere Realschule war die zehnte in ganz Preußen, die 1834 das Recht zugesprochen bekam, Abiturientenprüfungen abzuhalten (vgl. Walther 1956, S. 19).

211 Entsprechend wurden bei Anlage der betreffenden, anscheinend 1831 angelegten, Akte beide Vorgänge als *Capo 10 No. 7* zusammen angelegt (vgl. StADU 10/4278). Allerdings bewirkte die industrielle, handelsökonomische und technische Entwicklung im Ggs. zur staatlich geförderten Idee der (elementaren wie höheren) Einheitsschule eine Differenzierung des Bildungswesens.

teresse des Einzelnen ab. „Es füllt gleichsam die Räume aus, in denen der Staat nicht tätig sein kann oder womöglich nicht tätig werden sollte"[212], sich qua Verfassung untätig verhielt oder jedenfalls unentschieden blieb, wie im liberalen Rechtsstaat Anfang des 19. Jahrhunderts. Während in katholisch dominierten Gegenden die Katholische Kirche mildtätige Stiftungen für Arme, Waisen, Witwen, Hungernde und Benachteiligte an sich gezogen hat und das private bürgerliche Stiftungswesen unterentwickelt blieb, wirkte hier die Reformation gegenläufig. Nach protestantischem Glauben versprach und verspricht zwar einzig der Glaube und nicht die gute Tat dem Frommen die Erwählung. Aber wie im Fall des weltlichen, ökonomischen Erfolgs, der den Protestanten, insbesondere calvinistischer Provenienz, Zeichen Gottes Segens bedeutet, ist auch die innere Bereitschaft zur Freigebigkeit ein untrügliches Zeichen der Erwählung.[213] Im Übergang zur Moderne und der Entstehung der Nationalstaaten fächerte sich das Motivspektrum auf. Neben die christlichen Motive, die mitunter völlig verblassten, traten andere Beweggründe, die sich allgemein „auf das Wohl und den stets auch moralisch verstandenen Fortschritt der Menschheit"[214] richteten. Da sich der liberale Rechtsstaat unentschlossen zeigte, auf die durch die beginnende Wirtschaftsgesellschaft entstehenden sozialen Probleme zu reagieren und sich der Erziehung und Bildung der berufstätigen Jugendlichen und der Verbesserung ihrer Lage anzunehmen, reagierten Bürger der Bildungs- oder Wirtschaftsbürgerschichten mit sozialem Gewissen und aus anthropologisch-philosophischer Überzeugung darauf. Durch ihr Sozialengagement wollten sie den vom Schicksal Benachteiligten helfen und zugleich die Armenkassen der Kommunen entlasten, indem sie für ihre Unterweisung und Erziehung im Sinne der Befähigung zum selbstständigen, freien, wirtschaftlich unabhängigen Bürger Sorge trugen, damit dieser auf Mildtätigkeit und Almosen nicht mehr angewiesen wäre. Die Sonntagsschule der Freimaurer zielte darauf, jedem einzelnen Schüler das Bewusstsein zu vermitteln, er könne mit Rat und Tat in seinem näheren oder einem größeren Kreis für das Wohl des Ganzen wirken und seine individuellen Ziele und Lebenspläne verwirklichen, falls nur die Kraft und der Wille vorhanden seien. Damit verbunden war ein Begriff der *Person*, die wesentlich durch *Freiheit* zum *Handeln* und *Gestalten* geprägt ist. Der von Weber beschriebene Rationalisierungsprozess bedingte einen wichtigen Teil der Lebensideale der modernen Bürgergesellschaft. Insbesondere das neuere, zumeist protestantische *Wirtschafts*bürgertum, das viele überkommene alte Werte ablehnte[215], übertrug die Prinzipien des modernisierten preußischen Bildungs- und Erziehungssystem in die

---

212 Fest 1997, S. 8
213 Vgl. Weber 1988, S. 17ff.
214 Fest 1997, S. 10
215 Im Gegensatz zum *Bildungsbürgertum*, das sich auf die tradierten kulturellen Werte
    Betonung der Individualität, der Innerlichkeit, des Charakters, der überlieferten kultu-

Stiftung realbildender Einrichtungen, welche die Weiterentwicklung der modernisierten Gesellschaft förderten. Sie stellten ihre Arbeit sowohl in den Dienst einer vernünftigen Gestaltung des Gemeinwesens, der materiellen Güterversorgung als auch in den Bereich der Bildung und Erziehung. Weber hat in seinem Werk ein Beispiel für das kommunalpolitisch-lokalpatriotische Bestreben dieses aufstrebenden Bürgertums gegeben. Die Duisburger Schicht der Großkaufleute und Fabrikanten war insbesondere auf die Fortentwicklung der eigenen Kommune bedacht. Auch sie erfüllte die von Weber beschriebene „Freude und der Stolz, zahlreichen Menschen *Arbeit gegeben*, mitgeschaffen zu haben, am ökonomischen *Aufblühen* der Heimatstadt in jenem, an Volks- und Handelszahlen orientierten, Sinn des Worts".[216]

Als Beispiel neben dem in dieser Arbeit beschriebenen Wirken dient die tagebuchartig geführte Chronik Carstanjens der gesellschaftlichen, bevölkerungsmäßigen und ökonomischen Entwicklung der Stadt.[217] Landfermann ging auf dieses Wirken städtischen Bürgertums in Duisburg bei seiner Antrittsrede 1835 am Gymnasium ein: „Wir haben in einer Stadt zu wirken, die seit Jahrhunderten nicht nur einen industriellen Rang mit hohen Ehren behauptet, sondern auch die edelste Blüthe würdigen Bürgertums, freie allgemeine Bildung, Wissenschaft und geistiges Leben zu pflegen nie versäumt hat."[218]

Vor allem das aufstrebende Wirtschaftsbürgertum hatte den inneren Zusammenhang zwischen der positiven Entwicklung der Wirtschaftsgesellschaft und aufwendigen nachschulpflichtigen Bildung für die Arbeiter, die den eigenen Erfolg mittragen sollten, erkannt. Die Prämissen des bürgerlich gestalteten Bildungs- und Erziehungswesens waren ihrem Anspruch nach egalitär, das heißt *an alle Menschen gerichtet,* und der politischen Philosophie der Aufklärung verpflichtet. Ihre Bildungsbemühungen richteten sich an alle Menschen, ohne Unterschied der sozialen Herkunft oder des Geschlechts. Das moderne

---

rellen Werte, Distanz zur modernen Technik und Zivilisation) berief, wie sie etwa vom humanistischen Gymnasium propagiert wurden, hatte sich das *Wirtschaftsbürgertum* die „neuen Werte des technischen Fortschritts ... auf seine Fahnen geschrieben. Es identifizierte sich gerade mit den technisch-ökonomischen Veränderungen, von denen es sich einen allgemeinen gesellschaftlichen Fortschritt wie auch eine persönliche Karriere nicht zuletzt auch des eigenen (männlichen) Nachwuchses versprach" (Giesecke 1996, S. 48f.).

216 Weber 1988, S. 61

217 Vgl. StADU 41/254a. Carstanjen hatte die Chronik ausdrücklich angelegt, um den Nachkommen ein zuverlässiges Bild der vergangenen Zeit zu überliefern. Er vermerkte in dieser Zeit jeden, für die Entwicklung der Stadt relevanten Zuzug eines Neubürgers, jede Geburt, die Errichtung relevanter Einrichtungen, wie der Realklassen am Gymnasium, der Sonntagsschule oder der Kleinkinderbewahranstalt. Selbst aus Anlass der Schließung der Universität stellt er lokalpatriotisch alle Bemühungen des städtischen Bürgertums um die Universität dar und hebt alles erwähnenswert Positive aus der Zeit ihres Bestehens hervor.

218 Zit. bei Jäger 1890, S. 132

bürgerliche Bildungsideal war – anders als die vormoderne häusliche Erziehung und Bildung, die utilitaristisch vor allem das zu erlernende Handwerk und damit das Spezielle des beruflichen Wissens und Könnens anpeilte – nicht nur an einem zu erlernenden Beruf ausgerichtet. Wie im Neuhumanismus zielte die pädagogische Einflussnahme auf den ganzen Menschen, auf sein *Menschsein*. Insbesondere junge Menschen, bürgerliche Jünglinge und Jungfrauen wie die proletarische Jugend, sollten für alle Erfordernisse des sittlichen und sozialen Lebens, der modernen Technik und Arbeitswelt für den erwählten Berufsstand generell gebildet werden, um sich im Leben zu bewähren. Daher war dieser Bildungsansatz hauptsächlich an nützlichen und notwendigen Kenntnissen für jeweils die eigene Existenz und zugleich den wahrscheinlichen Lebensentwurf oder den schon ergriffenen Berufsstand orientiert. Die Bürgerschulen, Realgymnasien (höhere Bürgerschulen) wie Sonntagsschulen für die niedere Bürgerklasse zeichnete aus, dass sie sich intentional an *Jünglinge* (sowie an *Jungfrauen*) wandte, die sich für einen bestimmten beruflichen Lebensweg entschieden hatten beziehungsweise auf Grund ihrer Lebenssituation entscheiden mussten. Sie waren orientiert an den Denkformen der von Weber beschriebenen Zunahme an Rationalität in allen Bereichen des bürgerlichen Lebens sowie „durch Gewöhnung an intellektuelle Disziplin, Genauigkeit und Nachprüfbarkeit der Ergebnisse eigener Anstrengungen."[219] Die demographische Entwicklung bildete dabei den elementaren Hintergrund für den nun alle Volksschichten ergreifenden Umbruch der Bildungs- und Erziehungsprozesse. „Nach einer fast 400-jährigen Epoche *stehender Bevölkerung* setzte eine Progression der Menschenzahl"[220] ein. Erst im Kontext einer vermehrten Bevölkerungsdichte wurde die Symploké ökonomischer, technischer, bildungsphilosophischer, rechtlicher und politischer Veränderungen sowie sich daraus ergebender sozialreformerischer Ansätze im 19. Jahrhundert ermöglicht. Die Sonntagsschulen berücksichtigten in ihrer Arbeit die soziale Situation der Adressanten. Die Einrichtungen zur Volksbildung wurden begriffen als Chance zur Emanzipation der Armen, insbesondere der jugendlichen Mitglieder dieser Volksklasse, aus ihrer miserablen Lebenssituation durch Aufklärung, hauptsächlich durch intellektuelle, sittliche und gewerbliche Bildung. Ohne genügende Erziehungs- und Bildungsmöglichkeiten, das sahen die bürgerlichen Sozialreformer, hatte die unterprivilegierte Jugend keine Chance im Leben. Die Stifter der Sonntagsschule sahen in dieser pädagogischen Einrichtungen „ein Mittel zur Bekämpfung ... wirtschaftlicher und sozialer Verwerfungen. Sie wollten die Verwahrlosung durch Erziehung beheben und dabei lebensnah verfahren, d.h. die Schüler auf einen praktischen Beruf vorbereiten." Die Sonntagsschüler galten in zweifacher Hinsicht als unreif und

---

219 Jeismann in: Jeismann/Lundgreen 1987, S. 13
220 Ebd.; Hervorh. im Original

unfertig: zunächst einmal angesichts ihrer bislang mehr oder weniger erfahrenen Volksschulbildung, „die in jedem Falle zur Bewältigung des modernen Lebens nicht ausreichte"[221]. Zum Zweiten, dies hatte schon die Hardenberg-Umfrage dort deutlich gemacht, wo sie die Gefährdung des Staatszwecks hervorhob, fehlten den Jugendlichen die notwendige Qualifikation als nützliches Glied der Wirtschafts- und Bürgergesellschaft und damit als Staatsbürger. Die „Menschen werden zu Fabrikarbeitern erzogen"[222], nicht aber „zum Menschen und Staatsbürger".[223] Hierdurch werde die allgemeine Menschenbildung vernachlässigt und zum Nachteil der bürgerlichen Gemeinschaft die sittliche Verkommenheit der *Halbwüchsigen* gefördert.[224] Aus dem genannten individuellen und sozialen Gründen erschienen die Sonntagsschulen aus politischer und pädagogischer Sicht unverzichtbar.

> „Sonntagsschulen sind ... eine *unerläßliche* Bedingung der fortschreitenden Jugend-Bildung und Volkskultur. Es sind nicht die Kinder der höheren, sondern der unteren Stände, welche die Aufmerksamkeit der Herrscher am meisten verdienen, es sind nicht die Gelehrten, sondern die Schulen des Volks die wichtigsten von allen."[225]

Das Sozialengagement der Logenbrüder hatte seit Bestehen der Loge in Duisburg eine Tradition, die freilich auf älterem bürgerlichen, gemeinnützigen Wirken der Elterngeneration gegründet war. Zum 100-jährigen Bestehen der Sonntagsschule erläuterte die Loge selbst ihre Motive:

> „Die Unglücksjahre 1806 und 1807 und nicht weniger die spätere Zeit einschließlich des Feldzuges 1813–1815 hatten Preußens Volkskraft bis ins Mark erschüttert. Die Erschöpfung der Staatsmittel verhinderte den Ausbau der Volksbildung. Es ist das Verdienst der Logen, zuerst erkannt zu haben, daß man durch Gründung von so genannten Sonntagsschulen den Volksunterricht bedeutend verbessern und damit die schwierige Lage des Landes allmählich heben könne. Die erste Gründung einer Sonntagsschule geschah im Jahre 1816 durch die Loge *Balduin zur Linde* in Leipzig. Diesem Beispiel folgten die Logen in vielen Orten. So ist es auch in Duisburg zur Gründung der Sonntagsschule gekommen. Die Sonntagsschule sah ihre Aufgabe darin, jungen Leuten aus dem Handwerker- und Fabrikarbeiterstande Kenntnisse zu vermitteln. Sie wolle diese Leute damit den gebildeten Ständen näher bringen und sie in die Lage setzten, die Kenntnisse nutzbringend im Gewerbe zu verwerten. Der Unterricht ... wurde unentgeltlich erteilt. Auch die Unterrichts- und Lernmittel wurden [von] den Mitgliedern der Loge frei zur Verfügung gestellt. Freilich waren nach der Zeitlage die

---

221 Wehrmeister 1995, S. 33
222 Vgl. GStA PK, I. HA Rep. 74 K VIII Nr. 24, Bl. 1–4
223 Ebd., Bl. 3
224 Vgl. Wehrmeister 1995, S. 33
225 Stange 1829, S. 49

Mittel nur beschränkt. Aber es ist doch ein Beweis hoher Opferwilligkeit, wenn die Mitglieder der Loge bis zum März 1834 für die Unterrichtung der Sonntagsschule 550 Taler aufbrachten. In Anbetracht des kleinen Kreises war dies gewiß kein geringes Opfer."[226]

Die Schule wurde von der Loge als ein Hilfsverein der bürgerlichen Wohlfahrtsarbeit (Volksbildung als Volkswohlfahrt) konzipiert. Dies war die typische Form der bürgerlichen Privatwohltätigkeit. Zunächst blieb allerdings die Loge der einzige Träger dieser Einrichtung zur Erziehung *und* Bildung. Die Klassen der Sonntagsschule wurden eingerichtet für die ehemaligen Schüler der Parochialschulen, die diese Schulen auf Grund zu frühen Ausgehens nach *Brodverdienst* nicht kontinuierlich besucht und zu früh verlassen hatten, weil die wirtschaftliche Not dies geboten hatte.[227] Die Sonntagsschule richtete sich an jene, die auf Grund mangelnder Bildung sittlich und geistig verwahrlost, intellektuell nicht genügend fähig zu einer qualifizierten Berufsausübung und daher sozial benachteiligt waren. Sie diente zur Unterstützung in den Anforderungen des Berufsalltages durch Vermittlung notwendiger Qualifikationen wie Lesen, Schreiben, Denken und Rechen. Zudem sollte durch die berufsrelevante Bildung die so genannte *Verwöhnung* vermindert und die vielseitigere Einsetzbarkeit der Arbeiter erhöht werden. Die in der Hardenberg-Enquête genannten Bilder wurden während des Vormärz wiederholt auch von den Stiftern bürgerlicher Sonntagsschulen als Begründung für deren Notwendigkeit verwandt. Die Adressaten der Sonntagsschule waren im Kinderalter schon zu andauernder Beschäftigung angehalten worden, die ihre Entwicklung behindert hatte. „Eben diese Arbeiten beschäftigen weit mehr die Hand, als den Kopf und sie erfordern einen so sauren und unablässigen Fleiß, daß es dem, der sie treibt, an Luft und Zeit fehlen muß, ernstlich an seiner weiteren Bildung zu arbeiten."[228]

Als Folge dieser sozialen und schulischen Nachhilfe sollten die jungen Handwerker und Fabrikarbeiter dauerhaft ihren Beruf ausüben beziehungsweise, wenn dies die wirtschaftliche Notwendigkeit diktierte, auch einen entsprechenden Berufswechsel vornehmen können. Dies formulierten die Gründer der Schule als „wissenschaftliche und sittliche Nachhülfe und Förderung der unteren Volksklassen ... [damit] eine möglichst große Zahl von jungen Handwerkern und Fabrikarbeitern"[229] unabhängig von konjunkturellen Schwankungen sei. Die Stifter der Schule begriffen, ähnlich wie von Sack und die zwei Jahre

---

226 StADU, Ausgabe der Rhein- und Ruhrzeitung vom 14. Januar 1932. Zuschrift der Loge *Zur Deutschen Burg* an die *Rhein- und Ruhrzeitung* anlässlich des 100. Jubiläums der Duisburger Sonntagsschule. Die Zeitform *wolle* an Stelle der Vergangenheitsform *wollte* ist im Original enthalten.
227 Vgl. StADU 10/4279, Bl. 1b
228 Stange 1829, S. 49f.

spätere Enquête des preußischen Staatskanzlers, *Volksbildung* als Wohlfahrtsarbeit an den unteren Klassen und als Lösungsansatz für soziale und ökonomische Probleme.[230] Die Motive der Gründer gehen auf anthropologische und
bildungsphilosophische Prämissen des Neuhumanismus, auf Prinzipien der
europäischen Aufklärung und insbesondere auf die Prinzipien der Freimaurerei zurück.[231] Allerdings waren die Motive nicht nur selbstlos. Die Einrichtung
zielte in ihrer Wirkung auch auf eine Entlastung der städtischen Armenkasse.[232] Es ging darum zu verhindern, dass, wie Diesterweg es formuliert hatte,
die städtische „Bürgerschaft der Fabrikorte ... [zunehmend] eine Schar früh
welkender Greise und hungernder Bettler"[233] zu ernähren hatte. Zudem waren die Fabrikanten und Großhändler auf eine qualifizierte Arbeiterschaft angewiesen, damit diese den ökonomischen Erfolg mittragen konnte.

Die Einrichtung war keine spezielle „Sonntagsschule für Arbeiterkinder"[234],
wie der Artikel einer neueren Festschrift der Duisburger Loge vermittelt, sondern eine Schule für erwachsene, lohnabhängige Arbeiter und Handwerker.
Ihre Intention war unter anderem, wie in Preuskers Konzept deutlich wurde,
den Jugendlichen, neben der Möglichkeit zur Weiterbildung Gemeinschaftserleben, Geborgenheit und Erholung zu bieten. Wenn man die Berichte der
dort tätigen Lehrer liest, stand diese Ziele, wie eine verantwortungsvolle pädagogische Begleitung an wichtiger Stelle.[235] Nicht allein auf die Schulung von ko-

---

229 StADU 10/4279, Bl. 1b

230 Privat organisierte soziale Arbeit im 19. und Anfang des 20. Jh. besitzt insgesamt ein
     gemeinsames Kennzeichen, das als Phänomen in vormodernen Gesellschaften unbe-
     kannt war und für alle staatsunabhängigen Sozial-Engagements gilt: die bürgerlichen
     Hilfs-Vereine. Sie sind sämtlich Derivate der bürgerlichen Bewegung, deren Anfänge
     bis in die Spätaufklärung zurückreichen (sog. *patriotische Gesellschaften*). Sie sind aufs
     Engste mit der Entstehung der bürgerlichen Gesellschaft an der Schwelle zur Moderne
     verbunden (vgl. Dann 1984; Bruch 1985; Kaiser 1996, S. 150). Die Vereine dieser Epo-
     che (als Markenzeichen bürgerlichen Sozial-Engagements) waren Vereine alten Rechts,
     d.h. i.d.R. eine Stiftung. Dies gilt auch für die Sonntagsschule, die als bürgerlicher Hilfs-
     Verein gegründet und bis zur Übernahme in städtische Trägerschaft als Bürgerverein
     geführt wurde.

231 Majert hebt ebenfalls hervor, dass es „ethische, humanitäre und soziale Motive [waren],
     die zu ihrer Gründung führten; den unteren Volksklassen sollte wissenschaftliche und
     sittliche Nachhilfe und Förderung gewährleistet werden. Die Schule sollte den Jugend-
     lichen, die meist mit mangelnden Kenntnissen und noch als Kinder aus überwiegend
     ärmlichen Verhältnissen aus der Volksschule entlassen worden waren, Hilfestellung bei
     den Schwierigkeiten leisten, die sich bei der Eingliederung in die Welt der Erwachse-
     nen ergaben." (1976, S. 283)

232 Vgl. Preusker 1835b, S. 154

233 Diesterweg 1822 in einem Artikel in der *Rheinisch-Westfälischen Monatszeitschrift für
     Erziehung und Volksunterricht (Über den Gebrauch der Kinder zu Fabrikarbeitern, aus
     pädagogischen Geschichtspunkten betrachtet)* (zit. bei Alt 1958, S. 190).

234 Vgl. Festschrift 1995, S. 7

235 Vgl. StADU 10/2276 b) Bl. 37ff.

gnitiven Fähigkeiten und Kulturtechniken wie Lesen, Schreiben, Rechnen, sondern auf die allseitige, allgemeine Menschenbildung, die insgesamt die geistige, seelische und physische Entwicklung fördern sollte, zielten die Freimaurer ab. Mit dem Begriff der Muße war explizit die Bereitstellung eines sozialen Schutz- und Ruheraumes gemeint. Die Logenbrüder widmeten sich mit der Einrichtung jenen Jugendlichen, die als Kinder nichts gelernt hatten, weil die gewerbliche Beschäftigung einen geregelten Schulbesuch nicht zugelassen hatte. Sie nahmen sich der pädagogisch und sozialpolitisch bedeutsamen Frage an, was zu unternehmen sei, damit alle Jugendlichen lernen konnten, und wie man die *Erziehungslosigkeit* überwinden könne. Die sozioökonomischen Veränderung hielten sie zwar für eine vorübergehende Krise; prinzipiell bedeutete die gesellschaftliche Transformation aber für alle eine Chance, auch wenn diese vorerst manche Probleme schuf. Die gesellschaftliche Modernisierung verdränge doch mehr alte Übelstände, als sie vorübergehende, neue erzeugte. Vor allem die Brechung des Bildungsprivilegs bewerteten sie als Fortschritt. Die eigene Vervollkommnung stehe nun jedem offen. Neben das Motiv der Rettung gefährdeter Jugendlicher für eine bürgerliche Welt, stellten die Stifter aus innerer Überzeugung die Ziele des individuellen Lebensglückes, der Zufriedenheit, der Emanzipation aus der sozialen Benachteiligung und Unterdrückung und den sozialen Aufstieg aus dem eigenen Milieu (eben durch Schaffung einer bürgerlichen Existenz) in den Vordergrund. Eben mit diesen Intentionen bildeten zwei Jahre später auch die Mitglieder der Duisburger Loge zur Realisierung ihres Beschlusses vom 24. Juni 1831 am 20. Juli 1831 eine Kommission, bestehend aus den Logenbrüdern Johann Jacob vom Rath d.J., Bahrdt, Nees von Esenbeck, Feldmann und Küp.[236] Diese Kommission repräsentierte die kulturelle, intellektuelle Elite der Duisburger Bürgerschaft. Die Motive dieser Bürger für die Gründung einer solchen Anstalt sind wie folgt zu charakterisieren:

> „Die Gründer und Leiter eines solchen Instituts müssen im eigentlichen Sinne Enthusiasmus für die Sache haben, dürfen keine Einwendungen, Widersprüche und Hindernisse scheuen, dürfen sich keine Mühe und Arbeit verdrießen lassen, die einmal beschrittene Bahn zu verfolgen, den vorgestreckten Zweck scharf im Auge behalten; wobey sich denn freylich als erste Bedingung versteht, daß sie die nöthigen Kenntnisse besitzen, die Zeitbedürfnisse beachte; um stets die zweckmäßigen Vorschläge zu immer größerer Vervollkommnung eines solchen Instituts in Bereitschaft zu haben. Ein einziger Mann, der mit diesen Eigenschaften ausgerüstet ist, theilt seinen Enthusiasmus andern mit, macht eine ganze Gesellschaft für Gemeinwohl empfänglich, und

---

236 Vgl. StADU 10/4279, Bl. 0a; dieses Dokument ist o. Num., erst das folgende Dokument trägt die Nr. 1. Nach dieser Angaben fehlt Wilhelm de Haen, der nach späteren Dokumenten ebenfalls der Kommission angehört.

so entstehen denn nach und nach die erfreulichen Resultate für das Gesammtwesen durch die höhere Bildung seiner nützlicher Glieder, der Gewerbsleute."[237]

Diese Kommission beantragte am selben Tag, dem 20. Juli 1831, die Errichtung einer Sonntagsschule beim Bürgermeister. Diesen Antrag legte Bürgermeister Junkermann am 26. Juli 1831 dem Landrath zur Genehmigung vor.[238] Am 27. Juli 1831 bat die Kommission darum, ihr als Schullokal Räume in der alten städtischen Tuchhalle an der Schwanenstraße, mit der Rückfront am *Alter Markt* gelegen, zu überlassen.[239] Anders als in Großenhain, wo die Sonntagsschule in den Räumen der Stadtschule untergebracht wurde, sollte die Sonntagsschule in Duisburg damit einen eigenen Standort erhalten. Aus einem Zeitungsartikel in der *Rhein- und Ruhrzeitung* zum 100-jährigen Jubiläum ist bekannt, dass der Beschluss der Kommission am 3. August 1831 provisorisch durch die Unterrichtung der ersten Jugendlichen im Logenhaus an der Beginengasse realisiert wurde. So heißt es: „Am Johannisfest 1831 wurde die Gründung einer Sonntagsschule beschlossen. Sie wurde am 3. August desselben Jahres durchgeführt."[240] Diese Angabe stimmt mit einer erhalten gebliebenen Rechnung des Duisburger *Unterhaltungs- und Anzeige-Blattes* vom 27. Juli 1831 an die Kommission über 2 Taler und 20 Silbergroschen für eine Anzeige hinsichtlich der *Errichtung einer Sonntagsschule* überein. Auf dem Formular wurde am 30. Juli 1831 die Quittung über den beglichenen Betrag erstellt.[241] Interessant ist in diesem Zusammenhang ein Rechnungsbeleg vom 20. Januar 1831. An diesem Tag wurden von er „wohllöbl. Commission der Sonntagsschule ... 300 Exemplare Schulgesetze" angeschafft.[242] Das Rechnungsdatum ist aufschlussreich: Weisen alle vorgefundenen Dokumente auf die Mitte des Jah-

---

237 Stange 1829, S. 51
238 Vgl. StADU 10/4279; Bl. 0a; dieses Dokument ist o. Num., erst das folgende Dokument trägt die Nr. 1
239 Dabei handelt es sich um ein spätestens seit 1353 bestehendes Gebäude; eine solche ‚Halle' ist in vielen Städten mittelalterlicher Marktplätze zu finden ist. Es handelt sich um eine Doppelhauskonstruktion, die seit dem späteren Mittelalter viele verschiedene Funktionen hatte. Beide Gebäudeteile, die Erweiterung erfolgte auf Grund regerer Markttätigkeit, bildeten die Halle, in der die Waage stand und Waren verkauft wurden, die eines festes Gebäude bedurften (Tuche etc.). Später, als die Handelstätigkeit zurückging, wurde die Halle durch eine Wand unterteilt und eine Hälfte und zur Fleischhalle und „zugleich zum Tagungsort des Burgerichtes umfunktioniert" (Milz 1986, S. 62). 1566 ist es auf dem Corputius-Plan das Kollegium, die Schule, womit wahrscheinlich „das 1559 gegründete akademische Gymnasium gemeint (ist), das im Hinblick auf die geplante Universitätsgründung ... eingerichtet worden ist." (Milz 1986, S. 62f.) Der Quellenlage nach erfüllte dieses Gebäude auch im 19. Jahrhundert parallel unterschiedliche Zwecke. Die Sonntagsschule war im neueren Gebäudeteil mit dem gotischen Treppengiebel zu Schwanenstraße untergebracht.
240 StADU, *Rhein- und Ruhrzeitung* vom 14. Januar 1932, Morgenausgabe
241 Vgl. StADU 10/2276 b), Bl. 2
242 Ebd., Bl. 12

res 1831 als Geburtsstunde der Sonntagsschule, so ist auf diesem Dokument ein früheres Datum verbürgt. Die Frage lautet: Warum kaufte eine eigentlich noch nicht konstituierte *Commission der Sonntagsschule* im Januar 1831 Schulgesetze?

Ähnlich wie in Dresden werden die Besuchszimmer der Loge als Schulraum eingerichtet worden sein. Die chronologischen *Notizen aus den bürgermeisteramtlichen Acten über die hiesige Sonntagsschule*[243] bestätigen die Aufnahme des Lehrbetriebes vor der behördlichen Genehmigung. Eine weitere Notiz des Bürgermeisters vom 13. März 1832 bestätigt den vorgezogenen Unterrichtsbeginn.[244] Auch der Zeitpunkt der Anschaffung der Lehrmaterialien kann als Hinweis für ein früheres Datum der Unterrichtsaufnahme gewertet werden. So belegt eine Rechnung der Bühlerschen Verlags-Buchhandlung in Elberfeld mit dem Datum 24. September 1831 den Einkauf von jeweils 50 Rechen- und 50 Geschichtsbüchern (von Diesterweg/Heuser und Kohlrausch) für die Sonntagsschule durch Johann Jacob vom Rath. Die Rechnung wurde am 4. November 1831 beglichen.[245] Ein weiteres Dokument belegt, dass am 12. November 1831 bei der Buchhandlung Joh. Ewich in Duisburg weitere jeweils 50 Exemplare von Kohlrauschs Abriss der Geschichte und Diesterwegs Rechenbuch gekauft wurden.[246] Scheinbar reichten die ersten je 50 Exemplare nicht aus und mehr Schüler meldeten sich in den ersten Tagen zu Besuch an der provisorischen Schule an. Das Logenhaus hatte vielfältige logeninterne und gesellschaftliche Zwecke. Die Erweiterung der Funktion als Schulhaus konnte nur eine Notlösung sein. Vor allem hätte es die selbstständige Entwicklung der Einrichtung verhindert. Jedoch erschien der Loge die schnelle Umsetzung des getroffenen Beschlusses dringlich.[247] Die Aufnahme des Lehrbetriebes vor der

---

243 StADU 10/4279, Bl. 0a; dieses Dokument ist o. Num., erst das folgende Dokument trägt die Nr. 1

244 Vgl. StADU 10/4278, Bl. 15 und 16 (o. Num.)

245 StADU 10/2276 b), Bl. 3

246 Ebd., Bl. 4; auf Bl. 5 bestätigt vom Rath den zweiten Kauf bei Ewich.

247 Das Logengebäude wurde in den nächsten Monaten und Jahren allerdings noch häufiger für Sonntagsschulzwecke gebraucht. So wurde im Dezember 1833, auch zur Dokumentation der engen Verwandtschaft zwischen Logen und Schule, die erste öffentliche Ausstellung veranstaltet, verbunden mit einem ersten Rechenschaftsbericht über die Arbeit der Anstalt im Logenhaus: „Nächsten Sonntag, der 15te Dezember, Morgens um 11 Uhr werden wir in dem Logen-Gebäude das, was bisher von der hier bestehenden Sonntags-Schule geleistet worden ist, allen denen, die sich für diese Anstalt interessieren, zur Einsicht in den Stand derselben vorlegen." (StADU 92/684, (Loseblattsammlung, ungebunden, o. Num.) vom 13. Dezember 1833. Zudem wurden die Zimmer in der *Tuchhalle* später als Schulgebäude zu klein. Mit Beginn des Schuljahres 1835/36 zog die Sonntagsschule von der Tuchhalle wieder in die *Elisabethenburg*, die allerdings zu diesem Zeitpunkt nicht mehr die Funktion des Logenhauses hatte. Das Logenhaus war 1834 von der Loge wegen Geldnot verkauft worden. Die Stadt hatte das Gebäude gekauft. Da es zu dieser Zeit leer stand, konnte die Sonntagsschule sich hier ent-

Genehmigung durch die Regierung ergibt sich auch aus dem Inhalt verschiedener anderer Eintragungen in den *Notizen* des Jahres 1831. So zeigt die Kommission dem Gemeinderat am 12. September 1831 an, dass die Kosten für Utensilien für die Unterrichtung der Schüler für die Loge zu groß geworden waren.[248] Die Aufnahme des Betriebes der Einrichtung ohne jede staatliche Genehmigung (abgesehen von der Antragstellung beim Bürgermeister am 20. Juli 1831) wirft Fragen nach dem staatsbürgerlichen Verhalten auf. Man hätte vielleicht erwartet, dass vor der Aufnahme erst eine Genehmigung der Regierung eingeholt worden wäre. Aber man muss die frühe Aufnahme des Unterrichts im Logenhaus unter dem Blickwinkel staatsbürgerlicher Initiative selbstbewusster Bürger betrachten. Die staatlichen Reformen setzten einen neuen Menschen – keinen Untertanen, sondern einen autonomen Bürger – voraus, der aus eigenem Antrieb und in eigener Verantwortung zu handeln vermochte und bereit war. Das Honoratiorenbürgertum begriff sich als eigener Herr in Dingen der städtischen Gemeinschaft. Ihre Angelegenheiten verwalteten sie selbst. Das Gemeinwesen und sein Erhalt waren hohe Werte. Die Sonntagsschule war eine Antwort auf einen wichtigen Aspekt der Sozialen Frage, nämlich: *Was können wir für unser Gemeinwesen tun?* Johann Jacob vom Rath hatte dies in seinem Bericht über die Motive zur Gründung der Sonntagsschule kenntlich gemacht, indem er die Gründung der Einrichtung mit „dem wahren bürgerlichen Interesse"[249], also für die Vorteile der bürgerlichen Gesellschaft, geschuldet sah. Dies war Erfüllung staatsbürgerlicher Pflichten in Reinkultur. Aus dieser Wahrnehmung von Pflichten leiteten sie einschlägige Rechte ab. Mehrere Dokumente und Schriften der Zeit vermitteln dieses gesteigerte Selbstbewusstsein der Bürger, ihrem Willen gemäß politische Entscheidungen in der Kommune schnell und unbehindert umzusetzen. Die Gründer und Träger der in der Hauptsache vorzustellenden gemeinnützigen Einrichtung in Duisburg waren, wie eine Vielzahl bürgerlicher Stifter der vergangenen knapp zweihundert Jahre, „das Urbild eines Bürgers in freier Ordnung", das heißt in einer Ordnung, die auf der ausgeglichenen „Balance zwischen Verantwortungen, Rechten und Pflichten"[250] beruhte, die eine Demokratie und moderne Ge-

---

sprechend ausbreiten. Nur der Zeichenunterricht wurde weiterhin in der Tuchhalle unterrichtet. Wegen der notwendigen Nutzung von Zeichentischen, die für die vorübergehende Unterrichtung nicht umgestellt wurden, blieb daher die Tuchhalle kurzfristig noch Sonntagsschulgebäude. Geplant war aber insgesamt der Umzug der Sonntagsschule in das neue Gebäude der vereinigten evangelischen Elementarschule an der Beginengasse. Dieser Neubau war notwendig geworden, weil die beiden ehemalig selbstständigen Klassenschulen der größeren evangelischen Gemeinde und der kleineren evangelischen Gemeinde (Johanniskirchengemeinde) 1834 zusammengelegt wurden.

248 Vgl. StADU 10/4279, Bl. 0a; dieses Dokument ist o. Num., erst das folgende Dokument trägt die Nr. 1

249 StADU 10/2276b, Bl. 45; vgl. II/FN 4 (Theoriemodelle zur Demokratie)

250 Fest 1997, S. 8

sellschaft erst möglich machen. Das bürgerliche Stiftungswesen des frühen 19. Jahrhunderts in den Kommunen, gewann sein Profil gleichwohl erst durch die politischen Veränderungen in der Folge der französischen Revolution. Entscheidende Bedeutung hatte in diesem Kontext die französische Munizipalverfassung, die in Duisburg seit 1807 galt. In diesem Rahmen ging die Verwaltung auf die Bürger über. Auch die Steinsche Städteordnung, die vollständig erst ab 1845 galt, verfolgte das politische Ziel, den bestehenden Mangel an Gemeinwesen zu beheben. Abhängige Untertanen mussten zu selbstständigen Bürgern werden und sich dort, wo sie lebten, um ihre eigenen Belange kümmern. Der Staat wollte nicht mehr bevormunden, sondern sich nur noch auf die Beaufsichtigung beschränken und sich damit von finanziellen Lasten befreien, aber auch die Kenntnisse der Bürger nutzen und durch Erweiterung des politischen Gestaltungsspielraumes Eigeninitiative und Gemeinsinn wecken.[251] Das heißt, Eigeninitiative und Gemeinsinn, wie sie in der Stiftung der bürgerlichen Sonntagsschule deutlich werden, lagen im Interesse des Staates. Wie bei der Gründung der Dresdener Einrichtung oder der Leipziger Sonntagsschule, welche die Duisburger explizit als Vorbild auswiesen, realisierte die Duisburger Loge zunächst die Einrichtung der Sonntagsschule und suchte erst danach „bei dem Magistrate um Erlaubnis nach, sie halten zu dürfen"[252].

Diesem Bürgertum entstammte auch vom Rath. Er war ein Gründungsmitglied der Loge und als ältester lebender Sohn des 1819 verstorbenen Johann Jacob (d.Ä.) Gründer mehrerer Kolonialwarenfabriken, vor allem einer größeren Zuckerfabrik, wie man der *Fabrikentabelle*, die Bürgermeister Davidis 1832 erstellen ließ, entnehmen kann.[253] Verheiratet war er mit Julchen Böninger (1800–1887), Tochter eines Duisburger Tabakmagnaten. Als Spross einer großen Honoratiorenfamilien, sein Vater Johann Jacob d.Ä. hatte mit seiner Frau Catharina Elisabeth, geborene Haentjens (1766–1849), dreizehn Kinder, und als angesehener Kaufmann bekleidete er zahlreiche öffentliche (kommunale) Ämter. Als Stadtverordneter war er Mitglied in mehreren Fachausschüssen, die sich mit kommunalen Entwicklungen befassten. Zugleich war er der

---

251 Im Rahmen der Steinschen Städteordnung ging die Verwaltung der Kommunen sukzessive auf die Bürger über und wurde zu einer privatrechtlichen, bürgerlichen Korporation. *Öffentlich* bedeutet hier, ein Amt im Gemeinwesen der bürgerlichen (politischen) Vereinigung.

252 StAL SchuA Kap. VIII Nr. 1 (§ 2 der Statuten vom 24. August 1815) (vgl. im Quellen- und Dokumententeil der Arbeit)

253 Die Familie lebte seit 1770 in Duisburg. Der Vater Joh. Jac. vom Rath d.Ä. kam als Kind ursprünglich aus Elberfeld, wo die Familie eine lange Kaufmannstradition aufwies. Neben vom Rath weist die Mitgliederstatistik des Gründungsjahres noch weitere Namen von Familien auf, die für die Entwicklung der Sonntagsschule und anderer freimaurerischer oder privater Einrichtungen der Erziehungs-, Kranken- und Armenfürsorge in Duisburg (Stadt und Kreis) bedeutend waren: Böninger, Davidis, Carstanjen, Troost.

erste Präsident der 1831 gegründeten Handelskammer zu Duisburg[254] und Vorsitzender des Direktorialrates des *Rhein-Kanal-Aktien-Vereins*, in dem sich wiederum die politisch einflussreiche Schicht des Wirtschaftsbürgertums auf Grund der ökonomischen Bedeutung dieses Bauwerks versammelt hatte. In der Loge bekleidete vom Rath von 1827 bis 1830 das Amt des Vertreters des Vorsitzenden und von 1831 bis 1834 das Amt des Vorsitzenden (*Meister vom Stuhl*).[255] In dieser Position ist er als ein Initiator der Sonntagsschule anzusehen. Der spätere Präses der Sonntagsschule, Franz von Poseck, bestätigt dies in einem Brief vom 30. März 1839 an den seit 1834 in Köln tätigen vom Rath (in der 1828/29 gegründeten Firma Rath und Bredt): „E.W. haben als Begründer der hiesigen Sonntags-Schule für Handwerker und Fabrikarbeiter gewissen Anspruch auf die zeitweise Mittheilung des Zustandes dieses so heilsamen Instituts".[256]

Das Sozialengagement vom Raths steht in kausalem Zusammenhang der korporatistischen Einstellung seines Elternhauses sowie mit der Ethik der Freimaurer.[257] Der Vater vom Raths, Johann Jacob d.Ä. (1755–1819), hatte sich in verschiedenen Funktionen in den Dienst der Allgemeinheit gestellt. Als Stadtrat engagierte er sich ehrenamtlich im Armenwesen in Duisburg.[258] Neben der pragmatischen Tätigkeit, die ihm „von jeher besonders am Herzen lag"[259], ist von finanziellen Zuschüssen „an die Armenkasse schon 1797 die Rede"[260]. Als er am 29. Dezember 1819 starb, schrieb Conrad Jacob Carstanjen in seiner tagebuchartig geführten Stadtchronik: „Er hat als Rendant der Armen-Anstalt das Beste derselben sehr gefördert und dieses Amt 17 Jahre mit unermüdlicher und uneigennütziger Sorgfalt verwaltet."[261]

Neben der Geisteshaltung Johann Jacob vom Raths d.J. ist seine politische Haltung und seine Hoffnung auf demokratische Entwicklungen in Preußen hervorzuheben, welche die Intentionen der Sonntagsschule deutlich unterstreicht. Die Julirevolution von 1830 in Frankreich, die von dort über die *Vereinigten Niederlande* – bereits im August griff die Revolution auf Belgien über – ins Rheinland und nach Duisburg übergriff, wurden von ihm mit wachsendem Interesse beobachtet. Durch die Nähe zu den Niederlanden, die als Folge des Wiener Kongresses entstanden waren, rückten vor allem die dortigen Ge-

---

254 Vgl. RWWA Köln, 20–1–7 (Jahresbericht 1832)
255 Vgl. Festrede 1871, Übersichtstabelle
256 StADU 10/4279. Die Rolle vom Raths als Initiator wird mehrfach bestätigt (vgl. StADU 10/4283).
257 Auf die Familie vom Rath gehen zahlreiche gemeinnützige und wohlfahrtspflegerische Stiftungen des 19. Jh. in Duisburg und Köln zurück. So bspw. auch die Gerhard-vom-Rath-Stiftung in Köln, der die spätere Arbeitersiedlung *Wilhelmshöhe* ihr Entstehen verdankt.
258 Vgl. Rhoden 1970/I, S. 229ff.; Eynern 1930, S. 46ff.
259 Ebd., S. 59
260 Ebd.
261 StADU 41/254a, S. 46b

schehnisse in seinen Blick, besonders die Spaltung in die souveränen Staaten Belgien und Holland. Die Wirkung der Pariser Julirevolution auf Deutschland ist bekannt. Lang gestaute und unerfüllte politische Hoffnungen des Bürgertums brachen sich in Deutschland Bahn. Die politische Haltung vom Raths geht aus einem Briefwechsel zwischen ihm und seinem Bruder Karl (1802–1875) hervor. Während die 1789er-Revolution und ihre Ideale weder unter den preußischen, nicht-adeligen Beamten, dem an politischen Einfluss gewinnenden Bürgertum, noch bei der einfachen Bevölkerung auf einen fruchtbaren Boden gefallen waren, weil vom Bürgertum wenig zu gewinnen und die Bindung an den König zu groß war, findet man in der Äußerung vom Raths die Enttäuschung über das Ausbleiben der seit 1815 erwarteten gesellschaftlichen Veränderungen[262]:

> „Was die französische Revolution mit ihrem Freiheitsschwindel nicht vermochte, den ruhigen Deutschen aufzuregen, das hat jetzt der Aufstand in wenigen Tagen vermocht. Ich habe mich innig gefreut, daß Braunschweig und Cassel sich unter dem Druck despotischer Wüstlinge erhoben, auch Sachsen mag recht haben eine dem Zeitgeist entsprechende Regierung zu verlangen".[263]

Das Wort *Freiheitsschwindel* ist nicht als Kritik an der gesellschaftlichen Öffnung und an der Brechung der ständischen Beschränkungen, sondern vielmehr an der Aufhebung *aller* gesellschaftlichen Stellungen zu bewerten. Insbesondere wurden die mit der Französischen Revolution verbundenen blutigen und radikalen Umwälzungen abgelehnt. Rath war als politisch interessiertem, aktiven und mitsprechenden Besitzbürger klar, dass die Ereignisse von 1789 zudem keineswegs die Verwirklichung der Idee von *Freiheit*, *Gleichheit* und *Brüderlichkeit* gebracht hatten.

Neben vom Rath hatte auch der Freimaurer Franz Wilhelm Bahrdt wesentlichen Anteil an der Gründung der Sonntagsschule. Bahrdt war seit 1827 am Duisburger Gymnasium als Oberlehrer tätig.[264] Sein Engagement im Zusammenhang mit der Sonntagsschule war allerdings weitgehend konzeptionell und organisatorisch. An der Anstalt war er nicht als Lehrer tätig. Trotzdem kann man den Anteil Bahrdts an der Stiftung der Sonntagsschule insgesamt als sehr hoch einschätzen. Die übrigen Kommissionsmitglieder waren zwei weitere

---

262 Obwohl vom König 1815 in Aussicht gestellt und angekündigt, war es zu keiner preußischen Staatsverfassung gekommen.

263 Zit. bei Eynern 1930, S. 67

264 Vgl. StADU 41/254a, S. 74b. Bahrdt war der Sohn Karl Friedrich Bahrdts (1741–1792), eines „Extremisten" unter den protestantischen Theologen, der als Freimaurer von seiner Kritik am biblischen Christentum zu Forderungen einer politischen und sozialen Umwälzung gelangte. Franz Wilhelm Bahrdt war mehrere Jahre *Deputierter Meister vom Stuhl* 1847 bis 1851, 1852 bis 1855, 1857 bis 1859 und ein Jahr *Meister vom Stuhl* 1851/52 (vgl. Festrede 1871, Übersichtstabelle).

Freimaurer und Gymnasiallehrer: der Deutschlehrer Friedrich Nees von Esenbeck (1806–1985) und der Zeichen- und Turnlehrer Conrad Feldmann (1803–
1856), die mit dem Lehrer der vereinigten evangelischen Elementarschule L.
Susen[265] zu den ersten regulären Lehrern der Sonntagsschule gehörten. Feldmann, der schon deswegen eine sehr bedeutende Funktion an der Schule hatte, weil er den einzigen relativ berufsspezifischen Unterricht erteilte, gewann
eine immer entscheidendere Bedeutung, weil er häufiger zu fachdidaktischen
Fragen und zur konzeptionellen Gestaltung der Gewerbabteilung, der *eigentlichen gewerblichen* Sonntagsschule (Elementar- oder niederen Gewerbschule),
Stellung nahm und die Anstalt in ihrer Entwicklung kontinuierlich vorantrieb.
Zudem unterrichtete er als Einziger ohne Ausfall jeden Sonntag und während
der festgesetzten Abendstunden in der Woche, mit Ausnahme der Feiertage, bis
ins Jahr 1856. Neben seinem Hauptberuf als Gymnasiallehrer war er fast 25
Jahre an der Sonntagsschule tätig und als Lehrer für die einzigen berufsbezogenen Unterrichtsfächer (Zeichnen, Konstruktion, Geometrie und Werken) war
er eine wesentliche Stütze für die positive Entwicklung der Sonntagsschule. In
den Dokumenten ist wiederholt sein Engagement für die Einrichtung, seine pädagogische Liebe für die Schüler und sein Idealismus, mit dem er diese Arbeit
leistete, belegt.[266] Arnold Küp, Hauptsteueramts-Assistent und erster Sekretär
der Handelskammer, zählte ebenso zur Kommission.[267] Ein weiteres Kommis-
sionsmitglied, das erst später zum Gründungsgremium hinzutrat, war Wilhelm
de Haen (* 1791), Kaufmann und Mitglied der Handelskammer.[268]

Am 22. Juli 1831 beantragte die zwei Tage alte „Commission zur Errichtung
der Sonntagsschule"[269] offiziell beim Duisburger Landrat die Nutzung städtischer Räume für das Unternehmen.

> „Ew. Wohlgeboren übersenden wir ganz ergebenst den Plan zur Errichtung einer Sonn-
> tagsschule. Wenn Ew. Wohlgeboren mit diesem Plan einverstanden und der Meinung
> sind, daß der Durchführung desselben kein ersichtliches Hindernis im Wege steht, so
> haben Sie die Gewogenheit uns möglichst bald davon in Kenntniß zu setzen. Die Com-
> mission zur Errichtung der Sonntagsschule: Bahrdt, J. Jac. vom Rath, Nees v. Esen-
> beck, Küp, De Hean, Feldmann."[270]

---

265 Zu Susens Namen und Daten: In den Dokumenten taucht nur zweimal der Anfangs-
     buchstabe seines Vornamens (L.) auf; die Daten sind nirgends überliefert. Auch Car-
     stanjen, der sonst die Daten eines jeden in seiner Chronik Erwähnten vermerkte, liefert
     hierzu keine Informationen.
266 Vgl. StA DU, 10/4280
267 Küp war mehrfach stellvertretender Meister vom Stuhl, so 1835/36 (gemeinsam mit
     Altbürgermeister Davidis) sowie 1842/43, 1866/67, 1867/68, 1868/69 und 1871/72
     (vgl. Festrede 1871, Übersichtstabelle).
268 Zur Bedeutung de Heans in Duisburg vgl. Korn 1959, S. 212–221.
269 Vgl. StADU 10/4278, Bl. 8a (o. Num.)
270 Ebd.

Dieser vermerkt auf dem Antrag am 27. August 1831 die Notwendigkeit der Befragung der Schulpfleger, damit, so der Landrat, er „demnächst der Kgl. Regierung darüber Bericht erstatten und deren Entscheidung"[271] erwarten könne.[272]

Parallel zum Vorgehen der Kommission intervenierte auch Davidis auf Bitten der Kommission[273] am 26. Juli 1831 beim Landrat und befürwortete die Einrichtung eines solchen Instituts in der Stadt.[274] Dabei hob er sowohl die Bereitschaft der Freimaurer-Loge hervor, „diese Anstalt auf Kosten der Mitglieder des genannten Ordens"[275] zu unterhalten. Zugleich wies er auf die „wohlthätigen Folgen"[276] der Anstalt für die Stadt hin. Er endet bestimmt: „Da die Eröffnung dieser Sonntagsschule am Sonntag nach dem Geburtstag Sr. Majestät unseres Königs am 7. August gewünscht wird, ... [wird um baldige] Genehmigung [ersucht]".[277]

Bedenkt man, dass der Postweg und die Bearbeitungszeit eines solchen Antrages üblicherweise einige Wochen in Anspruch nahmen, ist der Optimismus Davidis' bezüglich des vorgeschlagenen Eröffnungstermin etwas verwunderlich. Dem Bürgermeister mußte eigentlich klar gewesen sein, dass der vorgeschlagene Termin zur offiziellen Eröffnung als zu kurzfristig anberaumt war. Vielleicht wollte er auch nur die aus seiner Sicht bestehende Dringlichkeit einer solchen Anstalt deutlich machen. Auf jeden Fall bedeutet das parallele Vorgehen der Kommission und des Bürgermeisters eine Einigkeit im Hinblick auf den Bedarf über die zu errichtende Anstalt. Die eingeschlagene Vorgehensweise erscheint zudem taktisch klug.

Am 27. Juli 1831 bat die Commission den Bürgermeister nochmals, „ihr als Schullocal die städtische Halle in der Schwanenstraße ... zu überlassen."[278] Die provisorische Lösung an der Beginengasse wird zu Raumproblemen geführt

---

271 Ebd.

272 Aus den Duisburger Akten ergibt sich eine umfangreiche Korrespondenz mit dem Landrat und der Düsseldorfer Bezirksregierung. Das Düsseldorfer Hauptstaatsarchiv besitzt aber nur drei Dokumente aus den 1830er-Jahren im Zusammenhang mit der Duisburger Sonntagsschule (vgl. HStA Dssd Nr. 2642, Bl. 37, 38 und 39). Das früheste Dokument ist datiert auf den 27.12.1836. D.h. alle Dokumente, welche die Gründungsphase der Sonntagsschule betreffen, sind in Düsseldorf nicht erhalten.

273 Vgl. StADU 10/4279, Bl. 0a; dieses Dokument ist o. Num., erst das folgende Dokument trägt die Nr. 1

274 Diese Angaben werden bestätigt durch die chronologischen Notizen zum 26. Juli 1831: „B.M. bittet d. Landrath ... [um] Genehmigung" (StADU 10/4279, Bl. 0; dieses Dokument ist o. Num., erst das folgende Dokument trägt die Nr. 1)

275 StADU 10/4278, Bl. 7 (o. Num.)

276 Ebd.

277 Ebd.

278 Festrede 1871, S. 9. Diese Datum wird bestätigt durch die *Notizen*. Unter demselben Tag steht vermerkt: „Commission bittet den B.M. die Halle zu überlassen. B.M. antwortet bejahend." (StADU 10/4279, Bl. 0a; dieses Dokument ist o. Num., erst das folgende Dokument trägt die Nr. 1)

haben. Gleichzeitig wandten sie sich wegen der behördlichen Genehmigung der Schule an den zuständigen Landrat, der das Gesuch der Kommission an den Schulpfleger Superintendent Schriever weiterleitete.[279] Am 12. September desselben Jahres beantragte die Commission beim Stadtrat einen öffentlichen Zuschuss von 200 Talern zur Instandsetzung der Halle und zur Refinanzierung bereits angeschaffter Möbel und Lehrmittel.[280]

Der geplante offizielle Eröffnungstermin konnte natürlich nicht eingehalten werden. Die Düsseldorfer Regierung genehmigte die Einrichtung erst am 27. September 1831.[281] Der Landrat hatte seinerseits erst am 12. September 1831 der Regierung die Genehmigung der Eröffnung empfohlen.[282] In einem Schreiben an den Landrat bestimmte die Regierung, dass „die beantragte Errichtung des für die dortige Sonntagsschule bestimmten Locale auf Kosten der Gemeinde"[283] geschehen solle. Am 13. September 1831, also eine Woche bevor in Düsseldorf die grundsätzliche Genehmigung diktiert wurde, wandte sich Davidis direkt an die Regierung und erinnerte an das beantragte Stiftungsvorhaben und verweist nochmals auf den ausgesprochenen Zweck der geplanten Einrichtung, die „dazu bestimmt ist, Söhnen unbemittelter Eltern, welche sich einem Handwerke oder Gewerbe gewidmet haben oder widmen wollen, Gelegenheit zu verschaffen, sich die ihrem Stande u. Gewerbe nothwendigen Kenntnisse und Fertigkeiten anzueignen".[284]

Weiter hob er hervor, dass, „diese Anstalt zugleich auf sittliche Veredlung ihrer Schüler"[285] angelegt und darum als zweckmäßig und nützlich zu beurteilen sei. Davidis geht diesmal auf die Statuten, wie sie in ihrer Form zu diesem Zeitpunkt vorlagen, wie auch auf die Vielfalt der Unterrichtsinhalte ein, die sich aus den beiden Hauptabteilungen der Einrichtung ergeben. Er wiederholt nochmals die Notwendigkeit der Elementar-Sonntagsschule und bittet darum, die „Genehmigung zur Errichtung der in Rede stehenden Schulanstalt ertheilen zu wollen"[286].

Zu diesem Zeitpunkt hatte der Gemeinderat auch schon einen Etat für die Anstalt, wahrscheinlich auf Davidis Intervention hin, bewilligt. Die chronologischen *Notizen* geben als Termin der Bewilligung der Kostenübernahme durch die Kommunalkasse den 14. September 1831 an. Der Gemeinderath

---

279 Vgl. StADU 10/4279, Bl. 8
280 Festrede 1871, S. 9. Vgl. ebenso Armstroff 1877, S. 13. Auch dieses Datum wird durch
     die *Notizen* bestätigt (vgl. StADU 10/4279, Bl. 0a; dieses Dokument ist o. Num., erst das
     folgende Dokument trägt die Nr. 1)
281 Diese Angaben werden bestätigt durch die *Notizen* zum 27. September 1831.
282 Vgl. StADU 10/4278, Bl. 9 (o. Num.)
283 StADU 10/4278, Bl. 5 (o. Num.)
284 Ebd., Bl. 9 (o. Num.)
285 Ebd.
286 Ebd.

bewilligte „bis z. 200"[287] Talern nachdem die „Communal-Bau-Constructeure"[288] diese Summe als realistisch eingestuft hatten.[289] Es folgte zunächst eine Mitteilung der Regierung an den Duisburger Landrat vom 23. September 1831:

„Wir haben uns Ihren Bericht vom 12ten d.M. und dessen angeschlossener Anlage, die Errichtung einer Sonntagsschule zu Duisburg betreffend gerne ersehen, daß unsere Einwohner die dazu nöthige Fonds durch freiwillige Beiträge bereits beschafft haben, und genehmigen, daß diese gemeinnützige Anstalt eröffnet werde. Was die Statuten der gedachten Schule betrifft, so können wir die, von dem evangelischen Pfarrer Schriever und von dem katholischen Pfarrer Grimberg in dieser und der Eigenschaft als Schulpfleger gemachten Bemerkungen, sowohl in Achtung der für den Unterricht ausgesuchten Stunden, als auch in Achtung der, durch eine Bescheinigung über den fleißigen Besuch des katechumen Unterrichts, resp. des abgelegten Glaubensbekenntnisses bedingten Aufnahme der Schüler nur billigen, und haben Sie hiernach einer Abänderung der Statuten zu veranlassen, und mir beglaubigte Abschrift einzureichen. Was das Statut in Ansehung der Beaufsichtigung des sittlichen Lebens der Schüler, und ihrer Führung in der Schule, festsetzt, hat gleichfalls unseren Beifall, doch haben sie uns eine beglaubigte Abschrift der [in] § 12 erwähnten Gesetze der Anstalt zur Prüfung und Genehmigung einzureichen. Was den Lehrplan betrifft, so haben wir zwar dagegen nichts zu erinnern, daß mit den, § 4 und 5 genannten Gegenständen der Anfang gemacht werde; doch wird sich erst nach Beendigung eines Cursus beurteilen lassen, ob derselbe für die Folge beibehalten werden kann. Wir finden es nöthig, darauf aufmerksam zu machen, daß diejenigen Schüler, die noch der Nachhülfe im Elementar-Unterricht bedürfen, den Unterricht in der Geschichte und Geographie schwerlich mit Erfolg besuchen werden. Da der Hauptzweck der Anstalt dahin zielt, den Lehrlingen im Handwerk und Fabriken eine angemessene Vorbildung zu Theil werden zu lassen, als sie in der Elementarschule, die sie frühe verlassen, erlangen können, so muß dem Unterricht in der Geometrie, in Zeichnen, und in technischen Vorübungen, vor dem in der Geschichte und der Erdbeschreibung nicht nur der Vorzug gegeben werden, sondern es wird auch dienlich seyn, damit aus dem Grunde den Anfang zu machen, weil sich nach den Fortschritten in der Geometrie, im Zeichnen und technischen Uebungen mit mehr Sicherheit, als aus dem Unterricht in der Geschichte und Geographie beurtheilen läßt, ob die zumal zu erst ausgenommenen Schüler der Fortbildung fähig, des Lehrers Mühe belohnen, und der ihnen zugedachten

---

287 StADU 10/4279, Bl. 0a; dieses Dokument ist o. Num., erst das folgende Dokument trägt die Nr. 1
288 Festrede 1871, S. 10
289 Die Regierung genehmigt die Vorauszahlung der Summe am 27. September 1831 und wiederholt diese Genehmigung am 2. Januar 1832. Zugleich genehmigt sie, nach einer Überarbeitung, die von der Kommission entworfenen Statuten (vgl. StADU 10/4278, Bl. 10; o. Num.).

Wohlthat werth sind. Sie haben nach diesen Eröffnungen das Weitere zu veranlassen, und über die Ausführung des beifallswerthen Projekts nach 4 Wochen zu berichten."[290]

Aus der Mitteilung wird ein Dissens über die Unterrichtsfächer, den Charakter der Einrichtung als allgemeine *und* gewerbliche Sonntagsschule und über ihre Statuten ersichtlich. Dieses Schriftstück der Regierung macht aber auch das Anliegen der Loge deutlich, das diese mit der Einrichtung verband, und das Davidis eindeutig billigte. Ob einer gewissen und auch explizit ausgesprochenen Zweckhaftigkeit der Sonntagsschule, einem adäquaten Bildungsangebot für jugendliche Handwerker und Fabrikarbeiter verfolgten die Stifter entsprechend der bildungstheoretischen Konzeption der Zeit, durch eine allgemeine *und* berufsrelevante Bildung arme Handwerker und Fabrikarbeiter zu befähigen, den Anforderungen in einer sich modernisierenden Gesellschaft im Alltag gerecht zu werden. Dieser Fächerkanon ging über die Lehrpläne der Volksschule hinaus und entsprach dem Angebot höherer Knaben- oder Mädchenschulen. Die von Fulda 1829 im Auftrag der Wirtschaftsbürger gestiftete bürgerliche Jünglingsschule (als Vorstufe zu dem gymnasialen Realienzweig) war den Stiftern Vorbild für die Elementar-Sonntagsschule. Außer den modernen Sprachen waren alle anderen Fächer Gegenstand des geplanten, und wie sich später zeigt, durchgeführten Unterrichts (einschließlich Naturwissenschaften, Geschichte und Geographie, Gesang und kaufmännischer Bildung). Doch der Düsseldorfer Regierung war augenscheinlich die unmittelbare Gewerbeförderung durch einen ausschließlich zweckgebundenen Unterricht wichtiger. Die Mitteilung der Regierung an den Landrat (vom 23. September 1831) enthält einen Zusatz (vom 25. September 1831), der vom Landrat stammt und sich an die „die löbliche Commission zur Errichtung einer Sonntagsschule"[291] wendete. Mit Hinweis auf den Inhalt des Schreibens von der Regierung weist hierin der Landrat auf die Vorschläge der Regierung hin und fordert zur Nachbesserung auf. Daraufhin muss sich die Kommission mit diesem sofort in Verbindung gesetzt und den Hauptzweck der Anstalt als gewerbsbildend bestätigt haben. Erst im Anschluss daran erfolgt die schon erwähnte Genehmigung vom 27. September 1831. Die Regierung teilt mit, dass sie „gegen die beabsichtigte Einrichtung des für die dortige Sonntagsschule bestimmten Locales auf Kosten der Gemeinde"[292] nichts einzuwenden habe und den entsprechenden, schon gefällten Beschluss des Gemeinderates genehmige.[293] Auch dieser Sachverhalt

---

290 Ebd.
291 Ebd.
292 Ebd., Bl. 5 (o. Num.)
293 Vgl. auch StADU 10/4279, Bl. 0a; dieses Dokument ist o. Num., erst das folgende Dokument trägt die Nr. 1. Hier heißt es zum 27. September 1831 knapp: „Regierung genehmigt obiges" , d.h. die Sonntagsschule und die Bewilligung des kommunalen Etats. Vor allem letzteres ergibt sich aus dem Kontext der verschiedenen Zeilen. So steht unter dem 14. September: „Rath genehmigt d. Kosten bis z. 200 Tlr."

findet sich in den genannten *Notizen* wieder. Die Regierung bemerkt zugleich, dass weitere eventuell entstehende Kosten für die öffentliche Hand durch die Gemeinde zu tragen seien. Hintergrund dieses Zusatzes war die Erfahrung, dass bei Bedürftigkeit der Schüler und ihrer Eltern beim Besuch der öffentlichen Volksschule aus öffentlichen Kassen das zu entrichtende Schulgeld bezahlt und auch die Unterhaltung der Schule gedeckt werden mussten. Bei ärmeren Gemeinden, die nachweislich solche Kosten nicht tragen konnten, gewährte der Staat Zuschüsse. Obwohl die geplante Sonntagsschule keine öffentliche Volksschule war, beugte die Regierung mit einem solchen Zusatz möglicherweise entsprechenden zukünftigen Ansprüchen vor. Dieses Schreiben reichte der Landrat am 5. Oktober 1831 an Davidis weiter. Dieser vermerkt den Eingang am 7. Oktober 1831.

Aber auch jetzt konnte die offizielle Eröffnung noch nicht erfolgen. Erstens war die Regierung nämlich nicht auf den vorgeschlagenen Eröffnungstermin eingegangen; zweitens mussten die betreffenden Räume im Obergeschoss der städtischen Tuchhalle an der Schwanenstraße erst als Schulräume eingerichtet werden. Den Umzug in die renovierten eigenen Räume wollte man wahrscheinlich als Anlass der offiziellen Eröffnung nutzen. Am 6. Dezember 1831 fordert Davidis die Kommission zur abermaligen Überarbeitung, das heißt wahrscheinlich zur endgültigen Festsetzung, des Lektionsplanes und der Statuten auf.[294] Dieser erste Lektionsplan mit den ausgewiesenen Fächern ist leider in den Dokumenten nicht überliefert. Aus älteren Dokumenten gehen nur einzelne Inhalte hervor, die aber nicht unbedingt ausdrücklich als Fach unterrichtet wurden, wie beispielsweise sittliche oder ästhetische Erziehung. Weitere schriftliche Aufforderungen Davidis' an die Kommission befassen sich mit den ausstehenden Statuten, die entsprechend der behördlichen Genehmigung geändert werden mussten.[295] Nach verschiedenen Schriftwechseln kommt es endlich zum tragfähigen Kompromiss zwischen der Kommission und der Regierung in Düsseldorf. Dabei hat sich Davidis vermittelnd eingesetzt. Aus den Korrespondenzen wird sein wirkliches Interesse an der Sonntagsschule deutlich; er erkannte sicherlich den Nutzen der bürgerlichen Gemeinde an dieser Einrichtung. Am 2. Januar 1832 erfolgt die erhoffte Mitteilung der Regierung an den Duisburger Landrat. Darin genehmigt die Regierung endlich „d. v. d. Commission entworfenen Statuten"[296] sowie die ausgewiesenen Unterrichtsfächer und die offizielle Eröffnung der Sonntagsschule.[297]

---

294 StADU 10/4278, Bl. 10 vom 6. Dezember 1831 (o. Num.)

295 Ebd., Bl. 11a vom 15. Dezember und Bl. 11b vom 16. Dezember 1831 (o. Num.)

296 StADU 10/4279, Bl. 0a; dieses Dokument ist o. Num., erst das folgende Dokument trägt die Nr. 1

297 Vgl. StADU 10/4278, Bl. 12a (o. Num.); vgl. auch StADU 10/4279, Bl. 0a; dieses Dokument ist o. Num., erst das folgende Dokument trägt die Nr. 1. Hier heißt es zum 2. Ja-

„Nach Einsicht Ihres Berichtes vom 15. Dez. v. J. und der damit eingereichten Verhandlungen tragen wir nicht ferner Bedenken, die im Entwurfe nach unserer Verfügung vom 23. September v.J. abgeänderten, hierbei wieder angeschlossenen Statuten der Sonntagsschule zu Duisburg, nebst dem von der Kommission entworfenen Schulgesetzen, zu genehmigen. Die Berichte der Kommission vom 23. Oktober, des Schulpflegers Schriever vom 4. September und des Schulpflegers Grimberg vom 9. desselben Monates erfolgen hierbei zurück, und ist die Kommission zu veranlassen, die Statuten nunmehr förmlich zu vollziehen und mit einer für die hiesigen Acten bestimmten Ausfertigung derselben, nebst einer Abschrift der Schulgesetze, zur Bestätigung durch Sie einzureichen."[298]

Die Schwierigkeiten, die der Briefwechsel zwischen Loge, Bürgermeisteramt, Landratsamt und Regierung angedeutet hat, lagen letztlich im politischen Bereich. Obwohl seit 1814 mit dem Konsistorialrat Grashof ein Anfang in der Reflexion einer möglicherweise staatlich geregelten Sozialfürsorge für jugendliche Fabrikarbeiter initiiert worden war, konnten keine juristischen oder institutionellen Ergebnisse erreicht werden. Mit der Genehmigung einer von bürgerlichen Kreisen getragenen Wohlfahrtseinrichtung, wurde die Konsequenz der Staatsreformen deutlich. Zwar engte der Staat nicht, wie im Falle einer *positiven Gesetzgebung*, seine Machtfülle ein, aber die behördliche Billigung beförderte letztlich doch eine Entwicklung, von der er nicht wusste, wie sie ausgehen werde. Daher war es für die vom Geist der Liberalität überzeugten Regierungsstellen nicht leicht, trotz einer zum Teil bestehenden Einsicht in die sozialen Probleme und ihre Ursachen, freies bürgerliches Sozialengagement durch amtliche Genehmigung mit zu tragen.

Zwar blieb das Problem auch in Regierungskreisen virulent, eine mögliche staatliche Lösung wurde aber zunächst einmal dispensiert. Hier griffen bürgerliche Gruppen, die selbst Besitzer von Fabriken und Manufakturen waren, staatlichen Lösungen vor. Zwei Jahre bevor Altenstein mit der Entsendung des Schulrats August Keller auf eine Informations- und *Rundreise durch die manufaktur- und fabrikreichsten Kreise der Rheinprovinz* einen neuen zaghaften Versuch zur Erstellung einer Gesetzesvorlage startete, hatte sich mit der Duisburger *Commission zur Errichtung einer Sonntagsschule* das örtliche Wirtschaftsbürgertum in eigener Initiative organisiert.

Die offizielle Eröffnung der Sonntagsschule am 15. Januar 1832[299] wurde durch die Kommission erneut im *Unterhaltung- und Anzeigenblatt für den Kreis Duisburg* (Ausgabe Nr. 4) öffentlich angekündigt:

---

nuar 1832 knapp: „Regierung genehmigt d. f. d. Eröffnungsfeier entworfenen Statuten." (vgl. §§ 43, 44, 46 II 12 und 2-4 II 13 ALR)

298 StADU 10/4278. Auch diese Angabe wird durch die *Notizen* bestätigt (vgl. StADU 10/4279, Bl. 0a; dieses Dokument ist o. Num., erst das folgende Dokument trägt die Nr. 1)

299 Vgl. StADU 41/254a, S. 95a

„Zur Einweihung der Sonntagsschule, welche kommenden Sonntag, den 15. d.M., vormittags 11 Uhr, im Lokale der hiesigen Loge begangen werden soll, laden wir alle Gönner und Freunde des Schulwesens freundlichst ein, wobei wir bemerken, daß wir die Feierlichkeit gern im Schulhause abgehalten hätten, wenn es der Raum irgend gestattet hätte."[300]

Die Festrede am Eröffnungstag hielt Franz Wilhelm Bahrdt. Er hob „den großen Werth einer solchen Bildungsanstalt"[301] hervor. Durch eine solche Einrichtung werde „schon an vielen Oertern, so wohltäthig auf die vernachlässigte Jugend eingewirkt ... [die] Sonntagsschule hat es sich zum Grundgesetze gemacht, den Söhnen unbemittelter Eltern unserer Stadt und der Umgegend, welche sich einem Handwerke oder Gewerbe gewidmet haben oder widmen wollen, Gelegenheit zu geben, sich am Sonntage die unentbehrlichsten ihrem jetzigen oder künftigen Stande oder Berufe nach den Fortschritten unserer Zeit angemessene Erkenntnisse zu erwerben. ... Allein sowohl die Mitarbeiter als auch die Vorsteher der Anstalt werden es sich zum Geschäfte machen, die Zöglinge auch sittlich zu veredeln und dazu nicht allein beim Unterrichte, jede Gelegenheit zu ergreifen, auf die Herzen und Gemüther vorteilhaft einzuwirken sondern auch das Leben der Schüler außerhalb der Schule zu beaufsichtigen und dazu in Verbindung mit den Eltern und Angehörigen, den Meistern und Brodherren sowie mit den Predigern der Gemeinden sich von dem Lebenswandel der Schüler Kenntniß und die Mittel denselben wo es Noth thut, zu bessern, zu verschaffen suchen, daher ist die Sonntagsschule zugleich eine Erziehungsanstalt".[302]

Damit wird deutlich: Die Duisburger Brüder kannten eine Vielzahl freimaurerischer Einrichtungen, nicht nur jene der Leipziger Loge. Aus der Ansprache wird der Wandel in der deutschen Bildungsideologie in dieser Epoche deutlich, den man *sozialpädagogische Wende* des Neuhumanismus bezeichnen könnte und der kurzfristig die das ganze Jahrhundert durchziehende Kontroverse zwischen Menschen- und Berufsbildung auflöste, denn im Prinzip handelte es sich trotz Paradigmawechsels um die prinzipiellen von Humboldt, Schleiermacher oder Niethammer betonten Werte.[303] Einzig das von Niethammer 1808 ausgesprochene Prinzip des Antagonismus zwischen *Erziehungs*- und *Berufsschulen*, zwischen allgemeiner Menschen- und Berufsbildung stimmte in der Umbruchzeit des Vormärz für geraume Zeit nicht mehr. Die Sonn-

---

300 Armstroff 1882, S. 112
301 StADU 41/254a, S. 95a
302 Ebd.
303 Im Kontext der Reform des Bildungs- und Erziehungswesens hatte sich, als Antwort auf die Erfordernisse der Zeit, ein Paradigma etabliert, das in sich durch den Einklang von allgemeiner Menschenbildung unter Berücksichtigung sozialer Angemessenheit, Vorbereitung auf die Wirtschaftsgesellschaft und Nationalerziehung bestimmt war.

tagsschule zeichnete gerade aus, dass sie nicht nur Berufs-, sondern *auch* Erziehungsschule war.[304] Aber es galt noch immer das Bildungsideal und der inhaltliche Vorrang allgemeiner vor berufsrelevanter Bildung. Die Schulstifter waren interessiert am Praktischen und am Nützlichen der Anstalt für das *Geschäft* der Schüler und damit für die Entwicklung des Gewerbestandes; primär sorgte sie aber die *Seele* der Jugendlichen. Es ging um die Fortbildung ihres Geistes, Veredlung ihres Herzens und um ihr persönliches Lebensglück. Im Zusammenhang mit der Sonntagsschulpädagogik ist nochmals deren absoluter Freiwilligkeitscharakter hervorzuheben. Entsprechend der Zielgruppe, nämlich der Schule und häufig dem Elternhaus entwachsene Jünglinge aus dem unteren Milieu, und dem Menschenbild der Freimaurer, war die Nachschule ohne jeden Zwang durch die Lehrer und ein Erziehungs- und Bildungsangebot für jene, die sich entweder bereits ein Gewerbe ausgesucht hatten oder noch aussuchen wollten. Zwar war die Anstalt eine Stätte der pädagogischen Einflussnahme auf Jüngere, aber nicht die gewerbliche oder sittliche Fremdeinwirkung standen im Vordergrund, sondern der Anteil der Selbstveredlung hatte den größten Anteil. Die Selbsterziehung und -bildung der Jünglinge sollte die Hauptsache sein und der größten Anteil am pädagogischen Erfolg haben. Hier wird der Unterschied zum Philanthropinismus des 18. Jahrhunderts erkennbar. Zwar hatte auch dieser „brauchbares Wissen für das wirkliche Leben erzielen, also verständigere ... und kluge, wohlunterrichtete"[305] Leute bilden wollen, aber der Ansatz traf restaurative Vorentscheidungen. Die gesellschaftlichen Ansprüche, die Bedürfnisse des Staates wurden zur Norm der Erziehung und bestehende Standesunterschiede wurden zementiert. Die Sonntagsschule zielte entsprechend der gesellschaftsliberalen Haltung nicht auf die Aufhebung aller gesellschaftlichen Stellungen, aber auf die Aufhebung der Standesgrenzen und auf die Erreichbarkeit einer anderen Position. Die Anstalt wollte jedem Schüler eine bürgerliche Existenz ermöglichen, also dem sozialen Aufstieg in die bürgerliche Ordnung dienen.

Zu den Adressaten der Anstalt führte Bahrdt weiter aus:

> „Aufgenommen werden in diese Anstalt unbemittelte junge Leute, wenn sie bereits ein Handwerk ergriffen haben oder in einer Fabrick arbeiten und die Woche hindurch ihr Brot verdienen müssen. Auch wenn sie öffentliche Schulen besuchen, jedoch den Sonntag auch noch zum Lernen benutzen wollen. Ausgeschlossen aber werden diejenigen welche weder öffentliche Schulen besuchen, noch in der Woche sich durch Arbeit ernähren. Keine Jünglinge werden ferner angenommen, die noch nicht confimirt sind, wenn jedoch im dringenden Fällen Anersuchen stattfinden [finden Ausnahmen statt], auch bleiben ausgeschlossen, welche nicht mit der Lehre bereits einen Anfang

---

304 Vgl. Niethammer 1968, S. 275
305 Hojer 1965, S. 42

gemacht haben [oder sich sonst einem Gewerbe widmen]. Und endlich werden keine aufgenommen, welche nicht gute Zeugnisse über ihren bisherigen Lebenslauf beibringen können."[306]

Die Kriterien für die Aufnahme in die Anstalt waren nach Bahrdt: a) Jünglingsalter, b) Unbemitteltheit und c) gewerbliche Beschäftigung.[307] Damit macht er deutlich, die frühe Berufstätigkeit der Jugendlichen eröffnete ihnen nun zugleich Bildungschancen, die sie ohne die Beschäftigung in den Fabriken oder im Handwerk nicht gehabt hätten. Die Ansprache Bahrdts macht klar, dass es sich konzeptionell sowohl um eine Elementar-Sonntagsschule (niedere Sonntagsschule oder Gewerbschule dritter Classe) als auch um eine Kinder-Sonntags-Schule im Preuskerschen Sinne handeln sollte.[308]

Der Unterricht fand jeden Sonntag statt. Ferienzeiten gab es an der Einrichtung weder für die Schüler noch für die Lehrer. Die einzigen freien Sonntage waren die Feiertage. Zu den Unterrichtszeiten und -inhalten und zur Finanzierung der Einrichtung heißt es:

„Morgens von 6 bis 9 Uhr und von 11 bis 12 Uhr [im Sommer]. Im Winter Morgens von 8 bis 9 und von 11 bis 12 Uhr und Nachmittags von 2 bis 4 Uhr. Dieser Unterricht besteht im Lesen (jedoch nur als Nachhülfe), im Schönschreiben, technischem Zeichnen, Modelliren, in dem Rechtschreiben. ... [zum Unterricht gehören zudem] Vaterländische Geschichte und Geographie .... Dieser Unterricht wird für alle Schüler ohne Ausnahme unentgeldlich erteilt und selbst die Materialien zum Lernen, ... [wie] Schreibhefte, Lehrbücher ... erhalten ... [sie] künftig von der Anstalt. Zu den beständigen Auslagen der Anstalt gehören das Honorar für die Lehrer, die Entschädigung eines Schuldieners, [weitere] Unterricht-Materialien für arme Schüler, Heizung und Prämien, welche mit Einschluß der ... [weiteren] Ausgaben [welche] jährlich auf 200 Taler ... gesetzt sind und durch freiwillige Beiträge der Brüder der Loge gedeckt werden."[309]

---

306 StADU 41/254a, S. 95b
307 Die Adressaten waren vornehmlich der schulentlassene, sittlich gefährdete und z.T. verwahrloste (mitunter sozial auffällige) Nachwuchs armer Eltern, ab 14½ Jahren, der in der frühen Kindheit nichts oder wenig gelernt hatte, weil die gewerbliche Beschäftigung einen geregelten Schulbesuch nicht zugelassen hatte. Eine Trennung von Jugendfürsorge, Jugendpflege und Jugendsozialarbeit findet man in dem untersuchten Zeitraum noch nicht. Hinsichtlich der Altersspanne der Adressaten – zwischen 14 und 20 bzw. älter – und dem Umstand, dass die Teilnahme an den Veranstaltungen freiwillig war, wird man aus heutiger Sicht von ‚Jugendpflege' für dieses Unternehmen reden. Begriff und Beschreibung einer solchen Jugendpflege finden sich aber im Grunde erst in den preußischen Ministerialerlassen „betr. Jugendpflege" vom 18. Januar 1911 und vom 30. April 1913. Die bürgerlichen Stifter sprachen von ‚Fürsorge' und verfolgten ähnliche Motive, wie die Stifter der evangelischen Rettungshäuser. Es ist müßig, über den Begriff zu streiten.
308 Vgl. Preusker 1842 (Bd. 5), S. 119, 124; ders. 1835b, S. 73, S. 146
309 StADU 41/254a, S. 95b

Die Stifter der Einrichtung hatten erkannt, dass die Klientel der Sonntagsschule in einer moderner gewordenen Gesellschaft nicht ohne die nötigen Schlüsselqualifikationen (Lesen, Schreiben, Rechnen und Denken) bestehen konnte. Neben dem individuellen Aspekt dieser Volksnachbildung entsprach die Sonntagsschule allgemeinen staatlichen Intentionen. Die Gesellschaft benötigte einen *neuen* Menschen. Alle staatlichen Reformen setzten diesen neuen Menschen voraus. Das Bild dieses Menschen, „der aus allseitig entwickeltem Bildungsgrund, aus eigenem Antrieb und in eigener Verantwortung zu handeln vermochte"[310] galt insbesondere dem einfachen Arbeiter, der die geplante ökonomische Leistung des Staates letztlich tragen musste. Damit unterscheidet sich, wie schon hervorgehoben, die bürgerliche Stiftung in Duisburg von den christlichen Modellen der Volksbildung. Zwar diente auch diese Anstalt der Begleitung und Nachbildung erwerbstätiger Jugendlicher beziehungsweise der grundsätzlichen Vorbereitung auf eine milieuspezifische, gewerbliche Berufstätigkeit, und es wurden Fächer wie Lesen, Schreiben, Rechnen und Werken unterrichtet, aber die Lehrstoffe wurden überwiegend aus „Bibel, Gesangbuch und Katechismus"[311] entnommen. Anders dagegen die Duisburger Sonntagsschule der Freimaurer. Der Lehrplan litt nicht an katechumer Einseitigkeit wie in Hamburg und anderen Sonntagsschulen volksmissionarischen Ursprungs. Mit dem Duisburger Lehrplan wurden die Jugendlichen „nicht blos mit Gott und göttlichen Dingen bekannt gemacht, sondern auch in die Natur und in das Menschenleben eingeführt; auch wird ihnen Gelegenheit geboten, sich die nöthigen technischen Fähigkeiten anzueignen. Der Lehrplan gewährt ... die Möglichkeit der Erzeugung eines vielseitigen Interesses und entspricht deshalb mehr, denn früher, den Forderungen der pädagogischen Wissenschaft. Neben dem Anschauungs-, dem Vorstellungs- und dem Denkvermögen finden auch Gemüt und Wille die zur ihrer Ausbildung nöthige Nahrung"[312].

Waren die Sonntagsschulen englischer Provenienz an der Idee des Christentums orientiert und die Zeitdiagnose ihrer Stifter häufig geprägt durch die Ansicht, dass die modernen Zeiten ein Werk des Teufels und aus Abfall vom Christlichen geboren worden waren, so leiteten die bürgerlichen, zumeist gewerblich orientierten Sonntagsschulen (häufig freimaurerischer Provenienz) ihre Berechtigung aus den Ideen der Aufklärung und den daraus hervorgegangenen Statuten ab, wie beispielsweise der Konstitution der Vereinigten Staaten, die wiederum maßgeblich durch die Freimaurerei beeinflusst ist, ab.[313]

---

310 Huber 1967, S. 271
311 Wittenborn 1982, S. 28
312 Armstroff 1882, S. 2
313 In dieser Phase der Veränderung von Lebenswirklichkeiten bemühten sich jedoch auch die auf der Basis der religiösen Unterweisung bestehenden katechumen Sonntagsschulen ab 1832 um eine inhaltlich und organisatorisch erneuerte Form der Begleitung der arbeitenden Jugend in *Vereinen für Sonntagssäle* oder *Hilfsvereinen für Jünglinge*.

Daneben standen auch handfeste staats- und wirtschaftspolitische Gründe Pate einer solchen Einrichtung. Solche Fälle, in denen gewerbliche Sonntagsschulen ausschließlich als im Dienst der Gewerbeförderung stehende Institutionen geplant und eingerichtet wurden, scheinen trotz bestehender wirtschaftsliberaler Überzeugung gerade im korporatistischen vermögenden Bildungs- und Wirtschaftsbürgertum eher die Ausnahme gewesen zu sein. Auch der oben genannte Dissens zwischen der Commission der Loge und den Regierungsstellen macht deutlich, dass es den Gründern nicht allein um die Gewerbeförderung ging, „der werktätigen Jugend [also] nur wirtschaftsförderndes Wissen bieten"[314] wollten. Vielmehr ging es ihnen auch und gerade um die *Seele* und das individuelle Lebensglück. Verbindung wohlverstandener eigener Interessen mit denen des Gemeinwesens und der Beantwortung der Sozialen Frage mit entsprechenden sozialen Hilfen vor allem zur Erhöhung der Selbsthilfekompetenz, das heißt in der Sprache der Zeit: *Selbstbildungsvermögen*.

Die Ursache der sozioökonomischen Veränderungen und der im Zuge der Industrialisierung eingetretenen Verwahrlosungs- und Verrohungstendenzen der Gesellschaft beurteilten die Stifter nicht negativ, sondern sie begrüßten die neuen ökonomischen Verhältnisse sowie die damit auch verbundenen gesellschaftlichen Transformationsprozesse.[315] Die neuen sozialen Verhältnisse erforderten nach ihrer Meinung nur ein pädagogisch adäquateres Vorgehen, wie es Preusker stellvertretend formulierte:

> „Die Aufgabe ist ... jetzt, die Mängel der neuesten Zeit zuerst genau zu erkennen, und dann die Mittel zu ihrer Hebung sorgsam zu erforschen und nach allen Kräften anzuwenden, um wenigstens jene, wenn nicht völlig zu beseitigen, doch möglichst zu mildern; dieß muß um so mehr in Bezug auf die, weit mehr als die ältere, bildungsfähigere jüngere Generation erfolgen, da von deren günstigem Gedeihen, wenn sie an unsere Stelle tritt, für die späteren Geschlechter desto glücklichere Zeiten zu hoffen seyn werden. Kein Mittel, keine Aufopferung Seiten des Staates und der Gemeinden sollte dabei gescheut werden"[316]

Die Duisburger Sonntagsschule war von der Loge gegründet worden. Sie übernahm die Erhaltung der Einrichtung. Daher lag die Verantwortung für die Schule in den Händen des Vorsitzenden der Loge, Johann Jacob vom Rath.

---

314 Thyssen 1954, S. 66
315 Vgl. Preusker 1842 (Bd. 5), S. 9. „Ungeachtet dieser, nicht eben erfreulichen Beobachtung ... [soll] die neuere Zeit, zu Gunsten der früheren, in ein übles Licht" (ebd.) gestellt werden. „Der Verfasser fürchtet nicht zu irren, wenn er die neuere Zeit ... für fortgeschritten hält, denn wenn auch manche Uebelstände jetzt mehr hervortreten oder sich selbst neu erzeugten, wie z.B. jene Mängel des Fabrikwesens, so sind dagegen zahlreiche ältere sehr beschränkt, wenn nicht völlig verdrängt worden" (ebd.).
316 Ebd., S. 10

Neben seinen Aufgaben als Kaufmann und Fabrikant sowie vielfältigen kommunalen Funktionen bedeutete diese Arbeit eine zusätzliche Last. Im Rahmen seiner Tätigkeit als Logenvorstand musste er neben den genannten Aufgaben die Aufsicht über die Schule und administrative Funktionen einer Leitung nach innen und außen wahrnehmen.

Es war allgemeiner pädagogisch-philosophischer Konsens und ethisch-pädagogisches Allgemeingut dieser Phase, was Blankertz formulierte: Weder einseitige neuhumanistische noch philanthropinistische Prämissen, die beide keine hinreichende Antwort auf die sozialen Probleme nach dem Jahrhundertwechsel waren, standen im Vordergrund. Beide Ansätze waren überholt: Es ging um die individuelle Glückseligkeit und um die gesellschaftliche Brauchbarkeit: Menschenerziehung war zugleich Berufserziehung und umgekehrt. Glückseligkeit und Brauchbarkeit wurden gleichzeitig zur Norm der Erziehung. Diese war eben zugleich deshalb auch Berufs- und Standesbildung, weil der Mensch nur durch die gesellschaftliche Brauchbarkeit glücklich werden kann.[317]

Die wievielte Gründung von in der Rheinprovinz errichteten Sonntagsschulen die Duisburger Einrichtung war, ist nicht genau zu ermitteln. Die erste bürgerliche Einrichtung mit gewerblichem Charakter ist 1812 für Süchteln dokumentiert.[318] Leichlingen hat ab 1818 eine bürgerliche Sonntagsschule.[319] Es folgen Neuss (1820), Elberfeld (1821), Krefeld (1827) und Barmen (1830) mit einer bürgerlichen Sonntagsschule mit gewerblicher Ausrichtung.[320] In weiteren Städten kommt es zu Gründungen: Remscheid (1832), Aachen (1835), Wesel (1835), Solingen (1836), Geldern (1836), Elberfeld (1836), Werden (1836), Kettwig (1836), Mülheim a.d.R. (1836), Rees (1836), Kleve (1837), Emmerich (1838), Düsseldorf (1839), Essen (1845), Mülheim a.d.R. (1852), Goch (1853) und Kalkar (1871).[321]

---

317 Vgl. Blankertz 1969, S. 42: „Erziehung ist nicht darum eo ipso Berufs- und Standesbildung, weil die gesellschaftliche Brauchbarkeit es erfordert, sondern weil der Mensch nur im Stande eben dieser Brauchbarkeit glücklich werden kann."

318 Vgl. HStAD Regier. Dssd. 2641, Bl. 27b vom 23. März 1812. Zwischen 1812 und 1817 finden sich überhaupt keine Akten zu Sonntagsschulgründungen. Wahrscheinlich sind die entsprechenden Dokumente nicht mehr erhalten. Dass das erste Dokument die Nummerierung 27b enthält, danach aber die Blätter 1ff. beginnen, in deren Fortlauf die Nr. 27b augenscheinlich nicht fehlt, bestätigen diese Vermutung. Vielleicht haben die Kriegs- und Besatzungswirren dazu beigetragen, dass die entsprechenden Akten nicht an die Bezirksregierung kamen. Die Akte enthält nur zwei Dokumente zur Süchtelner Einrichtung und beginnt dann erst 1817 mit einer kontinuierlichen Dokumentation (ab Nr. 1).

319 Vgl. ebd., Bl. 5 vom 7. Dezember 1818, Bl. 5

320 Die Elberfelder bürgerliche Sonntagsschule war von dem dortigen Schulpfleger Johann Friedrich Wilberg (1766–1846) eingerichtet worden. Auf Grund der frühen Industrialisierung des Wuppertals und des schnellen Aufstiegs der Wirtschaftsbürger war hier der Bedarf einer entsprechenden Nachschule frühzeitig entstanden (vgl. Wittmütz 1981).

321 Vgl. HStAD Regier. Dssd. 2641. Für die Elberfelder Sonntagsschule ist ein Stundenplan erhalten (Bl. 21); vgl. auch ebd. 1668, Bl. 37f. vom 21. Dezember 1836). Im benachbar-

In den chronologischen *Notizen aus den bürgermeisteramtlichen Acten über die hiesige Sonntagsschule* findet sich unter dem 2. Februar 1832 ein Eintrag, wonach die Kommune einen „Mehrbetrag d. Kosten"[322], der anscheinend bei der Errichtung der Sonntagsschule zu erwarten ist, übernehmen soll. Ein Eintrag vom 14. Februar 1832, in der der Bürgermeister von der Loge einen Haushaltsentwurf für die Sonntagsschule fordert, beweist, dass Davidis zwar von der Notwendigkeit der Errichtung dieser Anstalt überzeugt war, allerdings die Gemeindekasse zu diesem Zeitpunkt schon vor weiteren Kosten schützen wollte. Am 2. März 1832 genehmigte jedoch der Gemeinderat die beantragten weiteren Kosten, ohne dass ein Betrag genannt wird. Die Regierung in Düsseldorf hatte bei Genehmigung der Sonntagsschule ausdrücklich darauf hingewiesen, dass auf die Kommune alle entstehenden Kosten, die nicht von dem Träger der Einrichtung aufgebracht werden konnten, ausnahmslos zurückfielen; die Forderung einer Kosten- und Haushaltsplanung ist in diesem Kontext verständlich.

In den einschlägigen Akten findet sich eine Notiz Davidis' vom 10. März 1832. Aus dieser an die Kommission gerichteten Notiz wird deutlich, dass zu diesem Zeitpunkt noch kein endgültiger Entwurf der Statuten vorlag.[323] Davidis mahnt an, dass er die Mitglieder der Kommission auf Grund einer entsprechenden Mahnung der Düsseldorfer Regierung[324] in den vergangenen Wochen schriftlich aufgefordert hatte, „die Erledigung schleunigst zu bewirken"[325]. Da aber immer noch keine Statuten vorlagen, erinnerte er die Logenbrüder an die ausstehende Satzung. Die genannten chronologischen *Notizen* vermerken für den 14. März 1832 die Übergabe der Statuten und Schulgesetze an den Bürgermeister.[326] Demnach haben die Logenbrüder auf die Mahnung des Bürger-

---

ten Westfalen wurde die Gründung gewerblicher Sonntagsschulen insbes. durch den Oberpräsidenten Vincke (1774–1844) gefördert. Vincke hatte sich in Verbindung mit gewerblich beschäftigten Kindern und ihrer Ausbeutung schon im Rahmen der Hardenberg-Umfrage zum „Prinzip sozialer Verantwortung" (Köllmann 1966, S. 34) des Staates bekannt und „die Ein- und Unterordnung der Ökonomie unter staatliche Interessen" (ebd.) gefordert. In diesem Rahmen war er auch schon früh für Arbeitsschutzbestimmungen und einen *ergänzenden* Schulbesuch gewerblich beschäftigter Kinder bemüht (vgl. Anton 1953, S. 32, 50). Im westfälischen Teil des späteren Ruhrgebietes entstanden gewerbliche Sonntagsschulen in Hamm (1830), Dortmund (1831) oder Iserlohn (1832). Vincke war mehrfach auch in Duisburg für den Schutz der Fabrikkinder eingetreten.

322 StADU 10/4279, Bl. 0a; dieses Dokument ist o. Num., erst das folgende Dokument trägt die Nr. 1
323 Vgl. StADU 10/4278, Bl. 15, 16 (o. Num.). Unter dem 2. Januar 1831 ist vermerkt, dass die „Regierung ... d. v. d. Commission entworfenen Statuten" (ebd., Bl. 0) genehmigte.
324 StADU 10/4278, Bl. 15, 16
325 Vgl. ebd., Bl. 15
326 Vgl. StADU 10/4279, Bl. 0a; dieses Dokument ist o. Num., erst das folgende Dokument trägt die Nr. 1

meisters schnell reagiert. Bestätigt wird diese Eintragung durch eine Notiz Davidis' vom gleichen Tag (14. März 1832).[327] Die *Notizen* vermerken für den 18. März 1832 die Übergabe der Statuten an die Regierung.[328] Dieser Eintrag wird insoweit bestätigt, als sich Davidis den Dokumenten zufolge am darauf folgenden Tag, das heißt am 19. März 1832, an die Regierung in Düsseldorf wandte und „in der Anlage gehorsamst a) die Statuten und b) die Schulgesetze für die Sonntagsschule"[329] übersandte. Im Weiteren findet sich ein Brief der Regierung an den Landrat vom 12. April 1832, von dem sie augenscheinlich einen Bericht eingefordert hatte. „Die mit Ihrem Marginal-Bericht vom 14. März eingereichten, die Einrichtung einer dortigen Sonntags-Schule betreffenden Verhandlungen, erhalten Sie anliegend mit der Genehmigung zurück".[330]

Die *Notizen* geben unter dem Datum vom 14. Juli 1832 die Übergabe eines Verzeichnisses aller Schüler der Sonntagsschule. Zu diesem Zeitpunkt besuchen 63 Schüler die Anstalt.[331] Zur Wahrnehmung seiner Leitungsfunktion forderte vom Rath die Lehrer der Schule zu regelmäßigen Berichten in unterschiedlichen, zum Teil kürzeren Abständen auf. In diesen Entwicklungs- und Unterrichtsberichten wandten sich die Lehrer bei einem empfundenen Mangel hinsichtlich der Unterrichtsmaterialien auch an den Vorstand. So in einem Bericht:

> „An diesem Bericht von unsrer jungen Anstalt wagen wir ... eine Bitte an unser hochwürdiges Altschottisches Directorium anzuknüpfen. Derjenige Theil des in unser Anstalt ertheilten Unterrichts, der für die meisten unsrer Schüler das höchste Interesse hat, und uns wohl die meisten lernbegierigen und ausdauernden Schüler herbeiführen wird, ist der Unterricht im practischen Zeichnen angemessen den Bedürfnissen der verschiedenen Handwerke. Er hat um so mehr unsrer Anstalt sogleich ein würdige Stellung gegeben und Einfluß auf die dieselbe besuchenden Handwerker, und wird um so mehr ihr Bestehen sichern, die von denen auf die sie ihren Wirkungskreis er-

---

327 Vgl. StADU 10/4279, Bl. 6a
328 Vgl. ebd., Bl. 0a; dieses Dokument ist o. Num., erst das folgende Dokument trägt die Nr. 1.
329 StADU 10/4278, Bl. 17 (o. Num.). finden sich keine entsprechenden Abschriften der Unterlagen.
330 Ebd., Bl. 18 (o. Num.)
331 Vgl. StADU 10/4279 0a; dieses Dokument ist o. Num., erst das folgende Dokument trägt die Nr. 1. Armstroff notiert im Ggs. dazu, dass die Einrichtung ihren Unterricht mit 70 Jugendlichen begann (vgl. 1882, S. 112). Für solche Angaben gilt jedoch: Die genaue Anzahl der Schüler ist trotzdem nicht zu verifizieren. Die Einrichtung war bis zur Umgestaltung in eine Handwerkerfortbildungsschule mit klar gegliederter Struktur und unterscheidbaren Stufen keine organisatorische Einheit. Da es jedem Schüler freigestellt war, in den beiden Abteilungen an einem ihn interessierenden Unterrichtsangebot teilzunehmen, umgekehrt aber auch das Fernbleiben von einzelnen Angeboten nach Absprache im Belieben eines Schülers stand, leiden solche Angaben an Ungenauigkeiten wie Doppelzählungen etc.

strebt, anerkannt werden muß, das sich nicht leicht in irgend einer Weise eine gleich günstige, gleich bequeme zu genießende Gelegenheit ergeben möchte, wie die ihnen hier gebotene, um ihren Schönheitssinn zu wecken und zu haben, um die künstlerische Seite ihres Handwerks bei sich auszubilden und zu vervollkommnen.

Es tritt uns hier aber ein Mangel an geeigneten Vorlegeblättern, besonders solchen, die eine hinreichend mannigfaltige Auswahl für die Bedürfnisse der verschiedenen Handwerke darböten, sehr störend in den Weg. Theils erlauben uns die ökonomischen Verhältnisse unsre Anstalt, die mit einer ziemlich geringen Summe jährlichen Einkommens erhalten werden soll, reichere Anschaffungen solcher Materialien keineswegs; theils aber und sehr hinderlich ist der Übelstand, daß wirklich reichhaltige, die verschiedenen Handwerke berücksichtigende, geschmackvolle und belehrende Sammlungen dieser Art Kaum zu haben sind. Allen diesen Bedürfnissen im vollsten Maase und in der edelsten Weise begegnet das vortreffliche Werk, das unter dem Titel: *Abbildungen für Künstler und Handwerker*, von der königlich-technischen Gewerbedeputation zu Berlin. Herausgegeben, aber nicht im Handel erschienen. Für einen hohen Gewinn würden wir es erachten und dem Gedeihen unsrer Anstalt höchst wohlthätig, wenn uns durch die Gnade unseres geliebten Königs diese Sammlung oder wenigstens ein Theil derselben überlassen werden möchte, und wir wagen es, im Bewußtsein von der lebendigen, thätigen Theilnahme unseres hochwürdigen Altschottischen Directoriums an allem dem, was ein gutes und bildendes Werk fördere und haben könnte, dasselbe um seine Vermittlung zur Erfüllung unseres Wunsches zu bitten, indem wir es bescheiden seiner besseren Einsicht dahingestellt seyn lassen, ob die Gewährung dieses Wunsches billig und möglich ist. Aber der Bruder bittet, wo in anderen Verhältnissen der Mensch sich nicht über Lippen wagt.[332]

Dass der Vorstand diesen Wunsch erfüllen konnte, geht aus einem weiteren Dokument hervor.[333] Die Schule erhielt die gewünschte Sammlung geschenkt.[334] Neben dem ideellen und zeitlichen Aufwand kostete der Unterhalt der Schule insbesondere Geld. So weist der Verein in einem Bericht an den Bürgermeister auf das im ersten Jahr „nicht geringe pecuniäre Opfer"[335] für die Anstalt hin. So wurden die Errichtung der Schule, ihre gesamte Einrich-

---

332 StADU 10/2276 b) Bl. 37b; Hervor. im Original. Mit dem *Altschottischen Directorium* ist der Vorstand der Nationalmutterloge in Berlin gemeint (vgl. Konstitutionspatent vom 1. Oktober 1820, in: Festschrift 1995, S. 14f.).

333 So erwähnt der Logenvorstand in dem Bericht an den Bürgermeister Junkermann, dass die Schule „ein großmüthiges und reiches Geschenk von Seiten des hohen königl. Ministeriums des Inneren für Handel und Gewerbe, bestehend in einer eigens zu solchem Zwecke durch die hohe Königliche Bau- und Gewerbe-Deputation geordneten Sammlung von Vorlageblättern für Maurer, Zimmerleute und Mechaniker" erhalten habe (StADU 10/2276 b), Bl. 44).

334 Im Jahre 1841 wurde die Sammlung vom Finanzministerium in Düsseldorf, Abt. Handel, Gewerbe und Bauwesen um 37 Vorlageblätter incl. einer Anleitung ergänzt.

335 StADU 2276 b), Bl. 41

tung, Unterhaltung und das Schulmaterial durch die Loge gedeckt.[336] Allein für die Instandsetzung der städtischen Halle an der Schwanenstraße hatte die Stadtverordnetenversammlung am 14. November 1831 200 Taler bewilligt.[337] Mehr als 200 Taler brachten die Logenbrüder für die Erstausstattung mit Inventar und Unterrichtsmitteln sowie durch Ergänzungen dieser Mittel im ersten Schuljahr auf. Bis zum 8. März 1834 hatte die Loge einschließlich der Kosten für die Lehrer etwa 550 Taler in die Sonntagsschule investiert. Der Unterricht war kostenlos. Nur das Material sollten sie mit monatlich 8 Pfennigen bezahlen. Besonders armen Schülern, die ihre wirtschaftliche Unfähigkeit glaubhaft machen konnten, wurde auch dieser Beitrag erlassen.[338] Aus erhalten gebliebenen Rechnungen dieser Zeit geht hervor, dass eine Schreibfeder etwas mehr als 1 Pfennig kostete, eine Schiefertafel etwa 45 Pfennige.[339] Die Kosten für die Unterrichtsmittel, die Gehälter der Lehrer und sonstige Aufwendungen wurden von der Loge getragen.[340] Die finanzielle Belastung der Loge, die von den Mitgliedsbeiträgen und Spenden der Brüder getragen wurde, wird sich nach Ablauf des ersten Jahres als höher erwiesen haben als es der Vorstand veranschlagt hatte. Zwischenzeitliche Spendenaufrufe an die Logenbrüder waren notwendig geworden. Eine erste Sammlung ergab eine Summe von 189 Talern und 20 Silbergroschen, die von den 79 Mitgliedern gespendet worden waren. Johann Jacob vom Rath spendete 25 Taler.[341] Die Schule konnte sich allein aus den Mitgliedsbeiträgen nicht finanzieren. Zudem wurde den Logenbrüdern die Begrenztheit ihrer Wirkung deutlich, wenn die Einrichtung weiterhin nur durch eine kleine gesellschaftliche Gruppe getragen würde. Die Brüder wurden sich bewusst, dass eine Anstalt, wie die Sonntagsschule, „gestützt auf einen einzelnen Verein, niemals dasselbe wirken kann, als eine von dem Interesse der ganzen Bürgerschaft getragenen Institution hervorzubringen imstande ist"[342].

---

336 Vgl. ebd., Bl. 44

337 Vgl. StADU 10/4279, Bl. 0a; dieses Dokument ist o. Num., erst das folgende Dokument trägt die Nr. 1

338 Vgl. StADU 10/2276 b), Bl. 41

339 1 Thaler (Thl.) = 30 Silbergroschen (Sgr.); 1 Sgr. = 12 Pfennige (Pfg.); 1 Thl. = 360 Pfg. (vgl. Rhoden 1970/I, S. 338). Die Stadtsparkasse Köln hat im Jahre 1975 zum „besseren Vergleich" die alten Taler-Angaben auf D-Mark-Werte des Jahres 1971 umgerechnet und kam auf ein Verhältnis 1 : 3 (1 D-Mark = 1/3 Taler oder 1 Taler = 3 D-Mark) (vgl. Thur 1976; S. 2). Eine solche Umrechnung ist mit vielen Ungenauigkeiten behaftet. Zudem muss für den Duisburger Raum in Rechnung gestellt werden, dass dieser regionale Wirtschaftsraum eigene Preise für Wirtschaftsgüter hatte. Prinzipiell ist es eine vergebliche Mühe, genaue Preis-Leistungs- oder sonst. Relationen zum Vergleich mit der Gegenwart anzustellen.

340 Armstroff 1882, S. 115

341 StADU 10/4279

342 Armstroff 1882, S. 115f

Daher warben sie um einen allgemeinen Bürgerverein und baten insbesondere die verschiedensten Funktionsträger in der Stadt, wie die Pfarrer der Gemeinden oder den Bürgermeister, um Mithilfe.

In der *Theorie der Fürsorge* hebt Scherpner die Bedeutung dieses Verhältnisses hervor. „Nur derjenige Fürsorger kann mit Erfolg helfend arbeiten, der nicht als Kontrolleur, sondern als Freund und Berater des Hilfesuchenden handelt."[343] Dieses auch in den Reflexionen Preuskers deutlich gewordene Prinzip des freundschaftlichen, begleitenden, beratenden Verhältnisses zum jungen Menschen wird schon in der Hamburger Armenordnung von 1788 deutlich: Der Armenpfleger „soll der treuste Freund und Berater des Armen sein; die Armen soll er kennen wie seine eigene Familie, ihre Wohnung wie sein eigens Haus."[344] Armenpflege wurde ausdrücklich als pädagogische Aufgabe verstanden. Die Charakterisierung dieses sozialfürsorgerischen oder pädagogischen Verhältnisses geht unter anderem eindeutig auf freimaurerisches Gedankengut zurück.[345] Aus dieser im Schriftverkehr mit dem Bürgermeister deutlich werdenden Grundhaltung der Duisburger Freimauer ergeben sich schon in der Eröffnungsrede Bahrdts angesprochene Folgerungen für die pädagogische Arbeit. Ein solch persönliches Verhältnis schließt die Kenntnis der persönlichen Lebensumstände der Schüler und die Erfassung des sozialen Lebensumfeldes mit ein. Daraus entwickelte sich in der Sonntagsschulpädagogik ein Besuchsdienst für die Lehrer der Anstalt, der mit der Erweiterung des Trägerkreises auf mehrere Schultern gelegt wurde.

4. Lehrplan, Organisationsstruktur und Materialien der Sonntagsschule (1831–1834)

Am 3. August 1831 wurde provisorisch mit der Unterrichtung der ersten Jugendlichen im Logenhaus an der Beginengasse begonnen. Der erste Lehrplan ist nicht mehr erhalten. Daher ist auch keine Aussage zu Lehrplan und Struktur der Sonntagsschule im Logenhaus möglich. Womöglich hat man in dieser Zeit keine selbstständigen Unterlagen zur Sonntagsschule geführt. Schon nach wenigen Jahrzehnten konnte die Loge keine Angaben mehr zur dieser ersten Zeit machen.[346] Auch die ersten und mehrfach korrigierten Statuten der Sonn-

---

343 Scherpner 1974, S. 191
344 Ebd.
345 Vgl. Albrecht 1981, S. 181ff.
346 Festrede 1871, S. 10. Die Loge besaß bis 1933 ein umfangreiches eigenes Archiv, das erst durch die Beschlagnahmen nach der Machtergreifung der Nationalsozialisten aufgelöst wurde. Wahrscheinlich waren die entsprechenden Akten, die hierüber genauere Auskunft hätten geben können, bis dahin noch vorhanden. Armstroff berichtet 1877 noch von einem entsprechenden Bestand über verschiedene Akten im Zusammenhang mit der Sonntagsschule (vgl. 1877, S. 17).

tagsschule sind nicht auffindbar.[347] Wahrscheinlich sah man von Seiten der Loge in der späteren offiziellen Genehmigung den Anfang der organisatorisch selbstständigen Schule und begann erst dann eine entsprechende eigene Verwaltung mit Aktenführung et cetera. Der provisorische Lauf des ersten halben Jahres und der verworrene Verlauf der amtlichen Genehmigung werden in den Logengremien diskutiert und entsprechende Notizen in den Sitzungsakten vermerkt worden sein. Da die Logenakten im Nationalsozialismus vollständig vernichtet wurden, ist aus der Zeit des Provisoriums nichts bekannt. Der abgebildete Plan entstammt dem frühesten, noch erhaltenen Bericht der Lehrer an den Logenvorstand aus dem Jahr 1833.[348] Es ist anzunehmen, dass dieser *Lectionsplan* erst ab dem ersten Unterrichtstag in der städtischen Tuchhalle galt. Er wies folgende Zeiteinteilung und Fächer auf:

„1te Abtheilung: Morgens   8–9 u. 11–12 Zeichnen. Hr. Feldmann.
                           Abends   4–5 Rechnen. Hr. Susen.
                                         5–6 Orthographie, derselbe.
                                       6–7 Geomethrie, Hr. Feldmann.
2te Abtheilung: Morgens   8–9 Mehrere dieser Abtheilung nehmen an dem
                                       Zeichen-Unterricht in der 1ten Abtheilung theil.
                                       11–12 Schönschreiben, Hr. Nees v. Esenbeck.
                        Abends: 4–6 Übungen in Lesen und Rechtschreiben, derselbe.
                                       6–7 Rechnen, Hr. Susen."[349]

---

347   Diese Statuten waren wiederholt Gegenstand der Verhandlungen zwischen Loge, Bürgermeister, Schulpfleger, Landrat und Regierung. Den vorhandenen Dokumenten nach hatte Bürgermeister Davidis diese den Schulpflegern Schriever und Grimberg erstmalig am 13. September 1831 weitergeleitet (vgl. StADU 10/ 4278, Bl. 9; o. Num.). Dass die Regierung diese erhalten hatte, geht aus einem Scheiben der Regierung an den Duisburger Landrat vom 23. September 1831 hervor (vgl. StADU 10/4278, Bl. 10; o. Num.). Am 6. Dezember 1831 fordert Davidis die Kommission zur Überarbeitung der Statuten auf (vgl. StADU 10/4278, Bl. 11a; o. Num.). Am 2. Januar 1832 bestätigt die Regierung den Erhalt der Statuten, denn sie genehmigt „d. v. d. Commission entworfenen Statuten" (StADU 10/ 4279, Bl. 0a; vgl. StADU 10/4278, Bl. 12a). Nun wird es undurchsichtig, denn der Bürgermeister mahnte die Loge danach nochmals zur Übergabe, nachdem er eine entsprechende Mitteilung der Regierung erhalten hatte (vgl. StADU 10/4278, Bl. 15f). Für den 14. März 1832 vermerken die *Notizen* die Übergabe der neuen Statuten und Schulgesetze an den Bürgermeister (vgl. StADU 10/4279, Bl. 0a; StADU 10/4279, Bl. 6a). Demnach gab es also auch Monate nach der schon genehmigten Satzung und der begonnen offiziellen Unterrichtsaufnahme einen Dissens über Zweck und Inhalt der Einrichtung. Auch die Recherche im HStAD brachte keine näheren Informationen zu dem dargestellten Sachverhalt; es konnte keine der Fassungen der Satzung gefunden werden; in Düsseldorf finden sich überhaupt nur drei Dokumente zur Sonntagsschule. Auch im LHA Koblenz finden sich sehr wenige, vereinzelte Unterlagen zur Duisburger Sonntagsschule. Unterlagen aus den Jahren 1831–1835 sind überhaupt nicht erhalten. Zwar beginnt der Zeitraum, der sich mit bürgerlichen Sonntagsschulen befasst, schon 1815 (vgl. LHA Koblenz Abt. 358, Nr. 25, Bl. 11ff.), aber zwischen 1819 und 1835 klafft eine Lücke. Auch die Durchsicht des Bestandes *Oberpräsidium der Rheinprovinz* (Abt. 403) konnte keine Klärung bringen.

348   Vgl. StADU 10/2276 b) Bl. 39b (o.D.)

349   Ebd.

Mit Aufnahme des Unterrichts in der städtischen Tuchhalle an der Schwanenstraße am 22. Januar 1832 wurde er regelmäßig sonntags erteilt. Die Zeit morgens zwischen neun und elf Uhr war nicht als Unterrichtszeit verplant, weil zu dieser Zeit die Gottesdienste stattfanden. Die Zeit zum Besuch der Kirche sollte mittags frei bleiben. Die Akten geben aber in keinem Fall einen Hinweis darauf, dass die Zöglinge der Sonntagsschule zum Besuch des Gottesdienstes angehalten wurden. Ebenso ist für den gesamten behandelten Zeitraum kein Hinweis vermerkt, dass es irgendeine Kontrolle dieses Besuches gegeben hat oder der eine oder andere Sonntagsschüler durch Nichtteilnahme aufgefallen ist. Die Lehrer werden im Normalfall in dieser Zeit den Gottesdienst ihrer Gemeinde besucht haben. Verschiedene Dokumente, die wiederholt auf die hohe sozialethische Selbstverpflichtung der Brüder – bei allen genannten Pädagogen handelte es sich um Mitglieder der Loge – verweisen, und die Kenntnis der Preuskerschen Konzeption legen den Gedanken nahe, dass in den zwei Stunden auch vereinzelt die Möglichkeit zum beratenden, reflektierenden Gespräch zwischen einem Lehrer und einem einzelnen Schüler genutzt worden sein könnte.[350] Es scheint unwahrscheinlich, dass die Lehrer immer nur den Kontakt mit der ganzen Gruppe pflegten. Verschiedene Dokumente belegen das sorgende Verhältnis, das die Lehrer jedem einzelnen Schüler gegenüber eingingen. Zudem entspricht es der freimaurerischen Selbstverpflichtung, gewissermaßen seelsorgerisch auf anvertraute Personen einzugehen. Allerdings macht die Vielfalt der freiwilligen Sozialdienste, welche die Pädagogen neben ihrem Hauptberuf noch ausübten deutlich, dass außer am eigentlichen Tage des Unterrichts sowohl für die Lehrer wie für die Jugendlichen kaum die Zeit für Einzelgespräche blieb. Die von den Lehrern wiederholt hervorgehobene wachsame Teilnahme am Leben des einzelnen Schülers, sozusagen eine *psychologisch-seelsorgerische* Begleitung, konnte kaum einen anderen zeitlichen Ort haben. Preuskers Konzept hat deutlich gemacht, wie viel Wert er auf das Gespräch, die gemeinsame Reflexion, den väterlich-freundschaftlichen Rat, die Berücksichtigung individueller Pläne und Gedanken bei der Unterrichtung der jungen Erwachsenen legte.

Mit Beginn des Sommers 1832 wurde der Stundenplan verändert. Danach begann der Unterricht bereits um sechs Uhr morgens, dafür blieb der Nachmittag für die Schüler frei. Im Idealfall dachten die Logenbrüder daran, den

---

350 Vgl. StADU 10/2276 b), Bl. 37a: Alle Brüder und Lehrer verpflichten sich „auf denjenigen ... Schüler ... ein wachsames Auge zu haben ... [und] ihnen in Verlegenheiten ... zu rathen und zu helfen [und], denjenigen, welche er auf ... [falschem] Wege sieht, mit Liebe zu warnen und zurückzuführen." Auch Preusker, der in seinen methodischen und ethischen Äußerungen zum Sonntagsschulunterricht diese Selbstverpflichtung der Pädagogen durch alle Aussagen klingen lässt, beschränkt die sozialethische Haltung gegenüber dem Schüler nicht auf den eigentlichen Unterricht. Mit dem Hinweis auf diese zwei Stunden ist eine entsprechende Möglichkeit gewiesen.

Jugendlichen mit Freistunden am Nachmittag den „Genuß freier Bewegung"[351] zu garantieren.

Die Verteilung der Unterrichtsstunden sah für das zweite Schulhalbjahr 1832/33 folgendermaßen aus:

„1te Abtheilung: Morgens 6–8 Zeichnen. Hr. Feldmann.
8–9 Geometrie. Hr. Feldmann.
11–12 Rechnen, Hr. Susen.
2te Abtheilung: Morgens 6–7 Schönschreiben, Hr. Susen:
7–8 Rechnen, Hr. Susen.
8–9 Rechtschreiben, Hr. Nees v. Esenbeck.
11–12 Schreibübungen, derselbe."[352]

Damit verringerte sich im Sommer für die Zeichenklasse das Unterrichtsangebot um das Fach Rechtschreiben. Die Schüler der Zeichenklasse waren den Elementarschülern im Lesen und der Orthographie weit voraus, daher konnte in dieser Abteilung zu Gunsten des freien Nachmittags auf Rechtschreiben verzichtet werden. Nur das Rechnen wurde aus den schon bei Preusker genannten Gründen für die Schulung des logischen Denkvermögens gegeben. Auffällig ist, dass die Elementarschüler im zweiten Halbjahr kein Zeichnen hatten. Allerdings finden sich keine Begründungen für den Ausfall. Da sie in dieser Zeit, anders als im ersten Halbjahr, Schönschreiben und Rechnen hatten, war ihnen vorerst die Teilnahme am Zeichenunterricht der ersten Klasse verwehrt.

In Anbetracht der Vielfalt der Berufe der Adressaten macht die Verteilung der Fächer in der ersten *eigentlichen gewerblichen* Abteilung der Sonntagsschule die geringfügige Berufsspezifität deutlich. Nur diese erste Abteilung konnte überhaupt eine solche aufweisen, in der *allgemeinen* Sonntagsschule wurden nur die elementaren Fächer unterrichtet. Für das Jahr 1833 ist der Stundenplan durch die beiden vorhandenen Dokumente eindeutig. Im darauf folgenden Januar scheint der vorausgesetzte Wechsel wie im Vorjahr stattgefunden zu haben. Die Annahme, dass sich am Stundenplan inhaltlich und damit mit hoher Wahrscheinlichkeit auch zeitlich nichts Wesentliches änderte (von der Aufnahme des Unterrichts in der Tuchhalle bis zur Kontaktaufnahme zu den Pfarrern und dem Bürgermeister zwecks Gründung eines allgemeinen Bürgervereins), wird bestätigt durch verschiedene Aussagen des Logenmeisters gegenüber den Angesprochenen zum Zustand der Einrichtung.

„Was die äußeren Verhältnisse der Schule betrifft, so sind diese im Wesentlichen dieselben geblieben. Zum Locale bedient sich die Schule noch stets zweier, von der Stadt ihr zu diesem Zweck überlassenen Zimmer in der Halle (einem städtischen Gebäude),

---

351 Ebd., Bl. 39a (o. D.)
352 StADU 10/4281

> in deren Gebrauch sie allerdings einigermaßen beschränkt und gestört wurde durch
> die Verlegung einer Elementarschule in eben dieselben Zimmer, eine Anordnung,
> welche zur Zeit der Cholera, durch Einrichtung bisherigen Locales dieser Schule zum
> Krankenhause, für notwendig erachtet worden war."[353]

Unter der genannten Voraussetzung wären mit den beiden oben genannten
Stundenplänen die ausgewiesenen Fächer bis ins Frühjahr 1834 bekannt. Aus
den vorhandenen Berichten bis zur Konstituierung des Bürgervereins für die
Sonntagsschule ist aber schon eine größere Vielfalt der Unterrichtsinhalte bekannt. Schon der Dissens zwischen Loge und Bezirksregierung[354] von August/
September 1831 hatte offenbart, dass die *ausgewiesenen* Fächer der Loge nicht
ausreichend erscheinen würden. Die angeschafften Materialien und der oben
zitierte Bericht der Lehrer an den Meister vom Stuhl weisen zusätzlich auf die
informellen Fächer Geschichte/Geographie, Gesang/ästhetische Erziehung,
sittlich-moralische Erziehung/Religion hin.[355] Die Duisburger Akten geben zunächst keine weiteren Informationen bis zum 5. März 1834, dem Tag, an dem
sich der Logenvorstand an die örtlichen Pastoren und Pfarrer der beiden reformierten sowie der lutherischen und wohl auch der katholischen Gemeinde
und an den Bürgermeister (am 8. März 1834) wandte. Aus dem oben ange-
führten ersten Bericht der Lehrer an den Logenvorsitzenden ist der Aufbau der
Schule zu entnehmen:

> „Es geschieht diese Bildung durch den sonntaglichen Unterricht in zwey Klassen, vor
> welchen die eine dem für jeden Stand nothwendigen Elementar-Unterrichte, also
> Übungen in Lesen, im Schön- und Rechtschreiben, die andere Klasse den Bedürfnis-
> sen des Handwerkers besonders bestimmt ist, worüber das Weitere die Statuten be-
> kunden."[356]

Auch aus den Stundenplänen wird die strukturelle Organisation deutlich. Sie
entspricht im Prinzip der Konzeption Preuskers. Die *erste Abteilung* der Duisburger Sonntagsschule, in verschiedenen Dokumenten *Zeichenklasse* oder
auch *erste Klasse* genannt, war gleichbedeutend mit der *eigentlich gewerblichen Sonntagsschule*. Die *zweite Abteilung*, auch *Elementarklasse* oder *zwei-*

---

353 StADU 2276 b), Bl. 44 vom 8. Mai 1834
354 Vgl. StADU 10/4278, Bl. 10 (o. Num.)
355 Vgl. unten. Interessant ist, dass, obwohl diese informellen Stunden nicht ausdrücklich
    in den Plänen auftauchen, die Lehrer und Leiter der Schule über diese Fächer
    miteinander verhandelten, als handelte es sich um ausdrücklich selbstständige Einhei-
    ten.
356 StADU 10/2276 b) Bl. 37b (o. D.). Leider sind die Statuten, wie erwähnt, nicht mehr
    unmittelbar greifbar. Die Statuten von 1834 geben, entgegen dieser 1833er-Aussage,
    zum Aufbau der Sonntagsschule keine entsprechenden Hinweise.

te Klasse genannt, war die *allgemeine Sonntagsschule*. Die 70 Schüler, die zum größten Teil wahrscheinlich schon am Unterricht an der Beginengasse teilgenommen hatten und sich zur offiziellen Eröffnungsfeier (15. Januar 1832) eingefunden hatten, wurden am ersten Unterrichtstag in der Tuchhalle (22. Januar 1832) in diese beiden Abteilungen eingeteilt. Ob schon im ersten halben Jahr an eine solche Aufteilung gedacht worden war oder sich diese Trennung aus den Unterrichtserfahrungen ergeben hatte, ist keinem Dokument zu entnehmen. Allerdings ist es nicht unwahrscheinlich, dass die Organisation der Sonntagsschule neben eigenen Erfahrungen auch Beispiele anderer bürgerlicher Sonntagsschulen zu Grunde lagen. In den Jahren 1831/32 war die Vielzahl der Schriften über die Organisation eines solchen Instituts, insbesondere auch mit freimaurerischem Hintergrund, so groß, dass die Unkenntnis dieser Schriften in Duisburg unglaubhaft erscheint.[357] Vielleicht hatten die unterrichtenden Lehrer ihre Schüler während des Provisoriums, auch in Anbetracht möglicher räumlicher Probleme im Provisorium, noch in einer Klasse gefördert, beobachtet und kennen gelernt. Mithin lagen der Einteilung in die beiden Abteilungen auch die Erfahrungen des ersten halben Jahres zu Grunde. In der Folge gab zu allen festgesetzten Aufnahmeterminen Einstufungsprüfungen. Die überlieferten Statuten enthalten keine genauen Bestimmungen zum Aufnahmemodus. In der Satzung einer in ihrer Organisation vergleichbaren Einrichtung heißt es hierzu: „Die Anstalt gliedert sich in zwei Classen. Zur Aufnahme in die erste Classe bedarf es einer Prüfung. In dieser Prüfung ist zu constatieren, ob die Schulbildung der Elementarschule schon verflogen ist. Schwächlinge und Nachzügler besuchen die zweite Classe".[358] Möglicherweise enthielten die ersten, nicht mehr erhaltenen Fassungen solche Regelungen. Es kann sein, dass man von Seiten der Loge im Zuge der Verhandlungen mit der Düsseldorfer Regierung, die sich spürbar ablehnend gegenüber einer allgemeinbildenden Abteilung der Sonntagsschule geäußert hatte, auf die satzungsmäßige Hervorhebung dieser Gliederung verzichtet hatte. Die verworrene Genehmigungsphase, die wiederholte Aufforderung zur Überarbeitung der Statuten lassen solche Vermutungen zudem plausibel erscheinen. Obwohl konzeptionell nicht niedergelegt, finden sich in der Praxis der Sonntagsschule wiederholt Hinweise auf Aufnahmeprüfungen.[359] Während

---

357 Stange, Lehrer an der Dresdner Sonntagsschule von 1816/17, nennt 1829 in seinen Hinweisen zur *Literatur über die Sonntagsschulen* 51 Buch- oder Zeitschriftentitel, die sich in fast allen Fällen schon vom Titel her mit dem Phänomen der Sonntagsschulen beschäftigen (vgl. Stange 1829, S. 57). D.h. zur bürgerlichen Sonntagsschulpädagogik existierten bereits vor Preusker einige Werke.

358 Statuten des Arbeiter-Bildungs-Vereins zu Bielefeld, beraten und beschlossen in mehreren General-Versammlungen im Herbst 1871 und Grundzüge der Fortbildungsschule in der Bürgermeisterei Altendorf. Bielefeld 1872.

359 Vgl. StADU 10/4280 (Jahresbericht zur Elementarklasse aus dem Jahre 1856); o. Num.

Aufnahmen in den späteren Jahren nur einmal jährlich erfolgten, wurden in den ersten Jahren die Schüler monatlich aufgenommen.[360] In die zweite Abteilung wurden den Jahresberichten der Lehrer zufolge die Jugendlichen aufgenommen, die geringe oder keine Kenntnisse im Lesen, Schreiben oder Rechnen hatten. Entsprechend wurden in der *allgemeinen Sonntagsschule* den beiden ersten Lektionsplänen nach Schönschreiben, Lesen, Rechtschreiben/ Orthographie, Rechnen unterrichtet. In dieser Abteilung musste, so ein Bericht aus den ersten Jahren, „mehr elementarisch gearbeitet mit einzelnen Wörtern und kleineren Sätzen begonnen werden, wobei der Leitfaden zum Unterrichte in der Rechtschreibung, entworfen von L. G. Röhricht (Neisse 1832) zu Grunde gelegt wurde."[361]

Die meisten Schüler der Elementarklasse hatten auf Grund ihrer wirtschaftlichen Situation die Elementarschule unregelmäßig besucht. Daher wurde, so der Logenvorstand im Bericht an den Bürgermeister, von keinem Jugendlichen ein bestimmter Kenntnisstand im Rechnen erwartet. „Die meisten Schüler, welche die Anstalt besuchten, ... [sind] oft ganz unvorbereitet ... eingetreten. Aus demselben Grund kann an einem bestimmten Cursus im *Rechnen* nicht gedacht werden."[362]

Die Fähigkeit zum Rechnen wurde von den Sonntagsschülern als die höchste intellektuelle Fähigkeit erachtet. Tatsächlich hatten etliche Jugendliche nur einige Kenntnis in der Religion und im Lesen. Mit Hinweis auf den Bildungsstand der meisten Sonntagsschüler (vor allem in der zweiten, allgemeinen Abteilung) macht der Logenvorstand deutlich, dass dieser Anfangszustand dem „Plane gemäß"[363] sei. Daher wurden diese in der allgemeinen Sonntagsschule zunächst nur mit einfachen Rechenübungen konfrontiert, die gerade „hinreichend zum Hausbedarf"[364] waren. Aber nicht nur im Rechnen, auch im Deutschen, sowohl in der Sprache als auch im Schreiben, wies ein Großteil der Schüler solche Defizite auf, dass vom Rath *bedeutende Schwierigkeiten* im Unterricht der zweiten Abteilung diagnostizierte.[365] Die „totale Vernachlässigung desselben im Elemantar-Unterrichte in den meisten Fällen, macht hier wirkliche Fortschritte sehr schwer, da es meistens auch an grammatischer Vorbereitung ganz fehlt, oft sehr problematisch werden."[366]

Das Ziel dieser elementaren Übungen war es, einfachen Anforderungen im Berufsstand und im privaten Leben zu genügen. Vor allem in der zweiten Abteilung beschränkte sich der Unterricht zunächst auf „Gegenstände des ge-

---

360 Vgl. StADU 2276 b), Bl. 41ff.
361 Zit. bei Armstroff 1882, S. 122
362 StADU 10/2276 b), Bl. 46b.; Hervorh. im Original
363 Ebd.
364 Ebd.
365 Vgl. ebd., Bl. 41ff.
366 Ebd., Bl. 46b

wöhnlichen Lebens"[367]. Auch die „Uebungen des Rechtsschreibens beschränken sich auf solche Dinge, die dem Handwerker im gewöhnlichen Leben häufig vorkommen und davon Kenntnis ihm wichtig ist."[368]

Die Stifter und Pädagogen verbanden aber mit dem anfänglich niedrigen Niveau die Vision der erheblichen Steigerung der Anforderungen. Allerdings mussten die Schüler zunächst *bei der Stange gehalten* und ihnen spürbare Lernerfolge vermittelt werden. Den Lehrern war bewusst, dass die meisten Sonntagsschüler einen gewissen *geistigen Trägheitsmoment* zeigen würden. Vor allem diejenigen, die zunächst kein höheres Lebensziel hatten, sondern nur einer Tätigkeit in der Fabrik nachgingen, besaßen trotz Teilnahme am Unterricht der Sonntagsschule geringe Motivation. Wer sich im Jugendalter für eine regelrechte Fabrikbeschäftigung entschied, der hatte nicht mehr vor, einen echten *Beruf* zu erlernen. Bis in die Zeit der Jahrhundertwende war die *Fabrik* kein Ort bewusst praktizierter Erziehung oder Ausbildung. Durch die lernprozessorientierte Gestaltung insbesondere des elementaren Unterrichts konnte vom Rath trotz der mangelnden Voraussetzungen vieler Schüler schon 1834 auf den guten Erfolg der Einrichtung verweisen und bestätigen, dass viele der Neuanfänger bestehende Hindernisse „durch Ausdauer und Fleiß"[369] und dem festen Willen zur Selbstvervollkommnung überwinden konnten. Die Aufnahme in die erste Abteilung unterlag Anforderungen an die Vorbildung der Jugendlichen. Ihre Kenntnis im Lesen, Schreiben und Rechnen musste dem Stand der letzten Klasse der Volksschule entsprechen. Einer Anordnung der Düsseldorfer Regierung von 1822 für bürgerliche Sonntagsschule zufolge durften die Anstalten mit gewerblicher Ausrichtung nur solche Schüler aufnehmen, „die vollkommen lesen und schreiben"[370] konnten. Diese unter didaktischen Gesichtspunkten durchaus sinnvolle Anordnung hatte aber einen anderen Sinn gehabt, nämlich den Schutz der öffentlichen Schulen vor einem Schicksal, das in Duisburg beispielsweise schon im Fall der Realschulgründung das Gymnasium ereilt hatte. Durch die strukturelle Zweiteilung in eine allgemeine und eine gewerbliche Einrichtung konnte diese Anordnung, die sowieso nur den Schulzwang für die unter Zwölfjährigen mit durchsetzen sollte, umgangen werden. Daher waren die Jugendlichen der ersten Klasse den Schülern der zweiten im Lesen, Schreiben und Rechnen weit voraus. Ihnen „konnten schon grössere Stücke und zusammenhängende Erzählungen diktiert werden."[371] Der Stundenplan der ersten Klasse enthielt kaum elementarische Fächer. In dieser Zeichenklasse wurde in den ersten Jahren neben den gewerblichen Fä-

---

367 Ebd., Bl. 47a
368 Ebd.
369 StADU 10/2276 b), Bl. 47a
370 Zit. bei Wittmütz 1996, S. 56f.
371 Armstroff 1882, S. 122

chern Zeichnen und Geometrie, Rechnen und Orthographie gegeben. Auch in der ersten Abteilung bescheinigte vom Rath der Anstalt „recht schöne und erfreuliche"[372] Ergebnisse. Obschon vom Rath mit dieser Darstellung die Intention verband, den Bürgermeister von der Richtigkeit der Verantwortungsübernahme einer breiteren Bürgerschaft zu überzeugen, und also vielleicht zur schönenden Darstellung neigte, ist die Darstellung des Logenmeisters sehr glaubhaft. Er nennt nämlich als Ursache des Erfolges nicht die Leistung der Lehrer, sondern er verweist auf die der Leistung der Schüler zu Grunde liegende intrinsische Motivation der Jugendlichen.

> „Diejenigen, die einmal den bedeutenden Vorteil, den dieser Unterricht für ihr bürgerliches Fortkommen und für ihre Ausbildung in ihrem Handwerke haben müßte, – erkannt hatten, gaben sich ihm mit zum Teil ausgezeichnetem Fleiße hin und es können recht genügende Leistungen aufgewiesen werden."[373]

Der mit dem Sommer beginnende neue Stundenplan sah den Wegfall der Orthographie für die Zeichenschüler vor. Nur das Fach Rechnen wurde vorerst aus den genannten Gründen beibehalten.[374] Bei dieser Gliederungsstruktur handelte es sich nicht um zwei aufeinander folgende Stufen, sondern um zwei didaktisch voneinander getrennte Teile der Einrichtung. Allerdings waren die beiden Säulen der Elementar-Sonntagsschule nicht ohne Übergänge oder Verbindungen. Denn die Schüler der *allgemeinen Sonntagsschule* konnten bei Interesse auch am Unterricht der *gewerblichen Sonntagsschule* teilnehmen. So heißt es im ersten Stundenplan der Zeichenklasse: „Mehrere dieser Abtheilung nehmen an dem Zeichen-Unterricht in der 1ten Abtheilung theil."[375] Die im Zeichnen befähigteren Jugendlichen der Elementarklasse wurden nicht an ihrer Weiterentwicklung durch die didaktische Trennung der Anstalt gehindert. In den weiteren Jahren wird immer deutlicher, dass die Elementarschüler in fast allen Fächern den im Niveau höheren Unterricht, unter der Voraussetzung, dass der Lehrer die erworbenen Kenntnisse für ausreichend beurteilte, selbst wählen konnten. Die Dokumente lassen den Schluss zu, dass sich die jungen Männer für ein höheres Pensum, zumindest in einigen Fächern, frei entscheiden konnten, solange die Sonntagsschule ihren reinen Wohlfahrtscharakter wahrte (bis 1865). Ein solches System ist nicht neu gewesen und hatte historische Vorbilder. In den den Halleschen Waisenhäusern zugehörigen Schulen lässt sich auch dieses *Fachsystem* finden. Um der individuellen Bega-

---

372 StADU 10/2276 b), Bl. 47
373 Ebd., Bl. 47ff.
374 Ab 1839 wurden in der Zeichenabteilung nur noch gewerbsbildende Fächer, das heißt Zeichen und Geometrie und sonstige damit verbundene Fächer, die mit der weiteren Differenzierung des Lehrinhaltes in dieser Abteilung hinzu kamen, unterrichtet.
375 StADU 10/2276 b), Bl. 39b

bung seiner Schüler gerecht werden zu können und zur Förderung Begabter führte Francke das Fachklassensystem ein. Auch hier gehörten die Schüler nicht, wie sonst üblich, in allen Unterrichtsfächern einer Klasse an, sondern sie konnten dem Stand ihrer Kenntnisse und Leistungen entsprechend einzelne Kurse in verschiedenen Lerngruppen wählen. Francke begründete dieses Fachsystem pädagogisch. Er vertrat die Ansicht, dass sich damit die Intensität der Bildung und Erziehung erhöhe. Der zu Grunde liegende Gedanke Franckes war jener der Sparsamkeit in allen Dingen. So wie er zur Vermeidung von Verschwendung der gottgeschenkten Zeit oder von materiellen Ressourcen anhielt, so mahnte er zum rationalen Einsatz der Energie, die zum Lernen verwandt werde. Die Freimaurer kannten als calvinistisch denkende Christen die Schriften des pietistischen Pädagogen. Auch dieser hatte sich circa einhundertzwanzig Jahre zuvor für die Realienbildung der Waisen stark gemacht und die Bildungsgehalte unter dem Prinzip der Zweckrationalität bestimmt. Die Bedeutung, die den Realien und dem praktischen Nutzen des Gelernten zugewiesen wurde, war sehr groß. Francke war zudem unter den Aufklärungspädagogen des 18. Jahrhunderts ein viel gelesener und anerkannter Pädagoge, der auch unter den pädagogisch Interessierten des frühen 19. Jahrhunderts mit seinem neuen Erziehungsparadigma der Zweckrationalität seine Anhänger fand. Im Unterschied zur Waisenerziehung zielte der Ansatz der Maurer aber unter anderen anthropologischen Prämissen auf junge wirtschaftlich selbstständige Erwachsene und war Teil ihres *Selbst*vervollkommnungsideals. Wie Preusker es formulierte: *Der Anteil der Selbstveredlung sollte den größten Anteil an der Nachschule haben.* Sie sollte nach und nach „das Meiste dabei leisten ... und daher als Hauptsache gelten"[376]. Die autonome Entscheidung mehr zu lernen, die „Mitwirkung der *erwachsenen Jugend* selbst [an] deren Nacherziehung ..., durch die so einflußreiche *Selbstbildung*"[377] war eines der ersten Prinzipien der freimaurerischen Sonntagsschulpädagogik. Die einzige Grenze wurde durch den eigenen Stundenplan und die Beurteilung der Leistungen durch den Lehrer gesetzt. Die Sonntagsschüler verpflichteten sich mit der Aufnahme, den anstehenden Unterricht verbindlich zu besuchen, wenn sie dazu nicht ausdrücklich durch die Lehrer entbunden wurden. Bei der Stundenplangestaltung wurde jedoch bei in Frage kommenden Fächern auf die Parallelität der Stunden und damit die Option der Wahl für die Sonntagsschüler geachtet.

In den folgenden Jahren wurde der Lektionsplan beider Abteilungen ausgeweitet und die einzelnen Abteilungen je nach Lerngruppen weiter differenziert. Mit der wachsenden Differenzierung wurde die freie Wahl organisatorisch immer schwieriger. Gleiche Fächer wurden, solange es möglich war, zeit-

376 Preusker 1842 (Bd. 5), S. 1
377 Ebd., S. 165, Hervorh. im Original

lich parallel unterrichtet. Hinsichtlich dieser Frage wird in den Dokumenten aber auch ein Prinzip der Sonntagsschule deutlich: Neben dem Vorsatz der individuellen Förderungen stand sie im Kontext mit dem Selbstbildungsprinzip unter dem Anspruch der Gemeinschafts- und Selbsterziehung. Hier wird nochmals das Neue an den Nachbildungseinrichtungen deutlich: Die Sonntagsschule war kein Ort des Generationenverhältnis; hier begegneten sich prinzipiell Erwachsene in verschiedenen Rollen, der des Lehrenden und der des freiwillig Lernenden. Aus bürgerlicher Solidarität unterstützten die Lehrer den Selbstbildungsprozess der Jugendlichen. Aus verschiedenen Dokumenten wird aber deutlich, wie wichtig den Lehrern die Entwicklung in den Gruppen und die Kontinuität im Lernfortschritt innerhalb der Gruppe war. Neben der grundsätzlich freien Wahlmöglichkeit konnten die Elementarschüler auf eigenen Wunsch, wenn sie die bestehenden Defizite im Elementaren zu großen Teilen ausgeglichen hatten, vollkommen in die andere parallele, im Niveau höhere Abteilung wechseln. Hierzu mussten sie sich jedoch einer Prüfung unterziehen. Trotz zunehmender Differenzierung in den Angeboten während der folgenden Jahre ist festzuhalten, dass es bis 1860 weder Jahrgangsstufen noch Jahrgangsziele gab.[378] Die Schüler nahmen so lange an dem Angebot der pädagogischen Begleitung (in der Anstalt oder einer Abteilung) teil, wie sie es selbst als sinnvoll ansahen oder wie sie durch Lehrer oder Meister sowie Fabrikherren ermuntert werden konnten. Hieraus ergab sich allerdings ein didaktisches Problem: Durch die ständig wechselnde Zusammensetzung der Lerngruppen konnte sich kaum eine gewisse Homogenität in den beiden Lerngruppen entwickeln. Vor allem in den ersten Jahren, in denen die Schüler in beiden Gruppen monatlich aufgenommen wurden, musste „bei jedem von vorn angefangen werden"[379]. Daher klagten die Lehrer häufig und forderten in den nächsten Jahren wiederholt eine verbindlichere und klarere Organisation. Hieraus erwuchs die zunehmende Differenzierung der kommenden Jahre wie teilweise auch die spätere Einführung von Jahrgangsstufen und -zielen. Trotz der mit den 1830er-Jahren einsetzenden Differenzierung der Elementarschulen und fünf- und mehrklassiger Anstalten war diese Stufen- oder Jahrgangsorganisation zunächst kein Thema. Die Trennung der Elementarschüler von den Zeichenschülern ergab sich zwar nur aus den bildungsgemäßen Voraus-

---

378 Erst Friedrich Albert Lange, der für die Entwicklung der Sonntagsschule in eine reine Handwerkerfortbildungsschule die entscheidenden Anstöße gegeben hatte, leitete ab 1860 eine Reform der Einrichtung ein. 1862 wurde vom Präsidium der Anstalt beschlossen, für die Schüler der Zeichenabteilung eine Oberklasse einzurichten, „in welcher neben dem sonstigen Zeichenunterrichte sonntäglich eine Stunde in der Baukonstruktion unterrichtet werden soll[te]." (Armstroff 1882, S. 155) Damit wurde aus der ehemaligen ersten Klasse eine Abteilung mit zwei Stufenklassen, mit Aufstiegs- beziehungsweise Versetzungsmöglichkeit.

379 StADU 10/2276 b), Bl. 46b

setzungen der einzelnen Jugendlichen, aber diese Dissoziation in zwei Gruppen ergab sich eben auch aus dem Berufsziel der Jugendlichen. Ein Großteil der Elementarschüler war eher einfacher Fabrikarbeiter, während der Großteil der Zeichenschüler eher Lehrling oder Geselle im Handwerk war. In der zweiten Gruppe war die Selbstbildungsbereitschaft insgesamt wesentlich größer.

Neben der Einteilung in zwei Lerngruppen weisen die verwendeten Lehrmaterialien auf didaktische Prinzipien und inhaltliche Ziele. Zur Eröffnung der Einrichtung 1832 hatte die Loge folgende Materialien angeschafft:

„50 Exempl. Kohlrauschs ‚Deutsche Geschichte‘, 50 Exempl. Diesterwegs ‚Rechenbuch‘, 1 Karte von Deutschland, 60 Schiefertafeln mit Griffeln, Tintenfässer und Bleifedern, 8 Tische mit Bänken, 5 Zeichentische, 2 Wandtafeln, 25 Zeichenbretter, 26 Reißschienen, 1 hölzerner Zirkel, 12 Ersatzzirkel, Hunderte von Heften, Vorschriften, Zeichenvorlagen, Lichter, Lichtputzer, Tusche, Tuschnäpfchen".[380]

Außerdem enthält ein Bericht die Angabe, dass für den Unterricht in der Elementarklasse ein „Leitfaden zum Unterrichte in der Rechtschreibung, entworfen von L. G. Röhricht (Neisse 1832) zu Grunde gelegt wurde"[381]. Nach einer Inventar-Liste vom 29. Mai 1833 standen der Schule unter anderem zur Verfügung:

„5 Zeichentische, 6 Tische mit Bänken, 2 Wandtafeln mit Staffeleien, 3 große Wandkarten, namentlich die beiden Hemisphären und Deutschland, ... Zeichnungen und Vorlageblätter ..., 1 großes Lineal – ein Zirkel, 6 hölzerne Leuchter, 13 Zeichenbretter und ... Anschlaglineal".[382]

Ein weiteres Dokument vom Februar 1832 nennt noch einmal „5 Tische mit Bänken ... 5 Zeichentische ... 2 Tafeln ... 10 Zeichenbretter ... 10 Anschlaglineale ... 1 Hölzernen Zirkel"[383] und etliche andere Materialien. Weitere Unterrichtsmittel, die genannt werden: Vorlegeblätter zum Zeichnen, 50 Tintenfässer, 300 kleine Federn, Bleistifte, Hefte, Tusche, Buntstifte, Pinsel, Kreide,

---

380 Festrede 1871, S. 9f. sowie Festschrift 1995, S. 17; vgl. ähnliche Listen in: StADU 10/2276 b). Die entsprechenden Rechnungsbelege für den Bücherkauf finden sich in StADU 10/2276 b). Johann Jacob vom Rath hatte die jeweils 50 Exemplare bei der Bühlerschen Verlags-Buchhandlung in Elberfeld gekauft. Die Rechnung datiert auf den 24. September 1931. Die Begleichung wurde am 4. November 1831 auf dem Original bestätigt (StADU 10/2276 b), Bl. 3 und 4. Die Rechnungsbelege wurden am 6. Januar 1832 von Rath bei der Sonntagsschule eingereicht und erstattet.

381 Zit. bei Armstroff 1882, S. 122

382 StADU 10/4279, Bl. 6

383 StADU 10/2276 b), Bl. 15 (o. D.)

60 Schiefertafeln, einen Tafelschwamm und anderes.[384] Für diese Mittel lassen sich ebenfalls Einkaufsbelege aus den Monaten November 1831 bis Februar 1832 finden.[385] Die genannten Lehrbücher, Kohlrauschs *Deutsche Geschichte*[386], Diesterwegs *Rechenbuch* und Röhrichts *Leitfaden zum Unterrichte in der Rechtschreibung*, weisen auf inhaltliche Ziele des Unterrichts und Didaktisch-Methodisches hin. Die für den Geschichts- und Geographieunterricht angeschafften zusätzlichen Materialien, wie „1 Karte von Deutschland"[387] oder „3 große Wandkarten, namentlich die beiden Hemisphären"[388], lassen Themen des Unterrichts erahnen. Auch das Unterrichtswerk Diesterwegs lässt solche Rückschlüsse zu. Bei diesem handelt es sich um das *Praktische Rechenbuch für Elementar- und höhere Bürgerschulen* von 1829 in drei Teilen. Dem *Wegweiser* zufolge, in dem er sein eigenes Werk für den Unterricht empfiehlt, enthält in den ersten beiden Teilen die elementarsten Einführungen ins Rechnen mit natürlichen Zahlen, die vier *Species* (Grundrechenarten), Einführungen in einfache geometrische Formen und Proportionen und kaufmännisches Rechnen.[389] Der Wert des Rechnens für die Geistesbildung, deren eigener Wert betont wird, liegt, so der Autor, in der Betätigung des inneren Anschauungsvermögens, das wiederum die Phantasie und das Kombinationsvermögen, mithin den Verstand im Allgemeinen bildet. Daher hebt Diesterweg den hohen Wert des Rechnens hervor. Zwar lehnt er das Rechnen als funktionalisierte oder *angewandte* Denkübung ab, weil dies zur Mechanisierung des Unterrichts führe.[390] Aber dennoch unterstreicht er die

---

384 Ebd., Bl. 34 vom 1. Januar 1833; vgl. ebd. Bl. 17, 18, 19, 20, 23, 28, 29, 30, 31, 32, 33, 35, 36

385 Ebd., Bl. 6, 7, 8, 9, 10, 13, 14

386 Wahrscheinlich handelt es sich bei diesem Werk um Kohlrauschs 1816/1817 geschriebenes *Die teutsche Geschichte. Für Schulen bearbeitet*. Dieses Werk wurde fortlaufend überarbeitet und ist außerdem in didaktisch veränderter Form für verschiedene Adressatengruppen herausgegeben worden. Weitere Geschichtswerke Kohlrauschs sind der *Chronologische[r] Abriss der Weltgeschichte für den Jugend-Unterricht*, der erstmals 1816 in Elberfeld erschien und wiederholt aufgelegt wurde (3. Aufl. 1818, 4. Aufl. 1820, 6. Aufl. 1828, 7. Aufl. 1828, 11 und 12. Aufl. 1838, 13. Aufl. 1846, 14. Aufl. 1850 und 1851, 15. Aufl. 1860 und 1861) (vgl. Gesamtverzeichnis des deutschsprachigen Schrifttums (GV) 1983), sowie *Die deutsche Geschichte für Schulen* (Erstausgabe 1816) und die *Kurze Darstellung der deutschen Geschichte für Volksschulen* (Erstausgabe 1822) (vgl. Kayser 1969 (Bd. 3), S. 384, rechte Spalte; vgl. auch: Dahlmann/Waitz 1996, S. 1161; Baumgart o.J.). Auf Grund seiner hohen Verbreitung, seiner großen Auflagenzahl und wegen seiner fortdauernden Bearbeitung sind die Kohlrauschen Unterrichtswerke sehr einflussreich auf die didaktisch-poltische Erziehung auf die einfache Volksklasse gewesen (vgl. Weymar 1961).

387 Festrede 1871, S. 9f. sowie Festschrift 1995, S. 17; vgl. StADU 10/2276 b)

388 StADU 10/4279, Bl. 6

389 Der dritte Teil enthält Rechenübungen für höhere Bürgerschulen (vgl. Diesterweg 1835, S. 636f.).

390 Vgl. ebd., S. 159

Wichtigkeit der Rechenarithmetik für die Verstandesbildung. Im Folgenden gibt Diesterweg zwölf methodische Regeln und eine elfstufige Anweisung für den Rechenunterricht. Sowohl auf Grund der Verwendung des *Rechenbuches*, aber auch weil zumindest einige der Lehrer der Sonntagsschule sich aus dem Moerser Lehrerseminar rekrutierten, war die Anwendung dieser didaktischen Prinzipien im Rechenunterricht der Sonntagsschule wahrscheinlich.[391] Leider gibt der *Wegweiser*, der ausführlich auch einige Unterrichtswerke und Hilfsmittel für den Rechtschreibunterricht bespricht, keine näheren Auskünfte über das in der Sonntagsschule verwendete Werk L. G. Röhrichts. Beim *Leitfaden zum Unterrichte in der Rechtschreibung* von 1832 handelt es sich um ein didaktisch-methodisches Elementarwerk zur Einführung in die Orthographie.[392] Neben den drei oben genannten Unterrichtswerken sind für die Frühzeit der Anstalt keine weiteren Lehrmittel der *allgemeinen Abteilung* der Sonntagsschule überliefert.[393] Jedoch sind die aus heutiger Sicht wenigen belegten Lehrmittel insgesamt sehr aussagekräftig, wenn man dagegen die Ausstattung der öffentlichen Elementar- oder Volksschule betrachtet. In der Regel lassen sich hier nur Bibeln und Gesangbücher, eventuell ein Lesebuch finden. Wandkarten und ähnliche Hilfsmittel sind eher die Ausnahme. Eine große Wandtafel und Kreide waren neben den genannten Dingen, zuweilen noch neben dem Katechismus, die gebräuchlichsten Requi-

---

391 Vgl. StADU 10/2276 a), Bl. 32 vom 23. August 1835; StADU 10/3969, Bl. 145.

392 Auch der *Quellenkunde* von Dahlmann/Waitz sind keine Hinweise zu L.G. Röhricht zu entnehmen. Das *Allgemeine Bücher-Lexikon* von Wilhelm Heinsius (8. Bd., 1828–1834, Leipzig 1836) nennt den im Bericht erwähnten *Leitfaden zum Unterrichte in der Rechtschreibung* (ebd. S. 173, rechte Sp.). Das Bücher-Lexikon von Kayser gibt als einziges Unterrichtswerk dieses Autoren die *Sammlung von Aufgaben zu Satz- und Aufsatzübungen* für Volksschulen, mit dem Untertitel *Leitfaden zum eigentlichen Sprachunterrichte*, an (ebd. S. 534, rechte Sp.). Weitere Informationen zu dem genannten Werk oder zu dem Autoren sind nicht bekannt.

393 Auf der Vorstandssitzung am 21. Juli 1842 beschlossen die Präsidiumsmitglieder, „nebst den Hrn. Lehrern zur Conferenz versammelt... folgendes: a) in Beziehung auf die beabsichtigte Ausstellung von Probe-Arbeiten der Schüler. Dieselbe soll am Sonntag den 7ten August stattfinden. Für die jeweilige Abteilung werden keine Prämien an einzelne Schüler verteilt, dagegen sollen für die Schule zum allgemeinen Gebrauch *Bollenbergs Vorschriften* aus dem für Prämien bestimmten Fonds angeschafft werden. Aus eben diesen Fonds und aus dem sonstigen Ueberschuss des Rechnungs-Abschlusses für 1841 werden die Kosten der Prämien für die 1te Abteilung bestritten. Die Art der Prämien, deren zwei bewilligt werden, wird der Wahl des Hrn. Gymnasial-Lehrers Feldmann überlassen eben so auch deren Anschaffung." (StADU 10/4279, o. Num., im Anschluss an Bl. 124; Hervorh. V.G.). Für die gewerbliche Abteilung sind einige Lehrbücher dokumentiert. So *Architektonische Details von Arnold Zenetti, 1 bis 4 Heft*, die *Sammlung von original Zeichnungen in ächt altdeutschem Styl (in Stahl gestochen) von A. Heideloffs 1 bis 4 Heft, Original Dessins zum Gebrauch für Künstler Handwerker ec. von Herothe 1ste Lieferung* oder ein *Album für Gärtner u. Gartenfreunde von Adolph Roland 1ster Band* (StADU 10/4280 vom 9. Februar 1959, o. Num.)

siten für den Elementarunterricht.[394] Zur Verweildauer der Schüler in den beiden Klassen gibt ein Bericht aus dem Jahre 1848 Auskunft: „bis vor etwa drei Jahren hat sich in der ersten Klasse immer ein Stamm solcher Schüler erhalten, die wenigsten 3–4 und noch Jahre die Schule fleißig besuchten und die Erfreuliches gelernt haben"[395].

Die Zahl der Schüler, die zur Eröffnung am 15. Januar 1832 70 betrug, sank im Verlauf des ersten halben Jahres erst einmal wieder ab.[396] Die *Notizen* des Bürgermeisters weisen für den 14. Juli 1832 63 Schüler aus. Allerdings verweisen die Lehrer im 1834er Bericht auf regelmäßige Neuanmeldungen in den vergangenen zwei Jahren, so dass sie eine durchschnittliche Frequentierung von 40 bis 50 Schülern erwarten.[397] Jene Schüler, welche die Schule zwischenzeitlich wieder verlassen hatten, sind nach Angaben der Lehrer vor allem junge Fabrikarbeiter. Zwar erklären sie sich diese Austritte mit dem mangelnden „Bedürfnis zu lernen und sich fortzubilden"[398]. Ein späterer Bericht, der sich mit demselben Phänomen beschäftigte und ebenfalls beklagt, dass die selbst gewählte Verweildauer der jugendlichen Fabrikarbeiter in der Sonntagsschule zu kurz sei und damit der Zweck der Einrichtung sich kaum verwirklichen lasse, nennt als Ursachen die allgemeinen Zeitverhältnisse und den Sachverhalt, dass die Jugendlichen zu jung in die Klasse aufgenommen werden, „als dass sie den Nutzen, welchen dieselbe gewährt, zu erkennen vermöchten"[399]. Diese Einschätzung kam den Tatsachen sicherlich viel näher.

5. Die Adressaten der Duisburger Einrichtung, ihre Lebens- und Wohnverhältnisse

Ein Artikel aus dem 1850er *Conversations-Lexicon* von Meyer nennt die Sonntagsschulen Anstalten, „in welchen die an den Wochentage gehinderten jun-

---

394 Vgl. Wittmütz 1981, S. 46

395 StADU 10/4281

396 Vgl. StADU 10/4279 0a; dieses Dokument ist o. Num., erst das folgende Dokument trägt die Nr. 1; vgl. StADU 10/2276 a)

397 Die Zahl der Schüler schwankte in den folgenden Jahren immer zwischen einer Zahl von 40 und 60. Bis zur Jahrhundertwende wuchs die Schülerzahl pro Klasse nie über ein Maß von 50 bis 70. Damit hatte die Einrichtung den Vorteil der größeren Effektivität durch ein besseres Schüler-Lehrer-Verhältnis gegenüber den einklassigen Volksschulen, die bis zur Wende des Jahrhunderts mit wesentlich größeren Schülerzahlen zu kämpfen hatte. 1882 weist Armstroff darauf hin, dass „die *Überfüllung der einzelnen Klassen* [der Volksschulen erst in dieser Zeit] ... nachgelassen [hat ... und] mit Ernst daran gearbeitet [wird], die Schülerzahl der einzelnen Volksschulklassen nicht über 80 kommen zu lassen." (1882, S. 2; Hervorh. im Original)

398 StADU 10/2276 a)

399 Zit. nach Armstroff 1882, S. 146

gen Leute, namentlich Lehrlinge, Gesellen, Dienstboten und an Fabrikorten die Kinder, die man in den Wochentagen zur Arbeit braucht, Sonntags einige Stunden lang im Lesen, Schreiben, Rechnen und anderen gemeinnützigen Kenntnissen, sowie in der Religion unterrichtet werden"[400].

Bis in die zweite Jahrhunderthälfte waren die Adressaten vornehmlich aus dem unterprivilegierten Volk stammende, sittlich gefährdete, männliche, schulentlassene und gewerblich tätige *Jugendliche* ab 14½ Jahren, die als Kinder nichts oder wenig gelernt hatten, weil die gewerbliche Beschäftigung (zum Teil seit dem 6. Lebensjahr und eher) einen geregelten Schulbesuch nicht zugelassen hatte.[401] In zahlreichen Dokumenten wird die besondere soziale Situation der Sonntagsschüler von den Pädagogen der Anstalt hervorgehoben, die wie „vielleicht keine Volksklasse so wie sie oft durch ganz außer ihrer Schule liegende Umstände von dem zartesten Alter an für Höheres und Besseres abgestumpft wird"[402].

War die Realklasse, wie aus der Anzeige im *Unterhaltungs- und Anzeigenblatt* oder aus Carstanjens Eintragung in der Stadtchronik hervorgeht, für bürgerliche Jünglinge gedacht, die sich einem Kaufmannsberuf oder einer höheren Gewerbeausbildung zugewendet hatten oder zuwenden wollten, so richtete sich die Sonntagsschule an männliche *Jugendliche* unbemittelter Eltern, die einen Handwerks- oder Fabrikberuf ergriffen hatten oder ergreifen wollten. Der Freimaurer Armstroff hebt noch 1882 zur Kennzeichnung der Adressaten der Einrichtung, zum einen die „in hiesiger Stadt so zahlreich vorhandenen eigentlichen Fabrikarbeiter [hervor], die in den Zucker- und Tabakfabriken, in den Webereien und Spinnereien, in den Ho[ch]hofen- und Walzwerken für Tagelohn arbeitenden junge Leute"[403] hervor. Zum anderen zielte die Anstalt auf die jugendlichen, unselbstständigen Handwerker, Gesellen und Lehrjungen, aber auch auf junge selbstständige Handwerker. Der Systematik und dem Sprachgebrauch Preuskers folgend handelte es sich um eine *Elementar-Sonntagsschule*, auch *niedere Sonntagsschule* oder *Gewerbschule dritter Classe* „hauptsächlich für Gehilfen, Gesellen und Lehrlinge der Fabrikanten und Handwerker ohne allen Unterschied der (mechanischen oder chemischen) Gewerbebetreibung"[404].

Die Duisburger Quellen nennen als Adressaten der Nachschule mit einem berufsrelevanten Unterricht alle möglichen Handwerker- und Fabrikarbeiter-

---

400 Meyer 1850, S. 704
401 Vgl. insbes. StADU 10/4279 *Duisburger Kreisblatt*. 5. Jg., Nr. 100, vom 16. Dezember 1841, S. 2f.
402 StADU 10/2276 b), Bl. 37. Der Autor, der im Auftrag aller Lehrer den Bericht verfasste, war der Gymnasiallehrer Friedrich Nees von Esenbeck, der in der Schule Recht- und Schönschreiben unterrichtete.
403 Armstroff 1882, S. 172
404 Preusker 1835b, S. 146

berufe. So werden beispielsweise Schlosser, Anstreicher, Schneider, Leinweber, Strumpfwirker, Tischler, Drechsler, Schuhmacher, Färber, Gerber, Spinner, Bäcker, Mauerer, Kupferschläger, Schmiede, Gärtner, Hufschmiede, Fassbinder, Schiffsbauer, Zimmerleute, Pflasterer, Glasschleifer, Kesselflicker, Eisendreher, Fuhrmänner, einfache Fabrikarbeiter, Eisenarbeiter, Jugendliche ohne Berufsangabe, Packknechte, Tagelöhner, Handlanger mit einer unspezifischen Arbeitstätigkeit aufgelistet.[405]

Preusker hatte sehr deutlich die Diskrepanz zwischen Selbstwahrnehmung und tatsächlichen Verhältnissen bei den meisten Sonntagsschülern beschrieben. Aus der Schule entlassen, handelte es sich bei den Sonntagsschülern um einen neuen Typus des Unmündigen außerhalb der sozialen Kontrolle, der sich verfrüht als völlig selbstständig und autonom ansahen.[406] Zwar besuchte er freiwillig die Sonntagsschule und seine Motivation war gespeist aus dem eigenen Willen zum persönlichen Fortkommen und zur Abwendung eines ärmlichen Schicksals. Aber mit dem Besuch war selten das eigene Eingeständnis verbunden, basale Fertigkeiten und Fähigkeiten erlernen zu müssen. Entsprechend konstatierten die Duisburger Pädagogen wiederholt die Erfahrung, dass die Jugendlichen, „welche schon mit dem Gedanken an ihre Etablierung umgehen, sind bei der Aufnahme gar oft noch nicht imstande [sind], *reine Zahlen zu summieren*, noch viel weniger einen *diktierten Satz niederzuschreiben*"[407].

Prinzipiell ist aber festzuhalten, Adressaten der Sonntagsschule waren, entsprechend des Preuskerschen Gastmahl-Motivs[408], nur jene Jugendlichen, die, wie es der Lehrer Nees vom Esenbeck formulierte, das „Bedürfnis zu lernen und sich fortzubilden"[409] hatten. Unter dieser Einschränkung zielte die Duisburger Einrichtung auf Jünglinge aus der Unterschicht, „welche teils durch vollkommene Vernachlässigung der Eltern, teils durch frühes Ausgehen nach Brodverdienst, zum Teil aller Schulbildung entblößt und sittlich ganz verwahrloset sind"[410]. Als Zeichen der genannten Verwahrlosung erkannte man Unsauberkeit, körperliche Schäden durch frühe Arbeit, Vernachlässigung der Kleidung sowie Stumpfheit, Haltlosigkeit, emotionale Verrohung. Hierdurch schienen die Jugendlichen zum Streunen verleitet, unfähig ein geordnetes Leben zu führen und zu kriminellem, aggressivem, zügellosen und aufmüpfigen Verhalten angeregt. Der Jugendliche, der, wie die Dokumente belegen, öffentlich

---

405 Vgl. StADU 10/2602, Bl. 190. So gibt bspw. der Bericht des Lehrers Niewöhner von 1856 dreißig verschiedene Handwerks- und Fabrikarbeiterberufe (vgl. StADU 10/4280) und ein Bericht des Schulleiters Wilms von 1866/67 neununddreißig verschiedene Handwerks- und Fabrikberufe an.

406 Vgl. Preusker 1842 (Bd. 5), S. 3f.

407 Zit. nach Armstroff 1882, S. 146

408 Preusker 1855, S. 5

409 StADU 10/2276 a)

410 StADU 10/4279, Bl. 1a-3a

rauchte und fluchte, schien das Ferment zur Störung bürgerlicher Ruhe. Der Nachwuchs der einfachen, armen städtischen Proletarierschicht fiel zunehmend durch Verwilderung und Verwahrlosung, sozial auffälliges und störendes Verhalten auf. Verschiedene Berichte und Auszüge aus Duisburger Verwaltungs- und Polizeiakten geben dieses auch von Preusker gemalte Bild bürgerlicher Erschrecktheit über das Verhalten Jugendlicher zwischen 14 und 25 Jahren im Vormärz wieder. Ein solches zeigte beispielsweise der Bürgermeister am 21. März 1839 dem Vorstand des Sonntagsschul-Vereins an. Die betreffenden Jugendlichen fielen Bürgern am Tage durch rüpelhaftes und aggressives öffentliches Auftreten auf.

> „Seit einiger Zeit haben vom Beginn des Unterrichts unter den Schülern Heinrich und Wilhelm Küpper Neckereien stattgehabt, die zuletzt in Schimpfworte und thätlichen Beleidigungen übergegangen sind. So hat z.B. Heinrich Küpper dem Wilhelm Küpper, weil dieser ihn *Fillen*, d.h. *Schinder*, geschimpft hat, einen Griffel in den Kopf gestoßen. Vorgestern abend, nach Beendigung der Schule haben die Schüler Ross, Muh, Küpper, Kissling, Hühner und Bross mit dem Heinrich Küpper Partei gegen Wilhelm Küpper und diesen verfolgend und schlagend genommen, die Straßen der Stadt unter großen Lärmen durchzogen, auch sich [von] dem Heinrich Küpper [anstiften] lassen, den Wilhelm Küpper mit einem Messer zu Leibe gehen zu wollen. Ich habe sämtliche Beteiligte für diesen Straßen-Unfug mit gemessener Gefängnisstrafe belegt, stelle aber Einem wohllöblichen Vorstande ergebenst anheim, ob und in wie weit sie nach den Schulgesetzen zu bestrafen sein werden.“[411]

Die Sonntagsschule richtete sich als Nacherziehungs-, Nachbildungs-, Betreuungs- und Beziehungsangebot an solchermaßen beschriebene Jugendliche. Die Sonntagsschulpädagogik war ein ausgesprochener Reflex auf die Industrialisierung und die sich hieraus ergebenden sozialen Probleme. Bislang setzten nur „Hospitäler und Strafanstalten“ den Jugendlichen die dann verspäteten Schranken, „wenn nicht der, sich nicht minder häufende Selbstmord zuweilen in's Mittel träte“[412]. Das heißt, während die Gesellschaft bislang nur durch Korrektions- und ähnliche Einrichtung strafend mit sozialen Auffälligkeiten reagiert hatte, versuchten die Stifter bürgerlicher Sonntagsschulen durch erzieherischen Einfluss vorbeugend oder begleitend den sozialen Gefährdungen der Moderne zu begegnen. Allerdings ist zu betonen: Nicht die industrielle, sondern die bürgerliche Gesellschaft bildet die Basis solcher Bestrebungen. Die beschriebenen Jugendlichen waren das gefährdete Gegenstück zum bürgerlichen

---

411 StADU 10/4279, Bl. 63a und 63b vom 21. März 1839; Hervorh. im Original. Ähnliche Dokumente lassen sich vielfach in den Sonntagsschul- und vor allem in den Polizeiakten der Zeit finden. Als aussagekräftiges Beispiel mag diese eine Korrespondenz zwischen dem Bürgermeister und dem Präses der Sonntagsschule dienen.

412 Preusker 1842 (Bd. 5), S. 9

Jüngling. Diese – zweifelsohne nur zum Teil – zügellosen, aufmüpfigen *Jugendlichen* waren ein Produkt der Industriegesellschaft und die moderne Sonntagsschulpädagogik neueren Typs des Vormärz verstand sich als Methode „unzählige junge Seelen von einer unheilvollen Bahn zurückzuhalten und ihrem Lebensglücke zuzuführen".[413] Der Unterschied zwischen den bürgerlichen Jünglingen und den Sonntagsschülern bestand besonders in deren völlig anderer Lebenssituation. Während die bürgerlichen Jünglinge in behüteten Lebensverhältnissen eine verlängerte Jugendzeit genießen konnten, waren die Jugendlichen aus ärmlicheren Verhältnissen früh ins Erwerbsleben gestellt. Vor allem für die erste und zweite Generation der Sonntagsschüler galt, dass ihre *Jugendzeit* in der Regel mit ihrer ersten gewerblichen Tätigkeit, zum Teil mit dem 6. Lebensjahr oder eher, geendet hatte.[414] Zur Zeit des Besuchs der Sonntagsschule standen sie langjährig wie Erwachsene in abhängigen Lohnverhältnissen und arbeiteten wochentags zum Teil unter körperlich anstrengend Bedingungen. Die in den Fabriken beschäftigten Jugendlichen waren ungelernte oder angelernte Arbeitskräfte. Der andere Teil der Sonntagsschüler war im traditionellen Handwerk als Geselle oder Lehrling beschäftigt.[415] Aber auch die Lehrlinge und die Gesellen waren, wie beschrieben, meist ähnlich schwierigen, wirtschaftlichen und sozialisatorischen Verhältnissen ausgesetzt wie die Fabrikarbeiter. Ein gravierender Unterschied zwischen den Lehrlingen des traditionellen Handwerks und der so genannten Fabrikjugend war das fehlende Ausbildungsverhältnis der jugendlichen Fabrikarbeiter und damit die fehlende Zukunftsoption. Die Handwerkslehrlinge wurden irgendwann aus der Lehre entlassen und hatten zumindest die Chance, sich als Geselle und später als eigener Meister zu etablieren. Diese Möglichkeit war zwar gering, aber ungelernt oder angelernte Fabrikarbeiter hatten diese Option überhaupt nicht. Viele der Sonntagsschüler besaßen (auf Grund ihrer Schulkarriere und ihrer Lebensumstände) kaum entwickelte kognitive Kenntnisse oder Fähigkeiten und damit wenige Voraussetzungen für den Unterricht. Außerdem waren sie durch die längere schullose Zeit von einer geistigen Beschäftigung entwöhnt. Ihnen

---

413 Preusker 1842 (Bd. 5), S. 3

414 In Einzelfällen sind auch Hinweise auf Kinder jüngeren Alters, bis zu 3 Jahren, zu finden. Die Arbeitszeit der in den Fabriken arbeitenden Kinder betrug täglich von 11 bis zu 16 Stunden. Kinder mussten ebenso lange arbeiten wie die Erwachsenen und auch Nachtarbeit war allgemein verbreitet. Obwohl mehrere Darstellungen berichten, dass allgemein bis zum 1839er-Regulativ die einzige Schranke für die Ausnutzung der jugendlichen Arbeitskraft nur in ihrer völligen physischen Erschöpfung bestand, gilt dies nicht für das westliche Ruhrtal. In den 1830er- und 1840er-Jahren gab es das Phänomen der Kinderarbeit so in Duisburg nicht mehr. Mit Beginn der Aufzeichnung von Fabrik-Inspektorenberichten durch Junkermann im Jahre 1853 tauchen überhaupt nur Verstöße gegen die Arbeitszeit, meist um eine Stunde, auf (vgl. HStAD 13261). Die Gründe liegen in Sozialreformansätzen der Bürger wie der beschriebenen Einrichtung.

415 Vgl. StADU 10/2602

fehlte häufig das auch heute in sozialpädagogischen Bezügen von Klienten erwartete Durchhaltevermögen. Berichte der Pädagogen nehmen mehrfach Bezug auf dieses Phänomen.[416] Verschiedene pädagogische Rapporte beklagen wiederholt ein mit der Freiwilligkeit der Sonntagsschule zusammenhängendes pädagogisches Phänomen, das oben schon in dem Bericht des Logenmeisters angesprochen worden war: Nur solange der Schüler ein echtes „inneres Bedürfnis der Fortbildung oder des Nachholens früher versäumter Elementarbildung fühlt",[417] meldet er „sich zur Aufnahme"[418] und dann aber doch nur solange „bleibt, solange das Gute Einfluß und Gewalt über ihn behält".[419] Zudem machen gerade die Austritte der in den Fabriken beschäftigten Jugendlichen auf deren besondere Situation aufmerksam und verdeutlichen das Bedürfnis, den einzigen freien Tag der Woche zur Erholung zu nutzen, anstatt im Winter ganztägig von 8 bis 19 Uhr und im Sommer halbtags die Schulbank zu drücken.[420] Anders als in den traditionellen Handwerksbetrieben, deren Tagesarbeitszeit prinzipiell zwischen Sonnenaufgang und Sonnenuntergang lag, war der *Arbeitstag* in den Fabriken durch einsetzenden Schichtbetrieb grundsätzlich länger. Damit erhöhte sich die Wahrscheinlichkeit, mehr Überstunden leisten zu müssen als im Handwerk.[421] Das soll nicht heißen, im Handwerk wäre die Arbeit auf Grund eines Lehrlingsvertrages für die Schüler weniger intensiv gewesen, aber in den Fabriken wurden die Schüler, die keine handwerkliche Lehre absolviert hatten, sondern ungelernt arbeiteten, als erwachsene, einfache Arbeiter sicherlich anders eingesetzt.

Im Kontext des 1839er-Regulativs hatte Bürgermeister Junkermann Listen der in Fabriken beschäftigten Jugendlichen zu erstellen. Zum Regulativ war am 21. September 1839 eine Verordnung der Düsseldorfer Regierung zum Schul- und Religionsunterricht ergangen. Diese war nach einem Schreiben der Berliner Zentralregierung an die Bezirksregierung in Düsseldorf aber nach den bisherigen Erfahrungen „nicht überall vollständig zur Ausführung gebracht"[422] worden. Die Bezirksregierung wurde daher aufgefordert, die Bür-

---

416 Vgl. StADU 10/2276 a)
417 StADU 10/2276 b), Bl. 37ff.
418 Ebd.
419 Ebd.
420 Vgl. die Stundenpläne der Sonntagsschule für das Winter- und Sommerhalbjahr (StADU 10/2276 a).
421 Die durchschnittliche Wochenarbeitszeit in der Industrie stieg bis in die Jahrhundertmitte stetig an. Erst ein an Selbstbewusstsein gestärktes Industrieproletariat vermochte ab Mitte des 19. Jh. erstmals um Arbeitszeitverkürzung zu kämpfen. Während um 1820 die wöchentliche Arbeitszeit zwischen 66 und 80 Std. lag, betrug sie 1825 einheitlicher 82 Std. (6 Arbeitstage mit je 14 Arbeitsstunden), sank sie bis 1870 langsam auf durchschnittlich 78 Std. Wirksam wurden Arbeitskämpfe jedoch erst während der Jahrhundertwende (vgl. Schneider 1984, S. 191ff.).
422 StADU 12/1382, Bl. 2

germeister des Regierungsbezirkes zur Durchsetzung der Beschulungsvorschriften für die vom Regulativ betroffenen 9- bis 16-jährigen Jugendlichen anzuhalten. Mit dem Datum vom 10. Dezember 1839 findet sich ein Schreiben Junkermanns an den Schulvorstand der katholischen Gemeinde, das sich auf die genannten Ausführungsbestimmungen vom 21. September 1839 bezog.[423] Mit diesem Schreiben ließ er dem Schulvorstand „das eingezogene Verzeichniß der in den Fabriken hiesiger Bürgermeisterei beschäftigten jugendlichen Arbeiter zur vorgeschriebenen weiteren Veranlassung zugehen."[424]

Das Inkrafttreten des 1839er-Regulativs ist im Zusammenhang mit der Entwicklung der Duisburger Sonntagsschule auf den ersten Blick weniger interessant, weil die Jugendlichen, die unter seinen Geltungsbereich fielen, in der Regel keine Sonntagsschüler waren. Auf den zweiten Blick zeigt sich indessen, dass die Informationen, die man aus den vom Bürgermeister erstellten Listen hinsichtlich des Regulativs entnehmen kann, viele Aufschlüsse über die Schülerschaft geben.[425] Die Jugendlichen auf diesen Listen des Jahres 1839 sind überwiegend zwölf bis vierzehn Jahre alt, aber von den 93 Jugendlichen sind 26 fünfzehn Jahre und älter; und 25 Jugendliche werden als vierzehnjährig ausgewiesen, könnten also auch schon das Alter von 14½ gehabt haben. Zudem belegen einige Schülerlisten, dass dieses Alter einige Male unterschritten wurde. Damit könnten sie auch Schüler der Sonntagsschule gewesen sein. Tatsächlich finden sich verschiedene Namen auf den Bürgermeisterlisten, die im Zusammenhang mit dem 1839er Regulativ erstellt wurden, auf Schülerlisten der Sonntagsschule. Die Anzahl der jugendlichen Duisburger Fabrikarbeiter erhöht sich noch, wenn man ein Verzeichnis hinzuzieht, das die Lehrer der Sonntagsschule am 27. November 1839 erstellten.[426] Diese Liste führt insgesamt 62 Fabrikknaben, von denen 23 nicht auf der Liste des Bürgermeisters genannt werden. Die Bürgermeisterlisten vom 10. Dezember 1839 und die Liste der Sonntagsschule vom 27. November 1839 kann man jedoch nicht zu einer Liste vereinigen. Die Listen enthalten neben den Namen verschiedene Informationen. Die Lehrerliste gibt neben den Namen der Jugendlichen Auskunft über den Wohnort, Namen und Stand der Eltern und den Namen der Fabrik, in der sie beschäftigt sind; die Bürgermeisterlisten nennen neben dem Namen das Alter, den Eintritt in die Fabrik, das Eintrittsalter und die jeweilige Fabrik. Insbesondere die Listen der Lehrer der Sonntagsschule enthalten Informationen, „die einigen Aufschluß über die armselige Lage der Familien"[427] der Fa-

---

423 Die Ausführungsbestimmungen finden sich StADU 10/3969, Bl. 231ff.
424 StADU 92/684, Bl. 4 (Loseblattsammlung, ungebunden). Mit der Formulierung, „zur weiteren Veranlassung" ist die Prüfung des Wissensstandes der Kinder und Jugendlichen gemeint.
425 Vgl. ebd., Bl. 9a und 9b (Loseblattsammlung, ungebunden), vom 10. Dezember 1839
426 Vgl. StADU 10/3969, vom 27. November 1839
427 Adolphs 1972b, S. 131

brik- oder Handwerksjugendlichen gibt. Diese Informationen sind deshalb interessant, weil sich hieraus weitere, über ihre Arbeitssituation hinausgehende Einsichten in ihre Lebens- und Wohnverhältnisse herauslesen lassen. Lotte Adolphs hat sich im Nachtrag ihrer Arbeit über die *Industrielle Kinderarbeit im 19. Jahrhundert unter Berücksichtigung des Duisburger Raumes* die Mühe gemacht, die auf den Listen genannten Adressen und Hausnummern mit Hilfe einiger städtischer Katasterpläne von 1824 auszuwerten.[428] Danach sind vier Merkmale für die Lebens- und Wohnverhältnisse der Jugendlichen und ihrer Familien charakteristisch:

„1. Die Häuschen an der Stadtmauer;

Enges Häuschen-Gewirr im übrigen Stadtgebiet;

Der große Wohnblock, meist nur durch die Hinterhöfe zugängig;

Menschenleere, noch nicht erschlossene Parzellen am Stadtrand.“[429]

Die meisten dieser Häuser standen direkt an der zum Teil noch bestehenden Stadtmauer im Süden der Stadt zwischen Marientor im Westen und Stapeltor im Osten. Diese, im Halbkreis die südliche Altstadt umgebende Straße *Hinter der Mauer* (die heutige *Obermauer-* und *Untermauerstraße*), war eine eng bewohnte Straße mit Einwohnern ohne Wahlrechte.[430] Der Vorteil des Hausbaus an der Stadtmauer war die billige Bauweise. Die Gebäude wurden einfach in eine bestehende Baulücke gesetzt. Das heißt, es musste nur eine Vorderfront von dem linken zum rechten Nachbarhaus gesetzt werden. Die Rückwand ergab sich durch die Stadtmauer. Der Bau der Häuser wurde durch die Arkadenstruktur der Mauer vereinfacht. Adolphs bezeichnet die Stadtmauerhäuser als „billige Halb-Fertighäuser“[431]. Der Corputius-Plan der Duisburger Altstadt von 1566 gibt ein anschauliches Bild der Stadtmauer und ihrer Arkadenstruktur wieder. Die Bebauung des Stadtkerns im durch Johannes Corputius erstellten Plan entspricht in etwa der baulich dicht gedrängten Situation der Altstadt.[432] Da die Bausubstanz des mittelalterlichen Stadtkerns bis ins 19. Jahrhundert kaum verändert wurde, ist ein direkter Vergleich zwischen dem Plan des Corputius und dem 1824 erstellten Katasterurplan der Altstadt möglich. Die beschriebenen Stadtmauerhäuser waren erst um die Wende vom 18. zum 19. Jahrhundert in bestimmten Bereichen der Stadt entlang der Mauer entstanden. Auf Grund der Ausdehnung der Stadtmauer befanden sich diese

---

428 In den Jahren 1824–1825 wurden in Duisburg erstmals umfassende *Katasterurvermessungen* durchgeführt. Ergebnis dieser Messung ist die Katasterurkarte von 1824 im Maßstab 1:1250.

429 Adolphs 1972b, S. 131

430 Vgl. StADU 70/218

431 Adolphs 1972b, S. 131

432 Vgl. Rhoden 1964

Stadtmauergebäude in allen Stadtvierteln. Auch die oben genannte zweite Gruppe eines engen Gewirrs kleinerer Häuser mit zum Teil handtuchschmalem Grundriss, befand sich in allen Stadtvierteln. Die Wohnblockwohnungen lagen wie auch die kleineren Häuser in ziemlich verbauten Kasernenhöfen, nur durch einen Hinterhof erreichbar. Aus der Lage der zum Teil gegenwärtig noch bestehenden Straßen kann man diese Wohnblocks zwischen Kuhviertel und Stapelviertel in der Nähe des Burgplatzes, also des mittelalterlichen Stadtzentrums, ansiedeln.[433] Aus einem 1841 im *Duisburger Wochenblatt* erschienenen Artikel, der sich innerhalb einer ganzen Artikelserie zur Notwendigkeit eines *Allgemeinen Duisburger Wohlfahrtsvereins* im Besonderen mit der modernen Sonntagsschul-Idee beschäftigte:

> „Wer dem Gange der Erziehung des niederen Volkes Aufmerksamkeit schenkt, wird die Ueberzeugung gewinnen, daß hauptsächlich die ersten Eindrücke derselben verderblich auf's ganze Leben wirken. Das Kind wächst gewöhnlich in Unordnung, Schmutz und Elend heran, und ist nicht selten umgeben von einem Gewerbe der Lüge und überhaupt des Lasters".[434]

Die Wohnverhältnisse eines Teils der Sonntagsschüler, die als *eng* und wenig zuträglich für eine vorteilhafte Sozialisation bezeichnet werden, heißt es: „Es giebt einzelne Wohnungen, welche zehn und mehr Familien enthalten; die recht eigentlich mit Treibhäusern verglichen werden könnten, die die sündigen Keime nach den verschiedenen Seiten ihre Ausbildung suchen."[435]

Bei den oben von Adolphs unter 4 genannten noch nicht erschlossenen Parzellen handelte es sich um ein als *Oederich* bezeichnetes Gebiet innerhalb des Altstadtkerns.[436] Die Nummern auf den Schülerlisten waren keine Hausnummern, sondern Parzellenkennzeichnungen. Da im 1824er-Katasterurplan keine Häuser eingezeichnet sind, handelt es sich vermutlich um behelfsmäßig erstellte Hütten. Lediglich drei der 62 Adressen der Jugendlichen lagen in eher bürgerlichen Wohnquartieren.

Die genannten Listen, die alle den Ort der Beschäftigung enthalten, geben ein Bild davon ab, welche der jeweiligen Vorstandsmitglieder des Sonntagsschul-Vereins, die Fabriken betrieben, Kinder und Jugendliche beschäftigten. Nach den Listen des Bürgermeisters beschäftigten von den Mitgliedern der Sonntagsschul-Vereins die Böningers das Gros der Jugendlichen. 45 jugendliche Arbeiter zwischen zwölf und sechzehn Jahren wurden beschäftigt.[437] Bei

---

433 Vgl. StADU 70/218

434 StADU 10/4279, *Duisburger Kreisblatt*. 5. Jg., Nr. 100, vom 16. Dezember 1841, S. 2f.

435 Ebd.; vgl. Teuteberg/Wischermann 1985

436 Vgl. StADU 70/218

437 Zu den Böningers, die wie die anderen Familien ein weit verzweigtes Firmenimperium besaßen, geben die Listen keine Differenzierungen nach Vornamen.

Carl und Wilhelm Carstanjen arbeiteten 11 Jugendliche zwischen zwölf und fünfzehn Jahren. Martin Friedrich Carstanjen beschäftigte 15 Jugendliche zwischen zwölf und siebzehn Jahren. Arnold Friedrich Carstanjen beschäftigte 6 Arbeiter zwischen elf und sechzehn Jahren. Davidis (Söhne) beschäftigte 2 vierzehnjährige Jugendliche und Matthes & Weber 1 Jugendlichen im Alter von vierzehn.[438] Johann Jakob Schombart beschäftigte 4 Jugendliche im Alter von zwölf und vierzehn Jahren.

Der Liste der Lehrer der Sonntagsschule kann man entnehmen, dass bei Böninger 22 Jugendliche der Sonntagsschule arbeiteten, bei Carl und Wilhelm Carstanjen waren 4 Jugendliche der Anstalt beschäftigt. Martin Friedrich Carstanjen beschäftigte 8 Jugendliche der Sonntagsschule; Adam Esch beschäftigte 1 Jugendlichen; Davidis (Söhne) beschäftigte 2 Jugendliche, welche die Einrichtung besuchten. In den weit verzweigten Duisburger Unternehmen der Familie vom Rath arbeitete der Lehrer-Liste nach nur ein Jugendlicher.[439] Der Bürgermeister nennt keinen Jugendlichen bei den Raths. Weitere Namen wie zum Beispiel der Friedrich Wilhelm Curtius erscheinen auf keiner der genannten Listen. Unter den Jugendlichen, welche die Sonntagsschule und dort insbesondere die Elementarklasse der Anstalt besuchten – und das waren die meisten der oben genannten Fabrikjugendlichen –, und die dem städtischen, zum Teil verwilderten Proletariat entstammten und „im Alter vorgerückt und verwahrloßt"[440] waren, kam es hin und wieder zu ähnlichem sozial auffälligem Verhalten, wie mit dem obigen Beispiel beschrieben. Durch die frühe Erwerbstätigkeit, eigenes Einkommen und sich hieraus ergebende frühe wirtschaftliche und soziale Selbstständigkeit wuchs eine neue Generation aus der untersten Volksschicht heran: Die Gruppe der sich selbst überlassenen Jugendlichen. Die oben im Bericht des Bürgermeisters an den Vorstand der Sonntagsschule erwähnten Jugendlichen gehörten sicherlich zu den problematischen Schülern. Der Name Kisslings taucht sowohl in der genannten Schülerliste der Sonntagsschule vom 27. November 1839 als auch in der Liste evangelischer

---

438 Das 1838 in Duisburg-Hochfeld gegründete Unternehmen Matthes & Weber ist das Stammhaus der heutigen Henkel AG in Düsseldorf. Matthes & Weber ist die älteste deutsche Sodafabrik und besteht noch gegenwärtig in Duisburg-Hochfeld als Teil eines amerikanischen Konzerns. Im November 1999 wurden erstmals Gerüchte einer bevorstehenden Liquidation des Unternehmens bekannt.

439 Vgl. StADU 10/3969, Bl. 244ff. (Liste der Fabrikkinder welche die Abendschule besuchen) vom 27. November 1839

440 LHAK Abt. 403, Nr. 8082, Bl. 376ff. Die im LHA Koblenz erhaltene Liste aus dem Jahre 1843 bestätigt die gemachten Angaben durch ähnliche Zahlen. Auch 1844 ist die Fa. Böninger diejenige mit den meisten beschäftigten Jugendlichen in Duisburg (34 Jugendliche). Das Tabakunternehmen beschäftigt im Vergleich mit anderen Unternehmen im Regierungsbezirk zwar viele Jugendliche, aber Brügelmann (Cromford) in Ratingen beschäftigte nach den Angaben, die im Oberpräsidium Koblenz enthalten sind, wesentlich mehr Jugendliche (135 Jugendliche in den Spinnereien).

Jugendlicher des Bürgermeister vom 10. Dezember 1839 auf. Ob es sich bei dem genannten sechzehnjährigen, elternlosen Carl Kissling, beschäftigt von Martin Friedrich Carstanjen, tatsächlich um den gleichen Jugendlichen, wie in dem Schreiben des Bürgermeisters vom 21. März 1839 an den Vorstand handelt, ist zwar nicht genau zu klären, liegt aber, da der Name Kissling nicht häufiger, also für mehrere Jugendliche, auftaucht, im Bereich des Wahrscheinlichen. Die Namen der anderen Jugendlichen werden in keiner der beiden Listen vom November oder Dezember geführt. Im Falle der Liste der Sonntagsschule kann man einen Verweis von der Anstalt vermuten. Welche Maßregel der Vorstand für die auffällig gewordenen Jugendlichen getroffen hat, ist aus den Akten nicht weiter ersichtlich. Das Fehlen auf den Listen des Bürgermeisters kann, da es sich hierbei nur um Listen im Kontext des 1839er-Regulativs handelt, an einem höheren Alter der Betreffenden als 16 Jahre liegen. Die vorstehenden Angaben gehen über den institutionellen Rahmen der Sonntagsschule weit hinaus. Sie vermitteln aber einen plastischen Eindruck vom Klientel der Einrichtung.

Junkermann kritisiert im Übrigen im oben genannten Schreiben nicht das erzieherische Scheitern der Sonntagsschule, sondern vielmehr das Versagen bisheriger Erziehungsinstanzen, wie Elternhaus, allgemeine Volksschule, Fabrikherren und Meister. Der Mangel an Erziehung wurde gerade in Straßenszenen sichtbar, wie sie oben deutlich werden und verschreckte das Bürgertum. Daher musste die Sonntagsschule, als eine Antwort auf die sozialpädagogisch bedeutsame Frage, wie man die *Erziehungslosigkeit* der Jugend aus dem *einfachen Volk* überwinden könne, als notwendig und unentbehrlich betrachtet werden.

6. Zum Zweck der Duisburger Elementar-Sonntagsschule sowie zu den Unterrichtsinhalten, Methoden, Prinzipien und zum pädagogischen Verhältnis

In der Sonntagsschule ging es um die sittlich-ethische, intellektuelle und gewerbliche Förderung jener Unterschichtjugendlichen, die sich für die Ausübung eines Gewerbes (in Industrie oder Handwerk) entschieden hatten oder entscheiden wollten. Die bürgerliche Sonntagsschule war eine pragmatische pädagogische Antwort auf die in der Hardenberg-Enquête aufgeworfene sozialpolitische und sozialpädagogische Frage. Aus sozialfürsorgerischen Motiven war die Sonntagsschule mit gewerblicher Ausrichtung ein Instrument allgemeiner Menschenbildung. Sie diente dem sozialen Aufstieg in die bürgerliche Existenz, der sozialen Hebung der Lage der Handwerker und Arbeiter, ihrer Emanzipation, damit der Förderung des Gewerbestandes und der Befriedung der Gesellschaft durch Teilhabe (Demokratisierung) an den neuen ökonomischen und gesellschaftlichen Möglichkeiten. Die Sonntagsschule wurde von den Freimaurern als ein Baustein zur Demokratisierung der Gesellschaft in dem Sinn begriffen, dass sie die prinzipielle Offenheit in den Chancen (zu individueller und sozialer Entwicklung) ermöglichen wollten. Sie war eine Institution, die für die Integration in die bürgerliche Gesellschaft erzog und jedem die bürgerliche Existenz ermöglichen wollte, der entsprechend leistungsbereit war. Das Zielsubjekt der pädagogischen Arbeit war der berufsstolze Bürger, dessen Selbstbewusstsein sich aus zwei Quellen speiste: beruflichem Können, damit einer gesellschaftlichen Aufgabe und einem Platz im Leben und den mit der bürgerlichen Existenz gegebenen Freiheits- und Bürgerrechten. Bei der Selbsttätigkeit waren die Pädagogen Weggefährte, Freund und Berater und gaben Unterstützung, Reflexionshilfe und Halt. Diesen Zielen dienten die Unterrichtsinhalte, die didaktischen und methodischen Prinzipien und die Gestaltung des pädagogischen Verhältnisses. Aus der vorstehenden Darstellung des Preuskerschen Konzeptes ist deutlich geworden, dass bei den Fragen nach Inhalten, Methoden und dem pädagogischen Verhältnis die freimaurerischen Ideale bestimmend waren.

Der Bericht Johann Jacob vom Raths an den Bürgermeister vom 8. März 1834 charakterisiert die Rolle der Lehrer beziehungsweise das pädagogische Verhältnis zwischen Lehrer und Schüler in der genannten Weise. Der vorherige Bericht der Lehrer an den Logenvorstand hatte die hohe ethische Verpflichtung und fürsorgerische Hingabe deutlich gemacht, welche die Pädagogen bei ihrer Arbeit empfanden.[441] Die Lehrer der Schule begründen darin die Motivation ihrer Tätigkeit mit den Idealen der Freimaurerei: „Unter dem, was wir thaten, um unser Streben als ein wahrhaft menschenfreundliches vor uns und vor der Welt zu bethätigen, steht vielleicht die Errichtung einer Sonntagsklasse für Handwerker und Fabrikarbeiter obenan".[442]

Die Lehrer heben ihr Streben nach wohltätiger Menschenliebe und sozialem Ausgleich durch Hinwendung auf die Bedürfnisse einer sozial benachteiligten Klasse hervor und kennzeichnen diese innerweltliche Arbeit als „Fortbildung der Veredlung des gesellschaftlichen Zustandes in allen Beziehungen"[443]. Im Bestreben nach wohltätiger Nächstenliebe, fahren sie fort, „glaubten wir unser Augenmerk vorzüglich auf eine Klasse der Gesellschaft hinwenden zu müssen, deren geistige und gemüthliche Bedürfnisse in der Regel weniger berücksichtigt werden und die also die dringensten und gerechtesten Ansprüche an die Mauerer macht: Unsere Aufgabe erkannte wir als eine doppelte. Es sollte zunächst jungen Leuten dieser Klasse Gelegenheit gegeben werden, die Kenntnisse, die sie überhaupt der gebildetern Stände näher zu rücken und solche die

---

441 Vgl. StADU 10/2276 b), Bl. 37ff. (o.D.)
442 StADU 10/2276 b), Bl. 37a
443 Ebd.

einem Jeden die für sein Gewerbe nützliche und verschönernde Bildung zu geben vermöchten, sich zu erwerben oder in ihnen sich zu vervollkommnen. ... Die zweite ganz eigentliche maurerische Aufgabe war die, das ganze Leben dieser Menschen einen wohlthätigen Einfluß auszuüben. Erscheint die vollständige Lösung dieser hohen Aufgabe als höchst schwierig, ja als kaum erreichbar, so ist doch die Vereinigung einer größeren Zahl von jungen Leuten dieser Klasse zu einem schönen Zwecke, zu nützlicher Beschäftigung am Tage der Muße, zur Erlernung schöner und nützlicher Kenntnisse gewiß schon ein großer Schritt zur Lösung dieser Aufgabe gethan und zu unsrer Genugthuung und mit maurerischer Freude dürfen wir versichern, daß in dieser Beziehung sich schon die wohlthätigen Folgen dieser Anstalt erkennen lassen. Das Zusammenseyn mit diesen jungen Leuten während der Schulzeit, ihre sich deutlich Kunde gebende Dankbarkeit für einen ihnen so wohltätigen, unentgeltlich gebotnen Unterricht, das in ihnen erweckte Vertrauen, daß sie nicht vergessen oder zurück gesetzt sind, sondern daß man mit herzlicher Theilnahme sich ihrer nähert und um ihr Bestes bemüht ist – dieses Alles hat beigetragen, ein Band zwischen uns und den Schülern unsrer Anstalt zu knüpfen, daß wir nicht wissentlich und frevelnd zu zerreißen gedenken. Wir suchen übrigens auch über den ganzen Lebenswandel unserer Schüler uns in Kenntnis zu setzen, sind deshalb mit der Orts-Behörde, mit den Pfarrern, mit den Brodherrn und Meistern in Verbindung getreten und jeder Bruder hat die Verpflichtung auf sich genommen, auf denjenigen unsrer Schüler mit denen er irgendwie in Berührung kommt, ein wachsames Auge zu haben, ihr Vertrauen durch Erweisung wahrer Teilnahme rege zu machen, ihnen in Verlegenheiten, wenn sie ihm Kund geworden sind, zu rathen und zu helfen, denjenigen, welche er auf solchem Wege sieht, mit Liebe zu warnen und zurückzuführen."[444]

Aus der Passage wird das pädagogische Verhältnis deutlich, das die Pädagogen mit den Jugendlichen eingingen und das sich eindeutig als *sorgende Beziehung* charakterisieren lässt. Die Jugendzeit wird in dieser vormärzlichen Phase des gesellschaftlichen Umbruchs als eine für die seelische Entwicklung „gefahrdrohenste"[445] Zeit im Leben erkannt.

„Indem sie [die Jugendlichen] sich dem Leichtsinn und der Unordnung ergeben, sich zur Sinnlichkeit hinneigen, nach und nach wohl auch Unschuld und Tugend, und ein

---

444 Ebd.; Hervorh. im Original. Am Beginn des Berichtes findet sich bei Armstroff eine kleine Unrichtigkeit in der Abschrift des Dokumentes. Der Satz „glaubten wir unser Augenmerk vorzüglich auf eine Klasse der Gesellschaft hinwenden zu müssen, deren geistige und gemüthliche Bedürfnisse in der Regel weniger berücksichtigt werden und die also die dringensten und gerechtesten Ansprüche an die Mauerer macht" endet bei ihm mit „und die also die dringensten und gerechtesten Ansprüche an den Humanismus macht" (1882, S. 111).
445 Ebd.

reines Gewissen, meist unbedachtsam Preis geben, dafür aber körperliche und geistige lebenslängliche Kränklichkeit und Verdorbenheit, frühen Tod oder doch ein nagendes Gewissen, wenn nicht zugleich auch noch öffentliche Schande und obrigkeitliche Strafe, als Lohn dafür, einerndten."[446]

Beispiele solcher *Einerdten* finden sich in den Duisburger Quellen im Rahmen von Polizei- oder Bürgermeistereiberichten.[447] Preusker führt seinen Text weiter mit:

„Ungezügelte Sinnenlust und Genußsucht, Arbeitsscheuheit, Spiel, Trunk, Verschwendung, Unkeuschheit, Unredlichkeit und ähnliches Unrecht, sind die Klippen, woran so Viel scheitern. Unzählige könnten vor diesem unheilvollen Leben gesichert, oft noch, bei den ersten Schritten dahin von weiterem Verfalle in Unsitte, zu ihrem Lebensglück und Heil gerettet und zugleich zu der Ihrigen Freude und Wohl erhalten werden, wenn ihnen eine verständige Nacherziehung zutheil würde"[448]

Diesen Faden greift der Duisburger Bericht auf:

„Wir verkennen keineswegs, daß das, was wie in dieser Beziehung ein Ideal ist, daß die That stets weit hinter dem Vorsatz zurück stehen wird; aber wir sind auch der Meinung, daß wir Großes schon gethan haben, daß das ganze Unternehmen gerechtfertigt ist, ja seinen Zweck erreicht hat, wenn uns dadurch möglich gemacht worden ist, *einmal* einen jungen Handwerker, der irgend in Noth und Verlegenheit sich befindet, ein Herz voll Theilnahme zu zeigen, *einen* Gesellen, der auf schlechtem Wege geht, auf einem besseren leiten zu helfen. Und wie die Liebe durch Liebe wächst, so wird jedes redlich gemeinte Wort der Liebe, mit dem wir einen einsam stehendem und verschlossenem Jüngling dieser Klasse zu uns heranziehen ein Stein werde zum Fortbau unsres Tempels. ... Es liegt uns das Schicksal dieser Menschen um so mehr am Herzen, da vielleicht keine Volksklasse so wie sie oft durch ganz außer ihrer Schule liegende Umstände von dem zartesten Alter an für Höheres und Besseres abgestumpft wird. Möchten die Logen, besonders die in Fabrikstädten sich der sittlichen und intellectuellen Zustand dieser Klasse zum Gegenstand ihrer Sorgfalt und wechselseitigen Mittheilung machen!"[449]

Nees von Esenbeck schildert 1833 das Verhältnis zwischen Schülern und Lehrern in Duisburg folgendermaßen:

---

446 Preusker 1842 (Bd. 5), S. 3
447 Vgl. StADU 10/4279, Bl. 63 (Bericht des Bürgermeisters an den Sonntagsschulvorstand vom 21. April 1839)
448 Preusker 1842 (Bd. 5), S. 3
449 StADU 10/2276 b) Bl. 37b

„Das Zusammenseyn mit diesen jungen Leuten während der Schulzeit, ihre sich deutlich Kund gebende Dankbarkeit für einen ihnen so wohltätigen, unentgeltlich gebotnen Unterricht, das in ihnen erweckte Vertrauen, daß sie nicht vergessen oder zurück gesetzt sind, sondern daß man mit herzlicher Theilnahme sich ihrer nähert und um ihr Bestes bemüht ist – dieses Alles hat beigetragen, ein Band zwischen uns und den Schülern unsrer Anstalt zu knüpfen, daß wir nicht wissentlich und frevelnd zu zerreißen gedenken."[450]

Die Schilderung Esenbecks, die sich wiederholt in allen inhaltlichen Berichten der Lehrer wiederfindet, vermittelt eine wichtige Voraussetzung für den tatsächlichen Erfolg der Sonntagsschule. Danach war der Unterricht für die Jugendlichen eine eher positiv erlebte Zeit. Historische Darstellungen aus der Zeit vermitteln häufig ein anderes Bild der Nachbildungsschulen für jugendliche Arbeiter: ungeduldige Lehrer, die ihren Dienst eher als degradierend und unwürdig empfanden und daher jede pädagogische Verantwortung im Kontakt mit den Jugendlichen vermissen ließen sowie einen wenig interessanten und stark mechanisierten Unterricht anboten.[451] Esenbeck und seine Kollegen vermitteln einen hohen Grad ideeller Überzeugung und pädagogischer Verantwortung. Die Ideen der Menschenliebe, die Anerkennung der Individualität des Schülers, der Gedanke der Menschenverbrüderung, die anthropologischen, liberalen und philosophischen Prinzipien der Freimaurerei bestimmten in jeder Hinsicht das pädagogische Verhältnis, die Unterrichtsinhalte und die didaktischen und methodischen Prinzipien. Der weitere Erfolg der Schule, ersichtlich aus den entsprechenden Besuchszahlen, und die freigeistig-humanistische Haltung der Lehrer, die ihren Dienst, so vermitteln alle weiteren Berichte, aus sozialer und pädagogischer Verantwortung wahrnahmen, lassen Selbstdarstellungen wie die Esenbecks glaubhaft erscheinen. Unterrichtet wurde in den ersten Jahren nur am Sonntag. Erst mit Konstituierung des Sonntagsschul-Vereins konnte der Unterricht auf die gesamte Woche ausgedehnt werden. Der einzige unterrichtsfreie Tag an der Sonntags- und Abendschule war der Samstag. Diese Ausweitung des Unterrichtsumfanges wurde in den folgenden Jahren gelegentlich, das heißt vorübergehend, zurückgenommen, wenn die Nachfrage bei den Sonntagsschulzöglingen für einen Abendunterricht nachließ.

---

450 Ebd.
451 Vgl. Agahd 1902, Alt 1958, Hoppe 1958, Meyer 1971, Adolphs 1972a etc.

6.1. Zum Fächerkanon in der Duisburger allgemeinen Sonntagsschule (zweite Abteilung oder Elementarklasse)

Zur Bedeutung, zum Inhalt und den Methoden der genannten Fächer werden zunächst Preuskers Reflexionen und Anregungen vorgestellt. Im Anschluss kommen die Duisburger Quellen zur Sprache. In beiden Fällen beschränkt sich die Darstellung auf Ausgewähltes; die direkte Gegenüberstellung dient dazu, die zu Grunde liegende freimaurerische Erziehungs- und Bildungskonzeption erkennbar zu machen.

6.1.1. Deutsch (Sprachkunde, Lesen, Rechtschreiben, Schönschreiben) und Logik (folgerechtes, vernunft-gebundenes Denken)

Zur Bedeutung dieses Faches sagt Preusker:

> *„Deutsche Sprach- und Stylübungen* mit besonderer Rücksicht auf die bei den Gewerben vorkommenden Schriften (Briefe, Rechnungen, Kostenanschläge, Tararations- und sonstige Gutachten ec.) und mit gesprächsweise Wiederholung, wie mit späterer Aufsetzung des Abgehandelten zur Uebung der Denkkraft, und zur schriftlichen wie mündlichen Darstellungsgabe. Mit diesem Cursus ist zugleich eine Erklärung der am öftersten vorkommenden Fremdwörter (einigermaßen als ein Ersatz für die ermangelnde Kenntniß fremder Sprachen) zu verbinden. Der Sprachunterricht gibt den Lehrern zugleich Veranlassung mittelst Einwebung der Hauptregeln einer practischen Logik, die jungen Leute im folgerechten Denken und Urtheilen zu üben. Zu der ebenfalls nöthigen Uebung im mündlichen Vortrage, meist in den Schulen völlig vernachlässigt, wie zur schriftlichen Stylübung eignen sich insbesondere schriftliche und mündliche Erzählungen von erlebten Begebenheiten (Reisen, biographische Schilderungen in Bezug auf die eigene Schul- und Gewerbsbildung ec.) oder beobachteten Gegenständen, z.B. vom Gange der eigenen Gewerbebetreibung und den dabei vorkommenden Maschinen.“[452]

Die Sprachkunde nennt er die „natürliche practische Logik ... [die] den Verstand im richtigen Denken“[453] übe. Der von ihm skizzierte Zweck des Deutschunterrichtes offenbart seine weitergehende Bedeutung. Es ging hier nicht um das bloße Erlernen von Lese- und Schriftkenntnissen, sondern um die Bildung im selbstständigen Denken und Urteilen, in der praktischen Logik, in der Schulung der je eigenen Werthaltung, um ethische Grundsätze, aber auch um die soziale Erziehung, mithin um eine *soziale Alphabetisierung* der Sonntagsschüler. Schon im Deutschunterricht findet sich das Bestreben zur Allgemeinen

---

452 Preusker 1835b, S. 168
453 Preusker 1837, S. 48

Menschenbildung und zur spezielleren Gewerbsbildung. Zugleich zeigt sich hier der *sozialpädagogische* Auftrag der Sonntagsschule. Wie andere moderne sozialpädagogische Institutionen zielte sie zweifach auf Emanzipation ihrer Zöglinge. In der Einrichtung erhielten die Jugendlichen Lerngelegenheiten und Hilfestellungen zur selbstständigen Auseinandersetzung mit eigenen und damit zugleich mit gegebenen gesellschaftlichen Bedingungen; andererseits diente die Sonntagsschule der Beseitigung gegebener Mängel und Behinderungen der eigenen Entwicklung. Die Einbeziehung von selbst Erlebtem („Reisen, biographische Schilderungen in Bezug auf die eigene Schul- und Gewerbsbildung"[454] et cetera) oder Beobachtetem macht die intendierte Auseinandersetzung mit eigenen und zugleich mit gegebenen gesellschaftlichen Bedingungen deutlich. In den Reflexionen Preuskers zum Zweck des muttersprachlichen und des darüber hinausgehenden Unterrichts wird das von ihm mehrfach genannte Ziel der Brechung des Bildungsprivilegs in Form der gleichwertigen Bildung für alle gesellschaftlichen Stände deutlich. Eher noch als Mager stellt Preusker die Forderung, dass dem ganzen Volk ohne Berücksichtigung der gesellschaftlichen Stellung eine gleichwertige Bildung zu vermitteln sei. Die Beseitigung von Bildungsschranken für alle, Ärmere und insbesondere auch Frauen, stellt eines seiner wichtigsten bildungspolitischen Ziele dar.[455] Er reflektiert auch immer wieder den Wert der Fremdsprachenbildung für Jugendliche aus dem einfachsten Volk.[456]

Lesen und Schreiben waren vor allem in den Jahren bis circa 1840 notwendige Inhalte, weil die Rate der Analphabeten hoch war. Die Sprachkunde, Orthographie, Grammatik und ähnliche systematische Regeldetri stellt in Preuskers Ansatz einen wichtigen Teil der Jugendbildung dar, weil sie neben Lesen und Schreiben, zugleich „eine natürliche practische Logik, den Verstand im richtigen Denken"[457] schulten, welche nicht nur den gebildeteren Ständen, sondern auch den „niedern Classen" im täglichen Leben zugute käme. „Denn eine Hauptsache ist es unbedingt mittelst einer formalen Verstandeserhaltung die Jugend möglichst zeitig zum *Selbstdenken zu gewöhnen*, welches Letztere so unzählige Erwachsene nicht zu gebrauchen pflegen."[458]

Der Begriff des *Selbstdenkens* oder der Logik ist ein bei Preusker sehr wichtiger Begriff. Ballauff hebt in seinem bekanntlich in Kantischer Tradition stehendem pädagogisch-philosophischen Ansatz hervor, dass moderne Bildung und Erziehung in der *Freigabe zur Selbstständigkeit im Denken* besteht, die

---

454 Preusker 1835b, S. 168
455 Vgl. Gedrath 2002
456 Vgl. Preusker 1835b, S. 166ff.
457 Ebd., S. 49
458 Ebd., S. 55. Auch der Freimaurer Lessing hatte diese Notwendigkeit hervorgehoben, wenn er diagnostizierte: „Der größte Fehler, den man bei der Erziehung pflegt, ist, daß man die Jugend nicht zum eigenen Nachdenken gewöhnt."

erst zur Selbsttätigkeit und Selbstständigkeit im Handeln führt. Darin erst erfülle sich der emanzipative und partizipative Charakter der Pädagogik.[459] In diesem Sinn ist auch Preuskers Begriff des Selbstdenkens zu verstehen, nämlich als Freigabe durch Befähigung zum Selbstdenken.

Auf Grund der oben dargestellten Lebens- und Sozialisationsverhältnisse der Adressaten der Duisburger Sonntagsschule und des schlechten Vorbildes in der Kinderzeit, meist älterer Gesellen oder Arbeiter am Erwerbsort, zeugen die vorgefundenen Quellen häufig von der *verdorbenen, schlechten Aussprache* der Schüler[460] beziehungsweise einem *Jargon*, der die soziale Randständigkeit ausdrückte und die soziale Integration schwierig machte.[461] Der Bericht des Logenvorstandes an den Bürgermeister von 1834 sprach diese Schwierigkeiten an.[462] Bei den Schülern handelte es sich zum großen Teil um Analphabeten. Auf diese Bedingungen waren die Ziele des Unterrichts eingestellt. Schreibübung, Orthographie, Schönschreibung und Leseübungen zielten auf einfache Grammatik- und Orthographiekenntnisse, auf das Vermögen deutlichen und richtigen Schreibens, deutlichen Sprechens, sinngemäßen Erfassens von Lektüren – so sollte das Gelesene mit eigenen Worten wiedergegeben werden, um das Vermögen inhaltlichen Erfassens selbst gelesener Texte zu überprüfen – und eine leserliche Handschrift. Das Schönschreiben diente in diesem Konzept neben der Übung auch der ästhetischen Erziehung.

Das erste Ziel des Deutschunterrichtes war die deutliche Aussprache. Dieses Ziel wurde durch laute Leseübungen erreicht. Die Quellen geben verschiedene Zeugnisse von dieser Methode. „Erstrebt wird lautes, deutliches und geläufiges Lesen, sowie Auffassung des Inhaltes durch Vorlesen, Erklären, Nachlesen und Abfragen"[463]. Vor allem jeder der in der Fabrik beschäftigten Schüler benötigte spätestens ab dem Vormärz ausreichende Kenntnisse im Lesen, da er neben den verbalen Arbeitsaufträgen und Anordnungen, schriftliche Arbeitsanweisungen, Bedienungsanleitungen oder auch beigegebene Illustrationen oder Bedienungsanleitungen mit Verständnis lesen können musste. Gleichermaßen war im Beruf die Fähigkeit zum Schreiben notwendig, da – gerade im Schichtbetrieb größerer Fabriken – zunehmend Arbeitsjournale abzufassen und Mitteilungen an die nachfolgende Schicht zu vermerken waren. Die Fabrik wurde sukzessive parallel zum Wachsen ihrer Größe und Or-

---

459   Vgl. Ballauff 1984, S. 425ff.; 1979, S. 8–27; vgl. auch Heitger 1980, S. 199–220
460   Vgl. StADU 10/2276 b), Bl. 46b.
461   Stange, Lehrer an der Dresdner Sonntagsschule, bestätigt dies durch die von ihm herausgehobenen Ziele des Unterrichts. Die Jugendlichen sollen durch den Unterricht „beiläufig die conventionellen Umgangsregeln kennenlernen, um sich mit Erfolg durch die Welt zu helfen". Das Lesen und die Übung der Aussprache soll zu solcher Sprache verhelfen: „a) laut; b) deutlich und ausdrucksvoll, oder schön" (1829, S. 34).
462   Vgl. StADU 10/2276 b), Bl. 46b; Hervorh. im Original
463   Zit. bei Armstroff 1882, S. 178

ganisation (Konzernstrukturen, Schichtbetrieb, Arbeitsteilung) zum literaten Arbeitsplatz, der nicht mehr ohne schriftliche Instruktionen et cetera auskam. Zeitgenössische Artikel, die sich mit der Arbeiterbildung befassten, machen deutlich, dass Lesen und Schreiben unmittelbar zur allgemeinen Bildung dazugehörte und diese Fertigkeit überall im praktischen Leben verlangt wurde.[464] Die Quellen bestätigen dies wiederholt. Im Schreibunterricht lernten die Schüler auch das Formulieren und Gestalten schriftlicher Anträge und die Ausfertigung von Kaufverträgen und Schuldscheinen, auch um gewisse rechtliche Grundkenntnisse vor allem in kaufmännischer Hinsicht zu erwerben.[465] Der Unterricht im Schreiben zielte, wie die gesamte Sonntagsschulpädagogik auf die Erhöhung der Autonomie der Schüler, einen selbstbewussteren Umgang im sozialen Verkehr und die Reflexion der eigenen Lebenssituation. So berichtet Niewöhner im Jahre 1848:

> „Der Schreibunterricht beschränkt sich bekanntlich nicht nur darauf, daß die jungen Leute eine leserliche Handschrift schreiben lernen, sondern er will sie vielmehr befähigen, daß sie sich in ihren Verhältnissen verständlich und ohne große Verstöße ausdrücken, die im gewöhnlichen Leben vorkommenden Geschäftsaufsätze – Rechnungen, Quittungen, Anweisungen, Schuldscheine, kleine Briefe etc. – selbst anzufertigen vermögen. Ebenso berücksichtigt auch der Rechenunterricht, sobald die mechanische Fertigkeit in den vier Species erzielt ist, möglichst den Beruf, und die Lebensverhältnisse der Lernenden."[466]

Hier wird die Intention erkennbar, den Schülern ein besseres persönliches Schicksal verschaffen zu wollen und sie für ihre individuellen Lebensziele, zu bilden und zu erziehen. Die Schüler sollten befähigt werden, *sich mit Erfolg durch die Welt zu helfen*. Basierend auf dem Menschenbild der Freimaurer wurde im Unterricht nicht primär das Mechanisch-repetetive, wie „Hersagen des auswendig Gelernten"[467] oder ähnliches geübt wie an der Elementarschule. Der Unterricht in der Sonntagsschule zielte stattdessen vor allem auf die Denkkraft der Jugendlichen, auf ihr Verständnis und ihre Reflexionsfähigkeit. Dieses Ziel der bürgerlichen Sonntagsschulen muss, neben dem gewerbsbildenden Anteil, der sukzessive von vielen öffentlichen Elementarschulen übernommen wurde, als der bedeutende Unterschied angesehen werden. Während die öffentlichen Schulen trotz Bildungsreform von oben ihre Schüler eigentlich immer noch zu industriösen Arbeitern *aus*bilden wollten, und hier zeigt sich die große Differenz zwischen Anspruch und Wirklichkeit, wollten die bürgerli-

---

464 Vgl. Diesterweg 1835, S. 621
465 Bork 1965, S. 94
466 StADU 10/4181
467 Wittmütz 1981, S. 43

chen Stifter durch die Menschen- und Verstandesbildung einen Bürger erziehen, der zwar vielseitiger einsetzbar, aber im Geiste doch frei und autonom und Herr seiner Selbst war. Auf Grund der in jedem Beruf notwendigen Anforderungen waren die Fächer Deutsch und Zeichnen sehr beliebt. Wie im Zeichenunterricht, hatten die Schüler mit den Lernfortschritten einen unmittelbar spürbaren, praktischen Nutzen. Auch der Chronist der Duisburger Sonntagsschule Armstroff nennt die beiden Fächer als die beliebtesten bei den Jugendlichen.[468] Der Unterricht zielte jedoch nicht nur auf die beruflich erforderlichen Qualifikationen, sondern zumal auf die selbstständige Erstellung *schriftlicher Anträge* in jeder Form. Solcher Unterricht weist auf ein großes Maß an Realitätsbezug hin. Nicht alle Jugendlichen besuchten die Anstalt regelmäßig und waren erfolgreich. Die jährlichen Schülerlisten der Lehrer belegen, dass etliche Schüler die Sonntagsschule schnell wieder verließen, weil sie aus verständlichen Gründen nicht den einzigen freien Tag der Woche opfern wollten. Der Sonntagsunterricht verlieh der Einrichtung den Charakter des Anhängsels an die Tagearbeit sowie an das bestehende Bildungssystem, was sich weder günstig auf die Einstellungen der Schüler noch der Fabrikherren und Handwerksmeister auswirkte. Die Sonntagsschüler, deren Selbstbewusstsein in jedem der erteilten Fächer gestärkt werden sollte, wurden durch die Vermittlung autonomer Schriftlichkeit auch im Umgang mit Behörden oder anderen Obrigkeiten geschult. Auch im Falle des notwendig werdenden Umganges mit den Armenbehörden, dem Fall, auf dessen Verhinderung alle Regsamkeit der Sonntagsschule zielte, sollten die Jugendlichen ihre gestärkte Selbstständigkeit durch gelernte Handlungskompetenzen bewahren. Durch den Unterricht im Abfassen von Anträgen, Bittschriften et cetera wurden sie auf den Umgang mit den Armenbehörden vorbereitet.

Die Übung und Verselbstständigung im Denken hatte Preusker inhaltlich vor allem den Fächern Deutsch, Rechnen und moralisch-sittliche Erziehung zugeordnet. Denk- oder Verstandesübungen waren in seinem Ansatz aber keine so genannten *reinen* oder *angewandten* Denkübungen, die, „an irgend einem bestimmten, positiven Lehrstoff, z.B. der Zahl, der Form, der Sprache ec., vollzogen werden"[469]. Dies hatte beispielsweise bei Herbart, gegen den sich verschiedene Lehrer der Duisburger Sonntagsschule ausdrücklich wandten[470], zur Mechanisierung des Unterrichts geführt. Auf Pestalozzi geht die Einführung von Verstandes- oder Denkübungen zurück, die unabhängig von einem bestimmten Fach oder einem formellen Nutzen waren. Der Jugendunterricht an der Sonntagsschule im Ganzen und speziell der Unterricht im Denken, sollte in dieser ungebundenen Weise den Grund zur Selbsttätigkeit und Selbstständigkeit

---

468 Vgl. Armstroff 1882, S. 122
469 Diesterweg 1835, S. 159
470 Hollenberg 1875, S. 181

legen. Die Aufgabe der Sonntagsschule und der Bürgerschaft sei, so formulierte es der neue Präses der Einrichtung ab 1836, Landfermann, dies durch kluge Politik sicherzustellen. Dabei hebt er die oben genannten Ziele des Deutschunterrichtes hervor: „in ihrem nächsten Berufsleben vorkommend[e]" Anforderungen hinsichtlich der Schriftlichkeit genügen zu können und dabei „die nöthige Ordnung, Klarheit, Zusammenhang und Richtigkeit der Gedanken"[471] zu besitzen. In verschiedenen Dokumenten findet sich immer neben dem Hinweis auf die zu erlernenden Kulturtechniken Lesen, Schreiben und Rechnen die unbedingte Notwendigkeit des weiteren Zieles: des Vermögens zum Erfassen und Verstehen logischer Zusammenhänge, des Urteilens und Gewinnens einer Haltung zu den Dingen. Das selbstständige Denken erhöhe die Selbstständigkeit und führe darüber hinaus zur letzten aller Sonntagsschulintentionen, zur Sittlichkeit, und erst hiermit zur Emanzipation, zur Autonomie, zur Sozialität. Armstroff verdeutlicht, dass gerade erst in der Zeit des frühen Erwachsenenalters zwischen 14 und 25 Jahren, wenn die Zeit für die Nachschule sei, also „erst im Jünglingsalter jene Bestimmtheit, Kraft, Schärfe und Klarheit"[472] erlangt werde, „welche für die höhere Denkthätigkeit zum sicheren Kombinieren und Abstrahieren, zur gewandten Bildung von Begriffen, Urteilen, Schlüssen etc. erforderlich sind".[473]

Im Deutschunterricht wie in anderen Fächern ging es den Lehrern nicht nur um die Vermittlung von intellektuellem Wissen und praktischen Fertigkeiten, sondern auch um die Vermittlung von Erkenntnis. Die Bildung im selbstständigen Denken und Urteilen, in der praktischen Logik zielte mehr noch in der sittlichen Erziehung auf die je eigene Werthaltung und ethische Grundsätze der Sonntagsschüler. Im Rahmen der bürgerlichen Sonntagsschulpädagogik freimaurerischer Herkunft ging es um die Haltung, um den Charakter des Menschen, um die Art, wie er seine Eigenschaften entwickelt und einander zuordnet. Letzlich zielte der Unterricht nach Bekunden der Pädagogen, wie die gesamte Institution der Sonntagsschule, auf die Autonomie und spezieller: auf die *soziale Alphabetisierung* oder Erhöhung der sozialen Kompetenz der Jugendlichen.

6.1.2. Rechnen (Kopf- und Tafelrechnen)

Der Rechenunterricht an der allgemeinen Sonntagsschule zielte prinzipiell, wie das Fach Deutsch, auf die Schulung der Logik. Das Rechnen bezeichnete Preusker als „ein wichtiges Hilfsmittel, um den Verstand aufzuhellen, den

---

471 StADU 10/4279, Bl. 32a
472 Armstroff 1882, S. 13
473 Ebd.

294

Scharfsinn zu wecken".[474] Aus vielen historischen Dokumenten wird deutlich, dass von vielen ehemaligen Elementarschülern das Rechnen als die höchste und schwierigste Kunst betrachtet wurde. Aus dem Kontext der Jahresberichte der Duisburger Pädagogen ergibt sich, dass die Fächer selten isoliert gegeben wurden. Ähnlich wie die Fähigkeit im Lesen und Schreiben, aber doch in besonderer Weise, war die Kenntnis des Rechnens eine der Schlüsselqualifikationen der modernisierten Arbeitswelt und Teil der historischen Alphabetisierungsbemühungen. Rechnen machte insgesamt einen hohen Anteil in den Stunden aus. Zur Begründung findet sich in historischen Darstellungen das Argument die Begründung, „daß Rechnen den Verstand am besten bilde"[475]. Die Duisburger Sonntagsschullehrer mussten die Schüler immer wieder motivieren. Daher wurden die einzelnen Inhalte häufig am lebensnahen Beispiel gegeben. Die Lehrer heben in ihren Rapporten hervor, dass wie alle Fächer „auch der Rechenunterricht ... möglichst ... die Lebensverhältnisse der Lernenden"[476] berücksichtigen sollte. Zudem wurde versucht, die Vermittlung des Stoffes durch natürliche Anschauungsbeispiele erlebbar zu machen. Im Unterricht wurde auch zur Lösung von Rätseln angeleitet, um die Motivation der ausdauerschwachen Schüler zu steigern. In den ersten Jahren wurde der Rechenunterricht für die jeweiligen Abteilungen (Elementar-Sonntagsschule und Gewerb-Sonntagsschule) getrennt gegeben. Die Stundenpläne geben keine genaue Auskunft über den Unterschied des nach Adressaten getrennt unterrichteten Faches. Allerdings ist evident, dass der Unterricht in der Gewerbabteilung höhere Kenntnisse voraussetzte.[477] Diese Trennung wurde aber 1835 aufgegeben.[478] Warum diese gesonderte Unterrichtung aufgehoben wurde, ist unklar. Wahrscheinlich stellten sich die Unterschiede in beiden Abteilungen als nicht so gravierend dar, als dass eine weitere Teilung zu rechtfertigen gewesen wäre. Auf Grund der Bemerkungen der Lehrer zu den Fortschritten der Schüler ist deutlich, dass die Sonntagsschulzöglinge Defizite in befriedigender Weise aufholten; es scheint aber immer auch die Klage durch, dass die Rechenkunst der Jugendlichen nicht den erhofften Stand erreichte. Daraus lässt

---

474 Preusker 1837 (Bd. 2), S. 44

475 Freise 1942, S. 27

476 StADU 10/4181

477 Dies wird bestätigt durch die Lectionspläne der vergleichbaren bürgerlichen Einrichtungen. So wurde auch in der Dresdener Sonntagsschule der Rechenunterricht in den ersten Jahren in beiden Abteilungen getrennt gegeben. In der dortigen *ersten Classe* wurde *Mathematik*, das heißt „Verhältniß- und Proportionslehre und deren Anwendung; Potenzen-Lehre, Ausziehung der Quadrat- und Cubikwurzel; Elementar-Geometrie; Stereo-Geometrie; Statik in Beziehung auf die Construction und den Gebrauch von Maschinen", gegeben, während die *zweite Classe* nur *Rechnen*, d.h. die „vier Rechnungsarten mit ganzen und gebrochenen, unbenannten und benannten Zahlen" (Lehrplan der Dresdner Sonntagsschule im Anhang dieser Arbeit), erhielt.

478 Vgl. StADU 10/4279 (Bericht des Präses der Sonntagsschule vom 16. April 1835)

sich schließen, dass die Zusammenlegung wahrscheinlich die Aufgabe des *Rechenoberhauses* bedeutete. Aus den Quellen geht die in sozialpädagogischen Kontexten typische lernprozessorientierte Vorgehensweise hervor. Die Unterrichtsziele waren gebunden an die Person der Lernenden. Die Lernziele wurden nicht von einem Lehrplan bestimmt, sondern von der Lernbereitschaft und den Lernvoraussetzungen der Schüler. Die Lehrer, welche die individuelle Förderung der Schüler verfolgten, beklagten die damit verbundenen Probleme: die fehlende Homogenität der Lerngruppe. Vor allem durch die jährlichen Zu- und Abgänge in beiden Abteilungen bestand immer wieder die Notwendigkeit, auf verschiedene Lernbedürfnisse einzugehen. Inhaltlich bestand der Unterricht im Rechnen zunächst aus Übungen in den vier Grundrechenarten und zielte auf das formale Beherrschen der entsprechenden Rechenmethoden im Kopf und an der Tafel. Als lebenspraktische Kenntnisse zählte zu den Übungen im Rechnen die Umrechnung zwischen verschiedenen Geldsorten, Maßen, Gewichten, die im täglichen Leben angewandt werden mussten. Nachdem bei den Jugendlichen „die mechanische Fertigkeit in den vier Species erzielt"[479] werden konnte, versuchten die Lehrer trotz der beschriebenen vielfältigen Berufsgruppen immer auch eine gewisse Berufsbezogenheit herzustellen.[480] Der weiterführende Unterricht wird die in den Statuten der Dresdener Sonntagsschule genannten Inhalte gehabt haben: „Verhältniß- und Proportionslehre und deren Anwendung; Potenzen-Lehre, Ausziehung der Quadrat- und Cubikwurzel; Elementar-Geometrie; Stereo-Geometrie; Statik in Beziehung auf die Construction und den Gebrauch von Maschinen"[481].

6.1.3. Vaterlandskunde/Geschichte und Geographie

Preusker hält die Vaterlandskunde, dass heißt die historisch-geographische Kenntnis der Entwicklung sowohl des eigenen Landes wie der Nachbarstaaten in Hinsicht auf die Volk- und Nationalbildung, für notwendig.[482] Neben der Bekanntmachung mit der Geschichte der Griechen und Römer, die aber nur „der Spiegel der Jetztzeit"[483] sei, dürfe moderne Entwicklung, „die Geschichte der gebildeteren Staaten neuerer Zeit nicht vernachlässigt werden"[484]. Preusker nennt die *„Geschichte ... die Lehrerin der Menschheit"*[485]. Dem Geschichtsunterricht und der mit ihm verbundenen Geographie kam deutlich eine Volks-

---

479 StADU 10/4181
480 Vgl. StADU 10/4181
481 Vgl. die Statuten der Dresdener Sonntagsschule im Anhang dieser Arbeit
482 Vgl. Preusker 1835b, S. 168; vgl. Schodrok 1989
483 Preusker 1838 (Bd. 3), S. 30
484 Ebd.
485 Ebd., S. 24; Hervorh. im Original

identität schaffende Funktion zu.[486] Preusker war in seiner Geschichtsauffassung unverkennbar geprägt durch die Geschichtsphilosophie Herders. Die Jugendbildung diente nicht nur der Ermöglichung der Teilnahme an den vielfältigen Möglichkeiten der Bürger- und Wirtschaftsgesellschaft, sondern Jugend-, das heißt Volksbildung, war zugleich *Volk*bildung. Nur im Bewusstsein der eigenen und im Gegensatz zu anderen Historien, sei eine eigene Nationalidentität und staatsbürgerliches Bewusstsein möglich. Der Staat sollte nicht als *juristisch-polizeiliche Zwangsanstalt* betrachtet werden, sondern als ein „Verein, welcher die Idee der Menschheit, nämlich deren Führung zur Humanität in möglichst höchster Vollendung verwirklichen soll."[487] In Bezug auf den Wert der Volksbildung aus Sicht des Staates führt Preusker ein Wort Friedrich des Großen an, indem er daran erinnert, „dass ..., je dümmer ein Volk sei, desto eigensinniger und widerspenstiger wäre es, und es habe weit grössere Schwierigkeiten, die Hartnäckigkeit eines solchen zu überwinden, als eines von gerechten Dingen zu überzeugen, welches hinlänglich gebildet sei, um Verstand anzunehmen"[488].

Seine Epoche erlebte Preusker als den Beginn einer deutschen Nation. Das heißt: Die Identität, die er durch den Geschichtsunterricht vermitteln wollte, war *deutsch*. Er lehrte die Geschichte des Volkes, das seinen Staat noch finden musste, nachdem es ihn verloren hatte seit dem Dreißigjährigen Krieg. „Die Culturgeschichte muss allerdings aus dem Gesichtspunkte der Humanität betrachtete werden"[489], da diese der Menschenbildung dienen müsse. Während die Vaterlandskunde vor allem identitätsstiftende Funktion im Sinne nationalen, völkischen Bewusstseins hatte, kam ihm doch auch eine moderne Rolle im Sinne erweiterter Welterfahrung zu. Die *Liebe zum Vaterland und zum Herrscherhause* war, entsprechend der Freimaurerverfassung, ein wichtiges Erziehungsziel des Geschichtsunterrichtes. Preuskers Geschichtsdeutung war jedoch nicht von völkisch-chauvinistischen Vorstellungen geprägt. In seinem geschichtsdidaktischen Konzept ordnete er das *Nationale* dem *Universalen* unter. Universalistisch bedeutete bei ihm, dass er die Geschichte einzelner Völker nur als Teil der Menschheitsgeschichte, die auf jeden einzelnen zurückwirke, betrachtete. Entsprechend der universalistischen Geschichtsauffassung legte Preusker darauf Wert, die Darstellung der deutschen Geschichte ab dem 17. Jahrhundert nicht mehr als einer unabhängigen Entwicklung zu lehren.

---

486 Der Unterricht in Geographie und Geschichte wurde als Einheit begriffen, was darauf zurückzuführen ist, dass der Geographie des 19. Jh.s, dem damaligen Forschungsstand entsprechend, noch eine hilfswissenschaftliche Funktion gegenüber der Geschichte beigemessen wurde.

487 Preusker 1839 (Bd. 4), S. 18

488 Zit. bei Stöcker 1884, S. 34

489 Preusker 1838 (Bd. 3), S. 24

Soll sie vom Jugendlichen verstanden werden, so muss die europäische Geschichte als Ganzes dargestellt werden.

In diesem Konzept war ein wesentlicher Bestandteil der historischen wie politischen Bildung (Staatsbürgerkunde), die „Bekanntmachung mit den Staatseinrichtungen und den allgemeinen Rechten und Pflichten der Bürger, wie mit den vorzüglichsten, den Gewerbestand überhaupt und ... angehenden hauptsächlichen Verordnungen"[490]. Die Unterrichtung der staatsbürgerlichen Rechte und Pflichten begründete er damit, dass in der Vergangenheit vorgekommene Vergehen in der ärmeren Schicht „oft nur aus Unkenntniß des Verbots"[491] geschehen sind. Die Kenntnis der Rechte und Pflichten diene dem selbstbestimmteren Leben. Nur im Bewusstsein staatsbürgerlicher Regeln sei ein autonomes Verhalten, die staatsbürgerliche Selbstständigkeit, oder in den Worten Schleiermachers: „der allgemeine gesellige Verkehr"[492] möglich. Er betont, dass zum Vorteil der Bürgergesellschaft alle jungen Männern „aber auf die *staatsbürgerlichen* Pflichten zeitig hinzuweisen seyn, um später als Staatsbürger und Commun-Mitglied desto einflußreicher zum Wohle des Ganzen mitzuwirken."[493]

In den Statuten der Dresdener Sonntagsschule wird dieser Bereich *„Bürgerliche Rechtslehre"* genannt und hebt neben den von Preusker genannten Zwecken die Vermittlung von *Augenmaß* für Rechtsgesetze hervor. So soll der Unterricht beziehungsweise das pädagogische Gespräch auch *unsinnige* und *abzuschaffende Possen* und Beschränkungen erkennbar machen.[494] Insgesamt entspricht diese Konzeption ähnlichen progressiven zeitgenössischen Gedanken zur Volksbildung. So forderte Diesterweg für Fabrikjugendliche einen begleitenden Fortbildungsunterricht, der bis ins 24. Lebensjahr fortgesetzt werden und eine realistische „Bildung für das Leben"[495] bezwecken sollte. Inhaltlich sollte Nachbildung berufstätigen Jugendlichen unter anderem die „Kenntnis ... der Rechte des Menschen und Bürgers, des Organismus des Staates, des Verfassungs-, Verwaltungs-, Gesetzgebungs- und des ganzen öffentlichen Lebens"[496] vermitteln.

Die Vaterlandskunde war im Duisburger Stundenplan kein extra ausgewiesenes Fach.[497] Der Grund wird, wie schon an anderer Stelle vermutet, in dem

---

490 Preusker 1835b, S. 170
491 Ebd.
492 Schleiermacher 1966, S. 351
493 Preusker 1842 (Bd. 5), S. 64; Hervorh. im Original
494 Vgl. Stange 1829, S. 37
495 Diesterweg 1890, S. 195ff.
496 Ebd.
497 Anders als z.B. bei den Fächern Gesang oder Religion, war das Fach Geschichte nie Gegenstand einer Änderung des Lektionsplanes. In den anderen vorgenannten Fächern kam es zu zunächst zu vorübergehenden, schließlich zu einer endgültigen Dispensierung, weil die Schüler immer seltener zu den erteilten Stunden erschienen. Weder ist

während der Verhandlungen mit der Düsseldorfer Regierung deutlich gewordenen Dissens über die Genehmigung der Anstalt erkennbar.[498] In einer sich wandelnden Welt und dem damit einhergehenden Wandel des Wirklichkeitsverständnisses wurde an einen notwendigen Unterricht in Geschichte und Geographie gedacht.[499] Auch die Bedeutung der neuen Welt und die wachsende Zahl der europäischen Auswanderer trugen zur Wichtigkeit des Faches bei.

Die Geschichte der eigenen Nation und die Geschichte der anderen Völker wurde gerade von den Freimaurern durchaus modern *global* betrachtet. Die Freimaurer begriffen sich als Weltbürger und pflegten wie kaum eine andere gesellschaftliche Gruppe einen internationalen Kontakt und Austausch. Daher lag, wie allen anderen Fächern der Sonntagsschule, dem Fach Geschichte neben allgemein sich durchsetzenden didaktischen Überlegungen freimaurerisches Gedankengut zu Grunde. Es ist schon hervorgehoben worden, dass die Duisburger Freimaurer, die sich als Preußen und damit dem Hause Hohenzollern verpflichtet fühlten, mit der vaterländischen Unterweisung ein Doppeltes verfolgten: Intellektuelle, sittlich und ästhetische Bildung insgesamt wie historische Bildung zur Geschichte des eigenen und der anderen Völker stand neben der intendierten Hebung der sozialen Lage der Proletarier als ein wichtiges Element zur Lösung sozialer Notstände auf der Tagesordnung. Zugleich diente diese historische Bildung der Identitätsbildung und sozialen Integration. Auf Grund ihrer Weltbürgerschaft betrachteten die Freimaurer die Vaterlandskunde unter einem chauvinistischen Blickwinkel. In *weltbürgerlicher Absicht* ordneten sie die nationale Entwicklung der Menschheitsgeschichte unter. Die Geschichtsdeutung der Maurer war durch Herder bestimmt. Die Entwicklung der Menschheit interpretierte er als zweckgerichtete Bewegung, nämlich als Entwicklung zur Humanität. Die Verwendung von Kohlrauschs Unterrichtswerk entspricht ebenso einer solcher Geschichtsinterpretation wie die angeschafften Materialien: „3 große Wandkarten, namentlich die beiden Hemisphären"[500], wovon eine Karte Deutschland zeigte. Mutmaßlich war die dritte Karte, gerade nach den Veränderungen zwischen 1806 und 1815, eine europäische. Ein weiteres Ziel der Vaterlands- und europäischen Geschichte sowie Geographie war die Bekanntmachung mit der Geschichte der verschiedenen Gewerbe und ihrer Hauptstandorte. Zugleich diente die Landeskenntnis der Vorbereitung jener Sonntagsschüler, die einmal als Geselle auf Wanderschaft

---

ein entsprechendes Schülerverhalten in diesem Fach dokumentiert, noch ist jemals über eine mögliche oder umgesetzte Konsequenz, wie in Gesang oder Religion, für das Fach Geschichte überliefert. Daher ist anzunehmen, dass es immer Bestandteil einzelner Unterrichtsfächer war.

498 StADU 10/4278, Bl. 10 (o. Num.), schriftliche Mitteilung der Düsseldorfer Regierung an den Duisburger Landrat vom 23. September 1831

499 Vgl. StADU 10/4278, Bl. 10a (o. Num.)

500 StADU 10/4279, Bl. 6

gingen. Im Stundenplan einer vergleichbaren Einrichtung heißt es zum Inhalt des Geographieunterrichtes: „dem wandernden Handwerker sollte die Kenntnis der Erde vermittelt werden."[501] In welcher Form geschichtlich unterwiesen wurden, geht, da es sich auf Grund der versagten Genehmigung aus Düsseldorf um kein isoliertes Fach handelte, weder aus den Unterrichtsplänen noch aus entsprechenden Jahresberichten der Lehrer hervor. Wahrscheinlich war die geschichtliche Unterweisung in jedes Fach eingewoben. Besonders in den *Übungen in Lesen und Rechtschreiben*, die Nees vom Esenbeck unterrichtete, können solche Inhalte vermittelt worden sein.[502] Als Beleg für eine geschichtliche Unterweisung dient abgesehen von der Anschaffung der Kohlrausch-Werke und der drei Wandkarten, die Chronik Carstanjens. Dieser notiert zu den Fächern in der Anstalt: Er besteht aus „Lesen (jedoch nur als Nachhülfe), ... Schönschreiben, technischem Zeichnen, Modelliren, ... Rechtschreiben ..., Vaterländische[r] Geschichte und Geographie"[503].

6.1.4. Gesang und ästhetische Erziehung

Der Gesang, der an religiösen Anstalten zur Erhöhung des sonntäglichen Gottesdienstes geprobt wurde, hatte an den bürgerlichen Sonntagsschulen vor allem die Bedeutung der Identitäts- und Gemeinschaftsbildung sowie des gemeinsamen Vergnügens. Während die institutionelle Gruppenbildung der durch Lebenslage, Lebensführung und Sozialstruktur in der gleichen Lage befindlichen Schüler ein Instrument der Entschärfung sozialer Ungleichheit und Beseitigung individueller Not war, diente der Gesang der Kurzweil und dem Vergessen der Alltagsnot. Das Singen „erheitert das Leben, erhebt das Gemüth und wird manch frohe Stunde"[504] verschaffen. Preusker führte das Fach Gesang an seiner Einrichtung ein und leitete es bis zu seinem Ausscheiden als Lehrer. Die Schüler lernten Noten und den mehrstimmigen Gesang wie das Spielen einfacher Instrumente.[505] Das von ihm verfasste *Gesellen-Wanderlied* diente der genannten Identitäts- und Gemeinschaftsbildung. Dieses Lied war seiner Erzählung *Gustav Walters Lehrjahre* entnommen, einem Erziehungsroman im Stil Goethes und Jean Pauls, den er gern als Prämiengeschenk unter die Sonntagsschüler brachte.[506] Gleichwertig neben der sittlichen, das heißt der praktisch-moralisch-sozialen Erziehung, nennt Preusker die Erheiterung der

---

501 Freise 1942, S. 27
502 Vgl. StADU 10/2276 b) Bl. 37ff.
503 StADU 41/254a, S. 95f.
504 Preusker 1835b, S. 175
505 Vgl. Preusker 1842 (Bd. 5), S. 80
506 Diese Schrift zirkulierte auch außerhalb der Sonntagsschule. Etliche Handwerksmeister scheinen den Roman selbst an Lehrlinge und Gesellen weitergegeben zu haben, und in

Jugendlichen, die der „Verschönerung, sowie zugleich Veredlung des Lebens"[507] diene. Allerdings schied er in bürgerlicher Prüderie und Angewidertheit über die Verhältnisse in manchen *Höllen des Lasters* die „kunst- und frohsinnige Erheiterung"[508] von „der niederen Sinnlichkeit"[509]. Obgleich es so scheint, als wäre seine Vorstellung von Erheiterung prinzipienüberfrachtet und diene einzig als Verhinderung eines unsittlichen Lebensweges der Schüler, ging es ihm um lustvolle, vergnügliche Ablenkung vom Arbeitsalltag und drückenden Existenzsorgen.[510] Überhaupt sollte das pädagogische Verhältnis zwischen Lehrer und Schüler, trotz ernstem Hintergrund, durch „Scherz und Spiel ... Witz und Scharfsinn"[511] geprägt sein und Humor und innere Freude fördern. Ein weiteres Ziel verfolgte Preusker mit dem Gesang. Durch den Umgang mit schönen Dingen sollten die Jugendlichen ästhetischen Geschmack bilden und persönliche Lieblingsbeschäftigung in der Musik, im Gesang oder im Zeichnen finden.[512] Die Anregung privater Liebhabereien diente dem inneren Ausgleich gegen die triste Alltäglichkeit und die Anregung zur sinnvollen Freizeitgestaltung. Im Weiteren entwickelte er zahlreiche Ideen zur Freizeiterziehung, da die ökonomische Verbesserung der Lage der einfachen Handwerker und Arbeiter, ihre intellektuelle Bildung seiner Ansicht nach mit einer ästhetischen Erziehung Hand in Hand gehen müsse. Zur Vermittlung schöner Künste zählte er das Zeichnen, die Tonkunst (Gesang und Musik) und die Poesie.[513] Hierdurch und durch die Erziehung zum *„geselligen Vergnügen"* in Vereinen werde das Freizeitverhalten der niederen Volksklassen, „die Veredlung der Vergnügungen der niederen Stände, und hier insbesondere der Handwerks-Gesellen und Lehrlinge, der Fabrikarbeiter, wie der jungen Dienst- und Land-Leute"[514] gefördert. In der Steigerung der Lebensfreude durch ästhetische Bildung, zu der auch die Bildung des Humors gehörte, sah Preusker die Aufladung der inneren Energie zur Selbsttätigkeit. Er nennt die Fähigkeit zu frohsinniger Heiterkeit, Spaß und Freude als Voraussetzung eines erfüllten und erfolgreichen Lebens.[515] Die Anthropologie Kants, Schillers und Schellings,

---

Gewerbevereinen und Lesezirkeln, die angeregt durch Preusker entstanden waren, wurden die Lehrjahre (Preusker 1855, S. 11f.) gelesen (vgl. Haan 1875, S. 435).

507 Preusker 1842 (Bd. 5), S. 67
508 Ebd.
509 Ebd., S. 67
510 Vgl. Mollernhauer 1987, S. 111
511 Preusker 1837 (Bd. 2), S. 55
512 Preusker 1842 (Bd. 5), S. 67
513 Preusker empfiehlt Schiller, Goethe, Herder, Jean Paul (vgl. 1837 (Bd. 2), S. 135; 1842 (Bd. 5), S. 81) sowie Klopstock, Gellert, Claudius, Uhland, Rückert, Wieland, Hebel u.a. (vgl. 1838 (Bd. 3), S. 47; 1842 (Bd. 5), S. 81); ähnliche Literaturempfehlung gibt später Wilker im *Lindenhof.*
514 Preusker 1842 (Bd. 5), S. 76f.
515 Vgl. Stöcker 1884, S. 28

nach welcher der Mensch zugleich durch Sinnlichkeit und Intelligibilität bestimmt sei, wird bei Preusker deutlich: „Der Mensch ist geistiger, aber auch sinnlicher Natur"[516]. Darin sah er einen den Menschen bestimmenden Dualismus. Erst der Einklang dieses menschlichen Wesens verbunden mit der materiellen Verbesserung der Verhältnisse der Proletarier könne die sozialen Probleme lösen.[517]

Der Wert der ästhetischen Erziehung der einfachen Handwerker und Arbeiter in freimaurerischer und bürgerlicher Sicht wurde mehrfach hervorgehoben. Die anthropologische Sichtweise, dass der Mensch auch sinnlicher Natur sei und nur das innere Gleichgewicht intellektueller, sittlicher und ästhetischer Erziehung mit dem äußeren, materiellen Wohl verbunden, die Lösung der sozialen Probleme bewerkstellige, wird sowohl bei Betrachtung Preuskers Konzeption als auch allgemein bei Berücksichtigung des freimaurerischen Gedankenguts deutlich. Großer Wert bei der ästhetischen Bildung kam dem Gesang und der Vermittlung von Humor und Witz bei. Zur ästhetischen Erziehung hatte der 1833er-Bericht der Lehrer an den Logenvorstand hervorgehoben, wie wichtig es sei, bei den Jugendlichen auch den „Schönheitssinn zu wecken und zu heben und [sie anzuregen] die künstlerische Seite ... bei sich auszubilden und zu vervollkommnen."[518] Auch dieses zielte auf die Hebung des Selbstbewusstseins und der inneren Würde der Sonntagsschüler. Mit dem Lehrplan der Sonntagsschule wollten die Pädagogen „vilseitiges Interesse" fördern. Durch die Schulung des „Anschauungs-, ... Vorstellungs- und ... Denkvermögen[s]" sollten „Gemüt und Wille die zur ihrer Ausbildung nöthige Nahrung"[519] finden, das heißt die notwendige Energie erhalten und angeregt werden zu eigenen Interessen. Durch die Bekanntmachung mit dem Gesang und mit Volksliedern sollte den Jugendlichen übereinstimmend mit den entsprechenden Anregungen im Zeichenunterricht, ein sinnvolles Freizeitverhalten, eine eigene Liebhaberei vermittelt werden. Die Anregung privater Liebhabereien diente dem

---

516 Preusker 1842 (Bd. 5), S. 79

517 Als Wesensmerkmal der proletarischen Existenz wurde an anderer Stelle die Besitzlosigkeit von Eigentum und Bildung hervorgehoben. Damit waren auch unselbstständige Handwerker gemeint. Das gemeinsame Merkmal beider, *Arbeiter* wie *Handwerker* ist, so Preusker 1835, nicht der Beschäftigungsort, sondern die lohnabhängige, unselbstständige Beschäftigung. Selbstständige „Handwerker nennt man meist Gewerbetreibende, welche Produkte von einer Art Uebereinstimmung mit eigener Hand ... und auf eigene Rechnung (auch meist zum eigenen Verkauf) bearbeiten" (Preusker 1835b, S. 7).

518 StADU 10/2276 b), Bl. 40a. Obwohl mit *künstlerisch* immer auch das handwerkliche Tun gemeint war, ist hier tatsächlich mehr die kunstvolle, ästhetische Seite gemeint, die in jedem Handwerk nach zeitgenössischer Ansicht steckt. In dem mehrfach genannten Artikel *Ueber die ästhetische Erziehung der Proletarier* wird auf die innere Verwandtschaft zwischen Handwerk und ästhetischer Kunst verwiesen und die Entwicklung zu einer Aufteilung in profangewerbliche Berufstätigkeit und künstlerische Existenz als eine Folge der sozioökonomischen Modernisierung betrachtet (vgl. o.A.: 1848).

519 Armstroff 1882, S. 2

inneren Ausgleich für die triste Alltäglichkeit und die Anregung zur sinnvollen Freizeitgestaltungen. Mit dem Angebot der Sonntagsschule überhaupt verband man die Hoffnung, dass durch deren Besuch die Jugendlichen von den sittlichen Gefahren des Industriezeitalters ferngehalten würden. Durch nützliche und edle Beschäftigung, gesellige Gemeinsamkeit mit Gleichgesinnten sollten die Jugendlichen von unsittlichen Vergnügen abgehalten werden, andererseits sollten sie angeregt werden zu den einzelnen erfüllenden Neigungen. Bei der Gestaltung des Stundenplans wurde schon überlegt, wie man durch die Legung der Stunden diesen beiden Intentionen entsprechen könnte. So heißt es im Bericht der Lehrer an den Logenmeister:

> „In vieler Beziehung ratsam erscheint es, die Nachmittags-Stunden abends bei Licht zu halten. Theils wurde unseren Schülern der Genuß freier Bewegung, den die winterliche Zeit für kurze Stunden erlaubt, gelassen, theils glaubten wir auf solche Weise sie am gewissesten für einen großen Theil des Abends von dem Aufenthalt in Wirthshäusern abzuhalten, wenn wir sie veranlaßten, denselben mit nützlicher und edlerer Beschäftigung zu vertauschen."[520]

Zugleich diente Singen und das gesellige Miteinander der sozialen Gruppenbildung. Durch die Erziehung zum *geselligen Vergnügen*, ein auch im freimaurerischen Sinn notwendiges Element der Gemeinschaft, sollte das Freizeitverhalten der niederen Volksklassen gefördert werden. Die oben genannte Inventarliste nennt keine Gesangbücher. Der Gesanglehrer wird auf Lieder und Texte zurückgegriffen haben, die als Volksgut den Schülern bekannt waren. Eventuell wird er von Zeit zu Zeit entsprechende Materialien aus dem Gymnasium mitgebracht haben. Die Jugendlichen wurden angeregt, den Gesang in ihrer Freizeit zu pflegen; das Singen sollte der Verschönerung und Erheiterung des Tages dienen und in düsteren Tagen die Laune heben helfen. Aus den Dokumenten wird ersichtlich, dass die freireligiösen Maurer dabei nicht auf kirchliches Liedgut zurückgriffen, sondern auf „edlere Volkslieder"[521]. Der Vorteil war, dass man an Bekanntes anschließen konnte und die Jugendlichen nicht in jedem Fall Neues lernen, sondern nur das bekannte Repertoire ergänzen mussten. Es wurden auch „einige Choräle eingeübt"[522]. Aber der Gesang diente in keiner Weise äußeren Zwecken, wie etwa der Heiligung des Tages, der Unterweisung für den Gottesdienst oder der Vermittlung religiöser Inhalte. Die Duisburger Freimaurer werden auf Liedgut aus dem Handwerkermilieu zurückgegriffen haben. Der Gesang war Gemeinschaftserlebnis und diente eher der Förderung eines grundsätzlich positiveren Lebensgefühls, des Selbstbe-

---

520 StADU 10/2276 b), Bl. 39a
521 StADU 10/4279
522 Ebd.

wusstseins und des Selbstvertrauens. Jedoch wurden solche Ziele des Gesangsunterrichts in den folgenden Jahren mit der harten Wirklichkeit konfrontiert. Denn ab dem Schuljahr 1835/36 tauchen in den Berichten Klagen des Gesanglehrers Engstfeld auf, dass die Gesangstunde kaum noch von den Schülern besucht wurde.[523] Da die Schule neben der Arbeitszeit, mithin am Feierabend oder am freien Sonntag, besucht werden musste, wurde sie als zusätzliche Belastung empfunden. Freiwillig unterzogen sich die Jugendlichen dieser jedoch nur, wenn sie erkennbare Vorteile davon hatten. Traf dieser Fall ein, so wurde der Schulbesuch als Entlastung vom Alltag empfunden. Trotz des nachlassenden Interesses der Schüler wurde das Fach Gesang nicht sofort aufgegeben, wie beispielsweise der Religionsunterricht, sondern die Freimaurer versuchten den Gesang in eine attraktivere Stunde zu verlegen. Weitere Klagen Engstfelds veranlassten den Präses der Sonntagsschule am 14. Mai 1836 in einem Schreiben an den Bürgermeister zu der Feststellung: „In Betreff der Singstunde des Herrn Lehrers Engstfeld scheint es mir am besten, dieselbe, wenn den jungen Leuten dafür kein Interesse abzugewinnen ist, fallen zu lassen, so wie die Religionsstunde des Hrn. von Nees wegen schlechten Besuchs desselben hat eingehen müssen".[524]

Dem Stundenplan für die zweite Jahreshälfte zufolge entfiel die Gesangstunde zunächst. Aus dem Vorstandsprotokoll vom 10. August 1836 lässt sich aber entnehmen, dass dieses Fach weiter angeboten wurde, wahrscheinlich aus der Liebe des Lehrers für dieses Fach und auf Grund der herrschenden Ideologie. Auf der angesprochenen Sitzung gibt Engstfeld unumwunden zu, dass der „Gesangsunterricht wegen Mangels an Besuch der Schüler während der letzten vier Monate ganz habe ausfallen müssen"[525]. Mit Beginn des folgenden Schuljahres wurde das Fach Gesang in der Elementarstufe wieder angeboten.[526] In der Vorstandssitzung vom 27. November 1836 wurde dem Präsidium der neue Stundenplan mitgeteilt: „Elementarlehrer Susen ... im Rechnen ..., Elementarlehrer Mevisen ... im Schreiben ..., Gymnasiallehrer Feldmann ... im Zeichnen, Geometrie, Gymnasiallehrer Nees v. Esenbeck ... in der Religion, ..., Gymnasiallehrer Engstfeld in Orthographie und im Gesang".[527]

In dieser Mitteilung wird weder nach den bestehenden Abteilungen der Sonntagsschule differenziert noch werden die genannten Inhalte eindeutig als ausgewiesenen Fächer genannt. Daher ist zu vermuten, dass mit der Liste nur die allgemeine Zuordnung der Lehrer zu den gegebenen Inhalten ausgedrückt wurde. Für einige Jahre tauchen Hinweise auf die Unterrichtung des

---

523 Ebd., Bl. 25
524 StADU 10/4279, Bl. 26 vom 14. Mai 1836
525 Ebd., Bl. 29a. Protokoll der Vorstandssitzung vom 10. August 1836
526 Vgl. StADU 10/4279, Bl. 29a
527 StADU 10/4279, Bl. 36. Esenbeck unterrichtete neben der Religion auch Schön- und Rechtschreiben.

Faches auf, jedoch scheint der Gesang mehr sporadisch gegeben worden zu sein.

Ab 1839 wurde das Fach Gesang in der Elementarklasse allerdings wieder regelmäßig unterrichtet.[528] Dass anscheinend gerade die schwächeren Elementarschüler ein Interesse an einem Aufleben des Gesangunterrichtes zeigten, ist bemerkenswert. In den nächsten Jahren wurde weiterhin Gesang gegeben. Ab 1841 tauchte das Fach allerdings auch nicht mehr im Stundenplan auf. Das Interesse der Jugendlichen an der ästhetischen Erziehung war vollends erlahmt und nicht wiederzubeleben. Das Fach Gesang diente eindeutig der gemeinsamen Muße und dem Gemeinschaftserlebnis, weniger dem wirklichen Fortschritte im Gesang.

6.1.5. Religion/moralisch-sittliche Erziehung

Preusker selbst hat jede Aussage über eine christliche Grundhaltung vermieden. Anders als in der Leipziger Sonntagsschule, die auf jeden Religionsunterricht verzichtete, „um alle Collision zu meiden" (§ 23), findet sich im Lehrplan der Großenhainer Einrichtung das Fach Religion. Allerdings hielt er, ähnlich wie Diesterweg, Religion für „nicht dringend erforderlich", aber es sei das gemeinsame Gespräch „über *moralische Gegenstände* in Bezug auf das bürgerliche und Privat-Leben"[529] ratsam. Wie Jean Paul, der meint, dass „dem Kinde das Höchste näher liegt, als das Niedrigste"[530], also metaphysische Fragen wichtiger erscheinen als alltägliche Dinge, war auch Preusker das Gespräch über den Sinn des Lebens und die Gewinnung einer Haltung zu solchen Fragen beim Jugendlichen wichtig.[531] Zum einen fördere es seiner Meinung die „gleichmäßige Ausbildung der geistigen Kräfte"[532] und zum anderen stärke der Religionsunterricht, das heißt die Vermittlung von Moral und Religion, also die Lehre von Sitten, Tugenden und gesellschaftlichen Werthaltungen, auch die sozialen Kompetenzen. Er ging nicht soweit, auf die Religion als Unterrichtsfach zu verzichten. Doch sah er in der moralisch-sittlichen Bildung einen notwendigen Bestandteil der Menschenbildung und rückte humanitäre, ethische und lebenspraktische Fragen in den Vordergrund. In allen Fächern war die

---

528 Vgl. ebd., Bl. 84 (*Übersicht der am 15ten August 1839 zu der für Handwerker und Fabrikarbeiter zu Duisburg eingerichteten Sonn- und Werktags-Schule gehörende Schüler*).

529 Preusker 1835b, S. 168f.

530 Richter 1963 (1806 (Bd. 1), S. 113)

531 Beide, Diesterweg und Preusker, der eine wie der andere gläubig, aber kein frömmelnder Christ, beziehen sich in ihren Aussagen zum Wert der Religion auf Jean Paul, so Diesterweg in der dritten Aufl. des *Wegweiser* (vgl. 1844, S. 271).

532 Preusker 1835b, S. 168

sittliche Erziehung die Basis allen Unterrichts. Jugendbildung steht bei Preusker unter dem Prinzip der Sittlichkeit. Im erziehenden Unterricht hielt er „zum lebenspraktischen Benehmen überhaupt"[533] an. In der Nacherziehung junger Erwachsener müssen, so Preusker, dem ureigensten maurerischen Prinzip folgend, „die *Pflichten gegen Andere* genau"[534] bestimmt werden. Zu diesen zählte er die unbestechliche „*Gerechtigkeit* gegen Freund und Feind"[535], „*Billigkeit* gegen andere und Nachsicht mit ihren Schwächen. (Irren ist menschlich!)"[536] Weitere übergreifende Ziele einer sittlichen Erziehung nennt Preusker mit den Begriffen „*Ehrlichkeit ... Wahrhaftigkeit ... Schweigsamkeit ... Dankbarkeit ... Bescheidenheit ... Mäßigung*, auch bei erlittenem Unrecht; Versöhnlichkeit ... *Wohlwollen* gegen Andere; Freundlichkeit"[537]. Allerdings nennt er die Vermittlung ethischer Werte, „der Hinführung zur bethätigten *Gerechtigkeit, Tugend*"[538] und das „Anhalten zum *moralisch-religiösen Leben* ... weit schwieriger"[539] als die intellektuelle Unterweisung. Die einzigen didaktischen Mittel seien eigentlich nur die *Vorbauung* und *Verhinderung*.[540] Diese indirekten Methoden lassen sich wie bei der Kindererziehung auch „bei der Nach-Erziehung" nur durch das gelebte Beispiel des Lehrers oder anderer lebender oder verstorbener Personen erreichen. „Die beste Lehre ist – das gute Beispiel"[541] des Erziehers. Auch im Fall der ethischen Erziehung verweist Preusker auf den Wert des reflektierenden Gespräches. Im Gegensatz dazu steht das „oft nutzlose directe Belehren"[542]. Im reflektierenden Gespräch über „moralische Betrachtungen", gesellschaftliche Regeln, die sich oft in Sprichwörtern wieder finden, und durch die eigene Stellungnahme der Lehrer würden junge Leute tiefer ergriffen und der Gehalt dieser ethischen Regeln „tief empfunden werden".[543] Der innere Kampf gegen „üble Neigungen und Leidenschaften", gegen Faulheit und sinnliche Verlockungen wird von ihm angesprochen. Aber er warnte vor allzu einseitiger und strenger sittlicher oder religiöser Erzie-

---

533 Preusker 1842 (Bd. 5), S. 29
534 Ebd., S. 60; Hervorh. im Original
535 Ebd., S. 64; Hervorh. im Original
536 Ebd.; Hervorh. im Original
537 Ebd.; Hervorh. im Original
538 Preusker 1838 (Bd. 3), S. 1
539 Preusker 1842 (Bd. 5), S. 57; Hervorh. im Original; vgl. ders. 1838 (Bd. 3), S. 1
540 Inhaltlich erinnern diese Reflexionen an Ballauff. Eine moralisch-sittliche Haltung, als Ergebnis des Erziehungsprozesses, kann danach, wie die Förderung, d.h. in der Ballauffschen Sprache, die *Freigabe* zur Selbstständigkeit im Denken, nicht durch ein Einwirken, Bewirken und Herstellen ausgelöst werden. Angemessene Termini i.S. seiner tranzendental-kritischen, pädagogischen Konzeption sind *Einbezug* und *Hervorruf* (vgl. Ballauff 1984, S. 425ff.).
541 Preusker 1842 (Bd. 5), S. 17; vgl. ebd. S. 58
542 Ebd., S. 60; Hervorh. im Original
543 Ebd., S. 61

hung. Diese fördere nur die spätere „Splitterrichterei und Frömmelei"[544], nicht aber das freie, einsichtige, vernunftgemäße und darum autonome Handeln entsprechend dem Kantischen Sittengesetz: *„das Gute* ausüben, nicht wegen Vortheil und Dank, sondern seiner selbst willen; und nur *die* gute That hat Werth, welche aus den reinsten Absichten, recht zu handeln und wohlzuthun, entspringt".[545]

Er wendet sich hier noch einmal deutlich gegen die von Weber beschriebene und Pietisten eigene *Virtuosen-Religiösität* und deren Frömmigkeitsverhalten.

Die in Preuskers Überlegungen herausgehobenen Ziele des Religionsunterrichtes als einer praktisch-sittlichen Unterweisung und Basis für Gespräche über ethische Fragen gelten für die Duisburger Sonntagsschule. Bemerkenswert ist zunächst Folgendes: Die oben genannte Inventarliste nennt weder Bibeln noch kirchliche Gesangbücher. Diese gehörten zur Grundausstattung jeder öffentlichen Elementar- und Volksschule wie auch zur Grundausstattung der christlichen Sonntagsschulen. Auch in den folgenden Jahren wurden keine solchen Materialien angeschafft. Es ist wird deutlich: Religiöse Inhalte spielten im Rahmen der Sonntagsschulpädagogik kaum eine Rolle, auch wenn die Stundentafel der Duisburger Anstalt den Unterricht im Fach *Religion* vorsah. Wie in Großenhain diente die Religion mehr der praktisch-sittlichen Reflexion. Mittels dieses Faches sollte die intendierte gleichmäßige Ausbildung der geistigen Kräfte unterstützt werden. Es sollte auch der Stärkung des eigenen Bewusstseins dienen. Dabei wurde aber das Bedürfnis der Schüler zum Gespräch über religiöse Dinge berücksichtigt. Im Religionsunterricht wurden neben Gesprächen über eine sittlich-moralische Haltung vor allem „ausgewählte biblische Geschichten"[546] durchgenommen.

Eher noch als im Bereich der ästhetischen Erziehung mussten die Duisburger Freimaurer bei den Angeboten zur sittlichen Erziehung feststellen, dass das Interesse der Jugendlichen an moralisch-ethischen Fragen schnell erlahmte. Die Dokumente sind voller Klagen Esenbecks über dieses Problem. Oben wurde im Kontext des Faches Religion das Schreiben vom 14. Mai 1836 vom Präses Theodor vom Rath an Bürgermeister Junkermann genannt, in dem er das erlahmende Interesse der Jugendlichem am Gesang feststellt und die Aufgabe des Faches in Aussicht stellt.[547] Zwar taucht der Religionsunterricht im folgenden Schuljahr noch einmal wieder auf, der neue Präses Landfermann bemerkte aber, dass dieser weiterhin unter „Mangel an Besuch"[548] leide; ein

---

544 Ebd., S. 57

545 Ebd., S. 60; Hervorh. im Original

546 StADU 10/4279 (Bericht des Präses Junkermann an die Regierung in Düsseldorf vom 16. April 1835)

547 Vgl. ebd., Bl. 26 vom 14. Mai 1836

548 Ebd., Bl. 36

Umstand, der endgültig zum Streichen dieses Faches aus dem Lektionsplan führen sollte. In diesem Schuljahr entfiel Religion als Unterrichtsangebot vollständig. Keines der weiteren Dokumente geht jemals wieder mit einen Hinweis auf dieses Fach ein. Allerdings wurde von Seiten der Sonntagsschule bei der Lehrplangestaltung immer darauf geachtete, dass die sonntäglichen Gottesdienstzeiten frei vom Unterricht blieben. Friedrich Albert Lange hebt gegenüber Dörpfeld in einem Schreiben hervor, dass es den Trägern überlassen bleiben soll, „ob und wie sie Religionsunterricht ertheilen wollen."[549]

6.1.6. Gesundheitserziehung/anthropologische Unterweisung

Es wurde schon mehrfach hervorgehoben, dass Preuskers pädagogischer Ansatz trotz zum Teil bürgerlich-verklärter Romantik ein die sozialen Bedingungen und ökonomischen Verhältnisse berücksichtigender Ansatz der Emanzipation und Volksaufklärung des lohnabhängigen Arbeiter- und Handwerkerstandes war. Die Lebens- und Arbeitsbedingung riefen Unfallgefahren und andere Lebensgefährdungen hervor, das wird aus vielen historischen Darstellung deutlich. In den weitgehend mechanisierten Betrieben begegneten den Arbeitern in verstärktem Maß Unfallgefahren.[550] Entsprechend dachte Preusker bei der Bildung der jugendlichen Arbeiter an einen „Unterricht über leicht mögliche Vergiftungen durch Naturkörper und Kunstproducte, Rettungsmaßregeln bei verunglückten Personen, Warnung vor Quacksalberei, Unmäßigkeit ec., Nachricht von Hausmitteln bei schleunigen Krankheitsfällen ohne ärztliche Hilfe, und andere, zumal für den thätigen, gewerbetreibenden Bürger wissenswerthe Theile der Gesundheitskunde."[551]

Diese verband er inhaltlich mit einem *anthropologischen Überblick* und *seelische*, nicht moralische, Fragen menschlicher Existenz. Dieses diene der inneren Ausgeglichenheit, der psychischen Gesundheit und *„Selbsterkenntniß* und ist unbezweifelhaft ebenfalls ein Hauptgegenstand der Menschenbildung"[552]. Darüber hinaus verfolgte er in seinem Konzept der Jugendbildung immer auch das „physische Wohlseyn"[553] der Schüler, die „Gesundheitserhaltung und Körpererstarkung"[554]. Ohne gesunden Körper sei der Geist ohne Wert. Gleichzeitig diente die physische Gesundheitserziehung auch der Vermeidung sozialer Kosten und es ging darum zu verhindern, dass die „Bürgerschaft der Fabrikorte ... [zunehmend] eine Schar früh welkender Greise und

---

549 Zit. ebd.
550 Vgl. Henning 1965, S. 492
551 Preusker 1835b, S. 170
552 Ebd.
553 Preusker 1842 (Bd. 5), S. 29
554 Ebd.

hungernder Bettler"[555] zu ernähren hatte. Preusker nannte die Gesundheit seiner Schüler die Grundlage, auf der alle lebenspraktische Unterweisung, die *intellektuelle* oder *moralisch-religiöse Fortbildung*, die *kunst- und frohsinnige Erheiterung*, die Unterrichtung in *kaufmännisch-ökonomischem Denken und Handeln* erst Sinn mache.[556] „Das Anhalten zum *physischen* Wohlsein erscheint als das Nothwendigste der Nacherziehung, denn ohne Gesundheit gedeiht weder das Berufsgeschäft, noch ein anderes erfreuliches Verhältniß."[557]

Natürlich lässt sich einwenden, dass Preusker hier nicht nur an den lohnabhängigen Arbeiter und Handwerker dachte. Denn die Fabrikanten und Großhändler waren auch auf eine gesunde und qualifizierte, leistungsstarke Arbeiterschaft angewiesen, die den eigenen ökonomischen Erfolg mitzutragen hatte. Aber die in allen Schriften vermittelte (häufig romantisch-verklärte) Idee der *Fürsorge*, die dem Preuskerschen Jugendbildungskonzept eigen war, lässt diesen Einwand, der in der Praxis vielleicht durchschien, für die Theorie unglaubhaft erscheinen. Schon aus der Zeitatmosphäre lässt sich dies erschließen. Preusker, der Zeitgenosse Wilhelm von Humboldts, Herders, Goethes, Fichtes, Schleiermachers oder Pestalozzis war, ging es prinzipiell nicht um sein *Geschäft*, das er selbst gar nicht hatte, da er als Amtmann keinem Gewerbe nachging, sondern um die *Seele* der Schüler.[558] Wie bereits hervorgehoben, betonte Preusker in seinen Schriften den Aspekt der Gemeinschaft und des geselligen Beisammenseins. Dies wurde explizit im Singen deutlich. Teil dieser gleichfalls in allen Fächern immanenten Gesundheitserziehung, war der betonte Aspekt der Gemeinschaft mit Gleichaltrigen. So äußert sich Preusker in mehrfacher Hinsicht zur psychischen wie physischen Gesundheit. Letztere sah er in der Möglichkeit des „Zusammen-Wohnen[s], -Speisen[s] ec."[559] gefördert, letztere im „Anhalten zur Mäßigkeit und Nüchternheit, mit Wahl gesunder, einfacher Speisen und Getränke".[560] Wie in allem, mahnte er den pädagogisch interessierten Laien[561] wie den ausgebildeten Pädagogen beziehungsweise die „Männer vom Schulfache"[562] vor jeder „Pedanterie"[563].

Die Quellen der Duisburger Einrichtung geben zu diesen Inhalten nichts wieder. Zwar hat Preusker seine bildungstheoretischen Überlegungen in eine eigene Praxis übersetzt, aus seinen Berichten über den Fortgang der Großenhainer Einrichtung wird jedoch nicht deutlich, auf welche Schwierigkeiten er

---

555 Diesterweg 1822
556 Vgl. Preusker 1842 (Bd. 5), S. 39, 46, 57, 67, 86
557 Ebd., S. 39; Hervorh. im Original
558 Vgl. Thyssen 1954, S. 66
559 Preusker 1842 (Bd. 5), S. 39
560 Ebd.
561 Vgl. Preusker 1837 (Bd. 1), S. 16
562 Ebd.
563 Ebd., S. 39

bei der Umsetzung stieß. Die fehlenden Quellen aus Duisburg zur Gesundheitserziehung der Sonntagsschüler, ein Themenkomplex, dem Albert Lange in seinen späteren Schriften viel Raum geben wird, sind ein Hinweis auf die Hemmnisse bei der Realisierung eines so gut gemeinten Faches.

6.1.7. Turnen

Dass dem Turnen für den gewerblich tätigen Nachwuchs der Proletarier ein
hoher Stellenwert als eine Antwort auf die Nachteile der sozialen Lage beigemessen wurde, ergibt sich aus der hohen Zahl turnerischer Schriften in der
Vormärz-Zeit. Auch der Kölner Oberpräsident Solms-Laubach hatte in seinen
auf die Hardenberg-Umfrage gemachten Vorschlägen vom 28. Juni 1818 *„über
die Mittel, den Übeln, welchen Fabrikkinder ausgesetzt sein könnten, zu begegnen"* Turnübungen für die männlichen jugendlichen Fabrikarbeiter vorgeschlagen.[564] Genauso finden sich Überlegungen zum Sinn des Turnens in der
Berliner Antwort. Die Regierung hatte unter anderem das Schwimmen als
adäquate körperlich und geistige Erholung genannt.[565] Zum inhaltlichen Programm, nicht zum expliziten Stundenplan der Elementar-Sonntagsschule,
gehörte auch die Turnerziehung, die *Körper-Erstarkung* und *Körper-Beherr-
schung*, *Bewegung* in *Luft* und *Wasser*, welche die Gesundheitserziehung
ergänzen sollte.

> „Zu den gymnastischen Uebungen gehört das – mit Vorsicht und unter Anleitung er-
> fahrener Personen vorzunehmende und so gesundheitsfördernde – Baden, Schwim-
> men, Schlittschuh-Laufen. In der sommerlichen Jahreshälfte wird man zu gleichem
> Zwecke junge Leute in freien Stunden bei Gartenarbeiten anzuwenden suchen, wenn
> die übrige Beschäftigung sie zu sehr an Stube und Stuhl fesselt, welches dreifachen
> Vorteil bringt, als angenehme, zugleich gesundheitsfördernde, und überdieß für die
> Hauswirthschaft nützliche Beschäftigung. In späteren Jugendjahren wird das Tanzen,
> außer dem geselligen Zwecke, ebenfalls und zwar hauptsächlich als eine Gesundheit
> und zugleich Anstand fördernde Unterhaltung gelten können ... Niemand, dem sich
> günstige Gelegenheit darbietet, zumal aber kein Bemittelter, sollte die Erlernung des
> Reitens versäumen; es führt nicht nur zur Körpergewandtheit, und zu einer muthvol-
> len Selbstständigkeit, sondern wird bei manchem späteren Lebensberufe oft wichtige
> Dinge leisten. Ebenso kann selbst zur vorsichtigen Uebung im Fechten gerathen wer-
> den, welches nicht minder die Körpergewandtheit, den männlichen, Selbstvertrauen
> erweckenden Muth erhöht, sondern auch im Nothfalle, selbst ohne Waffe, zur besse-
> ren persönlichen Verteidigung in Gefahren geschickt macht."[566]

---

564 Vgl. GStA PK, I. HA Rep. 74 K VIII, Nr. 24, Bl. 17–47
565 Vgl. ebd., Bl. 90–113
566 Preusker 1842 (Bd. 5), S. 39; ders. 1837 (Bd. 1), S. 101

Spätestens an dieser Stelle erscheint es notwendig, daran zu erinnern, dass Preusker nicht die Erziehung bürgerlicher Jünglinge am Gymnasium meinte, sondern die Nacherziehung sozial benachteiligter, häufig völlig unbemittelter junger Männer aus dem entstehenden Arbeiter- und Handwerkermilieu.[567] An diesem Punkt wird die Neigung Preuskers zur Ausführlichkeit deutlich. Man kann tatsächlich sagen, im Hinblick auf z.B. das Turnen dachte er erst einmal darüber nach, was es denn eigentlich gäbe und nannte es mit. In der Praxis scheiterte dieses idealtypisch gemeinte, aber, und an diesem Punkt scheint Mollenhauers Kritik berechtigt, unrealistische Konzept der Gesundheits- und Turnerziehung in den Elementar-Sonntagsschulen. Die freien Sonntags- und Wochenabendstunden reichten kaum aus, die primär notwendige, intellektuelle und gewerbliche Nachhilfe zu gewähren. Auch die finanzielle Situation der bürgerlichen Nachsorginstitute für die gewerblich tätige Jugend ließ solche bürgerlichen Freizeitvergnügen in der Regel nicht zu. Preusker gab solche Schwierigkeiten auch selbst zu. Ungeachtet der wirklichen Lebenssituation der Sonntagsschüler schlug er idealistisch vor:

> „Um der erwachsenen unbemittelten Jugend solche einfache gymnastische Uebungen möglich zu machen, sollten Behörden oder gemeinnützige Vereine in Städten für einen öffentlichen Platz, mit ein paar von wenigen Balken zusammengesetzten Gerüsten, Sorge tragen, auf welchen jene zuweilen (Sonntagsnachmittags) sich zur Körpererkräftigung üben könnten und wobei ein Lehrer (vielleicht ein in gymnast. Bewegung geübter und verabschiedeter Soldat) die Aufsicht führt und nähere Anleitung giebt."[568]

Bei aller Kritik wird auch hier sein Bemühen um eine, modern gesprochen, sinnvolle Freizeitpädagogik deutlich. Die obige Aussage bekräftigte er mit dem Zusatz, dass solches turnerisches Angebot junge Leute auch von anderen, sittlich und gesundheitlich schädlichen Dingen, wie den „Besuch von Trink- und Spiel-Gelagen abhalten"[569] könne. Er betont, dass bei früher körperlicher Arbeit schon junger Kinder der Unterschicht sowie der körperlichen Belastung der Jugend, deren körperlicher Verfall voranschreite. Daher sei, neben einer gesunden Ernährung, die „*Gymnastik*, die Leibes- und Erkräftigungskunst ... das wichtigste Mittel"[570] zur Erhaltung des Volkswohls und der Verhinderung der Unfähigkeit zur Arbeit und Unterstützungsbedürftigkeit.[571] Zudem vermittele „Gliedergelenkigkeit und practische Geschicklichkeit ... dem Jüngling Stär-

---

567 Wie bei fast allen pädagogischen Vorschlägen weist Preusker auch in diesem Fall auf einschlägige, zeitgenössische pädagogische Fachliteratur hin, in diesem Fall auf: Werner: Gymnastik für Volksschulen. 1840 (vgl. Preusker 1842 (Bd. 5), S. 43, Anmerk. II).
568 Preusker 1842 (Bd. 5), S. 43, Anmerk. II
569 Ebd.
570 Preusker 1837 (Bd. 1), S. 87
571 Vgl. Diesterweg im 1822er-Artikel (zit. bei Alt 1958, S. 190)

ke und Selbstvertrauen".[572] Er hebt auch den Nutzen turnerischer Beschäftigung für junge Frauen hervor, die ohne entsprechende körperliche Ertüchtigung „ungelenkige, schüchterne und blöde, wie kränkliche, zumal bei der so häufigen Anlage der Mädchen"[573] Frauen werden könnten. Als zweckdienlich und leichter zu realisieren schlägt Preusker auch Ausfahrten beziehungsweise längere Spaziergänge, allerdings mit gewissem turnerischen Anspruch, also „nicht blos auf ebenen Wegen, im gleich bleibenden Schritt, sondern wenn die Localität es gestattet"[574], auf schwierigeren Wegen vor. Berge sollten erstiegen, Täler besucht werden „und die jungen Leute sich dabei im Springen, Laufen, Klettern ec. üben"[575]. Neben dem Gesundheitsaspekt hebt er als weiteren Nutzen die Erholung und „nöthige Zerstreuung, nehmlich Abziehung der Gedanken von Berufs- und häuslichen Geschäften"[576] hervor. Zudem nennt er wieder bürgerliche Vergnügungen, wie Billard, Kegeln, Besuche von Galerien und Klöstern et cetera. Gesundheitserziehung und Turnen waren keine ausgewiesenen Fächer im Stundenplan, sondern dienten der gemeinsamem Besinnung, dem Vergnügens und der Muße.

Der genannte Fächerkanon beziehungsweise die Inhalte der Elementar-Sonntagsschule gingen weit über die didaktische Konzeption der einfachen Volksschule hinaus und entsprach jener der Gymnasien und höherer bürgerlicher Knaben- oder Mädchenschulen.[577] Die erteilten Unterrichtsfächer und vermittelten Inhalte entsprachen den Anforderungen Humboldts, um die Kriterien des *Allgemeinbildenden* zu erfüllen. Preusker erhebt selbst den Einwand, dass „dieses Verzeichniß der ... Unterrichtsgegenstände auf den ersten Blick zu reichhaltig"[578] sei. Er schränkt selbst die Möglichkeiten einer solchen Jugendbildung ein und sagt, dass nur das Wesentliche dieser Inhalte zu unterrichten, und dass die Aufnahmefähigkeit der Jugendlichen begrenzt sei. Er begründet die Vielfalt der allgemeinbildenden Fächer aber mit dem wiederholten Hinweis, dass eine ausreichende allgemeine Menschenbildung, die Bildung der Humanität und Menschenwürde das Fundament der Gewerbsbildung, der „Virtuosität im *speziellen Berufsfache*"[579] sei. Diese sei aber auf Grund sozialer Bedingungen noch nicht erreicht und müsse folglich, um der jungen Menschen willen nachgeholt werden.[580]

---

572 Preusker 1837 (Bd. 2), S. 117
573 Preusker 1842 (Bd. 5), S. 43, Anmerk. II
574 Ebd., S. 45, Anmerk. II
575 Ebd.
576 Preusker 1837 (Bd. 2), S. 128
577 Vgl. Friedrich 1987, S. 182
578 Preusker 1835b, S. 171
579 Preusker 1837 (Bd. 1), S. 11; Hervorh. im Original
580 Vgl. Preusker 1835b, S. 171

Das Zeichnen machte einen großen Anteil der gewerblichen Unterrichtung der Jugendlichen aus. Es gliederte sich in das allgemeine Zeichnen, linear und freies Handzeichnen, perspektivisches und geometrisches Zeichnen, Fachzeichnen für besondere Gewerbe und Maschinenzeichnen.[581] Die Unterrichtung in diesen Dingen nahm im Stundenplan einen immer größeren Raum ein.

Zum Turnen oder zur so genannten *Bewegung in freier Luft* gibt es nicht viele Hinweise in der Duisburger Sonntagsschule. Der erste Stundenplanwechsel zum Sommer 1832, der den Schülern beider Abteilungen einen freien Nachmittag brachte, wurde mit der geschaffenen Möglichkeit zum „Genuß freier Bewegung"[582] für die Jugendlichen begründet. Der Wert der körperlichen Bewegung und des „Turnens", ein Begriff, den bekanntlich erst Friedrich Ludwig Jahn einführte, wurde allgemein in dieser Zeit sehr hoch bewertet.[583] Zum einen wurde die Bedeutung der Gymnastik (Gutsmuts, Basedow, Salzmann, Villaume, Pestalozzi) für die Gesunderhaltung generell gewürdigt. Andererseits sah man für die individuelle geistig-moralische Entwicklung den Vorteil der Stärkung des Selbstwertgefühls, die Heranführung an sinnvolle Freizeitbeschäftigung und die Verhinderung von unsittlichen Beschäftigungen. Der Gedanke, dass die körperliche Erziehung als Teil der Gesamterziehung zu fördern und auszubauen sei, machte die Leibeserziehung um die Wende vom 18. zum 19. Jahrhundert zu einer pädagogischen Angelegenheit.[584] Hinweise zur Anregung der Jugendlichen zur körperlichen Ertüchtigung finden sich nur vereinzelt in den Duisburger Quellen. Der älteste Bericht der Lehrer hebt hervor, dass es bei der Vermittlung und Anregung zu körperlicher Bewegung auch darum ging, die Jugendlichen „für einen großen Theil des Abends von dem

---

581 Vgl. Preusker 1835b, S. 172ff.; diese Organisationsstruktur ist von Preusker in verschiedenen Schriften unterschiedlich dargestellt. An anderer Stelle findet sich die Unterteilung in *gewerbliche Hilfswissenschaften* und *gewerbliche Grund- und Hauptwissenschaften* (vgl. ebd., S. 162ff.).

582 Vgl. StADU 10/2276 b), Bl. 37

583 Von ausschlaggebender Bedeutung für die Entwicklung der gymnastischen Übungen als Erziehungsmittel ist der Philanthropinismus des 18. Jh. gewesen. Bei Peter Villaume, der die Gymnastik in Basedows Dessauer Anstalt kennen gelernt hatte, wird besonders der Zusammenhang zwischen der Körperertüchtigung, Gesundheitslehre und individueller Glückseligkeit deutlich. Die Unwirksamkeit und Unvollkommenheit der Erziehung in der Vergangenheit begründet er mit damit, dass sie alles durch moralisieren erzwingen wollte und darüber den Körper vernachlässigte. Villaume ist der erste, der das Wesen der gymnastischen Erziehung philosophisch zu ergründen suchte. Unter Gymnastik begriff er alle Übungen, die die Bildung des Körpers zum Ziel hatten. Danach gehörten freies Spiel, künstlich eingerichtete Übungen und Werk- sowie Zeichenunterricht zur Gymnastik.

584 Erst Pestalozzi machte die Gymnastik zu einem Lehrgegenstand der Volksschule für die unteren Klassen. Die Philanthropen hatten die Körperbildung als Erziehung eines besseren Bürgertums entwickelt. Pestalozzi entwickelte seine Elementarpläne zur Gymnastik als Mittel zur Erziehung des ärmeren Volkes.

Aufenthalt in Wirthshäuseren abzuhalten, wenn wir sie veranlaßten, denselben mit nützlicher und edlerer Beschäftigung zu vertauschen."[585]

Dietrich Landfermann, Präses der Sonntagsschule von 1836 bis Ende 1838, hatte im Schuljahr 1845/46 am Gymnasium erstmalig die so genannten *Turnfahrten* organisiert. Gemeinsam mit den Lehrern Köhnen und Fulda war er in der Turnbewegung engagiert.[586] Auch Friedrich Albert Lange, Präses der Sonntagsschule von 1860 bis 1865, war ein begeisterter Turner. Lange gilt sogar als Erneuerer des Turngedankens.[587] Die Turnbewegung in Deutschland gehört nach ihrer Entstehung und Intention in einen politischen Zusammenhang. Im Mittelpunkt der von Landfermann im Gymnasium eingeführten *Ausfahrten* standen das Zusammensein und das Erleben der Natur. „Vorgeschrieben war Turnkleidung, verboten etwas zu genießen."[588] Diese Wanderungen, die anfangs nur dreimal jährlich durchgeführt wurden, dauerten in der Regel 3 bis 4 Stunden. Auch später waren die turnerischen Wanderungen durch das Ruhrtal oder am Rhein keine regelmäßige Einrichtung, sondern eine besondere Veranstaltung. Die Unterrichtsstunden fielen in dieser Zeit aus. *Ausmarschiert* wurde vor allem im Sommer. Aber auch im Winter fanden Turnfahrten statt, dann häufig über den zugefrorenen Rhein. Bis 1860 wurde die Zahl der Wanderungen in den Duisburger Osten, nach Mülheim und Kettwig oder in den Duisburger Süden, nach Kaiserswerth und in die Grafschaft Moers ausgeweitet. Am 22. Juni 1860 wurden dieser Wanderungen, die mitunter auch zu einem gemütlichen Spaziergang werden konnten, wenn die *Fahrt* von einem älteren Lehrer angeführt wurde, abgeschafft und durch wirklich anstrengende Tagesmärsche abgelöst. Ein solcher anstrengender Marsch für die Tertia wurde schriftlich von Albert Lange überliefert:

„1) Sammeln. 10 Minuten vor 5 in der Schwedenallee ... Abmarsch Punkt 5 Uhr. 2) 5–6½ Marsch nach dem *Stockfisch* (Gasthaus bei Mülheim). Frühstück (Kaffee, Milch, Eier u.s.w. nach zusammenhaltenden Gruppen) 3) 7¼–7¾ Gemächlich durch Mülheim bis auf die Höhe über der Stadt. 7¾–8¾: Turnerischer Marsch über Holthausen, Raadt, Roßkothen bis in das Gehölz zwischen diesem Hofe und der Chaussee. 1 Stunde Rast und Spiele. Nach der Meisenburg. Ankunft 10 Uhr. Frühstück, resp. Gabelfrühstück nach gemeinsamer Bestellung. 4) 11–12 Spaziergang nach der Kanzel bei Kettwig und zurück, wovon die Schwächeren zurückbleiben dürfen. 5) 12–2 Rast und stille Spiele. Kaffee (nach Belieben). 2–3½ über Ickten nach Saarn. An der Fähre ½ Stunde Rast ohne Einkehren. In Saarn Erfrischung, ½ Stunde. 6) 4–5 Turnerischer Marsch bis in

---

585 StADU 10/22 76 b), Bl. 37
586 Vgl. Walther 1956, S. 32
587 Vgl. ebd.; Eckert 1965, S. 6
588 Wiesenthal 1934, S. 87

die Nähe von Wintgens. 5–6 Rast im Walde, Spiele. 7) 6–7 Nach Hause. Stellenweise im Tritt. Geschlossen bis an den Bahnhof. Entlassung 7 Uhr."[589]

Obwohl verschiedene Pädagogen der Sonntagsschule also begeisterte Turner und in der Turnbewegung engagiert waren, sind weder regelrechte Turnstunden noch die nach Preusker, als einfach zu realisierenden *Ausmärsche* für die Sonntagsschule quellenmäßig dokumentiert. Diese fehlenden Belege sagen indessen nichts darüber aus, ob Ausmärsche mit Sonntagsschulzöglingen stattgefunden haben. Jedoch: Die arbeitsfreien Sonntags- und Wochenabendstunden der Sonntagsschüler reichten kaum aus, um die primär notwendige, intellektuelle und gewerbliche Nachhilfe zu gewähren. Zwar hätte auch an der Sonntagsschule ein unterrichtsfreier Sonntagnachmittag wie am Gymnasium genutzt werden können. Allerdings nahm die Unterrichtszeit in den folgenden Jahren immer größere Ausmaße an, so dass er zeitweise auf mehrere Wochentagsabende ausgedehnt wurde. Dazu kam erschwerend, dass in Duisburg die finanzielle Situation der Sonntagsschule für solche bürgerlichen Freizeitvergnügen in der Regel keinen Spielraum gab. Daher kam der Gedanke an eine intensive Turnerziehung der Sonntagsschuljugend nicht einmal in den jeweiligen Sitzungen des Präsidiums vor, in denen sonst alle Modifikationen des Unterrichtsangebotes besprochen wurden.

6.2. Zum Fächerkanon der Duisburger gewerblichen Sonntagsschule (erste Abteilung oder Zeichenklasse)

Bei Preusker hatte es geheißen, dass es hier nicht nur um das Erlernen einzelner gewerblicher Fertigkeiten oder Anwendungskompetenzen gehe, sondern um die grundsätzliche Heranführung der lohnabhängig Beschäftigten an *kaufmännisch-ökonomisches Denken und Handeln*. Damit wurde das generelle sozialpädagogische Ziel der Sonntagsschule deutlich: die Entwicklung neuer Lebensperspektiven, der soziale Aufstieg proletarischer Jugendlicher in die bürgerliche, wenn möglich, selbstständige Existenz. Die bürgerlichen Sonntagsschulen begriffen sich hierzu als Geburtshelfer. Diese Inhalte wurden nicht

---

589 Zit. ebd., S. 88; Hervorh. im Original. Weiterhin schildert Wiesenthal nach einer Tagebucheintragung eines Schülers aus dem Jahre 1851 den Tagesablauf am Gymnasium. Diese Schilderungen erinnern an Darstellungen zur *Schulreformbewegung* und der *Jugendbewegung* der Jahrhundertwende. Die schulische Turnbewegung muss zudem auch verstanden werden als Ausfluss der Kritik an der vorherrschenden pädagogischen Praxis und des überkommenen preußischen Schulsystems. Diese Verhältnisse sind im Kontext des hier untersuchten Themas deswegen interessant, weil dieselben Pädagogen an der Sonntagsschule wirkten. Es scheint unwahrscheinlich, dass die Lehrer, die zwar an der Sonntagsschule eine andere Klientel und andere soziale Verhältnisse antrafen, hier anders arbeiteten als am Gymnasium.

in eigenen Fächern unterrichtet, sondern sie waren integriert in die gewerblichen Fächer, wie das (technische und praktische) Zeichnen und Höheres Rechnen, Naturkunde und andere ratsame Kenntnisse und Fertigkeiten. Die einzigen ausgewiesenen Fächer des Stundenplans waren das Zeichnen, das Rechnen und die Orthographie. Das Werken (Modellieren und Arbeiten in Holz, Wachs, Ton und Gips), zunächst Bestandteil des Zeichenunterrichts, wurde sehr schnell eigenes Unterrichtsfach. Auf Grund der engen inneren Verknüpfung der Fächer sollen die Inhalte und Ziele an dieser Stelle nicht voneinander isoliert dargestellt werden. Im Zeichenunterricht wurde nach vorhandenen Vorlagen gearbeitet. Fortgeschrittene konnten nach Gipsmodellen zeichnen. Ein zusätzlicher *Reißunterricht* wurde insbesondere von Schuhmacher- und Schneidergesellen besucht. Das *freie Handzeichnen* wurde vor allem Gesellen des Baugewerbes angeboten.[590] Die industriellen und kaufmännischen Neuerungen in den verschiedenen Gewerben fanden sehr schnell Eingang in den Unterricht. Dies lag zum einen an dem Interesse der Lehrer an allen technischen Neuerungen, zum anderen waren im Präsidium des Sonntagsschul-Vereins ab 1834 immer selbstständige Handwerker und Industrielle aus der Duisburger Wirtschaft vertreten. Somit fanden technische Innovationen in der Praxis rasch ihren Weg in die Sonntagsschule. Außerdem waren die Präsidiumsmitglieder aufgefordert, den Kontakt zur Schule durch regelmäßigen Besuch der Stunden aufrecht zu erhalten und Wünsche hinsichtlich des Unterrichtsstoffes an die Lehrer und den Präses der Anstalt weiterzuleiten. Auf Grund ihrer allgemeinen Berufsbezogenheit waren diese drei Fächer und die in ihnen mit behandelten kaufmännischen Unterweisungen die zentralen Inhalte der Sonntagsschule. Dies hatte auch die Düsseldorfer Regierung in ihrem Schreiben an den Duisburger Landrat so gesehen. Auch für die Jugendlichen waren diese die attraktivsten Fächer. Primär werden sie die Anstalt deswegen besucht haben. Hier lag der unmittelbare praktische Nutzen des Schulbesuchs. Die Mehrzahl der Schüler, die auf Grund ihrer mangelnden Voraussetzungen zunächst nur die allgemeine Abteilung besuchen konnten, strebten in die Zeichenklasse. Auf Grund dieser Bildungsangebote war die Einrichtung bei den meisten gewerblich tätigen jungen Leuten beliebt. Sie hatten einen existenzsichernden Nutzen aus dieser Einrichtung. Feldmann, der langjährige Zeichenlehrer, der diesen Unterricht mit großem Engagement erteilte, lässt in dem schon mehrfach genannten ältesten erhaltenen Bericht sein Erleben einfließen:

„Derjenige Theil des in unser Anstalt ertheilten Unterrichts, der für die meisten unsrer Schüler das höchste Interesse hat, und uns wohl die meisten lernbegierigen und ausdauernden Schüler herbeiführen wird, ist der Unterricht im practischen Zeichnen an-

---

590 Vgl. auch Freise 1942, S. 23

gemessen den Bedürfnissen der verschiedenen Handwerke. Er hat um so mehr unsrer Anstalt sogleich ein würdige Stellung gegeben und Einfluß auf die dieselbe besuchenden Handwerker, und wird um so mehr ihr Bestehen sichern, die von denen auf die sie ihren Wirkungskreis erstrebt, anerkannt werden muß, das sich nicht leicht in irgend einer Weise eine gleich günstige, gleich bequeme zu genießende Gelegenheit ergeben möchte, wie die ihnen hier gebotene, um ihren Schönheitssinn zu wecken und zu haben, um die künstlerische Seite ihres Handwerks bei sich auszubilden und zu vervollkommnen."[591]

Didaktisch war der Zeichenunterricht in mehrere, parallel liegende Unterweisungsstunden gegliedert. Die in den Dokumenten genannten Elemente sind das *Freihandzeichnen*, das *linearische Zeichnen*, das *geometrische Zeichnen*.

Wie schwierig eine gewisse Berufsbezogenheit im Unterricht gewesen ist, vor allem im Zeichenunterricht, wird schon an der Zusammensetzung der ersten Abteilung deutlich. In dieser Abteilung, in der auch „angehende Lehrer"[592], vermutlich Seminaristen, unterrichtet wurden, waren elf Schüler zum Teil sehr verschiedener Berufsbilder, wie Gärtner, Bäcker, Packarbeiter, Goldarbeiter oder Buchbinder, vereinigt.[593] Eine Bemerkung des Zeichenlehrers verdeutlicht die Probleme des Unterrichts: Feldmann bemerkt in einem Bericht an den Vorstand der Sonntagsschule im Januar 1855:

„Wollte man den Maßstab einer nach Vorbildung und Befähigung geordneten Classe von Schülern die denselben Gegenstand und gleichen Schritte verfolgen an die erste Classe der Sonntagsschule legen und ihre Leistung danach beurtheilen, so würde man gewiß ein sehr unbefriedigendes Resultat finden. Wenn dagegen in Betracht gezogen wird, daß die Verschiedenartigkeit der Schüler an Alter, Vorbildung, Auffassungsvermögen und Beruf eine solche zusammengehörige gleich vorbereitete Unterrichts-Classe unmöglich macht und auf den gesammten Fortschritt nothwendig hemmend einwirkt, so kann im Allgemeinen das Gelernte und Geleistete als wohlbefriedigend bezeichnet werden. Manche Schüler haben recht gute Fortschritte und einige unter ihnen durch selbstständig gelungene Ausführung von Schreiner- und Zimmer-Arbeit dazu den Beweis geliefert.[594]

---

591 StADU 10/2276 b), Bl. 38f.

592 StADU 10/4280

593 Vgl. StADU 10/4279. Bericht aus dem Jahre 1845. Die heterogene Zusammensetzung der Abteilung variierte, zeigte aber durchgehend diese Berufsvielfalt. Die Zusammensetzung der zweiten Abteilung zeigte eine noch größere Vielfalt.

594 StADU 10/4281. Bericht von Feldmann über die erste Abteilung für das Jahr 1854 an den Vorstand der Sonntagsschule vom 24. Januar 1855. Feldmann war als Zeichenlehrer der homogene Klassen am Gymnasium und in den Realklassen in der Lage, Vergleiche anstellen zu können. Der Unterschied zwischen den Klassen der anderen Einrichtungen und den Sonntagsschülern bestand besonders in deren völlig anderer Lebenssituation. Während die bürgerlichen Jünglinge in behüteten Lebensverhältnissen eine

Die Bedeutung dieses Faches darf trotz der relativen Berufsunspezifik nicht gering geschätzt werden. Alle Berufsgruppen, denen die verschiedenen Jugendlichen angehörten, vor allem aber die vorwiegend handwerklichen Berufe, benötigten eine große Fähigkeit und Fertigkeit im Zeichnen. Armstroff schildert anschaulich die Notwendigkeit dieses Faches, das sich zum Teil auch im Fächerkanon öffentlicher Schulen befand. Er kennzeichnete die Anforderungen an den handwerklich Tätigen folgendermaßen: Der Jugendliche muss, auch als unselbstständig Beschäftigter „die Fähigkeit besitzen, ... Zeichnungen mit den richtigen Größenverhältnissen anzufertigen, sowie auch eine ihm vorgelegte Zeichnung zu verstehen und nach derselben zu arbeiten. Will der Maurer den kubischen Inhalt einer Mauer und daraus die Qualität der erforderlichen Baumaterialien berechnen; ... will der Schreiner den Kubikinhalt eines Blockes und dessen Wert berechnen; will der Böttcher oder Klempner bestimmen, wie gross die zu fertigenden Gefässe werden sollen, damit sie eine bestimmten Quantität Flüssigkeit fassen; will der Schmied oder der Schlosser, der Maschinenbauer oder der Drechsler, der Tüchner oder der Glaser u.s.w. die zu fertigenden Arbeiten berechnen und zeichnen, so sind ihnen geometrische Kenntnisse unentbehrlich"[595].

Der Zeichenunterricht hatte zunächst die Fähigkeit zum Darstellen einfacher Figuren aus verschiedenen Handwerksbereichen zum Ziel. Dieses *Freihandzeichnen* bestand in Übungen zum *perspektivischen* Sehen und Zeichnen. Das grundsätzliche Ziel dieses Faches bestand in der Schulung von Augenmaß und Handfertigkeit. Als Vorlage dienten Wandtafeln und Modelle. Inhaltlich werden Übungen im Zeichnen einfacher Flächenmuster und geometrischer Körper, im Grund-, Auf- und Seitenriss im Mittelpunkt gestanden haben, wie verschiedene Berichte nahe legen. Zum Freihandzeichnen heißt es dort beispielsweise: „Dasselbe bezweckt Übungen des Auges und der Hand und giebt Anleitung im Gebrauche des Zeichenmaterials. Die Schüler zeichnen nach den von dem Lehrer auf der Schultafel in grossem Massstabe ausgeführten Zeichnungen nach Wandtafeln ..., vorgerücktere auch nach Vorlageblättern."[596]

Linearisches Zeichnen wird in verschiedenen Berichten beschrieben als „Unterweisung im Gebrauche des Lineals, Winkels, Zirkels und der Reissfeder.

---

verlängerte Jugendzeit genießen konnten, waren die Jugendlichen aus ärmlicheren Verhältnissen früh ins Leben geworfen. Ihre Jugendzeit hatte i.d.R. mit ihrer ersten gewerblichen Tätigkeit, zu der sie auf Grund wirtschaftlicher Notwendigkeiten gezwungen gewesen waren, geendet. Zur Zeit des Besuchs der Sonntagsschule standen sie langjährig als junge Erwachsene in abhängigen Lohnverhältnissen und arbeiteten wochentags z.T. unter körperlich anstrengenden Bedingungen. Ihre Hände waren nicht den filigranen Umgang mit Pinsel, Feder und Tusche gewöhnt, wie man dies bei den bürgerlichen Jünglingen vermuten darf (vgl. Gillis 1984).

595 Armstroff 1882, S. 10
596 Ebd., S. 146

Zusammensetzung geschmackvoller grad- und krummliniger Verzierungen. Architektonische Gliederung, Alphabete."[597]

Das so genannte *geometrische Zeichnen* bestand aus technischen Zeichenübung. Es sollten *Construktionen im Anschluß an den geometrischen Unterricht* erstellt werden. Die Darstellung verschiedener industrieller Maschinen und Übungen in verschiedenen Maßstäben gehörten zum Programm des geometrischen Zeichnens. Für den Zeichenunterricht wurden Zeichentische genutzt, die zum Teil längere Aufbauarbeiten notwendig machten.[598]

Der Unterricht in der gewerblichen Abteilung wird bis zur völligen Reorganisation im Jahre 1865 konsequenterweise die häufigsten Veränderungen erleben. Diese Abteilung ist fortdauernd Gegenstand vieler Reformvorschläge. Vor allem bemühen sich die Lehrer dieser Abteilung fortwährend um die Erneuerung der Medien und Materialien. In den folgenden Jahren werden etliche Vorschläge für Neuanschaffungen gemacht, Die inhaltliche Differenzierung der gesamten Sonntagsschule nimmt ihren Ausgang in der gewerblichen Abteilung. Schon in dem mehrfach genannten Bericht an den Logenmeister aus dem Jahre 1833 macht der Zeichenlehrer auf den vielfältigen Bedarf an Unterrichtsmaterialien aufmerksam:

„Es tritt uns hier aber ein Mangel an geeigneten Vorlegeblättern, besonders solchen, die eine hinreichend mannigfaltige Auswahl für die Bedürfnisse der verschiedenen Handwerke darböten, sehr störend in den Weg. Theils erlauben uns die ökonomischen Verhältnisse unsre Anstalt, die mit einer ziemlich geringen Summe jährlichen Einkommens erhalten werden soll, reichere Anschaffungen solcher Materialien keineswegs; theils aber und sehr hinderlich ist der Übelstand, daß wirklich reichhaltige, die verschiedenen Handwerke berücksichtigende, geschmackvolle und belehrende Sammlungen dieser Art kaum zu haben sind. Allen diesen Bedürfnissen im vollsten Maase und in der edelsten Weise begegnet das vortreffliche Werk, das unter dem Titel: *Abbildungen für Künstler und Handwerker*, von der königlich-technischen Gewerbedeputation zu Berlin. Herausgegeben, aber nicht im Handel erschienen. Für einen hohen Gewinn würden wir es erachten und dem Gedeihen unsrer Anstalt höchst wohlthätig, wenn uns durch die Gnade unseres geliebten Königs diese Sammlung oder wenigstens ein Theil derselben überlassen werden möchte, und wir wagen es, im Bewußtsein von der lebendigen, thätigen Theilnahme unseres hochwürdigen Altschottischen Directoriums an allem dem, was ein gutes und bildendes Werk fördere und haben könnte, dasselbe um seine Vermittlung zur Erfüllung unseres Wunsches zu bitten, indem wir es bescheiden seiner besseren Einsicht dahingestellt seyn lassen, ob die Gewährung dieses Wunsches billig und möglich ist. Aber der Bruder bittet, wo in anderen Verhältnissen der Mensch sich nicht über Lippen wagt.[599]

---

597 Ebd.
598 Vgl. StADU 10/4279, Bl. 18
599 StADU 10/2276 b), Bl. 40f.

Der Zeichenunterricht und die mit ihm verbundenen Fächer Werken und Geometrie, waren deutlich fachdidaktisch und -theoretisch angelegt. Insgesamt
konnte der Unterricht in der *eigentlichen gewerblichen Sonntagsschule* ein
berufsspezifisches Profil nicht haben, da er darauf angelegt war, *allen* „Söhnen unbemittelter Eltern ..., welche sich [irgend] einem Handwerke oder Gewerbe gewidmet haben oder widmen wollen, Gelegenheit zu geben, sich am
Sonntage die unentbehrlichsten ihrem jetzigen oder künftigen Stande oder
Berufe nach den Fortschritten unserer Zeit angemessene Erkenntnisse zu erwerben."[600]

7. Die Leiter und die Pädagogen der Anstalt (1831–1847)

Die im Folgenden genannten Leiter der Duisburger Sonntagsschule waren zu
gleicher Zeit auch Leiter des Realzweiges am Gymnasium[601]: Johann Jakob
vom Rath (1831–1834), Heinrich Adolf Junkermann (1834–1836), Dietrich Wilhelm Landfermann (1836–1838), Franz von Poseck (1839–1846), Theodor vom
Rath (1846–1852 und 1853–1855). Von den genannten soll nur Landfermann
als der hervorstechenste Pädagoge der Zeit bis 1847 vorgestellt werden.[602]

Der 1835 nach Duisburg zugezogene Dietrich Wilhelm Landfermann (1800–
1882) – Nachfolger Schmitz' am Gymnasium – ist aus vielen Gründen eine
schillernde und bedeutende Gestalt sowohl für die Sonntagsschule als auch allgemein für den Bildungs- und Erziehungssektor in Duisburg geworden. Als
Sohn eines Pfarrers aus Soest war er während seines Studiums in Heidelberg
Mitglied in einer demokratisch ausgerichteten Studentenverbindung. Auf
Grund dieser Mitgliedschaft und so genannter *demokratischer Untriebe* wurde er 1824 verhaftet und 1825 zu 13 Jahren Festungshaft und zur Unfähigkeit
zum Staatsdienst verurteilt. Im Jahre 1829 wurde er begnadigt und legte im
folgenden Jahr die Staatsprüfung ab. Im selben Jahr wurde er Lehrer in El-

---

600 StADU 41/254a, S. 95a
601 Die Leitung der Sonntagsschule blieb bis zur Reorganisation als Handwerkerfortbildungsschule eine ehrenamtliche Aufgabe. Auch die Fortbildungsschule erhielt erst
1906 mit Rudolf Gantenberg (1867–1928) einen hauptamtlichen Leiter (1906–1928).
602 Auch Junkermann und Poseck waren für die Entwicklung der Einrichtung wichtige Personen, an denen zudem anders als bei den beiden zuerst genannten Pädagogen, deutlich die Ambivalenzen darzustellen wären, denen die Leiter einer kommunalpolitisch so
wirksamen Einrichtung ausgesetzt waren. Während Junkermann häufig zwischen den
Anforderungen des Bürgermeisteramtes und seiner Leitungsfunktion eines Bürgervereins zerrissen wurde, ist Poseck in einer Zeit erlahmenden Interesses der Bürgerschaft
an dem Sonntagsschul-Verein mit besonderen wirtschaftlichen Nöten, aber auch per-
sönlicher Anfeindung konfrontiert gewesen. Beide Personen wurden unter der Last des
Sonntagsschulamtes krank. Die in der Zeit der Sonntagsschule gewonnenen Einsichten
setzte Junkermann ab 1853 als erster Fabrikeninspektor des Düsseldorfer Regierungsbezirkes um (vgl. Adolphs 1972a; dies. 1972b).

berfeld und 1832 Oberlehrer in Soest. Drei Jahre später folgte die Berufung zum Leiter des Duisburger Gymnasiums.[603] Hier wirkte er sechs Jahre, bevor er 1841 nach Koblenz ins Oberpräsidium der Rheinprovinz zum Regierungs- und Schulrat berufen wurde. Obwohl evangelischer Christ, stand er doch jeder Frömmelei und jedem Pietismus kritisch und ablehnend gegenüber. Hierin wird seine Nähe zur Duisburger Freimaurerloge verständlich. Auf Grund seiner unabhängigen Haltung in pädagogischen Dingen von religiösen Fragen genoss Landfermann das Ansehen Diesterwegs. Die Funktion des Präses der Sonntagsschule behielt er jedoch nur von 1836 bis Ende 1838. Neben vielfältigen anderen sozialen Engagements (Stiftung eines evangelischen Vereins für eine Kleinkinderschule und Leitung der Kleinkinderschule (1838), Armenpflegetätigkeit im Armenverein der Stadt, Aufnahme von Pflegezöglingen und anderem) zeichnete er sich auch durch Interesse und Teilnahme an sozialpolitischen Kongressen aus. Seine kurze Tätigkeit als Präses des Sonntagsschul-Vereins war jedoch wichtig für die weitere Entwicklung der Schule bis zur endgültigen Umgestaltung in eine reine Einrichtung zur Qualifizierung der beruflichen Lehre. Allerdings war Landfermann noch weit entfernt vom Gedanken einer Fortbildungsschule, wie sie 1865 entstand. Den Zweck der Bildungs- und Erziehungsfunktion der Sonntagsschule sah er nicht in der beruflichen Bildung, sondern eher in der Vorbereitung auf die sich stetig modernisierenden sozialen Verhältnisse. Das sozialpolitische und als *sozialpädagogisch* zu bezeichnende Ziel wurde im oben genannten Beispiel schon deutlich. Wie alle Bürgerschul-Pädagogen sah er eine Untrennbarkeit beziehungsweise die Aufeinanderbezogenheit von allgemeiner Menschenbildung und *speziellster Lebensthätigkeit* des Einzelnen.

> „Es giebt auch eine unmittelbare Bildung oder vielmehr eine Einübung zu der speciellsten Lebensthätigkeit des Einzelnen. Solche Einübung ist unerläßlich und hoch löblich, wenn sie an freie allgemeine Bildung zu rechter Zeit sich anschließt, aber unheilvoll und verderblich, wenn sie dieselbe überspringen oder gar an deren Stelle sich setzen und die allgemeine Entwicklung des Geistes und des Gemüthes als überflüssig verdrängen will."[604]

Der Herausgeber der *Lebenserinnerungen* Landfermanns, Oskar Jäger, berichtet, dass dieser im Jahre 1837 als Präses des Sonntagsschul-Vereins einen eindrucksvollen Vortrag hielt, der „vom Ausschuß des Vereins"[605] abgedruckt und veröffentlicht worden war.[606] Diese nach Wagenknecht programmatische

---

603 Vgl. StADU 41/254a, S. 82a; Wiesenthal 1934, S. 43ff.
604 Zit. bei Jäger 1890, S. 134
605 o.A., o.J., S. 329.
606 Jäger 1890, S. 146. Von dieser Rede ist jedoch weder im Stadtarchiv Duisburg noch im Landfermann-Archiv des gleichnamigen Gymnasiums ein Exemplar erhalten geblieben.

(aber leider nicht erhalten gebliebene) Rede anlässlich einer Prämienverteilung, auf die Friedrich Albert Lange noch 25 Jahre später einging, entwarf einen weitsichtigen Ausblick zur Zukunft der Anstalt. Dabei hob er neben der
gewerbsbildenden Aufgabe der Anstalt die sittlich-ethische Förderung der
Schüler zum Bürger und Menschen, die Förderung ihrer Selbsterziehungskom-
petenz, hervor. Während Landfermann die weitere Einwicklung der Schule organisatorisch und inhaltlich klug gestalten konnte, blieb das Problem der Finanzierung während seiner Amtszeit ungelöst; sein Nachfolger musste sogar
Schulden übernehmen. In der Gestaltung der Leitungstätigkeit konnte er
insgesamt weit blickende und bedeutende Schritte vollziehen. Als Leiter des
Sonntagsschul-Vereins war er stets um die inhaltliche Entwicklung der Anstalt
bemüht. Daneben engagierte er sich, wie schon betont, auf andere Weise in
der Volkswohlfahrt und der Armenfürsorge. Als Mitglied des Presbyteriums
der kleineren evangelischen Gemeinde war er als Armenpfleger im Armenpflege-Verein der Stadt tätig und „übernahm die Versorgung einiger armer Familien".[607] Zudem nahm er für einige Zeit Pflegekinder aus Proletarierkreisen in
seine Wohnung auf. Er beherbergte auch mehrere Jahre lang bürgerliche Pfle-
ge-Zöglinge. Jäger berichtet von dem ersten proletarischen Zögling, der unter
der Erziehung Landfermanns „gewissermaßen ... seine Rettungsanstalt finden
sollte."[608] In seinem Tagebuch notierte er:

> „Vor unserem neuen Hausgenossen war uns bange und nur auf die dringenden Bitten
> seines Vaters und Oheims, meines Freundes L., entschlossen wir uns, es mit ihm zu
> wagen, nachdem er von seiner Flucht aus Amsterdam, wo er Matrose werden wollte,
> zurückgekehrt war. Es geht aber besser als wir dachten. Er ist zwar verwildert und
> anmaßend, aber die Erfahrungen auf der Flucht haben ihn mürbe gemacht, und er
> fängt an, sich recht freundlich und aufrichtig anzuschließen. Schlimm ist es nur, dass
> er nicht bei uns, sondern einige Häuser weiter wohnt, weil wir keinen Platz haben."[609]

Diese Notiz macht zudem den Begriff der *Fürsorge* dieser Zeit deutlich, der,
das belegen verschiedene Quellen sowie historische Darstellungen, ehrlich und
ernst gemeint war und der schon in der Hamburger Armenordnung von 1788
deutlich geworden war: Danach soll der Armenpfleger „der treuste Freund
und Berater des Armen sein; die Armen soll er kennen wie seine eigene Familie, ihre Wohnung wie sein eigens Haus"[610].

Sein Tagebuch gibt jedoch auch Auskunft von einer pädagogischen Begegnung mit einem Pflege-Zögling, einem „so fremden unerfreulichen Ele-

---

607 Ebd.
608 Ebd., S. 150
609 Zit. ebd.
610 Zit. bei Scherpner 1974, S. 191

ment[.]"[611], die ihn einigen inneren Frieden kostete und die ihn zu einer „herbe[n] Exekution gegen einen Ausbruch verwilderten Geistes"[612] zwang. Er berichtet in seiner Chronik von einigen anderen schwierigen Gastzöglingen, die „viel Unruhe und Arbeit, wenig belohnendes Wirken und Gelingen"[613] brachten.

Landfermann war kein Theoretiker der *Sozialen Frage* wie sein Nachfolger im Amt, Friedrich Albert Lange. Aber die gesellschaftlichen Umbrüche, die Folgen der Modernisierung nahm er „mit einem sehr wachen und offenen Blick"[614] wahr. „Vermutlich bot gerade das Duisburg der Dreißigerjahre des 19. Jahrhunderts zu solchen Beobachtungen wichtige Anhaltspunkte."[615]

Seine Antrittsrede in Duisburg von 1835 bestätigt dies. Er sprach „vom industriellen Rang Duisburgs"[616] und davon, dass die „Berechtigungen alter municipaler Selbständigkeit hier wie anderwärts haben schwinden müssen *vor der großen Umgestaltung aller sozialen Verhältnisse.*"[617]

Damit bewies er, dass er die sozialen Fragen und Gegenwartsprobleme erkannte; zugleich wird deutlich, dass auch er die industrielle Entwicklung als Chance für die Entwicklung der Menschheit und der Arbeiter im Besonderen erblickte. Damit empfahl sich als Präses der Sonntagsschule. Landfermann, der den Umzug in die *junge Industriestadt* Duisburg in dem genannten Brief an die Schwiegermutter eine „Revolution unserer Lebensverhältnisse"[618] nannte, nahm die sozialen Fragen dieser Zeit und Region bewusst wahr und sah seine Funktion an der Sonntagsschule darin, an der Lösung der aufgebrochenen sozialen Folgen der Wirtschaftsgesellschaft mitzuarbeiten. Unter Ausnutzung des Rechtes der freien Vereinsbildung glaubte er, dass die Teilnahme an bürgerlichen Reform- und Bildungsvereinen der beste Weg gemeinsamer Ansätze zu sozialer Reform sei. In seiner Chronik vermerkt er nach der Anfrage zu seiner Mitwirkung am Sonntagsschul-Verein am „21. April Abends bis 25. April Morgens ... Alles Vereinen von Kräften ist zu fördern in unseren Tagen; so nehme ich auch gern an diesem Vereine Theil."[619]

Landfermann sah einen positiven Fortschritt in der Geschichte nur, wo die Entwicklung auf einen Gemeinsinn zulief. Durch das in dieser Zeit rege geistige und gesellige Leben in Duisburg kam er auf vielerlei Weise zu persönlichen Freundschaften mit einigen wichtigen Personen Preußens. So lernte er in Duisburg Ernst-Moritz Arndt kennen, mit dem ihn eine tiefe Freundschaft ver-

---

611 Zit. bei Jäger 1890, S. 153
612 Zit. ebd.
613 Zit. ebd.
614 Casper 1959, S. 198
615 Ebd.
616 Zit. ebd.
617 Zit. ebd., S. 131
618 Zit. bei Jäger 1890, S. 153
619 Zit. ebd.

band.[620] Wie Jean Paul hatte Arndt die Literatur und Pädagogik der Romantik beeinflusst.[621] In Anbetracht der gesellschaftlichen Veränderungen kritisierte Landfermann die sozioökonomische Entwicklung Preußens und das Schicksal der Proletarier. Die Forderung nach Emanzipation der Proletarier und ihrer gesellschaftlichen Teilhabe, die mit dem Projekt der Sonntagsschule verknüpft war, konnte er ohne Zögern teilen. Als Direktor des Gymnasiums griff er die lebensfremde und bildungsformalistische Gymnasialbildung seiner Zeit an. Das Duisburger Gymnasium stand seit der Bildung der Realklassen und durch die Träger moderner Bildungsimpulse, wie Fulda oder Bahrdt, nicht mehr in der alleinigen Tradition des neuhumanistischen Gymnasiums. Die alten kulturellen Werte, wie sie etwa vom humanistischen Gymnasium propagiert wurden, wie die Betonung der Individualität, der Innerlichkeit des Charakters, der überlieferten kulturellen Werte und Distanz zur modernen Technik und Zivilisation, wurden auch von Landfermann abgelehnt. Er befürwortete, ähnlich wie Diesterweg oder Preusker, die neue Zeit. Ebenso wie Nietzsche in dessen späterer Kulturkritik griff Landfermann das neuhumanistisch geprägte, preußische höhere Schulsystem an. Den Hang zur Bewahrung des Alten, mithin einer „abgestorbenen Bildung"[622], nannte er einen *Enzyklopädismus* und als hinderlich für die Anpassung an die Erfordernisse der modernen Zeit.[623] Die industrielle Entwicklung und die damit einhergehende soziale Veränderung und das preußische Schulsystem, das die Fakten einer historischen Bildung idealisierte und die Menschen nicht für das Leben vorbereite, hatten nach Landfermann keine gemeinsame Basis im gesellschaftlichen Leben mehr. Er war der Überzeugung, dass für die abgestorbene, aber weiter tradierte preußische Bildung und ihre Anstalten, „die Zeit beharrender Sicherheit ... abgelaufen"[624] sei und nur noch ein *Scheindasein* führe. In der Erziehung und Bildung gehe es nun um eine „lebendige neue Bildung"; er machte auf das „Werdende und sein unabweisliches Recht"[625] aufmerksam. Zu den neuen „allgemeinen Bildungsmitteln des modernen Europa"[626] gehöre ein „Cyklus neuer, bis dahin nur als zur speziellen Berufsbildung gehörig betrachteter Bildungsmittel"[627]. Die *Zucht-*

---

620 In den Lebenserinnerungen sind zwei Briefe von Arndt an Landfermann wiedergegeben, die die enge Bindung beider Männer dokumentieren (vgl. Jäger 1890, S. 147ff.).

621 Arndt hatte sich in zahlreichen und vielfältigen Schriften auch eingehender mit anthropologischen Fragen und solchen der Volks- insbesondere der Jugendbildung beschäftigt. Seine Kulturkritik betraf die Bedingungen der industriellen Wirtschaftsgesellschaft, die vor allem zur Entfremdung des einfachen Arbeiters führten und sein Leben zum Maschinendasein erniedrige (vgl. Ballauff/Schaller 1973, S. 135).

622 Zit. bei Jäger 1890, S. 129

623 Vgl. ebd., S. 379

624 Zit. ebd., S. 129

625 Zit. ebd., S. 130

626 Zit. ebd.

627 Zit. ebd.

und-Ordnung-Pädagogik, die strenge Disziplinierung der Jugend, welche die alte Pädagogik als „die größte Wohlthat ..., die man der Jugend erweisen"[628] könne, betrachtete, unterzog er der Kritik. Zweifellos richtete er sein Gymnasium wie die Sonntagsschule nach diesen Forderungen ein. In seiner Arbeit legte er viel Wert auf den Kontakt zu den Schülern und den Lehrern.

Hinsichtlich beider Schulformen schien Landfermann die Beteiligung der Eltern und der Bürgerschaft als wichtig und notwendig. Er bezeichnete es als lähmend für die pädagogische Aufgabe, begegnete einem „stumpfe[.] Gleichgültigkeit ..., wo man auf eifriges Entgegenkommen als unerläßliche Vorbedingung des Gedeihens"[629], Anteilnahme und Entgegenkommen erwarte. In der pädagogischen Praxis zeichnete er sich am Gymnasium wie an der Sonntagsschule durch wohlwollende Geduld mit den Schülern und durch Verständnis für die Lage Heranwachsender aus.[630] Landfermann wird von Zeitzeugen folgendermaßen beschrieben: „gesprächig, mittheilsam, aber auch stets bereit zu hören: dabei ausgestattet mit jenem glücklichen Humor, der seiner großen Auffassung der Menschen und Dinge das Gegengewicht hielt, und der dem Kleinen, Unbedeutenden, Alltäglichen einen Reiz verlieh, ihm diesem Trivialen des Tageslebens, eine bedeutungsvolle aber erheiternde Beziehung abgewann."[631]

Obwohl er seinen Schülern als Erzieher und damit „Vorgesetzter erinnernd, treibend, selbst tadelnd entgegen[zu]treten"[632] hatte, bemühte er sich doch darum, ihnen „nach meiner Sinnesart gleich zu gleich"[633] zu begegnen. In seiner Pädagogik setzte Landfermann grundsätzlich auf die Freiwilligkeit und die Eigenmotivation der Schüler – in der Sonntagsschule, die ohnehin eine freiwillige Wohltätigkeitsveranstaltung war, wie auch im Gymnasium.[634] In seiner Pädagogik wandte sich Landfermann, wie dies schon bei Preusker erkennbar war, gegen das Subjekt-Objekt-Verhältnis der zeitgenössischen Schul- und Obrigkeitspädagogik, vermittelt durch den Einfluss des Herbartianismus, welches den Einen nur zum Objekt der Arbeit des Anderen machte und ihn damit faktisch entmündigte.[635] Hier wird der Begriff der Person, der in Preuskers Schrif-

---

628 Zit. ebd., S. 131
629 Zit. ebd.
630 Vgl. ebd., S. 90f.
631 Ebd., S. 374
632 Zit. ebd., S. 145
633 Zit. ebd.
634 So richtete Landfermann 1837 in den Sommerferien eine sog. *Ferienschule* für die untersten drei Klassen des Gymnasiums ein. Die Kinder wurden anfangs mit einer, später mit zwei Stunden täglich durch 2 Lehrer beschäftigt (vgl. Wiesenthal 1934, S. 89).
635 Herbarts *Lehre vom erziehenden Unterricht* stellte nicht das Subjekt ins Zentrum der Erziehung, sondern der Einzelne wurde zum Objekt seiner Methode. Ganz anders die durch die freimaurerische Ethik vermittelte Pädagogik der bürgerlichen Sonntagsschulen.

ten vermittelt wird, deutlich. Die Bemühungen der Sonntagsschüler, die, wie die Lehrer oft berichteten, in beiden Klassen individuell sehr unterschiedliche Fortschritte zeigten, respektierte und unterstützte er, ohne jedes Drängen.[636] Er betonte den Wert der Gemeinschaft im Jugendalter. Die soziale Auseinandersetzung mit Gleichaltrigen war daher ein wichtiges Element seiner Pädagogik. Als Student hatte er selbst, „das romantische Erlebnis der Gemeinschaft"[637] kennen gelernt. Vor seinen Schülern sprach er „zuweilen über solche Gemeinschaften".[638] In seiner Pädagogik finden sich ähnliche Interventionen und Elemente wie in den Gesellenvereinen der Jahrhundertmitte oder später bei der bürgerlichen Jugendbewegung. Seinen Ansatz einer Gemeinschaftspädagogik konkretisierte er vor der Jugendbewegung, deren Markenzeichen das Wandern war, in den schon genannten *Turnfahrten*. Die hatte er, wie beschrieben, im Gymnasium organisiert und sie standen im Zusammenhang mit der vormärzlichen Turnbewegung hier.[639] Auch hierin erinnert vieles an die zivilisationskritischen Intentionen der bürgerlichen Jugendbewegung. Im Mittelpunkt dieser Wanderungen standen das Zusammensein und das Erleben der Natur. Man kann Landfermann als einen der (vielen) geistigen Väter der Jugendbewegung und der pädagogischen Reformbewegung bezeichnen.[640]

Zur Charakterisierung der Amtsführung Landfermanns soll ein kurzes Beispiel dienen, das allerdings noch in die Amtszeit seines Vorgängers Junkermann fällt. Als durch Umzug des Orthographielehrers diese Stelle vakant wurde, wandte sich der Gesangslehrer Engstfeld am 9. Juli 1836 an den Präses:

„Durch die Abreise des Kandidaten Herrn vom Rath fällt für die Sonntagsschüler ein wichtiger Unterrichtsgegenstand aus; nämlich *Orthographie*. Ich nehme mir die Freiheit, für diesen Unterrichtszweig meine Kräfte anzubieten. Da aber derselbe wegen des Korrigirens der Arbeiten, außer der Stunde noch die Zeit des Lehrers in Anspruch nimmt; – so scheint, incl. der Anlieferung der Federn, eine jährliche Vergütung von *Fünfzig Thalern* eine gemäßigte Forderung. Sollte ein hochlöblicher Vorstand der Sonntagsschule geneigt sein, mir diese Stunde übertragen zu wollen, so erbitte ich mir nähere Befehle."[641]

In dieser Sache traf der Vorgänger Landfermanns keine Entscheidung, sondern wandte sich an Nees von Esenbeck, den Lehrer für Rechnen und Religion

---

636 Vgl. Casper 1959, S. 192
637 Ebd., S. 195
638 Ebd., S. 196
639 Vgl. Walther 1956, S. 32
640 Der sonntagsschulpädagogische Ansatz der Gruppen- und Selbsterziehung, wie er schon bei Preusker deutlich wurde, kann überhaupt als – wenn auch nicht rezipierter – Vorläufer der bürgerlichen und proletarischen Jugendbewegung gesehen werden.
641 StADU 10/4279, Bl. 27

an der Sonntagsschule, gleichzeitig aber Fachlehrer für Deutsch am Gymnasium, und bat um eine Stellungnahme, ob Engstfeld dieser Aufgabe gewachsen sei. Eine Antwort Esenbecks ist in den Unterlagen nicht zu finden, aber unter dem Datum 12. Juli 1836 findet sich eine Stellungnahme Landfermanns in dieser Frage.[642] Wahrscheinlich hatte Esenbeck sich in der betreffenden Frage nicht kompetent gefühlt oder wollte nicht über einen vertrauten Kollegen urteilen; daher hatte er sich an den neuen Direktor des Gymnasiums gewandt. In dem Schreiben an Junkermann äußert sich Landfermann positiv über den Selbstvorschlag Engstfelds, die Aufgabe im Orthographieunterricht anzutreten. Neben der fachlichen Eignung für den elementaren Unterricht begründet er den Einsatz des Lehrers auch mit dem Nachteil für die Sonntagsschulzöglinge, wenn durch Ausfall dieses Faches, das „in ihr Bezweckte"[643] gefährdet sei. Er betont aber auch den Nachteil für die Sonntagsschule, wenn, auch nur vorübergehend, der Lehrer aus ihrem Betrieb entlassen werden müsse. Zwar ist fraglich, inwieweit dem neuen Direktor Landfermann die Qualitäten Engstfelds schon bekannt waren, aber er hob ausdrücklich das besondere Engagement, das dieser bisher gezeigt habe, hervor. Es sei „wünschenswerth ..., wenn ... [der Unterricht] von einem wackeren Lehrer fortan übernommen wird"[644]. Auf den sozialpolitischen und sozialpädagogischen Zweck des Faches Deutsch an der Sonntagsschule eingehend, bezeichnet Landfermann es als eins der unentbehrlichen Ziele der Anstalt, den „jungen Leute[n] es möglich zu machen, sich ... in ihrem nächsten Berufsleben vorkommend Schriftlich in der nöthigen Ordnung, Klarheit, Zusammenhang und Richtigkeit der Gedanken sowohl als in ... [Richtigkeit der] Schreibung der einzelnen Worte"[645] auszudrücken. Die eigentliche Frage nach der Qualifikation des Pädagogen für den Orthographieunterricht beantwortet Landfermann ebenso positiv. Er äußert seine Überzeugung, „daß er allerdings im Stande ist diesen Unterricht in der ausgesprochenen Weise und Tendenz zu [übernehmen]"[646].

Er befürwortet die Verpflichtung des vorgeschlagenen Nachfolgers für dieses Nebenamt und hält Engstfeld „allerdings"[647] für befähigt. Jedoch verband er die Stellungnahme mit dem unbedingten Hinweis, dass man es dem Lehrer in dem betreffenden Unterricht „aber zur ersten Pflicht machen müßte, denselben auf das Pünktlichste und Gewissenhafteste zu geben."[648]

---

642 Im Frühjahr 1837 schied Nees vom Esenbeck aus Schuldienst am Gymnasium aus; für ihn kam der Lehrer Jacob Hülsmann (vgl. Hollenberg 1875, S. 13.).
643 StADU 10/4279, Bl. 32a
644 Ebd.
645 Ebd.
646 Ebd.
647 Ebd., Bl. 32b
648 Ebd.

Ohne Engstfeld des Müßiggangs zu bezichtigen, verweist der Gymnasialdirektor in Kenntnis der Bedingungen an der Sonntagsschule (Freiwilligkeit des Besuchs) darauf, dass ohne eine Kontrolle für den einzelnen Lehrer „die Versuchung ... nachlässig zu werden, um so näher liegt, als sehr häufig auch der Schulbesuch der jungen Leute sehr schlecht ist und eine allzu geringe Anzahl von Schülern eine scheinbare ... [Notwendigkeit] abgeben könnte, die Stunde abzusetzen. Es scheinen mir aber namentlich bei der genannten Anstalt zwey oder drei Jünglinge, die begierig sind Versäumtes für ihren Lebensberuf nachzuholen ganz dieselben Ansprüche an Beachtung und Hülfe zu haben, als eine große Zahl; und nur dadurch, daß auch bei dem schlechten Besuch dennoch der Unterricht fortgehalten wird, ist Gedeihen und Annahme dieser Anstalt zu erwarten."[649]

Hier wird noch einmal die hohe pädagogische Verantwortung deutlich, die für die Jugendlichen in der Einrichtung empfunden wird. Auch die weiter unten vorgestellten Lehrer achteten untereinander auf die Geeignetheit eines Kandidaten für ein Amt in der Sonntagsschule. Entsprechend dieses internen *Qualitätspaktes* und der Vielfalt des Unterrichtsangebotes beurteilten die Lehrer der Anstalt den sozialen und pädagogischen Wert dieser Wohlfahrtseinrichtung selbst als sehr groß, wie es im Bericht der Lehrer an vom Rath sehr deutlich wird.[650] In der angesprochenen Frage des neuen Orthographielehrers, die noch in die Amtszeit seines Vorgängers gefallen war, hatte Landfermann durch eine qualifizierte Stellungnahme geglänzt, die charakteristisch für die nachfolgende Amtszeit angesehen werden kann. Er zeigte schon vor seiner Amtstätigkeit ein besonderes Interesse für die Nacherziehung jugendlicher Arbeiter.

Trotz der kurzen Tätigkeit in der Funktion des Präses der Anstalt, konnte er in dieser Zeit ökonomischer Schwierigkeiten Wesentliches für die Weiterentwicklung und den Fortbestand der Einrichtung leisten, und zwar allen ökonomischen Problemen zum Trotz.

Keineswegs alle Leiter der Anstalt waren Mitglied der Duisburger Loge. Das gilt eher für die wenigsten, auch nicht für Landfermann. Jedoch standen alle

---

649 Ebd.

650 Vgl. StADU 10/4281. Diese Einschätzung ging den Pädagogen auch während der kommenden Jahre nicht verloren. So hob auch ein späterer Bericht zu den Jugendlichen der Elementarklasse vom 22. Januar 1845 hervor: „Manche junge Handwerker, welche schon mit dem Gedanken an ihre Etablierung umgehen, sind bei der Aufnahme gar oft noch nicht imstande, *reine Zahlen zu summieren*, noch viel weniger einen *diktierten Satz niederzuschreiben*. Wenn man nun die Freude hat, solche nach nicht langer Zeit so weit herangereift zu sehen, dass sie oben ausgesprochenen Anforderungen im Schreiben und Rechnen ziemlich genügen, wie sich der Beispiele nicht wenige aufzählen liessen, so dürfte das allein schon hinreichend sein, jeden Menschenfreund zu bewegen, sich dieser Sache anzunehmen. Kurz der Stand des Instituts ist jetzt der Art, dass er nicht allein für die Zukunft zu den schönsten Hoffnungen berechtigt, sondern es schon gegenwärtig jedem zur Freude, ja zum wahren Genusse gereichen muss, daran mitzuwirken." (zit. nach Armstroff 1882, S. 146)

der Freimaurerei, auch in den Jahren nach 1850, sehr nahe. Dagegen waren fast alle als Lehrer an der Einrichtung tätigen Pädagogen Freimaurer. Die im Folgenden genannten Lehrer haben, wie die Leiter der Einrichtung, dieses Amt ehrenamtlich ausgefüllt: Conrad Feldmann (1831–1856), Friedrich Nees vom Esenbeck (1831–1837), L. Susen (1831–1840), Jacob Hülsmann (1835–1837), Friedrich Peter Engstfeld (1835–1840), Theodor vom Rath (1835–1836), Mevisen (1835–1848), Wilhelm Köhnen (1836–1840), Ludwig Cremer (1838–?), C.G. Gantenberg (1838–?), J.P. Grohshauten (1838–?), Heinrich Niewöhner (1841–1890).

Conrad Feldmann (1803–1856) war Lehrer am Gymnasium für Zeichnen und Turnen und an der Sonntagsschule zuständig für die Fächer Zeichnen, Werken, Geometrie und *Practische Geometrie* sowie für Gesang.[651] Letzteren Unterricht teilte er sich in den ersten Jahren mit Peter Friedrich Engstfeld.[652] Feldmann war neben seinen Logenbrüdern Johann Jacob vom Rath d.J., Küp, Bahrdt und Nees von Esenbeck Mitglied des Gründungskomitees vom 20. Juli 1831 und gehörte mit Esenbeck und L. Susen zu den ersten regulären Lehrern der Sonntagsschule. Vor der Gründung des Sonntagsschul-Vereins im Jahre 1834 hatte er gemeinsam mit Nees vom Esenbeck die Funktion des Rendanten, das heißt des Rechnungsprüfers der Sonntagsschule.[653] Feldmann war als Zeichenlehrer der relativ homogenen Klassen am Gymnasium und in der Realabteilung in der Lage, Vergleiche zwischen den Jugendlichen der Sonntagsschule und den bürgerlichen Jünglingen anstellen zu können. Der Unterschied bestand in der völlig anderen Lebenssituation beider Gruppen. Während die bürgerliche männliche Jugend in behüteten Lebensverhältnissen eine verlängerte Jugendzeit genießen konnten, waren die Jugendlichen aus ärmlicheren Verhältnissen früh ins Leben geworfen. Ihre Jugendzeit hatte in der Regel mit ihrer ersten gewerblichen Tätigkeit, zu der sie auf Grund wirtschaftlicher Notwendigkeiten gezwungen gewesen waren, geendet. Zur Zeit des Besuchs der Sonntagsschule standen sie langjährig als junge Erwachsene in abhängigen Lohnverhältnissen und sie arbeiteten wochentags zum Teil unter körperlich anstrengenden Bedingungen. Ihre Hände waren nicht den filigranen Umgang mit Pinsel, Feder und Tusche gewöhnt, wie man dies bei den bürgerlichen Jünglingen vermuten darf. Zudem waren sie weder an intellektuelle Arbeit gewöhnt und ihnen fehlte das für eine nebenberufliche Nachbildung notwendige Durchhaltevermögen. Zunächst mussten sie also beim Eintritt in die Einrichtung lernen, wie man lernt, sie mussten ihre Denkfähigkeit schulen und die Sonntagsschule erst einmal als Möglichkeit der Emanzipation von Entfremdung und als Form der Daseinsnachsorge und Erweiterung der Lebenschan-

---

651 Vgl. StADU 10/2276 b) Bl. 37; StADU 10/4279, Bl. 0b, 8, 14a, 36; StADU 10/4281 (o. Num.)
652 Vgl. StADU 41/254a, S. 75a
653 Vgl. Armstroff 1882, S. 120

cen begreifen. Feldmann begriff seine Arbeit an der Schule deutlich in ihrem Charakter als soziale Aufgabe.[654] Ihm kam in der Sonntagsschule eine überragende Funktion zu. Zum einen erteilte er den einzigen berufsrelevanten Unterricht. Die Jugendlichen kamen vor allem deswegen, weil sie im täglichen Leben von seinem Unterricht den praktischsten Nutzen hatten. Sein Unterrichtsangebot an die zum großen Teil ungebildeten Jugendlichen wurde zum Symbol kompensatorischer Erziehungs- und Bildungsmaßnahmen und damit ein Beitrag zum sozialen Aufstieg, weil sich durch die Unterrichtung in dem wichtigen Fach Zeichnen die Wahrscheinlichkeit des beruflichen Fortkommens, die Selbstversorgungskompetenz und damit die Unabhängigkeit von sozialer Versorgung enorm erhöhte. Der individuelle Nutzen aus Feldmanns Unterricht für die jungen Arbeiter und Handwerker wird in vielen Dokumenten bestätigt. Wiederholt bemerkt die Düsseldorfer Regierung, dass gerade auf Grund des Unterrichts von Feldmann die Lehrlinge des Handwerks ihre Gesellenprüfung beständen. Brauchten bis 1845 die Jugendlichen noch 3 bis 4 Jahre, um dieses Ziel zu erreichen, so verringerte sich die notwendige Lehrzeit bis Mitte der 1850er-Jahre durchschnittlich auf 2 Jahre. Feldmann berichtet selbst von der seltenen Erscheinung, dass ein Zögling das Ausbildungsziel durch die begleitende Hilfe der Sonntagsschule in einem ½ Jahr erreichte.[655] Mehrfach meldeten sich ehemalige Sonntagsschüler, die durch die Wirkung der sozialen Einrichtung entsprechend gerüstet häufig selbst Meister waren, also eine selbstständige bürgerliche Existenz ergreifen konnten und noch immer seinen Rat suchten.[656] Zum anderen nahm er häufig Stellung zu konzeptionellen Fragen der Einrichtung und trieb sie damit in ihrer Entwicklung kontinuierlich voran. Er hatte großen Einfluss auf die Sonntagsschulpädagogik und entwickelte mehrere didaktische Neuerungen für den Unterricht und seine Organisation.[657] Vor allem plädierte er während seiner Tätigkeit wiederholt dafür, dass wenn die Sonntagsschule wirklich Früchte tragen sollte, es notwendig wäre, die Jugendlichen für längere Zeit unabhängig vom Berufsstand als Arbeiter, Lehrling oder Geselle an die Einrichtung zu binden. Für die Gesellen sei die Sonntagsschule auch Jahre nach der Lossprechung ein notwendiges Instrument ihrer Bildung.[658] Im Jahre 1845 wurde er als einziger Pädagoge ins Präsidium der Sonntagsschule gewählt.[659] Feldmann entwarf im

---

654 Vgl. StADU 10/4279, Bl. 14b
655 Vgl. StADU 10/4281, o. Num.
656 Vgl. StA DU, 10/4280 vom 5. Juli 1844, o. Num.
657 Vgl. StADU 10/4279, Bl. 58b vom 28. Januar 1839; StADU 10/4281 vom 18. Dezember 1848, o. Num.
658 Vgl. ebd. Vor allem jene Jugendlichen, die nach einer Lehre in einem Beruf ständen, sollten „wenigstens noch ein Jahr nach vollendeter Lehrzeit, gehalten ... [werden], die Sonntagsschulen zu besuchen."
659 Vgl. Armstroff 1882, S. 141

Besonderen in der Auseinandersetzung um die Übernahme in städtische Trägerschaft ein Memorandum, das dem geschwächten Präsidium in der Auseinandersetzung mit dem Bürgermeister und Stadtrat die nötigen Argumente lieferte. Feldmann war der kritische Kopf der Anstalt, der die Konfrontation mit dem Präsidium, dem Bürgermeister und dem Rat der Stadt sowie den Fabrikanten nicht scheute. Seit 1848 sprach er wiederholt den Gedanken gesetzgeberischer Verantwortung und Initiative des Staates für die Ziele der Sonntagsschule, nicht für die inhaltlichen Unterrichtsziele, sondern hinsichtlich der sozialen Verantwortung, aus. 1856 beantragte er beim Vorstand, die besten Schüler der Zeichenabteilung durch einen zusätzlichen Unterricht von einer Wochenstunde in Geometrie und Baukonstruktionslehre zu fördern. Er hatte auch nach 25 Jahren an der Einrichtung immer noch Reformpläne für die Einrichtung und insbesondere für *seine* Zeichenabteilung. Als einziger Pädagoge unterrichtete er ohne Ausfall sonntäglich bis ins Jahr 1856. In den Dokumenten ist wiederholt sein Engagement für die Einrichtung belegt, das unter den Kollegen am deutlichsten an den für die Freimaurerei typischen Zielen orientiert war: seine pädagogische Liebe für die Jugendlichen und sein Idealismus, mit dem er diese Arbeit leistete.[660] Sein Engagement und sein Reformwillen wurden durch seinen plötzlichen Tod am 10. Oktober 1856 beendet.[661] Sein Tod riss eine große Lücke in die Einrichtung. Um den fachlichen Ausfall zu schließen, übernahm der Lithograph Steinkamp seine Stelle. Die menschliche Lücke, gerade auch für die Schüler, muss groß gewesen sein, das bezeugen verschiedene Dokumente aus den vergangenen Jahren. Feldmann hatte seine Schüler ins Herz geschlossen, die Schüler müssen in ihm einen großen Freund und persönlichen Förderer gesehen haben.

Neben Feldmann und Susen gehörte der Deutschlehrer am Gymnasium Friedrich Nees von Esenbeck zu den Pädagogen der ersten Generation. Auch er war als Mitglied der Gründungskommission einer der Initiatoren der Anstalt. Mit Feldmann trug er neben dem Präses vom Rath bis zur Gründung der Träger-Vereins vor der Loge die organisatorische und finanzielle Verantwortung. An der Sonntagsschule gab er *Übungen in Lesen und Rechtschreiben* [662] sowie Schönschreiben, Rechnen und Religion.[663] Auch Esenbeck zeichnete sich, dies wird aus vielen Dokumenten deutlich, durch hohen Idealismus und besondere pädagogische Liebe zu den Schülern aus. So formulierte er:

„Das Zusammenseyn mit diesen jungen Leuten während der Schulzeit, ihre sich deutlich Kund gebende Dankbarkeit für einen ihnen so wohltätigen, unentgeltlich gebot-

---

660 Vgl. StA DU, 10/4280
661 Vgl. Wiesenthal 1934, S. 100
662 Vgl. StADU 10/2276 b) Bl. 37
663 Vgl. StADU 10/4279, Bl. 26

nen Unterricht, das in ihnen erweckte Vertrauen, daß sie nicht vergessen oder zurück gesetzt sind, sondern daß man mit herzlicher Theilnahme sich ihrer nähert und um ihr Bestes bemüht ist – dieses Alles hat beigetragen, ein Band zwischen uns und den Schülern unsrer Anstalt zu knüpfen, daß wir nicht wissentlich und frevelnd zu zerreißen gedenken."[664]

Friedrich Nees vom Esenbeck unterrichtete gemeinsam mit seinen Kollegen Hülsmann neben seiner Tätigkeit am Gymnasium an der privaten Töchterschule Wuppermanns. Zugleich unterrichtete er seit 1833 an gemeinsam mit Susen und Theodor vom Rath an der Arme-Mädchen-Schule des Frauenvereins.[665] Im Frühjahr 1837 schied Nees vom Esenbeck aus dem Schuldienst am Gymnasium und an der Sonntagsschule aus.[666] Am Gymnasium wurde er durch Jacob Hülsmann ersetzt, der schon seit zwei Jahren an der Sonntagsschule tätig war.[667]

Gemeinsam mit seinen beiden vorgenannten Kollegen gehörte L. Susen, Lehrer an der Elementarschule der kleineren evangelischen Gemeinde, zur Korona der ersten regulären Lehrer der Sonntagsschule. An der seit 1745 bestehenden Elementarschule, die 1834 mit der Elementarschule der größeren evangelischen Gemeinde zusammengelegt worden ist[668], war er bis 1835 der einzige Lehrer und unterrichtete in den Fächern Lesen, Schreiben (Schön- und Rechtschreiben) und Rechnen. Als die Elementarschule Anfang 1835 auf Grund der wachsenden Schülerzahl durch den Bevölkerungszuwachses in eine zweiklassige Anstalt umstrukturiert wurde, betraute man ihn ab dem 26. Mai 1835 mit der Unterrichtung der obersten Klasse.[669] Auch an der Sonntagsschule unterrichtete er die Fächer Rechnen und Schönschreiben. Die Schüler der oberen Elementarklasse und die Sonntagsschüler, vor allem die Elementar-Sonntagsschüler, waren sich am ähnlichsten. Susen war also im Umgang mit diesen Jugendlichen der pädagogisch Erfahrenste. Ihm war das Problem der hohen Schulversäumnisse der Elementarschüler und ihre Lebensumstände sehr vertraut. Das heißt: Er kannte die Klientel der Sonntagsschule und genoss wahrscheinlich auch ein höheres Ansehen bei den Eltern der Sonntagsschü-

---

664 StADU 10/2276 b), Bl. 37
665 Vgl. StADU 41/254a, S. 100b
666 Vgl. StADU 10/4279, Bl. 123b
667 Vgl. Hollenberg 1875, S. 13
668 Vgl. Rhoden 1979/I, S. 299
669 Vgl. StADU 10/2276 a), Bl. 26–28. Nach Fertigstellung eines neuen Gebäudes an der Beginengasse, zog die Elementarschule in diesen Neubau um. Der Neubau war notwendig geworden, weil die beiden ehemalig selbstständigen Klassenschulen der größeren evangelischen Gemeinde und der kleineren evangelischen Gemeinde (Johanniskirchengemeinde) zusammengelegt worden waren. In dieser aus zwei parallelen Klassen bestehenden vereinigten Elementarschule unterrichteten neben Susen die Lehrer Engstfeld und Mevissen in der unteren Klasse (vgl. Rhoden 1979/I, S. 299).

ler, die ihn als Lehrer aus der Elementarschule kannten. Als am 2. April 1839 das Präsidium aus vorwiegend pädagogischen Gründen zum zweiten Mal – nachdem ein erster Versuch gescheitert war – beschloss, von den Schülern ein Schulgeld zu erheben, wurde Susen auf Grund seiner besseren Kenntnis der Verhältnisse vom Vorstand beauftragt, einen konzeptionellen Entwurf zu verfassen und einen angemessenen Betrag zu ermitteln.[670] Susen hatte es auch übernommen, den Schülern die Gründe der Erhebung zu erklären.[671] Der Besuch der Anstalt war seit Bestehen aus sozialpolitischen Gründen schuldgeldfrei. Die geringe Kontinuität des Schulbesuchs veranlasste die Schule zu diesem Schritt. Das nach dem Beschluss der zeitweisen Erhebung von einem Eigenanteil aber weiterhin erwiesen arme Schüler von dem Schulgeld befreit waren, geht vermutlich auf die Überlegungen Susens zurück.[672] Zudem war er derjenige, der das Präsidium der Anstalt trotz guter pädagogischer Gründe und politischem Druck überzeugen konnte von der Erhebung wieder abzusehen.[673] Der Vorstand folgte Susen nach dreimonatiger Probezeit und stellte fest: „Schulgeld zu erheben, ist zwar versucht, aber nicht durchzusetzen, da die meisten Schüler unvermögend sind."[674]

Wie lange Susen als Pädagoge an der Sonntagsschule tätig war, ist genauso wenig zu ermitteln wie der Grund seines Ausscheidens. Noch auf der Präsidiumssitzung am 5. März 1841 gingen die Vorstandsmitglieder von seiner weiteren Mitarbeit aus. Als der Stundenplan für das kommende Jahr beschlossen wurde, plante man ihn wie immer fest ein. Aus dem Protokoll geht hervor, dass er „künftig sonntäglich von 11 bis 12 Morgens eine Stunde für den Unterricht im Rechnen übernehmen"[675] soll, „wenn man ihn dazu willig machen kann"[676]. Was genau mit dieser Formulierung gemeint sein kann, ist unklar. Entweder trug man damit nur der Tatsache Rechnung, dass der Lehrer auf der Sitzung nicht anwesend war und man einfach auf sein Einverständnis hoffte. Wenn diese Entscheidungen nicht vorbesprochen gewesen waren, hätte, da auch die anderen Lehrer nicht anwesend waren, die Formulierung im Fall der anderen ähnlich sein müssen. Es heißt im Protokoll aber:

---

670 Vgl. StADU 10/4279, Bl. 68 vom 2. April 1839 und Bl. 77b vom 2. Juli 1839. Preusker nennt schon in der 1835er-Berichterstattung die Erhebung eines Schulgeldes von bemittelten Schülern von 1–2 Talern jährlich (vgl. 1835b, S. 206).
671 Vgl. StADU 10/4279, Bl. 77b vom 2. Juli 1839
672 Vgl. ebd., Bl. 85a und 85b. Auch bei Preusker blieben die unbemittelten Schüler vom Schulgeld befreit. In der Frage der Unterhaltung der Sonntagsschule aus den Schulgeldern der Schüler, sagt Preusker klar, dass auf diese Art der Refinanzierung „nicht sehr gerechnet werden [kann], weil die Mehrzahl der Schüler gewöhnlich zu den unbemittelten gehört." (1835b, S. 206)
673 Vgl. StADU 10/4279, Bl. 98b vom 17. Oktober 1839
674 Ebd.
675 Ebd., Bl. 123b
676 Ebd.

„In Bezug auf die Unterrichtsstunden führte die Berathung zu dem Resultat, daß Hr. Gymnasial-Lehrer Feldmann den Unterricht im Zeichnen ferner in den Sommer-Monaten von 6 bis 8 Vormittags, und in den Winter-Monaten October bis April von 8 bis 9 Uhr und von 11 bis 12 Uhr ertheilen Herr Lehrer Mevisen wie bisher, jeden Sonntag von 8 bis 9 Morgens in Schönschreiben, mit Rechtschreibung verbunden, unterrichten wird, und Hr. Lehrer Susen, wenn man ihn dazu willig machen kann, künftig sonntäglich von 11 bis 12 Morgens eine Stunde für den Unterricht im Rechnen übernehmen wird."[677]

Es wäre zudem für die Entscheidungsfindung völlig untypisch, wenn nicht auf die Bedürfnisse der Lehrer Rücksicht genommen, und vor der Sitzung die Stundenplangestaltung mit dem Kollegen besprochen worden wäre. Eine solche Vorabsprache findet sich in vielen Beispielen. So wurden die Lehrer in fast allen dokumentierten Fällen nach ihren Präferenzen wie auch die zukünftigen Funktionsträger im Präsidium der Sonntagsschule (Vorstand, Rendant) vor der Wahl um ihre Zustimmung gebeten. Für den Fall Susens heißt dass, man ging im Vorstand im März 1841 nach einer Absprache mit ihm von seiner weiteren Mitarbeit aus und verplante ihn auf Grund dieser Abstimmung für den Stundenplan. Vielleicht war kurz vor der Sitzung etwas vorgefallen, ein privater Schicksalsschlag oder Ähnliches, weshalb Susen sehr kurzfristig als Lehrer ausschied. Dafür spräche auch seine zeitgleiches Ausscheiden in der Elementarschule, wo er seinen Dienst im Jahre 1840 aufgab.[678] Der Name Susens wurde nachträglich auf dem Protokoll, also später als der 5. März 1841, durchgestrichen und durch den Namen Niewöhner, der seinen Dienst in diesem Jahr begann, ersetzt. Susen taucht in diesem Vorstandsprotokoll letztmalig als Lehrkraft auf. Aus einer überlieferten Gehaltsliste für das Jahr 1840, die aber 1841 erstellt wurde, wird ersichtlich, dass im Mai 1840, die beiden Lehrer Susen und Engstfeld letztmalig eine Remunion für ihren Dienst ausgezahlt bekamen.[679] Das heißt, dass Susen 1840/1841 endgültig den Dienst an der Sonntagsschule aufgab, nachdem er dort fast 10 Jahre gewirkt hatte.

Ein weiterer Lehrer, der einen eigenen Anteil am Gelingen der Sonntagsschule hatte, war Jacob Hülsmann (1807–1873). Als Pädagoge war er an der Sonntagsschule allerdings nur von 1835 bis 1837 tätig. Hier unterrichtete er im Rechtschreiben. Als er 1837 nach bestandener Oberlehrerprüfung eine Stelle am Gymnasium erhielt, wechselte er ganz ins Gymnasium, wo er bis 1861 tätig war. In der Zeit an der Sonntagsschule hatte er keine Anstellung, sondern ging neben der Vorbereitung auf die bevorstehende Prüfung nur ne-

---

677 Ebd.
678 Vgl. ebd. Nach seinem Ausscheiden übernahm Mevisen die Stunden Susens an der Elementarschule, bis Ersatz für ihn gefunden wurde.
679 StADU 10/4280

benamtlichen Tätigkeiten nach. Vermutlich war er in diesen Tätigkeiten, weil zeitlich ungebundener als seine Kollegen, sehr engagiert. Den Wert der Menschen- und Berufsbildung zur Erfüllung der privaten Glückseligkeit und eines erfüllten und befriedigten Lebens treten bei ihm deutlich hervor. Seine Vita erinnert an den beschriebenen Lebensweg Preuskers.[680] Hülsmann betätigte sich neben der Sonntagsschule in vielen sozialen und gemeinnützigen Arbeitsfeldern. In seinem Haus beherbergte er für die Zeit der Genesung wiederholt arme Kranke, für deren Versorgung er einen Arzt beauftragte. Er engagierte sich in der 1835 gegründeten Carstanjenschen-Krankenhausstiftung, die erst 1842 zu einer Einrichtung führte, im späteren Güntherinano-Carstanum und in der Duisburger Diakonieanstalt Fliedners von 1844.[681] Eine Rede vor Schülern und Kollegen am Gymnasium aus dem Jahre 1838 befasst sich ausschließlich mit der privaten, gemeinnützigen Tätigkeit. Da die Sonntagsschule im allgemeinen Bewusstsein als gemeinnützige, wohltätige Einrichtung bekannt war, wird er zumindest auf die Zeit seiner eigenen Arbeit an der Sonntagsschule eingegangen sein. Als Pädagoge bekannte er sich zur Notwendigkeit der Reifungs- und Schonzeit für die Jugend. Herbart lehnte er ab, seine Position war ihm „zu schwach"[682]. Wie Preusker gab er, ausdrücklich in Opposition zu Herbart, der *Erziehung* den Vorrang gegenüber dem reinen belehrenden Unterricht. Bis zu seinem Tod im Jahre 1873 blieb Hülsmann der Sonntagsschule eng verbunden.

Peter Friedrich Engstfeld (1842–1848), seit 1835 an der Sonntagsschule im Fach Orthographie und Gesang tätig, wurde oben schon kurz im Zusammenhang mit dem vorübergehenden Weggang Theodor vom Raths und seiner Initiative zur Übernahme dessen Unterrichtsfachs vorgestellt. Wie die anderen Lehrer zeichnete sich der Pädagoge durch eine große persönliche Hingabe an den Beruf und insbesondere an die Aufgaben in der Sonntagsschule aus. Jedoch hat er seine Kräfte weit überschätzt. Mehrfach tauchen Hinweis auf

---

680 Er war 1807 in ärmlichen Verhältnissen in Duisburg geboren worden. Sein Vater, ein Weber, gelangte erst spät, in den 1830er-Jahren durch selbstständigen Handel und Fabrikation, zu einigem Wohlstand. Unter etlichen Schwierigkeiten konnte der Sohn die Oberschule besuchen. In der Zeit von 1823 bis 1826 besuchte er das Duisburger Gymnasium. Nach seiner Gymnasialzeit begann er ein Studium der Theologie in Bonn. 1830 und 1831 absolvierte er seine Examina und trat 1831 eine Stelle an der Duisburger Töchterschule Wilhelmina Wuppermanns an. Er lehrte Religion, Deutsch, Geographie, Geschichte und Französisch. 1834 wurde er Hilfsprediger bei Pfarrer Mohn, in dessen Gemeinde er seit 1831 im kirchlichen Besuchsdienst und im Katechismusunterricht engagiert war. 1835 übernahm er die Stelle eines Pädagogen in der Sonntagsschule. Im gleichen Jahr meldete er sich zur Oberlehrerprüfung. Nach erfolgreicher Prüfung trat er am Gymnasium die Nachfolge Esenbecks, der mutmaßlich aus Altersgründen in den Ruhestand ging, an.
681 Vgl. Hollenberg 1875, S. 14
682 Ebd. S. 181

krankheitsbedingte Ausfälle bei Engstfeld auf.[683] 1840 schied Engstfeld krankheitsbedingt aus der Sonntagsschule aus.

An der Anstalt unterrichtete zeitweise als so genannter *wissenschaftlicher Hilfslehrer* auch der jüngere Bruder Johann Jacobs vom Rath und spätere Präses der Sonntagsschule, (Johann) Theodor vom Rath (1808–1876), der mit Nees vom Esenbeck, Hülsmann und Susen seit 1833 an der Arme-Mädchen-Schule des Frauenvereins den „Unterricht im Lesen, Schreiben, Rechnen und in der Religion"[684] übernommen hatte. An der Sonntagsschule hatte er von 1835–1836 den Unterricht in Rechtschreiben.[685] In seiner Funktion als Lehrer ist Rath aber kaum hervorgetreten. In diesem Fall finden sich keine weiteren Informationen in den Quellen.

Dies ist auch der Fall bei Mevisen: trotz einer dreizehnjährigen Tätigkeit an der Sonntagsschule und der vielfältigen Nennung in den Dokumenten, findet sich nirgendwo der Vorname Mevisens oder persönliche Daten. Auch die Chronik Carstanjens, die sich in fast allen Fällen als ergiebige Quelle erwiesen hat, gibt zu Mevisen kaum Informationen. An der Sonntagsschule tätig war dieser Lehrer der vereinigten evangelischen Elementarschule seit 1835; er unterrichtete Schönschreiben, Rechtschreiben und zeitweise Rechnen. Im Jahre 1848 verstarb er scheinbar unerwartet.

Der Gymnasiallehrer und Ratsherr Wilhelm Köhnen (1808–1881) war seit 1834 Mitglied im Sonntagsschul-Verein. Ab 1836 arbeitete er vertretungsweise in der Sonntagsschule, in die er 1837 endgültig für den ausscheidenden Hülsmann eintrat.[686] Köhnen war Naturwissenschaftler, Mathematiker, Altphilologe und Historiker sowie überzeugter Humanist und ein Gesinnungsfreund des späteren Sonntagsschulleiters Friedrich Albert Lange. Er hatte sich, ähnlich wie Lange, als Förderer der Turnbewegung und der Sozialpolitik in Duisburg einen Namen gemacht. Zudem war er, wie mit Fulda im Mäßigungsverein engagiert.[687] An der Sonntagsschule unterrichtete er bis 1840 das Fach Mathematik in der Gewerbsabteilung. Er hatte neben Lange einen entscheidenden Anteil an der Entwicklung der Anstalt zur reinen Handwerkerfortbildungsschule. Wie bei Lange scheint die Jugendbildung beziehungsweise die Arbeiter- und Handwerkerfortbildung eher ein *Steckenpferd* und persönliche Leidenschaft gewesen zu sein. Er war in der Volksbildungsbewegung mit sehr viel

---

683 Vgl. ebd., Bl. 77a vom 2. Juli 1839
684 StADU 41/254a, S. 100b.
685 Vgl. Festschrift 1995, S. 17. Theodor vom Rath war von 1835–1836 auch wissenschaftlicher Hilfslehrer am Gymnasium (vgl. Wiesenthal 1934, S. 103).
686 Der in Atrop (Rheinhausen, ehem. Kreis Moers) geborene Köhnen war seit 1833 als Hilfslehrer und dann ab 1835 als Oberlehrer am Gymnasium tätig. 1859 wurde er zum Gymnasialprofessor ernannt und schied 1877 aus dem Schuldienst in Duisburg aus (vgl. Rhoden 1970/I, S. 291; Wiesenthal 1934, S. 100, 103).
687 Ebd., S. 31

Engagement tätig und blieb der Sonntagsschule über den Trägerverein eng verbunden; am 31. August 1852 übernahm er im Präsidium des Sonntags-schul-Vereins das Amt des Rendanten.[688] Dieses Amt führt er bis Mai 1855 fort. Ab 1867 engagiert er sich vornehmlich in der neuen Frauenbildungsstätte der Marie Schaeling, die im Auftrag von Bürgermeister Keller die Mädchen- und Frauenbildung in der Stadt reaktivierte.

Der Eintritt Cremers in die Sonntagsschule hatte seinen Grund in dem ge-sundheitlichen Zustand Engstfelds und geht auf das Jahr 1839 zurück. In ei-nem Vorstandsprotokoll vom 2. Juli 1839 ist vermerkt, dass die „Kränklich-keit des Hrn. Engstfeld, und die daraus in der letzten Zeit hervorgegangene Nothwendigkeit, den Unterricht von Zeit zu Zeit einzustellen, ... dem Präsiden-ten Hrn. Steuer-Rath v. Poseck, Veranlassung [gab], den Hrn. Lehrer Cremer um die Gefälligkeit zu bitten, in solchen Abhaltungsfällen den Herrn Lehrer Engstfeld beim Unterricht vertreten zu wollen"[689].

Er unterrichtet vertretungsweise für Engstfeld Orthographie und Gesang. Cremer war seit 1835 Lehrer an der vereinigten evangelischen Elementar-schule.[690] Zuvor war er drei Jahre Hilfslehrer in Langenberg und Hauslehrer in Düsseldorf. Ende Januar 1831 wurde er als Lehrer in die Vorbereitungs-klasse für das Düsseldorfer Gymnasium berufen. Das Seminar in Moers schloss er am 26. Mai 1831 ab.[691] Außer den kurzen Angaben zur Person ist aus den Dokumenten nichts mehr zu Cremer zu entnehmen. Auch ist unklar, wie lan-ge er in der Einrichtung unterrichtete. Wahrscheinlich war er außer in *Abhal-tungsfällen des Herrn Lehrer Engstfeld beym Unterricht* nicht weiter an der Einrichtung tätig.

Neben Cremer hatten sich 1838, auf Betreiben des katholischen Pastors Hollen zwei weitere Pädagogen zum Dienst in der Sonntagsschule bereit ge-funden, es waren die Lehrer der katholischen Elementarschule J.P. Grohs-hauten und C.G. Gantenberg.[692] Auch sie begannen ihre Arbeit als Ergänzung und Vertretung in Krankheits- und anderen Notfällen im Kontext mit Engst-felds Ausfällen. Im selben Vorstandsprotokoll heißt es dazu, so „wie Herr Cre-mer sich ... hatte bereitwillig finden lassen, so gab der Herr Dechant Hollen Namens der Herrn Lehrer Grohshauten und Gantenberg die Versicherung,

---

688 Vgl. StADU 10 A/29, S. 161 b.

689 StADU 10/4279, Bl. 77a vom 2. Juli 1839

690 Vgl. StADU 10/2276 b) Bl. 37 sowie für Ludwig Cremer ebd., Bl. 32. Cremer hatte 1835 die Nachfolge des erfolglosen Lehrers Schmitz angetreten, der nicht identisch zu sein scheint mit dem späteren Sonntagsschullehrer Schmitz. Der erst genannte Schmitz war wegen Unfähigkeit zum Lehreramt unfreiwillig pensioniert (vgl. StADU 10/2276 a), Bl. 26–28) worden.

691 Vgl. StADU 10/2276a, Bl. 32. Das Seminarzeugnis Cremers wurde von dem Nachfolger Diesterwegs, von Franz Ludwig von Zahn unterschrieben.

692 Vgl. StADU 92/684, Bl. 5 (Loseblattsammlung, ungebunden)

daß auch sie nöthigenfalls in gleicher Weise auszuhelfen gerne bereit seyn würden"[693].

Die Quellen liefern jedoch auch zu diesen beiden Pädagogen keine weiteren Angaben. Es ist weder deutlich, welche Fächer sie unterrichteten, noch wann sie ihre Tätigkeit an der Einrichtung wieder einstellten. Auf Grund der Dürftigkeit der Informationen ist anzunehmen, dass auch diese beiden nur als Vertretungslehrer eingesetzt waren.

Heinrich Niewöhner begann seinen Dienst an der Sonntagsschule 1841. Sein Einstieg in die Arbeit hängt mit dem unklaren Ende von Susens Dienstzeit zusammen. Er arbeitete als so genannter Hilfslehrer an der Einrichtung. Im Hauptberuf arbeitete er an der vereinigten evangelischen Elementarschule. Als 1846 die Sonntagsschule in städtische Trägerschaft überging, war er es, der sich inhaltlich am meisten mit den kommenden Veränderungen auseinander setzte. Es finden sich mehrere Schriftsätze Niewöhners, in denen er sich mit der Rolle der Lehrer, ihrer fachlichen Qualifikation, ihrer Rolle an der Einrichtung und als Glied zwischen Vorstand und Sonntagsschulzöglingen auseinander setzt.[694] An der Sonntagsschule war er bis 1890.

Alle Lehrer, das zeigen die Quellen in aller Deutlichkeit, zeichnete einen hoher Grad humanitären Sendungsbewusstseins aus.[695]

Prinzipiell kann zu den Pädagogen Folgendes gesagt werden: Die überwiegende Mehrheit der Lehrer war Mitglied der Duisburger Freimaurer-Loge. Bei den Lehrkräften handelte es sich um gut ausgebildete, berufserfahrene und engagierte Pädagogen, die hauptamtlich entweder am Königlichen Gymnasium – einer evangelisch-stiftischen Schule – oder an den örtlichen Elementarschulen arbeiteten. Dieses Prinzip der qualifizierten Unterrichtung der Jugendlichen durch gut ausgebildete, langjährige Pädagogen wurde in der Einrichtung immer durchgehalten. Einzige Ausnahme dieses Prinzips der Unterrichtung durch einen pädagogisch vorgebildeten Lehrer war das pädagogische Engagement des Theodor vom Rath, der zeitweise im Wechsel mit einem Gymnasiallehrer Orthographie unterrichtete. Ganz anders, als dies beispielsweise von Wehrmeister für Sachsen beschrieben wurde, dass es überhaupt schwierig war, geeignete Lehrkräfte für den Dienst in Sonntagsschulen zu finden[696] oder wie es Adolphs für die meisten Fabrikschulen beschreibt, waren die Sonntagsschullehrer in Duisburg nicht schlechtere Lehrer, denen es an Berufserfahrung und einer entsprechenden *guten Stellung* mangelte und die zudem den Unterricht dort als entwürdigend empfanden, sondern, dies ergibt sich aus den Dokumenten, es waren engagierte, pädagogisch verantwortungsvolle und quali-

---

693 StADU 10/4279, Bl. 77a vom 2. Juli 1839

694 Vgl. insbes. StADU 10/4280, o.J., loser Zettel, o. Num.

695 Vgl. StADU 10/4279, Bl. 14b–15b

696 Vgl. Wehrmeister 1995, S. 49

fizierte Lehrer, die ihren dortigen Dienst selbst als gemeinnützigen Dienst am Mitmenschen einschätzten. Während ihres gesamten Bestehens achteten die Leiter wie die Lehrer der Einrichtung (im Sinne modernen Qualitätsmanagements) auf die Haltung des Qualitätsstandards. In den Fällen, in denen ein Lehrer durch Ausscheiden aus dem Sonntagsschuldienst eine Lücke in den Unterrichtsplan riss, bemühten sich diese um qualifizierte Nachfolger. Dies wird am Beispiel des 1836 aus dem Kollegium ausscheidenden vom Rath, der wegen Umzuges seine Tätigkeit nicht mehr ausüben konnte, deutlich. Obwohl die Leitung der Sonntagsschule prinzipiell hätte froh sein müssen, die entstehende Lücke zu schließen, wurde gründlich abgewogen, ob der Pädagoge geeignet sei. Hier wird noch einmal die hohe pädagogische Verantwortung, die für die Jugendlichen in der Einrichtung empfunden wurde, deutlich.[697]

Die Pädagogen waren vor allem um die sittliche Erziehung und die individuelle Situation der Schüler bemüht. Sie waren – nicht im religiösen, sondern im sittlich-anthropologischen Sinn – um die Seele der Schüler bemüht. Die Pädagogen der Einrichtung betrachteten sich selbst als Lehrer und Erzieher, als väterlichen Freund. Ihnen ging es um das Individuum schlechthin, um das Glück, die Sittlichkeit und die Zukunft des jungen Menschen.[698] Entsprechend bestanden die Methoden des Unterrichts nicht im reinen Belehren und Unterrichten, sondern in der gemeinsamen Reflexion der Lebenssituation des Einzelnen, in Beratung und Anleitung. Der Unterricht zielte neben den sozialpolitischen Intentionen auf die Ablenkung vom Arbeitsalltag und drückenden Existenzsorgen, auf die Erheiterung der Jugendlichen, auf die Anregung zur Freizeitgestaltung. In ihren Berichten sprechen sie vom *Führen, Raten, Helfen*, vom *wachsamen und behütenden Auge*, das sie auf die Klientel der Sonntagsschule richten wollten, und von einer sorgenden Beziehung zu den Jugendlichen. Die Lehrer vermitteln in den Dokumenten einen hohen Grad ideeller Motivation und pädagogischer Liebe.

---

697 Vgl. StADU 10/4281. Eine Einschätzung, die den Pädagogen auch während der kommenden Jahre nicht verloren ging. So hob auch ein späterer Bericht zu den Jugendlichen der Elementarklasse vom 22. Januar 1845 hervor: „Manche junge Handwerker, welche schon mit dem Gedanken an ihre Etablierung umgehen, sind bei der Aufnahme gar oft noch nicht imstande, reine Zahlen zu summieren, noch viel weniger einen diktierten Satz niederzuschreiben. Wenn man nun die Freude hat, solche nach nicht langer Zeit so weit herangereift zu sehen, dass sie oben ausgesprochenen Anforderungen im Schreiben und Rechnen ziemlich genügen, wie sich der Beispiele nicht wenige aufzählen ließen, so dürfte das allein schon hinreichend sein, jeden Menschenfreund zu bewegen, sich dieser Sache anzunehmen. Kurz der Stand des Instituts ist jetzt der Art, dass er nicht allein für die Zukunft zu den schönsten Hoffnungen berechtigt, sondern es schon gegenwärtig jedem zur Freude, ja zum wahren Genusse gereichen muss, daran mitzuwirken." (zit. nach Armstroff 1882, S. 146)

698 Vgl. StADU 10/2276 b) Bl. 37ff.

Das vielfach genannte Vorurteil über die Lehrer in gewerblichen Schulen für die Fabrikjugend, als solche werden Sonntagsschulen und Fabrikschulen in der Fachliteratur häufig undifferenziert in einem Atemzug genannt, stimmt nach den vorgefundenen Unterlagen nicht. Die geringe Differenzierung geht unter anderem auf Oskar Pache zurück, der meinte, dass die charakteristische und häufigste Schulform des 19. Jahrhunderts die Fabrikschule gewesen sei. Deren Lehrpläne hätten zudem kaum den geltenden Mindestanforderungen der Schulgesetze entsprochen.[699] Das Vorurteil besagt, dass den Unterricht in der Regel nebenamtlich Lehrer der örtlichen Volksschulen gestalteten. Diese seien, so zum Beispiel Alt, „selten mit Freude bei ihrer Beschäftigung, da sie den geringen Erfolg ihrer Bemühungen bald bemerkten, aber den Ursachen machtlos gegenüberstanden. Es waren zumeist auch ... oft auch unfähigsten Lehrer"[700]. Für den Fall der bürgerlichen Sonntagsschulen ist dieses Urteil unhaltbar.

8. Der Sonntagsschul-Verein als neuer Trägerverein der Anstalt (unter besonderer Berücksichtigung des Besuchsvereins) (1834)

Die Duisburger Loge betrachtete die Sonntagsschule als einen Baustein zur *Demokratisierung* des Bildungs- und Erziehungssystems wie der gesamten Gesellschaft. Diese Einrichtung hatte das ausdrückliche Ziel, die sittliche und soziale Lage der unteren Volksklasse zu heben und zur Emanzipation des Arbeiter- und Handwerkerstandes beizutragen. Der ausgesprochen *vormärzliche Charakter* lag in dem Bestreben, den unterprivilegierten Klassen die Perspektive der *bürgerlichen* Autonomie und selbstständige wirtschaftliche *Existenz* durch Bildung und Erziehung zu verschaffen.[701] Die ersten Jahre zeigten aber, dass allein das von den Logen gegründete Institut diesem Anspruch nur ungenügend entsprechen konnte. Daher waren zwei weitere Dinge notwendig: Erstens die Jugendbildungs- und im weiteren Sinne die Soziale Arbeit auf eine breitere, über die Loge hinausgehende gesellschaftliche Basis zu stellen und zweitens die bestehende Struktur der Anstalt (nur wer – im Sinne des Preuskerschen Gastmahlmotivs – kam, auf den konnte erzieherisch eingewirkt werden) zu erweitern, das heißt einem Besuchsdienst entsprechend der Quartiersfürsorge der städtischen Armenhilfe einzurichten. Die Loge erkannte früh,

---

699 Pache 1896, S. 134

700 Alt 1958, S. 19

701 Diesem Reformgedanken lag das Ideal der bürgerlichen Gesellschaft zu Grunde, das von den Sozialisten bürgerlicher Herkunft, bspw. Friedrich Engels, abgelehnt wurde. Mit der Veränderung gesellschaftlich-theoretischer Vorstellungen im Bürgertum sollte sich später das Sonntagsschulkonzept in dieser Hinsicht ändern.

dass der Erfolg der Einrichtung höher sein würde, wenn die gesamte Bürgerschaft die Anstalt tragen würde.[702] Zudem wurde den Logenbrüdern die Begrenztheit ihrer Wirkung deutlich, wenn die Einrichtung weiterhin nur durch eine kleine gesellschaftliche Gruppe getragen würde. Die Sonntagsschule konnte, „gestützt auf einen einzelnen Verein, niemals dasselbe wirken ..., als eine von dem Interesse der ganzen Bürgerschaft getragenen Institution hervorzubringen imstande ist"[703].

Daher war die Idee, die Einrichtung auf eine breitere Basis zu stellen, unabhängig von der Erfahrung, dass die finanzielle Belastung für den kleinen Kreis der bisherigen Träger auf Dauer zu groß war, folgerichtig.

> „Aber was noch zu wünschen übrig bleibt, eine möglichst wohlthätige Einwirkung auf die ganze Volksklasse, der die Schüler angehören, dazu fehlt es dem Verein an manchen Kräften. Gerade diese wünscht und hofft er durch die erweiterte Theilnahme in eben gedachter Weise in Bewegung zu setzen."[704]

Der angedachte Besuchsdienst der Sonntagsschule, lässt sich aus diesen Zeilen herauslesen. Schon in dem mehrfach genannten Bericht der Lehrer an den Logenvorstand hatte es hierzu geheißen:

> „Wir suchen übrigens auch über den ganzen Lebenswandel unserer Schüler uns in Kenntnis zu setzen, sind deshalb mit der Orts-Behörde, mit den Pfarrern, mit den Brodherrn und Meistern in Verbindung getreten und jeder Bruder hat die Verpflichtung auf sich genommen, auf denjenigen unsrer Schüler mit denen er irgendwie in Berührung kommt, ein wachsames Auge zu haben, ihr Vertrauen durch Erweisung wahrer Teilnahme rege zu machen, ihnen in Verlegenheiten, wenn sie ihm Kund geworden sind, zu rathen und zu helfen, denjenigen, welche er auf solchem Wege sieht, mit Liebe zu warnen und zurückzuführen."[705]

Die Rede Franz Wilhelm Bahrdts zur offiziellen Eröffnungsfeier im Januar 1832 hatte das Programm des Besuchsdienstes entworfen.

> „Allein sowohl die Mitarbeiter als auch die Vorsteher der Anstalt werden es sich zum Geschäfte machen, die Zöglinge auch sittlich zu veredeln und dazu *nicht allein beim Unterrichte*, jede Gelegenheit zu ergreifen, auf die Herzen und Gemüther vorteilhaft einzuwirken sondern auch das Leben der Schüler *außerhalb der Schule* zu beaufsichtigen *und dazu in Verbindung mit den Eltern und Angehörigen*, den Meistern und

---

702 Vgl. Festrede 1871, S. 12
703 Armstroff 1882, S. 115f.
704 StADU 10/2276 b), Bl. 41ff.
705 Ebd., Bl. 37, Hervorh. im Original

Brodherren sowie mit den Predigern der Gemeinden sich von dem Lebenswandel der Schüler Kenntniß und die Mittel denselben wo es Noth thut, *zu bessern, zu verschaffen suchen*, daher ist die Sonntagsschule zugleich eine Erziehungsanstalt".[706]

Es ist anzunehmen, dass den Mitgliedern der Loge sowie den Lehrern der Anstalt neben ihrer hauptberuflichen Arbeit kaum die notwendige Zeit blieb, diesem Anspruch gerecht zu werden. Dazu fehlte es dem Verein, wie Johann Jacob vom Rath den Pfarrern glaubhaft versicherte, „an manchen Kräften."[707]

Preusker hatte die Idee eines Besuchsdienstes weder in den Statuten der Sonntagsschule noch in den theoretischen Reflexionen berücksichtigt. Der Besuchsdienst lässt sich aber in der Systematik Preuskers als ein *Baustein* der Volksbildung betrachten: Die breitere Basis in der Gesellschaft als auch die Erweiterung des Adressatenkreises konnte dadurch erreicht werden, dass man das Geschäft der Einrichtung – soziale Fürsorge durch Bildung und Erziehung – Hilfsbedürftigen *bringen* konnte. Zudem konnte dies den Bestand der Anstalt sichern helfen. Vom Rath hatte in seinem Bericht an den Bürgermeister vom 8. März 1834 die sittliche Wirkung der Sonntagsschule – neben der intellektuellen und gewerblichen – bei denen, die kamen, als gerade zwangsläufig beschrieben, weil eine solche auf Grund des durch reine Liebe geprägten pädagogisch-ethisch fundierten Verhältnisses gar nicht ausbleiben könne. Geplanter Bürgerverein und Besuchsdienst hatten aber nicht nur die genannten Funktionen einer breiteren Basis und eines vermehrten Adressatenkreises, sondern die Sonntagsschule sollte eine bekannte, feste Institution in der Gemeinde werden. Dazu gehörte auch eine entsprechende Öffentlichkeitsarbeit. Um die Duisburger Bürgerschaft früh für die neue Einrichtung zu interessieren, aber auch zur „ethischen Förderung der Schüler"[708], das heißt zur Erhöhung ihrer Motivation, veranstaltete die Schule im Dezember 1833 erstmalig eine öffentliche Ausstellung. Am 13. Dezember 1833 lud der Vorstand der Anstalt die Honoratioren der Stadt zu einer Art Rechenschaftsbericht über den Stand der Arbeit der Sonntagsschule, inklusive Leistungsausstellung, ein. Erhalten geblieben ist ein Schreiben des Johann Jacob vom Rath an Pastor Hollen: „Nächsten Sonntag, der 15te Dezember, Morgens um 11 Uhr werden wir in dem Logen-Gebäude das, was bisher von der hier bestehenden Sonntags-Schule geleistet worden ist, allen denen, die sich für diese Anstalt interessieren, zur Einsicht ... vorlegen."[709]

Die Wirkung dieser Ausstellung, das heißt das Interesse der Bürger an der Arbeit der Anstalt, kann nicht gering gewesen. Denn schon im darauf folgen-

---

706 StADU 41/254a, S. 95a; Hervorh. V.G.
707 StADU 2276 b), Bl. 41ff.
708 Majert 1976, S. 238
709 StADU 92/684, (Loseblattsammlung, ungebunden, o. Num.) vom 13. Dezember 1833

den Januar (1834) wiederholte die Loge die „öffentliche Ausstellung mit den Leistungen der Schüler, zu der alle Mitbürger – in der Hoffnung, vielleicht auf diese Weise eine recht ... [hohe] Theilnahme zu erreichen, eingeladen wurden. Zur Aufmunterung und Belohnung braver und fleißiger Schüler, wurden bei dieser Gelegenheit öffentlich *Prämien* von 4 u 5 Thlr. an Werth ausgetheilt."[710]

In den Statuten der Dresdener Sonntagsschule heißt es erläuternd, dass öffentliche Prüfungen und Prämiengeschenke der „Erweckung einer löblichen Nacheiferung und eines allseitigen Interesses"[711] dienen sollten. Eine solche Art der Öffentlichkeitsarbeit, die man als einen *Tag der offenen Tür* betrachten kann und der die Schule im Bewusstsein der Bürger und Stadtoberen verankern sollte, veranstaltete die Schule im weiteren Verlauf ihres Bestehens bis zum Ersten Weltkrieg regelmäßig mindestens einmal jährlich. In dem am 8. März 1834 übersandten Bericht der Loge über den Zustand der Sonntagsschule an den Bürgermeister schildert vom Rath die bisherige Entwicklung der Schule, den Unterricht und die aktuellen Bedingungen der Unterrichtung.[712] Der Unterricht litt unter dem Zwang, sich das Gebäude mit einer allgemeinen Elementarschule teilen zu müssen. Infolge einer Choleraepidemie in der Stadt[713] waren die Klassen der Elementarschule in die Räume der Sonntagsschule verlegt worden, um in deren Gebäude ein Krankenhaus einrichten zu können.[714] Der Bericht des Logenvorstandes vom 8. März 1834 über den Zustand der Sonntagsschule geht auf die bisherige und veranschlagte zukünftige Frequentierung der Schule ein. Trotz der mehrfach hervorgehobenen positiven Wirkung auf die Zöglinge weist der Bericht auf eine im Pädagogenalltag bekannte Erscheinung hin.

> „Es ergab sich hier bald als ein übler Zustand, daß der Logen-Verein keine andere Gewalt oder Art von Einfluß über die Zöglinge der Klasse, die sie im Auge hat, besitzt, als den ein *wohlthätiges Anerbieten* überhaupt hat. Nur wer wirklich ein inneres Bedürfnis der Fortbildung oder des Nachholens früher versäumter Elementarbildung fühlt, meldet sich zur Aufnahme und bleibt, solange das Gute Einfluß und Gewalt über ihn behält. So geschieht es, das die Anstalt, welche gerne alle Fabrikarbeiter und

---

710 StADU 10/2276 b); Hervorh. im Original
711 Stange 1829, S. 72.
712 Der Bericht wird auch in den chronologischen Notizen des Bürgermeister erwähnt.
713 Choleraepidemien grassierten in dieser Zeit überall in Deutschland.
714 StADU 10/2276 b), Bl. 44. „Zum Locale bedient sich die Schule ... zweier, von der Stadt ihr zu diesem Zweck überlassenen Zimmer in der Halle (einem städtischen Gebäude) in deren Gebrauch sie allerdings einigermaßen beschränkt und gestört wurde durch die Verlegung einer Elementarschule in eben dieselben Zimmer, eine Anordnung, welche zur Zeit der Cholera, durch Einrichtung bisherigen Locale dieser Schule zum Krankenhause, für notwendig erachtet worden war." (StADU 10/4279, Bl. 0a; unter dem 22. Februar 1834 ist dieses Ereignis vermerkt)

Handwerker, Gesellen oder Lehrlinge aufnähme, leider nur auf den bei weitem kleinsten Teil derselben, wohlthätig einwirken kann. Die Meisten der Anstalt haben schon längst diesen Umstand mit Leidwesen wahrgenommen und erkennen nur in thätiger, lebendiger Teilnahme des ganzen besseren Theils der Stadt an dieser gewiß nicht unnützen Anstalt, das Mittel, ihm abzuhelfen."[715]

Jedoch habe trotz der geringen pädagogischen Einflussmöglichkeit die Schule auf den größten Teil der Schüler im gewünschten Umfang einwirken können. So „zeichnen sich die Schüler größtentheils durch Fleiß und Aufmerksamkeit während des Unterrichts, durch Zucht in der Schule und soweit sie beobachtet werden konnte, auch außerhalb derselben zu ihrem Vorteil wirklich aus."[716]

Zum Punkt der positiven Wirkung der Einrichtung auf die Schüler heißt es: „*Moralische Einwirkung* bleibt zum Theil schon nicht aus durch das Verhältnis in welchem die Lehrer der Anstalt, als Lehrer und Freund zu den Schülern stehen, und durch Anerkennung der dargebotenen Wohlthat von Seite derer, denen sie wird."[717]

Zur pädagogischen Intention der Schule, die er als doppelte Aufgabe charakterisiert, zu den Vorkenntnissen, zum Verhalten der Schüler und zum beobachtbaren pädagogischen Erfolg berichtet der Logenvorstand:

„Mittheilung an Kenntnissen und moralische Einwirkung. Beides wurde stets ... in Auge behalten; – aber in der Natur der Sache liegt es, daß, während bei Mittheilung von Kenntnissen ein vorgefaßtes Ziel wirklich erreicht werden kann, – bei moralischer Einwirkung, da das Ziel selbst ein unendliches und die Fähigkeit ein rein inneres ist, weder der Fortgang bestimmt erkannt, noch das Ziel gewonnen werden kann. In Bezug auf *wissenschaftlichen Unterricht* ergeben sich befriedigende Resultate. Die meisten Schüler, welche die Anstalt besuchten, haben sich in derselben eine feste zum Theil ... eine schöne Hand erworben, obgleich bei dem mangelhaftem Zustand des Elementar-Schulwesens unserer Stadt, oft ganz unvorbereitete Schüler eintreten. Aus demselben Grund kann an einem bestimmten Cursus im *Rechnen* nicht gedacht werden. Dem Plane gemäß werden die unvorbereiteten Schüler aufgenommen, und da dieses monatlich geschieht, so muß bei jedem von vorm angefangen werden; daher hat wohl nicht leicht einer die Schule verlassen, ohne die notwendige Uebung in den ... ganzen, meistens auch in gebrochenen Zahlen, erworben zu haben, wenn auch ...

---

715 StADU 10/2276 b); Hervorh. V.G. Wahrscheinlich dachte er in dieser Zeit schon an die Möglichkeit, einen regelmäßigen Besuchsdienst zu organisieren, bei dem die Vorstandsmitglieder und die Lehrer der Schule den pädagogischen Einfluss der Schule durch eine Art Elternarbeit auf die Familien der Schüler ausdehnen konnten. Beispiele solcher Besuchsdienste gab es schon seit einigen Jahren.

716 Ebd.

717 Ebd., Bl. 38

[ungelenk], doch hinreichend zum Hausbedarf. Bedeutend größere Schwierigkeiten macht der Unterricht im *Rechtschreiben*, der doch als ein sehr bedeutendes Vehikel der allgemeinen geistigen Bildung für diese Volksklassen anerkannt werden muß. ... Mit diesem Unterricht werden verbunden: Versuche in eigenen Entwürfen, Gegenstände des gewöhnlichen Lebens betreffend, und auch die Uebungen des Rechtsschreibens beschränken sich auf solche Dinge, die dem Handwerker im gewöhnlichen Leben häufig vorkommen und davon Kenntnis ihm wichtig ist. Der Unterricht im *Zeichnen* hat recht schöne und erfreuliche Resultate geliefert. Diejenigen, die einmal den bedeutenden Vorteil, den dieser Unterricht für ihr bürgerliches Fortkommen und für ihre Ausbildung in ihrem Handwerke haben müßte, – erkannt hatten, gaben sich ihm mit zum Theil ausgezeichnetem Fleiße hin und es können recht genügende Leistungen aufgewiesen werden.[718]

Die Wirkung der Einrichtung lässt sich an dieser Stelle mehrfach aufzeigen. Erstens hatte sie die ersten Jahre gut überstanden und eine im Vergleich zu den Schülerzahlen der Volksschulen und in Anbetracht der Gesamteinwohnerzahl nicht unbedeutende Schülerzahl, die in den folgenden Jahren kontinuierlich steigen sollte. Die Einrichtung hatte eine einheitliche Struktur und wie aus allen Berichten übereinstimmend hervorgeht, zeigten Lehrer und Vorstand ein großes Engagement und die Jugendlichen einen großen Eifer im Unterricht und gute Resultate im Lernerfolg. Die Anstalt war von der Bevölkerung freundlich aufgenommen und von der Regierung wohlwollend betrachtet worden. Junkermann erklärte sich in einer Antwort an die Loge dazu bereit, das Anliegen der Bruderschaft zu unterstützen. Den Bericht des Logenvorstandes sandte er an die Bezirksregierung weiter, mit einer entsprechenden Befürwortung. Dieser Sachverhalt wird wiederum durch die schon genannten *bürgermeisterlichen Notizen* bestätigt, denn unter dem Datum 25. April 1834 ist vermerkt, dass die Regierung einen Bericht beim Bürgermeister einforderte, der auch Daten zu Schülerzahlen, Kosten et cetera beinhalten sollte.[719] Zwar lässt sich dieser Bericht nicht mehr auffinden, aber aus einem Schreiben Junkermanns an die Loge ergibt sich, dass er diesen Bericht an die Bezirksregierung in Düsseldorf gesandt hat.[720] In seinem Antwortschreiben an die Loge, in dem er das soziale Engagement der Loge für die untere Volksklasse in der Stadt lobt, hebt er seine Zustimmung für das Vorhaben hervor und teilt mit, dass er den Bericht vom Raths von einer eigenen Stellungnahme „begleitet, der höhern Behörde eingereicht"[721] habe. Er schloss seine Antwort mit der Prognose, dass

---

718 StADU 10/2276 b); Hervorh. im Original
719 StADU 10/4279 0a; dieses Dokument ist o. Num., erst das folgende Dokument trägt die Nr. 1
720 Vgl. StADU 10/2276 b), Bl. 43
721 StADU 10/2276 b), Bl. 43

das bisherige „wohlthätige nützliche und uneigennützige Wirken von der Königlichen Hochlöblichen Regierung anerkannt werden wird. Meines Theils werde ich mit dem größten Eifer dahin mit zu wirken suchen, das Institut seinem Zwecke möglichst nahe zu bringen und zur Realisierung der Wünsche Eines Wohllöblichen Vorstandes nach Kräften beizutragen, zu welchem Ende ich die geneigten Vorschläge fortwährend bereitwillig entgegen nehmen werde. An einem der nächsten Sonntage werde ich mir erlauben, die Anstalt zu besuchen und hinsichtlich des Schullokals die gewünschte Verbesserung nach Möglichkeit zu beschleunigen suchen."[722]

Der Bürgermeister machte jedoch kein Angebot, die Sonntagsschule in städtische Trägerschaft zu übernehmen.[723] Die 1871er-Jubiläumsrede äußerte sich in diesem Zusammenhang folgendermaßen:

> „Leider kam man damals [von Seiten der Loge] nicht auf den Gedanken, daß die vollständige Erfüllung ... [der Intentionen der Anstalt] nur möglich war, wenn die Stadt als solche die Anstalt vollständig übernahm. Wäre es so geschehen, so wären damit der Schule Jahre des Kampfes und der Noth erspart worden und stände heute vielleicht höher als sie steht."[724]

Tage vor dem Schreiben an Junkermann hatte sich der Logenvorstand an die Pfarrer aller christlichen Gemeinden gewandt. Die Bitte zur Unterstützung an die evangelischen Pastoren Eduard Hermann, Johann Peter Lange und Peter Friedrich Mohn erging am 5. März 1834.[725] Die soziale Bedeutung der Sonn-

---

722 Ebd.

723 Auch von Seiten der Sonntagsschule kam es nicht zum Gedanken der Übernahme. In den Dokumenten taucht dieser erst knapp ein Jahr vor der tatsächlichen Übernahme in einen Schreiben des derzeitigen Präses der Sonntagsschule, von Poseck, auf (vgl. StADU 10/ 4279 vom 7. Januar 1845, o. Num.; im Anschluss an Bl. 124). Aus den Schriften Preuskers wird deutlich, dass es in dieser Zeit in Deutschland schon städtische Sonntagsschulen mit gewerblicher Ausrichtung gegeben haben muss (vgl. 1835b, S. 146).

724 Festrede 1871, S. 12. Auch der spätere Präses der Einrichtung Armstroff bestätigte 1882 aus der Rückschau diesen Gedanken: „Leider kam man damals nicht auf den Gedanken, dass die vollständige Erfüllung beider Wünsche nur möglich war, wenn die Stadt als solche die Anstalt vollständig übernahm. Wäre es geschehen, so wären der Schule Jahre des Kampfes und der Not gespart worden." (1882, S. 116)

725 Erhalten geblieben ist nur die schriftliche Bitte an die evangelischen Pfarrer Hermann, Mohn und Lange. Dass sich der Logenvorstand auch an den katholischen Pastor Hollen wandte, wird aus einem Dokument vom 26. Februar 1835 deutlich, indem dieser vom Sekretär vom Rath nachträglich das Protokoll der konstituierenden General-Versammlung vom 27. Oktober 1834 zugesandt wird. Hollen war aus einem Versehen nicht hierzu eingeladen worden (vgl. StADU 92/684, (Loseblattsammlung, ungebunden, o. Num.) vom 26. Februar 1835). Hermann (* 1790) war seit 1825 Pfarrer in der größeren evangelischen Gemeinde in Duisburg (vgl. StADU 41/254a, S. 64b). Lange war der Vater Friedrich Albert Langes. Er war erst am 4. Juni 1832 als Pfarrer von Langenberg

tagsschule beurteilt vom Rath im abgelaufenen Jahr „als eine in manchfacher Beziehung wohlthätige"[726] Arbeit. Zum bisherigen sozialen Engagement der Loge erklärte er, dass man es „bei Einrichtung der Anstalt [für richtiger gehalten hatte,] jede Hülfe von außen ab[zu]lehnen.[727] Man sei vielmehr der Überzeugung gewesen, dass „die ersten Anfänge eines jeden Unternehmens dieser Art ... [eine] möglichst kleine Zahl thätiger und einträchtig zusammenwirkenden Männer [sei]."[728]

Die Gründe, die ihn nun aber dazu führten, sich an die Pastoren zu wenden, seien folgende:

> „Es liegt dem Verein sehr daran, daß die Absichten, die er bei Errichtung der Sonntagsschule hatte – wissenschaftliche und sittliche Nachhülfe und Förderung der unteren Volksklassen zu gewähren – möglichst verwirklicht werden, daß eine möglichst große Zahl von Handwerkern und Fabrik-Arbeitern den Werth das ihnen für Gebotene einsehen und ergreifen möge. Er erkannte aber, daß es dazu größere Kräfte bedürfe, als dem Verein zu Gebote stehen, namentlich solcher moralischer Kräfte, die fest außer seinem Bereiche liegen. Gerade diese wünscht er besonders in Bewegung zu setzen. Wohltätige Bestrebungen haben den Segen, daß Sie gerade auf diejenigen wohlthätig zurückwirken, von denen sie ausgehen. Der Verein wünscht, daß jeder Einwohner unsrer Stadt des Segens wahrhaft menschenfreundlicher und gemeinnütziger Bemühungen sich erfreuen möge."[729]

Die Beiträge der Logenmitglieder bildeten in diesen ersten Jahren für die Einrichtung ein, wenn auch nicht hohes, so doch regelmäßiges und sicheres Einkommen. Jedoch war die kleine Anzahl finanziell gut gestellter Wirtschaftsbürger, die neben der Sonntagsschule noch einige andere Wohlfahrtsaufgaben übernommen hatten, nicht ausreichend genug, um der Anstalt eine fortdauernde sichere Existenz zu geben. Wenn man die Relation des kleinen Kreises sozialpolitisch wirkender Männer betrachtet, die sich gleichzeitig in etlichen anderen sozialen Einrichtungen engagierten, so scheinen die bisherigen Aufwendungen von 550 Talern tatsächlich als ein erhebliches Opfer. Vor dem Hintergrund der bereits dargestellten Finanzprobleme rief vom Rath die Pfarrer

---

nach Duisburg versetzt worden. Hier trat er die Nachfolge des Superintendenten Joh. Peter Adolph Schriever (* 1775) an, der seinerseits als Konsistorialrat an das Oberpräsidium der Rheinprovinz nach Koblenz berufen worden war (vgl. StADU 9b, Abt. III B; StADU 41/254a, S. 69a). Mohn, der sein 50-jähriges Dienstjubiläum als Pfarrer in der kleineren ev. Gemeinde 1834 feierte, war der Begründer der ersten Privatschule in Duisburg für Töchter angesehener Familien (von 1804–1822) (vgl. StADU 9b).

726 StADU 10/2276 b), Bl. 41ff.
727 Ebd.
728 Ebd.
729 Ebd.

um Mithilfe: „Der Verein leugnet nicht, daß er bis jetzt nur durch nicht geringe pecuniäre Opfer die Anstalt erhalten hat. Er brachte sie gerne; so wenig er sie auch fortan gescheut hätte, wenn sie nothwendig wäre, so liegt es doch nahe, daß er sie gerne verringert sieht."[730]

Die finanzielle Belastung, welche die Loge etwas herunterspielt, kann sicher nicht als gering für den Logen-Verein bezeichnet werden. Der 1834er-Jahresbericht der Loge macht die finanziellen Nöte der Loge deutlich. In diesem Jahr musste das Logenhaus (die *Elisabethenburg*) verkauft werden, weil der Verein es nicht mehr tragen konnte. Auch der 1836er Jahresbericht erwähnt die finanzielle Misere des Vereins und „ergeht sich in Klagen darüber, daß financielle Verhältnisse den Verkauf des bisherigen schönen Locales nothwendig gemacht"[731] hatten. In diesen Jahren musste die Loge sich als Vereinshaus mit einem angemieteten, „unter aller Kritik schlechten Local"[732] begnügen.[733] Der Bericht ruft die Pfarrer zur Mithilfe auf:

> „Der Verein legt es nun in Ihre Hände, hochwürdige Herrn, als von denen er zunächst erwartet und überzeugt ist, daß sie eine gute Sache sich werden angelegen seyn lassen, die öffentliche Theilnahme anzuregen für die Sonntagsschule, die er hiermit Ihrer Obhut und der Obhut aller Bürger, denen das gemeine Wohl am Herzen liegt, vertrauensvoll übergibt, indem die einzelnen Mitglieder des Vereins sich nichts anderes vorbehalten als die treuste Theilnahme an dem Wohl derselben durch Wort und That. Mögen Sie in Ihren Kreisen thätige Theilnahme werben und so einem Männer-Verein ins Lebens rufen, der durch bestimmte jährliche Beiträge der Mitglieder die äußeren Bedürfnisse der Sonntags-Schule, durch reiche Beiträge derselben an gutem Willen und freudiger Hingebung für das Wohl ihrer Brüder den Bedürfnissen der Sonntagsschüler, und in weiterem Kreise der ganzen Klasse der Gesellschaft, der diese angehören, zu begegnen sich bestrebe. Die Berufung einer Generalversammlung aller Mitglieder zur Beratung über die weitere Organisation dieses zu bildenden Vereins, zur Wahl eines Ausschusses usw. stellen wir Ihnen ganz anheim."[734]

Hermann, Leiter der Schulpfleger im Landkreis Duisburg, notierte nach Kenntnisnahme dieses Anliegens zur Gründung eines Trägervereins der Sonntags-

---

730 Ebd.
731 Festrede 1871, S. 6
732 Ebd.
733 Erst im Jahre 1838, so vermeldet der Bericht des Jahres 1838, konnte, insbesondere unter dem Einsatz der Brüder Küp (gleichzeitig Dep. M.v.St.) und Lehrer Feldmann, der neue, vorläufige Tempel der Loge eingeweiht werden. Die Grundsteinlegung für einen Neubau am Kuhlenwall erfolgte am 5. Dezember 1840; die Einweihung des Hauses erfolgte ein knappes halbes Jahr später (23. Mai 1841). Auch in diesem Fall hatte Feldmann einen großen Anteil (vgl. Festrede 1871, S. 6f.).
734 StADU 10/2276 b), Bl. 41ff.

schule: „Zur Förderung der in dieser Zuschrift ... [geschilderten] muthigen Angelegenheit will ich gerne, so viel in meiner Kraft steht mitwirken.[735]

Die Bitte an den katholischen Pfarrer wird gleichen Inhalts gewesen sein, ist aber nicht erhalten. Die evangelischen Schulpfleger gaben das Anliegen der Loge, einen Trägerverein für die Sonntagsschule zu bilden, an die Regierung in Düsseldorf weiter. Augenscheinlich erhielten die vor der Loge angesprochenen Pastoren aus Düsseldorf eine positive Bewertung des Logen-Antrages. Denn sie richteten sich am 16. Juni 1834 in einem öffentlichen Aufruf an die bürgerliche Bevölkerung Duisburgs:

„Die von dem in hiesiger Stadt bestehenden Vereine, der Loge am 16. Januar 1832 gegründete Sonntagsschule für unbemittelte Handwerker und Fabrikarbeiter hat sich als eine in mehrfacher Beziehung wohlthätige Anstalt bewährt, und auch als solche bei dem größeren Theil der Bürgerlichkeit ihre gewünschte Anerkennung gefunden. Der Verein, der sie gestiftet hat, wünscht sie jetzt zu einem Gemeingut der Bürgerschaft zu machen. Er gibt als Gründe, die ihn zu diesem Schritt bestimmten, besonders folgende an: erstens habe er die Anstalt bis jetzt durch nicht geringe pecuniere Opfer ganz aus eigenen Mitteln erhalten; er habe sie gerne gegeben; so wenig er sie auf ferner scheuen würde, wenn sie nothwendig wäre, so wenig leugne er, und so nahe liege es, daß er dieselben gern verringert, und durch allgemein öffentliche Theilnahme der Anstalt eine Sicherheit des Bestehens gegeben sähe, welche ein einzelner Verein ihr nimmer geben kann. Sodann liege es dem Verein daran, daß die Absichten, die er bei Errichtung der Sonntagsschule hatte – wissenschaftliche und sittliche Nachhülfe und Förderung der unteren Volksklassen zu gewähren – möglichst verwirklicht werde, daß eine möglichst große Zahl von jungen Handwerkern und Fabrikarbeitern den Werth des ihnen hier Gebotenen aufsuchen und ergreifen möge; er erkenne aber auch, das es dazu größerer Kräfte bedürfe als die dem Verein zu Gebote stehen[den], namentlich des Zusammenwirken aller derer, die, durch ihre bürgerlichen Verhältnisse von Einfluß auf diese jungen Leute, Gemeinsinn und Menschenfreundlichkeit genug besitzen, diesen Einfluß zu moralischer Einwirkung zu benutzen; endlich sey er überzeugt, daß wohlthätige Bestrebungen den Segen hätten, das sie ganz auf denjenigen wohltätig zurückwirken, von dem sie ausgehen; er wünscht, daß jeder Einwohner der Stadt des Segens wahrhaft menschenfreundlicher und gemeinnütziger Bestrebungen sich erfreuen möchte.

Die Loge hat nun uns, den unterzeichneten Geistlichen anvertraut, die Bildung eines Vereines einzuleiten, der zunächst an die Förderung der betreffenden Sonntagsschule seine Tätigkeit anknüpfe, von da aus dem sittlichen und geistigen Bedürfnissender ganz unteren Volksklasse in unserer Stadt durch Wort und That zu begegnen und sich bestrebe. Wir nehmen diesen Antrag der Loge mit Anerkennung ihrer wohl-

---

735 Ebd.

meinenden Gesinnung für das öffentliche Wohl, und der Beweggründe, die sie zu diesem Schritt bestimmte, bereitwillig an, und fordern demgemäß unsere Mitbürger freundlichst auf, dem Beispiele der Frauen folgend, zu einem Männer-Vereine zusammenzutreten, der zunächst sich die Aufgabe stelle, die äusseren Bedürfnisse der hier bestehenden Sonntagsschule zu bestreiten, für ihre innere Förderung Sorge zu tragen, und sodann namentlich auf den sittlichen und geistigen Zustand derjenigen Knaben seinen Augenmerk richte, welche teils durch vollkommene Vernachlässigung der Eltern, teils durch frühes Ausgehen nach Brodverdienst, zum Teil aller Schulbildung entblößt und sittlich ganz verwahrloset sind. Was von da aus ferner für das sittliche Wohl der unteren Volksklassen zu thun ist, würde von selbst mit dem wachsenden Interesse der Glieder des Vereins für die gute Sache sich entwickeln. Zunächst bitten wir also unsere Mitbürger durch ihre Unterschrift und Zeichnung eines Geldbetrages für ein Jahr zu erklären, daß sie bereit seien, mit Hand und Herz dem zu angegebenen Zwecken zu bildenden Männer-Vereine beizutreten. Möge keiner sich dadurch vom Beitritte anhalten lassen, daß er vielleicht nur einen kleinen Beitrag an Geld geben kann. So sehr auf der einen Seite das Gelingen dessen, was wir bezwecken, durch das Zufliessen der Geldmittel bedingt wird, so hoch wissen wir den Beitrag an guten Willen und lebendiger Teilnahme für die Verbreitung eines ächten christlich-sittlichen Lebens zu schätzen, auch ohne Geldbetrag. Möge besonders der Handwerkerstand, als der zum Teil in den unmittelbarsten Verhältnissen zu denen stehende, für welche die Sonntagsschule errichtet ist, bereitwillig an einem Vereine Teil nehmen, der gerade ihm die größten Vorteile verspricht. Sämtliche sich unterzeichnende Mitglieder laden wir sodann auf einen näher zu bestimmenden Tag ein, über die Organisation des Vereins auf das Weiter zu beraten. Thun wir mit rechtem Sinn und Fleiß das Unsrige, so wird der Segen des Herrn nicht ausbleiben."[736]

Der geplante Sonntagsschul-Verein sollte dabei die gleiche Funktion wie der örtliche Frauen-Verein haben. Als Gesamtverein aller Wohltätigkeit für die männliche Jugend, organisiert von der Honoratiorenschaft, sollte er zunächst als Trägerverein der Erhaltung Sonntagsschule dienen. Der Frauen-Verein, zumeist organisiert von den Ehefrauen der Freimaurer, war entsprechend der Trägerverein zur Erhaltung der *Arme-Mädchen-Schule* für unverheiratete, sittlich gefährdete Dienstmädchen, Mägde und stellungslose junge Frauen.[737] Darüber hinaus sollte der Sonntagsschul-Verein aber wie der Frauen-Verein, der eine Wöchnerinnen- und Krankenfürsorge organisierte sowie Nahrungsmittel und Kleidung an Bedürftige ausgab, einen weiteren Wirkungskreis als sozialer Hilfsverein haben. Die Statuten des Sonntagsschul-Vereins geben hierüber weitere Auskunft. Damit sollte dem Sonntagsschul-Verein eine ähn-

---

736 StADU 10/4279, Bl. 1a–3a. In dem Dokument wird als Gründungstag der 16. Januar 1832 genannt. Tatsächlich handelt es sich aber um den 15. Januar 1832.
737 Vgl. Gedrath 2002

liche Bedeutung zukommen wie dem Chemnitzer *Polytechnischen Verein* von 1828, der zunächst auch Trägerverein der Chemnitzer Sonntagsschule war. Während der letztere allerdings eine erweiterte Funktion als Zentralverein für alle sächsischen Sonntagsschulen zukam, beschränkte sich der Duisburger Sonntagsschul-Verein auf eine Zentralfunktion für alle gemeinnützigen Aktivitäten für die männliche Jugend Duisburgs. Als Resonanz auf diesen Aufruf meldete sich eine Vielzahl honoriger Bürger, in der Mehrzahl Fabrikanten, Kaufleute und Handwerker, aber auch Kommunal- und Provinzialbeamte; insgesamt folgten dem Aufruf 80 Bürger, Angehörige des Honoratiorenbürgertums und der aufgeklärten Wissenschaft.[738] Insbesondere die Gruppe der beitretenden Unternehmer zeichnete sich durch eine sozialpolitisch verantwortungsvolle Unternehmensführung aus. Ihr Beitritt zum Sonntagsschul-Verein ist nur eine Seite ihrer Bereitschaft zu sozialer Verantwortung für Arbeiter und ihre Angehörigen. Diese Verantwortung hatte die Hardenberg-Enquête 1817 unmissverständlich hervorgehoben. Nur durch solche soziale Sicherheit ließ sich die Einbindung in eine positivere Zukunft für diese Bevölkerungsschicht und sozialer Frieden in einer neuen humanen Gesellschaft im Sinn humanistisch-idealistischer Nationalerziehung realisieren. Dieses Konzept gesellschaftlicher Entwicklung war von gerade den überwiegend protestantischen Unternehmerfamilien übernommen worden. Entsprechend hatte beispielsweise die Familie Böninger im Todesjahr des Unternehmensgründers, in ihrer Firma eine Kranken- und Versorgungskasse für Arbeiter sowie Witwen und Waisen, so genannte *Laden* eingerichtet. Die Stiftung als „Fortführung und Erweiterung der sozialen Einrichtungen"[739] lag im besonderen Interesse der jeweiligen Geschäftsführung der Böningerschen Unternehmen. Mit dem Abschluss des Arbeitsvertrages wurde jeder Arbeiter und jede Arbeiterin Mitglied in dem Kassensystem. So entstand eine innerbetriebliche Zwangsversicherung. Zwar entsprach dies nicht dem allgemeine Geist der Zeit, aber die Böningers glaubten auf solche Maßnahmen nicht verzichten zu können, da offensichtlich die Einsicht der Arbeiter, aber auch deren Möglichkeit zur Selbstvorsorge sehr gering war. Die Böningersche Arbeiter-Unterstützungskasse ist die älteste gewerbli-

---

738 Aus der ersten Gruppe traten dem Verein Carl Böninger (1795–1877), Ferdinand Böninger, Theodor Böninger, Arnold Friedrich Carstanjen, Carl Carstanjen, Martin Friedrich Carstanjen, Friedrich Curtius, Friedrich Wilhelm Davidis, Gottfried Esch (d.Ä.), Heinrich Gallenkamp, Wilhelm de Hean, Peter vom Rath, Theodor vom Rath, der spätere Bürgermeister Gottfried Schlengtendahl, Johann Jakob Schombart (auch: Jean Jacques Chombart), Ferdinand Schramm und andere bei. Aus der zweiten Gruppe traten dem Hilfs-Verein der Bürgermeister Junkermann, der ehemalige Professor der medizinischen Fakultät Conrad Jacob Carstanjen, der Gymnasialdirektor Friedrich August Schulze, die Gymnasiallehrer Fulda, Hülsmann und Köhnen, die Pastoren und Schulpfleger Hollen, Hermann, Lange sowie der Stadt- und Landgerichtsdirektor Ludwig Wintgens bei (ebd., Bl. 3b–4b).

739 Seelos 1949, S. 113

che Hilfskasse in Duisburg. Durch Ortsstatut wurde am 14. Juli 1855 die Zugehörigkeit von allen Duisburger Fabrikarbeitern und Handwerksgesellen im Sinne der beruflichen Arbeiterfürsorge zu solchen Kassen angeordnet. Die Witwe des 1825 verstorbenen Arnold Böninger, Katharina Elisabeth Böninger, war zudem die erste Vorsteherin des 1833 gegründeten Frauen-Vereins, der unter anderem als Trägerverein für eine Weibliche Sonntagsschule fungierte.[740]

Zusammen spendeten die neuen Vereinsmitglieder 193 Taler und 25 Silbergroschen.[741] Die konstituierende Sitzung und erste „General-Versammlung in Angelegenheiten der Sonntagsschule"[742] fand, „behufs Besprechung und Beratung der Angelegenheit"[743] am 27. Oktober 1834 in den Vereinsräumen der *Societät* statt.[744] Zu dieser Sitzung sollten alle Mitglieder des Sonntagsschul-Vereins eingeladen werden. Auf Grund eines Versehens des für die Einladungen Verantwortlichen, wurde jedoch ein Mitglied vergessen: Pastor Hollen, weshalb die katholische Gemeinde praktisch von der pädagogischen Arbeit der Sonntagsschule ausgeschlossen war. Einzig Hollen selbst wurde während der nachfolgenden Generalversammlung am 10. August 1835 ins Präsidium des Vereins gewählt, wenngleich ohne pädagogische Funktion.[745] Im Sitzungsprotokoll wurde notiert:

> „Die Theilnehmer an einem zu bildenden städtischen Verein im Interesse der Sonntagsschule versammelten sich heute Mittag im Societäts-Locale auf der Burg, um die Organisierung dieses Vereins zu berathen. Es wurde zunächst zur Wahl eines Vorstandes geschritten, zur einstweiligen Leitung des Ganzen und zu Erstellung der Statuten."[746]

Städtisch bedeutet in diesem Fall jedoch nicht *städtisch* im Sinn einer öffentlichen Trägerschaft, sondern im Sinn von *bürgerlich*, als einem von Bürgern der Stadt getragenen Verein. Dabei wurden aus dem Kreis der Mitglieder in den Vorstand des sozialen Hilfs- und Träger-Vereins folgende Personen gewählt: Bürgermeister Heinrich Adolf Junkermann als Präsident, der cand. theol. Theodor vom Rath als Sekretär[747], der Fabrikant Friedrich Wilhelm Curtius, der Kaufmann Wilhelm de Haen[748], der evangelische Pfarrer und Schulpfleger

---

740 Vgl. StADU 41/254a, S. 100b; vgl. Gedrath 2002
741 Vgl. StADU 10/4279, Bl. 4b; Armstroff nennt einen Betrag von 189 Thlr. und 20 Sgr.
742 StADU 92/684 (Loseblattsammlung, ungebunden, o. Num.)
743 Armstroff 1882, S. 118
744 Armstroff gibt den 24. Oktober 1834 an (vgl. ebd.).
745 Vgl. StADU 10/4279, Bl. 28a
746 Ebd., Bl. 5a; ebenso StADU 92/684 (Loseblattsammlung, ungebunden, o. Num.)
747 Das Amt des Sekretärs beinhaltete neben der Tätigkeit als Schriftführer und Protokollant der Vorstandssitzungen auch die Aufgaben der Finanzverwaltung und kaufmännischen Buchhaltung.

Johann Peter Lange [749] der Gymnasialdirektor Friedrich August Schulze und selbstständige Handwerker, wie der Maurermeister Johann Hollen (geb. 1789), der Schuhmachermeister Gert Olmerdahl, der Zimmermeister Mathias Rosenthal, der Anstreichermeister Ferdinand Scholl, der Schmiedemeister Hermann von Strück und der Schneidermeister Mathes Wilhelmi. [750] Theodor vom Rath, der neue Sekretär des Sonntagsschul-Vereins, war zugleich in der seit einem Jahr bestehenden Arme-Mädchen-Schule des Frauenvereins engagiert und bekleidete dort neben einer Lehrtätigkeit eine ähnliche Funktion. [751] Sein Bruder Johann Jacob vom Rath siedelte in diesem Jahr nach Köln über und übernahm die Geschäftsführung der Firma vom Rath und Bredt. [752] Die Übernahme der Kölner Funktion stand im Kontext mit der Gründung des Zollvereins und diente vornehmlich der Unternehmensweiterentwicklung. Auf Grund dieses Umzuges war er im Gegensatz zu seinem ebenfalls in Köln ansässigen Bruder Peter vom Rath (1795–1866) dem neu gegründeten Hilfs-Verein nicht beigetreten. Er blieb jedoch von Köln aus ein wacher Beobachter der Entwicklung der Anstalt und ein bereitwilliger Spender.

Der neu gewählte Vorstand wurde im Anschluss offiziell mit der Ausarbeitung der Vereinsstatuten beauftragt. [753] Nach dieser konstituierenden Sitzung des neuen Trägervereins übergaben die bisherigen Rendanten der Sonntagsschule, Feldmann und Nees von Esenbeck, als Beauftragte der Loge offiziell das Vermögen der Sonntagsschule (Inventar, Materialien, einen Barbestand von 25 Taler et cetera) an den Vorstand des neuen Sonntagsschul-Vereins, vertreten durch den Bürgermeister Junkermann und Theodor vom Rath. [754]

In der zweiten Vorstandssitzung, am 30. Januar 1835, deren „Gegenstand der Berathung ... der Entwurf eines Statuts, einer Schulordnung und eines Lehrplans"[755] war, nahmen Bürgermeister Junkermann, Gymnasialdirektor Schulze, Pfarrer Lange, Kaufmann de Haen, die Handwerksmeister Scholl und Rosendahl und Theodor vom Rath teil. Die Beratungen haben nach dem Pro-

---

748 De Hean wurde 1834 auch als Stadtrat in die Gemeindeverwaltung berufen und übte 1835 und 1838 das Amt des Deputierten für die Verteilung der Klassensteuer aus (vgl. Korn 1959, S. 220).

749 Lange blieb Vorstandsmitglied des Sonntagsschul-Vereins bis er 1841 als Theologieprofessor nach Zürich berufen wurde.

750 Vgl. Armstroff 1882, S. 119. Der Name von Maurermeister Grüter wird in den allermeisten Dokumenten mit einem ‚s' am Ende geschrieben, in diesem Dokument jedoch ohne diesen Buchstaben. Grüters war der Baumeister des 1843 fertig gestellten Neubaus des Duisburger Rathauses.

751 Vgl. StADU 92/684 (Loseblattsammlung, ungebunden, o. Num.)

752 Vgl. Kellenbenz 1966, S. 29

753 Vgl. StADU 10/4279, Bl. 5a. Die Vereins-Statuten wurden in den folgenden Jahren immer wieder auf ihren Sinn und ihre Nützlichkeit vom Vorstand des Vereins geprüft.

754 Vgl. Armstroff 1882, S. 120

755 StADU 10/4279, Bl. 7a

tokoll nicht sehr lange gedauert. Man kam schnell überein, die bisherigen Statuten prinzipiell beizubehalten. Geringfügig wurden jene Passagen geändert, die sich in der Vergangenheit als unpraktisch erwiesen hatten: „In Beziehung auf die bisher bestehenden Schulgesetze, wurde beschlossen dieselben mit Auslassung dessen, uns überflüssig darin erschien, und sich bisher als undurchführbar erwiesen hat, ferner beizubehalten."[756]

Die neue Fassung enthielt folgende Paragraphen:[757]

§ 1. Der Zweck des Vereins ist die sittliche, geistige und gewerbliche Förderung des Standes der Handwerker und Fabrikarbeiter in hiesiger Stadt.

§ 2. Diesen Zweck sucht der Verein zunächst zu erreichen durch Sicherung und Förderung der bestehenden Sonntagsschule.

§ 3. Als Aufgabe der Sonntagsschule betrachtet der Verein, jungen Leuten aus dem Stande der Handwerker und Fabrikarbeiter Gelegenheit zu geben, in früher vernachlässigten, für einen jeden notwendigen Elementar-Unterrichts-Gegenständen sich weiter zu bilden; sodann aber auch, die für ihren jetzigen, oder künftigen Stand oder Beruf erforderlichen Kenntnisse und Fertigkeiten sich erwerben.

§ 4. Die Sonntagsschule in ihren jetzigen Beschränkungen setzt eine Grundlage in der Elementarausbildung voraus, und ist mehr oder weniger eine Anstalt für Erwachsene. Sie nimmt keine Zöglinge auf, die das Alter von 14½ Jahren noch nicht erreicht haben. Von dieser Regel soll nur in dringenden Fällen eine Ausnahme gemacht werden.

§ 5. Der Unterricht in der Sonntagsschule ist für Zöglinge derselben unentgeltlich; die Materialien zum Lernen werden aber nur nachweisbar Bedürftigen umsonst gegeben, verbleiben aber nach deren Abgange, soweit sie noch vorhanden sind, der Schule.

§ 6. Das Bestehen und Gedeihen der Schule sucht der Verein noch außerdem zu befördern dadurch,

  1. dass er von der jedesmaligen Anzahl der jungen Handwerker und Fabrikarbeiter hiesiger Stadt sich in Kenntnis zu setzen sucht;

  2. dass er diese, sowie auch ihre Meister und Brodherren auf das Zweckmässige und Nützliche des Instituts der Sonntagsschule aufmerksam macht;

---

756 Ebd.

757 StADU 10/4280, Bl. 9 f. (o.J.). Das Dokument stammt augenscheinlich aus einer anderen Akte, was an der Nummerierung zu erkennen ist; so ist das Dokument als einziges in der ganzen Akte gekennzeichnet und befindet sich nicht an neunter Stelle und inhaltlich scheint es nur als Anlage hinter die neuen Statuten von 1846 geheftet. Bestätigt wird die zeitliche Zuordnung des Dokuments durch Armstroff 1882, S. 122ff. Nach Auskunft eines Archivmitarbeiters scheint die Anheftung im vergangenen Jahrhundert, vermutlich 1846, geschehen zu sein.

3. dass er die Zöglinge der Schule auch ausserhalb der Schulzeit in ihren verschiedenen Lebens-Verhältnissen und mit ihrem ganzen Lebenswandel beaufsichtigt.

§ 7. Der Verein behält es sich vor, wenn seine Mittel es erlauben, dem Unterrichts-Bedürfnisse der durch § 1 von der Aufnahme in die Sonntagsschule Ausgeschlossenen durch Errichtung einer abgesonderten Klasse oder durch Verwendung bei einer anderen Anstalt oder, wenn es nötig sein sollte, durch Geldunterstützung für diesen Zweck entgegen zu kommen.

§ 8. Mitglied des Vereins ist jeder, der einen bestimmten Beitrag unterzeichnet.

§ 9. Die Mitglieder der Vereins wählen in einer jährlich zu haltenden General-Versammlung aus ihrer Mitte, jedesmal für ein Jahr, einen Vorstand, bestehend aus einem Präsidenten, einem Sekretär, und 10 Mitvorstehern, von denen jedesmal 6 aus der Zahl der Handwerker sein müssen. Sämtliche Glieder des Vorstandes sind wieder wählbar.

§ 10. Der Vorstand versammelt sich regelmäßig an einem festzusetzenden Tage. Außerordentliche Zusammenkünfte werden nach dem Ermessen des Präsidenten, oder auch nach den Wünschen von wenigstens 3 Gliedern des Vorstandes durch den Präsidenten veranlaßt.

§ 11. Gegenstand der Beratung des Vorstandes ist alles, was auf den in den §§ 1–7 ausgesprochenen Zweck des Vereins sich bezieht. Zu allen regelmäßigen Versammlungen des Vorstandes sind sämtliche Lehrer der Sonntagsschule zu zuziehen und als solche stimmfähige Mitglieder. Bei ausserordentlichen Versammlungen bleibt die Zuziehung der Lehrer dem Präsidenten überlassen.

§ 12. Bei allen Beratungen entscheidet die absolute Stimmenmehrheit; bei Stimmengleichheit giebt der Präsident die Entscheidung.

§ 13. Die besondere Tätigkeit, wozu die Mitglieder des Vorstande sich verpflichten, verzweigt sich auf folgende Weise:

1. der Präsident veranlaßt alle Versammlungen und leitet sie;

2. der Sekretär führt das Protokoll und besorgt die Verwaltung der Kassenangelegenheiten nach den Bestimmungen des Vorstandes; eine Zahlung von ihm geschieht nur auf Anweisung des Präsidenten.

3. die 10 Mitvorsteher (§ 9) teilen unter sich die verschiedenen Stadtviertel so, dass auf jedes Viertel ein Handwerksmeister (§ 9), und ein anderes Mitglied kommt, mit Ausnahme des Kuhviertels und Marienviertels, für deren jedes 2 Meister zu bestimmen sind, um die ausgesprochene ermunternde und beaufsichtigende Thätigkeit des Vereins zu verwirklichen. Die Lehrer sind zur Mitwirkung für diesen Zweck aufzufordern. Über den Erfolg dieser Thätigkeit werden in den Sitzungen des Vorstandes Mitteilungen gemacht.

4. Sämtliche Mitglieder des Vorstandes verpflichten sich, recht häufig abwechselnd die Schule zu besuchen, den Schülern zur Aufmunterung, den Lehrern als Zeichen freundlicher Teilnahme, sämtlichen Mitgliedern des Vereins zum guten Beispiele.

§ 14. Den Mitgliedern des Vereins wird in einer jährlich zu haltenden Generalversammlung über Einnahme und Ausgabe, sowie über die Wirksamkeit des Vereins überhaupt ein Bericht erstattet.[758]

Diese Statuten genehmigte die Düsseldorfer Regierung durch Reskript am 8. April 1835.[759]

„Was nach Inhalt der Anlagen Ihres Randberichts vom 19. d. Mts. der dortige Bürgermeister zur Erhaltung und Erweiterung der Sonntagsschule eingeleitet und angeordnet hat, können wir nicht anders als zweckmäßig finden, da wir nicht zweifeln dürfen, daß der neugebildete Vorstand auf die Erreichung des, in § 1 der Statuten ausgesprochenen Zwecks umfassender und nachdrücklicher wirken wird, als dies bisher geschehen konnte. Gegen den Inhalt der Statuten, Schulordnung und Schulgesetze, die beiliegend remittirt werden, finden wir nichts zu erinnern, und können nur wünschen, daß der Vorstand durch eine rege Theilnahme seiner Mitbürger in den Stand gesetzt werden möge, dieses gemeinnützige Unternehmen je länger je mehr zu fördern. Sie wollen dem Vorstande von dem Inhalte der gegenwärtigen Verfügung durch den Bürgermeister auf eine angemessene Weise Kenntniß geben, uns aber nach 6 Monaten über den Fortgang dieser Schule Bericht erstatten."[760]

---

758 Unter § 9 steht: „Die Mitglieder des Vorstandes". Über das Wort Vorstandes wurde das Wort Verein (in gleicher Schrift) gesetzt ohne einen der beiden Begriffe zu streichen. Da die Vorstände auch Mitglieder des Vereins waren, wurde bei der Transcription nur Verein übertragen.

759 StADU 10/4280. Im Jahre 1839 stellten die Vorstandsmitglieder dieses Jahres im Kontext mit der Frage der Möglichkeit der Veränderung und Anpassung der Statuten an veränderte Erfordernisse fest, dass außer einer Abschrift derselben, keine genehmigte Fassung im Verein vorlag. Die Recherche des Rendanten De Haen in der Frage nach dem Verbleib eines Originals ergab dann, folgendes: Das „Statut, von welchem sich eine bloße Abschrift vorgefunden, [war] einmals förmlich angefertigt ... gewesen, sodann der Königlichen Regierung zu Düsseldorf unter dem 15. März 1835 im Entwurf zur Genehmigung eingereicht worden ..., worauf die gedachte Provinzialbehörde unter dem 8. April dessbn. J. geantwortet habe, daß gegen den Inhalt des Statuts, so wie der gleichzeitig vorgeschlagenen Schulordnung und Schulgesetze nichts einzuwenden sei. Authentische Ausfertigungen ... [und] Schriftstücke lägen daher nicht vor." (StADU 10/ 4279, Bl. 58a vom 28. Januar 1839).

760 StADU 10/4278, Bl. 20 (o. Num.). Ein Dokument gleichen Datums und Inhalts findet sich auch im Bestand 10/4279, Bl. 24. Offensichtlich handelt es sich um eine Abschrift, die Junkermann für die Akten der Sonntagsschule anfertigen ließ. Sie enthält farbige Unterstreichungen. Gekennzeichnet wurde der grundsätzlich in § 1 der Statuten genannte Zweck der Anstalt und die Bemerkung, dass gegen „den Inhalt der Statuten, Schulordnung und Schulgesetze, die beiliegend remittirt werden" nichts einzuwenden oder etwas zu ergänzen sei. Dieses Dokument enthält den Vermerk, dass der von der Regierung erwartete Bericht beim Landrat bis zum 1. Oktober 1835 eingereicht sein müsse.

Junkermann notiert am 8. Mai 1835: „Wird vorläufig gehorsamst remittiert."[761]

Die Ausführungen unter § 1 der Statuten machen den sozialpolitischen Zweck des Vereins deutlich. Seine Absicht bestand in der Entfaltung des örtlichen Gewerbefleißes und in der Erweiterung gesellschaftlichen Einflusses des Bürgerstandes, in der Förderung aufklärender Volksbildung sowie in der Verbesserung des sittlichen und wirtschaftlichen Zustandes der einfachen jugendlichen Arbeiter, Tagelöhner, ehemaligen Handwerksgesellen et cetera. Diese Absicht, bekräftigt in § 3, versinnbildlicht das Erziehungsprogramm für das nachschulpflichtige Alter. Damit nahm der Verein das Programm des 1847 gegründeten sozialpolitischen *Centralverein für das Wohl der arbeitenden Klassen* vorweg.[762] an. Mehr noch als die früheren Sonntagsschulen freimaurerischer Provenienz waren die Sonntagsschulen ein Mittel zur gestaltenden Sozialpolitik. Gleich war beiden Bewegungen aber die Absicht, mit ihrem sozialreformerischen Engagement, „den Herrn Fabrikanten und wer sonst noch in seiner Werkstatt schulpflichtige Arbeiter beschäftigt – *auf den Zahn zu fühlen*"[763]. Im Unterschied zum Centralverein, der sich aus unterschiedlichen Bevölkerungsschichten zusammensetzte, war die freimaurerischen Einrichtung, wie in Duisburg, häufiger von Unternehmern gegründet, die aus ethischen Überzeugungen, ihren Kollegen im Fabrikantenstand, ins Gewissen redeten. Alle diese Vereine und Bürgerinstitute wollten, die später von Schmoller (1870) als *Bildungsgegensätze* definierten sozialen Benachteiligungen der armen Bevölkerung lindern helfen[764], dass die arbeitenden Classen sich von ihrer sozioökonomischen Situation emanzipierten.[765]

§ 4 macht den besonderen Zweck des Vereins und den andragonischen Charakter der Anstalt deutlich. In der Frage der Bildung und Erziehung ging es nicht um das von Schleiermacher hervorgehobene Generationenverhältnis, sondern um die sittliche, intellektuelle, gewerbliche Erhöhung der Autonomie

---

761 StADU 10/4278, Bl. 20 (o. Num.)

762 In dessen Statuten aus dem Jahre 1847 hieß es: „Allgemein menschliche, staatsbürgerliche und berufliche Bildungsmomente müssen dem Jugendlichen nahegebracht werden" (zit. bei Barschak 1929, S. 32). Wie die Initiatoren der freimaurerisch geprägten Anstalten, gründeten sie Sonntagsschulen. Ein erhalten gebliebener Redebeitrag Ernst Wilhelm Kalischs vom 9. Februar 1852 vor dem Ortsverein Berlin, macht deutlich, dass man die seit dem Vormärz wachsende Sonntagsschulbewegung als eigene Wurzel ansah. Während die vorgestellten freimaurerischen Einrichtungen sich – trotz Preuskers Gesamtkonzept – in der Regel aber der nachschulpflichtigen Jugend mit diesen Anstalten annahm, nahmen sich die Einrichtungen des genannten Centralvereins nach Kalisch mehr „der in der Fabrik arbeitenden schulpflichtigen Jugend, wie das Gesetz sie nennt, – die Pädagogik würde sie die schulbedürftige nennen" (Kalisch 1852, S. 3; Hervorh. im Original).

763 Ebd., S. 4

764 Vgl. Schmoller 1870, S. 696ff.

765 Vgl. Kalisch 1852, S. 4

prinzipiell Gleicher. „Die Sonntagsschule in ihren jetzigen Beschränkungen setzt eine Grundlage in der Elementarausbildung voraus": Ungeachtet der mangelnden Leistungsfähigkeit der Elementarschulen entspricht dies der Forderung Preuskers, dass die „Schule ... das Ihre ... bereits geleistet haben"[766] sollte. Im Fall der Sonntagsschule ging es prinzipiell um die Nachbildung solcher erwerbstätiger Jugendlicher, welche die Schule längst beendet und auf Grund ihres frühen Arbeitsverhältnisses keine Chance zu genügender Schulbildung hatten.

Die Aufnahme in die Kirchengemeinde durch den Abschluss der religiösen Erziehung bedeutete zugleich das Ende der Kindheit und den Eintritt in die Welt der Erwachsenen. Ab diesem Zeitpunkt wurden arbeitende Jugendliche wie Erwachsene behandelt, allerdings geringer bezahlt. Jugendliche über 14 Jahren waren die Zielgruppe der Anstalt. Die Jugend als eigenständige Lebensphase wurde erst gegen Ende des Jahrhunderts eine allgemein akzeptierte eigene pädagogische Kategorie. Die Kindheit wurde in Preußen offiziell durch die Konfirmation im Alter von 16 Jahren beendet. Die Schulpflicht, die mit dem 5. Lebensjahr begann, endete bekanntlich mit dem 14. Lebensjahr. Danach nahmen die Jugendlichen eine Arbeit an oder wurden Lehrlinge. Diesen Zeitpunkt kann man, wenn die tatsächliche Arbeitsaufnahme nicht eher geschah, als Beginn einer für proletarische Jugendliche freud- und endlosen Jugend- (gleich Erwachsenen-)zeit bestimmen. Das heißt, die proletarische Jugendphase, die sich durch eigenen Verdienst, zeitige Autonomie von der Familie und durch frühes *Auf-sich-gestellt-Sein* kennzeichnen lässt, begann eher als die bürgerliche. Sie überlagerte die gesellschaftliche und biologische Kindheitsphase. Das Ende der Jugendphase lässt sich nur individuell bestimmen, weil es vom Zeitpunkt der gesellschaftlichen Integration abhängig war: von der Heirat, dem Sesshaftwerden, der Aufnahme in eine Gesellenzunft beziehungsweise der *Etablierung* im einem Handwerk. Dies waren noch im 18. Jahrhundert die einzigen Möglichkeiten, sich offiziell von der eigenen Familie zu trennen. Mit dem gesellschaftlichen Transformationsprozess und seinen Nebenfolgen verlagerte sich diese Phase deutlich nach vorn, ohne dass die Jugendlichen vorbereitet waren.[767] Sonntagsschulen zielten in der Regel nur auf die Nachschulpflichtigen und waren den Adressanten nach andragonisch. Der Differenzierungsprozess der Lebensalter kannte bislang nur das *Kind* und den *Erwachsenen*. Die mittlere Lebensphase *Jugend* war erst mit der Modernisierung im Entstehen begriffen. In diesem Sinne hatte Schleiermacher 1826 sagen können: „Die Erziehung ist – im engeren Sinne beendet, wenn der Zeitpunkt eintritt, dass die Selbstständigkeit der Einwirkungen anderer übergeordnet wird".[768]

---

766 Preusker 1842 (Bd. 5), S. 48
767 Kade 1997, S. 34
768 Schleiermacher 1966, S. 354

Im Jahre 1839 trat das *Regulativ über die Beschäftigung jugendlicher Arbeiter in den Fabriken* vom 9. März 1839 in Kraft, das einen bescheidenen Anfang sozial*staatlicher* Verantwortungsübernahme bedeutete. Der Geltungsbereich der Verordnung betraf in Fabriken tätige Jugendliche zwischen 9 und 16 Jahren. Da die Sonntagsschule in begründeten Ausnahmefällen auch unter 14½-Jährige aufnahm, auf jeden Fall aber Jugendliche im Alter zwischen 14 und 16 Jahren, kann man annehmen, dass in diesen seltenen Fällen die Sonntagsschule ab 1839 auch als Fabrikschule fungierte.

§ 2 stellt die auch in § 4 angedeuteten zukünftigen Zwecke („in ihren jetzigen Beschränkungen") und in § 7 etwas genauer gefassten Zwecke in Aussicht: Mit dem § 7 wurde die Möglichkeit geschaffen, über den spezifischen Zweck als Handwerker- und Fabrikarbeiterfortbildungsinstitut hinaus auch solche Personen in den Kreis der sozial Geförderten aufzunehmen, die im Grunde „durch § 1 von der Aufnahme in die Sonntagsschule" (§ 7) ausgeschlossen waren. Durch die „Errichtung einer abgesonderten Klasse oder durch Verwendung bei einer anderen Anstalt oder, wenn es nötig sein sollte, durch Geldunterstützung" (§ 7) sollte prinzipiell auch anderen „Dürftigen"[769] der Stadt der soziale Hilfs-Verein offen stehen. Die in den Statuten verankerte Bedingung, „wenn seine Mittel es erlauben", verhinderte nach Lage der untersuchten Dokumente mutmaßlich jede soziale Betätigung auf einem anderen Feld. Die vage Formulierung des § 8, wonach jeder Mitglied des Vereins sei, der einen bestimmten Betrag zeichnet, mag so offen gehalten worden sein, um möglichst viele Bürger an der Tätigkeit des Vereins zu beteiligen, führte aber in der Folgezeit dazu, dass die Mitglieder ihren finanziellen Beitrag selbst bestimmen und damit den Verein in wirtschaftlich unruhiges Fahrwasser brachten, wie die weitere Geschichte zeigen wird. Nach einer Phase der hohen Motivation sank die Beteiligung vieler Bürger auf ein niedriges Level; der Verein konnte in den Folgejahren meist gerade eben seinem eigentlichen Zweck, der Nachbildung und sittlichen Erziehung erwerbstätiger Jugendlicher in der Fabrik und im Handwerk nachkommen. Die Akten geben kein Beispiel einer anderen sozialer Unterstützungstätigkeit. Dennoch ist dieser Einblick in den erweiterten Umfang sozialer Dienstleistung des Sonntagsschul-Vereins wichtig, um das Ausmaß der Motivation für ihren sozialen Hilfsdienst und auch den von den bürgerlichen Sozialreformern wahrgenommenen Bedarf sozialer Hilfsleistungen einzuschätzen.

Die Formulierungen des § 8 der Statuten machen schon auf ein zukünftiges Problem des Hilfs-Vereins aufmerksam. Die Formulierung „Mitglied des Vereins ist jeder, der einen bestimmten Beitrag unterzeichnet" war zu vage formuliert. Tatsächlich geriet der Verein in den folgenden Jahren an den Rand

---

769 StADU 10/4279, Duisburger Kreisblatt, 5. Jg., Nr. 100 vom 16. Dezember 1841, S. 2f.

der Undurchführbarkeit seiner Aufgaben durch mangelnde Kapitaldecke. 1843 bestätigt ein Schreiben des Vereinsvorstandes an den Bürgermeister das Problem:

> „Der § 8 der von der Königlichen Regierung zu Düsseldorf unter dem 8ten April 1835 (:I.V 1823:) genehmigten Statuts bestimmt: ‚Mitglied des Vereins ist jeder, der einen bestimmten jährlichen Beitrag unterzeichnet.' Demgemäß ist anfänglich die Einziehung von Beiträgen für einen bestimmten Zeitraum und erst späterhin, als dieß nicht durchgesetzt werden konnte, von Zeit zu Zeit die Sammlung von freiwilligen Gaben unter den hiesigen Einwohnern veranstaltet."[770]

Zum Besuchsverein

Preusker hatte den allgemeinen Erziehungscharakter der Elementar-Sonntagsschulen gekennzeichnet: „Die Nacherziehung ist die Fortsetzung der häuslichen Erziehung der Kinder."[771] Da die Sonntagsschule als außerhäusliche Instanz in dieses Feld nicht unmittelbar eindringen konnte, versuchte sie, die verpasste oder ungenügende häusliche Erziehung nachzuholen. Im zweiten Schritt übernahmen die Mitglieder des Sonntagsschul-Vereins durch eine Besuchstätigkeit in den Familien und Häusern der Sonntagsschüler auch das Feld der familialen Erziehung.

§§ 1, 6 (1 und 3) und 13 (3) der Statuten des Sonntagsschul-Vereins weisen, wie auch die programmatische Festansprache Bahrdts, die er während der offiziellen Eröffnungsfeier der Sonntagsschule gehalten hatte, auf die über die Schule hinausgehende Funktion des Hilfs-Vereins hin. Durch diese Paragraphen waren die Vorstandsmitglieder des Bürgervereins und die Lehrer der Schule zugleich Mitglieder eines Besuchsvereins, der neben dem Kontakt zu den Arbeitgebern, auch die Aufgabe hatte, „in Verbindung mit den Eltern und Angehörigen"[772] zu treten und Hausbesuche bei den ihnen anvertrauten Jugendlichen, in den Gängen und Häusern der Stadt bei den Ärmeren zu machen. Hierzu hatten sich die Vorstandsmitglieder die Stadt nach dem Vorbild der städtischen Armenverwaltung von 1803 die Stadt in Viertel aufgeteilt.[773]

---

770 Ebd. (im Anschluss an Bl. 124), vom 24. Juli 1843
771 Preusker 1842 (Bd. 5), S. 1
772 StADU 41/254a, S. 95a
773 Der Begriff Quartiere geht zurück auf die Hamburger Armenreform von 1788. Die Aufteilung der städtischen Armenbezirke in Duisburg geht zurück auf die Armenordnung von 1803. Aus der Bürgerschaft wurden jedes Jahr 16 ehrenamtliche Armenpfleger gewählt. Zur Versorgung der Armen war die Stadt in vier Viertel eingeteilt worden. Jedem Viertel waren vier Pfleger zugeteilt. Eine solche Ordnung war im Verlauf des 19. Jhs. in der bürgerlichen Armenpflege durchaus üblich und setzte sich nicht erst mit dem Elberfelder System (ab 1850) allgemein durch. 1818 arbeitete bspw. die Elberfelder Armenpflege, die in einer zentralen Wohltätigkeitsanstalt zusammengefasst wurde, nach diesem System.

Sie und die Lehrer der Schule hatten neben dem regelmäßigen Kontakt zu Meistern „und Brodherrn"[774] die Aufgabe, den sittlichen, das heißt erzieherischen Einfluss, der auf die Jugendlichen beim Besuch der Sonntagsschule ausgeübt wurde, auch auf die Eltern und Angehörigen auszudehnen, um der Intention des Sonntagsschul-Vereins entsprechend auch zur „sittlichen ... Förderung der unteren Volksklasse"[775] beizutragen. Mit dem Unterrichtsprogramm verfolgten die Stifter und Organisatoren stets auch eine Erziehungsabsicht. Ein Teil der Schüler war im Elternhaus auf Grund der Lebensverhältnisse, so die programmatische Rede Bahrdts, einer „vollkommenen Vernachlässigung [ausgesetzt und deshalb] sittlich ganz verwahrloset".[776] Damit entsprach das Erziehungs- und Bildungsprogramm dieses Vereins prinzipiell den Intentionen Pestalozzis. Er erhoffte bekanntlich durch eine „vollendete Erziehung"[777] des Nachwuchses aus dem armen Volk positive Rückwirkungen auf das gesamte Milieu zu erreichen und die Bildung des Volkes allgemein zu bessern. Die Intention einer positiven Rückwirkung des erzieherischen Einflusses, den die Logenbrüder auf die Sonntagsschulzöglinge ausübten, auch auf die Eltern und Angehörigen auszudehnen, wurde schon in dem Sammlungsaufruf der Pastoren deutlich. Demnach ging es *zunächst* um die wohltätige Zuwendung und sittliche Einwirkung auf den Nachwuchs des entstehenden *Proletariats*. Jedoch kündigt der Aufruf zugleich die weitere Funktion eines zu gründeten Vereins an: „Was von da aus ferner für das sittliche Wohl der unteren Volksklassen zu thun ist, würde von selbst mit dem wachsenden Interesse der Glieder des Vereins für die gute Sache sich entwickeln."[778]

Am 11. Februar 1839 erneuerten die Präsidiumsmitglieder des Sonntagsschul-Vereins ihre übernommene Selbstverpflichtung zum Besuchsdienst.[779]

Auch die infolge der Übernahme in städtische Trägerschaft notwendig geänderten Statuten heben in § 8 nach knapp 15 Jahren, wie die §§ 1, 6 (1 und 3) und 13 (3) der alten Statuten die über die eigentliche Schule hinausgehende Funktion der Einrichtung hervor. Durch diesen Paragraphen der neuen Statuten von 1847 waren die Vorstandsmitglieder und die Lehrer weiterhin zugleich Mitglieder des Besuchsdienstes, der die Aufgabe hatte, das soziale Umfeld der Schüler nicht außer Acht zu lassen und den sittlichen und erzieherischen Einfluss, der auf die Jugendlichen beim Besuch der Sonntagsschule ausgeübt wurde, auch auf dieses auszudehnen. Der Besuchsdienst entsprach der Intention der Sonntagsschule: nämlich der „Förderung des Standes der Handwerker und

---

774 StADU 10/4280
775 StADU 10/2276 b)
776 StADU 10/4279, Bl. 1a ff.
777 Pestalozzi 1983, S. 18
778 StADU 10/4279, Bl. 3a
779 Vgl. StADU 10/4279, Bl. 61 vom 11. Februar 1839

Arbeiter überhaupt" (§ 1 der neuen Fassung), beziehungsweise der *unteren Volksklasse* beizutragen.[780]

Auch nach den revidierten Statuten aus dem Jahre 1857 verpflichteten sich die Vorstandsmitglieder dazu, die „Zöglinge der Sonntagsschule auch außerhalb der Schule sowie als möglich in ihren Lebensverhältnissen und in ihrem Lebenswandel unter Augen ... [zu behalten] und in geeigneten Fällen den Zögling mahnend und helfend zur Seite"[781] zu stehen und auch außerhalb der Schule, also im privaten und beruflichen sozialen Umfeld erzieherischen und sittlichen Einfluss auszuüben. Allerdings ist nicht mehr explizit die Rede von einem Besuchsdienst der Vorstandsmitglieder und der Lehrer.[782]

Die 1834er Statuten betonen, dass über die Arbeit und den Erfolg des Besuchsdienstes „in den Sitzungen des Vorstandes Mitteilungen gemacht"[783] werden sollte. Die 1847er Statuten enthalten dazu keine Bestimmung. Leider geht weder aus den Vorstandsprotokollen seit 1834 etwas über die Besuchstätigkeit hervor, noch sind Aufzeichnungen über den Besuchsdienst des Präsidiums und der Lehrer überliefert.[784] Dass der Besuchsdienst bis weit ins 19. Jahrhundert stattgefunden haben muss (und nicht eventuell erlahmte oder zeitweise

---

780 Vgl. StADU 10/4280 vom 24. März 1847 (o. Num.); vgl. im Quellen- und Dokumententeil der Arbeit

781 § 12 (4); vgl. § 6 (3) der 1834er-Statuten

782 Vgl. §§ 1, 6 (1 und 3) und 13 (3) „die 10 Mitvorsteher (§ 9) teilen unter sich die verschiedenen Stadtviertel so, dass auf jedes Viertel ein Handwerksmeister, und ein anderes Mitglied kommt, mit Ausnahme des Kuhviertels und Marienviertels, für deren jedes 2 Meister zu bestimmen sind, um die [in] § 6 ausgesprochene ermunternde und beaufsichtigende Thätigkeit des Vereins zu verwirklichen. Die Lehrer sind zur Mitwirkung für diesen Zweck aufzufordern. Über den Erfolg dieser Thätigkeit werden in den Sitzungen des Vorstandes Mitteilungen gemacht."

783 § 13 (3) der Statuten des Sonntagsschul-Vereins

784 Solche Daten könnten sich eventuell im persönlichen Nachlass eines der Beteiligten oder späterer Mitglieder des Besuchsvereins befunden haben und sind, wenn sie noch existieren, heute kaum auffindbar. Ebenso könnten die Akten der Armenverwaltung mögliche Notizen der Mitglieder des Besuchsvereins enthalten. Das Duisburger Archiv in der jetzigen Form besteht seit 1832. Dokumente des Sonntagsschul-, insb. des Besuchsvereins könnten durchaus in anderen Abteilungen und Akten lagern, als im Zusammenhang mit der Sonntagsschule. Eine besondere Rolle im Aufbau des Stadtarchivs hatte Wilhelm Köhnen, der auch Lehrer an der Sonntagsschule war. Ab 1843 war er mit der Ordnung der seit dem Mittelalter gesammelten Bestände befasst. Die Ordnung der Archivalien hatte ihre Ursache in dem Neubau des Rathauses, in das das Archiv mit einzog. Allerdings sind in dieser Zeit des strukturellen Aufbaus auch unzählige, vor allem neuere Dokumente, denen man keinen Gebrauchswert zusprach, vernichtete worden. Eine weitere Vernichtung historischer Dokumente fand in der Zeit um 1875 statt (vgl. Rhoden 1957, S. 139). Entweder könnten die Besuchsvereinsakten in diesen beiden Umbauphasen des Archivs beseitigt worden sein, oder aber die Quellen, die Auskunft über die Besuchstätigkeit des Vereins geben, könnten aus vielen Gründen von späteren Mitarbeitern der Archivverwaltung der Armenverwaltung zugeordnet worden sein.

eingestellt worden ist) und daher auch Daten über diese Tätigkeit gesammelt worden sind, ist schon deswegen sehr wahrscheinlich, weil etwas Anderes in der den Vorstandsprotokollen eigenen nüchternen Sprache, mit Sicherheit durch eine kurze Bemerkung dokumentiert worden wäre. Die Bemühungen und Ziele eines solchen in der Sache vergleichbaren Besuchsvereins einer Sonntagsschule werden sehr anschaulich in den privaten Berichten Wicherns über dessen Tätigkeit als Mitglied des *Männlichen Besuchsvereins* der Hamburger Sonntagsschule von Pastor Rautenberg. Auch die Hamburger Sonntagsschule hatte die Stadt für die Durchführung des Besuchsdienstes in Quartiere oder Viertel aufgeteilt. Der Vorbildcharakter solcher christlicher Besuchsvereine oder Armenpflegevereine für den Duisburger Besuchsdienst ist sehr wahrscheinlich. Weder in Preuskers Konzept noch in den älteren freimaurerischen Sonntagsschulen gab es Besuchsdienste wie sie in den Duisburger Statuten deutlich werden.

An dieser Stelle kann als Zwischenbilanz Folgendes festgehalten werden: Die Statuten verdeutlichen insgesamt die Zeitverhältnisse und die sozioökonomische Situation, die zu Beginn der Industrialisierung durch Landflucht, Entstehung und Not des Proletariats und städtischer Arbeiterviertel, Funktionsverlust der Familien et cetera. Aufgaben, die bisher die mehrere Generationen umfassende bäuerliche oder handwerkliche Großfamilie weitgehend wahrgenommen hatte (so in der Krankenpflege, Alters- und Invalidenversorgung, Betreuung der Kleinkinder arbeitender Eltern und ähnlichem), blieben vorerst in wachsendem Maße unerfüllt.

Auch der Zweck dieser Einrichtungen wird noch einmal deutlich: Bürgerliche Sonntagsschulen dienten der Qualifizierung für die moderne Gesellschaft und der sozialen Integration und ersetzten zum Teil soziale und bildungsmäßige Funktionen, die auf Grund differenzierter Arbeitsprozesse von den Eltern, aber auch von Meisterfamilien nicht mehr wahrgenommen wurden. Die zum Teil schon seit langem bestehende gewerbliche Beschäftigung der Jugendlichen begünstigte diese Entwicklung, da die Jugendlichen nicht nur früh finanziell unabhängig waren, sondern sich auch den Familien entfremdeten. Auch in Duisburg, obwohl nur annähernd in der Weise wie Berlin oder Hamburg von der gesellschaftlichen Veränderung erfasst, entwickelte sich eine große Verwilderung und eine hohe soziale Auffälligkeit unter dem jugendlichen *Proletariat*, dies wird aus verschiedenen Berichten der Bürgermeister und aus Polizeiakten dieser Zeit deutlich.[785] Was die Motivation der Logenbrüder von der Wicherns unterschied, war dessen allein auf christlichen Werten basierende Zeitdiagnose. Er vertrat eine rückwärts gewandte, konservative Konzeption. Ihm ging es

---

785 Vgl. bspw. StADU 10/4279, Bl. 63a und 63b vom 21. März 1839. Während dies der einzige Bericht dieser Art in den Akten der Sonntagsschule ist, sind die Polizeiakten voll von Schilderungen jugendlicher Aufmüpfigkeit.

um die Wiederherstellung alter christlicher Lebensformen. Darin sah er die Lösung der *Sozialen Frage*. Die Logenbrüder, deren Prinzipien eher mit denen der Aufklärungsepoche zu vergleichen sind, waren Vertreter des Wirtschaftsbürgertums. Sie hatten sich nicht die überlieferten kulturellen Werte und die alte Zivilisation, sondern vielmehr die neuen Werte des technischen Fortschritts auf ihre Fahnen geschrieben. Sie identifizierten sich gerade mit den technisch-ökonomischen Veränderungen, von denen es sich einen allgemeinen gesellschaftlichen Fortschritt wie auch eine persönliche Karriere und ein Fortkommen der eigenen kaufmännischen und industriellen Unternehmungen und nicht zuletzt auch des eigenen Nachwuchses versprach. Sie standen eher für die weitere Modernisierung der Gesellschaft in industrieller wie gesellschaftspolitischer Hinsicht. Dies wird beispielsweise auch in der politischen Haltung des Logenmeisters Johann Jacob vom Rath deutlich. Damit hatten die Logenbrüder eine andere Antwort auf die zeitgenössische Frage als andere Vertreter. Sie wollten nicht zurück zu einer überholten Gesellschaftsform, sondern sie gingen in eine neue Zeit. Die Entwicklungen der demokratischen Bürgergesellschaft bereiteten die Emanzipationsbewegungen der Jahrhundertwende mit vor. Während sich aus den Inhalten, die schon bei Preusker deutlich wurden, nur nachvollziehen lässt, dass Arbeiter- und Frauenbewegung, wenn nicht Wurzeln in der Bürgerbewegung des Vormärz, so doch Vorbilder hatten, so wird bei Betrachtung der Ziele der Sonntagsschule – Gemeinschaftserlebnisse, Gruppenbildung unter Gleichgesinnten, jugendliches Selbstbewusstsein und Autonomie – und der Sprache der jeweiligen Pädagogen die Nähe zur späteren Jugendbewegung am deutlichsten. Letzteres vor allem deshalb, weil diese in ihrer Jugend ähnlichen sozialen Gruppenkonzepten wie Studentenverbindungen, Studentenorden oder Freimaurerlogen angehört hatten. An diesem Punkt ist an das oben Gesagte anzuknüpfen und damit Näheres zum Besuchsverein darzustellen: Für ihre Besuchstätigkeit hatten sich die Mitglieder des Besuchsvereins nach Auskunft des Protokolls vom 30. Januar 1834 die Stadt folgendermaßen aufgeteilt:

> „Mit Beziehung auf § 6 und § 13,3 des Statuts wurde beschlossen und vorgeschlagen, daß die Mitglieder in den Stadtvierteln sich so vertheilen müssen: 1) für das Kuhviertel 1. Herr Pf. Lange, 2. Anstreiche[rmeister] Hr. Scholl, 3. Schuhmacher[meister] Hr. Olmesdahl. 2) für das Marienviertel 1. Herr de Haen, 2. Zimmermeister Herr Rosendahl, 3. Schmiedemeister Herr von Strück. 3) für das Schwanenviertel 1. Herr Fr. Curtius, 2. Maurermeister Hr. Grüter. 4) für das Stapelviertel 1. Herr Direktor Schulze, 2. Hr. Schneidermeister Wilhelmi."[786]

---

786 StADU 10/4279, Bl. 7a–7b

Der Besuchsverein arbeitete nur im inneren Stadtkern, der teilweise noch von einer mittelalterlichen Stadtmauer umgeben war. Die *Viert*el der Stadt waren nach den vier Stadttoren im Osten, Westen, Süden und Norden der Stadt benannt. Der Beschränkung auf die Viertel macht auf den räumlich begrenzten Wirkungskreis des Besuchsvereins aufmerksam. Es stellt sich die Frage, warum der Besuchsvereins jene Schüler und ihre Familien aussparten, die außerhalb des inneren Stadtkerns lebten.[787] Weiter beschlossen die Mitglieder des Vereins, dass „Beziehung auf § 13,4 des Statuts ... die Vorsteher eines jeden Viertels 3 Monate lang im Jahre es übernehmen sollten, recht häufig die Schule zu besuchen. Die Vorsteher des Kuhviertels werden mit den ersten 3 Monaten des Jahres den Anfang machen, worauf die Vorsteher der anderen Viertel nach der eben bezeichneten Ordnung folgen würden."[788]

Damit sollte den Sonntagsschulzöglingen das Interesse der Mitglieder des Präsidiums an ihrer individuellen Entwicklung deutlich werden.

In der Sonntagsschule waren die folgenden Monate bestimmt durch notwendige strukturelle Veränderungen. Am 5. Februar 1835 wandte sich Junkermann zunächst an die in der Einrichtung tätigen Pädagogen und erkundigte sich, ob diese nach den neusten Veränderungen weiter an einer Mitarbeit interessiert seien und „auch ferner Ihrerseits in dem menschenfreundlichen Wirken durch Erteilung des Unterrichts fortfahren"[789] werden. Zudem wurden neue Lehrer um Mithilfe gebeten, um das Unterrichtsangebot ausweiten zu können.[790] Alle Angefragten erklärten sich bereit zu diesem Dienst von *hohem sozialen Wert.*[791] Der neue Stundenplan sah danach folgendermaßen aus:

		1te Classe		IIte Classe
Sonntag	7–9	Zeichnen bei Hrn. Feldmann		Schönschreiben bei Hrn. Mevisen
Sonntag	11–12	Gesangsunterricht bei Hrn. Engstfeld		mit I verbunden
Montag	½9–½10	Rechnen bei Hrn. Susen		Rechnen bei Hrn. Nees
Dienstag	½9–½10	Rechtschreiben bei Hrn. Hülsmann vereinigt mit II		Rechtschreiben, vereinigt mit I

---

787 Die Bevölkerung der Stadt war in den zurückliegenden Jahrzehnten seit dem Ende des Krieges gewachsen und die Stadt hatte sich über die mittelalterliche Begrenzung hinaus ausgedehnt. Obwohl viele Sonntagsschüler aus Nachbarstädten nach Duisburg kamen, ist jedoch die Begrenzung auf das Duisburger Stadtgebiet verständlich. In Ruhrort wurde erst im Jahre 1868 eine eigene Sonntagsschule für Handwerker eingerichtet; bis dahin besuchten, auf Grund der eigenen hohen Industrialisierung der Nachbargemeinde, immer überdurchschnittlich viele Ruhrorter Jugendliche die Duisburger Anstalt (vgl. Armstroff 1882, S. 167).

788 StADU 10/4279, Bl. 7a–7b

789 Ebd., Bl. 0b vom 5. Februar 1835; ebd. Bl. 14a

790 Ebd.

791 Vgl. StADU 10/4279, Bl. 14b

Mittwoch	½9–½10	Religionsunterricht bei Hrn. von Nees vereinigt mit II	Religionsunterricht, vereinigt mit I
Donnerstag	½9–½10	Practische Geometrie bei Hrn. Feldmann	Rechnen bei Hrn. Susen
Freitag	½9–½10	Rechtschreiben bei T. vom Rath vereinigt mit II	Rechtschreiben, vereinigt mit I

(Für den Anfangsunterricht ist noch keine Stunde und kein Lehrer ausgemittelt.) Der Zeichenunterricht findet im Sommer von 6–8 oder 7–9 statt; die übrigen Stunden werden wohl keine Veränderung im Sommer erleiden.[792]

Der neue Stundenplan macht eine gravierende Veränderung deutlich: Zum einen wird der Enthusiasmus und die große Bereitschaft der Mitglieder des Hilfs-Vereins zur wohltätigen (sozialen und pädagogischen) Arbeit deutlich.[793] Zum anderen war das Angebot für die Jugendlichen bisher nur auf den Sonntag beschränkt: Nach der Konstituierung des Träger-Vereins erstreckte sich das *Lehr- und Betreuungsangebot* auf die ganze Woche (ohne den Samstag). Damit hatte sich die Sonntagsschule zur *Sonntags- und Abendschule* erweitert. Das Angebot der Einrichtung kann dabei nicht nur als ein Bildungsangebot angesehen werden, sondern der Unterricht muss gleichzeitig als ein Betreuungsangebot begriffen werden. Schon der letzte Bericht der Lehrerschaft vor Gründung des Träger-Vereins hatte dies deutlich gemacht: Neben der *wissenschaftlichen Vermittlung* hatten die Pädagogen ihre weitere Aufgabe darin beschrieben, die jungen Leute in allen Fragen des Lebens zu beraten, sie zu begleiten und ihnen ihre Freundschaft anzubieten.[794] Die ganze Palette der didaktischen Mittel, die Preusker in seinen Schriften nennt, kamen schon hier zur Geltung. Neben dem pädagogischen Einfluss, den die Lehrer auf die Sonntagsschulzöglinge ausüben wollten, bewerteten sie das eingegangene soziale Verhältnis mit den Schülern auch als persönliche Bereicherung. Ihre Aufgabe, so gaben sie an, bereite ihnen „Genugthuung und maurerische Freude"[795]. „Das Zusammenseyn mit diesen jungen Leuten während der Schulzeit, ihre

---

792 Ebd., Bl. 8. Der in eine runde Klammer gesetzte Text wurde nachträglich durchgestrichen, die Lehrer für die Sonntagsstunden wurde erst nachträglich in den Stundenplan eingesetzt. Bei den Überlegungen zum Stundenplan, der augenscheinlich (wie es auch im Protokoll steht) während der Vorstandssitzung beschlossen wurde, waren keine Lehrer anwesend. Man wollte wohl nicht über die Köpfe der Lehrer deren freien Tag verplanen und hatte sich erst rückversichern wollen, dass diese auch am Sonntag Morgen ihren Dienst versahen.

793 Wenn man bedenkt, dass die Pädagogen ihrer normalen Arbeit an den Schulen nachgingen, an denen sie angestellt waren, und neben ihrer Tätigkeit an der Sonntagsschule zusätzlich noch an der Schule des Frauen-Vereins sowie anderen sozialen Einrichtungen engagiert waren, wird erst bewusst, dass die Opferbereitschaft der Lehrer enorm gewesen sein muss.

794 StADU 10/2276 b) Bl. 37

795 Ebd.

sich deutlich Kund gebende Dankbarkeit"[796] für die Arbeit der Lehrer erklärten sie als einen schon ausreichenden Grund für ihre Tätigkeit. Die offene Begegnung mit den vom Leben benachteiligten Schülern und die soziale Auseinandersetzung mit ihnen, das Zeigen, „daß sie nicht vergessen oder zurück gesetzt sind"[797], hatte eine Bindung zwischen den Pädagogen „und den Schülern unsrer Anstalt"[798] wachsen lassen, auf das die Lehrer nicht mehr zu verzichten bereit waren. Die Bereitschaft zur Übernahme pädagogischer und mitmenschlicher Verantwortung für die Zöglinge der Sonntagsschule spiegelt maurerische Prinzipien wider, die sich aus den *Allgemeinen Grundsätzen der Freimaurer*, dem Grundgesetz der Freimaurerei, die als so genannte *Alten Pflichten* bezeichnet werden. Alle einschlägigen Dokumente machten dies deutlich: Dass es sich bei dem Konzept dieser bürgerlichen Sonntagsschule um ein freimaurerisches Pädagogikkonzept handelt. Das soziale, fürsorgliche und vorausschauend planende Handeln bildete den Versuch einer reformerisch gesellschaftlichen Ordnungspolitik einer im Vormärz gesellschaftsrelevanten Gruppe. Alle pädagogischen Maximen der Sonntagsschule basierten auf der Prämisse der maurerischen Vernunftgebundenheit und der Tendenz zur allgemeinen Menschenverbrüderung. Der Ansatz kann in der genannten Weise als Versuch der Einflusserweiterung als normativ und disziplinierend gelten. Aber die Pädagogik der Freimaurer zielte auf die Befreiung der Unterdrückten der Industrialisierungsepoche, auf die persönliche Freiheit der Zöglinge, auf Emanzipation und Autonomie.

> „Wir verkennen keineswegs, daß das, was wie in dieser Beziehung ein Ideal ist, daß die That stets weit hinter dem Vorsatz zurück stehen wird; aber wir sind auch der Meinung, daß wir Großes schon gethan haben, daß das ganze Unternehmen gerechtfertigt ist, ja seinen Zweck erreicht hat, wenn uns dadurch möglich gemacht worden ist, *einmal* einen jungen Handwerker, der irgend in Noth und Verlegenheit sich befindet, ein Herz voll Theilnahme zu zeigen, *einen* Gesellen, der auf schlechtem Wege geht, auf einem besseren leiten zu helfen."[799]

---

796 Ebd.
797 Ebd.
798 Ebd.
799 StADU 10/2276 b) Bl. 37; Hervorh. im Original

9. Zur weiteren Entwicklung der Einrichtung von 1835 bis zur Übernahme in städtische Trägerschaft (1846)

Am 26. Februar 1835 wandte sich Theodor vom Rath schriftlich an den katholischen Pastor Hollen.[800] Dieser war aus einem Versehen, obwohl auch er vom Logenvorstand um Mithilfe gebeten worden war, nicht zur ersten und konstituierenden Generalversammlung eingeladen worden und daher nicht im Vorstand des Vereins vertreten.

> „Ew. Hochwohlgebohren, bin ich so frei im Auftrage des Vorstandes der Sonntagsschule beikommende Subscriptionliste zur gefälligen Theilnahme zu übersenden. Der Vorstand muß es bedauern, daß derjenige, der mit dem Sammeln der Unterschriften beauftragt war, es versäumt hat, beikommende Aufforderung von der Berufung der General-Versammlung des Vereins, die am 27ten Oct. vorigen Jahres stattfand, und worin das beiliegende Protokoll abgefaßt wurde, Ihnen zur Theilnahme vorzulegen. Ew. Hochwohlgebohren werden in diesem Verfahren um so weniger ein beabsichtigtes Uebergehen erkennen können, da die erste Aufforderung des Logenvorstandes zur weiteren Verbreitung des Interesses für die Sonntagsschule an Sie gleichmäßig, wie an die evangelischen Herrn Pfarrer der hiesigen Stadt gerichtet war. Aus dem beiliegenden Protokoll erfahren Sie, daß der Vorstand des Vereins bereits constituirt ist und daß demselben nicht zusteht, sich selbst zu erweitern."[801]

Auf Grund des unbeabsichtigten Vergessens Hollens war die katholische Seite an der pädagogischen Arbeit der Sonntagsschule unbeteiligt. Jedoch wartete Hollen, der auch im Präsidium des evangelischen Frauen-Vereins engagiert war[802], nicht die nachfolgende Generalversammlung des Sonntagsschul-Vereins ab, um die katholische Seite am Sonntagsschul-Verein und möglichst auch direkt an der Sonntagsschule zu beteiligen. Am 27. März 1835 traf sich der engagierte Pastor mit den beiden Lehrern der katholischen Elementarschule C.G. Gantenberg und J.P. Grohshauten, um mit ihnen, neben anderen Dingen, über eine Beteiligung an der Arbeit der Sonntagsschule zu beraten.[803] Die bei-

---

800 Hollen war der Pfarrer der kath. Liebfrauengemeinde. Als er 1845 verstarb, stiftete er ein Legat, aus dem das kath. St. Vincenz-Hospital 1861 als zweites Krankenhaus der Stadt hervorgegangen ist.

801 StADU 92/684, (Loseblattsammlung, o. Num.) vom 26. Februar 1835

802 Vgl. ebd. vom 27. September 1833

803 Die anderen Dinge betrafen die schulgeldfreie Unterrichtung der schulpflichtigen Armen an der kath. Elementarschule. Zudem verpflichteten sich die beiden Pädagogen, vier Wochenstunden an der in Duisburg bestehenden allgemeinen Abendschule für Fabrikkinder und verwahrloste Kinder zu unterrichten (vgl. StADU 92/684, Loseblattsammlung, o. Num.). Hierbei scheint es sich um die von Schulpfleger Hermann am 16.03.1848 im Bericht an Altenstein erwähnte allgemeine Sonntagsschule zu handeln. Interessant ist die Engagiertheit der katholischen Gemeinde an den eher evang. Projek-

den Pädagogen erklärten ihre grundsätzliche Bereitschaft zur Unterrichtung der Jugendlichen. Da aber der Stundenplan für die Sonntagsschule für Handwerker und Arbeiter erstellt und die entsprechenden Fachlehrer verpflichtet worden waren, bestand für die beiden vorerst keine Möglichkeit, in das Kollegium der Sonntagsschule einzutreten.[804]

Am 8. April 1835 bekundete die durch die Schulpfleger informierte Regierung in Düsseldorf ihr Interesse an der „neu aufblühenden Anstalt"[805] und forderte einen Bericht durch den Junkermann. In dessen Bericht vom 16. April 1835 heißt es: „Hinsichtlich des Schulbesuchs hat sich herausgestellt, daß die sonntäglichen Stunden bei weitem regelmäßiger und fleißiger besucht wurden, als die wöchentlichen Abendstunden"[806].

Diese Tatsache ist jedoch auch nicht sehr verwunderlich; Unterricht am Abend nach einem langen Arbeitstag ist anstrengender als der an einem freien Tag. Historische Darstellungen schildern die Bedingungen jugendlicher Arbeiter und Handwerker für den Besuch einer solchen Abendschule. Der lange Arbeitstag führte häufig zu einer hohen Müdigkeit der Jugendlichen am Abend. Jugendliche, die den Weg in die Sonntagsschule trotzdem fanden, schliefen hier häufig ein. Die Lehrer hatten kaum eine Möglichkeit, gegen diese Müdigkeit einen kontinuierlichen und interessanten Unterricht anzubieten. Die Folge war dann meistens ein mechanisierter Ablauf des Unterrichts oder das Ausbleiben der Jugendlichen. Entsprechend dieser Erfahrungen offenbart der spätere Fabrikeninspektor allerdings ein großes Verständnis, dass von seiner Kenntnis der Lebenssituation der Jugendlichen zeugt. Denn, da die „Handwerker und größtentheils auch die Fabrikarbeiter ... des Abends bis 8 Uhr ... [arbeiten müssen] ist es allerdings zu entschuldigen, wenn der alsdann ermüdete junge Mensch die gleich darauf beginnende Schule hin und wieder versäumt"[807].

Junkermann erweist sich an dieser Stelle, wie auch später als Sachkenner der sozialen Situation der Jugendlichen und der pädagogischen Möglichkeiten der Anstalt. Trotz der von ihm beschriebenen Schwierigkeiten konnte er berichten, dass „auch in den ... [Abendstunden ein,] wenn auch kleinerer Kern regelmäßig Besucher"[808] teilnehme. Der Präses verweist darauf, dass die anfängliche Trennung des Rechenunterrichts zwischen den Elementarschülern und den Zeichenschülern aufgehoben sei. Im Rechtschreiben sei dagegen eine ursprünglich gemeinsame Unterrichtung der beiden Gruppen auf Grund des

---

ten, wie den beiden Sonntagsschulen, der allgemeinen und der gewerblichen Sonntagsschule (vgl. auch StADU 10/3976).
804 Diese fand sich erst ab dem 2. Juli 1839 (vgl. StADU 10/4279, Bl. 77a).
805 Ebd.
806 StADU 10/4279 vom 16. April 1835
807 Ebd.
808 Ebd.

ungleichen Kenntnisstandes wieder aufgegeben und eine Trennung in zwei Lerngruppen vorgenommen worden.

> „In der 1. Claße konnten schon größere Stücke und zusammenhängende Erzählungen dictiert werden; in der 2. Claße dagegen mußte mehr elementarisch mit einzelnen Wörtern und Sätzen begonnen werden."[809]

Der Unterricht werde allgemein „mit steter Beziehung auf das Praktische" erteilt. Da sich im Zeichenunterricht „so wie im Schönschreibunterricht, ... besonderes Interesse der Schüler darlegte, wurden vorzugsweise die Vorlageblätter der Königlichen Technischen Deputation für Gewerbe, Künste und Handwerke benutzt. Im Gesangunterricht wurden edlere Volkslieder und ... Choräle eingeübt"[810].

Die Regierung genehmigte ohne Verzögerung die vom Präsidium beschlossenen und von Junkermann mit dem Bericht eingesandten Statuten, die Schulordnung und die Lektionspläne der beiden Abteilungen. Mit der Genehmigung verband die Regierung den Auftrag, nach Ablauf eines halben Jahres einen erneuten Bericht vorzulegen.[811] Um Interesse für die Arbeit der Einrichtung anzuregen und in der Bevölkerung auf das Angebot aufmerksam zu machen, erschien am 14. April 1835 im *Unterhaltungs- und Anzeigenblatt für den Kreis Duisburg* eine Anzeige an alle Handwerksmeister und Fabrikanten, die aufforderte die Gesellen, Lehrlinge und Arbeiter, die bereits konfirmiert und älter als 14½ Jahre alt sind, am letzten Sonntag des Aprils (am 26. April) um 11 Uhr in der städtischen Tuchhalle zur Aufnahme in die Sonntagsschule anzumelden.[812] Jedoch wird auf die Schwierigkeit hingewiesen, die sich aus einer Anmeldung in einem bestehenden Jahrgang ergeben (Wissensvorsprung der Mitschüler) und es wird, um dem Unterricht besser folgen zu können, die Anmeldung beim Sekretär des Vereins zum Schulhalbjahresbeginn empfohlen. Auf diese Anzeige meldeten sich noch vor Abschluss des Schuljahres 1834/35 dreizehn neue Jugendliche zum Unterricht an:

„1. Ludwig Schmitz – 15 Jahre alt	Schlosser bei Pet. Schmitz
2. Carl Schramm – 16 Jahre alt	[unleserlich]
3. Wilhelm Lindemann – 15 Jahre alt	Fabrikarbeiter
4. August Buschmann – 16 Jahre alt	Arbeiter bei Buschmann
5. Johann Schlickum – 14½ Jahre alt	unbestimmt
6. Johann Deiters – 18 Jahre alt	Schreiner bei Berghoff
7. Christian Winstermann – 14 Jahre alt	Schuster bei Olmesdahl

---

809 StADU 10/4279
810 Ebd.
811 Vgl. Armstroff 1882, S. 120
812 Ebd., Bl. 22a–22b

8. Dietrich Conrads – 15 Jahre alt	Schuster bei Olmesdahl
9. Friedr. Wilh. Wilhelmi – 12 Jahre alt zum Zeichnen	
10. Wilh. Von der Burg –	Schmid bei Schneider
11. Theodor Stephani – 18 Jahre alt	Maurer bei Grüter
12. Wilhelm Susen – 17 Jahre alt	Bauhandwerker
13. Heinrich Beckmann – 18 Jahre alt	Schmid"[813]

Die Anmeldeliste macht deutlich, dass von der statutengemäßen Bestimmung zum Alter und zur Bedingung der gewerblichen Beschäftigung Ausnahmen gemacht wurden. Mit „Friedr. Wilh. Wilhelmi – 12 Jahre alt zum Zeichnen" wurde der Adressatenkreis erweitert. Ohne seine Lebenssituation rekonstruieren zu können, wird deutlich: Wilhelmi hatte über die weitere Lebensentwicklung nachgedacht und eine Entscheidung getroffen, die gegebenen Möglichkeiten zur aktiveren Lebensplanung für sich zu nutzen.

Junkermann sandte entsprechend der Aufforderung der Regierung dem Landrat am 23. Oktober 1835 einen erneuten Halbjahresbericht. Wenige Tage später erhielt er eine Antwort, welche die Gewogenheit des Landrates für die Einrichtung deutlich macht.[814] Mit Beginn des Schuljahres 1835/36 wurde der Unterricht der Sonntagsschule von der Halle ins alte, in dieser Zeit ungenutzte Logenhaus verlegt. Die Stadt hatte das Gebäude 1834 von der Loge erworben. Es wurde in dieser Zeit ausschließlich für Schulzwecke genutzt.[815] Verschiedene Quellen sprechen von mangelndem Raum in der Halle für alle Schüler. In einem Schreiben des Rendanten vom Rath an den Präses Junkermann vom 14. Mai 1837 ist der Hinweise enthalten, dass neben der Sonntagsschule eine weitere *Abendschule* in den Räumen der Halle untergebracht worden war.[816] Geplant war zu diesem Zeitpunkt schon die Umsiedlung der Sonntagsschule in die Räume des Neubaus der vereinigten evangelischen Elementarschule, die sich noch im Rohbau befand.[817] Bei der Planung der neuen Elementarschule,

---

813 Ebd., Bl. 23b. Obwohl die Sonntagsschule eine freiwillige Einrichtung für gewerblich tätige Jugendliche und junge Erwachsenen war, scheinen die Handwerksmeister und Fabrikherren ihre Gesellen, Arbeiter und Lehrlinge zum Besuch der Anstalt angehalten zu haben. Ein Grund hierfür wird mutmaßlich im eigenen Schicksal gelegen haben. Grüters bspw. war, obwohl ökonomisch und gesellschaftlich erfolgreich (und der Baumeister des 1843 fertig gestellten Neubaus des Duisburger Rathauses), anscheinend Analphabet. So finden sich mehrere Dokumente, die er als Vorstandsmitglied des Sonntagsschul-Vereins mit drei xxx unterschrieben hat (vgl. StADU 10/4280).

814 Vgl. StADU 10/4278, Bl. 20b (o. Num.) vom 29. Oktober 1835

815 Vgl. Rhoden 1970/I, S. 299, 332

816 Vgl. StADU 10/4279, Bl. 26 vom 14. Mai 1837

817 Dieser Neubau war notwendig geworden, weil die beiden ehemalig selbstständigen Elementarschulen der größeren evangelischen Gemeinde und der kleineren evangelischen Gemeinde (Johanniskirchengemeinde) 1834 zusammengelegt worden waren (vgl. ebd., S. 299).

an der die Lehrer Engstfeld, Mevisen, Susen und Cremer unterrichteten, war ein Klassenraum für die Sonntagsschule vorgesehen worden.[818] Der Zwischenumzug in die *Elisabethenburg* deutet auf jeden Fall auf einen dringenden Auszugsgrund aus der Halle hin. Es zog allerdings nicht die gesamte Einrichtung um, sondern im Grunde nur die *allgemeine Sonntagsschule*. Die Zeichenabteilung der Anstalt verblieb weiterhin in der Tuchhalle. Der offensichtliche Grund, dass die Zeichenabteilung nicht vorübergehend in die Beginengasse ging, liegt in der Nutzung von zum Teil schweren Zeichentischen, deren Umbau für eine begrenzte Zeit nicht angemessen schien.[819] Nach Fertigstellung des neuen Gebäudes an der Beginengasse zog die allgemeine Abteilung der Sonntagsschule in diesen Neubau um. Allerdings blieb die *gewerbliche Abteilung* auch nach Fertigstellung der neuen Elementarschule in der Halle.[820] Damit scheint die in einigen Dokumenten angesprochene Ursache für den Auszug (auf Grund einer stetig wachsenden Zahl Sonntagsschüler und einer weiteren Abendschule in der Tuchhalle) doch überwiegend in der räumlichen Enge beider Abteilungen in der Halle gewesen zu sein.[821] In den folgenden Monaten wurden einige kleinere Veränderungen im Stundenplan vorgenommen. Jedoch geschah nichts von pädagogisch-inhaltlicher Relevanz. Das Unterrichtsangebot und die Gestaltung der pädagogischen Beziehung lief in den eingespielten Bahnen. Der auch bei den Sonntagsschülern in den ersten Jahren deutliche Enthusiasmus für die neue Einrichtung ließ nach. Sie fingen an, durch Wahl Einfluss auf das Unterrichtsangebot zu nehmen. Die lebenspraktisch weniger relevanten Fächer Religion und Singen wurden kaum noch besucht. Daraufhin wurde der Religionsunterricht eingestellt, über das Schicksal der Gesangstunde wurde während der folgenden Vorstandssitzungen heftig verhandelt. Während der Vorstand auch diesen Unterricht *kippen* wollte[822], kämpfte vor allem der Gesanglehrer für die Erhaltung des Unterrichts, den er pädagogisch mit den oben genannten Motiven begründete.

---

818 Vgl. StADU 10/4281
819 Vgl. Armstroff 1882, S. 121
820 Vgl. StADU 10/4279, Bl. 18b
821 Um die verschiedenen Angaben zu den Schülerzahlen in eine Relation zu setzen, sollen die Schülerzahlen (nach Anmeldung) anderer bürgerlicher Sonntagsschulen im Düsseldorfer Regierungsbezirk für das Jahr 1836 genannt werden, wobei natürlich beachtet werden muss, dass die Städte, in denen diese existierten, kleiner oder größer waren und mehr oder weniger Industrie und Handel hatten: Kreis Düsseldorf (Ratingen: 100 Schüler, Kaiserswerth: 35 Schüler), Kreis Solingen (Solingen: 20 Schüler), Kreis Lennep (Remscheid: 110 Schüler, Hückeswagen: 33 Schüler, Lüttringhausen: 15 Schüler), Kreis Duisburg (Werden: 70 Schüler, Kettwig: 60 Schüler) Kreis Neuss (Neuss: 26 Schüler), Kreis Kempen: Hüls: 90 Schüler, Oedt: 15 Schüler, Grefrath: 12 Schüler, St. Tönnis 60 Schüler), Kreis Gladbach (Odenkirchen: 50 Schüler, Viersen: 70 Schüler), Kreis Elberfeld (Elberfeld: 90 Schüler, Barmen: 175 Schüler) (vgl. HStAD, Regier. Dssd. 1642, Bl. 47ff.).
822 Vgl. StADU 10/4279, Bl. 18b

Im Sommer 1836 schied Junkermann wegen Arbeitsüberlastung aus seinem Amt als Präses aus.[823] Er übernahm jedoch die vakant gewordene Position des Sekretärs ein. Auf der Präsidiumssitzung vom 10. August 1836 wurde der ein Jahr zuvor nach Duisburg zugezogene Dietrich Landfermann gewählt.[824]

Zeitlich mit dem Beginn der Amtsperiode Landfermanns im Sommer 1836 zusammenfallend geriet die Sonntagsschule aus schon angedeuteten Gründen in finanzieller Hinsicht an den Rand der Schließung und war damit einem ähnlichen Schicksal nahe wie die meisten bürgerlichen Sonntagsschulen des Vormärz. Dass die Einrichtung in dieser Phase der Industrialisierung eine erhöhte Nachfrage unter den Arbeitern erfuhr, ist der Hauptgrund dafür, dass man die Schließung nicht wirklich erwog. Landfermann war der erste Leiter der Sonntagsschule, der sich, neben einem großen Engagement für die Sache, durch eine hohe Begabung als Pädagoge und Organisator sowie durch sozialpolitisches Denken auszeichnete. Zudem war er ein strategisch denkender Mensch und als solcher um regelmäßige Berichterstattung bemüht. Vor allem die Beteiligung der Kommune durch kontinuierliche Berichte schien ihm notwendig und sinnvoll. Daher ergingen Bulletins regelmäßig an die Bürgermeisterei und den Stadtrat. So konnte er sicher sein, dass die Sonntagsschule und ihre sozialen Anliegen nicht von der Stadt vergessen wurden. Durch die regelmäßige Einbeziehung des Stadtrates blieb die Sonntagsschule im Bewusstsein des Rates und damit Bestandteil jeglicher Planungen kommunaler Armen- und Jugendpolitik. Ob und inwieweit er an die Möglichkeit einer städtischen Beteiligung an der Verantwortung für die Einrichtung oder vielleicht sogar die Übernahme der Schule in städtische Trägerschaft dachte, ist nicht deutlich. Die erste Äußerung Landfermanns in diese Richtung findet sich, ohne konkrete Forderung, erst drei Jahre später.[825] Allerdings begriff er das sozialpädagogische Problem deutlich als gesamtgesellschaftliche Aufgabe. Am 27. November 1836 berichtete er dem Regierungspräsidenten:

> „Die hiesige Sonntagsschule gehört zu denjenigen Anstalten in welchen Handwerks-Lehrlinge u. Gesellen in Lesen, Schreiben, Rechnen, Geometrie, Zeichnen, Modellieren weiter gefördert werden. Die Tagesstunden, in welchen unterrichtet wird, sind

---

823 StADU 10/4279, Bl. 28a

824 Als Mitglieder des Vorstandes wurden neben Landfermann und Junkermann, die katholischen Pastoren Hollen und Hedmann, Kaufmann de Hean, die Handwerker Wilhelmi, Rosendahl, Scholl und Biefang sowie der Brauereibesitzer Georg Böllert gewählt.

825 Erstmalig ist der konkrete Gedanke der Übernahme in städtische Trägerschaft am 7. Januar 1845 dokumentiert. Der Präses dieser Jahre (von Poseck) formuliert diesen Gedanken nach einer Folge von Auseinandersetzungen mit dem Stadtrat um finanzielle Beihilfen aus dem Kommunalhaushalt. „Zur ... sicheren Begründung dieser Unterrichts-Anstalt und zur Ermunterung der Ihren erscheint es wünschenswerth, daß selbige als ein städtisches Institut ... festgestellt werde" (StADU 10/4279, o. Num.; im Anschluss an Bl. 124).

Sonntags von 6–9 Morgens, wofür im Winter die Stunden von 8–9 u 11–12 Morgens 6–7 Abends eintreten, außerdem Montags- und Donnerstags von ½9–½10 Uhr Abends. Angemeldet waren im abgelaufenen Jahr über 50 Schüler. Die höchste Zahl der wirklich ... [erscheinenden] beläuft sich nach Angaben der betreffenden Lehrer auf 45. An dem Zeichenunterricht nehmen 21 theil, ... [der] Verhältnisse der jungen Leute wegen [konnte] der Besuch nicht immer regelmäßig seyn."[826]

Zum Religionsunterricht bemerkt er vorsichtig, dass dieser unter „Mangel an Besuch"[827] leide. Dass die Einstellung beschlossene Sache war, erwähnt er nicht.

Ab den späten 1830er-Jahren entstanden in Duisburg einige bedeutende Fabrikunternehmen der Eisen- und der chemischen Industrie. Diese hatten einen hohen Bedarf an Arbeitern; dies führte zu einem erhöhten Anteil an einfachen Fabrikarbeitern unter den Einwohnern.[828] Daher war der Zulauf an Jugendlichen größer als die Raummöglichkeiten der Einrichtung. Und die Beiträge der Mitglieder des Sonntagsschul-Vereins konnten den Unterhalt kaum decken. Landfermann nutzte in dieser Zeit alle erdenklichen Kontakte, um die finanzielle Situation der Schule zu verbessern. Durch den Verkehr in der *Societät* hatte er Kontakt zu dem örtlichen Versicherungsagenten der *Aachener und Münchener Feuer-Versicherungs-Gesellschaft* Carl Loos.[829] An diesen wandte er sich Anfang 1837 mit der Bitte um Unterstützung der Sonntagsschu-

---

826 StADU 10/4279, Bl. 36. Dieses Dokument ist ohne Adressat, findet sich jedoch auch als eines der wenigen zur Duisburger Sonntagsschule im HStAD. Daher ist der Empfänger eindeutig (vgl HStAD, Regier. Dssd. 1642, Bl. 39).
827 Ebd.
828 So wurde 1837 die Sodafabrik von Matthes & Weber gegründet, 1840 die Alaun- und schwefelsaure Tonerdefabrik von Funcke & Mancy (später im Besitz von Friedrich Curtius), 1844 die Borussiahütte von Berkmann & Thissen (ab 1872 Bechem & Keetmann), 1849 die Ultramarinfabrik von Julius Curtius, 1851 die Niederrheinische Hütte, 1854 die Vulkan-Hütte von Vygen & Co. AG für Hüttenbetrieb und Bergbau, 1855 Bergbau-Aktiengesellschaft Neu-Duisburg, 1855 die Hütte Bicheroux & Marcotty, 1855 die Bergbau-Aktiengesellschaft Medio Rhein, 1856 die Rheinische Bergbau- und Hüttenwesen-Aktiengesellschaft, Duisburg, 1856 der Deutsch-Holländische Aktienverein für Hüttenbetrieb und Bergbau, 1856 die Johannishütte, 1857 die Niederrheinische Hütte, 1857 die Duisburger Kupferhütte, 1857 die Hütte Thiéry & Co., Meiderich, 1862 die Eisenindustrie- und Brückenbauanstalten von Johann Kaspar Harkort, 1862 die Maschinenfabrik Bechem & Keetmann (später DEMAG), 1864 die mechanische Weberei Schoenstedt & Co., 1865 die Hütte Bicheroux. Zudem banden die beiden großen Projekte Rheinkanal- und Ruhrkanalbau in den 1840er-Jahren viele Arbeiter in Duisburg. Eine ähnliche Entwicklung vollzog sich in dieser Zeit parallel in Ruhrort, Meiderich, Hamborn und anderen Nachbarstädten bzw. späteren Stadtteilen Duisburgs (vgl. Lehmann 1958, S. 155ff.). Den Grundstein der chemischen Fabriken hatte Friedrich Wilhelm Curtius (Mitglied des Gründungskomitees für die Sonntagsschule) 1824 gelegt.
829 Die Feuerversicherungs-Gesellschaft ist ebenso eine bürgerliche Initiative zur Daseinsfür- und -vorsorge, d.h. eine sozialpolitische Institution der Bürgerselbsthilfe. Sie war 1824/1825 durch den Publizisten, Kaufmann, Wirtschaftspolitiker und späteren Minister David Hansemann (1790–1864) gegründet worden.

le.[830] Loos hatte dieses Anliegen an die Gesellschaft weitergeleitet und am 6. April 1837 teilte diese mit, dass man das Ersuchen positiv aufgenommen habe. Zwei Tage später, am 8. April 1837, folgte die Mitteilung, dass man der Regierung in Düsseldorf vorgeschlagen habe, „von dem Antheile welcher ihrem Bezirke an unserer Gewinnhälfte zusteht, die Summe von Thl: 300 als Beitrag zum Stifungsfond der dortigen Sonntagsschule zu verwenden. Wir schmeicheln uns, daß unser Vorschlag genehmigt werden wird, und haben die Ehre uns Wohlgeboren ergebenst zu empfehlen"[831].

Am 1. Juni 1837 genehmigt die Bezirksregierung den Vorschlag der Versicherungsgesellschaft zur Zahlung einer Spende aus dem eigenen Gewinnanteil. Diese Nachricht erhielt der Bürgermeister am 22. Juli 1837 von der Regierung.[832] Einen Tag später folgte die entsprechende Nachricht von Loos.[833] Allerdings hatte die Regierung die Zahlung ohne Angabe von Gründen auf 275 Taler beschränkt. Aber auch der geringere Betrag muss als Ausdruck für die erziehungs- und bildungspolitische Zustimmung seitens der Regierung begriffen werden. Diese beauftragte den Bürgermeister, zugleich Rechnungsführer der Anstalt, den genannten Betrag gegen entsprechende Quittung an den Verein auszuzahlen.[834] Nach der Vorgabe aus Düsseldorf sollte der gezahlte Betrag als Grundkapital eines neuen Stiftungsfonds verwaltet werden. Damit die Spende als *runde* Summe verzinslich angelegt werden konnte, „wurden zur Ergänzung desselben 25 Thlr. aus der Kasse [des Vereins] zugeschossen".[835] Die Gesamtsumme wurde als Kredit an ein Ehepaar Koch verliehen.[836] Das bedeutet jedoch, dass die sich in finanzieller Notlage befindende Einrichtung nicht nur keinen direkten Nutzen von der Ausschüttung der Versicherung hatte, sondern dass sie zudem noch aus der knappen Kasse den Ergänzungsbetrag abziehen musste. Allerdings konnte die Einrichtung weitere Spendeneingänge verzeichnen. Insbesondere Johann Jacob vom Rath zeichnete sich in dieser Zeit immer wieder durch seine Spendenbereitschaft aus. Am 27. Juni 1837 sandte er an das Präsidium die Nachricht, dass er den weiteren Erfolg des Instituts mit 300 Talern stützen wolle.[837] Ob eine eher unkluge Finanzpla-

---

830 Vgl. StADU 10/4279, Bl. 37
831 StADU 10/4279, Bl. 37
832 Ebd., Bl. 38
833 Ebd., Bl. 39
834 Ebd., Bl. 38 vom 1. Juni 1837
835 Armstroff 1882, S. 135
836 Ebd., S. 125
837 Vgl. StADU 10/4279, Bl. 40. Neben der finanziellen Unterstützung wird aus den Dokumenten auch der ideelle Zuspruch vom Raths für die Tätigkeit der Schule deutlich. Er blieb an der Entwicklung der Sonntagsschule interessiert und erhielt vom Vorstand von Zeit zu Zeit Entwicklungsberichte und auch Berichte über die finanzielle Situation der Schule. Zwei Briefe an Landfermann und Poseck von Rath sind im Stadtarchiv erhalten geblieben.

nung des Präsidiums die Schule in die weiteren Schwierigkeiten führte, ob es hauptsächlich die vage Formulierung des § 8 der Statuten (bezüglich eines ungenauen und frei zu wählenden Mitgliedsbeitrages) war oder noch andere Gründe die Misere beschleunigten, ergibt sich nicht aus den Unterlagen. Jedoch waren diese zusätzliches Etats schnell aufgebraucht. Daher beschloss der Vorstand, eine Spendensammlung durchzuführen; am 2. August 1837 folgte der öffentliche Aufruf:

> „Da die uns ... zur Erhaltung der Sonntagsschule gespendeten Mittel vergriffen sind, so erlauben wir uns, zur Deckung noch rückständiger Ausgaben und zur Bestreitung künftiger Bedürfnisse unsere Mitbürger, welchen wir von den Bestrebungen und dem gegenwärtigen Stande der Anstalt Kenntnis gegeben haben, um eine neue Beisteuer zu bitten, damit das wohlthätige Wirken und gemeinnützige Institut erhalten und seinem Zwecke immer näher gebracht werden kann. Die Rechnung über die Verwendung der freiwilligen Beiträge wird in der jährlich stattfindenden General-Versammlung sämtlicher Vereinsmitglieder offen gelegt werden."[838]

Für diese Sammlung suchten die Vorstandsmitglieder die Bürger in zugewiesenen Besuchsvierteln persönlich auf. Diese *Subsciption freiwilliger Beiträge* war nach 1834 die zweite Sammlung. 93 Bürger spendeten 112 Taler und 5 Silbergroschen. Auch in den folgenden Jahren wurden wiederholt Kollekten unter der Bürgerschaft durchgeführt. Über die pädagogische oder sonstige inhaltliche Arbeit kann wenig Neues für diesen Zeitraum berichtet werden. Die Arbeit an der Einrichtung lief in diesen Jahren augenscheinlich recht kontinuierlich weiter. Die Sonntagsschule gab sich selbst regelmäßig Rechenschaft über die Notwendigkeit ihres Bestehens. Der erste Tagesordnungspunkt einer Vorstandssitzung des Vereins war häufig ein Bericht zur gegenwärtigen Nachfrage des Erziehungs- und Bildungsangebotes der Anstalt. So wurde beispielsweise auf der Vorstandssitzung vom 5. April 1837 vom Vorsitzenden eine entsprechende „Übersicht des Schulbesuchs"[839] gegeben. Zu dieser Vorstandssitzung erschien der Vorstand vollzählig, was in den folgenden Jahren immer seltener wurde: Präsident Landfermann, Sekretär Junkermann, Pastor Hollen, die Handwerksmeister Gerhard Scholl und Matthias Rosendahl, Kaufmann Wilhelm de Hean sowie die Lehrer Nees vom Esenbeck, Feldmann, Köhnen, Engstfeld. Nach der Schulbesuchsübersicht folgte eine Darstellung zu pädagogischen Zielen der Einrichtung und zu Unterrichtsinhalten. Der nächste Tagesordnungspunkt enthielt die Frage, wie man die „Theilnahme an der Sonntagsschule in der Bürgerschaft"[840] erhalten und fördern könne. Insbeson-

---

838 StADU 10/4280
839 StADU 10/4279, Bl. 34a
840 Ebd.

376

dere wurde „eine Ausstellung ... beschlossen, wozu die Bürgerschaft durch eine Bekanntmachung im Wochenblatt, und die Mitglieder des Vereins durch ein Circular eingeladen werden sollten."[841]

Die Bestimmung des Zeitpunktes und Ortes der Ausstellung wurde der Entscheidung des Präsidenten überlassen. Beschlossen wurde, dass wieder eine Prämienverleihung im Wert von 12½ Talern stattfinden solle. Die Bewertung der Schülerleistungen sollte durch die Lehrer als Preisrichter geschehen. Im Anschluss an die Ausstellung war eine erneute öffentliche Sammlung zu Gunsten der Anstalt geplant. Diese öffentliche Ausstellung ist, im Gegensatz zu anderen, in den Quellen nicht dokumentiert. Bis 1838 ging die Einrichtung ihren bislang geschilderten Gang. Die finanziellen Schwierigkeiten werden weitgehend die Tagespolitik bestimmt haben. Zwar konnte die Einrichtung 1837 und 1838 neben dem jährlichen Zinsertrag aus der Anlage des Stiftungsfonds von 15 Talern verschiedene „milde Gaben" von 166 Talern, 17 Silbergroschen und 9 Pfennigen verbuchen, aber die Ausgaben blieben regelmäßig über den Einnahmen.[842]

Im Januar 1839 konnten bei einer erneuten Kollekte 153 Taler und 9 Silbergroschen gesammelt werden. Im Einzelnen ergab diese:

> „a. ... aus dem Stapelviertel durch Herrn Pfarrer Hermann und
> Drechslermeister Steinkopf
>
> 24 Thlr. 19 Sgr. 6 Pfg.
> b. diejenige aus dem Schwanenviertel durch Dechant Hollen und de Hean
> 16 Thlr. 12 Sgr. 9 Pfg.
> c. diejenige aus dem Marienviertel durch Herrn Franz Brockhoff und M. Rosendahl
> 51 Thlr. 7 Sgr. 6 Pfg.
> d. diejenige aus dem Kuhviertel durch Steuerrat von Poseck und Meister Grüters
> 50 Thlr. 29 Sgr. 3 Pfg."[843]

Zusätzlich ging aus Köln wieder eine Spende von 10 Talern ein, so dass die Gesamtsumme von 153 Talern und 9 Silbergroschen zu verbuchen war.[844] Deren Wirkung blieb allerdings begrenzt. In den Vorstandssitzungen blieb die Frage zu finanziellen Problemen virulent. Jedoch beriet das Präsidium in dieser Zeit auch pädagogische und inhaltliche Fragen. Pädagogische Entscheidungen von Tragweite aus diesem Jahr sind nicht dokumentiert.

Am 9. September 1839 und am 7. November desselben Jahres forderte Junkermann, wahrscheinlich auf Weisung der Regierung, die das Gebaren des

---

841 Ebd., Bl. 34b. Eine solche sah schon § 4 der Schulordnung vor.
842 Vgl. ebd., Bl. 60
843 Ebd., Bl. 34b
844 Aus dieser Kollekte wurden den Lehrern aus dem Vorjahr rückständige Honorare und Auslagen gezahlt.

Vereins beobachtete, den Vorstand zur Offenlegung des aktuellen Vereinsvermögens auf.[845] In den Akten finden sich Erklärungen des Präsidiums an den Bürgermeister, dass die Schule außer dem Stiftungsfond von 300 Talern kein Vermögen besitze, von ihren Schüler kein Schulgeld verlange und somit auf private, freiwillige Beiträge angewiesen sei. Zugleich weist der Vorstandsvorsitzende den Bürgermeister (zugleich Finanzbuchhalter des Sonntagsschul-Vereins) anlässlich der Aufforderung eindringlich darauf hin, dass die Schule „in Gefahr schwebe, eingehen zu müssen, wenn nicht der Stadtrat unterstützend eintrete"[846]. Allerdings ist auf diese erste offizielle Bitte des Vereins auf öffentliche Unterstützung keine Antwort in den Akten enthalten. Wenn eine solche erteilt worden war, dann war sie auf jeden Fall abschlägig. Denn die finanzielle Misere weitete sich immer mehr aus. Mit Beginn des Schuljahres 1839/40 war nach mehreren Beratungen eine Veränderung in der Organisation der Anstalt eingetreten. Seit der Gründung war die Sonntagsschule in zwei Abteilungen geteilt, in eine allgemeine und eine gewerbliche Abteilung. Man kann die erste (gewerbliche) Abteilung als Klasse für Fortgeschrittene bezeichnen, in der auch allgemeine Fächer auf höherem Niveau unterrichtet wurden. Mit der genannten Änderung wurde der Unterricht der Zeichenklasse auf die eigentlich gewerblichen Fächer, das Zeichnen und die damit verbundene Geometrie, beschränkt. Rechnen, Orthographie, Geschäftsstyl und Ähnliches wurde vollkommen herausgelöst und in der allgemeinen Abteilung unterrichtet. Aus den Quellen ergibt sich jedoch, dass die Schüler der ersten Abteilung am Unterricht der zweiten teilnehmen konnten; auch die Begabteren der zweiten (allgemeinen) Abteilung konnten dem Unterricht der ersten beiwohnen. Es gab keinen Modus der Versetzung oder Ähnliches. Im Grunde war vor allem die Teilnahme an einem der Fächer der allgemeinen Abteilungen für jeden Jugendlichen offen. Allerdings mussten die Stunden der eigenen Abteilung kontinuierlich besucht werden. Fehlzeiten bedurften der ausdrücklichen Entschuldigung durch einen Lehrer oder ein Präsidiumsmitglied. Die Option zum Wechsel aus der zweiten in die erste Abteilung wurde individuell für einen Jugendlichen vom Lehrerkollegium entschieden.

Spätestens seit 1837 war Landfermann, der durch die Arbeit in der Sonntagsschulleitung entscheidende Einblicke in die Problemlagen armer Familien bekommen hatte, im Aufbau einer Vorschule für Kleinkinder engagiert. Durch Eltern- und Schülerkontakte waren ihm die Probleme junger proletarischer Frauen mit Kindern bekannt. Bei 10 bis 12 Stunden Fabrikarbeit fehlte den

---

845 An diesem Punkt wird ein offensichtlich besonderes Problem des Bürgermeisters deutlich. Einerseits war er als Repräsentant der Stadt oberster, gegenüber der Bürgerschaft unabhängiger Ordnungshüter. Andererseits war er als Präses wie als Rendant der Sonntagsschule Interessenvertreter des Bürgervereins. Diese Ambivalenz muss dem Mann zu schaffen gemacht haben, denn er kam wiederholt in Interessenkonflikte.
846 StADU 10/4280; o. Num.

Frauen zur Pflege ihrer Kleinsten neben Geld die notwendige Zeit. Er sah die soziale Not und die widrigen sozialen Bedingungen unter den gegebenen Produktionsverhältnissen. Eine Voraussetzung der bürgerlichen Sonntagsschulen war die Erkenntnis der Notwendigkeit der gesellschaftlichen Funktion der Erziehung. Nachdem die Sonntagsschulen als Nachschulen der erste Notbehelf waren, um die drängendsten Probleme zu bekämpfen, erkannte man, dass eine Vorschule helfen könnte, solche Probleme zu verhindern. Entsprechend wuchs bei Landfermann die Überzeugung, dass eine adäquate Kleinkindereinrichtung eine vorbeugende Einrichtung sei, die viele Schwierigkeiten, die von der Nachschule aufgefangen werden mussten, verhindere.[847] Der von Landfermann bewunderte und viel gelesene Diesterweg hatte 1835 in den *Rheinischen Blättern* eine Kleinkinderschule in Stralsund vorgestellt und in einem Vorwort Empfehlungen mit Anleitungscharakter gegeben.[848] Mit Sicherheit kannte Landfermann auch andere Konzepte einer Kleinkindererziehung; seit 1830 gab es in Deutschland viele verschiedene Versuche in diesem Bereich.[849] 1838 entschloss sich der Pädagoge, sein Engagement an der Sonntagsschule einzustellen und sich der Arbeit mit Kleinkindern zu widmen. Daher stellte er sein Amt vor der nächsten Vorstandssitzung am 28. Dezember 1838 zur Disposition. Nach seinem Ausscheiden als Leiter der Sonntagsschule musste ein neues Präsidium gewählt werden. Die Nachfolge Landfermanns trat mit Beginn des folgenden Jahres Steuerrat Franz von Poseck an.[850] Im Präsidium ergaben sich ansonsten folgende Veränderung: der Schulpfleger Hermann, Hauptsteueramts-Assistent Arnold Küp sowie der Fabrikant Franz Brockhoff und die selbstständigen Handwerker Heinrich Gantenberg (Kleidermacher), Heinrich Grothaus (Möbelmacher), Matthias Rosendahl (Zimmermeister) und Ludwig Steinkopf (Drechslermeister und Ratsherr) sowie F. Reichard (Silberarbeiter) wurden neu ins Gremium gewählt.[851] Wiedergewählt wurden der Schulpfleger Hollen, der Maurermeister Johann Grüter und der Kaufmann Wilhelm de Hean, die beide seit Gründung des Träger-Vereins im Vorstand tätig waren. De Hean wurde zum Schriftführer und Finanzbuchhalter des Vorstandes bestimmt. In dieser Funktion hatte er das Protokoll der Vorstandssitzungen zu führen und die „Verwaltung der Kassen-Angelegenheit nach den Bestimmun-

---

847 Die Vorstellung, dass entsprechende Vorinstitutionen helfen könnten, den Erfolg von Erziehungs- oder Bildungseinrichtung zu optimieren, galt nicht nur im als sozialpädagogisch zu bezeichnenden Bereich. Auch am Duisburger Gymnasium gab es entsprechende Überlegungen zu einer Vorklasse.

848 Vgl. Vorwort Diesterwegs zu dem Aufsatz: „Die Kinderstube der Armenpflege in Stralsund" von dem Vorsteher derselben (Rhein. Blätter, Jg. 1835, N.F. Bd. XII, S. 184–200)

849 Vgl. Erning 1976, Zwerger 1980, S. 29–49, Reyer 1883

850 Franz von Poseck war seit 1. November 1833 in Duisburg im Hauptsteueramt als Steuerrat tätig.

851 Vgl. Armstroff 1882, S. 141

gen des Vorstandes"[852] zu führen. Damit löste er Junkermann in dieser Funktion ab, der mutmaßlich sehr erleichtert war. Die weiteren Spannungen lassen auf einen hohen Grad innerer Konflikte beim Bürgermeister schließen. In der Zeit nach Aufgabe eines Amtes im Bürgerverein konnte er wieder eindeutig als Vertreter der städtischen Verwaltung auftreten.

Die Aufnahme neuer Schüler erfolgte während des gesamtes Schuljahres, jeweils am ersten Sonntag eines Monats. In dieser Zeit sind viele Zugänge zu verzeichnen. Eine der Neuerungen in der Vorstandsarbeit betraf die Planung der pädagogischen Arbeit. Durch genauere Informationen zum pädagogischen Erfolg wollte der Vorstand näher am Geschehen in der Einrichtung bleiben. Am ersten Dienstag in jedem Quartal sollte daher eine *pädagogische* Vorstandssitzung gehalten werden, an welcher die Lehrer in besonderer Weise teilnehmen sollten.[853] Allerdings wurden in diesen Sitzungen auch finanzielle Probleme thematisiert. Immer wieder wuurden die Kassenverhältnisse des Vereins auf die Tagesordnung gesetzt und als *unerfreulich* bezeichnet. Die finanziellen Probleme führten auch dazu, dass der Sonntagsschul-Verein sich zunehmend aus dem politischen Bewusstsein der städtischen Bevölkerung verabschiedete und seltener öffentlich agierte. Die zeitweilige Bedeutungslosigkeit des Vereins lässt sich aus verschiedenen Vorstandsprotokollen erahnen.[854] 1838 hatte der Sonntagsschul-Verein, der sich als Träger der Sonntagsschule vor allem um deren finanzielle Sicherung zu kümmern hatte, *vergessen,* eine entsprechende Sammlung in der Bevölkerung vorzunehmen. Der Grund liegt vermutlich in dem unangenehmen Gefühl, das die Präsidiumsmitglieder seit der letzten Kollekte mit dem Gedanken an eine aktive Sammlung verbanden. Für das Jahr 1840 wurde allerdings wieder eine entsprechende Sammlung beschlossen. Diese erbrachte die Summe von 138 Talern, 13 Silbergroschen und 7 Pfennigen.[855] Die Präsidiumsmitglieder konnten die spendenmüden Bürger, die auch für andere philanthropische oder diakonisch-karitative Zwecke auf Geldgaben angesprochen wurden, nur mit dem ausdrücklich wohltätigen Zweck der Kollekte und dem Hinweis, dass es sich nun um die letzte Sammlung für die Sonntagsschule handele, zu Gaben bewegen. Die Sammlung wurde von dem entschuldigenden Hinweis begleitet, dass der Verein nach anderen Finanzierungsmöglichkeiten suchen würde.

Die finanziellen Schwierigkeiten der Sonntagsschule hatten eine Ursache in dem schon erwähnten § 8 der Statuten. Bedeutender war jedoch die in diesen Jahren einbrechende Interesselosigkeit aller Vereinsmitglieder. Insbesondere auch die Logenbrüder waren in dieser Zeit von einem lahmenden Interesse an allen öffentlichen Entwicklungen – am öffentlichen Wirken der Loge oder am

---

852 § 13 (2) der Statuten
853 Vgl. StADU 10/4279, Bl. 54
854 Vgl. ebd.
855 Vgl. StADU 10/4280; o. Num.

Sonntagsschul-Verein – befallen. Obwohl Zeichenlehrer Feldmann in dieser Zeit die die Loge tragenden Ziele, „Menschenwohl zu gründen und … durch Menschenveredlung"[856] zu fördern, unter den Brüdern beständig in Erinnerung zu bringen versuchte, ruhte die Tätigkeit der Loge in der Zeit von Mai 1836 bis Juni 1838; in dieser Zeit war auch der Logentempel verschlossen, was einer vorübergehenden Selbstauflösung gleichkam. Da die Sonntagsschule und der Trägerverein zu ganzem Teil eine Schöpfung der Loge waren, musste der Stillstand der Loge Auswirkungen auf die Sonntagsschule haben. Nach Juni 1838 steigerte sich das Interesse der Mitglieder an der Loge nur unwesentlich. Als die Loge am 2. November 1845 ihr 25-jähriges Stiftungsfest feierte, erschienen zwar zahlreiche Gäste, aber der Verein hatte in dieser Zeit an Anziehungskraft für die Mitglieder und Wirkung in der Stadt verloren. Im Jahre 1848 wurde der Logentempel wieder für fast vier Monate auf Grund geringen Vereinslebens geschlossen. Diese Entwicklung stand im Kontext zur politischen Reaktion. War die Zeit 1750 bis 1848 die Hochblüte der Freimaurerei in Preußen, verfiel ihr Geistesleben in der Phase der Reaktion wie große Teile des deutschen Bürgertums in tiefe Resignation. Dieser Zustand dauerte einige Jahre an, denn anlässlich des Stiftungsfestes im Jahre 1864 erinnerte der Meister vom Stuhl wiederholt an das beklagenswerte geringe Interesse der Brüder an der Loge und den mit ihr verbundenen Einrichtungen. Auch in den darauf folgenden Jahren hat die Loge unter diesem Zustand sehr gelitten.[857] Unter diesen Umständen litt auch die Entwicklung der Sonntagsschule. Das Schicksal einer endgültigen Schließung blieb der Duisburger Einrichtung zwar erspart, aber sie war immer nah an diesem Schicksal. Die Sonntagsschule wird, auf Grund der unsicheren finanziellen Situation, zu dieser Zeit im bürgerlichen Bewusstsein eher unangenehme und belastende Gefühle ausgelöst haben. Wie miserabel es in dieser Zeit um die finanzielle Lage des Sonntagsschul-Vereins bestellt war, geht aus einem Beschluss der ersten Vorstandssitzung des Jahres am 2. April 1839 hervor. An diesem Tag beschloss der Vorstand entgegen allen bisherigen Überzeugungen, allerdings schon zum zweiten Mal, „von den Schülern ein Schulgeld von 1½ sgr. [für die Elementarschüler] beziehungsweise 3 sgr. … [für die Zeichenschüler] zu erheben"[858].

Die allgemeine Sonntagsschule, die als Vorschule der gewerblichen Sonntagsschule zu begreifen ist, sollte die Schüler die Hälfte des Betrages kosten, die der Besuch der gewerblichen Abteilung kostete. Der Eigenanteil der Jugendlichen sollte „prænummerando" von den Lehrern eingezogen werden

---

856 Festschrift 1920, S. 9

857 Vgl. ebd., S. 15. Preusker blickt anlässlich des 25-jährigen Bestehens seiner Einrichtung auf die „politisch bewegten Jahre" (1855, S. 3) zurück und konstatiert, dass in eben dieser Zeit „andernwärts manche solche Anstalten verkümmerten und selbst der völligen Auflösung verfielen". (ebd.)

858 StADU 10/4279, Bl. 68 vom 2. April 1839

„und an den Hr. Rendanten de Hean" abgeführt werden. Jedoch war, wie sich aus dem Protokoll ergibt, der „in der vorigen Conferenz gefaßte Beschluß, von den Schülern ein Schulgeld zu erheben ... nicht zur Ausführung gekommen".[859]

In der neuerlichen Sitzung des Vorstandes wurde es jedoch für „angemessen erachtet, damit jetzt den Anfang zu machen, und der Lehrer Susen [beauftragt], welcher sich mit der Erhebung des Schulgeldes befassen will, einen desfallsigen schriftlichen ... [Entwurf zu verfassen]. Nach dem Wunsche des Herrn Gymnasial-Lehrers Köhnen, wurde verabredet, die für den Unterricht in der Mathematik bestimmten Lehrstunden auf Sonntag Morgen von 6 bis 7 Uhr festzusetzen und dazu das Local in der Halle zu benutzen. Herr Susen übernahm es, die Schüler davon zu benachrichtigen."[860]

Auf der Vorstandssitzung vom Januar 1835 war dem Sonntagsschul-Verein eine Rechnung über gelieferte Waren vorgelegt worden, die nach Vorstandsbeschluss gleich hätte bezahlt werden sollen.[861] Diese Belege tauchten in diesem Jahr unbeglichen wieder auf.[862]

„Noch zu begleichende Rechnungen sind:

1) der Witwe Ross für in den Jahren 1835, 1837 und 1838
    gelieferten Kohlen   6 rt 15 sgr.
2) des Uhrmachers Haarmann für eine im Juni 1837 gelieferte Uhr
    (Prämien)   5 rt. 10 sgr.
3) des Kaufmanns W. Jansen über in 1835, 1836 und 1837 von ihm
    entnommenen Schulutensilien, Lichter und Öl   12 rt. 8 sgr. 5 pfg.
    (Conf. Protokoll vom 11.2.39)   Summe 24 rt. 3 sgr. 5 pfg."[863]

Auf dem gleichen Bogen tauchen zudem neue Forderungen auf:

„4) des Schlossers Schneider über (als Prämien) im Juni 1837
    geliefertes Schuster-Handwerks-Zeug   1 rt 5 sgr. 6 pfg.
5) des Buchbinders Leuchtenberg über eine gelieferte Bibel,
    des Binden von Büchern (Prämien) im Juni 1837   3 rt. 1 sgr.
6) des Hrn. Lehrer Feldmann für ein als Prämie
    angeschafftes Reißzeug   5 rt.
    (Conf. Protokoll vom 2. April 1839)   33 rt. 9 sgr. 11 pfg."[864]

---

859 Ebd.
860 Ebd., Bl. 77b vom 2. Juli 1839
861 Vgl. ebd., Bl. 61b vom 11. Februar 1839
862 In keinem der Protokolle seit 1835 kamen diese Rechnungen zur Sprache. Rendanten in dieser Zeit waren Th. vom Rath und Junkermann. Wo diese Rechnungen in der Zwischenzeit waren und warum ihre Nichtbezahlung auf keiner Präsidiumssitzung verhandelt wurde, ist aus heutiger Sicht nicht mehr zu klären.
863 StADU 10/4279, Bl. 78
864 Ebd.

Jedoch haben diese Rechnungen die Mitglieder eher gelähmt, als dass nun eine betriebsame Tätigkeit zur Lösung der Schuldenprobleme, so muss man die finanzielle Situation ab dieser Zeit kennzeichnen, aufgetreten wäre. Allerdings verfielen die Präsidiumsmitglieder in Fragen zum Zweck der Einrichtung nicht in Agonie. Trotz der beschriebenen Stagnation im Leben des Träger-Vereins, zeigt der bestehende Vorstand, dass er in wachem Geist die Entwicklung der Einrichtung beobachtete. So kam auf der Vorstandssitzung vom 20. Januar 1839 die Frage nach dem Sinn und der Nützlichkeit der aktuellen Vereinsstatuten auf. Im Vorstandsprotokoll heißt es dazu:

„In der heutigen Versammlung des Vorstandes des Sonntagsschul-Vereins wurden zuvörderst die Statuten durchgegangen, um etwaige den veränderten Verhältnissen angemessene oder durch die Erfahrung als zweckmässig hervorgetretene Modificationen und Abänderungen besprechen und festzusetzen."[865]

Doch die Vorstandsmitglieder waren unsicher, ob sie die Kompetenz zur Änderung der von einer Generalversammlung des Vereins beschlossenen und durch die Regierung genehmigten Statuten zukam, denn das Protokoll vermerkt:

„In dieser Beziehung wurde der Zweifel vorgetragen, ob wohl der jetzige Vorstand berechtigt sei, die Statuten abzuändern, da solche, was aus den vorliegenden Verhandlungen [Protokollen] jedoch nicht hervorgeht, in einer General-Versammlung des Vereins festgestellt und durch die Königliche Regierung zu Düsseldorf genehmigt seyn könnten. Dieser Zweifel konnte ... nicht gehoben werden."[866]

Daher beschlossen die Mitglieder den letzten Präses, und gewissermaßen Rechtsexperten in diesen Dingen, Bürgermeister Junkermann zur nächsten Vorstandssitzung einzuladen und ihn um Auskunft zu bitten, um damit „Eins

---

865 Ebd., Bl. 57 vom 20. Januar 1839
866 Ebd.; bei Erörterung dieser Frage, stellten die Vorstandsmitglieder im Übrigen fest, dass dem Verein von den Statuten nur eine einfache Abschrift ohne jedes Zeichen einer Behörde, im Besonderen ohne einen Genehmigungsvermerk der Regierung, vorlag (ebd.). Die Recherche de Heans, der seit 1834 auch als Stadtrat in die Gemeindeverwaltung tätig war und in den Jahren 1835 und 1838 das Amt des Deputierten für die Verteilung der Klassensteuer ausübte, in der Frage nach dem Verbleib eines Originals ergab folgendes: Das „Statut, von welchem sich eine bloße Abschrift vorgefunden, [war] einmals förmlich ausgefertigt ... gewesen, sodann der Königlichen Regierung zu Düsseldorf unter dem 15. März 1835 im Entwurf zur Genehmigung eingereicht worden ..., worauf die gedachte Provinzialbehörde unter dem 8. April dessbn. J. geantwortet habe, daß gegen den Inhalt des Statuts, so wie der gleichzeitig vorgeschlagenen Schulordnung und Schulgesetze nichts einzuwenden sei. Authentische Ausfertigungen [... und] Schriftstücke lägen daher nicht vor". (ebd., Bl. 58a vom 28. Januar 1839)

nach dem Anderen was die Acten in Zweifel lassen", zu erläutern.[867] Acht Tage später, am 28. Januar, setzte sich der Vorstand des Vereins erneut zusammen, um mit den Lehrern der Sonntagsschule über inhaltliche und organisatorische Fragen zum Anstaltsbetrieb zu verhandeln. Hierzu legte Feldmann zunächst „ein Verzeichniss der jetzt vorhandenen Schüler beider Classen vor..., aus welchem deren Personalien und sonstige Notizen in Bezug auf Führung, Unterricht u.s.w. hervorgehen"[868].

Die Form des von Feldmann gestalteten Verzeichnisses beeindruckte auf Grund der Übersichtlichkeit und Zweckmäßigkeit die Mitglieder des Vorstandes. Denn es wurde „als zweckmässig erachtet, jedem der Herrn Lehrer einen Auszug aus diesen Verzeichnisse mitzutheilen, um solche fortzuführen".[869]

Die Verhandlungen hatten vor allem den Zweck der Selbstvergewisserung zu Nutzen und Notwendigkeit der Einrichtung. Beschlüsse zu pädagogischen Fragen wurden nicht gefasst. Des Weiteren legte de Hean als Rendant Rechenschaft über die Zahlung von Spendenbeiträge der Bürgerschaft für die Sonntagsschule vor.

> „Aus dem Stapel-, Schwanen- und Marienviertel sind die von den Einwohnern unterschriebenen freiwilligen Beiträge und zwar
>
> a. aus dem Stapelviertel aus   24 rt 19 sgr 6 pfg
>
> b. aus dem Schwanenviertel auf   16 rt 12 sgr 8 pfg
>
> c. aus dem Marienviertel   41 rt   7 sgr 6 pfg
>
>   überhaupt mit   82 rt 29 sgr 9 pfg
>
> eingegangen und dem Hrn. de Hean überliefert. Aus dem Marienviertel stehen noch 10 rt, und aus dem Kuhviertel auch sämtliche Beiträge zurück, und es wurde beschlossen, diese Kasse nunmehr auch im Laufe dieser Woche einzusammeln und zur Schul-Casse abzuführen."[870]

Obwohl die Frage der Möglichkeit der Veränderung und Anpassung der Vereinsstatuten an die Erfordernisse der Zeit noch nicht überprüft war, forderte der Vorstand die Lehrer nach einer schriftlichen Aushändigung der Schulgesetze und der Schulordnung dazu auf, diese kritisch durchzusehen und „in einer späteren Versammlung darüber Mitheilung zu machen, ob ... und welche Abänderungen oder Modificationen der darin enthaltenen Bestimmungen sich nach den bisherigen Erfahrungen als zweckmässig herausgestellt haben."[871]

---

867 Ebd., Bl. 57 vom 20. Januar 1839
868 Ebd., Bl. 58b vom 28. Januar 1839
869 Ebd.
870 Ebd..
871 StADU 10/4279, Bl. 59a vom 28. Januar 1839

Die Lehrer wurden, mehr als in den vergangenen Jahren, in die Pflicht genommen, Überlegungen zur weiteren pädagogisch-inhaltlichen Entwicklung
der Einrichtung anzustellen.

Über die Schülerzahlen im Winterhalbjahr 1839 gibt ein von Küp erstelltes
Dokument vom 20. Januar 1839 Auskunft. Danach wurde die *eigentlich gewerbliche Abteilung* von 34 Schülern besucht, die *allgemeine Abteilung*, die
scheinbar in drei Lerngruppen geteilt worden war, wurde von 150 Schülern
besucht. Die Lerngruppen waren den Lehrern Mevisen (31 Jugendliche),
Engstfeld (58 Jugendliche) und Susen (61 Jugendliche) zugeteilt. Die Zeichenabteilung mit den gewerblichen Fächern hatte Feldmann als Klassenlehrer.[872]

Unter dem 11. Februar 1839 findet sich folgendes Dokument in den Akten:

„Der Vorstand des Vereins für die Sonntagsschule, zur Conferenz vereinigt, beschloß
folgendes: Zur Ausführung des früheren Beschlusses, daß die Sonntagsschule abwechselnd von den Mitgliedern des Vorstandes von Zeit zu Zeit besucht werde, um die
Schüler durch diesen Beweis der Theilnahme an dem Gedeihen der Anstalt in ihren
Bestrebungen zu ermuntern, wurde zweckmässig erachtet und beschlossen, daß je
drei und zwei Mitglieder des Vorstandes und zwar

1. Hr. Steuer-Rath von Poseck und Hr. Grüter und Hr. Gantenberg,

2. Hr. Prediger Hermann mit den Hrn. Reichard und Grothaus,

3. Hr. Brockhoff mit den Hrn. Rosendahl und Küp, und

4. Hr. Dechant Hollen mit den Hrn. De Hean und Steinkopf

sich in den gedachten Schulbesuch auftheilen, vom 1ten März an der Hr. Steuer-Rath
von Poseck mit den beigegebenen Herrn die erste, Hr. Prediger Hermann die zweite,
Hr. Brockhoff die dritte, und Hr. Dechant Hollen die vierte Woche jeden Monats übernehmen, und sich jedesmal über den in dieser Woche dazu zu bestimmenden noch
besonders verständigen."[873]

Auf der Vorstandssitzung vom Januar 1835 hatten sich die Mitglieder des damaligen Vorstandes des Sonntagsschul-Vereins zu einer regelmäßigen Besuchstätigkeit, zur Erkundung des sozialen Milieus der Jugendlichen und der
positiven Rückwirkung des sittlichen und erzieherischen Einflusses auf die Jugendlichen bei den Eltern und anderen Angehörigen sowie am Arbeitsplatz der
Schüler verpflichtet. Daneben hatten sie sich in § 13 (8) verpflichtet, „recht
häufig abwechselnd die Schule zu besuchen, den Schülern zur Aufmunterung,
den Lehrern als Zeichen freundlicher Teilnahme, sämtlichen Mitgliedern des
Vereins zum guten Beispiele"[874]. Diese Selbstverpflichtung, die auch ideelle

---

872 Vgl. ebd., o. Num. vom 20. Januar 1839, das Dokument ist eingebunden zwischen die
   Blätter 78 und 79.

873 Ebd., Bl. 61a–61b vom 11. Februar 1839

874 StADU 10/4280

Verbundenheit mit der Einrichtung beweisen sollte, erneuerten nun die Vorstandsmitglieder. Ein weiterer Punkt der Vorstandssitzung betraf eingegangene Forderungen an die Sonntagsschule.

> „Von dem Hrn. Präses wurden drei noch eingegangene Rechnungen, nämlich
>
> a) eine der Witwe Ross für in 1835, 1837 und 1838 gelieferten Kohlen über 6 rt 15 sgr.
>
> b) eine Rechnung des Uhrmachers Hausmann für eine im Juni 1837 gelieferte Uhr über 5 rt. 10 sgr.
>
> c) eine Rechnung des Kaufmanns W. Jansen über in 1835, 1836 und 1837 von ihm entnommenen Schulutensilien, Lichter und Öl, im Beträge von 12 rt. 8 sgr. 5 pfg.
>
> zusammen über 24 rt. 3 sgr. 5 pfg. vorgelegt. Dieselben sollen der Schule nicht ... [zahlen müssen und wurden dem] Hrn. Rendanten de Hean zugestellt ..., um nach Rücksprache mit dem Hrn. Bürgermeister, als früheren Rendanten, ob diese Forderungen begründet und auch berechtigt sind, dieselben ... [zu begleichen], nach dem sie ... von dem Hrn. Präses mit Zahlungsermächtigung versehen"[875]

wurden. Auf Grund der finanziellen Lage des Sonntagsschul-Vereins konnte dieser Beschluss allerdings nur unzulänglich verwirklicht werden. Die Rechnungsbeträge konnten auf Grund der prekären finanziellen Situation nicht beglichen werden. Die unter Punkt b) genannte im Juni 1837 gelieferte silberne Uhr, die als Prämiengeschenk anlässlich einer Ausstellung im Jahre 1837 an einen Schüler der Schule abgegeben wurde, konnte noch bis Januar 1840 nicht bezahlt werden. Der Uhrmacher Hausmann drohte dem Verein, das heißt Präses Landfermann persönlich, sogar mit einer gerichtlichen Klage, wenn die gelieferte Uhr nicht binnen vier Wochen bezahlt würde. Das betreffende Dokument trägt die Randbemerkung de Heans vom 28. Januar 1840: „In der Kasse der Sonntags-Schule ist kein Geld, es kann demnach vorläufig nichts ausgezahlt werden"[876]. Die Sitzung endete mit dem Beschluss über den Termin der kommenden Generalversammlung, deren Bekanntgabe „durch Abdruck in dem Duisburger Anzeigenblatt veröffentlicht werden"[877] sollte. Als Termin wurde der „1ste Dienstag des Quartals ... bestimmt, zu welchem auch die Hrn. Lehrer eingeladen werden."[878] Das finanzielle Problem, welches während der Amtsperiode Junkermanns deutlich geworden war und Landfermann nicht lösen konnte, belastete die Tätigkeit des neuen Vorstandsvorsitzenden Steuerrat von Poseck. Landfermann hatte seinem Nachfolger 175 Taler Schulden hinterlassen müssen. Auf Grund der desolaten Finanzsituation des Vereins ent-

---

875 StADU 10/4279, Bl. 61b vom 11. Februar 1839
876 Vgl. Armstroff 1882, S. 127
877 StADU 10/4279, Bl. 62a vom 11. Februar 1839
878 Ebd.

schloss sich der Vorstand am 9. September und am 7. November 1939, dem Beispiel Landfermanns folgend, beim Gemeinderat um städtische Hilfe zu bitten. Dieser lehnte das Gesuch jedoch ab und Junkermann empfahl daraufhin, so modern wie heute, das Tätigkeitsfeld und insbesondere den Unterricht und damit die Kosten zu reduzieren. In einem Brief an den Vorstand verweist er auf die Leistung der allgemeinen Elementarschulen, die den bisherigen Umfang des Unterrichts in der Sonntagsschule, der ursprünglich notwendig gewesen sei, unnötig mache:

> „Die Elementarschulen hiesiger Stadt sind seit einigen Jahren mit großen Kosten retablirt worden, werden mit bedeutenden Kosten unterhalten und befinden sich in einem so guten Zustande, daß sie dem Bedürfnis der *arbeitenden Volksklasse* genügen. Unter diesen Umständen und bei dem obwaltenden Schulzwang scheint der Unterricht in den Elementar-Kenntnissen ausser [halb der] ... Schulen jetzt nur noch in so fern als Bedürfniß anerkannt werden können, als er die für einen Bauhandwerker und Künstler nöthigen Kenntnisse in der Geometrie, Arithmetik und in Zinsen umfaßt. Der Unterricht in der Sonntagsschule dürfte daher vielleicht auf diese Gegenstände *beschränkt* werden, wodurch sodann die Kosten dergestalt vermindert werden möchten, daß sie durch freiwillige Beiträge und *Schulgeld* gedeckt werden könnten."[879]

Dass die Qualität der Bildung und Erziehung an den Elementarschulen 1839 weiter fortgeschritten war als bei Eröffnung der Sonntagsschule, wird nicht zu bestreiten sein. Aber weit kann dieser Fortschritt nicht gediehen gewesen sein, denn die Besuchszahlen und Berichte der Lehrer beweisen doch einen immer noch erhöhten Bedarf an Nachbildung. Zudem kennzeichnen entsprechende historische Darstellungen die Situation der Elementarschulen bis weit in die 1850er-Jahre als unzureichend. Auch zeitgenössische Schriften belegen dies. 1842 weist Preusker, der allerdings als parteiisch gelten muss, in einer Schrift auf die Vielzahl noch unzureichend organisierter Elementarschulen und ihre mangelhafte Erziehungsleistung hin.[880] Und ein Jahr zuvor verweist ein ent-

---

879 Ebd., Bl. 102a, vom 10. Dezember 1839, Hervorh im Original. Als Bürgermeister war Junkermann mit der ständigen Abfrage wegen einer Finanzierungsbeihilfe befasst. Aus dieser Sicht ist verständlich, dass er schnell bereit war, ihre Notwendigkeit als obsolet darzustellen. Interessanterweise änderte er seinen Blickwinkel in dieser Frage, als er, das Amt des Bürgermeisters ledig, als Fabrikeninspektor für den Düsseldorfer Regierungsbezirk wieder Stellung zu der Frage der Wirksamkeit des Elementarschulsystems nimmt. Im ersten Jahresbericht (1854) beklagt sich Junkermann wieder über mangelnde Wirksamkeit der Elementarschule. Er bemängelt die vorzeitige Entlassung der Elementarschüler, die unzureichende Bildung und die Überfüllung der Schulen und führt die gleichen Argumente an, die 1831 zur Stiftung der Sonntagsschule geführt haben (vgl. HStAD 13261).

880 Vgl. Preusker 1842 (Bd. 5), S. 10. Die verschiedenen Interessenlagen Junkermanns und Preuskers mögen den Unterschied in der Beurteilung der Lage erklären.

sprechender Artikel im *Duisburger Kreisblatt* auf die von Preusker beschriebenen Verhältnisse.[881]

Dass der Vorschlag Junkermanns, den Unterricht auf ein geringes Maß einzuschränken, realisiert wurde, ergibt eine Korrespondenz zwischen Junkermann und dem preußischen Minister für Handel, Gewerbe und öffentliche Arbeiten, August Freiherr von der Heydt, aus dem Jahre 1847.[882] Außerdem reaktivierte der Vorstand der Sonntagsschule wieder einmal die Idee der Kostenbeteiligung der Sonntagsschulzöglinge. Dieser Versuch scheiterte jedoch erneut an der Armut der meisten Schüler.[883]

Eine *Übersicht der am 15ten August 1839 zu der für Handwerker und Fabrikarbeiter zu Duisburg eingerichteten Sonn- und Werktags-Schule gehörende Schüler*[884] gibt eine detaillierte Auskunft über Zahl der Schüler, Gegenstand des Unterrichts, Tag und Stunde des Unterrichts, den jeweiligen Namen des Lehrers.

Name der Klasse Lehrer	Gegenstand des Unterrichts	Tage	es werden ertheilt /Stunden	Anzahl der Schüler	Bemerkungen
Gymnasial-Lehrer Feldmann I.	Zeichenkunst und	Sonntag	morgens /von 7–9 insges.		Nachdem am 18ten Aug. diejenigen Schüler der ersten Klasse, wel-
desgl. Köhnen I.	Mathematik	Sonntag	/6 bis 7 Uhr	23	che die Schule unregel- mäßig besuchten von der Liste ausgestrichen wurden, verbleiben der I Klasse noch 23 Mit- glieder, deren Ordnung und Fleiß wie nach Fort- schritten alles Lob ver- dienen. Duisburg, d. 20. Aug. 1839. Feldmann.
Elementar-Lehrer Susen II.	Schön- und Rechtschreiben	Sonntag	/morgens von 8 bis 9 Uhr	14	Es besuchen gegen- wärtig 32 Schüler die 2te Abtheilung,
desgl. Engstfeld II.	Orthographie und Gesangs-Uebung	Montag und Donnerstag	/abends /halb 9 bis /halb 10 Uhr	28	unter diesen sind jedoch zugleich auch Schüler der
desgl. Susen II.	Rechnungskunst	Dienstag und Freitag	/desgl.	26	1ten Abth. Duisburg, d. 22. Aug. 1839 L. Susen, Engstfeld, Mevisen.

Den Bemerkungen des oben abgebildeten Dokuments zufolge hatten die erste Abteilung (Zeichenklasse) in dem laufenden Jahr mehr Schüler als die ausge-

---

881 Vgl. StADU 10/4279, Duisburger Kreisblatt, 5. Jg., Nr. 100, vom 16. Dezember 1841, S. 2
882 Vgl. weiter unten
883 Im Jahre 1840 konnten die Lehrer gerade 1 Thlr. 20 Sgr. an Schulgeld einnehmen.
884 StADU 10/4279, Bl. 84

wiesenen 23 besucht. Die Besuchsliste nahm aber nur jene Jugendlichen auf, die regelmäßig an den Veranstaltungen teilnahmen und „deren Ordnung und Fleiß wie nach Fortschritten alles Lob" verdienten. Die Bemerkungen für die zweite Abteilung, lassen den Schluss zu, dass nicht nur die insgesamt 68 Jugendlichen der Elementarsonntagsschule diese Abteilung besuchten. Beim Vergleich der *Bemerkungen* zu beiden Klassen scheint sich ein verschiedener Maßstab in der Behandlung der Jugendlichen zu ergeben. Schüler der Zeichenklasse hatten sich durch regelmäßige Anwesenheit, Ordnung, Fleiß und sichtbare erzieherische und bildungsgemäße Fortschritte auszuzeichnen. Jene Jugendlichen, welche die Elementarabteilung besuchten, hatten diese Vorgaben nicht zu erfüllen. Man war wahrscheinlich froh, dass man auch jugendliche Arbeiter, die sich keinem echten *Beruf* widmen wollten, sondern nur einer Tätigkeit zum Gelderwerb nachgingen, erreichte. Der Unterricht in der Zeichenkunst beinhaltete auch die Fächer Geometrie, Modellieren/Werken für Ton und Gips. Das Fach Gesang, das zwischenzeitlich wegen mangelnden Interesses bei den Jugendlichen weggefallen war, wurde in der Elementarklasse wieder eingerichtet.[885] Dass gerade die schwächeren Elementarschüler ein Interesse an einem Aufleben des Gesangsunterrichtes zeigten, ist bemerkenswert. Jedoch diente dieser Unterricht mehr der gemeinsamen Muße und dem Gemeinschaftserlebnis als wirklichen Fortschritten im Gesang. Eine zeitlich nicht genau zuzuordnende, aber als nachfolgendes Blatt eingebundene Besuchsliste nennt insgesamt 48 Jugendliche.[886] Da hinter einigen Namen vermerkt wurde, dass der Betreffende für Juli oder für Juli und August 2½ beziehungsweise zweimal 2½ Sgr. gezahlt hat, ist anzunehmen, dass es sich um die Jugendlichen der Zeichenabteilung handelt, da der Unterricht für die Jugendlichen der Elementarabteilung weiterhin schulgeldfrei war. Außerdem ist hiermit klar, dass die während der Vorstandssitzung am 2. April 1839 erstmals verhandelte und am 2. Juli 1839 grundsätzlich beschlossene Einführung eines Eigenanteils für die Zeichenschüler ein Ergebnis erbracht hat. Susen hatte es übernommen[887], einen angemessenen Betrag zwischen „1½ sgr. beziehungsweise 3 sgr."[888] zu ermitteln. Jedoch waren ärmere Jugendliche in begründeten Fällen immer noch vom Schulgeld befreit.[889] Hinter den Namen Dohnes und

---

885 Vgl. ebd., Bl. 29a
886 Vgl. ebd., Bl. 85a, 85b und 86a. Die genaue Zahl der Schüler ist trotz solcher Angaben nicht zu verifizieren. Die Einrichtung war bis zur Umgestaltung in eine Handwerkerfortbildungsschule mit klar gegliederter Struktur und unterscheidbaren Stufen keine organisatorische Einheit. Da es jedem Schüler freigestellt war, in den beiden Abteilungen an einem ihn interessierenden Unterrichtsangebot teilzunehmen, umgekehrt aber auch das Fernbleiben von einzelnen Angeboten im Belieben eines Schülers stand, leiden solche Angaben an Ungenauigkeiten wie Doppelzählungen etc.
887 StADU 10/4279, Bl. 77b vom 2. Juli 1839
888 Ebd., Bl. 68 vom 2. April 1839
889 Vgl. ebd., Bl. 85

Klucken steht: „bittet um Freischule".[890] Die Einführung einer Eigenbeteiligung der Jugendlichen an den Kosten hatte zum einen den pädagogischen Grund, den Schülern den Wert der Anstalt zu vermitteln. Eine Beteiligung an den Kosten erhöhte das Bewusstsein der Jugendlichen für das pädagogische Angebot der Anstalt.[891] Zum anderen aber diente der Eigenanteil auch der „Beschaffung der Geldmittel zu dem ferneren Bestehen der Anstalt"[892]. Das heißt, die Beteiligung der Jugendlichen war auch eine Frage des wirtschaftlichen Überlebens. Jedoch stellte sich in den folgenden Jahren heraus, dass die Einziehung des Schulgeldes von den Jugendlichen auch bei den „bereits in Verdienst stehenden Handwerksgesellen"[893] fast unmöglich war. Die Einziehung des Eigenanteils der Jugendlichen an der Einrichtung bereitete, wie Lehrer Susen in der Vorstandssitzung am 17. Oktober 1839 mitteilte[894], so große Schwierigkeiten, dass man schnell wieder davon absah. Poseck bemerkt in einer Korrespondenz mit dem Bürgermeister: „Schulgeld zu erheben, ist zwar versucht, aber nicht durchzusetzen, da die meisten Schüler unvermögend sind."

Im Jahre 1839 beklagt der Zeichenlehrer Feldmann, wie schon Jahre zuvor, die kurze Verweildauer der Jugendlichen und damit die kurze Zeit der pädagogischen Einflussnahme. So wünscht er in einem Bericht, dass „Lehrlinge und Gesellen, letztere wenigstens noch ein Jahr nach vollendeter Lehrzeit, gehalten wären, die Sonntagsschulen ... besuchen"[895] sollten. Denn nur ein andauernder sittlich und erzieherisch prägender Einfluss auf die Jugendlichen bis in ein Alter, indem der Einzelne als gereiftes Mitglied der Gesellschaft gelten könne, habe Aussicht auf erzieherischen Erfolg. Je kürzer die Einwirkung auf die Jugendlichen sei, desto weniger könnten die erhofften Früchte erwartet werden. Denn eigentlich habe „der Logen-Verein keine andere Gewalt oder Art von Einfluß über die Zöglinge der Klasse, die sie im Auge hat, besitzt, als den ein *wohlthätiges Anerbieten* überhaupt hat. Nur wer wirklich ein inneres Bedürfnis der Fortbildung oder des Nachholens früher versäumter Elementarbildung fühlt, meldet sich zur Aufnahme und bleibt, solange das Gute Einfluß und Gewalt über ihn behält. So geschieht es, das die Anstalt, welche gerne alle Fabrikarbeiter und Handwerker, Gesellen oder Lehrlinge aufnähme, leider nur auf den bei weitem kleinsten Teil derselben, wohlthätig einwirken kann. Die

---

890 Ebd.

891 Am 17. März 1853 teilt Theodor vom Rath dem neuen Bürgermeister Schlengtendahl mit, dass das Hauptmotiv des Kollegiums für Selbstbeteiligungen der Jugendlichen sei, „solche Anmeldungen zu verhindern, die nicht auf wirkliches, dauerndes Interesse sich gründen" (StADU 10/4279 vom 17. März 1853). Die Begründung entspricht heutigen Argumenten sozialpädagogischer Einrichtungen in Zeiten knapper Kassen: Die Betroffenen sollten mit der Eigenbeteiligung ihr Interesse an der Institution bekunden.

892 StADU 10/4279, Bl. 99 vom 17. Oktober 1839

893 Ebd. (Bericht des Lehrers Susen)

894 Ebd., Bl. 98b vom 17. Oktober 1839

895 Vgl. StADU 10/4181

Meisten der Anstalt haben schon längst diesen Umstand mit Leidwesen wahrgenommen und erkennen nur in thätiger, lebendiger Teilnahme des ganzen besseren Theils der Stadt an dieser gewiß nicht unnützen Anstalt, das Mittel, ihm abzuhelfen."[896]

Zum pädagogischen Erfolg der Anstalt gehörte aber nicht nur der Kontakt zu den Jugendlichen und über den Besuchsdienst zu ihren Angehörigen und dem sozialen Umfeld. Auch die fortdauernde Wahrnehmung und Würdigung der Tätigkeit durch die Stadt und ihre Bürger gehörte zum sozialpolitischen Programm des Sonntagsschul-Vereins. Der Vorstand der Sonntagsschule bemühte sich daher regelmäßig darum, den Bürgermeister als städtischen Repräsentanten oder verschiedene regelmäßige Gönner über die Entwicklung der Anstalt zu informieren. Dies geschah zum einen aus Pflichtgefühl, zum anderen bezweckte der Vorstand hierdurch eine Vertiefung des Bewusstseins für die Angelegenheit der Einrichtung. So erstattete Poseck in regelmäßigen Abständen Johann Jacob vom Rath Bericht zur Entwicklung der Sonntagsschule. Auch die örtliche Administration wurde, wie die Bevölkerung, regelmäßig über den Fortgang der Schule unterrichtet. So veröffentlichte der Vorstand jeden neuen Stundenplan in den örtlichen Tages- und Wochenzeitschriften.[897]

Der neue Stundenplan von Mai 1839 enthielt im allgemeinbildenden Bereich deutliche Einschränkungen, weil an den Abenden kaum noch Sonntagsschüler kamen. Köhnen verlegte deshalb den Mathematikunterricht ab Juli 1839 auf den Sonntag. Diese neue Regelung brachte für die Zeichenabteilung wieder den Vorteil, dass der Unterricht wieder auf einen Tag in der Woche konzentriert war.

Da sich in den folgenden Monaten die finanzielle Situation des Vereins weiter zuspitzte, versuchte der Präses alles Erdenkliche, um die Lage zu entspannen. In diesem Kontext nahm Poseck Kontakt zum Oberpräsidenten Bodelschwingh-Velmede und auch zum Regierungspräsidenten Spiegel auf und bat um finanzielle Unterstützung.[898] Die Antworten waren abschlägig. Man hieß die Einrichtung der Sonntagsschule für gut und richtig. Eine weitergehende gewerblich-schulische Ausbildung müsse man aber von den Gewerbevereinen erwarten, da sie als Interessenvertretung der Gewerbetreibenden den einzigen Vorteil dieser Einrichtung habe. Eine ideelle Unterstützung der Sonntagsschule wurde weiterhin zugesagt, aber deren Finanzierung betrachtete man als berufsständisches Problem, weil letztlich die Berufsstände einen Vorteil von dem Zeichenunterricht der Einrichtung hatten. Die wirtschaftsliberal geprägte Düsseldorfer Regierung sah in der Anstalt nur deren indirekten Gewerbe-

---

896 StADU 10/2276 b)
897 Vgl. ebd., Bl. 75 vom 5. Mai 1839
898 Vgl. StADU 10/4279, Bl. 95 vom 26. April 1839; 10/4281 (o. Num.) vom 7. Februar 1840

fördercharakter, nicht mehr die sozialpolitische Bedeutung. Damit argumentierte die Düsseldorfer Regierung in dieser Zeit ähnlich wie die sächsische Regierung und die Budgetdeputation im dortigen Landtag. Diese hatte sich in einer vergleichbaren Diskussion um die öffentliche finanzielle Förderung gewerblicher Sonntagsschulen in der Sitzungsperiode 1833/34 dafür eingesetzt, dass solche Einrichtungen „in der Hauptsache ... von den daran unmittelbar interessierten Kreisen"[899] getragen werden müssten. Der Staat könne nur „aufmunternd und helfend zur Seite stehen".[900] Vor allem mit der Antwort des Regierungspräsidenten wird nicht nur eine finanzielle Unterstützung aus Düsseldorf, sondern auch die Möglichkeit der Zuwendung durch die Kommune, die genehmigungspflichtig durch den Regierungspräsidenten wäre, *verweigert*. Zudem wird der, von der Versicherungsgesellschaft übergebene Betrag als ausschließlich anzulegender, aber in der Substanz in keinem Fall verfügbarer Betrag hervorgehoben.

Neben der finanziellen Notlage des Vereins wurde die Arbeit der Sonntagsschule weiter durch die Interesselosigkeit der Mitglieder des Vorstandes zum auffälligen Tatbestand. Vielleicht bestand der Grund in einer grundsätzlichen Arbeitsüberlastung durch Expansion der eigenen Wirtschaftsbetriebe oder durch die gleichzeitige Beteiligung an mehreren anderen sozialen Wohltätigkeitseinrichtungen, vielleicht nahm man an, die seit 1832 bestehende Anstalt bedürfe als etablierte Einrichtung, keiner intensiven Unterstützung mehr. Für Poseck und den Rendanten Küp, die in dieser Zeit die einzig wirklich engagierten Vorstandsmitglieder waren, wurde es in der Zeit sehr schwer, die anderen Vorstände zu Versammlungen zusammenzurufen.[901]

Im Oktober 1839 kam es nach mehreren Versuchen zur ordentlichen Generalversammlung der Vorstandsmitglieder. Jedoch erschienen „ausser dem Präsidenten und Sekretär des Vorstandes der Sonntagsschule, nur die Mitglieder Hr. Brockhoff und Hr. Steinkopf sowie der Lehrer Susen"[902]. Entsprechend der finanziellen Probleme standen wirtschaftliche Fragen im Vordergrund. So berichtete Susen noch einmal von der „Schwierigkeit ..., mit welcher die Einziehung des Schulgeldes von den Schülern verknüpft sei"[903]. Auf Grund dieser Erfahrungen kristallisierte sich in der Diskussion die Frage unter den Mitgliedern heraus, woran der Versuch einer finanziellen Eigenbeteiligung der Jugendlichen an *ihrer* Sonntagsschule bislang gescheitert war und man beschloss, dieser Frage genauer auf den Grund zu gehen. Vor allem wollte man klären, welche der Jugendlichen sich einfach der Selbstbeteiligung entzogen

---

899 Wehrmeister 1995, S. 38
900 Ebd.
901 Vgl. StA 10/4279, Bl. 98a vom 17. Oktober 1839
902 Ebd.
903 Ebd.

und „welche derselben die Zahlung wegen Unvermögens zu erlassen sei"[904]. Dazu wurde eine kleine Kommission unter der Leitung von Steinkopf gebildet. Dieser „übernahm es, in Gemeinschaft mit anderen zum Vorstand gehörenden Meistern hierüber besonders hinsichtlich der bereits in Verdienst stehenden Handwerksgesellen sich durch Nachfragen bei dem Lehrherren Gewißheit zu verschaffen und das Resultat demnächst mitzutheilen"[905].

Auch wurde eine erneute öffentliche Sammlung beschlossen, die Folgendes ergab:

„a. Kollekte aus dem Kuhviertel durch Franz Brockhoff und Gantenberg

42 Thlr. 19 Sgr. 9 Pfg.

b. diejenige aus dem Stapelviertel durch Pfarrer Hermann 20 Thlr. 19 Sgr. 4 Pfg.

c. diejenige aus dem Marienviertel durch von Poseck   54 Thlr.   2 Sgr. – Pfg.

d. diejenige aus dem Schwanenviertel durch Dechant Hollen und de Hean

17 Thlr.   2 Sgr. 6 Pfg.

e. nachträglich durch Hrn. Brockhoff   4 Thlr.   – Sgr. – Pfg.

138 Thl. 13 Sgr. 7 Pfg."[906]

In den letzten Jahren hatte sich der Vorstand in der Frage der öffentlichen Beteiligung an der Sonntagsschule lange ambivalent gezeigt. Nun war man aber davon überzeugt, dass die *Gemeinwesenanstalt* Sonntagsschule, die in den letzten Jahren zur Entlastung der Armenkassen wie zur Förderung des heimischen Gewerbes viel geleistet hatte, auch von der Allgemeinheit getragen werden müsste. Nur in einer öffentlichen Unterstützung der Einrichtung sah man eine Möglichkeit, das weitere Bestehen der Einrichtung zu sichern. Daher wurde beschlossen, ein schon früher beim Gemeinderat eingereichtes „Gesuch um eine Beihilfe aus der Gemeinde-Casse"[907], das bislang unbeantwortet geblieben war, zu wiederholen. Man dachte konkret an eine regelmäßige „Unterstützung ... aus Gemeindemitteln"[908].

Dagegen wandte man sich ausdrücklich gegen noch weitere Kollektensammlungen. In „einer nochmaligen Sammlung finanzieller Beiträge bei den Einwohnern hiesiger Stadt, deren Mildthätigkeit auch für andere Zwecke so kräftig in Anspruch genommen ... [werde, erwartete man] vorerst keinen befriedigenden Erfolg"[909]. Bis zur Klärung dieser Frage beschloss man zudem, jede weitere „Zusammenberufung des Vorstandes bis nach dem Eingange je-

---

904 StA 10/4279, Bl. 98b vom 17. Oktober 1839
905 Ebd.
906 StADU 10/4280. Aus dieser Kollekte wurden den Lehrern noch aus dem Vorjahr rückständige Honorare und Auslagen für die Anstalt gezahlt.
907 StA 10/4279, Bl. 99
908 Ebd.
909 Ebd., Bl. 99 vom 17. Oktober 1839

nes Bescheides um so mehr auszusetzen"[910]. Das heißt, man war gewillt, die Auseinandersetzung mit dem Gemeinderat und speziell dem Bürgermeister aufzunehmen. Zur Vorbereitung dieses Unternehmens „wurde es allgemein für zweckmäßig erachtet vorher eine öffentliche Ausstellung einiger von den Schülern geleisteten Arbeiten zu veranstalten, damit durch dieses äußere Lebenszeichen, welches die Schule wiederum einmal von sich gebe, der Nutzen derselben und die Fortschritte der Schüler in ihren Leistungen von neuem veranschaulicht und so die allgemeine und besondere Theilnahme an dem Fortbestehen und Gedeihen der Anstalt belebt und gestärkt werde. Die Herrn Lehrer übernahmen es, zu diesem Ende Probearbeiten von ihren Schülern anfertigen zu lassen, worauf als Tag der öffentlichen Ausstellung der erste nach St. Nikolaus einfallende Sonntag bestimmt und zugleich beschlossen wurde, zur Belebung des Eifers und Fleißes der Schüler und zur Belohnung der Würdigsten unter ihnen mit der Ausstellung eine Preis-Austheilung zu verbinden. Als Prämie wurde ein zierlich ausgearbeiteter Maaßstab und ein zweckentsprechender nützliches Buch bestimmt, dessen Auswahl man dem Herrn Lehrer Mevisen überließ."[911]

Aus taktischen Gründen wurde beschlossen, neben einer allgemeinen Einladung an die Bevölkerung der Stadt im *Duisburger Wochenblatt*, gesonderte und persönliche Einladungen an „die Mitglieder des Stadt-Raths und anderer Behörden, so wie diejenigen, welche durch milde Gaben das bisherige Bestehen der Sonntagsschule gesichert haben"[912], zu versenden. Ein dem Protokoll angeheftetes Exemplar der Anzeige im Wochenblatt[913] lädt alle Freunde und Förderer der Anstalt zum 13. Dezember 1840 für die Zeit zwischen 11 und 12 Uhr in das Gymnasial-Gebäude ein. Bevor es jedoch zur geplanten Öffentlichkeitsveranstaltung kam, sollte sich der Vorstand zu einer erneuten Sitzung für die neuen Vorstandswahlen am Abend des 8. Dezember 1840, um 18 Uhr in der städtischen Halle zusammenfinden.[914] Außer dem Präsidenten von Poseck, Küp und dem Lehrer Feldmann waren einem Vermerk Küps nach alle Eingeladenen verhindert. Man besprach sich nur kurz über die bevorstehende Ausstellung und Prämienverteilung und vertagte die Wahlen. Zur geplanten Ausstel-

---

910 Ebd. Bl. 100 enthält die erneute Eingabe an den Stadtrath um Gewährung einer Beihilfe aus dem städtischen Haushalt.

911 Ebd., Bl. 119b, 120

912 Ebd., Bl. 120

913 Ebd. vom 6. Dezember 1840 (o. Num. hinter das Bl. 120 geheftet). Das gedruckte Datum wurde handschriftlich abgeändert auf den 5. Dezember d.J.

914 Ebd., Bl. 121. Geladen waren neben den einladenden Herrn von Poseck (Präses) und Küp (Rendant), die Herrn Hermann, Hollen, Brockhoff, de Hean, Grüter, Rosendahl, Reichard, Steinkopf, Gantenberg, Grothaus, Feldmann und Mevisen. Die Liste enthält nicht den Namen Susens. Ob er durch Krankheit oder Ähnliches verhindert war, lässt sich nicht ermitteln. Tatsächlich wird er im Protokoll der nächsten Sitzung letztmalig erwähnt und taucht dann nicht wieder in einem Dokument auf.

lung und den Erfolg dieses strategischen Schachzuges finden sich keine Dokumente.

Am 9. November 1840 bestätigt Junkermann den Eingang der Anfrage und teilt mit, dass er „dem Stadtrathe in seiner nächsten Sitzung wegen des Antrage auf eine Beihilfe aus der Kommunalkasse Vortrag mache und dessen Beschluß der höheren Behörde zur Entscheidung" vorlegen werde.[915]

In der darauf folgenden Dezembersitzung des Gemeinderates legte er, wie versprochen die Eingabe vor. Obwohl der Gemeinderat zum großen Teil auch aus früheren Vorstandsmitgliedern des Sonntagsschul-Vereins bestand, reagierte er ablehnend. Junkermann antwortete dem Vorstand zum einen mit der Übersendung eines Auszuges aus dem Gemeinderatsprotokoll:

> „Der Gemeinderath erklärte sich, daß das dem Gesuche bei dem bedeutenden Kosten der Unterrichtsanstalten der Stadt und bei deren genügendem, dem Bedürfnisse entsprechenden Beschaffenheit nicht stattgegeben werden kann, daß man dem Vorstande vielmehr überlassen müsse, die Kosten der Sonntagsschule ... [nur] durch freiwillige Beiträge zu bestreiten."[916]

Dies ergänzt er wiederum mit dem Hinweis, dass er im Unterrichtsangebot der Sonntagsschule eine „Reduction" für zulässig und opportun hält, dies aber dem Vereins- und Schulvorstand anheim stelle, „ob und wie fern davon Gebrauch zu machen sein wird"[917]. Die Sonntagsschule und ihr Träger-Verein blieben daher weiter auf sich allein gestellt. Eine Lösung hinsichtlich eines Finanzierungskonzeptes für die Zukunft musste vertagt werden. Allerdings fand die Sonntagsschule prinzipiell eine deutliche Unterstützung durch die Bezirksregierung. Im Amtsblatt der Regierung vom Januar 1841 findet sich eine Bekanntmachung, welche ausdrücklich eine öffentliche Unterstützung der Einrichtungen anregte:

> „Wir haben mit Wohlgefallen bemerkt, daß einige Elementarlehrer nach vorherigem Benehmen mit dem Schulvorstande, Sonntagsschulen eingerichtet haben und können gleicher Weise belobend erwähnen, daß, wo dieser Unterricht vornehmlich von solchen jungen Leuten besucht wird, welchen die Erlegung eines Schulgeldes schwer fallen würde, *die Gemeinden dem Lehrer eine billige Vergütung bewilligt haben*, und für die *Beschaffung der Lehrmittel* sorgen. In Anbetracht des Nutzens, den die Anwendung einiger Stunden des Sonntags vor oder nach dem Haupt-Gottes-Dienste zur Fortbildung in den Elementarkenntnissen, womit auch Unterricht im Zeichnen angemessen verbunden wird, einem großen Theile der Jugend gewährt, wollen wir nicht zweifeln,

---

915 Ebd., Bl. 101 vom 9. November 1839
916 Ebd., Bl. 102b vom 9. Dezember 1839
917 Ebd.

daß die Orts- und Kreisbehörden, ihre Aufmerksamkeit hierauf lenken, und die Einrichtung von Sonntagsschulen auch in den Landgemeinden befördern."[918]

Die verschobenen Vorstandswahlen kamen am 5. März 1841 zu Stande. In dem Zirkular, das die Vorstandsmitglieder zur Konferenz rief, heißt es:

„Zur Regulierung folgender Gegenstände ist der Versammlung des Vorstandes der Sonntags-Schule dringend nothwendig.

1. Feststellung und Berichtigung der Rechnung für das Jahr 1840.

2. Feststellung des Bedarfs für das Jahr 1841.

3. Wahl eines neuen Rendanten ....

4. Beabsichtigte und erweiterte Einrichtung des Unterrichts.

Die Herren Mitglieder des Vorstandes wie auch die Herrn Lehrer Feldmann und Mevisen werden ... [aufgefordert] heute abend im 6 Uhr in dem Gymnasial-Schul-Saal freundlichst sich zu versammeln."[919]

Zum neuen Rendanten wurde einstimmig der abwesende Kaplan Boes gewählt.[920] Der Name Susens auf der Einladung wurde nachträglich durchgestrichen und durch den Namen Niewöhner ersetzt; im Jahre 1840 war Susen letztmalig als Pädagoge an der Schule tätig. In der ersten Zeit nach Ausscheiden des Kollegen übernahm Mevisen den Elementarunterricht allein. Im Jahre 1841 trat G. Niewöhner, als Ersatz für den ausgeschiedenen Susen, der Sonntagsschule als Pädagoge bei.[921] Auf den nachfolgenden Tag datiert (den 6. März 1841), findet sich ein Schreiben des Vorstandes an den neuen Rendanten Kaplan Boes, in dem dieser über seine Wahl als „Kassen- und Rechnungsführung"[922] informiert wird. Der Kaplan nahm diese Wahl selbstverständlich an. Mit Beginn der Amtsperiode Boes' wurde das Amt des Rendanten geteilt. Bislang war der Rendant zugleich Sekretär des Vereins. Die Statuten hatten in § 9 nur das Amt des Sekretärs genannt.[923] Aus § 13 ergaben sich aber die weiteren Aufgaben des Sekretärs. Der Schriftführer war danach auch der Rech-

---

918 StADU 10/4279 (o. Num., im Anschluss an Bl. 124); Hervorh. im Original; Amtsblatt der Regierung zu Düsseldorf, Nr. 2, Donnerstag, den 14. Januar 1841. Verordnungen und Bekanntmachungen der Königlichen Regierung (Nr. 10) Einrichtung von Sonntagsschulen. 1.8.V. 10948 (vgl. auch HStAD 2641)

919 Ebd., Bl. 122

920 Vgl. ebd., Bl. 123b

921 Niewöhner übernahm nach dem Ausscheiden Mevisens aus dem Dienst in der Sonntagsschule im Jahre 1848 den gesamten Elementarunterricht in der 2. Abteilung (Elementarabteilung).

922 Ebd.

923 § 9. Die Mitglieder des Vereins wählen in einer jährlich zu haltenden General-Versammlung aus ihrer Mitte, jedes Mal für ein Jahr, einen Vorstand, bestehend aus einem Präsidenten, einem Sekretär, und 10 Mitvorstehern, von denen jedes Mal 6 aus der Zahl der Handwerker sein müssen. Sämtliche Glieder des Vorstandes sind wieder wählbar.

nungsführer des Vereins.[924] Da Boes neu in seinem Gemeindeamt wie in der Stadt und zudem unerfahren in den Angelegenheiten der Sonntagsschule war, wollte man ihn vielleicht nicht durch zu viele Aufgaben belasten. Das Amt des Sekretärs behielt weiterhin Küp.

Nach der deutlichen Äußerung der Bezirksregierung und im Anschluss an die Prämienausstellung wandte sich der Verein erneut an die Kommune und stellte nochmals den Antrag zur Übernahme der Kosten der Einrichtung durch die Kommunalkasse. Ohne weiteren Briefwechsel fasste der Gemeinderat am 2. Juni 1841 den Beschluss, die Defizite aus den Jahren 1840 und 1841 in Höhe von zusammen 174 Thlr. 22 Sgr. 8 Pfg. aus Gemeindemitteln zu begleichen.[925] Eine von Junkermann gezeichnete Abschrift eines Berichts des Duisburger Landrats an die Regierung in Düsseldorf, in dem die Übernahme der Defizite der Jahre 1840 und 1841 empfohlen wird, ist an den vom Vorstand unterzeichneten Etatentwurf vom 28. Juni 1841 geheftet. Für den entsprechenden Zeitraum legte das Präsidium eine detaillierte Bilanz der Kosten von jährlich knapp 100 Talern vor.[926]

Trotz der nachträglichen Kostenübernahme blieb die wirtschaftliche Situation der Einrichtung unsicher und führte zu vielfachen Diskussionen. Offensiv wandte sich der Sonntagsschulvorstand deshalb durch die Zeitung an die städtische Öffentlichkeit, um für das Anliegen der Sonntagsschule zu werben und die unzweifelhafte Notwendigkeit der Einrichtung darzustellen. Der Artikel resümiert eingangs die Verhältnisse in der „Erziehung des niederen Volkes"[927] und verdeutlicht, dass die negativen „ersten Eindrücke derselben verderblich auf's ganze Leben wirken. Das Kind wächst gewöhnlich in Unordnung, Schmutz und Elend heran, und ist nicht selten umgeben von einem Gewerbe der Lüge und überhaupt des Lasters; wozu das einander und enge Zusammenwohnen der Armen nicht wenig beiträgt. Es giebt einzelne Wohnungen, welche zehn und mehr Familien enthalten; die recht eigentlich mit Treibhäusern verglichen werden könnten, die die sündigen Keime nach den verschiedenen Seiten ihre Ausbildung suchen"[928].

Der Autor des Artikels hebt weiter hervor, dass, wenn die erzieherische Ausgangssituation schlecht sei, jeder Versuch eines erzieherischen Einflusses im Schulalter vergebens bleibe. Die Sozialisationsbedingungen solcher Kinder seien zu ungünstig. Der folgende Text ist ein Plädoyer für eine sozialpädagogi-

---

924 § 13. Die besondere Tätigkeit, wozu die Mitglieder des Vorstande sich verpflichten, verzweigt sich auf folgende Weise: ... 2. der Sekretär führt das Protokoll und besorgt die Verwaltung der Kassen-Angelegenheiten nach den Bestimmungen des Vorstandes; eine Zahlung von ihm geschieht nur auf Anweisung des Präsidenten.

925 Vgl. StADU 10/4280. Das Defizit des Jahres 1840 betrug 78 Thlr. 22 Sgr. 8 Pfg., dasjenige des Jahres 1841 genau 96 Thlr.; vgl. auch StADU 10/4278, Bl. 23 (o. Num.)

926 Ebd.

927 StADU 10/4279, Duisburger Kreisblatt, 5. Jg., Nr. 100, vom 16. Dezember 1841, S. 2f.

928 Ebd.

sche Begleitung für solche Kinder und Jugendliche vom Kleinkinderalter bis zum mittleren Erwachsenenalter, ganz im Sinne des Preuskerschen Konzeptes.

„Ein Anfang zur Aufhülfe des Volkes ist bereits in der Errichtung der Kleinkinderschule gemacht; nur sind ihre Mittel noch zu beschränkt, der Wirkungskreis noch zu enge, und verdient sie gewiß, als eine sich immer mehr herausstellende Nothwendigkeit und als die Grundlage einer christlichen Erziehung, sowohl die Aufmerksamkeit der städtischen Behörde, als auch die fernere Theilnahme der Privaten. Möchten sie doch recht bald für alle Dürftigen eine Vorbereitung zur Elementarschule werden; wir dürfen uns dann der sicheren Hoffnung hingeben, daß bei der schönen Einrichtung unserer Klassenschulen und den rüstigen Kräften, welche in ihnen wirken, keiner dieselben ohne die nöthigsten Kenntnisse, ohne ein für die Religion empfängliches Gemüth, verlassen wird; besonders wenn man bei der Abgangsprüfung nicht zu gelinde verführe. Wollte man indessen seine Thätigkeit blos auf die Elementarschulen beschränken und das entlassene Kind ohne Schluß wieder einer rohen Umgebung bloßstellen, so wäre die Sorge für dessen ferneres Schicksal nur gerecht und es ist deshalb nötig, auf die Mittel bedacht zu sein, dasselbe ferner zu ermuntern, ermahnen und aufzurichten.

Für den weiblichen Theil der Jugend sind edle Frauen und Jungfrauen unser Stadt in dieser Beziehung thätig. Die Sonntagsschule bietet zwar dem Knaben nach seiner Entlassung aus der Schule, Gelegenheit zur fernern Ausbildung; leider ist aber die Anzahl der Schüler im Verhältnis zur Bevölkerung [der Stadt] nur ganz unbedeutend. Vieles bleibt also für die Erziehung und Veredlung der Jugend noch zu thun; aber auch noch manches wird gelingen, wenn wir durchdrungen sind von der Liebe zu den Mitbürgern und von der Dankbarkeit für den von Gott empfangenen Segen. Zunächst verdient das gute Beispiel, als das wichtigste und einflußreichste Mittel unsere ganze Beachtung und wir dürfen von einem christlichen Lebenswandel der besten Wirkung auf unsere Umgebung gewiß sein. Dann suche man seinen Einfluß auf Fabriken und Werkstätten auszudehnen. Wie Vieles würde dort nicht anders werden, wenn von Seiten mancher Besitzer mehr auf ein streng sittliches Betragen gesehen würde! Wäre es ferner nicht ausführbar, daß durch die Mitwirkung der Fabrikherren, die Sonntagsschule von den jungen Arbeitern, allenfalls bis zum zwanzigsten Jahre, fleißiger benutzt und durch Einhaltung kleiner Beiträge von ihrem Wochenlohn, gedachter Anstalt eine größere Ausdehnung gegeben würde? Wie müßte sich dann der wohlthätige Einfluß einer tieferen, allgemeinen Bildung bald zeigen. Die Brodherren hätten weniger über unredliche, faule und nachläßige Arbeiter zu klagen und das glückliche Gedeihen unserer Stadt wäre gesichert, wenn die Bürger sich das wahre Wohl der Bedürftigen so recht angelegen sein lassen, und nicht ruhen, bis auch diese Theil an einer christlichen Bildung haben.“[929]

---

929 Ebd.; der vollständige Artikel findet sich im Dokumenten- und Quellenteil der Arbeit.

Eine öffentliche Beihilfe für diese Art der Wohlfahrtseinrichtungen war nicht völlig ungewöhnlich. Die Leipziger Logenschule erhielt bereits im Jahre 1839 solche öffentlichen Unterstützungsleistungen.[930]

Im Jahre 1841 taucht erstmalig eine neue Finanzierungsidee für die Sonntagsschule in den Dokumenten auf. Man überlegte, ob es möglich wäre, einen Eigenanteil der Jugendlichen am Unterhalt der Anstalt „durch Einhaltung kleiner Beiträge von ihrem Wochenlohn"[931] sicherzustellen, hierdurch aber auch der Sonntagsschule „eine größere Ausdehnung"[932] zu verschaffen. Diese Idee ähnelt Finanzierungskonzepten der seit den 1830er-Jahren vermehrt entstehenden Arbeiterunterstützungskassen. Durch Zugriff auf die Lohntüte sollte die Einnahme von Schulgeld sichergestellt werden.

Die folgende Präsidiumssitzung am 21. Dezember 1841 „im Gymnasial-Lokal, Abends fünf Uhr"[933] zeichnete sich seit langem wieder durch verschiedene pädagogische Fragen aus. Zudem wurden auch einige organisatorische Verbesserungsvorschläge zur Durchführung des Unterrichts erörtert. So wurde unter anderem darüber beraten, ob in „Bezug auf das Bedürfnis eines neuen Schullokals resp. der Erweiterung des vorhandenen ... es ... zweckdienlich [sei], bei der Ortsbehörde zu beantragen, daß die an das Lokal der Zeichen-Schule anstoßende Nebenstube, welche jetzt für die Mädchenschule benutzt wird, der Sonntagsschule ebenfalls zum ausschließlichen Gebrauch überlassen"[934] werden könne.

Aus dem Protokoll ergibt sich das Bemühen des Vorstandes, die beiden Abteilungen der Sonntagsschule in der städtischen Halle wieder zusammenzuführen. Des Weiteren plante man eine neue, mehrstufige Organisation der Anstalt. Die Zeichenabteilung sollte gewerbsspezifischer werden. Einziger Inhalt des Unterrichts sollten neben dem Zeichnen die Geometrie, Werken in Holz und Modellieren in Gips und Ton sein. Lesen, Schreiben und Rechnen sollte der Elementarklasse vorbehalten bleiben.[935] Der Besuch dieser Elementarklasse sollte den Schülern der Zeichenklasse freigestellt sein. Zur Bewerkstelligung dieser Reorganisation sollten sämtliche Schüler im Rechnen und Schreiben geprüft werden, um beurteilen zu können, „welche derselben fähig seyen, zur Theil-

---

930 Vgl. Wehrmeister 1995, S. 36
931 Ebd. Duisburger Kreisblatt, 5. Jg., Nr. 100, vom 16. Dezember 1841, S. 2f.
932 Ebd.
933 StADU 10/4279, o. Num. (im Anschluss an Bl. 124)
934 Ebd. Bei der Communal-Kasse handelt es sich um die Stadtkasse, an der Kassengeschäfte möglich waren. Eine städtische Sparkasse entstand in Duisburg erstmals 1828 „aus Fürsorge für die Bürgerschaft" (Rhoden 1970, S. 181). Jedoch scheiterte dieses erste Unternehmen, das eng mit dem städt. Pfandleihhaus arbeitete und mit dem eingezahlten Geld die Kredite bzw. Pfandleihen für die hinterlegten Pfänder finanzierte, bald wieder. Erst 1844 wurde die heutige Stadtsparkasse gegründet.
935 Dies hatte man allerdings schon einmal beschlossen.

nahme an dem Zeichen-Unterricht"[936]. Dies war für einige Zeit die letzte wirkliche pädagogisch relevante Änderung. Die folgenden Monate zeichneten sich besonders durch Anstrengungen aus, die Kommune von einer städtischen Trägerschaft zu überzeugen. Hierzu wurden Prämienausstellungen, öffentliche Aufrufe und Bittschreiben an die verschiedensten Behörden, auch die Regierung in Düsseldorf genutzt. Poseck und Küp waren jedoch noch immer allein engagiert. Weder die Mitglieder des Sonntagsschul-Vereins noch der übrige Vorstand unterstützte die Arbeit des Präses. Dies ging soweit, dass das Präsidium nicht einmal zu den Vorstandssitzungen kam und somit kein neuer Vorstand gewählt werden konnte. Der alte musste einfach weiterarbeiten. Das Interesse für den Sonntagsschul-Verein war so gering, dass dieser Zustand für Jahre so beibehalten werden musste. Um die Regierung als Verbündete zu gewinnen, sandte Poseck am 26. August 1842 eine Auswahl von Probearbeiten, „hierbei a) 30 Zeichnungen, und b) 2 Hefter Schreib- und Rechen-Proben zur hochgeneigten Ansicht"[937]. Man muss die Hartnäckigkeit und die Unverdrossenheit des Vorstandes anerkennen, immer wieder Versuche anzustellen, Interessenten, Gönner und Förderer für die eigene Sache zu finden. Dass man trotz der widrigen finanziellen Verhältnisse und trotz der mangelnden Bürgerbeteiligung den Mut und die Zuversicht nicht aufgab, spiegelt in gewisser Weise die innere Überzeugung der Beteiligten wider, eine gute und lohnende Sache zu vertreten.

Zum 10. Oktober 1842 findet sich in den Dokumenten ein Schreiben der Bezirksregierung an den Duisburger Landrat, in dem dieser aufgefordert wird, dem Vorstand der Anstalt die Anerkennung der Regierung über die Leistungen der Sonntagsschule, ihres Vorstandes und der Lehrer mitzuteilen. Das entsprechende Schreiben reichte dieser zusammen mit den der Regierung übergebenen Probearbeiten an den Bürgermeister weiter, der diese dem Vorstand am 24. Oktober 1842, jedoch ohne jede Bemerkung, übermittelte. Dass der Vorstand mit seiner Hartnäckigkeit richtig gehandelt hatte, wird in den weiteren Jahren deutlich. Das Konzept des Vorstandes (*wenn der Prophet nicht zum Berg kommt, muss eben der Berg zum Propheten*) hatte langfristig Erfolg. Als kurzfristige Genugtuung mögen die Vorstandsmitglieder es empfunden haben, die behördliche Anerkennung durch den Bürgermeister, der in diesen Jahren ein sehr ambivalentes Verhalten gegenüber der Einrichtung zeigte, übermittelt zu bekommen.

Entsprechend der am 21. Juli 1842 auf der Vorstandssitzung verabschiedeten Willensbekundung, den Etat des vergangenen Jahres ohne Änderung auch für das Jahr 1842 zu übernehmen, findet sich mit dem Datum des 2. November 1842 eine Etataufstellung für das abgelaufene Jahr von 96 Talern.[938] Mit

---

936 StADU 10/4279, o. Num. (im Anschluss an Bl. 124)
937 Ebd.
938 Ebd.

dieser Aufstellung wandte sich der amtierende Vorstand erneut an die Kommune mit der Bitte, für das laufende Jahr einen Zuschuss in entsprechender Höhe zu gewähren. Dem Antrag fügte der Vorstand zuversichtlich zu, „dass die Königl. Regierung ihre Zustimmung keineswegs versagen werde"[939]. Weiter führt er aus:

> „Letzteres dürfen wir um so zuversichtlicher voraussetzen, als diese hohe Behörde, aus Anlas der ihr vor kurzem von uns gegebenen Darlegung der Leistungen der Sonntagsschule uns durch einen Erlaß erfreut hat, worin sie neben Belobung des Fleißes der Sonntagsschüler die verdienstlichen Bemühungen der Lehrer um die Fortbildung der Handwerker wohlgefällig anerkennt. Dieses Anerkenntnis ist um so erfreulicher, als die Remuneration, welche die Lehrer beziehen, ihrer Mühewaltung und ihrer Leistungen nicht angemessen sind, ein Mißverhältnis, welches besonders bei dem Herrn Gymnasiallehrer Feldmann hervortritt. Während in anderen Städten, als: Krefeld, Elberfeld, Düsseldorf bei ähnlichen Lehranstalten der Unterricht im Zeichnen und in der Mathematik mit 150 Thlrn. und darüber remuneriert wird, bezieht Herr Feldmann nur ein Honorar vor 50 Thlrn. Dass letzteres, abgesehen von der Aufopferung seiner sonntäglichen Mußestunde, welcher einem, die ganze Woche hindurch stark beschäftigten Beamten doppelt wert sind, seinen Leistungen (welche bei der neuerlichen Ausstellung von Probearbeiten der Schüler nur teilweise haben beurteilt werden können) keineswegs entspricht, ist nicht zu verkennen. Nichts desto weniger haben wir für das laufende Jahr noch auf Erfüllung des längst genährten Wunsches, das Honorar des Herrn Lehrers Feldmann auf 100 Thlr. erhöht zu sehen, verzichten zu müssen geglaubt; wir beabsichtigen jedoch, im nächsten Jahr darauf zurückzukommen, und geben uns der Hoffnung hin, daß ein Wohllöblicher Stadtrat alsdann, unseren desfallsigen Antrag willfährig aufnehmen werde. Für jetzt bitten wir Wohldenselben ganz ergebenst, den für 1842 erbetenen Zuschuß von 96 Thlrn. geneigtest möglichst bald bewilligen zu wollen, da einige Ausgaben für die Schule bereits sehr dringend geworden sind."[940]

Man spürt beim Wortlaut dieses Gesuchs das Gefühl des Vorstandes, dass die Kommune, trotz des wiederholten Bekenntnisses zum hohen sozialen Wert und der gesellschaftlichen Bedeutung der Sonntagsschule, die Arbeit nicht richtig würdigte. Das Schreiben vermittelt den Eindruck der ungerechten Behandlung. Entsprechend selbstbewusst und fordernd ist die Bitte um den städtischen Zuschuss. Begleitet wurde die Etataufstellung durch ein Schreiben an den Gemeinderat.

---

939 Ebd.
940 Ebd.

„Die Sonntagsschule, welche nun schon seit länger als 10 Jahren ihre ursprüngliche Bestimmung zu erfüllen sucht, erfreut sich hierin eines Erfolges, der, segensreich an sich und für den Stand der Handwerker und Fabrikarbeiter, einen wohlthätigen Einfluß auch auf das Gemeinwohl nicht verkennen läßt. Ein verdienstliches Werk war es daher, daß Ein Wohllöblicher Stadt-Rath durch Beschluß vom 2ten Juni v. J., welchem die Genehmigung der Königlichen Regierung nicht entging, die zum Fortbestehen dieser gemeinnützigen Lehranstalt erforderlichen Zuschüsse, zunächst für die Jahre 1840 und 1841, aus städtischen Mitteln zu bewilligen die Gewogenheit hatte. Eines ähnlichen Zuschusses im Betrage von 96 rthlr bedarf dieselbe, nach Ausweis der hier beigefügten Aufstellung, für das laufende Jahr. Ueberzeugt, daß das Interesse für die guten Zwecke, welche die Sonntagsschule zu erreichen strebt noch fortbesteht, vertrauen wir, daß nicht nur Ein Wohllöblicher Stadt-Rath ebenso wie früher, auch jetzt geneigt seyn werde, die gedachte Bedarfs-Summe von 96 rthlr aus der Gemeinde-Kasse zuzuschießen, sondern auch die Königl. Regierung ihre Zustimmung hierzu nicht versagen werde."[941]

Der Wortlaut dieses Schreiben erscheint zwar zuversichtlich, aber nach den Erfahrungen mit der Auszahlung bereits bewilligter Gelder durch den Stadtrat rief der Vorstandsvorsitzende 2 Tage später, am 4. November 1842, die Vorstandsmitglieder und Lehrer der Anstalt zu „einer Berathung über die ökonomischen Verhältnisse der Sonntagsschule".[942]

Das Verhältnis zwischen Bürgermeister und Gemeinderat auf der einen und Sonntagsschulvorstand auf der anderen Seite ist in diesen Jahren, das belegen deutlich die Dokumente, sehr unversöhnlich. Der oben genannte Antrag wurde vom Gemeinderat abgelehnt. Ein Dokument vom 10. April 1843, in dem die Regierung in Düsseldorf dem Landrat gegenüber ihr Einverständnis gegenüber der Gemeinderatsentscheidung mitteilt, belegt, dass dieser anstelle der 96 Taler nur etwas mehr als die Hälfte bewilligte: „auf Grund der anliegenden Protokoll-Verhandlungen des Gemeinderaths ... wurde der Antrag, die durch das Abhalten der Sonntagsschule entstandenen Kosten im Betrage von 52 rth 14 sgr 6 pfg. aus der betreffenden Gemeinde-Kasse zu berichtigen, genehmigt."[943]

Als Hintergrund dieser Entscheidung ist die Ablösung der alten Armengesetzgebung (*Heimatrecht*) zu berücksichtigen. Nach dem neuen Recht (*Gesetz über die Aufnahme anziehender Personen*) (1842) ergab sich für die jungen Industriestädte Preußens allgemein eine erhebliche Belastung, die ab der Jahrhundertmitte diese Kommunen an den Rand ihrer finanziellen Handlungsmöglichkeiten brachte.[944] Vor diesem Hintergrund erfuhren verschiedene weitere

---

941 Ebd. Ein Dokument gleichen Inhalts findet sich auch in der Akte 10/4280, o. Num.

942 StADU 10/4279, o. Num. (im Anschluss an Bl. 124). Hierzu ist kein Protokoll erhalten.

943 StADU 10/4278, Bl. 24 vom 10. April 1843

944 Die durch die konjunkturellen Schwankungen zeitweise erheblich steigenden Zahlen von Arbeitslosen, die durch das neue Recht an ihrem neuen ständigen Aufenthaltsort

Anträge auf Bewilligung der gesamten Kosten das gleiche Schicksal. Hinzu kommen vielschichtige Animositäten zwischen Bürgermeister und Vorstand. Der Bürgermeister war verärgert über das Präsidium, das der Kommune gegenüber fordernd auftrat. Ohne jeden offiziellen Auftrag führte der Vorstand sein Amt aus. Die Situation des Sonntagsschul-Vereins war indes ein Politikum, das den Bürgermeister beschäftigte. Zudem wird diese trostlose Situation des Trägervereins auch das Leben in der Schule wie die Leistungen der Lehrer beeinflusst haben. Mit der Ablehnung der Gesuche um städtische Beihilfe wies Junkermann den Vorstand darauf hin, dass aus seiner Sicht der Verein aktiver an die Bevölkerung herantreten und deren Spendenbereitschaft ansprechen müsse. Diese Vorgehensweise sah er in dem § 8 der durch die Königliche Regierung zu Düsseldorf unter dem 8. April 1835 genehmigten Statuten vorgegeben. Poseck war sehr erregt über diesen Vorschlag, der sich in den vergangenen Jahren als wenig erfolgreich gezeigt hatte, was der Bürgermeister in seiner Funktion als Präses selbst erlebt hatte; verärgert über diese Antwort wandte er sich am 6. Januar 1843 an die Mitglieder des Vorstandes sowie die Lehrer. Diese kurze Mitteilung zeugt davon, dass der Präses die Ablehnung des Bürgermeisters eigentlich nicht glauben kann:

„Das anliegende Randschreiben des Herrn Bürgermeisters Junkermann wird Sie überzeugen, daß der Bedarf der Sonntags-Schule ferner nicht, wie für das Jahr 1841 geschehen und von der hochlöblichen Regierung genehmigt worden, aus dem städtischen Kommunal-Fond, sondern aus freiwilligen Beiträgen *statutgemäß* gedeckt werden soll. Mündlich ist mir von demselben eröffnet, daß die ursprünglichen Statuten der Sonntags-Schule genauer beobachtet werden müßten, und daß diese [die Sonntagsschule] wohl eingehen könne, weil in den Elementar-Schulen hinlänglicher Unterricht erteilt werde, auch die Mehrzahl den Schüler aus Auswärtigen bestehe. Abgesehen davon, die im Jahre 1831 errichteten Statuten schon längst und auch zur Zeit der Direktion des Bürgermeisters nicht mehr in Wirksamkeit waren und auch nicht bleiben konnten, weil die Mitglieder des Vereins (:sämtliche Brüder der hiesigen Loge:) sich nur auf *zwei Jahre* zu den Beiträgen verpflichtet hatten, und der Herr Bürgermeister selbst eine Abänderung der Statuten durch Beschränkung des Unterrichts und Entziehung des gemäß § 13 der Statuten von der Stadt der Sonntags-Schule ohne Vorbehalt des Widerrufs überlassenen Lokals (:der Halle:) veranlaßt hat; und unerachtet seit dem Bestehen des jetzigen Vorstandes, welcher das Kassenwesen dieser Anstalt mit neuen bedeutendem Schulden-Rückstande übernommen, sich erwiesen hat, daß die statt der statutenmäßigen freiwilligen Beiträge abgehaltenen Kollek-

---

materiell unterstützt werden mussten, führten in einigen Kommunen zu sozialpolitischen Auseinandersetzungen zwischen den bürgerlich dominierten Kommunalverwaltungen auf der einen Seite und den Trägern der kirchlichen Armenpflege sowie einigen mildtätigen bürgerlichen Vereinen auf der anderen Seite.

ten nicht hinreichten, auch die ursprünglich dafür [bewilligte] Summe von 200 rth jetzt kaum"[945].

Neben der Ablehnung der Übernahme der Kosten eröffnete der Bürgermeister dem Präses zudem, wie schon am 10. Dezember 1839, dass die Sonntagsschule durchaus ihre Existenzberechtigung verloren habe und deswegen „eingehen könne"[946], weil in den Elementar-Schulen anders als nach den Kriegszeiten nun „hinlänglicher Unterricht ertheilt werde"[947]. Dies ergänzte er damit, dass durch das Übergewicht der Jugendlichen aus umliegenden Orten die Existenz der Duisburger Anstalt in Frage stehe. Berechtigterweise macht Poseck seinem Ärger schon in der Einladung an die Präsidiumsmitglieder Luft. Zudem hatte der jetzige Vorstand seit Junkermanns Leitung „das Kassenwesen dieser Anstalt ... mit neuem bedeutendem Schulden-Rückstande übernommen"[948]. Am 24. Juli 1843 richtete der Vorstand – mutmaßlich nach entsprechenden Beratungen mit den anderen Präsidiumsmitgliedern – eine entsprechende Antwort an den Bürgermeister.[949] Darin hebt der Vorstand hervor, dass die Behauptung „daß das Statut der Sonntagsschule die periodische Einsammlung freiwilliger Beträge zur Aufbringung der Kosten, welche diese Anstalt erfordert"[950], nicht richtig sei. Weiter wird auf den Paragraphen 8 der Statuten hingewiesen, den die Regierung in Düsseldorf am 8ten April 1835 genehmigt hätte und der ausdrücklich zur Refinanzierung nur bestimmt hätte „Mitglied des Vereins ist Jeder, der einen bestimmten jährlichen Beitrag unterzeichnet"[951].

Auf Grund dieser dem Bürgermeister sicherlich bekannten Formulierung sei die Refinanzierung seit jeher unsicher gewesen und man habe „von Zeit zu Zeit die Sammlung von freiwilligen Gaben unter den hiesigen Einwohnern"[952] veranstalten müssen. Der „frühere Vorstand der Sonntagsschule hat, wie eine bei den Acten befindliche, von Ew. Hochwohlgeboren selbst redigirte Verhandlung vom 28. December 1838 ergiebt, die unangenehme Wahrnehmung gemacht, daß, da die freiwilligen Beiträge für das Institut immer mehr sich minderten, das Bestehen derselben gefährdet werde, und wir haben leider – nicht nur – diese Erfahrung bestätigt gefunden, sondern sogar der zuletzt stattge-

---

945 StADU 10/4279, o. Num. (im Anschluss an Bl. 124), vom 6. Januar 1843; Hervorh. im Original
946 Ebd.; Hervorh. im Original
947 Ebd.; Hervorh. im Original
948 Ebd.; Hervorh. im Original
949 Leider fehlen zwischen Januar und Juli 1843 die entsprechenden Dokumente in der Akte.
950 StADU 10/4279, o. Num. (im Anschluss an Bl. 124), vom 24. Juli 1843; Hervorh. im Original
951 Ebd.
952 Ebd.

fundenen Einsammlung von freiwilligen Gaben bei den meisten Gebern nur durch die Versicherung Erfolg haben können, daß es *die letzte* seyn werde. So groß auch der Wohlthätigkeitssinn der hiesigen Einwohner und ihre Theilnahme am Gedeihen gemeinnütziger Anstalten ist, so wird doch ersterer zu vielfach in Anspruch genommen, als daß alljährlich wiederkehrende Aufforderungen an die nämlichen Geber und für den nämlichen Zweck den günstigen Erfolg haben könnten, von welchem allein das Fortbestehen der Sonntagsschule abhängt."[953]

Ohne sich ausführlicher zur Rolle Junkermanns als Präses zu äußern, macht der Vorstand deutlich, dass es als „billig" erscheine, „dass die Opfer, welche die Erhaltung der Anstalt fordert, von der Gesamtheit der Bürger dargebracht werden, als daß man sie von der Mildthätigkeit einzelner verlangt. Darum auch haben wir, ebenso wie im Jahre 1841 mit dem anliegenden Gesuche uns wiederum an den Stadt-Rath gewandt, und wir vertrauen zuversichtlich, daß derselbe den für 1842 erbetenen Zuschuß aus der Communal-Kasse, ohne welche das so nützliche und wohlthätige Institut zu Grunde gehen würde, eben so gerne wie früher bewilligen werde, besonders wenn Ew. Wohlgeboren, worum wir hierdurch ganz ergebenst ersuchen, die Gewogenheit haben wollen, unseren Antrag kräftigst zu unterstützen."[954]

Weiterhin klagte das Präsidium über die schlechte Entlohnung der Pädagogen, die den Hauptteil der gemeinnützigen Arbeit tragen würden. Besonders wurde die Arbeit des Zeichenlehrers herausgestellt, für den eine Erhöhung des Lohns beantragt wurde. Abschließend resümiert der Vorstand:

> „Die gänzliche Erschöpfung unserer Kasse und die Notwendigkeit dringender Ausgaben läßt uns wünschen, daß Ew. Wohlgeboren die Güte haben werden, unseren Antrag im Stadtrathe möglichst bald zum Vortrag zu bringen, wobei wir anheim stellen, ob Sie nicht, da wir im laufenden Jahr bereits weit fortgeschritten sind, schon jetzt *auch für 1843* die Bewilligung der erforderlichen Beihülfe aus der Gemeinde-Kasse befürworten wollen. Das Bedürfniß für dieses Jahr dürfte sich ohne die gewünschte Honorar Erhöhung des Hrn. Feldmann, mit demjenigen für 1842 gleich stellen."[955]

In der Antwort an Junkermann zeigt sich das Präsidium kämpferisch. Der Vorstand der Einrichtung ist überzeugt, dass die Finanzierung der für die Allgemeinheit nützlichen und die Stadtkasse entlastenden Einrichtung auf alle Schultern gleich verteilt werden sollte. Nicht die wenigen, die sich mildtätig genug zeigen, auf Spendenbitten einzugehen, sondern alle steuerzahlenden Bürger sollten die finanzielle Last der Anstalt tragen. Das Präsidium schlägt

---

953 Ebd.
954 Ebd.
955 Ebd.

zwar einen freundlichen und letztlich bittstellerischen Ton an, aber aus dem ganzen Kontext wird die eindeutig fordernde, fest entschlossene Haltung des Vorstandes deutlich, die Stadt nicht aus ihrer sozialen Verpflichtung zu entlassen. Jedoch verhärtete diese Haltung natürlich die Konfrontationsstellung zwischen Bürgermeisterei und Präsidium. In einer Korrespondenz zwischen Junkermann und dem Landrat des Kreises Duisburg aus dem Jahre 1844, in der Möglichkeiten der weiteren Finanzierung der Sonntagsschule erörtert werden, wird die Verärgerung des Bürgermeisters über die Verhältnisse an der Einrichtung ausgedrückt.

> „Der jetzige Vorstand, der beiläufig erwähnt, den Statuten entgegen jahrelang ohne irgend eine Ernennung fungiert, hat die freiwilligen Beiträge abgeschafft und will die Kosten der Sonntagsschule nicht nur, sondern auch eine übermäßige Erhöhung des Salärs des Zeichenlehrers Feldmann auf die Kommune abwälzen."[956]

In dieser Phase vermittelte auf Bitte des Präsidiums der Sonntagsschule der Landrat in den Jahren 1843 und 1844 erfolgreich zwischen den Parteien. Ein Ergebnis dieser Vermittlungsbemühungen war, so scheint es, die Offenlegung des genauen Finanzbedarfs der Sonntagsschule durch Einsicht des Gemeinderates in Ein- und Ausgabenbilanz der Einrichtung seit ihrem Bestehen und den sich daraus ergebenden mutmaßlichen, prospektiven Mittelbedarf, welcher der Kommune zugleich die nötige Planungssicherheit gab. Am 25. Juli 1843 sandten von Poseck (als Präses des Vereins) und Küp (als Rendant) eine detaillierte Aufstellung aller Einnahmen und Ausgaben (*pro memoria*) seit Stiftung des Sonntagsschul-Vereins. Mittels dieser genauen Aufstellung, rechnete der Vorstand dem ehemaligen Rendanten vor, dass insbesondere seit der Amtszeit des „Ende 1838 abgegangenen Vorstand[es]"[957], also Landfermann als Präses und Junkermann als Kassenführer, ein Defizit zu beklagen sei. Somit war diese Rechnung auch eine Spitze gegen den Bürgermeister, dem man also eine gewisse Mitschuld an der finanziellen Lage des Vereins zuwies. Das *pro memoria* hebt nach diesem dezenten Hinweis an den Bürgermeister und dessen Mitverantwortung weiter hervor, dass alle Kollekten unter der Bevölkerung einzig dazu dienten, diese Schuldenlast abzutragen. Dabei sei man seitens des amtierenden Vorstandes sogar so weit gegangen, „behufs Deckung des dringensten ... Vorschüsse aus eigenen Mitteln zu leisten"[958]. Das *pro memoria* macht weiter deutlich, dass dieses Unterfangen dadurch erschwert worden sei, weil aus der Vergangenheit (der Amtszeit des Präses Junkermann) auch „noch einige unberichtigte Rechnungen aufgetaucht seien."[959] Ins-

---

956 StADU 10/4280
957 Vgl. ebd., Bl. 29
958 Ebd.
959 Ebd.

gesamt ist die buchhalterische Aufstellung ein einziger Angriff gegen den Bürgermeister, der seine eigene Verantwortung an der finanziellen Misere einsehen sollte. Neben dieser Offensive gegen den Bürgermeister wandte sich das
Präsidium in dieser Sache Hilfe suchend an den Duisburger Landrat, weil es
in ihm nach den Erfahrungen einen Verbündeten in der Sache der Sonntagsschule sah. Dieser hatte sich daraufhin einverstanden erklärt, in der scheinbar verfahrenen Situation zu vermitteln. Um sich ein eigenes Bild von den Verhältnissen der Sonntagsschule und vom Stand der Verhandlungen mit dem
Bürgermeister machen zu können, bat er um Einblick in Unterlagen der Anstalt. Darauf sandte der Präses dem Landrat am 27. September 1843 die entsprechenden Unterlagen in einer Abschrift (Statuten, Briefwechsel und Pro-
memoria) mit der Bitte, die Kostenübernahme zu befördern. Bis zum 22. April
enthalten die Akten keine Dokumente, so dass die Vorgänge unklar bleiben.
Aber am 22. April 1844 teilte ein städtischer Beamte Poseck die *stadträtliche*
Genehmigung und Anweisung der städtischen Beihilfe von 96 Talern pro 1842
durch den Bürgermeister mit.[960] Allerdings geht die Mitteilung nicht auf die
Gehaltsfrage des Zeichenlehrers ein und auch die grundsätzliche öffentliche
Trägerschaft der Sonntagsschule wird nicht berührt. Daher wandte sich Feldmann am 5. Juli 1844 mit einem ausführlichen Grundsatzpapier an das Präsidium. Der Zeichenlehrer macht aus seiner Sicht die Funkton der Sonntagsschule als soziale Einrichtung deutlich. Er betont, dass „in fast allen Städten
und Städtchen Sonntagsschulen errichtet und erweitert"[961] würden, weil man
deren Bedeutung für die Hebung der ärmeren Klassen, für das allgemeine
Wohl und das kommerzielle und industrielle Fortschreiten erkannt habe. Im
nächsten Schritt geht er auf die Frage einer kommunalen Trägerschaft dieser
Einrichtungen ein und wirft die Frage auf, „ob denn darin ein Mittel für die
Hebung des Handwerkerstandes erkannt werde müßte, *daß die Sonntagsschule zu einem städtischen Institute erhoben werde*. Wenn freilich die Sonn-
tagsschule aus andern als städtischen Mitteln bestehen kann und das leistet,
was sie leisten soll, dann ist es für sie einerlei, wem sie ihr Dasein und ihren
Unterhalt verdankt; aber das Bestehen muß gesichert seyn, wen sie auf die
Dauer ihre Aufgabe lösen soll und darf nicht von der Freiwilligkeit einzelner
Bürger oder von der Bereitwilligkeit der Lehrer bei unangemessener Entschädigung für das allgemeine städtische Wohl ein übriges zu thun, abhängen."[962]
Im Weiteren führt er aus:

> „Beides, sowohl die Kosten einzelnen Bürgern durch so genannte freiwillige Beiträge
> aufbürden, als auch die Aufrechterhaltung der Schule von den betreffenden Lehrern

---

960 Vgl. ebd. vom 22. April 1844
961 Vgl. ebd. vom 5. Juli 1844
962 Ebd.; Hervorh. V.G.

ohne angemessene Entschädigung zu verlangen erscheint als ungerecht; denn fürs Erste sind es im Verhältniß nur wenige Bürger die zu den Kosten beisteuern und in der Regel die Besseren, deren Mildthätigkeit in vielen anderen Fällen auch noch in Beanspruchung genommen wird. Diejenigen aber, die sich nur um ihr eigenes Wohl bekümmern für fremdes jedoch ... [kaum] etwas übrig haben und doch von den Wohlthaten die auf Kosten anderer für das Allgemeine hervorgerufen werden gleichwohl das ihrige genießen, gehen frei aus. *Das nun die Sonntagsschule gewiß eine Anstalt ist, deren Früchte allen Klassen der Bürgerschaft zu gute kommen, kann wohl nicht in Abrede gestellt werden.* Ist es zweitens ungerecht die Mittel zur Erhaltung der Schule von einzelnen Bürgern verlangen, so ist es um so ungerechter, daß dieselben den Kräften der Lehrer, die die ganze Woche hindurch angestrengt thätig seyn müssen zugemuthet werden. Man hat dem Vorschlage, die Sonntagsschule auf Kosten der Stadt zu übernehmen entgegengestellt, daß die Wohlthat einer solchen Anstalt hier größtentheils Auswärtigen zugute komme, daß die Schule mehr auswärtige als einheimische Schüler zähle. Das ist freilich war, aber die Einheimischen kommen dadurch, daß Auswärtige noch mit ihnen lernen nicht zu kurz, und haben die Söhne unserer Stadt sich in der Fremde doch auch der Vorzüge einer Sonntagsschule zu erfreuen, ohne das sie danach gefragt werden, ob sie Fremde oder Einheimische sind. Jener Einwurf zerfällt aber noch mehr, wenn man bedenkt, daß dasjenige, was auch die *auswärtigen Lehrlinge und Gesellen* in der Sonntagsschule lernen gleich in den hiesigen Werkstätten seine Anwendung findet und also für uns seine Früchte trägt. Zweitens werden aber aus den auswärtigen Gesellen, die hier arbeiten und die Sonntagsschule besuchen, die einheimischen Meister. Die Erfahrung bestätigt diese Behauptung. Der bei weitem größte Theil der eingesessenen selbstständigen Handwerker, besteht aus Auswärtigen, die hier geheiratet und sich als Meister niedergelassen haben. Was nun den zweiten Punkt jenes Antrages eines wohllöblichen Vorstandes an den hiesigen wohllöblichen Stadtrath, meine erhöhte Remuneration betrifft, so darf ich der guten Gesinnung der letzteren vertrauend, zuversichtlich auf die Gewährung hoffen, wenn der Wohl. Vorstand meine besonderen Verhältnisse zur Sonntagsschule und zu der Bürgerschaft überzeugt in Betracht ziehen und dann genanntem Stadtrathe vorstellen wollten. Es sind nun elf Jahre seitdem ich unausgesetzt an der Sonntagsschule arbeite, ob ich bei den unbestimmten und unsicheren Mitteln, Aussicht auf Vergütung hatte oder nicht, und ob ich sie wirklich erhalten oder nicht erhalten habe. Sieben Jahre hindurch habe [ich] drei Stunden an jedem Sonntage gegeben. Im Sommer war ich von 6–9 Uhr, im Winter von 8–9, von 11–12 und von 6–7 Abends, während der ganzen Zeit aber wenigstens zwei Stunden. Die dritte, eine Mathematische, wurde durch Beschluß des Vorstandes aufgehoben. Ich war also stets gebunden und konnte der Ruhe und Freiheit des Sonntags, der sich auch der geringste Arbeiter zu erfreuen hat, nicht genießen. Mit den bestimmten Stunden an jedem Sonntage komme ich jedoch nicht frei. Es ist immer eine natürliche Folge, daß die jetzigen und früheren Schüler die selbstständig im Orte arbeiten, auch in der Woche noch Rath und Hülfe bei mir holen und ich darf redlich versichern, daß meine sehr beschränkte, von so vielen Seiten in Anspruch genommene Zeit hierdurch noch mehr in Anspruch genommen wird."[963]

Abschließend kommt er, nicht uneigennützig, auf die Frage der Entlohnung der Lehrer. Feldmann weist in dieser Beziehung auf verschiedene Nachbarstädte hin, in denen mehr für die Entschädigung der Lehrer getan werde. In Köln würden 400 Taler gezahlt.

> „Was die Leistungen unserer Schule betrifft, so verweise ich auf das Urtheil von Sachkennern wie auf das der sämtlichen Interessenten, welches bei der Gelegenheit der öffentlichen Ausstellung der Arbeiten der Schüler belobend ausgesprochen wurde. In dem Vorstehenden habe ich die Sachlage der Sonntagsschule der Wahrheit gemäß dargestellt und bemerke nur noch, daß die Schule in der Zeichenklasse 30 Schüler zählt, welche aber in dem Classenzimmer der Prima des Gymnasiums nicht gehörigen Platz finden. Viele welche sich zur Aufnahme gemeldet, haben wegen Mangels an Platz noch zurückgewiesen werden müssen."[964]

Der Zweck des Papiers ist eindeutig: Feldmann wollte dem Präsidium für die Auseinandersetzung mit dem Stadtrat die nötigen Argumente für die Übernahme in städtische Trägerschaft geben. Vor allem der Hinweis, dass Jugendliche, die um Aufnahme in die Schule ersucht hatten, wegen mangelnder Kapazitäten abgewiesen werden mussten, sollte dem Vorstand als Argument dienen. Berechtigt stellt Feldmann fest, dass das bisherige Bestehen des Institutes nur möglich gewesen sei, weil die Lehrer die niedrigste Entlohnung für ihr soziales Engagement bei Verzicht auf die eigene notwendige Erholung am Sonntag hinnahmen. Dass trotz der vergleichbar niedrigen Remuneration die Sonntagsschule seit über einem Jahr im Rückstand mit der Zahlung des Lohnes war, verärgerte ihn. Zur Unterstreichung des gesellschaftlichen Wertes der Arbeit verweist Feldmann auf ehemalige Sonntagsschüler, die, durch die Arbeit der Einrichtung entsprechend ausgerüstet, nun selbst Meister seien und noch immer seinen Rat suchten. Die entsprechende Reaktion des Präsidiums, das heißt das Schreiben an den Stadtrat, ist auf dasselbe Datum datiert. Am 28. Juli 1844 erneuerte das Präsidium seine Forderungen gegen den Stadtrat und äußerte nochmals die bestimmte Hoffnung, dass dieser den laufenden Etat als auch die Erhöhung des Gehalts für Feldmann von 50 auf 100 Taler übernehmen werde.

> „Dieses vorausgesetzt würde der Jahresbedarf für die Sonntagsschule von 96 rthl. auf 146 rthl. sich erhöhen weshalb wir Einen Wohllöblichen Stadt-Rath eben so dringend

---

963 Ebd.
964 Vgl. ebd. vom 5. Juli 1844; Hervorh. V.G.

als ganz ergebenst bitten, die diese letztere Summe für jedes der Jahre 1843 und 1844 auf die Gemeinde-Kasse geneigtest möglichst bald überweisen zu lassen."[965]

Allerdings reagierte die Stadtverordnetenversammlung erst am 6. November 1844. Die beantragte Gehaltserhöhung für den Zeichenlehrer um 50 Taler wurde nicht bewilligt. Jedoch gewährte man eine Zulage von 25 Talern vom darauf folgenden Jahr an. Zur Bekräftigung der dem Lehrer mit dem Zuschuss erwiesenen Wohltat wies der Gemeinderat darauf hin, dass sich von den stimmberechtigten Gemeinderatsmitgliedern nur 9 für die bewilligte Erhöhung ausgesprochen hätten, während 6 dagegen gestimmt hätten.[966] Der Gemeinderat machte jedoch keine Angaben zur beantragten Übernahme in städtische Trägerschaft. In dieser ungewissen Situation, ob die Stadt zur weiteren Beihilfe zur Tätigkeit der Einrichtung sich bereit erklären würde, entschloss sich das Präsidium durch eine erneute öffentlichkeitswirksame Veranstaltung auch in der Bevölkerung neue Unterstützung zu suchen. Es wurde beschlossen, wie in den vergangenen Jahren eine Art *Tag der offenen Tür* zu veranstalten und in einer Leistungsschau den allgemeinen Nutzen der Anstalt unter Beweis zu stellen. Weiter entschloss man sich, besonders auch „die Eltern und Lehrherrn derjenigen Schüler, welche die Sonntagsschule ... besuchen"[967], einzuladen, weil man sich unter diesen die meisten Befürworter der Einrichtung versprach. Am gleichen Tag, dem 25. November 1844, erschien im *Duisburger Kreisblatt* die Einladung zur Ausstellung.[968]

Die Rede Posecks vor den Ausstellungsbesuchern, in der er auf die Entwicklung der vergangenen Jahre, den gemeinnützigen Wert und den Erfolg der Einrichtung sowie die Besuchszahlen eingeht, ist in den Quellen erhalten.[969] Welche Wirkung von der Ausstellung ausgegangen ist, ist in den Akten nicht explizit überliefert. Jedoch kann man sich vorstellen, dass die Organisatoren der Öffentlichkeitsveranstaltung viel Energie in eine entsprechend günstige Wirkung gelegt haben, was auch aus Posecks Eröffnungsrede zu ersehen ist. Die Wichtigkeit der Ausstellung und ihre Bedeutung für ihr weiteres Bestehen wird deutlich, wenn man die Ereignisse der letzten Jahre bedenkt. Obwohl schon mehrere Veranstaltungen dieser Art durchgeführt worden waren, ist bis zu diesem Zeitpunkt keine entsprechende Rede überliefert. Die Sicherstellung der notwendigen Bildung für die höchste Klasse sollte durch eine halbjährige Prü-

---

965 StADU 10/4279, o. Num. (im Anschluss an Bl. 124) vom 28. Juli 1844. Ein Dokument gleichen Inhalts und gleichen Datums findet sich in 10/4280 (o. Num.).

966 Vgl. ebd. vom 6. November 1844 (o. Num.).

967 StADU 10/4279, o. Num. (im Anschluss an Bl. 124); Protokoll vom 25. November 1844.

968 Ausgabe Nr. 95. Die Anzeige ist in den Akten enthalten (vgl. ebd.).

969 Ebd.; das nachfolgende Dokument, ein Verzeichnis der Schüler mit Abgängen und Zugängen für die Zeit seit 1842 bestätigt die in der Rede genannten Zahlen.

fung in der zweiten Klasse stattfinden. Die Prüfung diente jedoch auch als Gewissensappell an die Jugendlichen.

In den Unterlagen finden sich einige Notizen Posecks zu inhaltlichen und organisatorischen Verbesserungen. Diese legte er nach vorhergehenden Beratungen mit den Vorstandskollegen schriftlich nieder. Er hält es im Sinne der weiteren Öffentlichkeitsarbeit für sinnvoll, ein mit den Vorstandskollegen erarbeitetes „Concept [der Anstalt im] ... Kreisblatt" zu inserieren.[970] Auch äußert er sich zur Übernahme der Einrichtung in städtische Trägerschaft.

> „Zur ... sicheren Begründung dieser Unterrichts-Anstalt und zur Ermunterung der Ihren erscheint es wünschenswerth, daß selbige als ein städtisches Institut, und für dieselbe nach dem bisherigen Bedürfnisse ein ... [Etat] für einen gewissen Zeitraum festgestellt werde.[971]

Bestandteil der konzeptionellen Überlegungen war auch eine genauere Schulbesuchskontrolle. Die Jugendlichen, welche die Anstalt besuchten, wurden bislang nur in einer Art Mitgliederliste, und solche Jugendliche, die andauernd fehlten, in einer *Absentenliste* geführt. Jedoch führte man kein Klassenbuch, wie es heute zum Nachweis des regelmäßigen Schulbesuchs angewandt wird. Das Präsidium führte ein so genanntes *Schulbesuchsbüchlein* ein und beschloss, dieses „den Herrn Lehrern zum künftigen Gebrauch zu behändigen".[972] Die durch diese Nachweise ermittelten „nachlässigen Schüler ... [sollte dann] vor Ende jeden Monats den betreffenden Eltern und Lohnherren durch einige Mitglieder des Vorstandes angezeigt werden."[973]

Die Notizen Posecks und verschiedene Vorstandsprotokolle weisen auf eine anhaltende Diskussion um die Kostenfinanzierung der Sonntagsschule hin. Zwar konnte das oben genannte *pro memoria* den Stadtrat nicht sogleich williger stimmen und es bedurfte des aufmunternden Wortes seitens des Landrates, doch am 6. November 1844 beschloss der Stadtrat, die Schulden aus den Jahren 1842 und 1843 sowie das zusammen 192 Taler betragende Defizit aus den Vorjahren zu begleichen. Damit war die Schule faktisch seit 1840 in städtischer Trägerschaft, auch wenn die Leistungen im Nachhinein beglichen wurden. Die Düsseldorfer Regierung unterstützte dieses Verhalten ausdrücklich.[974] Mittels Verfügung gab die Regierung nicht nur ihre Zustimmung zu dem Gemeinderatsbeschluss, sondern teilte mit, dass sie es auch gern sehen werde,

---

970 StADU 10/4279 (Protokoll vom 7. Januar 1845), o. Num. (im Anschluss an Bl. 124)
971 Ebd.; diesen Gedanken hatte er dem Gemeinderat erstmalig 1842 vorgestellt (vgl. StADU 10/4280, o. Num).
972 Ebd.; Protokoll vom 7. Januar 1845
973 Ebd.
974 Vgl. ebd.; Amtsblatt der Regierung zu Düsseldorf, Nr. 2, Donnerstag, den 14. Januar 1841

wenn die Ausfälle des folgenden Jahres mit gleicher Bereitwilligkeit von der Kommunalkasse getragen werden würden.[975] Zudem anerkannte die Regierung in einer Mitteilung an den Landrat den „erfreulichen Beweis von dem wirksamen Einfluß dieser Sonntagsschule" und hieß die bisherige Kostenübernahmen „von Seiten des Gemeindevorstandes"[976] für richtig. Allerdings blieben die für die Jahre 1843/44 zugesagten städtischen Leistungen unerfüllt.[977] Auf der folgenden Vorstandssitzung vom 30. November 1845 legte von Poseck sein Amt als Vorsitzender nieder.[978] Er war durch die Vorstandsarbeit der vergangenen Jahre und durch die diese Arbeit begleitenden Konflikte zermürbt und müde. Zum seinem Nachfolger wurde Theodor vom Rath gewählt.[979] Da der unhaltbare Zustand eines ohne ordentlichen Auftrag fungierenden Vorstandes mit der Wahl eines neuen geschäftsführenden Gremiums bereinigt war, entschloss sich der Bürgermeister, in Anbetracht der Tatsache, dass die Stadt sowieso seit 1840 die Finanzierung der Sonntagsschule übernommen hatte und eine Änderung dieses Zustandes wohl auch nicht mehr erfolgen würde, dem Gemeinderat die Übernahme der Schule in städtische Trägerschaft zu empfehlen. Vergleicht man die Kosten, welche die Sonntagsschule bisher verursacht hatte, scheint die folgende Trägerschaft der Einrichtung nicht wirklich eine Belastung für die Stadtkasse bedeutet zu haben. Für die Realklassen am Gymnasium bewilligte der Gemeinderat ganz andere Beträge. So wurde 1855 vom Stadtparlament sogar ein auf 10 Jahre festgelegter Zuschuss von jährlich 1750 Talern für den Realzweig am Gymnasium bewilligt.[980] Obwohl durch Vermittlung des Landrates des *Gemeindeverordneten-Collegiums* das bestehende Defizit des Sonntagsschul-Vereins aus den Jahren 1840 bis 1843 zu begleichen hatte[981], konnte die Anstalt ihren Haushalt nicht konsolidieren. Die Schule befand sich fortwährend in Geldverlegenheiten.

Ein Verzeichnis von November 1845 der *Ersten- oder Zeichenklasse* vermerkt 26 Schüler im Alter zwischen 14 und 24 Jahren.[982] Das entsprechende *Verzeichnis der Sonntagsschüler der 2. Klasse* vermerkt 38 Schüler.[983] Auch

---

975 StADU 10/4278, Bl. 26 (o. Num.) vom 10. Mai 1845

976 Vgl. ebd. vom 10. Mai 1845

977 Vgl. StADU 10/4279 vom 15. September 1845; ebd. 10/4280 (o. Num.)

978 Vgl. StADU 10/4279 (o. Num.; am Ende der umfangreichen Akte)

979 Vgl. ebd. (o. Num.; am Ende der umfangreichen Akte)

980 Vgl. Walther 1956, S. 22

981 Vgl. StADU 10/4278, Bl. 26 (o. Num.)

982 Die angegebenen Berufe der Schüler sind: Bauschreiner (3), Schlosser (2), Gärtner (1), Schriftsetzer (1), Schmidt (1), Schreiner (7), Anstreicher (2), Schornsteinfeger (1), Buchbinder (3), Glasschleifer (1), Goldarbeiter (8), Lithograph (1) (vgl. StADU 10/4279, o. Num.; am Ende der umfangreichen Akte). Für die Angaben dieses Verzeichnisses gilt, was schon an anderer Stelle zu solchen Angaben gesagt wurde.

983 Es sind keine Berufe oder Alter angegeben (vgl. ebd., o. Num.; am Ende der umfangreichen Akte). Die Liste vom 30. November 1845 stammt von Mevisen und Niewöhner.

nach einem am 30. November 1845 aufgestellten Namensverzeichnis wurde die erste Klasse von 26 Schülern besucht. Die Liste enthält die Namen der Jugendlichen, aber keine Altersangaben oder Berufsbezeichnungen. Die zweite Klasse wurde der vier Wochen älteren Liste zufolge aber von 59 Jugendlichen besucht. Auch in diesem Fall enthält die Liste keine weiteren Angaben.[984] Nach dieser Liste gingen im Laufe des Schuljahres 38 Jugendliche der Elementarklasse wieder ab.[985] Die verbleibende Schülerzahl von 21 weist gerade in der Elementarabteilung auf eine hohe Fluktuation hin.[986] Der Schulbesuch wurde im Jahr 1845 also so unregelmäßig, dass die Schule sogar zum Mittel griff, säumige Schüler vom weiteren Besuch auszuschließen.[987] Diese Maßnahme wird umstritten gewesen sein. Denn ein Mittel wie der Zwangsausschluss hätte leicht das Ende der Anstalt bedeuten können.

Auf Grund der Mitteilung der Düsseldorfer Regierung vom 10. Mai 1845 an den Duisburger Landrat und einer entsprechenden Empfehlung Junkermanns beschloss der Gemeinderat am 1. Dezember 1846, dass die für die Sonntagsschule erforderlichen Beiträge auch ferner von der Kommunalkasse übernommen werden sollten und die Einrichtung als städtische Institution zu übernehmen sei.[988] Die Übernahme der Sonntagsschule in öffentliche Trägerschaft beziehungsweise die Bereitschaft hierzu seitens der Stadt hängt wahrscheinlich auch mit einer parallelen Entwicklung am Gymnasium zusammen, mit dem die Sonntagsschule eng verbunden war: Mit der Verstaatlichung des Gymnasiums.[989] Damit übernahm die bürgerliche Gemeinde die Verantwortung für die Erhaltung der Sonntagsschule.[990] Unter dem 2. Dezember 1846 wurde Theodor vom Rath vom Bürgermeister in Kenntnis gesetzt, dass er vom Stadtparlament zum Direktor der Sonntagsschule und zum Präses des Schulvorstandes gewählt worden sei.[991] Zugleich wurde er aufgefordert, „ein Exemplar der Statuten" an den Stadtrat zu senden. Einen Tag später folgte die Mitteilung der Anweisung von 171 Talern (96 Taler für das abgelaufene Jahr und 75 Taler Gehaltszulage an Feldmann) aus der Gemeindekasse zu Gunsten der Sonntagsschule. Mit Übernahme der Sonntagsschule in städtische Verantwortung hörte der Sonntagsschul-Verein in seiner Funktion als Träger-Verein formal auf zu bestehen. Diese Funktion hatte er in den vorangegangenen Jahren sowieso kaum ausüben können.

---

984 Vgl. Armstroff 1882, S. 141f.
985 Vgl. ebd.
986 Vgl. Armstroff 1882, S. 145
987 Vgl. StADU 10/428
988 Vgl. StADU, Ratsverordneten-Protokollbuch 1846–1848, Nr. 3716
989 Eine königliche Verordnung vom 28. März 1846 wies das Provinzialschulkollegium an, auch das durch eine bürgerlich-konfessionelle Stiftung getragene Institut unter staatliche (Teil-)Finanzierung und Kontrolle zu bringen.
990 Vgl. HStAD Regier. Dssd. 2641 (1846–1872). Die Volksschulen wurden dagegen erst 1873 in städtische Verantwortung übernommen.
991 Vgl. StADU 10/428O vom 2. Dezember 1846 (o. Num.)

Aus den §§ 1 und 2 der neuen Statuten wird deutlich, dass die Sonntagsschule ansonsten blieb, was sie bisher auch war, ein Bürgerverein zur Förderung der Gewerbeentwicklung und zur Behebung sozialer Notstände und eine freiwillige Einrichtung zur Nacherziehung und -bildung für junge, im Beruf stehende Handwerker und Fabrikarbeiter. Die bisherigen Standorte des Unterrichts und die räumliche Trennung zwischen beiden Abteilungen der Sonntagsschule blieb erhalten.

Am 30. Dezember 1846 bestätigte Theodor vom Rath, dass er, nachdem durch Beschluss des Gemeinderates, „nach welchem die Verhältnisse der Sonntagsschule nunmehr auf eine bestimmte und erfreuliche Weise geordnet seien, die ihm angetragene Funktion als Präses des Vorstandes der Sonntagsschule gerne annehmen und nach Kräften das Interesse dieses nützlichen Instituts zu fördern sich bemühen werde"[992].

Er sandte dem Stadtrat am 24. März 1847 das scheinbar einzig vorhandene Exemplar der ersten Statuten um Sonntagsschule von 1834 sowie einen modifizierten Entwurf mit der Bitte der Genehmigung der neuen Fassung.[993] Diese Änderung der Statuten war durch die Übernahme in die städtische Verantwortung notwendig geworden. Die grundsätzlichen Bestimmungen zum Zweck des Vereins blieben unberührt. Geändert wurde insbesondere die Modalitäten der Vorstandswahl. Wurde der Vorstand zuvor von den Mitgliedern des Vereins „in einer jährlich zu haltenden General-Versammlung aus ihrer Mitte, jedesmal für ein Jahr" (§ 9 der alten Statuten) gewählt, so bestimmten die neuen Statuten nun, dass der Vorstand, geteilt in zwei Gruppen, durch den Gemeinderat aus der gesamten Bürgerschaft für die Dauer von zwei Jahren im Wechsel gewählt werden sollte (§ 6 der neuen Statuten). Durch diesen Modus konnte sichergestellt werden, dass auch bei neu hinzutretenden Präsidiumsmitgliedern eine gewisse Kontinuität in der Amtsführung gewährleistet war. Die älteren Mitglieder konnten die neuen in die Tätigkeit einführen. § 7 enthielt den Passus zur Trägerschaft und zur organisatorischen und finanziellen Verantwortung der Stadt für die Schule. § 8 hebt nach 15 Jahren Sonntagsschule nun auch unter städtischer Trägerschaft, wie die §§ 1, 6 (1 und 3) und 13 (3) der alten Statuten, die über die eigentliche Schule hinausgehende Funktion der Einrichtung hervor. Durch diesen Paragraphen waren die Vorstandsmitglieder und die Lehrer den Statuten vom 24. März 1847 nach weiterhin zugleich Mitglieder des Besuchsdienstes, der die Aufgabe hatte, das soziale Umfeld der Schüler nicht außer Acht zu lassen und den sittlichen und erzieherischen Einfluss, der auf die Jugendlichen beim Besuch der Sonntagsschule ausgeübt wurde, auf das Umfeld auszudehnen, um der Intention der Sonntagsschule entsprechend auch zur „Förderung des Standes der Handwerker und Arbeiter

---

992 StADU 10/4280 vom 30. Dezember 1846 (o. Num.)
993 Vgl. ebd. vom 24. März 1847 (o. Num.); vgl. im Quellen- und Dokumententeil der Arbeit

überhaupt" (§ 1 der neuen Fassung) beziehungsweise der *unteren Volksklasse* beizutragen.

Nach dem offiziellen Beschluss des Gemeinderats versagte jedoch die Regierung in Düsseldorf ihre Zustimmung. Wahrscheinlich befürchtete man einen Präzedenzfall für ähnliche Anliegen, den Staat oder eine Kommune in finanzielle oder sonstige Verpflichtungen zu binden.[994] Eine aktive staatliche Sozialpolitik im Sinn einer sozialen Fürsorge, sozialer Gerechtigkeit oder der Einflussnahme auf soziale Prozesse, die über eine allgemeine Gewerbeförderung hinausgingen, existierte nicht und widersprach noch der vorherrschenden liberalen Grundhaltung. Eine öffentliche Politik existenzsichernder Maßnahmen oder solcher zur gesellschaftlichen Integration für die nachwachsende gewerblich tätige Jugend aus den ärmeren Bevölkerungskreisen weckte bei den meisten liberalen Beamten noch zu viele Widerstände. Bestehende Verordnungen, wie beispielsweise das *Regulativ über die Beschäftigung jugendlicher Arbeiter in Fabriken* vom 9. März 1839, waren rechtliche Minimalrahmenregelungen aus Scheu vor so genannten *positiven Gesetzen*; der Staat befürchtete nach zeitgenössischer Auffassung, sich durch institutionalisierte Rechtsansprüche im Sinn sozialstaatlicher Ordnung zu sehr zu binden und seine Machtfülle zu beschränken. Erst eine Beschwerde der Stadt beim Oberpräsidenten Ernst von Bodelschwingh-Velmede, führte zur staatlichen Genehmigung.[995] Die Duisburger Sonntagsschule war ihm schon einige Jahre durch

---

994 Erst mit Art. 22 der Verfassung wurden die Gemeinden erstmalig beauftragt, für die „Mittel zur Errichtung, Unterhaltung und Erweiterung der öffentlichen Volksschule" (StADU, Verfassungsurkunde für den Preußischen Staat, Beilage zur Ruhrzeitung vom 5. Januar 1849, Bl. 2) zu sorgen. Während also die öffentlichen Schulen ab 1849 nur Zuschüsse aus den Stadtkassen erhielten, war die Sonntagsschule, die keine öffentliche Schule i.S. der Volksschulen, sondern eigentlich eine kommunale Wohlfahrtseinrichtung war, nun als erste Schule in Duisburg in völliger städtischer Verantwortung und Finanzierung.

995 Vgl. LHAK Abt. 403, Nr. 8082, Bl. 58. Die Bedeutung Bodelschwingh-Velmedes für den Beginn sozialstaatlicher Fürsorge ist bekannt. Erst die Initiative des rheinischen Oberpräsidenten, der erst 1834 sein Amt angetreten hatte, löste die Ständepetition des Rheinischen Provinziallandtages vom 20. Juli 1837 (vgl. HStAD Prov. Arch. Nr. 278, S. 486) und damit das Gesetzgebungsverfahren für das 1839er-Regulativ aus. Bodelschwingh-Velmede bewirkte, dass der zögerliche Altenstein seine unentschlossene Haltung hinsichtlich des Jugendarbeitsschutzes und der damit verbundenen Sicherstellung von Erziehung und Bildung proletarischen Nachwuchses aufgab und ab Ende 1836 in dieser Sache aktiv wurde. Der Kultusminister nahm daraufhin Kontakt mit Rother auf und kündigte eine Verordnung für den gesamten preußischen Staat an (vgl. Köllmann 1966, S. 38). Bodelschwingh-Velmede kannte die Situation der Fabrikkinder im rheinischen Industriegebiet von eigenen Inspektionsreisen, die er als Regierungspräsident unternommen hatte. Schon in dieser Zeit hatte er wiederholt Bericht an das Kultusministerium erstattet und eine Regelung der bestehenden Probleme angemahnt. Er ließ von Beginn seiner Amtstätigkeit als Oberpräsident keinen Zweifel, dass er bestrebt war auf dem Weg der Gesetzgebung „[...] den traurigen Zustand des Unterrichts

Poseck, der ihn 1839 erstmalig um finanzielle Unterstützung der Einrichtung von Seiten des Staates ersucht hatte, bekannt.[996]

Vielleicht als Reaktion auf den Beschluss des Gemeinderates forderte von der Heydt, der alle Entwicklungen in Bezug auf die Fürsorge für die arbeitende Jugend beobachtete, beim Bürgermeister 1847 einen Bericht über die Verhältnisse an der Sonntagsschule an.[997] Wahrscheinlich entspannte sich nach dem Übernahmebeschluss durch die Stadt oder nach dem Ausscheiden Posecks aus dem Amt des Präses, die Haltung des Bürgermeisters zur Sonntagsschule wieder. Auf jeden Fall erscheint der Bürgermeister wieder als glühender Befürworter jener Anstalt, die er schon schließen wollte. Er stellte die Einrichtung am 8. November 1847 in den leuchtendsten Farben dar und erklärte den momentanen Umfang des Unterrichts und der Fürsorge als zu gering, um den Anforderungen an die Bedürfnisse der arbeitenden Jugend zu genügen.[998] Dass er diese Kürzung des Unterrichts selbst als adäquates Mittel zur Behebung der finanziellen Misere vorgeschlagen hatte, verschwieg er geflissentlich. In dem Bericht an den Handelsminister stellt Junkermann sich als Förderer der Einrichtung dar. Er beendet seine Darstellung mit der Hoffnung auf den Fortbestand der Sonntagsschule und bittet um einen Staatszuschuss, um eine Ausweitung auf den früheren Umfang der Anstalt wieder auszudehnen.[999] Dieser Bitte wurde aber nicht entsprochen. Wie das Regierungspräsidium und das Oberpräsidium, die auf einen „Mangel an Fonds"[1000] hingewiesen hatten, bedauerte auch das Handelsministerium, dass der Staatshaushalt für solche Zwecke keine Mittel zur Verfügung habe.

Mit der oben genannten Nachricht vom 24. März 1847 bat vom Rath gleichzeitig den Bürgermeister um Überweisung der noch für das Jahr 1846 ausstehenden Summe von 59 Talern 29 Silbergroschen an den Rendanten der Schule. Vom Rath fügte dieser Mitteilung den ersten prospektiven Etat der Anstalt dem Gemeinderat zur Genehmigung vor. Danach belief sich der Finanzbedarf der Einrichtung auf 148 Taler für das Jahr 1847. Da in diesem Etatentwurf

---

der Kinder in denjenigen Gegenden, wo solche in Fabriken beschäftigt werden" (ebd., Bl. 1), schnellstens zu verbessern, um Unterricht und Erziehung dieser Kinder sicherzustellen.

996 Vgl. StADU 10/4279, Bl. 95

997 Der Handelsminister, der in der Folge des 1839er-Regulativs für die Wandlung der Verordnung in ein positives Gesetz mitverantwortlich war und das Berufsbild des Fabrikeninspektors inhaltlich mitgestaltete, zeichnete sich durch ein echtes Interesse an den Fürsorgemaßnahmen für die gewerblich tätige Jugend aus. Als Handelsminister forderte er bspw. von den Fabrikeninspektoren eine entsprechende Parteilichkeit für die arbeitende Jugend und eine feste Haltung gegen die Fabrikanten.

998 Vgl. StADU 10/4280

999 Der Unterricht war seit 1835 von einem Sonntagsangebot auf den Samstag und einige zusätzliche Abende in der Woche ausgedehnt worden (vgl. StADU 10/4279, Bl. 8), was zu den Zusätzen „Werktags-" oder „Abendschule" führte (vgl. ebd., Bl. 84.).

1000 Ebd.

aber nur 133 Taler städtischen Zuschusses aufgeführt werden, eröffnet sich die Frage, woher die verbleibenden 15 Taler kommen sollten. Ein Blick in das vorgelegte *pro memoria* des Sonntagschul-Vereins gibt die Antwort: Die Zinsen des ausgeliehenen Stiftungsfonds von 300 Talern beliefen sich in den Vorjahren immer auf 15 Taler. Seit Gründung des Trägervereins der Sonntagsschule waren bis 1839 durch freiwillige Spenden der Mitglieder 620 Taler aufgebracht worden. Die Stadt zahlte ab 1840 bis zur formellen Übernahme als städtische Einrichtung insgesamt 597 Taler. Das heißt, der tatsächliche Haushaltsbedarf der Schule betrug in den Jahren der Spendenfreudigkeit durchschnittlich 124 Taler im Jahr und in den Jahren der angespannten Haushaltslage durchschnittlich 94,5 Taler im Jahr. Da die rechtliche Übernahme der Sonntagsschule in die städtische Verantwortung durch ordentlichen Verwaltungsakt sich aber um mehrere Jahre verzögerte, geriet die Schule finanziell in noch keine ruhigere Fahrbahn. Die finanzielle Situation der Schule war mit der Übernahme in kommunale Verantwortung nicht automatisch zur Zufriedenheit gelöst. Die Stadtverwaltung verweigerte sich aus nicht ersichtlichem Grund, für die Anstalt eine Etatüberweisung zu veranlassen. Der Etatentwurf wurde bis zum 28. Juli 1847 vom Gemeinderat überhaupt nicht zur Kenntnis genommen. Darauf wandte sich Theodor vom Rath an den Bürgermeister, erinnerte an die Übernahme der Verantwortung durch die Stadt und stellte vor allem die ausstehenden Lehrergehälter in Rechnung. Ohne gute Pädagogen, so kann man diese Erinnerung lesen, verliere die Anstalt eine Basis ihrer Arbeit.[1001] Jedoch blieb auch die erneute Mahnung unberücksichtigt. Im November findet sich wieder eine drängende Klage des Schulvorstandes. Obwohl, so der Schulvorstand, die Düsseldorfer Regierung „die für die Sonntagsschule in ... [Aussicht] genommenen Geldmittel genehmigt habe"[1002], habe der Rat der Stadt den getroffenen Übernahmebeschluss immer noch nicht in die Praxis umgesetzt. Die dringendsten Bedürfnisse seien nicht mehr zu befriedigen. Neben den ausstehenden Lehrergehältern fehlten vor allem „die Mittel für Heizung, Bücher, Buchbinderrechnungen"[1003]. Das Präsidium ersuchte den Bürgermeister dringend, die durch Gemeindebeschluss vom Dezember 1846 längst bewilligten Geldmittel auf die Gemeindekasse anzuweisen.

> „Wir ersuchen Ew. Hochwohlgeboren um so mehr unserem angegebenen Gesuch zu willfahren als es uns unmöglich ist, einer Anstalt vorzustehen, der in mangelnden Geldmitteln ihre Lebensbedingungen abgeschnitten ist."[1004]

1001 StADU 10/4280 vom 15. August 1847, o. Num.
1002 Ebd. vom 18. November 1847, o. Num.
1003 Ebd.
1004 Ebd.

Die Pädagogen hatten allesamt seit 1846 keine Aufwandsentschädigung für ihre Dienste und Auslagen an der Sonntagsschule erhalten. Die betreffenden Lehrer waren zwar nebenamtlich an der Sonntagsschule tätig und verdienten sich mit ihrem Hauptberuf am Gymnasium beziehungsweise den Elementarschulen ihr Geld. Aber der Umstand, dass die Pädagogen nun zum Teil schon seit 15 Jahren bereit waren, unter so ungeklärten Verhältnissen diesen Dienst fortzusetzen, beweist deren echtes Engagement.

Obwohl die städtische Trägerschaft beschlossen worden war, war die Übernahme immer noch nicht vollzogen; damit blieb die finanzielle Lage unwägbar. Trotz mehrfacher Erinnerung des Vorstandes an das Bürgermeisteramt dauerte dieser Zustand an. Erst am 16. Dezember des Jahres, also nach einem Jahr ohne weitere Etatmittel wurde die Stadtkasse angewiesen, die ausstehenden Gelder zu überweisen. Im November 1847 hatte der Schulvorstand auf Grund des geringen Schulbesuchs die Möglichkeit des Schulausschlusses für säumige Schüler eingeführt. Obwohl diese Intervention eine gegenteilige Wirkung hätte haben können, wirkte sich dieser Beschluss, vor allem in der Elementarklasse, positiv aus. Von den 66 Anfang 1847 eingeschriebenen Schülern waren im Schuljahr 1846/47 nur durchschnittlich 10 bis 15 erschienen. Daraufhin waren 31 Schüler vom Besuch der Anstalt ausgeschlossen worden. Im darauf folgenden Schuljahr, in dem 18 neue Schüler aufgenommen worden waren, erschienen durchschnittlich wieder 40 bis 50 Schüler regelmäßig zu den Veranstaltungen.[1005] Niewöhner berichtet in diesem Schuljahr beispielsweise von den Schülern der Zeichenklasse, dass viele tüchtige Handwerksgesellen und „Fabrikknaben"[1006] in Fleiß und sittlichem Verhalten vorbildlich seien. Ein Jahr darauf heißt es in einem Bericht an den Bürgermeister zum pädagogischen Betrieb: „Besonders anerkennenswerth dürfte der Umstand sein, dass viele tüchtige Handwerkergesellen hinzutreten, welche durch ihren lobenswerthen Eifer für ihre Fortbildung den Lehrlingen und Fabrikknaben als Muster dienen."[1007]

In der weiteren Entwicklung der Sonntagsschule ist der 24. Januar 1848 von Bedeutung. Hier teilt die Schulkommission dem Präsidium mit, dass sie vom Bürgermeister aufgefordert worden sei, den Zeichenunterricht, der seit erzwungener Aufgabe der Halle für die gewerbliche Abteilung im Gymnasium stattgefunden hat, in die vereinigte evangelische Klassenschule aufzunehmen.[1008] Die Schulkommission teilte dem Vorstand der Sonntagsschule zu die-

---

1005 Vgl. StADU 10/4281, o. Num.

1006 Ebd.

1007 Ebd. vom 18. Dezember 1848, o. Num.

1008 Vgl. ebd. Der gesamte andere Unterricht war mit Beginn des Schuljahres 1835/36 von der Halle an der Schwanenstraße vorübergehend in die Räume des ehemaligen Klosters Elisabethenberg an der Beginnengasse und dann in den Neubau der vereinigten Elementarschule verlegt worden (vgl. auch 10/4279, Bl. 18a).

sem Verlangen des Bürgermeister mit, dass sie gegen die Aufnahme dieser Abteilung in die eigenen Räume nichts einzuwenden habe, solange diese den abzugebenden Raum nicht benötige.[1009] Eine entsprechende Mitteilung des Bürgermeisters an das Präsidium der Sonntagsschule findet sich nicht in den Quellen. Allerdings ist von einer solchen auszugehen. Im ersten Moment fühlt man sich wieder an den gärenden Konflikt zwischen dem Bürgermeister und dem alten Vorstand erinnert. Jedoch hat das Vorgehen Junkermanns andere Gründe und nichts zu tun mit alten Unstimmigkeiten oder einer negativen Einstellung des Bürgermeisters gegenüber der Sonntagsschule. Es wird hier ein anderer schwellender Konflikt angesprochen, der in den letzten Jahren vom Gymnasium ausging. Die Zeichenabteilung der Sonntagsschule hatte seit dem Umzug aus der *Halle* die Räume der Prima mitbenutzt.[1010] Eine Notwendigkeit für den Wunsch des Gymnasiums lag in dessen eigener Entwicklung. Die Schule beherbergte seit dem Ende der Osterferien 1831 die erste Realklasse, die sich seitdem zu einer eigenen Schulform entwickelt und vergrößert hatte. Zusätzlich war seit August 1842 ein Teil der Sonntagsschule, die gewerbliche Abteilung, in ihren Räumen. Seit Herbst 1847 war zudem eine Vorbereitungsklasse für das Gymnasium eingerichtet worden, wahrscheinlich weil eine zunehmende Zahl neuer Schüler den Anforderungen einer gymnasialen Ausbildung nicht mehr gewachsen war. Daher war an der Schule ein höherer Raumbedarf entstanden und der Schulvorstand des Gymnasiums drängte auf einen Auszug der gewerblichen Abteilung.[1011] Neben dem erhöhten Raumbedarf des Gymnasiums könnte ein weiterer Grund in folgendem Umstand bestanden haben: Der Unterricht der gewerblichen Abteilung bestand aus Zeichnen, Werken mit Holz und zunehmend mit Metall, Modellieren mit Gips, Ton und weiteren Materialien (zumeist Baustoffen), die in den letzten Jahren hinzugekommen waren, um insbesondere die vielen Berufe des Bauhandwerkes adäquat zu unterrichten. Dieser Unterricht wird nicht immer ohne Verschmutzung des Raumes möglich gewesen sein. Sowohl die Lehrer als auch die Schüler gingen wochentags einer Beschäftigung nach. Der zusätzliche Unterricht am Sonntag, der als einziger Tag der Woche eine freie Beschäftigung und Erholung ermöglicht hätte, wird möglicherweise die Lust auf eine gründliche Reinigung verhindert haben. Darauf, dass ein hiervon ausgehender Konflikt zwischen der Sonntagsschule und dem Gymnasium bestanden haben könnte, weisen verschiedene Dokumente zwischen 1845 und 1860 hin.[1012] Vor allem wird die Säu-

---

1009 StADU 10/4281

1010 Vgl. ebd. vom 18. Dezember 1848, o. Num.

1011 Ebd.

1012 Vgl. StADU 10/4279, o. Num. (im Anschluss an Bl. 124); Protokoll der Vorstandssitzung des Sonntagsschul-Vereins vom 7. Januar 1845; sowie StADU 10/4281, z.B. Korrespondenzen zwischen Vorstand und dem Bürgermeister. Die Konferenzprotokolle des Gymnasiums ergeben jedoch in dieser Hinsicht keinen Aufschluss. Die Sonntags-

berung und Wiederherstellung genutzter Räume für den normalen Unterricht am Wochenanfang vom Gymnasium thematisiert. Zugleich bemühte sich die Sonntagsschule um Mittel, den oder die genutzten Räume mit besseren Arbeitstischen auszustatten. Adäquate Arbeitstische sollten zum schonenden Umgang mit den Räumlichkeiten führen. In diesem Zusammenhang datiert ein entsprechender Antrag zur Aufrüstung des gewerblichen Unterrichts auf den 18. Dezember 1848. Hierin bittet der Vorstand den Bürgermeister, vom Gemeinderat die Mittel für die Einrichtung des Raumes für die gewerbliche Abteilung bewilligen zu lassen.[1013] Dem Wunsch des Gymnasiums nach einem Auszug aus den entsprechenden Räumen wurde allerdings vom Vorstand der Sonntagsschule nicht gern entsprochen. Um den Bürgermeister von seinem Vorhaben abzubringen, versuchte man deutlich zu machen, dass der Gemeinde hierdurch nur Kosten entständen. Ein trotzig klingender Antrag des Vorstandes an den Gemeinderat macht dies deutlich. Der für die jährliche Prämienverleihung vorgesehene und damit zweckgebundene Betrag von 10 Talern sollte nämlich nach dem Willen des Vorstandes für andere Zwecke ausgegeben werden. Zudem wurden über diesen Betrag hinausgehende Kosten vorhergesagt. Durch den absehbaren Umzug, so der Schulvorstand, werde man neue Lehrmaterialien anschaffen müssen, die bislang gemeinsam mit dem Gymnasium genutzt würden.[1014] Durch die beabsichtigte Verlegung der ersten Klasse der Sonntagsschule in das neue Gebäude der evangelischen Klassenschule wurde nun die Neuanschaffung dieser mit genutzten Lehrmaterialien unumgänglich. Verstärkt wurde der Wunsch von Neuanschaffungen durch die in den vergangenen Jahren geübte Sparsamkeit der Sonntagsschule, die beim Auszug aus dem Gymnasium sowieso einen vermehrten Bedarf an Neuanschaffungen haben.[1015] Das Präsidium bat den Bürgermeister, die vorgeschlagenen Etats für 1848 und 1849 dem Gemeinderat zur Genehmigung vorzulegen „und diese Summe auf die Gemeinde Casse ... anweisen zu lassen."[1016] Zudem wies man darauf hin, dass „das uns angewiesene Local der Classenschule der [nötigen] Einrichtung"[1017], das heißt allen Voraussetzungen für einen gewerblichen Unterricht, entbehre. Daher ersuchte das Präsidium den Bürgermeister, „beim Gemeinde-Rath die Einrichtung dieses Schulraumes auf städtische Kosten zu beantragen".[1018] Allein die Kosten für einen Zeichen-

---

schule findet auf den Konferenzen des Gymnasialkollegiums überhaupt keine Erwähnung (vgl. Landfermann-Archiv im Landfermann-Gymnasium, Duisburg. Konferenzprotokolle 1846–1857 und 1857–1868).
1013 StADU 10/4281
1014 Vgl. StADU 10/4281, o. Num.
1015 Vgl. ebd. vom 18. Dezember 1848, o. Num.
1016 Ebd.
1017 Ebd.
1018 Ebd.

tisch veranschlagte Feldmann mit 118 Talern und 4 Silbergroschen.[1019] Da im Gymnasium auch Zeichnen sowie andere Gewerbsfächer gelehrt wurde, konnte nichts von hier mitgenommen werden. Die Ankündigung der erwarteten Mehrkosten ist nicht ohne Wirkung geblieben. Dem vom Gymnasium ausgehenden Wunsch zur Verlegung der Zeichenabteilung hat der Gemeinderat dann nicht mehr zugestimmt. Man sah wohl durch den Umzug Lasten auf sich zukommen, die den Nutzen für das Gymnasium kaum aufwogen. Der ungelöste Konflikt mit dem Gymnasium gärte aber die folgenden Jahre bis zur Zeit Albert Langes weiter, der allerdings bei seiner späteren Lösung mehr als Präses der Sonntagsschule denn als Leiter des Gymnasiums denken wird. Ein Grund für die Abneigung der Sonntagsschule gegen den Umzug lag in dem Prestigeverlust für die gewerbliche Abteilung, der durch den Auszug verloren ging.

Dem oben genannten Bericht vom 7. März 1848 zufolge wurde die Zeichenabteilung in diesem Jahr von 30 Schülern besucht; die allgemeine Sonntagsschule wurde in dieser Zeit von 66 Jugendlichen besucht.[1020] Als Erfolg wird der Umstand gefeiert, dass vermehrt Handwerksgesellen als Schüler in die Sonntagsschule eintreten und, reifer an Erfahrung und Menschenausbildung, „durch ihren lobenswerthen Eifer für ihre Fortbildung den Lehrlingen und Fabrikknaben als Muster dienen"[1021]. Der Bericht beklagt allerdings, wie in den Vorjahren, dass die selbst gewählte Verweildauer der Jugendlichen in der Sonntagsschule zu kurz sei und damit der Zweck der Einrichtung sich kaum verwirklichen lasse. Als Ursachen werden allgemeine Zeitverhältnisse angegeben und der Sachverhalt, dass die Jugendlichen zu jung in die Klasse aufgenommen werden, „als dass sie den Nutzen, welchen dieselbe gewährt, zu erkennen vermöchten"[1022]. Im Gegensatz zu den jüngeren Schülern, so führt der Bericht weiter aus, verharrten nur diejenigen Schüler dauerhaft in der Schule, „die für ihr Handwerk oder für ihre sonstige Berufsarbeit in der Schule diejenige Unterweisung und Übung finden, welche mit jenen im notwendigen und engsten Zusammenhange stehen, welche die Arbeiten, die sie die ganze Woche hindurch beschäftigen, und die sie in der Werkstatt nur praktisch erlernen, dort, je nach ihrer Befähigung und Beschaffenheit ihrer Arbeiten wissenschaftlich begründen. Es ist für diese Leute natürlich, dass sie nur dann Lust und Liebe für das Zeichnen gewinnen, wenn sie erkennen, dass es ihnen praktisch hilft; dass sie dadurch in den Stand gesetzt werden, ihre Arbeit leichter, nach festen Regeln und Grundsätzen, in richtigen Verhältnissen und schönen Formen darzustellen, dass es ihnen dagegen nicht zusagt, in der Schule sich

---

1019 Vgl. ebd. vom 18. Dezember 1848, o. Num.
1020 Vgl. ebd.
1021 Ebd.
1022 Zit. nach Armstroff 1882, S. 146

mit einem Gegenstande zu beschäftigen, der in ihre Berufsarbeit nicht, oder noch nicht eingreift, und dieser Gegenstand selbst als der alleinige Zweck ihrer Beschäftigung ihnen erscheint."[1023]

Ein hoher Anteil der einfacheren Arbeiter in der Elementarabteilung wird in diesen Jahren unter den Tabakarbeitern zu finden gewesen sein. Die Angaben dieser Jahre zu den Schülern geht nicht auf die Berufe ein. Jedoch beschäftige beispielsweise die Tabakfabrik Böninger seit Beginn der genauen statistischen Angaben in den Handelskammerberichten durchweg einen großen Anteil Jugendlicher zwischen 14 und 16 Jahren.[1024] Diese Gruppe macht durchweg ein Drittel der Arbeiterschaft aus. Von den im Jahre 1849 in Duisburg gezählten 521 Tabakarbeitern war der größte Anteil im Alter eines Sonntagsschülers (bis 25 Jahren). 76 Arbeiter waren unter 14 Jahren.[1025] Mehr Arbeiter, die in vergleichbarem Alter waren, beschäftigte nur die Textilindustrie. Danach kamen die Spinnereien, die Roheisenhüttenwerke und danach erst der Maschinenbau. Die weiteren einfachen Arbeiter waren in den Mühlenwerken, in der Kupfer-, Stahl-, Zink- und Bleiindustrie, in der Glasindustrie, in den Brauereien und in zu vernachlässigenden Zahlen in den Ziegeleien, in der Leder- und Papierindustrie beschäftigt.[1026] Aus diesen Fabriken rekrutierten sich die meisten Elementarsonntagsschulzöglinge. Der Unterricht im Zeichnen bestand immer noch weitgehend im Kopieren von Vorlageblättern, die es für die verschiedensten Handwerke und Künste gab. Feldmann berichtete am 7. März 1848 an den Vorstand der Sonntagsschule, dass die Motivation der Schüler für theoretische Inhalte im Zeichenunterricht relativ gering sei, solange sie nicht in ihrer beruflichen Praxis mit ähnlich gelagerten Problemen konfrontiert worden seien.[1027] Interessanter wurde mehr und mehr der Unterricht in den praktischen Fächern Werken und Modellieren. Über den Erfolg der Einrichtung berichtet Feldmann 1848, dass die Schüler immer rascher durch die begleitende Bildung an der Schule ihre Lehre vor der Regierung in Düsseldorf be-

---

1023 Zit. ebd., S. 146f.
1024 Vgl. RWWA Köln, 20–9–8, Handelskammerberichte 1876–1881, Jahresbericht 1880 (15 jugendl. Arb.), S. 14; 20–26–8, Handelskammerberichte 1882–1887, Jahresbericht 1882 (16 jugendl. Arb.), S. 28; 1883 (15 jugendl. Arb.) S. 32; 20–26–9, Handelskammerberichte 1888–1896, Jahresbericht 1888 (47 jugendl. Arb.), S. 49; 1889 (49 jugendl. Arb. von 149 insges.), S. 30; 1890 (63 jugendl. Arb. von 167 insges.), S. 38; 1891 (59 jugendl. Arb. von 177 insges.), S. 33; 1892 (61 jugendl. Arb. von 186 insges.), S. 39; 1893 (53 jugendl. Arb. von 179 insges.), S. 37; 1894 (55 jugendl. Arb. von 159 insges.), S. 39. Nach 1895 enthalten die Handelskammerberichte keine Angaben zu jugendl. Arbeitern mehr. Die Informationen beschränken sich allgemein auf die Arbeiterzahl oder Lohnangaben. Hauptsächlich geht es nur noch um produktionstechnische und Wettbewerbsangaben. Zudem sind die Berichte nicht mehr nach einzelnen Unternehmen gegliedert, sondern nach Branchen.
1025 Vgl. Heid 1983, S. 17
1026 Vgl. Tenfelde 1990/I, S. 133
1027 Vgl. StADU 10/4281, o. Num.

stehen. Bis 1845 benötigten die Schüler noch 3 bis 4 Jahre, um dieses Ziel zu erreichen. Zum Zeitpunkt der Berichterstattung brauchten die Sonntagsschüler nur noch durchschnittlich 2 Jahre für dieses Ziel. Feldmann berichtet auch von der seltenen Erscheinung, dass ein Zögling das Ziel der Ausbildung in der Meisterwerkstatt durch die begleitende Hilfe der Sonntagsschule in einem ½ Jahr erreichte.

Nach dem Tod Mevisens im Jahre 1848 übernahm Niewöhner den gesamten Unterricht der Elementarabteilung.[1028]

Einer Bilanzaufstellung des Rechnungsführers vom November 1848 gemäß waren die wirtschaftlichen Verhältnisse in diesem Jahr endlich ausgeglichen; die Kasse zeigte ein Plus von knapp 12 Talern aus.[1029] Im Dezember desselben Jahres entwarf der Vorstand einen prospektiven Etat für das folgende Jahr von 133 Talern.[1030] Zehn Tage zuvor hatte das Präsidium dem Bürgermeister diesen Entwurf zukommen lassen. Den geringeren Bedarf für das Jahr 1848 erklärte der Vorstand mit Einsparungen im Vorjahr. 1847 hatte man den ausgezeichneten Schülern keine Prämien für hervorragende Arbeiten gezahlt und außerdem notwendige Anschaffungen von Lehrmaterialien für die erste Klasse nicht vorgenommen. Auch für das Jahr 1849 wollte man auf die *Position für Prämien* im Etat verzichten.

In den beiden Jahren 1848 und 1849 ist in den Dokumenten der Sonntagsschule wie auch in den Tageszeitungen kein Hinweis auf besondere Ereignisse verzeichnet. Weder enthalten die entsprechenden Listen auffällige Hinweise auf eine höhere Fehlquote noch weisen die Berichte der Lehrer oder die Vorstandsprotokolle auf ungewöhnliche Ereignisse hin. Die arbeitende Bevölkerung nahm die Zeiten kaum als politisch bewegte wahr. Zwar beteiligten die Tabakarbeiter im Ruhrtal sich an kleineren Tumulten, auch weil sie durch den Austausch mit den Zigarrenarbeitern aus ganz Deutschland die soziale Lage der Arbeiter anders wahrnahmen. Anders als viele einfache Arbeiter erkannten die politisch denkenden und am öffentlichen Leben teilnehmenden Wirtschaftsführer und Lehrer, die der Freimaurerei angehörten, die Tragweite der politischen Ereignisse, aber sie verhielten sich still. Allerdings: Dass es etwas Außergewöhnliches und ein großes, belebendes Gefühl war und aus dem Alltag riss, war allenthalben deutlich, wurde aber an der Sonntagsschule nicht thematisiert. Wie die Lehrer auf die Ereignisse im Einzelnen reagierten, ist keiner greifbaren Quelle zu entnehmen. Auch Protokolle der Präsidiumssitzungen oder andere Akten der Sonntagsschule spiegeln weder eine Haltung der

---

1028 Vgl. StADU 10/4280 (Jahresbericht zur Elementarklasse aus dem Jahre 1856)

1029 StADU 10/4281 o. Num. Die genannten Rechnungsbelege sind im Original hinter die Einnahme-/Ausgabeaufstellung geheftet. Herr Nieten war der Herausgeber der Rhein- und Ruhr-Zeitung. Vermutlich ist der Betrag von 1,22 Talern der Rechnungsbetrag für eine Anzeige in dem Blatt.

1030 Vgl. StADU 10/4281 vom 18. Dezember 1848, o. Num.

Leitung zu den ferneren Ereignisse wider, noch sind irgendwelche Schwierigkeiten im pädagogischen Alltag mit Sonntagsschülern dokumentiert. Die 521
genannten Tabakarbeiter, unter denen sicher Schüler zu finden waren, schlossen sich im Kontext der allgemeinen Zigarrenarbeiterbewegung zur Assoziation zusammen. Inwieweit die Bewegung der Zigarrenarbeiter Einfluss auf die
Sonntagsschule hatte, ist ungewiss und nicht belegt. Zu vermuten ist aber, dass
die Ereignisse die Arbeiter allgemein wenig interessierten und die Assozia-
tionsgründung in Duisburg keine weiter wahrnehmbaren Folgen hatte. Die Arbeit Heids zur *Duisburger Cigarrenarbeiter-Association* bietet auch keinen
Hinweis auf die Sonntagsschule.

Oben wurde wiederholt dargestellt, dass trotz der Willensbekundung des
Gemeinderates, die Sonntagsschule in städtische Verantwortung zu übernehmen, die bisherige unsichere Situation der Schule nicht gelöst wurde. Es fehlte
die faktische Umsetzung dieses Beschlusses und die routinemäßige Finanzaus-
stattung der Einrichtung durch die Kommunalkasse. An diesem unwägbaren
Zustand änderte sich während der Amtszeit Junkermanns nichts mehr. Der
hatte am Ende seiner Amtszeit vielleicht nicht mehr den notwendigen Elan,
dieses für ihn lästige Kapitel abzuschließen.[1031] Erst mit Beginn der Amtszeit
des neuen Bürgermeisters Gottfried Schlengtendahl im Jahre 1851 wurden die
Mahnungen und Hilferufe des Schulvorstandes gehört und der Beschluss von
1846 praktisch vollzogen. Aber auch unter Schlengtendahl dauerte es noch bis
zum 13. Juni 1852, bis der Gemeinderat diese neuen Statuten bestätigte; wirksam wurden die Statuten zum 31. August 1852.[1032] Während in anderen rheinischen Städten diese Sonntagsschulen oft aus Geld- oder Schülermangel
wieder geschlossen wurden (so in Emmerich, Essen, Goch oder Remscheid)
und erst später im Rahmen der öffentlichen Disziplinierungsdiskussion der
proletarischen Jugend und der Fortbildungsschulbewegung des späten 19.
Jahrhunderts neu eröffnet wurden, existiert die Schule auf Grund der konse-
quenten Weiterentwicklung der Einrichtung bis in die Gegenwart. Sie ist heute ein gewerbliches Berufskolleg mit gymnasialer Oberstufe.

1031 In der Geschichte der Stadt Duisburg von Walter Ring aus dem Jahre 1927 findet man
     zum Ende der Amtszeit Junkermanns merkwürdigerweise den Hinweis: „Heinrich
     Adolph Junkermann aus Bielefeld, der am 1. Oktober 1850 sein Amt plötzlich verließ"
     (Ring 1927, S. 264). Eine genauere Erklärung lässt sich nicht finden. Im Kontext der
     Ereignisse lässt diese vieldeutige Information darauf schließen, dass Junkermann sei-
     ne Amtszeit vorzeitig und unter besonderen Umständen verlassen hat (vgl. HStAD
     7961). Da er sich wenige Jahre später weiterhin in einem auch unter sozialpolitischen
     Aspekten interessanten Amt, nämlich dem des ersten Fabrikeninspektors für den Re-
     gierungsbezirk Düsseldorf, für die gewerblich tätige Jugend einsetzte, scheint der
     Grund seiner Amtsaufgabe in Duisburg nicht in einer Ermüdung sozialpolitischen En-
     gagements gelegen zu haben.
1032 Vgl. StADU 10 A/29, S. 161b

Zwischenbetrachtung III

Bürgerliche Sonntagsschulpädagogik als Teil der Bürgerschulbewegung: (Sozial-Pädagogische Epoche der Modernisierungsphase des Vormärz)

Vergleicht man die Arbeit der Duisburger Loge mit Preuskers Konzept (*Dreiblatt der Volksbildung* bestehend aus *Sonntagsschule*, den so genannten *Gewerbverein* und *Volksbibliothek*) fällt auf, dass die Duisburger Freimaurer einzig in der Sonntagsschularbeit engagiert waren. In Duisburg sind während des Vormärz weder ein Gewerbverein noch eine Volksbibliothek zu finden. Auch finden sich in den Unterlagen wenige theoretische Reflexionen zur Sonntagsschulpädagogik. Preuskers hat früh die eigene institutionelle Arbeit in Großenhain reflektiert, den fachlichen Austausch mit bekannten, einflussreichen Pädagogen und interessierten Bürgern gesucht und sich fortlaufend um eine theoretische Fundierung der eigenen Arbeit bemüht. Er entwickelte ein System der Volksbildung, seine *Bausteine* für ein alle Menschen erfassendes Bildungs- und Erziehungskonzept. Insofern handelt es sich konzeptionell um ein System einer umfassenden Bürgerschulpädagogik und gehört in einen Kontext mit Konzeptionen Magers, Diesterwegs und anderen. In seiner praktischen Arbeit entwickelte Preusker in Großenhain mit seinem *Dreiblatt* der Volksbildung ein umfassendes Konzept sozialpädagogischer Erwachsenenbildung. Preusker ist der erste, der eine umfassende systematische *Sozialpädagogik* – ohne dass er je diesen Begriff gebraucht hätte – entwickelte. Die Sonntagsschule hatte in etwa die Funktion einer im Grunde allen offen stehenden *Volkshochschule* oder einer historischen Einrichtung der Jugendsozialarbeit, die inhaltlich die erwerbstätige, aber chancenlose Bevölkerungsschicht ansprach und in ihren Bildungsangeboten Inhalte aus dem alltäglichen Leben und Arbeitsprozess der Adressaten entnahm. Der Gewerbverein hatte die Aufgabe, das Angebot der Sonntagsschule zu ergänzen. Anders als die sonntäglich oder abendlich schulisch organisierte Einrichtung mit inhaltlich aufeinander aufbauenden komplexeren Inhalten waren die Bildungsangebote des Gewerbvereins konzeptionell eher als Vorträge, Impulsreferate et cetera angelegt. Zudem war der Gewerbverein Preuskerscher Prägung ein Ort der Geselligkeit, ein Gesellschaftsklub für die untere Bürgerklasse. Der Gewerbverein sollte den jungen Männern Ort der Ruhe und Erholung in der Gemeinschaft mit anderen Halt und Orientierung im Leben geben. In dieser Hinsicht diente der Verein auch als Ort der *Selbst-* und *Gemeinschaftserziehung*. Weder haben die Duisburger ein solches differenzierte System der Volksbildung aufgebaut, noch ist hier während des Vormärz ein Theoretiker der Sonntagsschulpädagogik zu finden. Es kam zwar im Umfeld der Sonntagsschule zur Gründung weiterer Stiftungen zur Hebung der sozialen Lage und ihre Organisatoren hatten die

425

Grunderkenntnis, dass alle diese Vereine *Bausteine* eines komplexen Volksbildungssystems waren, wofür der schon mehrfach herangezogene Zeitungsartikel von 1841 zeugt.[1033] Aber an weitergehende, das Gemeinschaftsgefühl fördernde Einrichtungen wie beispielsweise einen Gewerbverein, hatten sie nicht gedacht. Die Errichtung einer Volksbibliothek und eines Lesesaals im Kontext der Sonntagsschule konnte erst um die Jahrhundertwende realisiert werden. Die Duisburger Sonntagsschule von 1831 war nach vergleichbaren Grundsätzen wie in Großenhain organisiert, sie verfolgte vergleichbare Intentionen. Es gab in Duisburg mehrere wichtige Persönlichkeiten an der Einrichtung, welche die Sache der Volksbildung vorangetrieben, die Selbsthilfekompetenz und das Selbstwertgefühl der Adressaten steigern helfen konnten. Aber erst nach der Jahrhundertmitte hatte die Einrichtung mit Lange einen ausgezeichneten Theoretiker der *Sozialen Frage*. Entsprechend handelt es sich bei den vorgefundenen Dokumenten, die über organisatorische Details hinausgehen und pädagogische Fragen behandeln, weniger um methodisch-didaktische Reflexionen, die Preusker so zahlreich anstellte, als mehr um Erfahrungsberichte der Pädagogen. Auch von Lange, der umfangreiche Werke zur *Arbeiterfrage* veröffentliche, findet man keine gedruckten Schriften zur Sonntagsschulpädagogik, was allerdings daran liegen mag, dass die Epoche der bürgerlichen Sonntagsschulen langsam zu Ende ging. Lange steht schon für die Zeit der beginnenden Arbeiter- und Frauenbewegung.

Das Außergewöhnliche – und damit das die Duisburger Anstalt von allen anderen freimaurerischen Sonntagsschulen in Deutschland Unterscheidende –, war der *Besuchsdienst*. Das institutionelle Vorbild dieser Form der vormärzlicher Sozialen Arbeit hatten die Duisburger Freimaurer entweder christlichen Sonntagsschulkonzepten oder den Besuchsdiensten der Armenverwaltung entnommen. Der Besuchsdienst der Einrichtung lässt sich in der Systematik Preuskers als ein *Baustein* der Volksbildung betrachten.

Dass man von der bürgerlichen Sonntagsschulpädagogik als einer pädagogischen Epoche sprechen kann, lässt sich mit drei Fakten belegen, die, so Oelkers, Bedingungen dafür sind, dass man von einer *historischen Epoche* reden kann.[1034]

1. Die Zeit der bürgerlichen Sonntagsschulpädagogik lässt sich relativ klar umgrenzen: Es ist Zeitalter des Bürgertums.
2. Die Zeit der bürgerlichen Sonntagsschulpädagogik lässt sich vor allem deutlich durch den genannten Paradigmawechsel gegenüber ihren Vorläufern, aber auch von ihren zeitlichen Nachfolgern unterscheiden.
3. Die Zeit der bürgerlichen Sonntagsschulpädagogik lässt sich durch Zuordnung eines bestimmten Personenkreises – Freimaurer und Wirtschaftsbürger – als Träger der neuen Institutionen bestimmen.

1033 Vgl. StADU 10/4279, Duisburger Kreisblatt, 5. Jg., Nr. 100, vom 16. Dezember 1841, S. 2f.
1034 Vgl. Oelkers 1993, S. 91

10. Zu den Grenzen und Erfolgen des mit der Sonntagsschule verbundenen sozialpädagogischen Projekts

Die Aktivitäten zur Sozialreform der Freimaurer wurden im Vorstehenden in einen Kontext mit frühsozialistischen Bestrebungen gestellt und als Voraussetzung der späteren Arbeiter- und Frauenselbsthilfeinitiativen dargestellt. Conze hatte den Gesamtkontext, in dem die bürgerlichen Sozialreformprojekte stattgefunden haben, als eine sozialgeschichtliche Voraussetzungen für den Sozialismus in Deutschland bezeichnet.[1035]

Hohendorf beurteilte 1994 die Leistungen Preuskers folgendermaßen: Sein „Konzept der Selbstbildung atmete den Geist Emanzipation, es war politisch motiviert und hat objektiv auch die Emanzipation der Arbeiterklasse gefördert"[1036].

Wenn man die Geschichte der bürgerlichen Volksbildungsanstalten der Sonntagsschulen, Gewerbvereine über die späteren Gesellenvereine bis hin zu den Arbeiter-, Frauen- und Jugendvereinen der zweiten Jahrhunderthälfte betrachtet, kann man festhalten, dass das in der zweiten Hälfte des 19. Jahrhunderts gewachsene Selbstbewusstsein der Arbeiter, der Frauen, der proletarischen und bürgerlichen Jugend eine klar bestimmbare Wurzel in den bürgerlichen Sozialreformprojekten seit dem Vormärz hatte.

Der Zweck der bürgerlichen Sonntagsschulen war nicht nur die Unterrichtung im Lesen, Schreiben und Rechnen, sondern es ging den Stiftern um die *soziale Alphabetisierung* der Zöglinge, um das Erlernen sozialer und intellektueller Kompetenz, die Bildung im selbstständigen Denken und Urteilen, um das Erlernen und Anwenden praktischer Logik. Die Schüler sollten je eigene Werthaltungen und ethische Grundsätze selbst entwickeln. Das heißt, vorgebenes Wissen und Werthaltungen waren nur die Basis des Unterrichts; die Pädagogen zielten mittels Reflexion auf das Selbstdenken und -urteilen. Die Pädagogen zielten nicht nur auf die Vermehrung des brauchbaren Wissens für die in einem Gewerbe Beschäftigten, die Einsicht in äußere Zusammenhänge und deren Verständnis, sondern auf die Bildung des Menschen. Die Stifter der bürgerlichen Sonntagsschulen glaubten, dass für die berufliche und gesellschaftliche Stellung des Einzelnen in erster Linie dessen individuelles Bildungsniveau bestimmend sei und traten daher für das Recht, das heißt das *Menschenrecht* auf Bildung für alle ein. Dies beinhaltete den Sozialreformwillen zum Abbau ständischer Rechte, die Brechung von Privilegien. Die Sonntagsschule hatte einen klar definierten sozialpädagogischen Auftrag. Sie zielte auf Emanzipation durch Aufklärung und Volksbildung. Sie gab einerseits Lerngelegenheiten, Hilfestellungen und Begleitung zur selbstständigen Reflexion eigener und gesell-

---

1035 Vgl. Conze 1954
1036 Ebd., S. 99

schaftlicher Bedingungen, andererseits bot sie kompensatorisch Mittel zur Beseitigung gegebener Mängel und Behinderung der eigenen Entwicklung – zur Behebung sozialer und psychischer Not.[1037] Sie widmeten sich dem klassischen Feld bürgerlicher Wohlfahrtspolitik. Bestehende Klassengegensätze sollten nicht konserviert, sondern durch Offenheit der Gesellschaftsstrukturen aufgehoben werden; das Ziel lautete: gesellschaftliche Teilhabe an Stelle von Ausgrenzung. Die bürgerlichen Sozialreformer verfolgten das Ziel des Ausgleichs sozialer Benachteiligung, der Verbesserung individueller Lebenschancen und der Besserung der materiellen Verhältnisse. Die Vereine zur Fortbildung junger Gesellen und Arbeiter hatten es auf die intellektuelle, sozialethische Bildung sowie auf eine der beruflichen Existenz und dem individuellen Fortkommen nützliche Bildung abgesehen. Die Sonntagsschule wurde von den Freimaurern als Beitrag zur Demokratisierung und Humanisierung der gesellschaftlichen Verhältnisse angesehen. Die Einrichtung begriffen sich als Angebot, als freiwillige Chance zur Verbesserung der eigenen Lage. Sie erzogen für die bürgerliche Gesellschaft, forderten aber bereitwillige Leistungsbereitschaft, Selbsttätigkeit und Eigenverantwortung. Die Motivation der Jugendlichen zur Teilnahme an der Sonntagsschule bestand in der Erfahrung, dass bisher Erreichtes nicht ausreichte, um am gesellschaftlichen Erfolg teilzuhaben.

Die Erreichung der von den bürgerlichen Sonntagsschulen intendierten Ziele lässt sich anhand vorgefundener Quellen und historischer Darstellungen konkreter nachweisen. Für die Dresdener Sonntagsschule wird in einem erhalten gebliebenen Zeitungsartikel von ehemaligen Zöglingen berichtet, die nach dem Abgang von der Schule eine gewisse Zeit als Zuhörer dem Unterricht weiter beiwohnten.[1038] Ein Lehrer der Einrichtung berichtet für das Jahr 1828, dass mit Erfolg „74 Zöglinge"[1039] geprüft und feierlich entlassen wurden. Die öffentliche Anteilnahme an der Entlassfeier war augenscheinlich groß. Der Pädagoge berichtet, dass bei dieser Abschlussfeier die „aufmerksamsten und heitersten Zuhörer ... die [waren], welche vor Jahren auch als Schüler hier gesessen hatten, und jetzt schon als Meister und Bürger täglich erfuhren, was sie dieser Schule verdanken können."[1040] Zwar wohnt jeder Selbstdarstellung immer ein geschöntes Element bei, aber das lange andauernde Bestehen der Dresdener Sonntagsschule bestätigt zumindest, dass der langfristige pädagogische Erfolg weder von der Kommune noch von der Loge in Frage gestellt wurde. Auch für die Großenhainer Anstalt werden nicht nur von Preusker über das Jahrhundert relativ hohe Besuchszahlen und ein integratives Gelingen der in Rede stehenden Anstalt vermittelt. Preusker schildert in den *Bausteinen* neben seinem bildungspolitischen Standpunkt die Gründe des Entstehens der

---

1037 Vgl. Preusker 1835b, S. 200ff.
1038 Vgl. StA Dresden B VIIa 89, Bl. 14
1039 Stange 1829, S. 34
1040 Ebd.

Großenhainer Einrichtung, ihre Leistungen und ihre Erfolge.[1041] Auch das untersuchte Duisburger Beispiel macht zunächst einmal einen Erfolg, gemessen an den vormärzlichen Zielen, deutlich. Vielen Schülern aus dem einfachen Volk wurde mittels der Einrichtung der Aufstieg in den dritten Stand ermöglicht. Der Duisburger Zeichenlehrer Feldmann, der am längsten und intensivsten diesen Erfolg begleitete, geht in mehreren Berichten auf dieses Gelingen ein. Zur Unterstreichung des gesellschaftlichen Wertes dieser wohltätigen Arbeit verweist Feldmann in einem Schreiben an den Gemeinderat vom 5. Juli 1844 auf ehemalige Sonntagsschüler, die durch die Arbeit der Einrichtung entsprechend ausgerüstet selbst Meister geworden waren und noch immer seinen Rat suchten. Verschiedene Lehrer beklagten wiederholt, dass aus räumlichen Gründen jugendliche Bewerber abgelehnt werden mussten.

Die im Kontext der gesellschaftlichen Modernisierung ab 1806 in Deutschland begonnene Auflösung vorgegebener Traditionen und Öffnung der Gesellschaft bedeutete, wie beschrieben, die völlig neue individuelle Aufgabe, Entscheidungen für den eigenen Lebensverlauf zu treffen, eine Lebensplanung und Strategien zu entwickeln. Diesem neuen biographischen Problem der Lebensbewältigung diente die beschriebene Einrichtung der bürgerlichen Sonntagsschule. Sie war eine freiwillige Veranstaltung. Dass Gesellen, Arbeiter und Lehrlinge von ihren Handwerksmeistern und Fabrikherren zum Besuch der Anstalt angehalten wurden, ist kein Zeichen einer Verpflichtung; für den Besuch war die eigene Motivation und die Bereitschaft zur Eigeninitiative wesentlich. Sonntagsschüler, die davon nicht genug mitbrachten, mussten die Anstalt verlassen. Der Grund des Anhaltens lag darin, dass die Handwerksmeister und Fabrikbesitzer als Logenmitglieder und Mitinitiatoren der Einrichtung vom Wert der Sonntagsschule überzeugt waren und die individuellen Möglichkeiten, die sich aus einem Besuch ergaben, sahen. Mauermeister Grüter in Duisburg war, obwohl ökonomisch und gesellschaftlich erfolgreich, augenscheinlich Analphabet.[1042] Er wird unter dieser Unfähigkeit gelitten haben. Am Beispiel des „Friedr. Wilh. Wilhelmi – 12 Jahre alt zum Zeichnen"[1043] wurde deutlich, dass Schüler, die den eigenen Willen zur aktiveren Lebensplanung verspürten, auch vor dem gesetzten Alter und vor der begonnenen beruflichen Tätigkeit, die Möglichkeiten der Sonntagsschule für sich nutzen konnten.

Die Sonntagsschulpädagogik auf der Grundlage freimaurerischer Ethik war eine Pädagogik, die soziale Umstände mit einschloss und Randständige in Hinsicht auf Autonomie fördern wollte. Sie war – zumindest im Sinn des Staatsbürgerschaftsgedankens des Vormärz – eine Erziehung von Bürgern und eine Erziehung zur Demokratie.

1041 Preusker 1835b, S. 200ff.
1042 Vgl. StADU 10/4280, Bl. 23
1043 StADU 10/4279

Alle Quellen vermitteln das Bild eines anhaltenden pädagogischen Erfolges. Aber auch das lange Bestehen der Einrichtungen und die (zwar verhaltene) Bereitschaft der Kommune, entweder Geld zur Unterstützung zu geben oder aber die Logeneinrichtungen in städtische Trägerschaft zu übernehmen, lassen den Schluss erfolgreicher Arbeit zu. Die vormärzliche Erfolgsgeschichte wurde im Hinblick auf andere Fragen schon durch berufspädagogische Arbeiten dargestellt: Wehrmeister nennt die bürgerlichen Sonntagsschulen mit gewerblicher Ausrichtung, ein „Symbol zum sozialen Aufstieg"[1044]. Die Sonntagsschulen waren seit ihrer ersten Stiftung ein Instrument des Ausbruchs aus den engen Grenzen vorgegebener sozialer Bestimmung. In der zweiten Jahrhunderthälfte wurden die bürgerlichen Einrichtungen konzeptionell von den sich vom Bürgerstand emanzipierenden Arbeitern überholt. Zwar zeigt das Duisburger Beispiel, dass die Einrichtungen sich den veränderten Bedingungen anzupassen versucht haben. Jedoch muss man aus sozialpädagogischer Sicht eingestehen, dass sie ab diesem Zeitpunkt ihr ursprünglich sozialpädagogisches Profil aufgaben und sich zu berufspädagogischen Einrichtung weiterentwickelten. Diese Entwicklung lag in der Zeit und fand ihre organisatorische Basis in der rechtlichen Normierung berufspädagogischer Ziele.

1044 Wehrmeister 1995, S. 16

SCHLUSSBETRACHTUNG

Teil I der Arbeit hat deutlich machen können: Mit der beginnenden Bürgergesellschaft in Deutschland und der in der langsamen Überwindung ständischer Beschränkungen eröffneten sich neue Möglichkeiten für die Lebensplanung. Damit entstand jedoch auch das grundsätzliche Problem der aktiven Lebensgestaltung und Lebensbewältigung. Mit den biographisch neuen Unwägbarkeiten, die sich allein aus der Berufsfreiheit und dem Verlassen ländlich-sittlicher Strukturen ergaben, begannen für viele junge Menschen, die den Weg in die neuen Ballungszentren in der Hoffnung auf Arbeit suchten, zum Teil katastrophale Lebensentwicklungen. Während noch im 18. Jahrhundert von einer *stehenden Entwicklung* in Hinsicht auf die Schichtenbildung zu sprechen ist, wuchs mit der neuen Dynamik der Anteil besitz- und bildungsloser, sozial benachteiligter Menschen sprunghaft an. Insbesondere im Rheinbund wuchs dieser Bevölkerungsteil im ersten Jahrzehnt des 19. Jahrhunderts. Die ganz auf ein kapitalistisches System, das rechts vom Rhein noch nicht gebildet war, zugeschnittene Ablösungsgesetzgebung begünstigte diese Entwicklung.

Politische Ordnung, privates und öffentliches Recht trafen in den ehemalig preußischen Landesteilen auf eine andere soziale Wirklichkeit als in Frankreich und den seit 1794 besetzten und mit dem Friedensvertrag von Lunéville (1801) völker- und staatsrechtlich französischen linksrheinischen Gebieten. Mit der politischen und rechtlichen Offenheit der Gesellschaft, die durch den Gleichheitsgrundsatz geprägt war, bei faktisch anderer sozialer Wirklichkeit, entwickelte sich erst die Grundvoraussetzung moderner Sozialpädagogik und Sozialarbeit. Dies gilt grundsätzlich in paralleler Weise für die preußische Entwicklung nach der verlorenen Dreikaiserschlacht bei Austerlitz am 2. Dezember 1805 und der Befreiungsgesetzgebung Hardenbergs.

Es ist richtig, wenn man die industrielle beziehungsweise protoindustrielle Entwicklung mit ihren spezifischen Beschleunigungsprozessen als unmittelbare Voraussetzung für soziale Benachteiligungen, für Kinderarbeit, das Auseinanderbrechen familiärer Beziehungen und vieles mehr nennt. Möglich wurde die industrielle Entwicklung aber durch die gesellschaftspolitischen Veränderungen, die in der Folge der Französischen Revolution in Deutschland entstanden. Es bedurfte des umtriebigen Bürgers, der zuerst im Rheinbund durch die Munizipalverfassung sowie die Rechts- und Verwaltungsreformen profitierte, der die sozialen und wirtschaftlichen Möglichkeiten des Ablösungskapitalismus zu kalkulieren wusste, der die Möglichkeiten der entstehenden Wirtschaftsgesellschaft begriff. Die Verwaltungs- und Rechtsreformen im Rheinbund wie die dadurch angeschobenen Befreiungsgesetzgebungen im preußischen Kernland hatten ein frühes urbanes Proletariat zur Folge.

Nicht die industrielle Gesellschaft, wie Mollenhauer formuliert, sondern die *bürgerliche* Gesellschaft ist die Basis dessen, was an – unter sozialpädagogischem Blick – relevanten Konzepten entwickelt wurde.[1045] Sozialpädagogische Konzeptionen sind eine Reaktion auf das, was durch die bürgerliche Gesellschaft in Gang gesetzt wurde, nicht durch die industrielle. Industrielle Entwicklung und Hilfskonzepte sozialer Arbeit sind fast zeitgleich als Folge des gesellschaftlichen Wandels zur bürgerlichen Gesellschaft entstanden. Zudem konnte im Teil I neben der gesamtgesellschaftlichen und rechtlichen Modernisierung die administrative Wahrnehmung der aus der Bürger- und Wirtschaftsgesellschaft entstehenden sozialen Probleme deutlich gemacht werden. Es wurde deutlich, warum der Staat sich, abgesehen von wenigen Ansätzen, außer Stande sah, auf die Probleme mit einer entsprechenden Sozialpolitik zu reagieren. Allerdings wurden durch amtliche Stellungnahmen sozialreformerische und pädagogische Maßnahmen angeregt, die als Lösungsinstrument für innen- und sozialpolitische Aufgaben begriffen wurden.

Der Teil II konnte ein weit verbreitetes Erziehungskonzept vorstellen, das pädagogisch interessierte und sozial verantwortungsbewusste Wirtschaftsbürger mit dem beginnenden Jahrhundert zuerst im Rheinbund entwickelten. Dabei wurde die besondere Rolle Preuskers für die Weiterentwicklung und Verbreitung der bürgerlichen Sonntagsschulen hervorgehoben. Dessen Reflexionen zum Kontext *Jugend* und *Schonraum* regten viele Nachahmer zu ähnlichen sozialpädagogischen Orten an.

Wesentliche Unterschiede zu Pestalozzi wurden angesprochen und es konnte gezeigt werden, dass erst die bürgerliche Sonntagsschulidee eine *sozialpädagogisch* zu nennende Antwort auf die entstandenen Fragen darstellte. Damit konnte der Beginn moderner sozialer Arbeit gezeigt werden. Der Schweizer war noch völlig dem ständischen System verhaftet, das er erhalten und stärken wollte. Die Wirtschaftsbürger wollten diese Tradition aufheben. Entsprechend der Neuheit dieser Intentionen galt Pestalozzi den sozialreformerischen Kräften als veraltet. Die Zielsetzung hatte gesellschaftsgestaltende Potenz und veränderte die soziale Wirklichkeit: Im Kontext dieser bürgerlichen Institutionen, denen veränderte Deutungsmuster einer neuen Zeit zu Grunde lagen, lösten sich sukzessive ständische Gliederung und gesellschaftliche Schranken. Darum waren die Wirtschaftsbürger moderner in ihren Zielen. Die Sonntagsschulpädagogik gehört in den Kontext der Bürgerschulen des 19.

1045 Mollenhauer hat dies später selbst eingeräumt, dem aber offensichtlich dann doch keine wesentliche Bedeutung beigemessen. Das verkürzte Bild von der Industrialisierung als Voraussetzung der Sozialpädagogik ist nicht zuletzt auf Grund seiner Arbeiten tradiert worden.

Jahrhunderts; sie war die sozialpädagogische Variante. Die bürgerliche Sonntagsschulpädagogik ist ein Konzept zur demokratischen Erziehung und eine genuine Sozialpädagogik; sie geht nicht allein vom Phänomen der Devianz aus, sondern von der Frage, wie Erziehung und Bildung zur Gestaltung der Gesellschaft beitragen kann. Der Beginn sozialpädagogischen Handelns und sozialpädagogischer Institutionen liegt in der Zeit des Vormärz. Preusker betont in seinen Schriften nicht nur die Notwendigkeit der Aufnahme der Pädagogik unter die Wissenschaften und die Einrichtung von akademisch-pädagogischen Seminaren.

Professionsgeschichtlich ist ab dieser Zeit der Anfang einer ehrenamtlich durchgeführten sozialpädagogisch zu charakterisierenden Tätigkeit nachzuweisen. Preusker trat früh für die Professionalisierung der pädagogischen Zunft ein und hielt eine theologische oder sonstige Ausbildung für nicht ausreichend, um Menschen zu erziehen.

Diese pädagogischen Sozialreformprojekte lassen sich durchaus als eine der „geistigen Quellen" der modernen Sozialarbeit einordnen.[1046] Kritiker können einwenden, es handele sich bei dem Vorgelegten vielleicht nur um eine außerschulische Jugend- beziehungsweise Erwachsenenbildung, um ein historisches Weiterbildungskonzept. Das spezifisch Sozialpädagogische der *Nacherziehung* war das zu Grunde liegende Lebensbewältigungsparadigma. Ihrer Intention nach zielte es auf noch als erziehungsbedürftig geltende Entwachsene, auf den heute so genannten *sozialpädagogischen Jugendlichen*. Ohne die Methoden der *Nacherziehung* sahen die Stifter und Pädagogen die gesellschaftliche Zukunft als gefährdet. Auch das eigentümlich pädagogische Verhältnis einer erwachsenen Klientel gegenüber, das sich als *sorgende Beziehung* charakterisieren lässt, spricht gegen den genannten Einwand. Was *Sozialpädagogik* ist oder nicht ist und was sie sein könnte, muss von den Zielen und der Motivation her beurteilt werden. Zwar konnte sich in dieser Zeit der Begriff als *allgemeines Konstrukt* für in einen Kontext gehörige Sachverhalte nicht etablieren und es unterblieb bis zur Jahrhundertwende eine theoretische Auseinandersetzung über rein pragmatische Fragen hinausgehende Methode; damit ist der Beginn einer entstehenden Theorie- und Wissenschaftsgeschichte wesentlich später zu verorten. Aber die Setzung für den Beginn moderner Sozialpädagogik als Handlungstheorie ist willkürlich und eine zweckgebundene Behauptung.

Während der Zeit des deutschen Kaiserreiches hatten bürgerlich-kommunale Korporationsformen sozialer Solidarität eine längere Tradition und mit den Zentralisierungsbestrebungen des Wohlfahrtsstaates bildeten sich auch die großen Wohlfahrtsverbände. Aus den beschriebenen Gründen, vor allem

---

1046 Vgl. Nohl 1926, S. 133ff.

in der Zeit des Kulturkampfes oder der Agitation Ludendorffs entstand kein freimaurerischer Wohlfahrtsverband, ein Unternehmen, das unter den gesellschaftlichen Bedingungen der Vormärz-Zeit und des Einflusses dieser Wertegemeinschaft durchaus hätte entstehen können.

In Teil III konnte das bürgerliche Sonntagsschulkonzept mittels eines regionalen Fallbeispiels anhand einer ergiebigen Quellenlage detaillierter dargestellt werden. Mit der Entwicklung der Duisburger Sonntagsschule wurde insbesondere deutlich, welches ehrenamtliche, bürgerliche Engagement notwendig war, um aus der pädagogischen Idee eine erfolgreiche Institution werden zu lassen. Die persönlichen Kosten der Organisatoren und der an der bürgerlichen Sonntagsschule Tätigen werden am Duisburger Beispiel ebenso anschaulich wie deren institutionsgeschichtliche Avantgardeleistung. Das ehrenamtliche Engagement der überwiegend hauptberuflich im Schuldienst tätigen Pädagogen stellt eine Pionierleistung in der Ausbildung Sozialer Dienste dar.

Der in Duisburg zu verzeichnende Rückzug des Bürgertums hat mehrere Gründe. Neben dem Wegzug vieler Stifterfamilien spielt bei den zahlenmäßig weniger werdenden, sicherlich eine Art „müde werden" eine Rolle. Jedes Engagement leidet, wenn es trotz großer eigener Kosten nicht anhaltend gewürdigt wird. Zudem basierte das geschilderte Engagement auf den Zielen der Freimaurerei, die sich aber fortschreitend Verfolgungen ausgesetzt sah. Auch veränderten sich allgemein die Vereinsstrukturen seit 1848. Die bürgerlichen Freiheiten waren zunehmend eingeschränkt, der staatliche Argwohn gegenüber bürgerlichen Assoziationen nahm an Schärfe zu. Die städtische Gesellschaft veränderte sich durch neue Industriebarone und einen neuen Geist. Auch die Intentionen der inzwischen städtischen Einrichtung der Sonntagsschule veränderten sich wie im Übrigen auch die Klientel. Es ging nicht mehr um eine Nacherziehung und die *soziale Alphabetisierung*, sondern um heute als berufspädagogisch zu nennende Ziele. Somit könnte man den geschilderten Rückzug als Ent-Sozialpädagogisierung betrachten.

Das 19. Jahrhundert war in der Zeit zwischen Protoindustrialisierung und beginnender Gründerzeit ein Zeitraum der Suche nach *sozialpädagogischen* Antworten auf soziale Fragen. Beendet wurde dieser Zeitraum durch die rechtliche Normierung im Bereich der Berufsbildung sowie durch ein verändertes gesellschaftliches Paradigma: durch die beginnende Sozialdiziplinierung der Jahrhundertwende. Mit der chronologischen Darstellung der inhaltlichen und organisatorischen Entwicklung konnte aber auch die Zeitgebundenheit dieses Konzeptes sozialer Hilfe deutlich gemacht werden. Die bürgerliche Sonntagsschule markiert einen frühen Ausgangspunkt sozialpädagogisch begründeter Programme. Die Zeit dieses Konzeptes war begrenzt. Mit den sozioökonomischen Veränderungen, welche die Zeit der beginnenden Schwerindustrie und der berufsorganisatorischen Differenzierungen ab den 1860er-Jahren brachte, war die Zeit der bürgerlichen Sonntagsschule vorbei. Noch bestehende Einrichtungen wurden im Sinne berufsbildender Ziele umgewandelt.[1047]

1047 Im Rahmen des Konzeptes bürgerlicher Sonntagsschulen wurde ein Diskurs zum Zusammenhang Jugend und Arbeit unter den Vorzeichen der Suche nach Lebenssinn und gesellschaftlicher Funktion geführt, an dem sich die heutige Soziale Arbeit nicht messen kann. Arbeit bzw. die berufliche Beschäftigung nimmt im Leben aller Menschen einen wesentlichen Raum ein: in zeitlicher Hinsicht und in Hinsicht auf Sinngebung, Lebenszufriedenheit und Stabilität, von wirtschaftlichen Dingen ganz abzusehen. Es entsteht die Frage, ob sich die gegenwärtige Soziale Arbeit inhaltlich nicht mehr diesem Schwerpunkt zuwenden und ihn methodisch integrieren sollte. Es kann nicht ausreichen, sich als Mitarbeiter der Sozialen Arbeit auf die klassischen Methoden des Casework (Betreuung, psycho-soziale Beratung, Verhandlung, Intervention, Beschaffung und Vertretung) zu beschränken. Die Bedeutung der beruflichen Bildung auf jeder Ebene für die Effektivität Sozialer Arbeit darf nicht mehr vernachlässigt bzw. an die Einrichtungen der Jugendsozialarbeit oder berufsvorbereitender Maßnahmen delegiert werden. Solche Einrichtungen behalten ihre Berechtigung und Notwendigkeit. Im Sinn von Becks Zeitdiagnose kann aber diese Art der Differenzierung und klaren Arbeitsteilung zwischen den verschiedenen Professionen keine dauerhaften Problemlösungen, sondern bestenfalls ein zeitlich begrenztes Senken einer Wahrnehmungsschwelle bringen.

A. Archivalien, ungedruckte Quellen

1. Stadtarchiv Duisburg (StADU), Matrikel/Bestand

7	Munizipalverfassung (1807–1813)
41/254a	Conrad Jacob Carstanjen: Chronik der Stadt Duisburg (1801–1838)
46–1	Nachlass Friedrich Albert Lange, Nr. II (Pädagogik): 2, 21 b, 22 j, 24 d
1 A/220	Schenkungsurkunde der Erben Johann Jacob vom Rath
10 A/29	Stadtverordneten-Protokollbuch von 1848 bis 1857
10 A/109	Neubürgerliste der Stadt Duisburg von 1712
10/1627	1815–1818 Fabriken in Duisburg (Art, Arbeiter, Umsatz)
10/2073	Armensachen (1732–1806) (insb. Errichtung der allgemeinen Armenanstalt)
10/2227	Ausgabebelege für die Sonntagsschule zu Duisburg, 1831–1833.
10/2276 a)	Lehrer, Gehalt, Lebenslauf des Lehrers Kremer, Schülerlisten
10/2276 b)	Ausgabebelege für die Sonntagsschule, Berichte über die Gründung der Schule
10/2276 c)	Schulversäumnisse
10/2278	Errichtung einer Real- und Sonntagsschule (1831–1845)
10/2474	Über die Aufnahme der statistischen Tabellen (1798)
10/2537	Polizeisachen (1834f.)
10/2602	Bevölkerungslisten, statistische Gewerbe- und Schultabellen, 1826–1836
10/3415–3422	Polizeisachen
10/3968	Manual-Akten des Schulvorstandes, Bd. 1 (1833–1834)
10/3969	Manual-Akten des Schulvorstandes, Bd. 2 (1836–1841, 1843)
10/3976	Acta betreffend das Schulwesen der katholischen Gemeinde zu Duisburg (1833–1847)
10/3983	Errichtung einer Armen-Mädchenschule in Duisburg (Freischule) (1854–1870)
10/3984	Die Armen-Mädchenschule (hierin: Duisburger Verein f. Armen- u. Krankenpflege, Protokoll der Gründung 1854, Statut 1854 u. 1881, Druck 1882) (1866–1899)
10/4207	Provinzialangelegenheiten
10/4278	Acta betreffend die Errichtung einer Real- und Son[n]tagsschule zu Duisburg
10/4279	Verwaltung der Sonntags-Schule zu Duisburg (1831–1845)
10/4280	Sonntagsschule, spätere Handwerkerfortbildungsschule (1839–1863)
10/4281	Leitung und Verwaltung der Sonntagsschule, (1846–1863)
10/4282	Sonntagsschule, spätere Handwerkerfortbildungsschule (1864–1866)
10/4283	Protokollbuch des Vorstandes der Sonntags- und Handwerkerfortbildungsschule zu Duisburg (1865–1882)
10/4284	Fortbildungsschule für Mädchen (1866–1876)
10/4285	vom Rathsche Stiftung, Bau d. Handwerker-Fortbildungsschule (1867–1899)
10/4286	Das 50jährige Jubiläum der Fortbildungsschule (für Jungen) (1881/1882)
10/4287	Denkschrift des F.A. Lange über die gewerbliche Fortbildungsschule zu Duisburg an den Landrat Keßler (1863/64)
10/4350	Belege zu den Rechnungen der Handwerker-Fortbildungsschule (1865–1871)
10/4365	Armen-Verwaltungs-Act
10/4366	Acta Generalia die hiesige Armen-Anstalt betreffend (1809–1833)
10/4559	Notizen zum Jahresbericht (der Stadt Duisburg) (1863–1868)
10/4560–4586	Jahresberichte der Stadt Duisburg, Bd. II – 28 (1869–1906)

10/4697	Juden überhaupt (genehmigtes Statut d. Synagogengemeinde etc.) (1804–1859)
10/4739	Notizen zur Tack- u. Tibi'schen Fundation (1808–1856)
10/4754	Das Vermächtnis des Professors Jakob Konrad Carstanjen an die Armen-Anstalt in Duisburg (1840–1843)
10/4936	Listen über Geburts-, Heirats- u. Sterbefälle (1827–1864)
10/4979	Bevölkerungspolizei, Statistik: Numerierung der Häuser (1824–1877)
10/5035	Duisburger Verein zur Unterstützung des Handels u. der Industrie (1848)
10/5073	Bauten u. Reparaturen am Günther-Carstanjen's-Krankenhaus (1840–1886)
10/5090	Tack- u. Tibi-Stiftung Fundation, Verträge (1800–1836)
10/5092	Anfertigung eines Waisenhaus-Etats pro 1823–1837 (1823–1837)
10/5105	Bau einer Lehrerwohnung für die kleinere evang. Gemeinde in Verbindung eines Lokals für die Armenschule (1837–1849)
10/5115	Günther-Carstanjen's Krankenhaus (1828–1898)
10/5111	Bauten u. Reparaturen am Günther-Carstanjen's-Krankenhaus (1840–1886)
10/5566	Allgemeine Unterstützungskasse für Fabrikarbeiter in der Gemeinde Duisburg (1856, 1861) (enthält Statuten von 1856)
10/5559	Anstellung und Instruktionen des Waisenvaters 1808; 1820–1884
10/5562	Die Aufnahme der Kinder in das Waisenhaus und Verpflegung derselben (1832–1856)
10/5563	Aufnahme katholischer Waisen in das reformierte Waisenhaus (1833–1836)
10/5626	Rheinisch-Westfälische Pastoralgehülfen-Anstalt (Diakonenanstalt) (1846–1898)
10/5637	Prospectus zur Bildung einer Gesellschaft behufs Erbauung von Häusern für Arbeiter
10/5639	Einschulung jüdischer Kinder (1827–1919)
41/254a	Chronik der Stadt Duisburg vom Jahre 1801–1838.
70/218	Gebührenbuch u. Sterbeverzeichnis Duisburg
92/196	Schulangelegenheiten (1842–1914)
92/684	Akten, die Sonntagsschule, die Abendschule, die Armemädchenschule und die Fabrikarbeit Jugendlicher betr. 1833 – 40, anbei eine namentliche Liste der in Fabriken beschäftigten Jugendlichen kath. Konfession von 1839
307/134	Freimaurerloge zur deutschen Burg (1820–1856)
307/443	Akten betreffend: Societät
400/817	Die Bibliothek der gewerblichen Fortbildungsschule, Bd. 1 (1891–1931)
501/120	Akten betreffend: Die Kleinkinderbewahranstalten

Periodica
Amtsblatt der Regierung zu Düsseldorf, Jg. 1841
Duisburger Kreisblatt, 1841
Der Wächter an der Ruhr Jg. 1848
Ruhrzeitung, Jg. 1848, 1849
Vereinigte Ruhr- und Duisburger Zeitung, Jg. 1849, 1851
Rhein- und Ruhrzeitung, Jg. 1851, 1855, 1858, 1859, 1870, 1875, 1932
Volksfreund, Jg. 1850
Der Bote vom Niederrhein, Jg. 1865, 1866

2. Hauptstaatsarchiv Düsseldorf (HStAD), Matrikel/Bestand

Großherzogtum Berg

5548/5550	Tabelle über Fabriken und Manufakturen im Arrondissement Duisburg
5593/5595	dto.

10406	Die Organisation der Wohltätigkeitsanstalten (1809/1810)
10407	Die über die Verhandlungen der Wohltätigkeitsanstalten zu führenden Register (1811/1813)
10408	Die Vereinigung der verschiedenen Wohltätigkeis-Fonds unter die Verwaltung der Zentralbüros und Verpflegungskommissionen (1811/1813)
10416	Periodische Rapporte der Zentral-Wohltätigkeits-Anstalten (1813)

Generalgouvernement Nieder- und Mittelrhein

117	Die Errichtung einiger öffentlicher Schulen für die in den Fabriken arbeitende Jugend

Regierung Düsseldorf – Präsidialbüro

70/71	Auflösung der Kgl. Regierung in Kleve und Vereinigung derselben mit der Kgl. Regierung zu Düsseldorf (Nr. 70: 1821–1822, Nr. 71: 1822–1825)
821	Die politischen Zustände im Kreise Duisburg (1849)
852	Anschließung der Freimaurerlogen in der Provinz an die Mutterloge in Berlin (1817–1900)
861	Der Zigarren-Arbeiter-Verein Duisburg (1850–1854)
942	Krankenhäuser zu ... Duisburg ... (1829–1846)
943/944	Kommunalarmenwesen (1819–1880)
946	Errichtung von Leihanstalten und Sparkassen (1834–1898)
952	Nachweisung der Sparkassen und -institute (1843–1847)
1015/1025a	Manufakturen, Fabriken, Handel (1816–1916)
1188	Bildung von Hilfsvereinen für die bedürftigen Familien der zu den Fahnen einberufenen Reservisten und Wehrmänner (1831–1866)
1328/1332	Vereine gegen den Notstand, u.s.w. (1830–1844)
1668	Acta die Bereisung der Rheinprovinzen durch den Herrn Fürsten Staatskanzler – Vorschläge zur Abhilfe des allgemeinen Notstandes des Bezirkes (1816–1818)

Regierung Düsseldorf

305	Duisburg. Der Zigarrenarbeiter-Verein und seine Verzweigungen (1850–1852)
1641	Fortbildungs- und Sonntagsschulen für die aus der Schule entlassenen Schüler (1846–1872)
1642	Errichtung von Sonntags-Schulen, Regierungsbezirk Düsseldorf, 1817–1896, Vol. 1
1655	Das Gasthaus zu Duisburg (1817–1842)
1658	Armenwesen in der Stadt Duisburg 1819–1847
1660	Waisenhaus-Vermögen zu Duisburg (1823–1865)
1662	Bürgerliche Armenverwaltung (Armenanstalt) zu Duisburg (1834–1863)
2004	Das Handels und Fabrikenwesen. Fabrikengerichte. (1835–1847)
2679/2681	Errichtung von Kleinkinder- oder Warteschulen (1827–1866)
7961	Bürgermeister, Beigeordnete, Gemeindevorsteher, Generalia. (1844–1899)
8821	Überwachung der Freimarerlogen – II (1817–1848)
10235/10238	Statistik, Fabriken und Industrie
13261	Acta generalia betreffend die Anstellung von Fabrik-Inspektoren 1853–1865
10784	Korrektionsanstalten für jugendliche Verbrecher. Generalia. (1817–1895)
10799	Schutz der Haltekinder (1840–1895)
20683; 26386	Etat der Tack- und Tibischen Stiftung zu Duisburg (1821–1839)
24650	Acta betreffend die Jahresberichte des Fabrikinspektoren Bielinski 1879–1891

29831–29838 Die Tack- und Tibische Fundation zu Duisburg (1820–1923)

3. Landeshauptarchiv Koblenz (LHA Koblenz), Matrikel/Bestand

Abt. 358, Nr. 25   Acta wegen Organisation eines besonderen öffentlichen Unterrichts für die, in den Fabriken arbeitenden und dadurch den gewöhnlichen Schulunterricht entbehrenden Kinder der Fabrikanten
Abt. 403, Nr. 8082   Schulunterricht der in den Fabriken beschäftigten Kinder

4. Rheinisch-Westfälisches Wirtschaftschaftsarchiv zu Köln (RWWA), Matrikel/Bestand

Abt. 20, Bd. 1, Fasz.: 7   Acta betreffend desfallsige Materialien und Resolutionen, Jahresberichte 1832–1834
Abt. 20, Bd. 1, Fasz.: 8   Acta betreffend desfallsige Materialien und Resolutionen, Jahresbericht 1834
Abt. 20, Bd. 9, Fasz.: 5   Handelskammerberichte 1854–1868
Abt. 20, Bd. 9, Fasz.: 6   Handelskammerberichte 1869–1875
Abt. 20, Bd. 9, Fasz.: 8   Handelskammerberichte 1876–1881
Abt. 20, Bd. 26, Fasz.: 8   Handelskammerberichte 1882–1887
Abt. 20, Bd. 26, Fasz.: 9   Handelskammerberichte 1888–1896

5. Geheimes Staatsarchiv Berlin (GStA PK), Matrikel/Bestand

I. HA. Rep. 74 K VIII, Nr. 24 (Repertorium über die Acten aus der Registratur Abth. III. Ministerium des Inneren. Departement für den Handel und die Gewerbe. betr. *Die allgemeinen Vorschläge zur Verbesserung der Verhältnisse der Fabrik-Arbeiter*, Bd. 1817–1820)
I. HA. Rep. 76 II Sekt. 1 Ge e Nr. 5 (Kultusministerium)
I. HA. Rep. 76 II Sekt. 11 d 1 e Nr. 1 (Bereisung der rheinisch-westfälischen Provinzen in Lehranstaltssachen, 1815–1819)
I. HA. Rep. 76 II Sekt. 11 d 1 e Nr. 1a (Beilagen zum Bereich des Staatsrates Süvern, 1815)
I. HA. Rep. 76 II a Sekt. 41 Nr. 36 (Statistische Nachrichten über den preußischen Staat, vorzüglich über die vorhandenen geistlichen und Unterrichtsanstalten, Bd. 1–7, 1817–1876)
I. HA. Rep. 76 V c Sekt. 1 Titel 12 Nr. 16 (Pädagogische Reisen und der aus ihnen zu ziehende Nutzen, 1817–1841)
I. HA. Rep. 76 V c Sekt. 1 Titel 23 Nr. 1 (Pädagogische Reisen und ihre Auswertung, 1816–1821)
I. HA. Rep. 76 VI Sekt. 1 aa Nr. 26 (Revision der Gewerbeschulen, Bd. 1–5, 1848–1878)
I. HA. Rep. 77 Titel 20 Nr. 26 (Geheime Verbindungen in der Fröbelschen Allgemeinen Deutschen Erziehungsanstalt in Keilhau in Schwarzburg-Rudolstadt, 1824)
I. HA. Rep. 92 Altenstein A VI b Nr. 6 (Allgemeine Angelegenheiten des Schulwesens, 1817–1839)
I. HA. Rep. 92 Altenstein A VI b Nr. 17 (Das Schulwesen in einzelnen Distrikten und Orten, 1819–1839)
I. HA. Rep. 92 Altenstein A VI b Nr. 24 (Das Schulwesen in Berlin, 1822–1830)
I. HA. Rep. 92 Altenstein A VI b Nr. 27 (Schulverhältnisse in den Fabriken des Rheinlandes, 1824–1834)
I. HA. Rep. 120 BB VII 3.1., Vol. 1 (Ministerium für Handel und Gewerbe, 1828–1846)
I. HA. Rep. 120 E I Fach 1 Nr. 38 (Sonntags- und gewerbliche Fortbildungsschulen, Bd. 1–39, 1834–1932)

6. Sächsische Landesbibliothek – Staats- und Universitätsbibliothek Dresden (SLUB), Signatur/Titel

Handschriftenabteilung/Sondersammlung: Nachlass Preusker

Mscr. Dresd. R 265, Bd. X, 65–68; Bd. XII

Mscr. Dresd. R 265b, Bd. I Nr. 35; Bd. II, Nr. 187; Bd. III Nr. 40; Bd. III Nr. 101a; Bd. V, Nr. 31, 65, 85

Mscr. Dresd. R 265d, Bd. I, Nr. 25, 77, 95–97, 126–127, 205–206; Bd. II, Nr. 46b, 63, 156–157, 187

Mcsr. Dresd. App. 199, Bd. X, Nr. 1, 126f., 156f.; Bd. XII, Nr. 48

7. Archiv des Neukirchener Erziehungsvereins (ANE), Matrikel/Bestand

ohne Matrikel oder Signatur

8. Archiv der Fa. Franz Haniel & Cie. GmbH, Duisburg-Ruhrort, Matrikel/Bestand

ohne Matrikel oder Signatur

9. Landfermann-Archiv im Landfermann-Gymnasium Duisburg, Matrikel/Bestand

ohne Matrikel oder Signatur

10. Karl-Preusker-Archiv (KPA) in der Stadtbibliothek Großenhain, Matrikel/Bestand

Preusker, Karl Benjamin: Erinnerungen aus meinem Leben Abth. II, Chronolog. Schilderung (Bd. 11 und 22).
o.O., o.J. Handschriftliches Manuskript

11. Staatsarchiv des Landes NRW, Münster, Matrikel/Bestand

Schulkollegium Nr. 544

12. Stadtarchiv Leipzig (StAL), Matrikel/Bestand

SchuA Kap. VIII Nr. 1
Stift G Nr. 12a (1816–1838)
Stift XIII Nr. 1a (1824–1831)

13. Stadtarchiv Chemnitz (StAC), Matrikel/Bestand

Cap. III, Sekt. Ia, No. 225
Cap. IV, Sekt. IV 12a
Cap. IV, Sekt. IV, No. 73

Periodica
Elbe-Blatt Leipzig, Jg. 1828

14. Stadtarchiv Dresden (StADD), Matrikel/Bestand

B VIIa 89   Die Errichtung einer Sonntagsschule von hiesiger Freimaurerloge *Astraea zur gründenden Raute* (1816–1824)

15. Stadtarchiv Augsburg (StAA), Matrikel/Bestand

V 1 Nr. 833
V 1 Nr. 1134   Acta die Errichtung einer Sonntagsschule durch Rektor Beyschlag betr., 1803

16. Stadtarchiv Dortmund (StADO), Matrikel/Bestand

Bestand 3, Nr. 332 Einrichtung einer Sonntagsschule für Handwerkslehrlinge und Gesellen (1830–1847)

17. Stadtarchiv Hamm (StAHAM), Matrikel/Bestand

A II/20   Loge zum hellen Licht – Mitgliederlisten
A VX/6   Ressourcen-Gesellschaft
A XXI/1   100 Jahre Berufsschule Hamm (diverses Material), 1830–1930

18. Historisches Archiv der Stadt Köln (HASK), Matrikel, Bestand

550, Nr. 1117 Acta betreffend: Sonntagsschule; Commission zur Einrichtung der Schule, Ernennung ...

B. Literaturverzeichnis

1. Darstellungen, Berichte, Festschriften etc.

Adelmann, Gerhard: Die soziale Betriebsverfassung des Ruhrbergbaus vom Anfang des 19. Jahrhunderts bis zum Ersten Weltkrieg. Bonn 1962

Ader, Katrin: Frauen machen Geschichte. Materialien zur Duisburger Frauengeschichte. Duisburg 1994

Adolphs, Lotte: Kinderarbeit im 19. Jahrhundert. Unter besonderer Berücksichtigung des Duisburger Raumes. Ein Beitrag zur Geschichte der Wirtschafts- und Sozialpädagogik. DF Beiheft 15. Duisburg 1972a

Adolphs, Lotte: Industrielle Kinderarbeit im 19. Jahrhundert. Ein Nachtrag. Duisburg 1972b

Agahd, Konrad: Kinderarbeit und Gesetz gegen die Ausnutzung kindlicher Arbeitskraft in Deutschland. Unter Berücksichtigung der Gesetzgebung des Auslandes und der Beschäftigung der Kinder in der Landwirtschaft. Jena 1902

Alheim, Rose / Hülsemann, Wilfried / Kapczynski, Helmut / Kappeler, Manfred / Liebel, Christian / Marzahn, Christian und Werkentin, Falco: Gefesselte Jugend. Fürsorgeerziehung im Kapitalismus. Frankfurt/M. 1978

Albrecht, Peter: Die Übernahme der Prinzipien der Hamburger Armenreform für die Stadt Braunschweig. Ein Beitrag zur Bedeutung von geselligen Zirkeln bei der Verbreitung und Durchsetzung aufklärerischen Gedankengutes im ausgehenden 18. Jahrhundert. o.O., o.J. In Sachße, Christoph und Tennstedt, Florian (Hg.): Jahrbuch der Sozialarbeit 4. Geschichte und Geschichten. Hamburg 1981, S. 181ff.

Allen, Ann Taylor: *Geistige Mütterlichkeit* als Bildungsprinzip. In: Kleinau/Opitz (Hg.) 1996

Alt, Robert (Hg.): Kinderausbeutung und Fabrikschulen in der Frühzeit des industriellen Kapitalismus. Berlin 1958

Armstroff, Wilhelm: Die Fortbildungsschule, ihre Aufgabe, Organisation etc. Zugleich Bericht über die städtische Sonntags- und Handwerker-Fortbildungsschule zu Duisburg. Duisburg 1877

Armstroff, Wilhelm: Das Fortbildungsschulwesen überhaupt und die Handwerker Fortbildungsschule zu Duisburg. Zur Feier des 50jährigen Bestehens der letzteren herausgeben von W. Armstroff, Stadt-Schulinspektor. Duisburg 1882

Aron, Raymond: Montesquieu. Auguste Comte. Karl Marx. Alexis de Tocqueville. Hauptströmungen des soziologischen Denkens. Stuttgart 1971

Averdunk, Heinrich: Geschichte der Stadt Duisburg bis zur endgültigen Vereinigung mit dem Hause Hohenzollern im Jahre 1666. Duisburg 1894

Bäumer, Gertrud: Die historischen und sozialen Voraussetzungen der Sozialpädagogik und die Entwicklung ihrer Theorie. In: Nohl, Hermann/Pallat, Ludwig: Handbuch der Pädagogik, Bd. V. (Sozialpädagogik) (1929). Langensalza/Weinheim 1929

Ballauff, Theodor / Schaller, Klaus: Pädagogik. Eine Geschichte der Bildung und Erziehung, Bd. III, 19./20. Jahrhundert. München 1973

Ballauff, Theodor: Ist Systematische Pädagogik heute noch möglich und notwendig? In: VjswissPäd 60 (1984), S. 425 ff.

Ballauff, Theodor: Philosophische Begründung der Pädagogik. Berlin 1966

Ballauff, Theodor: Pädagogik der selbstlosen Verantwortung der Wahrheit oder Bildung als *Revolution der Denkungsart*. In: Schaller, Klaus (Hg.): Erziehungswissenschaft der Gegenwart. Perspektiven modernen Pädagogik. Bochum 1979, S. 8–27

Barloewen, Constantin von: Gleichheit und Freiheit: Alexis de Tocqueville. München 1978

Baron, Rüdeger / Landwehr, Rolf (Hg.): Geschichte der Sozialarbeit. Hauptlinien ihrer Entwicklung im 19. und 20. Jahrhundert. Weinheim/Basel 1995

Barschak, Erna: Die Idee der Berufsbildung. Berlin 1929

Bauer, Rudolf: Die Politik der Freien Träger. Aufgabenfelder, Handlungsorientierungen und Leistungspotenziale. In: Krüger, Jürgen/Pankoke, Eckart (Hg.): Kommunale Sozialpolitik. München 1985, S. 175–195

Bauer, Rudolf: Sich wechselseitig veredeln ... Zur sozialgeschichtlichen Durchsetzung des bürgerlichen Familienideals. In: Deutsches Jugendinstitut (Hg.): Wie geht's der Familie? München 1988

Baumgarten, D. O.: Sonntagsschulen. In: Rein, Wilhelm (Hg.): Encyklopädisches Handbuch der Pädagogik, Bd. 8. Langensalza 1908, S. 653

Beck, Ulrich: Risikogesellschaft. Auf dem Weg in eine andere Moderne. Frankfurt/M. 1986

Beck, Ulrich / Giddens, Anthony und Lash, Scott: Reflexive Modernisierung. Eine Kontroverse. Frankfurt/M. 1996

Bericht ueber die Sonntagsschule fuer Handwerkslehrlinge. Schwerin 1831

Bericht über die von der Freimaurer-Loge Harpokrates zu Morgenröthe gegründete Sonntagsschule für Handwerkslehrlinge in Schwerin. Schwerin 1839

Berg, Carsten: Gottesdienst mit Kindern. Von der Sonntagsschule zum Kindergottesdienst. Gütersloh 1987

Berg, Christa: Volksschule im Abseits von ‚Industrialisierung' und ‚Fortschritt'. In: Herrmann, Ullrich (Hg.) Schule und Gesellschaft im 19. Jahrhundert. Weinheim 1977, S. 243–264

Bessell, Hans: Das gewerbliche Schulwesen im ehemaligen Königreich Hannover. Geschichte und Kritik. Leipzig o.J. (1904)

Beyme, Klaus von / Offe, Claus (Hg.): Politische Theorien in der Ära der Transformation. Politische Vierteljahresschrift: Sonderheft 26. Opladen 1996

Beyschlag, Daniel Eberhardt: Etwas über die Sonntagsschulen in mittleren und größeren, besonders aber in Fabrik-Städten. Augsburg o.J. (1803)

Birtsch, Gustav Alexander: Zum konstitutionellen Charakter des preußischen Allgemeinen Landrechts von 1794. In: Politische Ideologien und nationalstaatliche Ordnung. Festschrift für Theodor Schieder. Hrsg. von K. Kluxen und W.J. Mommsen. München/Wien 1968, S. 97–115

Blankertz, Herwig: Bildung im Zeitalter der großen Industrie. Pädagogik, Schule und Berufsbildung im 19. Jahrhundert. Hannover 1969

Blankertz, Herwig: Geschichte der Pädagogik. Von der Aufklärung bis zur Gegenwart. Wetzlar 1982

Blanke, Ingrid: Erziehung und Sittlichkeit. Wassenberg 1984

Bleeck, Stephan: Mobilität und Seßhaftigkeit in deutschen Großstädten während der Urbanisierung. In: Geschichte und Gesellschaft (1989) 15, S. 5–33

Bloth, Hugo Gotthard: Adolph Diesterweg. Sein Leben und Wirken für Pädagogik und Schule. Heidelberg 1966

Blum, Peter: Staatliche Armenfürsorge im Herzogtum Nassau 1806–1866. Wiesbaden 1987

Bobrik, Eduard: Geschichte, Grundidee und Verfassung der Freimaurerei. Zürich 1838

Bockow, Jörg: Erziehung zur Sittlichkeit. Frankfurt/M. 1984

Böhme, Günther / Tenorth, Heinz-Elmar: Einführung in die historische Pädagogik. Darmstadt 1990

Böhnisch, Lothar / Schefold, Werner: Lebensbewältigung. Soziale und pädagogische Verständigungen an den Grenzen der Wohlfahrtsgesellschaft. Weinheim/München 1985

Böhnisch, Lothar / Niemeyer, Christian / Schröer, Wolfgang: Die Geschichte der Sozialpädagogik öffnen – ein Zugangstext. In: Niemeyer, Christian / Böhnisch, Lothar und Schröer, Wolfgang: Grundlinien Historischer Sozialpädagogik. Traditionsbezüge, Reflexionen und übergangene Sozialdiskurse. Weinheim/München 1997, S. 7–32

Böhnisch, Lothar: Sozialpädagogik der Lebensalter. Weinheim/München 1999

Boldt, Annette: Das Fürsorgewesen der Stadt Braunschweig in Spätmittelalter und früher Neuzeit. Braunschweig 1988

Boldt, Hans: Deutsche Verfassungsgeschichte. Von 1806 bis zur Gegenwart, Bd. 2. München 1994

Bork, Kunibert K.: Die sozialen Wandlungen in der Stadt Duisburg in den ersten Jahrzehnten der Industrialisierung (1850–1880). Duisburg 1965

Borscheid, Peter: Alltagsgeschichte – Modetorheit oder neues Tor zur Vergangenheit? In: Schieder, Wolfgang / Sellin, Volker (Hg.): Sozialgeschichte in Deutschland. Entwicklung und Perspektiven im internationalen Zusammenhang. Bd. III. Soziales Verhalten und soziale Aktionsformen in der Geschichte. Göttingen 1987, S. 78–100

Brandt, Hartwig (Hg.): Restauration und Frühliberalismus 1814–1840. In: Quellen zum politischen Denken der Deutschen im 19. und 20. Jahrhundert. Hrsg. von Rudolf Buchner und Winfried Baumgart. Bd. III. Darmstadt 1979

Bruch, Rüdiger vom: Weder Kommunismus noch Kapitalismus – Bürgerliche Sozialreform in Deutschland vom Vormärz bis zur Ära Adenauer. München 1985

Brüchert-Schunk Hedwig: Städtische Sozialpolitik vom Wilhelminischen Reich bis zur Weltwirtschaftskrise. Stuttgart 1994

Brunner, Otto / Conze, Werner und Koselleck, Reinhardt (Hg.): Geschichtliche Grundbegriffe. Wörterbuch zur politischen und sozialen Sprache in Deutschland (Bd. I). Stuttgart 1972

Buchkremer, Hansjosef: Handbuch Sozialpädagogik. Dimensionen sozialer und gesellschaftlicher Entwicklung durch Erziehung. Darmstadt 1995

Bühler, Johannes-Christoph von: Die gesellschaftliche Konstruktion des Jugendalters. Weinheim 1990

Burggraf, Gudrun: Christian Gotthilf Salzmann in Vorfeld der Französischen Revolution. Gemering 1966

Casper, Bernhard: Friedrich Pilgram und sein Lehrer Dietrich Wilhelm Landfermann; ein Beitrag zur Schulgeschichte Duisburgs im 19. Jahrhundert. In: DF, Bd. 2. Duisburg 1959

Curtmann, W.J.G.: Die Schule und das Leben, eine Preisschrift. Friedberg 1847

Conze, Werner: Vom ‚Pöbel' zum ‚Proletariat'. Voraussetzungen für den Sozialismus in Deutschland. In: VSWG (1954), 41, S. 333–364

Conze, Werner: Die preußische Reform unter Stein und Hardenberg. Stuttgart 1983

Dann, Otto (Hg.): Vereinswesen und bürgerliche Gesellschaft in Deutschland. München 1984

Dann, Otto: Geheime Organisation und staatsbürgerliche Loyalität: der Tugendbundstreit in Preußen. In: Ludz, Peter Christian (Hg.): Geheime Gesellschaften. Heidelberg 1979, S. 399ff.

Diesterweg, F. Adolph W.: Wegweiser zur Bildung für Deutsche Lehrer. (1. Auflage. Essen 1835; 3. Auflage, Essen 1844; Auflage. Essen 1849/50 5; Auflage. Essen 1873)

Diesterweg, Adolph: Die Lebensfrage der Civilisation. Beiträge zur Lösung dieser Aufgabe dieser Zeit. Essen 1836

Diesterweg, Adolf: Die Lebensfrage der Zivilisation. In: Adolf Diesterwegs ausgewählte Schriften, hrsg. von E. Langenberg, Berlin 1890

Diesterweg, F. Adolph W.: Sämtliche Werke, Bd. IV. Bearb. von Gerd Hohendorf. Berlin 1969

Diesterweg, Adolph: Volksbildung als allgemeine Menschenbildung. Ausgewählte bildungspolitische, sozialpolitische und pädagogische Schriften und Reden in 2 Bänden, Bd. 1. Eingel., ausgew. u. erl. von Gert Geißler. Frankfurt/M. 1989, S. 83

Dietz, Burkhard / Lange, Ute und Wahle, Manfred (Hg.): Jugend zwischen Selbst- und Fremdbestimmung. Historische Jugendforschung zum rechtsrheinischen Industriegebiet im 19. und 20. Jahrhundert. Bochum 1996

Dilthey, Wilhelm: Das Allgemeine Landrecht. In: Zur preußischen Geschichte. Stuttgart/Göttingen 1960 (Wilhelm Dilthey: Gesamte Abhandlungen. Bd. 12), S. 131–204

Dörpfeld, Friedrich Wilhelm: Die freie Schulgemeinde und ihre Anstalten auf dem Boden der freien Kirche im freien Staat. Gütersloh 1863

Dotzauer, Winfried: Freimaurergesellschaften am Rhein. Aufgeklärte Sozietäten auf dem linken Rheinufer vom Ausgang des Ancien Régime bis zum Ende der Napoleonischen Herrschaft. Wiesbaden 1977

Drewe, Bernd: Bildungsarbeit mit Erwachsenen – „Grenzfall der Pädagogik" oder „zentrales Medium" einer künftigen Lerngesellschaft. In: NP 29 (1999), S. 394–408

Dudek, Peter: Jugend als Objekt der Wissenschaften – Geschichte der Jugendforschung in Deutschland und Österreich 1890–1933. Opladen 1990

Dudek, Peter: Von der *Entdeckung der Jugend* zur *Geschichte der Jugend*. In: Dietz/Lange und Wahle (Hg.) a.a.O. 1996, S. 15–42

Dudek, Peter: Die Pestalozzi-Feiern 1927 und 1946. Skizze einer Klassiker-Rezeption in der deutschen Pädagogik. In: Berg, Christa/Herrmann, Ulrich/Lundgreen, Peter et al. (Hg.): Jahrbuch für Historische Bildungsforschung, Bd. 3. Weinheim/München 1996

Dülmen, Richard von: Die Gesellschaft der Aufklärer. Zur bürgerlichen Emanzipation und aufklärerischen Kultur in Deutschland. Frankfurt/M. 1986

Eckert, Georg: Friedrich Albert Lange und die Social-Demokratie in Duisburg. Duisburg 1965

Eckert, Georg: Friedrich Albert Lange. Über Politik und Philosophie. Briefe und Leitartikel 1862 bis 1875. Duisburg 1968

Eberhard, –: Selbsterziehung. In: Pädagogisches Lexikon, Bd. 4. Hrsg. von Hermann Schwartz. Bielefeld/Leipzig 1931

Eggemann, Maike: Wegbereiterinnen der modernen Sozialarbeit. Weinheim/München 1999

Ehmke, Paul: Die eigenständige Geisteshaltung der Freimaurerei. Hamburg 1960

Ellissen, Otto Adolf: Friedrich Albert Lange. Eine Lebensbeschreibung. Leipzig 1891

Endres, Franz Carl: Sittliche Grundlagen menschlicher Beziehung. Zürich 1936.

Engels, Friedrich: Die Lage der arbeitenden Klasse in England. Nach eigenen Anschauungen und authentischen Quellen. Berlin 1974

Erdbrügger, H.W.: Kinder im Fabriksystem – Erster Schritt auf dem Wege zu ihrer Befreiung. In: Zur Geschichte und Problematik der Demokratie. Festgabe für Hans Herzfeld, Berlin 1958

Erning, Günter (Hg.): Quellen zur Geschichte der öffentlichen Kleinkindererziehung. Düsseldorf 1976

Eynern, Gerd von: Die Unternehmungen der Familie vom Rath. Bonn 1930

Fabian, Bernhard: Alexis de Tocquevilles Amerikabild. Genetische Untersuchung über Zusammenhänge mit der zeitgenössischen, insbesondere der englischen Amerika-Interpretation. Heidelberg 1957

Fehrenbach, Elisabeth: Der Kampf um die Einführung des Code Napoléon in den Rheinbundstaaten. Wiesbaden 1973

Feldenkirchen, Wilfried: Die Eisen- und Stahlindustrie des Ruhrgebiets: 1879–1914; Wachstum, Finanzierung u. Struktur ihrer Grossunternehmen. Wiesbaden 1982. Zeitschrift für Unternehmensgeschichte, Beiheft

Feldenkirchen, Wilfried (Hg.): Wirtschaft, Gesellschaft, Unternehmen: Festschrift für Hans Pohl zum 60. Geburtstag. Stuttgart. Vierteljahrschrift für Sozial- und Wirtschaftsgeschichte. Beihefte

Fest, Joachim (Hg.): Die großen Stifter. Lebensbilder – Zeitbilder. Berlin 1997

Festrede zum 50jährigen Jubiläum der Loge *Zur Deutschen Burg* im Orient Duisburg am 22. Oct. 1871

Festschrift Hundert Jahre – *Zur Deutschen Burg* – i[m] Or[ient]: zu Duisburg 1820–1920. Hrsg. und bearb. von Max Grah und Karl Kelper im Auftrag der Loge. Duisburg 1920

Festschrift: 125 Jahre Staatliche Berufsfachschule Iserlohn 1852–1977. Iserlohn 1977

Festschrift zum 200jährigen Bestehen der Berufsschule in Neuss. Hrsg. von der Beruflichen Schule Neuss. Neuss 1940

Festschrift zum 250jährigen Bestehen der Berufsschule in Neuss. Hrsg. von der Beruflichen Schule Neuss. Neuss 1990

Festschrift 175 Jahre Freimaurerei in Duisburg. Hg. von der Freimaurerloge *Zur Deutschen Burg*. Moers 1995

Fichte, Johann Gottlieb: Philosophie der Maurerei (Briefe an Konstant). Düsseldorf 1997

Fiedler, Uwe: Das Geheimnis der Loge. Chemnitzer Freimaurer 1799–1999. Chemnitz 1999

Fischer, Wolfgang / Bajohr, Georg (Hg.): Die soziale Frage. Neuere Studien zur Lage der Fabrikarbeiter in den Frühphasen der Industrialisierung. Stuttgart 1967

Flecken, Margarete: Arbeiterkinder im 19. Jahrhundert. Weinheim/Basel 1981

Flitner, Andreas (Hg.): Schriften zur Anthropologie und Bildungslehre. Darmstadt 1964

Flitner, Wilhelm: Die vier Quellen des Volksschulgedankens. Stuttgart 1954

Freimaurerloge zur Deutschen Burg (Hg.): Humanitas – Hilfswerk Duisburger Freimaurer e.V. Informationsschrift o.J.

Freire, Paolo: Pädagogik der Unterdrückten. Stuttgart 1971

Freise, O.: Geschichte der Berufsschule der Stadt Göttingen, unter Berücksichtigung der geschichtlichen Verhältnisse. Göttingen 1942

Freund, Dorrit: Alexis de Tocqueville und die politische Kultur der Demokratie. Bern/Stuttgart 1974

Friedrich, Gerd: Schulsystem. In: Jeismann/Lundgreen (Hg.) a.a.O. 1987

Förstemann, E.: Preusker, Karl B. In: Allgemeine Deutsche Biographie, Bd. 26. Leipzig 1888, S. 576

Forsthoff, Ernst: Rechtsstaat im Wandel. Stuttgart 1964

Forsthoff, Ernst: Die Verwaltung als Leistungsträger. Stuttgart/Berlin 1938

Forsthoff, Ernst: Deutsche Verfassungsgeschichte der Neuzeit. Berlin 1966

Geiss, Imanuel (Hg.): Tocqueville und das Zeitalter der Revolution. München 1972

Gall, Lothar: ... *ich wünschte ein Bürger zu sein*. Zum Selbstverständnis des deutschen Bürgertums im 19. Jahrhundert. In Historische Zeitschrift 245, 1987, S. 601–623

Gall, Lothar: Europa auf dem Weg in die Moderne 1850–1890. München 1989

Gall, Lothar: Bürgertum im 19. Jahrhundert. Berlin 1989

Gall, Lothar (Hg.): Stadt und Bürgertum im 19. Jahrhundert. München 1990

Gall, Lothar: Adel, Verein und städtisches Bürgertum. In: Fehrenbach, Elisabeth (Hg.): Adel und Bürgertum in Deutschland 1770–1848. München 1994

Gedrath, Volker: Gesellschaftliche Modernisierung und Sozialpädagogik – Bürgerliche Sozialreform im Vormärz. In: Beiträge zum 2. Fachtreffen für Historische Sozialpädagogik/Sozialarbeit 25.11–27.22.1999. Dresden 2000, S. 152–169

Gedrath, Volker: Bürgerliche Sozialreform und Mädchen- und Frauenbildung im deutschen Vormärz. In: Jahrbuch der Historischen Bildungsforschung 2002

Gedrath, Volker / Kreuter, Bernd: Unter Brüdern – 180 Jahre Freimaurer in Duisburg. Duisburg 2000

Gerhard, Martin: Ein Jahrhundert Innere Mission. Die Geschichte des Central-Ausschusses für die Innere Mission der Deutschen Evangelischen Kirche, 2 Bde. Gütersloh 1948

Gerstenberger, Heide: Von der Armenpflege zur Sozialpolitik. In: Levithan. Zeitschrift für Sozialwissenschaft, 9 (1981), S. 39–61

Gillis, John R.: Die Geschichte der Jugend. Tradition und Wandel im Verhältnis der Altersgruppen und Generationen. Weinheim/Basel 1984

Goebel, Klaus (Hg.): Fr. Adolph W. Diesterweg. Die preußischen Rheinprovinzen. Ein historisches Handbuch für Schule und Haus. o.O., o.J.

Goethe, Johann Wolfgang von: Pädagogische Ideen. Die pädagogische Provinz nebst verwandten Texten. Herausgegeben und erläutert von Wilhelm Flitner. Düsseldorf/München 1962

Gottschalch, Wilfried: Konvergenzen und Divergenzen zwischen Pädagogik und Andragogie. In: Drewe 1999 a.a.O.

Grebe, Paul: Die Stellung Fr. Alb. Lange's zur Lassalle'schen Arbeiteragitation. In: Historische Studien. Die Arbeiterfrage bei Lange, Ketteler, Jörg, Schäffle. Berlin 1935. Reprint Vaduz 1965

Günther, Franz: Bücherkunde zur Deutschen Geschichte. München 1951

Günther, Karl-Heinz et al.: Geschichte der Erziehung. Berlin 1969

Gundermann, Iselin: Allgemeines Landrecht für die Preussischen Staaten 1794. Ausstellung des Geheimen Staatsarchivs Preußischer Kulturbesitz 1994. Katalog zur Ausstellung. Mainz 1994

Gulyga, Arsenij V.: Johann Gottfried Herder. Eine Einführung in seine Philosophie. Frankfurt/M. 1978

Haan, Wilhelm von (Hg.): Sächsisches Schriftsteller-Lexicon. o.O. 1875

Habermas, Jürgen: Strukturwandel der Öffentlichkeit. Untersuchungen zu einer Kategorie der bürgerlichen Gesellschaft. Neuwied 1978

Habermas, Jürgen: Drei normative Modelle der Demokratie. In: Ders.: Die Einbeziehung des Anderen. Studien zur politischen Theorie. Frankfurt 1999

Hammermayer, Ludwig: Der Wilhelmsbader Freimaurer-Konvent von 1782. Ein Höhe- und Wendepunkt in der Geschichte der deutschen und europäischen Geheimgesellschaften. In: Wolfenbütteler Studien zur Aufklärung. Bd. V/2. Heidelberg 1980

Hantsche, Irmgard (Hg.): Zur Geschichte der Universität. Das Gelehrte Duisburg im Rahmen der allgemeinen Universitätsentwicklung. Duisburger Mercator-Studien. Bochum 1997

Harney, Klaus: Geschichte der Fortbildungsschule. In: Enzyklopädie Erziehungswissenschaft, Bd. 9, Teil 2. Hrsg. von Herwig Blankertz, Josef Derbolav, Adolf Kell, Günter Kutscha. Stuttgart/Dresden 1995

Hauser, Oswald: Das geistige Preußen. In: Conze, Werner et al. (Hg.): Vom Sinn der Geschichte. Stuttgart 1976

Haussherr, Hans: Wirtschaftsgeschichte der Neuzeit vom Ende des 14. bis zur Höhe des 19. Jahrhunderts. Köln 1960

Heitger, Marian: Pädagogik als Wissenschaft. In: Spiel, Walter (Hg.): Die Psychologie des 20. Jahrhunderts. Bd. XI: Konsequenzen für die Pädagogik. Entwicklungsmöglichkeiten und erzieherische Modelle. Zürich 1980, S. 199–220

Heinroth, Johann Christian August: Lehrbuch der Anthropologie. Leipzig 1822

Heinroth, Johann Christian August: Lehrbuch der Störungen des Seelenlebens und ihrer Behandlung – vom rationalen Standpunkt aus entworfen. Leipzig o.J.

Heinroth, Johann Christian August: Lehrbuch der Seelengesundheitslehre. 2 Bde. Leipzig 1823f.

Heinroth, Johann Christian August: Über die Wahrheit. Leipzig 1824

Heinroth, Johann Christian August: Die Psychologie als Selbsterkenntnislehre. Leipzig 1827

Heinroth, Johann Christian August: Von den Grundfehlern der Erziehung und ihren Folgen. (Für Eltern, Erzieher und psychische Ärzte). Leipzig 1828

Heinroth, Johann Christian August: Die Lüge. Ein Beitrag zur Seelenkrankheitskunde für Ärzte, Geistliche, Erzieher u.s.w. Leipzig 1834

Heinroth, Johann Christian August: Über Erziehung und Selbstbildung. Leipzig 1837

Heinroth, Johann Christian August: Orthobiotik oder die Lehre vom richtigen Leben. Leipzig 1839

Heller, Agnes: Das Alltagsleben. Versuch einer Erklärung der individuellen Reproduktion. Frankfurt/M. 1978

Henning, Hansjoachim: Preußische Sozialpolitik im Vormärz? Ein Beitrag zu den arbeiterfreundlichen Bestrebungen in Unternehmen der Preußischen Seehandlung unter Christian Rother. In: VSWG (1965)

Herbart, Johann, Friedrich: Sämtliche Werke, Bd. X. Hrsg. von H. Hartenstein. Leipzig 1851

Hergang, K.G. (Hg.): Pädagogische Real-Encyklodädie oder Encyclopädisches Wörterbuch des Erziehungs- und Unterrichtswesens und seiner Geschichte. Bearbeitet von einem Vereine von Predigern und Lehrern und redigiert von K.G. Hergang (Bd. II). Grimma/ Leipzig 1858

Hering, Sabine / Münchmeier, Richard: Geschichte der Sozialen Arbeit. Eine Einführung. Weinheim/München 2000

Hermanns, J.P.: Die Geschichte der Gewerblichen Berufsschule der Stadt Neuß. 200 Jahre Gewerbliche Berufsschule Neuß. Düsseldorf 1940

Herrmann, Ulrich: Historische Bildungsforschung und Sozialgeschichte der Bildung. Weinheim 1991

Herrmann, Walther: Sozialgeschichte im Wirtschaftsarchiv. In: Rheinisch-Westfälisches Wirtschaftsarchiv zu Köln (Hg.), 50 Jahre Rheinisch-Westfälisches Wirtschaftsarchiv, Köln 1957

Heuser, Julius: Karl Friedrich August Grashof als Reorganisator des Volksschulwesens am Niederrhein 1814–1816, Phil. Diss. Köln 1930

Heuss, Theodor: Anton Dohrn. Stuttgart/Tübingen 1948

Höroldt, Dietrich: Die Rheinlande. In: Geschichte der deutschen Länder, 2. Bd.: Die deutschen Länder vom Wiener Kongreß bis zur Gegenwart, hrsg. von Georg Wilhelm Saute. Würzburg 1971

Hohendorf, Gerd: Karl Preuskers Bausteine zu einem System der Volksbildung. In: Hohendorf, Ruth / Hohendorf, Gerd 1994 a.a.O., S. 84–102

Hojer, Ernst: Die Bildungslehre Friedrich Imanuel Niethammers. Frankfurt/M. 1965

Hoffmann, Dietrich: Politische Bildung 1890–1933. Ein Beitrag zur Geschichte der pädagogischen Theorie. Hannover u.a.O. 1970

Hoffmann, Jürgen: Politisches Handeln und gesellschaftliche Struktur. Grundzüge deutscher Gesellschaftsgeschichte. Vom Feudalsystem bis zur Vereinigung der beiden deutschen Staaten 1990. Münster 1996

Hofmann, Franz: Allgemeinbildung. Köln 1973

Hofmann, Wolfgang / Ludwig Andreas: Soziale Stiftungen und ihr Beitrag zur Gestaltung der städtischen sozialen Daseinsvorsorge im 19. und frühen 20. Jahrhundert (am Beispiel Charlottenburgs). In: Reulecke 1995, S. 290

Hollenberg, Wilhelm: Zur Erinnerung an J. Hülsmann. Gedenkschrift zum Tode Hülsmanns (1873). Elberfeld 1873

Hollenberg, Wilhelm: Professor J. Hülsmann. Aus seinem Leben und seinen Aufzeichnungen. Heidelberg 1875

Huber, Ernst Rudolf: Deutsche Verfassungsgeschichte seit 1789. Bd. I. Reform und Restauration 1789 bis 1830. Mainz 1967, S. 264

Humboldt, Wilhelm von (1792): Wie weit darf sich die Sorgfalt des Staates erstrecken? In: Humboldt, Wilhelm von: Bildung und Sprache (Textauswahl). Besorgt von Clemens Menze. Paderborn 1959, S. 5–18

Humboldt, Wilhelm von: Der Litauische Schulplan (1809). In: Flitner, Andreas (Hg.) Schriften zur Anthropologie und Bildungslehre. Darmstadt 1964, S. 76–82

Humboldt, Wilhelm von: Gesammelte Schriften, Akademieausgabe (Bde. X, XIII). Berlin 1968

Hurrelmann, Klaus: Lebensphase Jugend. Eine Einführung in die sozialwissenschaftliche Jugendforschung. Stuttgart 1994

Jäger, Oskar: Dietrich Wilhelm Landfermann. Erinnerungen aus seinem Leben. Leipzig 1890

Jans, Hans-Peter: Sozialpolitik und Wohlfahrtspflege in Ulm 1870–1930. Ulm 1994

Jantke, Carl: Der vierte Stand. Die gestaltenden Kräfte der deutschen Arbeiterbewegung im XIX. Jahrhundert. Freiburg 1955

Jantke, Carl / Hilger, Dietrich: Die Eigentumslosen. Der deutsche Pauperismus und die Emanzipationskrise in Darstellung und Deutungen der zeitgenössischen Literatur. Freiburg 1965

Jeismann, Karl-Ernst: Friedrich Kohlrausch (1780–1867). In: Quandt, Siegfried (Hg.): Deutsche Geschichtsdidaktiker des 19. und 20. Jahrhunderts. Paderborn 1978, S. 43f.

Jeismann, Karl-Ernst / Lundgreen, Peter (Hg.): Handbuch der deutschen Bildungsgeschichte (Bd. III) 1800–1870. Von der Neuordnung Deutschland bis zur Gründung des Deutschen Reiches. München 1987

Jordan, Erwin / Sengeling, Dieter: Jugendhilfe. Weinheim/München 1992

K., F.W.: Zur Grundlegung der Erziehung. In: Deutsche Vierteljahrs Schrift. 1. Heft. Jg. 9 (1846)

Kade, Jochen: Vermittelbar/nicht vermittelbar: Vermitteln, Aneignen. Im Prozeß der Systembildung des Pädagogischen. In: Lenzen, Dieter / Luhmann, Niklas (Hg.): Bildung und Weiterbildung im Erziehungssystem. Lebenslauf und Humanontogenese als Medium und Form. Frankfurt/M. 1997

Kaiser, Jochen-Christoph: Von der christlichen Liebestätigkeit zur freien Wohlfahrtspflege: Genese und Organisation konfessionellen Sozialengagements in der Weimarer Republik. In: Rauschenbach, Thomas / Sachße, Christoph und Olk, Thomas: Von der Wertgemeinschaft zum Dienstleistungsunternehmen. Jugend und Wohlfahrtsverbände im Umbruch. Frankfurt 1996

Kalisch, Ernst Wilhelm: Ueber die Beschäftigung der schulpflichtigen Jugend in Fabriken u.s.w. – Ein Vortrag im Centralverein für das Wohl der arbeitenden Klassen in Berlin gehalten am 9. Februar 1852

Kellenbenz, Hermann: Die Zuckerwirtschaft im Kölner Raum von der Napoleonischen Zeit bis zur Reichsgründung. Köln 1966

Kellenbenz, Hermann: Wirtschafts- und Sozialentwicklung der nördlichen Rheinlande seit 1815. In: Petri, Franz / Droege, Georg (Hg.): Wirtschaft und Kultur im 19. und 20. Jahrhundert (Bd. 3). In: Rheinische Geschichte in drei Bänden. Düsseldorf 1979

Kermann, Joachim: Die Manufakturen im Rheinland 1750–1833. Rheinisches Archiv – Veröffentlichungen des Instituts für geschichtliche Landeskunde der Rheinlande an der Universität Bonn, Nr. 82, Bonn 1972

Kerschensteiner, Georg: Staatsbürgerliche Erziehung der deutschen Jugend: gekrönte Preisarbeit. Erfurt 1931

Kaunig, – (Hg.): Das preußische Volksschulwesen, im Geltungsbereich des Allgemeinen Landrechts, in seinen äußeren Bestimmungen. Wittenberg 1882

Klein, Ernst Ferdinand: Die Abhandlung über den Geist der Gesetze und der Rechtsverwaltung der preußischen Monarchie. Berlin 1802

Kleinau, Elke / Opitz, Claudia (Hg.): Geschichte der Mädchen- und Frauenbildung. Bd. 2: Vom Vormärz bis zur Gegenwart. Frankfurt/M. 1996

Kleinert, Heinrich et al. (Hg.): Lexikon der Pädagogik. In drei Bänden. Bd. 3. Bern 1951

Klippel, Diethelm: Zur Geschichte der Gesetzgebung in der Frühen Neuzeit. In: Zeitschrift für Historische Forschung/Beiheft 22 (1998), S. 7–16

Knoll, Joachim H.: Johann Gottfried Christian Nonne. Ein Beitrag zur niederrheinischen Schul- geschichte am Beginn des 19. Jahrhunderts. Beiheft 14. Duisburg 1970

Knoll, Joachim H.: F.A. Lange – eine *merkwürdige Randfigur* in der Pädagogik des 19. Jahrhunderts. In: Koll, Joachim / Schoeps, Julius H.: F.A. Lange. Leben und Werk. Duisburg 1975

Koch, Claus: Sozialstaat und Wohlfahrtsstaat. In: Levithan, Heft 1, 23 (1995), S. 78–86

Kocka, Jürgen: Bürgertum und Bürgerlichkeit als Problem der deutschen Geschichte vom späten 18. zum frühen 20. Jahrhundert. In: Ders. (Hg.): Bürgertum und Bürgerlichkeit im 19. Jahrhundert. Göttingen 1987

Kocka, Jürgen: Bürgertum und bürgerliche Gesellschaft im 19. Jahrhundert. Europäische Entwicklung und deutsche Eigenarten. In: Ders.: Bürgertum im 19. Jahrhundert. Deutschland im europäischen Vergleich (3 Bde.). München 1988, Bd. 1, S. 22

Köberlin, Karl: Geschichte des Hum[anistischen] Gymnasiums in Augsburg von 1531–1931. Augsburg 1931

Köllmann, Wolfgang: Gesellschaftsanschauungen und sozialpolitisches Wollen Friedrich Harkorts. In: Rheinische Vierteljahresblätter (1960), S. 81–99

Köllmann, Wolfgang. Die Anfänge der staatlichen Sozialpolitik in Preußen bis 1869. In: VSWG 53 (1966)

Köllmann, Wolfgang: Wohlfahrtseinrichtungen der Friedrich Krupp'schen. Essen 1978

Köllmann, Wolfgang / Korte, Hermann / Petzina, Dietmar und Weber, Wolfhard (Hg.): Das Ruhrgebiet im Industriezeitalter. In zwei Bänden. Düsseldorf 1990

Kohlrausch, Friedrich: Die teutsche Geschichte. Für Schulen bearbeitet. Elberfeld 1816

Kohlrausch, Friedrich: Chronologischer Abriss der Weltgeschichte für den Jugend-Unterricht. Elberfeld 1816

Kohlrausch, Friedrich: Die deutsche Geschichte für Schulen. Elberfeld 1826

Kohlrausch, Friedrich: Kurze Darstellung der deutschen Geschichte für Volksschule. Elberfeld 1822

Koltes, Manfred: Das Rheinland zwischen Frankreich und Preußen. Studien und Wandel am Beginn der preußischen Herrschaft (1814–1822). Dokumentationen zur neueren Geschichte 22. Köln u.a.O. 1992

Komoß, Regine: Vom Vormärz zur Revolution. Die ökonomische, soziale und politische Entwicklung Mannheims in den 1840er-Jahren. Mannheim 1993

Korn, Elisabeth: Der Duisburger Kaufmann Wilhelm de Haen und die Anfänge der Duisburger Handelskammer. Hrsg. vom Stadtarchiv Duisburg in Verbindung mit der Mercator-Gesellschaft. Duisburg 1959, S. 212–221

Koselleck, Reinhart: Kritik und Krise. Ein Beitrag zu Pathogenese der bürgerlichen Welt. Freiburg/Br. 1959

Koselleck, Reinhart: Staat und Gesellschaft in Preußen 1815–1848. In: Staat und Gesellschaft im Vormärz. Hrsg. von Werner Conze, Stuttgart 1962

Koselleck, Reinhart. Preußen zwischen Reform und Revolution. In: Industrielle Welt, Schriftenreihe des Arbeitskreises für moderne Sozialgeschichte. Hrsg. von Werner Conze, Stuttgart 1967

Krabbe, Wolfgang R.: Munizipalsozialismus und Interventionsstaat. Die Ausbreitung der städtischen Leistungsverwaltung im Kaiserreich. In: GWU, 30. Jg. Stuttgart 1979, S. 265–283

Kramer, Dieter: Reform und Revolution bei Marx und Engels. Köln 1971

Krauss, Paul: Gustav Werner: Werk und Persönlichkeit. 12. März 1809 – 2. August 1887. Zum 150. Geburtstag von Gustav Werner. Stuttgart 1959

Kroeschell, Karl: Deutsche Rechtsgeschichte 3 (seit 1650). Opladen 1989

Kronen, Heinrich: Sozialpädagogik. Geschichte und Bedeutung des Begriffs. Frankfurt 1980

Kronen, Heinrich (Hg.): Karl Wilhelm Eduard Mager. Beiträge aus der Pädagogischen Revue. 6. Bd. Allgemeine Didaktik. Fachdidaktik Deutsch. Baltmannsweiler 1989, S. 372 (Pädagogische Revue Nr. 1, 6 Hefte zwischen Januar und Juli 1840), 9. Bd. Scholastik II. Bildungsinstitutionen. Baltmannsweiler 1989, S. 295 (Pädagogische Revue Nr. 7, 6 Hefte zwischen Juli und Dezember 1843)

Krüger, Heinz-Hermann (Hg.): Handbuch der Jugendforschung. Opladen 1988

Kuczynski, Jürgen: Geschichte des Alltags des deutschen Volkes. Bd. 3. 1810–1870. Berlin o.J.

Kuczynski, Jürgen: Geschichte der Lage der Arbeiter unter dem Kapitalismus. Bd. 19. Berlin 1968

Kuhl, Ella: Der erste preußische Kultusminister Karl von Altenstein und seine Leistungen auf der Gebiet der Sozialpädagogik. Phil.-Diss. Köln 1924

Lachmann, Heinrich / Schiffmann, Gustav: Hochgrade der Freimaurerei. Graz 1974

Lagutt, Jan Karl: Der Grundstein der Freimaurerei. Zürich 1958

Lange, Friedrich Albert: Die Arbeiterfrage. / Jedermann Wohnungseigentümer. Faksimile-Nachdruck der Erstausgabe 1865. Duisburg 1975a

Lange, Friedrich Albert. Geschichte des Materialismus. Iserlohn 1866

Lange, Friedrich Albert: Seelenlehre (Psychologie). In: Karl A. Schmids Encyklopädie des gesammten Unterrichts- und Erziehungswesens, Bd. 8. Gotha 1870, S. 573–766

Lange, Friedrich Albert: Die Arbeiterfrage und ihre Bedeutung für Gegenwart und Zukunft. Duisburg 1975b

Langewand, Alfred: Kontextanalyse als Methode der pädagogischen Geschichtsschreibung. In: ZfPäd 4 (1999), S. 505–519

Lehmann, Herbert: Der Duisburger Handel im Kampf um die Behauptung seiner Stellung vom Ausgang des 18. Jahrhunderts bis zum Jahre 1844. Duisburg 1958

Lehmann, Herbert: Der Duisburger Handel im Zeichen des Überganges zur modernen Massengutwirtschaft 1845–1871. Duisburg 1958.

Lennhoff, Eugen / Posner, Oskar: Internationales Freimaurerlexikon. München u.a.O. 1932

Lenzen, Dieter: Warum pädagogische Historiographietheorie? In: Zeitschrift für Pädagogik. 29. Beiheft 1992

Lenzen, Dieter: Zum Stand der Historiographiediskussion in der Geschichtswissenschaft und Pädagogik. In: Ders. (Hg.): Pädagogik und Geschichte. Pädagogische Historiographie zwischen Wirklichkeit, Fiktion und Konstruktion. Weinheim 1993, S. 7–24

Lieber, Hans-Joachim (Hg.): Politische Theorien von der Antike bis zur Gegenwart. München 1991

Liedtke, Max (Hg.): Handbuch der Geschichte des bayrischen Bildungswesens, 4 Bde. Geschichte der Schule in Bayern von 1800 bis 1918. Bad Heilbrunn/Obb. 1991ff.

Linzen, Franz: 175 Jahre Gesellschaft Societät Duisburg. Geschichte der Societät in Duisburg 1774–1949. Duisburg 1949

Ludemann, Peter: Sozialer Dienst im Wandel von Not und Zeit. Köln 1982

Luhmann, Niklas: Formen des Helfens im Wandel gesellschaftlicher Bedingungen. In: Otto, Hans-Uwe / Schneider, Siegfried (Hg.): Gesellschaftliche Perspektiven und Sozialarbeit, Bd. 1. Darmstadt 1975

Luxemburg, Rosa: Sozialreform oder Revolution? In: Gesammelte Werke, Bd. III. Köln 1992

Marchart, Oliver: Die politische Theorie des zivilgesellschaftlichen Republikanimus: Claude Lefort und Marcel Gauchet. In: Brodocz, André / Schaal, Gary S. (Hg.): Politische Theorien der Gegenwart. Opladen 1999

Mager, Karl Wilhelm Eduard (Hrsg.): Pädagogische Revue. Monatszeitschrift, 1840–1848

Mager, Karl Wilhelm Eduard: Die deutsche Bürgerschule. Langensalza 1888 (Erstdruck: Stuttgart 1840)

Majert, Regina: Friedrich Albert Lange als Präses des Vorstandes der Gewerblichen Sonntagsschule in Duisburg (1860–1865). Duisburg 1976

Marwinski, Felicitas: Karl Benjamin Preuskers bibliothekspropagandistisches Wirken zur Hebung der Volksbildung. Ein biographischer Abriß anläßlich seines 100. Todestages .Zentralblatt für Bibliothekswesen, Heft 8, 85 (1971), S. 449–462

Marwinski, Felicitas: Karl Preuskers Lebensansichten im Spiegel seiner Schriften. Großenhain 1996

Marwinski, Felicitas: Nachricht von der Stadtbibliothek zu Großenhain. Katalog der überlieferten Bestände. Großenhain 1998

Marx, Karl: Das Kapital, Bd. I. Berlin (Ost) 1962

Marx, Karl / Engels, Friedrich: Marx-Engels-Werke, Bd. 4. Berlin (Ost) 1972

Maser, Peter: Beratung der Armuth. Das soziale Wirken des Barons Hans Ernst von Kottwitz zwischen Aufklärung und Erweckungsbewegung in Berlin und Schlesien. Frankfurt 1991

Maser, Peter: Hans Ernst von Kottwitz. Studien zur Erweckungsbewegung des frühen 19. Jahrhunderts in Schlesien und Berlin. Göttingen 1990

Matzerath, Horst: Städtewachstum und Eingemeindungen im 19. Jahrhundert. In: Reuleke, Jürgen (Hg.): Die deutsche Stadt im Industriezeitalter. Beiträge zur modernen deutschen Stadtgeschichte. Wuppertal 1980

Mayer, Jacob Peter: Alexis de Tocqueville. Analytiker des Massenzeitalters. München 1972

Meinold, Peter (Hg.): Johann Hinrich Wichern. Sämtliche Werke. Berlin 1958ff.

Menger, Christian Friedrich: Deutsche Verfassungsgeschichte der Neuzeit. Eine Einführung in die Grundlagen, Bd. 1. Heidelberg 1986

Menze, Clemens: Wilhelm von Humboldts Lehre und Bild vom Menschen. Ratingen 1965

Merten, Detlef: Allgemeines Landrecht. In: Preußens großer König. Leben und Werk Friedrichs des Großen. Eine Ploetz-Biographie. Hg. von Wilhelm Treue. Freiburg/Würzburg 1986, S. 56–69

Merten, Roland: Sozialarbeit. Sozialpädagogik. Soziale Arbeit. Begriffsbestimmungen in einem unübersichtlichen Feld. Freiburg 1998

Meyer, Adolf Heinrich Georg: Schule und Kinderarbeit. Das Verhältnis von Schul- und Sozialpolitik in der Entwicklung der preußischen Volksschule zu Beginn des 19. Jahrhunderts. Phil. Diss. Hamburg 1971

Meyer, J. (Hg.): Das große Conversations-Lexicon für die gebildeten Stände. O bis Z (Bd. 9). 1850

Mollenhauer, Klaus: Ursprünge der Sozialpädagogik in der industriellen Gesellschaft. Weinheim/Basel 1987

Mollenhauer, Klaus: Einführung in die Sozialpädagogik. Probleme und Begriffe der Jugendhilfe. Weinheim/Basel 1988

Mollenhauer, Klaus: Konjekturen und Konstruktionen. In: Lenzen 1993

Mollenhauer, Klaus: Kinder- und Jugendhilfe. Theorien der Sozialpädagogik. In: ZfPäd. 6 (1996)

Moog, Willy: Geschichte der Pädagogik (Bd. 3). Ratingen 1967

Mückeberger, Ulrich: Deregulierendes Arbeiten. In: Kritische Justiz (1985), S. 255ff.

Müller, Carl Wolfgang: Wie helfen zum Beruf wurde. Eine Methodengeschichte der Sozialarbeit (Bd. 1). 1883–1945. Weinheim/Basel 1988

Müller, Carl Wolfgang (Hg.): Einführung in die soziale Arbeit. Mit Beiträgen von Wilma Grossmann et al. Weinheim/München 1995

Müller, Detlef K.: Sozialstruktur und Schulsystem: Aspekte zum Strukturwandel des Schulsystems im 19. Jahrhundert. Göttingen 1977

Müller, Detlef K. / Ringer, F. / Simon, B. (Hg.): The Rise of Modern Educational System: Stricter change and social reproduction. Cambridge 1987

Müller, Detlef K. / Zymek, Bernd: Sozialgeschichte und Statistik des Schulsystems in den Staaten des Deutschen Reiches, 1800–1945 (Bd. II). Teil 1 und 2. Datenhandbuch zur deutschen Bildungsgeschichte. Unter Mitarbeit von Ulrich Herrmann. Göttingen 1987

Müller, Götz: Jean Paul im Kontext. Würzburg, 1996

Münchmeier, Richard: Wofür wirst du eigentlich bezahlt? Zur Professionalisierung in der Jugendarbeit. In: Lothar Bönisch et al. (Hg.): Abhauen oder bleiben? München 1980

Natorp, Paul: Sozialpädagogik. Stuttgart 1899

Nießeler, Martin: Augsburger Schulen im Wandel der Zeit. Augsburg 1984

Niethammer, Friedrich Immanuel: Der Streit des Philanthropinismus und Humanismus in der Theorie des Erziehungsunterrichtes unserer Zeit. Jena 1808. Neu hrsg. von Werner Hillebrecht unter dem Titel: F.I. Niethammer: Philanthopinismus – Humanismus. Weinheim 1968, S. 79–445

Niemeyer, August Hermann: Grundsätze der Erziehung und des Unterrichts für Eltern, Hauslehrer und Schulmänner. Halle 1802a

Niemeyer, August Hermann: Leitfaden der Pädagogik und Didaktik. Halle 1802b

Niemeyer, August Hermann: Beobachtungen auf einer Reise durch einen Theil von Westphal und Holland. Halle 1824

Noetzel, Thomas: Die politische Theorie des Pragmatismus: Richard Rorty. In: Brodocz, André / Schaal, Gary S. (Hg.): Politische Theorien der Gegenwart. Opladen 1999

Nohl, Hermann: Die Pädagogische Bewegung in Deutschland und ihre Theorie. Frankfurt 1957

Nohlen, Dieter (Hg.): Wörterbuch Staat und Politik. München 1991

Nowicki, Michael: Zur Geschichte der Sozialarbeit. Historischer Abriß und politischer Stellenwert von Sozialarbeit in einer Geschichte von Klassenkämpfen. In: Hollstein, Walter / Meinold, Marianne: Sozialarbeit unter kapitalistischen Produktionsbedingungen. Frankfurt/M. 1973

o.A.: Ueber die ästhetische Erziehung der Proletarier. In: Deutsche Vierteljahrs Schrift. 1. Heft., Jg. 11 (1848)

o.A.: Historische biographische Blätter. Industrie, Handel und Gewerbe. Berlin o.J.

Oelkers, Jürgen: Reformpädagogik – Epochenbehauptung, Modernisierung, Dauerprobleme. In: Berg, Christa / Herrmann, Ulrich / Lundgreen, Peter et al. (Hg.): Jahrbuch für Historische Bildungsforschung, Bd. 1. Hrsg. von der Historische Kommission der Deutschen Gesellschaft für Erziehungswissenschaft. Weinheim/München 1993

Oelkers, Jürgen (Hg.): Pestalozzi, Umfeld und Rezeption. Studien zur Historisierung einer Legende. Weinheim/München 1995

Pache, Oskar: Fabrikschulen. In: Encyklopädisches Handbuch der Pädagogik, Bd. 2. Hrsg. von Wilhelm Rein. Langensalza 1896, S. 134f.

Paulsen, Friedrich: Geschichte des gelehrten Unterrichts, Bd. 2. Berlin/Leipzig 1921.

Peukert, Detlev J.K.: Grenzen der Sozialdisziplinierung. Aufstieg und Fall der deutschen Jugendhilfe von 1878–1932. Köln 1986

Pestalozzi, Johann Heinrich: Sämmtliche Schriften, Bd. 1–15. Stuttgart/Tübingen 1818–1826

Prantl, –: Krug, Wilhelm Traugott. In Allgemeine Deutsche Biographie (17. Bd.) Leipzig 1883, S. 222

Preusker, Karl: Die Stadtbibliothek in Großenhain. Großenhain 1828

Preusker, Karl Benjamin: Nachricht von dem Fortgange und der jetzigen Einrichtung der Sonntagsschule (Jahresbericht vom Sonntagsschul-Verein) und dem Gewerbevereine. Großenhain 1832

Preusker, Karl Benjamin: Über Sonntags- und Gewerbschulen, Vereine, Bibliotheken, und andere Förderungsmittel des vaterländischen Gewerbefleißes und der Volksbildung im Allgemeinen. Leipzig 1834

Preusker, Karl Benjamin: Bausteine (Bd. 1 und 2). Leipzig 1835a

Preusker, Karl Benjamin: Andeutungen über Sonntags-, Real- und Gewerbschulen, Cameralstudium, Bibliotheken, Vereine. Leipzig 1835b

Preusker, Karl Benjamin: Förderungsmittel der Volkswohlfahrt in Bezug auf Wissenschaften, Kunst und Leben (Bd. 1). Leipzig 1836

Preusker, Karl Benjamin: Ueber Jugendbildung, zumal häusliche Erziehung, Unterrichtsanstalten, Berufswahl, Nacherziehung und Nachschulen, Bde. 1–5. Leipzig 1837–1842
Bd. 1–3: Ueber Erziehung im Hause der Eltern mit Rücksicht auf deren mustergebende Leben und auf Bücherwahl für eine Haus- und Handbibliothek. Leipzig 1837/38
Bd. 4: Ueber Erziehungs- und Unterrichtsanstalten besonders Volks-, höhere Bürger- und Realschulen, Kinder-Bewahr- Beschäftigungs- und Besserungsanstalten Leipzig 1839

Bd. 5: Ueber Nacherziehung und Nachschulen in Bezug auf die bereits aus der Schule entlassene, gereiftere Jugend. Leipzig 1842

Preusker, Karl Benjamin: Bürgerhalle. Anstalten und Einrichtungen zur gewerblichen sowie allgemeinen Fortbildung des Bürgerstandes; für ältere und jüngere Gewerbetreibende, städtische Behör- den und Lehrer, Vorstände gewerblicher Bildungsanstalten, Lesevereine u.s.w.

Bd. 1: Über gewerbliche sowie allgemeine Fortbildung des Bürgerstandes überhaupt, und über Gründung und Einrichtung von Sonntagsschulen und anderen Fortbildungsanstalten, für die jüngere gewerbetreibende Generation insbesondere als Erforderniß der Zeit. Meißen 1847

Bd. 2: Gewerbevereine, Bürgervereine für bildende Unterhaltung und Gesellenvereine als dringendes Erforderniß der Zeit, nach Gründung und Einrichtung geschildert, mit Büchergabe für Sonntags-, Gewerb- und Gesellenvereins-Bibliotheken. Meißen 1848

Bd. 3: Bürger-Bibliotheken und andere für besondere Leserklassen erforderliche Volks-Bibliotheken, sowie Gewerbe-Museen, öffentliche Vorlesungen, Lese- und andere Bildungsvereine zur Wohlfahrt des Bürgerstandes, als dringendes Bedürfniß der Zeit, nach Gründung, Leitung, Bücherbedarf. Meißen 1850

Preusker, Karl Benjamin: Historischer Ueberblick der gewerblichen Sonntagsschule zu Großenhain. Großenhain 1855

Prondczynski, Andreas von: Die Pädagogik und ihre Historiographie. Umrisse eines Forschungsfeldes. In: ZfPäd 4/99, S. 485–504

Puls, Detlev (Hg.): Wahrnehmungsformen und Protestverhalten. Studien zur Lage der Unterschichten im 18. und 19. Jahrhundert, Frankfurt/M. 1979

Rauschenbach, Thomas / Sachße, Christoph und Olk, Thomas (Hg.): Von der Wertegemeinschaft zum Dienstleistungsunternehmen. Jugend- und Wohlfahrtsverbände im Umbruch. Frankfurt/M. 1996

Reinalter, Helmut (Hg.): Freimaurer und Geheimbünde seit dem 18. Jahrhundert in Mitteleuropa. Frankfurt/M. 1989

Reinalter, Helmut: Bibliographie zur Geschichte der demokratischen Bewegungen in Mitteleuropa 1770–1850. Unter besonderer Berücksichtigung des Systems der strikten Observanz. Schriftenreihe der Internationalen Forschungsstelle Demokratische Bewegungen in Mitteleuropa 1770–1850 (Bd. 1). Frankfurt/M. 1990.

Reulecke, Jürgen: Sozialer Frieden durch soziale Reformen. Der Centralverein für das Wohl der arbeitenden Klassen in der Frühindustrialisierung. Wuppertal 1983

Reulecke, Jürgen: Reformer und Reformideen im deutschen Vormärz. In: Bruch 1985

Reulecke, Jürgen (Hg.): Die Stadt als Dienstleistungszentrum. Beiträge zur Geschichte der *Sozialstadt* in Deutschland im 19. und frühen 20. Jahrhundert. St. Katharinen 1995

Reulecke, Jürgen / Weber, Wolfhard (Hg.): Fabrik, Familie, Feierabend. Beiträge zur Sozialgeschichte des Alltags im Industriezeitalter. Wuppertal 1983

Reyer, Jürgen: Wenn die Mütter arbeiten gingen ... Köln 1983

Rhoden, Günter von: Das Stadtarchiv Duisburg. Duisburg 1957

Rhoden, Günter von: Duisburg im Jahre 1566. Der Stadtplan des Johannes Corputius – ein Schaubild Duisburger Geschichte. Duisburg 1964

Rhoden, Günter von: Die Universität Duisburg. Duisburg 1968

Rhoden, Günter von: Geschichte der Stadt Duisburg, Bd. 1. Duisburg 1970

Rhoden, Günter von: Duisburger Notizen. Zeitgenössische Berichte 1417–1992. Duisburg 1998

Rice, Edwin Wilbur: The Sunday-school movement 1780–1917, and the American Sunday-school union, 1817–1917. Philadelphia 1917

Richter, Johann Paul Friedrich: Levana oder Erziehungslehre. Besorgt von K.-G. Fischer. Paderborn 1963

Riehl, Wilhelm Heinrich: Die Naturgeschichte des Volkes als Grundlage einer deutschen Sozialpolitik, Bd. II. Die bürgerliche Gesellschaft. Stuttgart 1866

Ring, Walter: Geschichte der Universität Duisburg. Duisburg 1920

Ring, Walter: Geschichte der Stadt Duisburg, Duisburg 1927

Ring, Walter: Geschichte der Duisburger Familien. Duisburg 1930

Ring, Walter: Drei Generationen. In: Rheinisch-Westfälische Wirtschaftsbiographie II. Köln 1937

Ring, Walter: Von der Öllaterne zur Leuchtstoffröhre. Duisburg 1954

Rönne, Ludwig: Das Unterrichts-Wesen des Preußischen Staates (Bd. 1). Das Volksschul-Wesen des Preußischen Staates mit Einschluß des Privat-Unterrichts. 5. Abschn.: Nebenanstalten der Volksschule, S. 864–894. Nachdruck der 1855 in Berlin erschienenen Ausgabe. Mit einer Einleitung hrsg. von Hans Jürgen Apel. Köln, Wien 1990

Rössler, Wilhelm: Die Entstehung des modernen Erziehungswesens in Deutschland. Stuttgart 1961

Romberg, Hermann: Die Verwaltung der Stadt Duisburg in napoleonischer Zeit: In: DF Bd.14, Duisburg 1970, S. 104–129

Romberg, Hermann: Duisburger kommunale Streitigkeiten um die Grande Armée 1812. In: DF Bd. 14, Duisburg 1970, S. 130–136

Roth, Leo (Hg.): Pädagogik. Handbuch für Studium und Praxis. München 1991

Rothkranz, Edmund: Kirchen- und Schulpolitik der Düsseldorfer Regierung in den Jahren 1820–1840. Johann Vincenz Josef Bracht (1771–1840). Phil. Diss. Köln 1943

Rühle, Otto: Das proletarische Kind. Eine Monographie. München 1911

Rudolph, Ludwig: Diesterwegs Wegweiser zur Bildung für deutsche Lehrer. Essen 1873

Rusch, Gebhard: Theorie der Geschichte, Historiographie und Diachronologie. Siegen 1986

Rusch, Gebhard: Erkenntnis, Wissenschaft, Geschichte. Frankfurt/M. 1987

S., H.: Fortschritt der menschlichen Bildung. In: Deutsche Vierteljahrs Schrift. 1. Heft. 11 (1848)

Sachße, Christoph: Mütterlichkeit als Beruf. Sozialarbeit, Sozialreform und Frauenbewegung 1871–1929. Opladen 1994

Sachße, Christoph / Tennstedt, Florian: Geschichte der Armenfürsorge in Deutschland, Bd. 1. Stuttgart 1998

Sattler, Martin J.: Friedrich Albert Lange – *Socialconservativer* oder *Socialrevolutionär?* In: Knoll, Joachim H. / Schoeps, Julius H.: Friedrich Albert Lange, Leben und Werk. Duisburg 1975

Schaff, Philipp: Sonntagsschulen. In: Karl A. Schmid, Encyklopädie des gesammten Unterrichts- und Erziehungswesens, 8. Bd. Gotha 1870, S. 878

Sandel, Michael J.: Liberalismus oder Republikanismus. Von der Notwendigkeit der Bürgertugend. Wien 1995

Scherpner, Hans: Theorie der Fürsorge. Göttingen 1974

Scherpner, Hans: Geschichte der Jugendfürsorge. Göttingen 1979

Scherpner, Hans: Studien zur Geschichte der Fürsorge, Göttingen 1984

Schieder, Theodor: Vom Deutschen Bund zum Deutschen Reich. In: Gebhardt: Handbuch der deutschen Geschichte (Bd. 15). München 1979

Schleiermacher, Friedrich Daniel Ernst: Pädagogische Schriften. Hrsg. von Carl Platz (Friedrich Manns Bibliothek pädagogischer Klassiker). Langensalza 1902

Schleiermacher, Friedrich Daniel Ernst: Pädagogische Schriften. Hrsg. von Erich Weniger. Düsseldorf/München 1957

Schleiermacher, Friedrich, Ernst, Daniel: Pädagogische Schriften. Die Vorlesungen aus dem Jahre 1826. Hrsg. von Erich Weniger. Darmstadt 1966

Schleiermacher, Friedrich, Ernst, Daniel: Ausgewählte Pädagogische Schriften. Besorgt von Ernst Lichtenstein. Paderborn 1959

Schlesinger, Joachim: Die Freimaurer in der Stadt Leipzig. Versuch einer Annäherung. Leipzig 1992

Schmidt, Günther: Funktionsanalyse und politische Theorie. Funktionalismuskritik, Faktorenanalyse, Systemtheorie. Düsseldorf 1974

Schmoller, Gustav: Die sociale Frage – Klassenbildung, Arbeiterfrage, Klassenkampf. München und Leipzig 1918

Schmoller, Gustav: Untersuchungen zur Geschichte der deutschen Kleingewerbe im 19. Jahrhundert. Berlin 1870

Schnabel, Franz: Deutsche Geschichte im 19. Jahrhundert. Freiburg 1949ff.

Schneider, Ferdinand Josef: Die Freimaurerei und ihr Einfluß auf die geistige Kultur in Deutschland am Ende des 18. Jahrhunderts. Prag 1909

Schneider, Gerhard: Geschichtserzählung. In: Bergmann, Klaus / Kuhn, Anette / Rüsen, Jörn und Schneider, Gerhard (Hg.): Handbuch der Geschichtsdidaktik, Bd. 2. Düsseldorf 1979

Schneider, Michael: Streit um Arbeitszeit: Geschichte des Kampfes um Arbeitszeitverkürzung in Deutschland. Köln 1984

Schütz, Rüdiger: Preußen und die Rheinlande. Studien zur preußischen Integrationspolitik im Vormärz. Wiesbaden 1979

Schulin, E.: Arbeit an der Geschichte. Frankfurt/M./New York 1997

Schultze, Ernst: Volksbildung und Volkswohlfahrt in England. München/Berlin 1912

Schulz, Manfred: Die Entwicklung Duisburgs und der mit ihm vereinigten Gemeinden bis zum Jahre 1962. Duisburg 1977

Schulze, Hagen: Die Stein-Hardenbergschen Reformen und ihre Bedeutung für die deutsche Geschichte. In: Preußen. Seine Wirkung auf die deutsche Geschichte. Vorlesungen von Karl Dietrich Erdmann et al. Stuttgart 1985

Schulze, Wally: Kinderarbeit und Erziehungsfragen in Preußen zu Beginn des 19. Jahrhunderts. In: Soziale Welt, IX (1958), S. 299–309

Schumpeter, Joseph: Kapitalismus, Sozialismus, Demokratie. Bern 1946

Schwab, Ulrich: Evangelische Jugendarbeit in Bayern 1800–1933. München 1992

Schwarzmeier, Michael: Friedrich Imanuel Niethammer, ein bayrischer Schulreformator. Aalen 1974

Schwartz, Friedrich Heinrich Christian: Lehrbuch der Pädagogik und Didaktik. Leipzig 1805

Schwartz, Friedrich Heinrich Christian: Erziehungslehre. Leipzig 1829.

Schwartz, Friedrich Heinrich Christian: Die Schulen. Die verschiedenen Arten der Schulen, ihre inneren und äußeren Verhältnisse und ihre Bestimmung im Entwicklungsgange der Menschheit. Leipzig 1832

Seelos, Willy: Geschichte der Firma Arnold Böninger Duisburg von 1929–1949. Teil II. Duisburg 1949

Sellin, Volker: Mentalitäten in der Sozialgeschichte. In: Schieder, Wolfgang / Sellin, Volker (Hg.): Sozialgeschichte in Deutschland. Entwicklung und Perspektiven im internationalen Zusammenhang (Bd. III). Soziales Verhalten und soziale Aktionsformen in der Geschichte. Göttingen 1987

Seitter, Wolfgang: Volksbildung als Teilhabe. Frankfurt/M. u.a.O. 1990

Seitter, Wolfgang: Geschichte der Erwachsenenbildung. In: Krüger, Heinz-Hermann / Helsper, Werner (Hg.): Einführung in die Geschichte der Erziehungswissenschaft und Erziehungswirklichkeit. Opladen 1997

Seitter, Wolfgang: Normalität des Lernens. Perioden der Volks- bzw. Erwachsenenbildung von 1000 bis 1900. In: GdWZ, Heft 4, 5 (1999), S. 291–294

Sextro, Heinrich (1785): Über die Bildung der Jugend zur Industrie. Frankfurt 1968

Simon, Christian: Historiographie. Eine Einführung. Stuttgart 1996

Smelser, Neil J.: Theorie des kollektiven Verhaltens. Köln 1972

457

Spitzner, A.: Artikel *Verwahrlosung*. In: Rein, Wilhelm (Hg.): Encyklopädisches Handbuch der Pädagogik, Bd. 9. Langensalza 1909

Spranger, Eduard: Die wissenschaftlichen Grundlagen der Schulverfassung und der Schulpolitik. Bad Heilbrunn 1963

Staewen-Ordemann, Gertrund: Menschen der Unordnung. Die proletarische Wirklichkeit im Arbeitsschicksal der ungelernten Großstadtjugend. Berlin 1933

Stammler, Karin: Von *Schwestern, Schutzbefohlenen* und *rohen Weibern aus dem Volke*. In: Kleinau/Opitz (Hg.) 1996

Stange, M. Ernst: Ueber Sonntagsschulen überhaupt und über die Dresdner insbesondere. Dresden 1829

Stein, Lorenz vom: Handbuch der Verwaltungslehre (Bd. III). Stuttgart 1888

Stöcker, Emil: Karl Preusker und seine Bestrebungen für Volksbildung. Zittau 1884

Stötzner, H. Ernst (Hg.): Lebensbild eines Volksbildungsfreundes. Selbstbiographie von Karl Preusker, 1786–1871. Leipzig 1873

Stratmann, Karlwilhelm: Krise der Berufserziehung im achtzehnten Jahrhundert als Ursprungsfeld pädagogischen Denkens. (Koelner Arbeiter Paedagogik) Ratingen 1967

Süvern, Johann Wilhelm: Die Reform des Bildungswesens. Schriften zum Verhältnis von Pädagogik und Politik. Besorgt von H.G. Jäger und K.E. Jeismann. Paderborn 1981

Svarez, Carl Gottlieb: Vorträge über Staat und Recht. Hrsg. von Herrmann Conrad und Gerd Kleinheyer. Wissenschaftliche Abhandlungen der Forschungsgemeinschaft des Landes NRW (Bd. 10). Köln und Opladen 1960

Terpoorten, Otto: Geschichte der Firma Arnold Böninger von 1750–1928. Teil I. Duisburg 1928

Tennstedt, Florian: Vorgeschichte und Entstehung der Kaiserlichen Botschaft vom 17. November 1881. In: ZfS, 27 (1981).

Teuteberg, Hans-Jürgen (Hg.): Urbanisierung im 19. und 20. Jahrhundert. Historische und geographische Aspekte. Köln, Wien 1983.

Teuteberg, Hans-Jürgen/Wischermann, Clemens (Hg.): Wohnalltag in Deutschland 1850–1914. Bilder – Daten – Dokumente. Münster 1985

Tenorth, Heinz-Elmar: Geschichte der Erziehung. Weinheim/München 1988

Tenorth, Heinz-Elmar: Wahrheitsansprüche und Fiktionalität. In: Pädagogik und Geschichte. Pädagogische Historiographie zwischen Wirklichkeit, Fiktion und Konstruktion, hg. von Dieter Lenzen. Weinheim 1993, S. 87–102

Tenorth, Heinz-Elmar: Lob des Handwerks, Kritik der Theorie – zur Lage der pädagogischen Historiographie in Deutschland. In: Paedagogica Historia XXXII (1996) 2, S. 343–361

Thiele, Gunnar (Hg.): Süverns Unterrichtsgesetzentwurf vom Jahre 1819. Leipzig 1913

Thiersch, Friedrich: Über den gegenwärtigen Zustand des öffentlichen Unterrichts in den westlichen Staaten von Deutschland, in Holland, Frankreich und Belgien. Stuttgart/Tübingen 1838

Thun, Alphons: Die Industrie am Niederrhein und ihre Arbeiter. Leipzig 1879.

Thur, Josef: 150 Jahre Stadtsparkasse Köln 1826–1976. Aufzeichnungen zu ihrer Geschichte und Funktion. Köln 1976

Thyssen, Simon: Die Berufsschule in Idee und Gestaltung. Essen 1954

Tillmann, Klaus-Jürgen: Sozialisationstheorien. Eine Einführung in den Zusammenhang von Gesellschaft, Institution und Subjektwerdung. Reinbek 1989

Tocqueville, Alexis de: Über Demokratie in Amerika. Zürich 1987

Trotha, Trutz von: Zur Entstehung von Jugend. In: Kölner Zeitschrift für Soziologie und Sozialpsychologie 34 (1982)

Tyrell, Hartmann: Anfragen an die Theorie der gesellschaftlichen Differenzierung. In: Zeitschrift für Soziologie 7 (1978), S. 175–193

Urbschat, Fritz: Grundlagen einer Geschichte der Berufserziehung. o.O. 1936

Veyne, Paul: Die Originalität des Unbekannten, Frankfurt/M. 1988

Villaume, Peter: Von der Bildung des Körpers in Rücksicht auf die Vollkommenheit und Glückseligkeit der Menschen ... In: Joachim H. Campe (Hg.) Allgemeine Revision des gesammten Schul- und Erziehungswesens. Wien/Wolfenbüttel 1787. Neudruck Dresden o.J.

Volkmann-Schuck, Karl-Heinz: Politische Philosophie. Frankfurt/M. 1974

Vosseler, Otto: Alexis de Tocqueville: Freiheit und Gleichheit. Frankfurt/M. 1973

Wagenknecht, Manfred: Zur Entwicklung der Städtischen Gewerblichen Berufs- und Berufsfachschule zu Duisburg (1832–1945) unter besonderer Berücksichtigung der Einrichtungen für die männliche Jugend. Duisburg 1961

Wagenknecht, Manfred: 150 Jahre berufsbildende Schulen in Duisburg (1832–1982). Ein Beitrag zur Schul- und Berufsschulgeschichte Duisburgs. Duisburg 1981

Wald, Wilhelm: Geschichte der Großen Landesloge der Freimaurer von Deutschland zu Berlin. Berlin 1921

Walther, Hans: Das Steinbart-Gymnasium zu Duisburg. Teil I. Festschrift zur Hundertfünfund-zwanzigjahr-Feier 1956. Duisburg 1956

Weber, Max: Die protestantische Ethik und der Geist des Kapitalismus. In: Ders.: Gesammelte Aufsätze zur Religionssoziologie I. Tübingen 1988, S. 84–206

Wehler, Hans-Ullrich: Deutsche Gesellschaftsgeschichte, 2. Bd.: Von der Reformära bis zur industriellen und politischen *Deutschen Doppelrevolution*. München 1995

Wehler, Hans-Ullrich: Historische Sozialwissenschaft und Geschichtsschreibung. Göttingen 1980

Wehrmeister, Frank: Fortbildungsschule in Sachsen I. Allgemeine und gewerbliche Fortbildungsschule in Sachsen im Spannungsfeld schulpolitischer und gewerblicher Interessen (1815–1933). Frankfurt 1995

Wein, Bernhard: Die Bauhütten und ihre Entwicklung zur Freimaurerei. Hamburg 1977

Weis, Eberhard (Hg.): Reformen im rheinbündischen Deutschland. München 1984

Wendt, Wolf Rainer: Geschichte der sozialen Arbeit. Von der Aufklärung bis zu den Alternativen und darüber hinaus. Stuttgart 1995

Weymar, Ernst: Das Selbstverständnis der Deutschen. Ein Bericht über den Geist des Geschichtsunterrichts der höheren Schule im 19. Jahrhundert. Stuttgart 1961

Wiesenthal, Max: Das *Königl.* Gymnasium in Duisburg 1821–1885. Duisburg 1934

Wilden, Josef: Gründer und Gestalter der Rhein-Ruhr-Industrie: Skizzen zur Geschichte des Unternehmertums. Düsseldorf 1951

Windemuth, Marie-Luise: Das Hospital als Träger der Armenfürsorge im Mittelalter. Stuttgart 1995

Winkler, Michael: Geschichte und Identität. Versuch über den Zusammenhang von Gesellschaft, Erziehung und Individualität in der *Theorie der Erziehung* Friedrich Daniel Ernst Schleiermachers. Bad Heilbrunn 1979

Winkler, Michael: Eine Theorie der Sozialpädagogik. Stuttgart 1988

Winnig, August: Vom Proletariat zum Arbeitertum. Hamburg 1930

Winter, Georg (Hg.): Die Reorganisation des Preußischen Staates unter Stein und Hardenberg. Erster Teil: Allgemeine Verwaltungs- und Bodenreform. Berlin 1931

Wischermann, Ulla: *Das Himmelskind der Freiheit – wir ziehen sie groß zu Haus.* Frauenpublizistik im Vormärz und in der Revolution von 1848. In: Kleinau/ Opitz (Hg.) 1996

Witteborn, Erich: Johann Hinrich Wichern als Sozialpädagoge dargestellt an seiner Rettungshauserziehung. Wuppertal 1982

Wittmütz, Volkmar: Zwischen Schule und Fabrik: Das Dilemma der Kinder und Jugendlichen im Wuppertal 1800 bis 1850. In: Dietz/Lange/Wahle (Hg.) a.a.O. 1996

Wittmütz, Volkmar: Schule der Bürger. Wuppertal 1981

Wolf, Fritz: Die Entwicklung des Armenwesens der Stadt Duisburg bis um die Wende des 19. Jahrhunderts bzw. bis zum Eintritt der Armenordnung vom 3. November 1903. Heidelberg 1915

Zimmermann, Alfred: Blüthe und Verfall des Leinengewerbes in Schlesien. Gewerbe- und Handelspolitik dreier Jahrhunderte. Breslau 1885

Zwirner, Brigitte: Bewahranstalten – Kleinkinderschule – Kindergarten. Aspekte nichtfamilialer Kleinkindererziehung in Deutschland im 19. Jahrhundert. Frankfurt 1980

Zymek, Bernd: Evolutionistische und strukturalistische Ansätze einer Geschichte der Erziehung. In: Lenzen, Dieter (Hg.): Enzyklopädie Erziehungswissenschaft (Bd. 1). Theorien und Grundbegriffe der Erziehung und Bildung. Hrsg. von Dieter Lenzen und Klaus Mollenhauer. Stuttgart 1983, S. 56

2. Hilfsmittel, Quellensammlungen, quellenkundliche Werke, Gesetzessammlungen etc.

Adelmann, Gerhard (Hg.): Quellensammlung zur Geschichte der sozialen Betriebsverfassung: Ruhrindustrie unter besonderer Berücksichtigung des Industrie- und Handelskammerbezirks Essen, bearb. von Gerhard Adelmann. Bonn o.J.

Altgelt, Hermann: Sammlung der gesetzlichen Bestimmungen und Vorschriften des Elementar-Schulwesens im Bezirke des Königlichen Regierung zu Düsseldorf. Düsseldorf 1841, S. 184f. (Neudruck Köln/Wien 1886, hrsg. von Michael Klöckner)

Altmann, Wilhelm: Ausgewählte Urkunden zur Brandenburgisch-Preußischen Verfassungsgeschichte. Berlin 1915

Bär, Max: Die Behördenverfassung der Rheinprovinz seit 1815 (= Publikation der Gesellschaft für Rheinische Geschichtskunde (Bd. 35) Köln 1919

Baumgart, Winfried (Hg.): Quellenkunde zur deutschen Geschichte der Neuzeit von 1500 bis zur Gegenwart. Darmstadt o.J.

Brenneke, Adolf: Archivkunde. Leipzig 1953

Bruchhäuser, Hanns-Peter / Lipsmeier, Antonius (Hg.): Quellen und Dokumente zur schulischen Berufs- bildung 1869–1918. Köln/Wien 1985

Dahlmann, Friedrich Christoph / Waitz, Christoph: Quellenkunde der deutschen Geschichte. Bibliographie der Quellen und der Literatur zur Deutschen Geschichte. Hrsg. vom Max-Planck-Institut für Geschichte von Hermann Heimpel und Herbert Geuss. Stuttgart 1996

Dotzauer, Winfried: Quellen zur Geschichte der deutschen Freimaurerei im 18. Jahrhundert. Unter besonderer Berücksichtigung des Systems der strikten Observanz. Schriftenreihe der Internationalen Forschungsstelle Demokratische Bewegungen in Mitteleuropa 1770–1850 (Bd. 3). Frankfurt/M. 1991

Endler, Renate / Schwarze-Neuss, Elisabeth: Die Freimaurerbestände im Geheimen Staatsarchiv Preußischer Kulturbesitz (3 Bde.). Frankfurt/M. 1994ff.

Engeli, Christian / Haus, Wolfgang: Quellen zum modernen Gemeindeverfassungsrecht in Deutschland. Stuttgart u.a. 1975

Englert, Ludwig (Hg.): Briefwechsel: 1912–1931 / Georg Kerschensteiner – Eduard Spranger. Hrsg. und eingel. von Ludwig Englert. München 1966 u.a.O.

Erler, Adalbert / Kaufmann, Ekkehard (Hg.): Handwörterbuch zur deutschen Rechtsgeschichte (HRG), Bd. II. Berlin 1978

Franz, Eckhardt G.: Einführung in die Archivkunde. Darmstadt 1999

Gumbrecht, Hans Ulrich (Hg.): Sozialgeschichte der Aufklärung. 12 Originalbeiträge. München u.a. 1981

Haberkern, Eugen / Wallach, Joseph Friedrich: Hilfswörterbuch für Historiker. In zwei Bänden. Tübingen, Basel 1995

Hattenhauer, Hans (Hg.): Allgemeines Landrecht für die preußischen Staaten (von 1794). Mit einer Einführung vom Herausgeber und einer Bibliographie von Günther Bernert. Neuwied u.a.O. 1994

Heinsius, Wilhelm: Allgemeines Bücher-Lexikon 1828–1834 (8. Bd.). Leipzig 1836

Hoppe, Ruth: Geschichte der Kinderarbeit in Deutschland 1750–1939, Bd. II – Dokumente. Berlin 1958

Kayser, Christian Gottlob: Vollständiges Bücher-Lexikon 1750–1832 (enthaltend alle von 1750 bis zu Ende des Jahres 1832 in Deutschland und in den angrenzenden Ländern gedruckten Bücher), Bd. 3 H–L, Leipzig 1835, S. 384, rechte Spalte. Neudruck: Akademische Druck- und Verlagsanstalt, Graz (Österreich) 1969

Kreft, Dieter / Mielenz, Ingrid (Hg.): Wörterbuch Soziale Arbeit. Weinheim/Basel 1988, S. 300

Meisner, Heinrich Otto: Archivalienkunde vom 16. Jahrhundert bis 1918. Göttingen 1969

Milz, Joseph / Pietsch, Hartmut: Duisburg im Mittelalter. Quellen und Materialien zur Geschichte und Entwicklung der Stadt Duisburg. Duisburg 1985

Petzold, Karl-Ernst: Geschichtsdenken und Geschichtsschreibung. Historia in Einzelschriften. Stuttgart 1999

Rössler, Hellmuth / Franz, Günther: Sachwörterbuch/Biographisches Wörterbuch zur deutschen Geschichte (2 Bd.). Nendeln/Liechtenstein 1970 und München 1974

Stein, Karl vom und zum / Hubatsch, Walther (Hg.): Briefe und amtliche Schreiben des Freiherrn vom Stein (Bde. I–X). Stuttgart o.J.

Schmuck, Hilmar / Gorzny, Willi: Gesamtverzeichnis des deutschsprachigen Schrifttums (GV) 1700–1910. Bearb. unter der Leitung von. Biographische und redaktionelle Beratung: Hans Probst und Rainer Schöller (Bd. 78). München u.a. 1983

Simon, Gisela: Familienkundliche Quellen im Stadtarchiv Duisburg (= Duisburger Geschichtsquellen 1) Duisburg 1960

Weiser, Johanna. Das preußische Schulwesen im 19. und 20. Jahrhundert. Ein Quellenbericht aus dem Geheimen Staatsarchiv Stiftung Preußischer Kulturbesitz. Köln u.a.O. 1996

Quellen- und Dokumententeil

Dokument 1
Statuten der Sonntagsschule zu Leipzig vom 24. August 1815

1. Die Sonntagsschule wird jeden Sonntag Vormittag von 9–12 Uhr gehalten.
2. Die Loge sucht, wenn die Einrichtung vollendet ist, durch Privatstellung bei dem Magistrate um Erlaubnis nach, sie halten zu dürfen.
3. Erst, wenn dies geschehen ist, wird die Existenz der Sonntagsschule und die Art, wie man daran theil nehmen kann, öffentlich bekannt gemacht, und diese Bekanntmachung von den Mitgliedern des Armen-Comité unterzeichnet.
4. Das Armen-Comité der Loge bestimmt die Lehrer, womöglich aus der Mitte der Mitglieder, denen es frei steht, sich Gehilfen zu wählen.
5. Jeder Lehrer stehet in Betreff der Lehrart unter keiner Autorität und darf in der Stunde, welche er giebt, durch keine Einrede gestört werden.
6. Die Kosten der Schule werden aus der Armenkasse der Loge bestritten.
7. Der Schatzmeister des Armen-Comité errichtet ein eigenes Konto der Sonntagsschule; er legt in den Quartalssitzungen dem Comité Rechnung ab; völliger Abschluß ist am Schlusse des Jahres und wird dann in der Loge vorgelegt.
8. Nach jeder Quartalssitzung des Armen-Comité werden in einer allgemeinen Conferenz die Resultate der Sonntagsschule zugleich mit denen des gesamten Armenwesens bekannt gemacht.
9. Nur Lehrlinge oder Gesellen hiesiger oder benachbarter Handwerker können vor der Hand Zöglinge werden.
10. Die Zahl derselben ist für den Anfang bis zur öffentlichen Bekanntmachung auf zwölf beschränkt.
11. Da ein moralisch verdorbener Knabe nicht angenommen werden kann, so muß jeder, der in die Schule aufgenommen werden will, die schriftliche oder mündliche Verbürgung seines Meisters über sein Verhalten haben.
12. Wird erst nach der Aufnahme in die Schule moralische Verderbtheit entdeckt, wird das betheiligte Subjekt ohne weiteres ausgestoßen.
13. Nur ein Jüngling, der bereits confimirt ist und lesen und schreiben kann, eignet sich zur Theilnahme an dieser Schule.
14. Wer Antheil nehmen will, hat sich selbst oder noch besser durch seinen Meister bei einem Mitglieder des Armen-Comité zu melden, welches das Gesuch in der ersten Sitzung anbringt und dem Gemeldeten Antwort ertheilt.
15. Das vorgeschlagene Mitglied hat sich, besonders wenn der Knabe sich selbst gemeldet hat, nach der Aufführung desselben zu erkundigen, auch in dem bemerkten Falle die Einwilligung des Meisters nachzusuchen, ohne welche keine Knabe angenommen werden kann.
16. Kein Mitglied des Comité kann eigenmächtig irgend einen Ansuchenden abweisen.
17. Der Aufzunehmende wird vor dem Comité so weit geprüft, als es nöthig ist, um zu bestimmen, welchen Stunden er beiwohnen kann.
18. Jedem Aufgenommenen wird ein Buch bestimmt, in welchem von den Lehrern fortwährend Zeugnisse seines Verhaltens ausgestellt werden.
19. Es wird eine Matrikel eröffnet, worin der Name und die besonderen Verhältnisse jedes Zöglings bemerkt und in welchem Eintritt und Abgang, die Stunden, welchen er beiwohnte und die Fortschritte, welche er machte, ausgezeichnet werden.
20. Das Entlassen aus der Schule wegen unvollendeten Unterrichts oder aus anderen Ursachen wird von dem Comité auf Antrag sämmtlicher Lehrer bestimmt und dem Beamtencollegium der Loge angezeigt.

21. Jeder Zögling hat womöglich selbst für die erforderlichen Instrumente und Materialien zu sorgen; wer es nicht selbst anschaffen kann erhält diese Gegenstände vom Comité.
22. Die Gegenstände des Unterrichts sind vorläufig beschränkt auf Schreiben, Rechnen, Zeichnen, Rechtschreiben und Uebungen in schriftlichen Aufsätzen.
23. Religionsunterricht ist ausgeschlossen, um alle Collision zu meiden.
24. Die Lehrer der Sonntagsschule halten einige Tage vor jeder Quartalsitzung des Armen-Comité eine Besprechung ... und theilen die gefundenen Resultate dem Comité zum Behufe des Berichtes an die Loge mit.
25. Einzelne Lehrer, die etwas wünschen oder fürchten, oder welche Verbesserungen vorschlagen wollen, theilen dies dem Vorsitzenden mit, der verbunden ist, wichtige Gegenstände sogleich und minder wichtige in den Quartalsversammlungen dem Comité vorzutragen.
26. Jeder Gegenstand, der in Betreff der Sonntagsschule in dem Comité zur Discusion kommt und einen Beschluß nöthig macht, wird so oft und so lange zur Sprache gebracht, bis eine Einigung erzielt ist.
27. In den mündlichen und schriftlichen Verhandlungen des Comité in Betreff der Sonntagsschule, wie in ihren Versammlungen überhaupt, fallen alle maurerischen Titulaturen weg.
28. In den Zimmern der Loge, in welchen die Sonntagsschule gehalten wird's, soll durch einen Anschlag alles das bekannt gemacht werden, was die Zöglinge zu beobachten haben und aus dieser Acte sich zur öffentlichen Bekanntmachung eignet.

Dokument 2
Statuten der Sonntagsschule zu Dresden

§ 1. Die Sonntagsschule ist für Lehrlinge hiesiger Künstler und Handwerker bestimmt.
§ 2. Nur bereits confimirte und von allem Schulunterricht entlassene Jünglinge können daran Theil nehmen.
§ 3. Wer einen Zögling zur Theilnahme an der Sonntagsschule empfehlen will, hat sich deshalb an die Vorsteher zu wenden.
§ 4. Kein Knabe kann ohne Einwilligung seines Lehrherrn angenommen werden. Hat der Lehrherr aber seine Einwilligung gegeben, dann hat er auch die Pflicht übernommen, dafür zu sorgen, daß der Lehrling *jedesmal* und zu rechter Zeit komme.
§ 5. Die Zöglinge müssen wenigstens Lesen können.
§ 6. Sie müssen schriftlich oder mündlich das Zeugniß unverdorbener Sitten von ihrem Lehrherrn erhalten.
§ 7. Die Zöglinge der Sonntagsschule erhalten die nöthigen Instrumente und Materialien von Seiten der Vorsteher unendgeldlich und geben sie, in so weit sie nicht verbraucht worden, bey ihrem Abgange zurück.
§ 8. Jeder Lehrherr erklärt, an welchen Stunden und zu welcher Zeit sein Lehrling zugegen ist, um beurtheilen zu können, ob derselbe zur rechten Zeit nach Hause kommt, dagegen wird auch darauf gerechnet, daß die Zöglinge zur angezeigten Stunde bestimmt erscheinen.
§ 9. Jeder Lehrherr kann, so oft er will, den Stunden beywohnen; es versteht sich indessen, daß kein Besuch durch Sprechen die Lehrer stören darf.
§ 10. Jeder Lehrherr wird gebeten, es einem der Vorsteher anzuzeigen, wenn er seinem Lehrling auf etwas besonderes aufmerksam gemacht zu haben wünscht, oder wenn er eine hervorstechende Neigung oder einen besonderen Fehler an ihm bemerkt.
§ 11. Die Lehrer erwarten von den Zöglingen Bescheidenheit, Höflichkeit, Zutrauen und Offenheit; sie wünschen, in einem recht guten, herzlichem Verhältnisse zu ihnen zu stehen.
§ 12. Stilles und anständiges Betragen der daran theilnehmenden Zöglinge, besonders auch bey dem Kommen und Nachhause-Gehen wird vorzüglich erwartet.

§ 13. Wer entweder durch unanständige Reden oder unsittliche Handlungen seinen Mitschülern ein Ärgerniß giebt, wird sogleich, als der ferneren Theilnahme unwürdig, entlassen.

§ 14. Wer mit ungewaschenen Händen erscheint, wird für diesen Tag wieder nach Hause geschickt und solches dessen Lehrherrn gemeldet werden müssen.

§ 15. Wer dreimal, ohne deshalb ausreichend zuvor entschuldigt zu seyn, die Stunden versäumt, wird nicht wieder zugelassen.

§ 16. Alljährlich einmal vor Ostern, werden die Sonntagsschüler vor den hierzu einzuladenden Mitgliedern geprüft werden; und zu dieser Zeit werden neue Zöglinge angenommen, und von den bisherigen diejenigen entlassen, welche am längsten und mit dem meisten Nutzen der Schule beygewohnt haben.

§ 17. Diejenigen Lehrlinge, welche im Laufe des Jahres und noch vor der in der Sonntags-Schule alljährlich zu veranstaltenden Prüfungen von dem Lehrherrn des Handwerks losgesprochen werden, treten dann auch sofort aus der Schule ab.

Dokument 3
Gesetze der Sonntags- und Gewerbschule zu Großenhain

§ 1 Der Zweck dieser Anstalt ist die beförderte Aus- und Fortbildung der Handwerkslehrlinge und Gesellen in den zu ihrem Stande erforderlichen wissenschaftlichen Kenntnissen und einigen technischen Fertigkeiten. Insbesondere soll diese Anstalt

1. durch die *Sonntagsschule* des früheren mangelhaften Elementarunterricht möglichst ersetzen,

2. durch die *Gewerbschule* theils zur Belehrung in den – wegen der beim jetzigen Aufschwunge der Industrie dringend erforderlichen rationellen Gewerbebetreibung – unentbehrlichen mathematisch-physikalisch und technologischen Wissenschaften, wie im Zeichnen und anderen dazu benöthigten Kenntnissen und Fertigkeiten Veranlassung geben, theils durch höhere Fortführung in den zur allgemeinen Menschenbildung erforderlichen Kenntnissen zugleich die geistige und sittliche Ausbildung und mithin die wahre Volksbildung im Allgemeinen befördern.

Außer den Handwerkslehrlingen und Gesellen steht die Theilnahme auch den sich der Handlung, der Oekonomie und anderen Gewerben so wie dem schriftlichen Expeditionswesen und sonstigen Gewerbszweigen sich widmenden, aus der Stadtschule entlassenen jungen Leuten frei, welche den vorgetragenen Unterricht ebenfalls zur nöthigen Ausbildung benutzen wollen und sich nicht minder zur genauen Beobachtung dieser Gesetze verpflichten.

§ 2 Als *Unterrichtsgegenstände* sind festgesetzt:

a) in der Sonntagsschule, Elementarkenntnis des Lesens, Schreibens, Kopf- und Tafelrechnens und der deutschen Sprache, sowie auch Uebung im Schönschreiben.

b) in der Gewerbschule: 1) Zeichnen; erste Anfangsgründe im Linearzeichnen, freies Hand-, geometrisch- architektonisches Ornamenten- und Maschinenzeichnen; 2) mathematischer Unterricht; die nöthigsten Lehren der höheren Arithmetik, zumal in Bezug auf gewerbliche Berechnungen und mit Rücksicht auf Münz-, Maß-, und Gewichtsstunde ec.; Elementar-Geometrie und zwar Planimetrie, abwechselnd mit Stereometrie, populäre Mechanik und Maschinenkunde; 3) technische Naturgeschichte, -Physik und -Chemie in den Anfangsgründen, möglichst durch Experimente erläutert; 4) allgemeine Technologie oder Gewerbs- nebst Productenkunde; 5) deutsche Sprache und stylistische Uebung, mit besonderer Hinsicht auf die bei den Gewerbetreibenden vorkommenden Rechnungen, Anschlägen und anderen schriftlichen Wiederholungen und späterer Aufsetzung des Vorgetragenen, sowie mit Rücksicht auf logische Grundlehren, zur Ausbildung der

Denkart und schriftlichen wie mündlichen Darstellungsgabe, abwechselnd mit Erläuterung der hauptsächlichsten Fremdwörter; 6) historisch-geographische und technische Vaterlandsstunde, mit allgemeinen historisch-geographischen Uebersichten, und endlich 7) andere kürzere Vorträge, z.B. moralische Belehrungen, diätische Regeln und Rettungsmaßregeln bei Unglücksfällen, Erläuterungen der hauptsächlichen Landesgesetze und Verordnungen und anderer gemeinnütziger Unterricht, in so fern derselbe für junge Gewerbetreibende zweckdienlich ist, zugleich mit möglichster Eiwirkung auf das moralische Gefühl, um auch dessen nöthiges gleichmäßiges Fortschreiten mit den Verstandeskräften zu befördern und der einseitigen Ausbildung der Letzteren zu begegnen.

Wofern günstige Umstände es künftig gestatten, so soll eine höhere Abtheilung der Gewerbschule zu ausführlichern Vorträgen über mathematische, physikalische und technische Kenntnisse ec. für die fleißigern und vorgeschrittenen Schüler, und außerdem für die Bauhandwerker ein besonderer Wintercursus gegründet werden. (Welche von diesen zum Theil nur abwechselnd vorgetragenen Gegenständen in den halbjährigen Cursen den Unterricht bilden , wird nebst der dazu bestimmten Stundenzeit (in der Regel Sonntags 1–4, so an mehrern Wochentagen Abends 7–9 Uhr) vor jedem Cusus besonders bekannt gemacht).

§ 3   Das Local der Sonntagsschule ist zugleich das der ersten Knabenclasse der hiesigen Stadtschule, wo sich die Schüler pünctlich einzufinden und auch vor der Ankunft der Lehrer an den ihnen angewiesenen Sitzen ohne Störung zu verhalten haben. Mit den nöthigen Schreib- und Zeichenmaterialien (und zwar mehrere geheftete Bücher, Federn, Rechentafeln, Zeichenpapier, Cirkel, Reißfeder ec.) haben sich die Schüler selbst zu versehen; (den völlig Unbemittlten sollen jedoch auch ferner ausnahmsweise die noch vorräthigen Zeichen-Utensilien geliehen undnöthigenfalls auch Schreib- und Zeichenpapiere verabreicht werden). Die Anschaffung der erforderlichen Schreib- und Zeichen-Vorlegeblätter, der nöthigen Schriften über die Unterrichtsgegenstände, der Dinte, der Modellirungsmaterialien ec. erfolgt aus der Schulcasse. In Behinderungsfällen der Lehrer werden diese zeitig für Stellvertreter zur Ertheilung des Unterrichts sorgen, damit derselbe möglichst ohne Unterbrechung erfolgt, und die Schüler nicht genöthigt sind, sich ohne erlangten Zweck wiederum nach Hause zu begeben.

§ 4   Die Anmeldung der Schüler erfolgt stets bei den jedesmaligen Vorstehern, und sodann bei dem mit der Prüfung beauftragten Lehrer. Zu ihrer Aufnahme bedarf es

a) bei Lehrlingen der Zustimmung zum möglichst ungestörtem Schulbesuch Seiten ihrer Lehrherrn und Meister oder Väter, und deren mündlichen oder schriftlichen Zeugnisse des bisherigen sittlichen Betragens der Ansuchenden, so wie der Angabe von ihren oder ihrer Eltern Vermögensumständen rücksichtlich der zu entrichtenden oder erlassenen Schulgeldes;

b) bei allen Schülern aber zur Theilnahme an den Unterrichtsgegenständen der Gewerbschule, der Fertigkeit im Nachschreiben dictirter Aufsätze und im Rechnen mit benannten Zahlen zu deren etwa noch nöthigen Aneignung der Sonntagsschulunterricht bestimmt ist. Doch können auch die darin noch nicht geübten Schüler an dem Unterricht in der Vaterlandsstunde und anderen Vorträgen ausnahmsweise Antheil nehmen, wo jene Fertigkeit nicht erfordert wird.

Im Fall der genehmigten Aufnahme, welche, nach dem Urtheil jenes Lehrers und nach vorgängiger Besprechung der Vorsteher, mittelst eines von diesen unterzeichneten und den Lehrern bei dem ersten Stundenbesuche vorzulegenden Erlaubnisscheine erfolgt, haben die Schüler diesen Letzteren bei dem mit specieller Leitung der Sonntagsschule beauftragten Vorsteher in Empfang zu nehmen, und sich zugleich zu Beobachtung der Gesetze schriftlich zu verpflichten, wogegen ihnen ein Exemplar derselben zur Nachachtung übergeben wird.

Jeder Schüler hat die gleichen Rechte; Rangverhältnisse finden (mit Ausnahme der Stundenaufseher § 8) nicht statt.

Der Eintritt in die Schule erfolgt regelmäßig in den beiden ersten Wochen nach Ostern und nach Michaelis.

Die Erlaubnis zum Besuch der Sonntagsschule wird auf ein Jahr, der Gewerbschule auf zwei Jahr[e] ertheilt, jedoch auf Ansuchen der Schüler und günstiges Zeugnis der Lehrer auch verlängert. Die Schüler haben wenigstens sich zu einem halbjährigen Schulbesuch zu verpflichten.

§ 5   Die Schule ist zwar hauptsächlich zum völlig unentgeltlichen Unterricht für unbemittelte Gesellen und Lehrlinge bestimmt, jedoch werden wegen erfolgtem vielfachen Antrage auch Söhne bemittelter Eltern, gegen eine jährliche Vergütung von 1 bis 2 Thlrn. nach Bestimmungen der Vorsteher, mit halbjähriger Vorausbezahlung als allgemeiner Beitrag für die Schulunterhaltung zugelassen. Die Anzahl der unbemittelten, zum unentgeltlichen Unterrichte bestimmten Schüler ist in Rücksicht des Locals vorjetzt vorläufig auf 50, die Zahl der bemittelten gegen jenen Geldbetrag zuzulassenden Schüler dagegen auf 20 bestimmt; jedoch bleibt es den Vorstehern überlassen, die letztere Zahl, nach Verhältniß des Platzes, so wie der zu Anfange jedes Halbjahres vorhandenen Zahl unbemittelter Schüler, zu erhöhen oder zu vermindern. Die zuerst Angemeldeten haben die erste Anwartschaft auf den Eintritt, und im Fall ermangelnden Platzes die aus hiesiger Stadt gebürtigen jungen Leute den Vorzug. Wer noch nicht confimirt und den Gesetzes gemäß aus der Stadtschule völlig entlassen ist, kann nicht aufgenommen werden.

§ 6   Die Lehrer oder in deren Auftrage, die [in] § 8 erwähnten Stundenaufseher, führen über die Theilnahme der Schüler an den Stunden genaue Listen. Die Schüler sind in der Regel zum Besuche aller Stunden verpflichtet, doch kann auch die Befreiung von manchen erfolgen, wenn sie entweder die darinnen vorgetragenen Kenntnisse schon besitzen, oder deren völlige Entbehrlichkeit im Geschäft oder sonstigen Ursachen (mit Vorwissen der Eltern oder Meister) dargethan wird. Der Unterricht im Zeichnen insbesondere kann nöthigenfalls allein gestattet werden.

Die Lehrlinge erhalten bei dem Stundenschlusse eine mit der Unterschrift der Vorsteher und dem Schulsiegel versehene Marke als Beweis des erfolgten Schulbesuches, welche [sie] bis zu der von Zeit zu Zeit erfolgenden Abholung durch den Schulaufwärter, die Lehrherren oder Väter aufzubewahren; es erfolgt dieses, um Letztere zugleich in Kenntniß zu setzen, ob der Lehrling auch die Stunden wirklich besucht. Wer durch gegründete Ursachen an dem Einfinden verhindert wird, hat die in den nicht besuchten Stunden dicirten Sätze aus den Büchern nachzutragen, auch von schon geübten Schülern oder vom Lehrer sich Erläuterung darüber zu erbitten, um mit dem Unterrichtsgange möglichst ohne Lücken fortschreiten zu können. Wer die Stunden zweimal ohne vor- oder nachherige genügende Entschuldigung bei den Lehrern versäumt, erhält von diesem einen öffentlichen Verweis. Wer dreimal nach einander oder wenigstens im Lauf des Monats wegbleibt, wird von dem betreffenden Lehrer den Vorstehern angezeigt, welche nach Rücksprache mit dem Meister, und wenn nicht Besserung zu hoffen steht, den Schüler vom Schulbesuch auszuschließen haben. Nur nach Verlauf eines Jahres kann ein solcher Schüler, welcher selbst an der Versäumnis schuld war, wiederum die Erlaubniß zur neuen Theilnahme versuchsweise erlangen. Gleicher Verweis und gleiches Ausschließen erfolgt auch bei wiederholtem Zuspätkommen, wenn der Lehrer den Vortrag schon begonnen hat.

Wegen der meist sehr beschränkten Verhältnisse der Gesellen und Lehrlinge in der Behausung des Meisters, wo denselben nur selten ein geeigneter Platz zur Fertigung der für die Schule bestimmten Privatarbeiten zugestanden wird und werden kann, soll die Einrichtung getroffen werden, daß auf Ansuchen der Schüler, welche diese

Arbeiten zu einer gelegenen Zeit im Schullocale fertigen wollen, dieses ihnen zur Benutzung geöffnet wird.

Am Schlusse jeden Schuljahres haben die Lehrer gemeinschaftlich eine Tabelle über den summarischen Schulbesuch aller (auch im Laufe des Jahres abgegangenen) Schüler, und zwar mit bemerkter Censur (in Ansehung der verschiedenen Unterrichtsstunden durch die betreffenden Lehrer) an die Vorsteher zur Vorlegung bei den jährlichen Hauptversammlungen des Gewerbschulvereins abzugeben.

§ 7 Die Schüler haben während der Stundenzeit den Anordnungen der Lehrer willig Folge zu leisten, und sich gegen diesen bescheiden und anständig zu benehmen. Ungehorsam gegen die Lehrer, Beschmuzung und unordentliche Rückgabe der Vorlegeblätter, eigenmächtiges Aussuchen oder Entleihung derselben ohne Vorwissen der Lehrer, Mangel an Fleiß und Aufmerksamkeit, unaufgefordertes lautes Sprechen, Verwechslung der Sitze, Störung Anderer und sonstige Veranlassung zur Mißbilligung und Unzufriedenheit Seiten der Lehrer haben diese Letzteren zuerst öffentlich zur rügen, und bei nicht erfolgter Unterlassung den Vorstehern anzuzeigen, welche, nach Vernehmung mit den Meistern und bei nicht zu erwartender Besserung die Ausschließung solcher gesetzwidrig handelnder Schüler anzuordnen befugt sind. (Bedeutendere Vergehen werden der Policei- und Gerichtsbehörde zur Bestrafung angezeigt). Außerdem wird erwartet, daß die Schüler, welche an dem Unterrichte während des Sonntags-Nachmittags Anteil nehmen, den Frühgottesdienst so fleißig als möglich besuchen werden, denn der Schulunterricht soll junge Leute keineswegs an der ihnen so heilsamen kirchlichen Erbauung hindern, – vielmehr soll bei demselben so viel als möglich Gelegenheit gegeben werden, neben der Fortbildung des Verstandes auch das religiös-moralische Gefühl zu erhöhen. Eben so wird ein gesittetes Betragen der Schüler auf dem Wege zur Schule wie beim Nachhausegehen und außer der Schule überhaupt gefordert, wie es sich für gebildete Menschen geziemt. Beschwerde über die Nichtbeachtung dieser Ermahnung würde ebenfalls die Ausschließung zur Folge haben.

§ 8 Zu Stundenaufsehern werden von den Vorstehern, nach Rücksprache mit den Lehrern mehrere, durch Fleiß und Sittlichkeit ausgezeichnete ältere Schüler ausgewählt, welche die Pflicht obliegt, nicht nur sich zeitig in das Schullocal zu begeben, so wie es zuletzt zu verlassen, und auf anständiges Betragen der Schüler, auf Ruhe und Ordnung während der Abwesenheit des Lehrers zu sehen, nöthigenfalls aber diesem Anzeige zu erstatten, wofern auf ihre Vermahnungen nicht gehört wurde, sondern auch dem Lehrer in Führung der Verzeichnisse über die Aufmerksamkeit der Schüler, dem Schulaufwärter aber bei der Aufräumen der Zeichenvorlegeblätter, Landkarten ec. behilflich zu seyn. Zwei derselben wechseln in dieser Aufsicht mit eben so viel anderen übrigen, allmonatlich ab, und es haben dieselben in Behinderungsfällen ihre Obliegenheit anderen Schulaufsehern, welche die nächste Reihe trifft, zu übertragen.

§ 9 Die durch Fleiß und Sittlichkeit ausgezeichneten Schüler können gegen eine von einem Lehrer attestierte Bescheinigung oder mündliche Erklärung gewerbwissenschaftliche und andere zu ihrer Belehrung geeignete Bücher aus der hiesigen Stadt- und Schulbibliothek (auf 14 Tage jeden Band) geliehen erhalten. Die unterlassene oder beschädigte Rückgabe derselben zieht den Verlust zur ferneren Erlaubnis der Bibliotheksbenutzung oder sonstige, von den Vorstehern für nöthig befundene Maßregeln nach sich. Besonders ausgezeichneten Gesellen ist auch die Teilnahme an den *Versammlungen* des jetzt bestehenden Gewerbvereins auf Antrag der Vorsteher gestattet.

§ 10 Alle Jahre, oder nach Befinden aller halben Jahre werden öffentliche Prüfungen angestellt, wobei nicht nur die fleißigsten und talentvollsten Schüler mit Auszeichnungen namentlich erwähnt, sondern auch an mehrere derselben geeignete Bücher ver-

467

theilt werden sollen. Bei diesen Prüfungen werden außen den schriftlichen arbeiten, Zeichnungen ec. der Schüler, auch die Listen über den erfolgten Schulbesuch nebst den von den Lehrern gemeinschaftlich entworfenen Censuren zur Ansicht der Anwesenden vorgelegt.

§ 11 Ein zuweilen stattfindender Besuch der Sonntags- und Gewerbschule während der Stunden (vorausgesetzt, daß er ohne Störung und ohne Gespräch mit dem Lehrer erfolgt) von den Lehrherrn und Meistern wird nicht nur von den Vorstehern gern gesehen, sondern steht auch überhaupt jedem Freunde der Gewerb- und Volksbildung frei. Wofern schon selbstständige Erwachsenen den Vortrag über einen sie vielleicht interessirenden Gegenstand als ‚Zuhörer' beiwohnen wollen, so haben sie mit den betreffenden Lehren und den Vorstehern zuvor Rücksprache zu nehmen.

§ 12 Die Erlaubnis zum Austritt vor dem ein- oder zweijährigen Cursus kann (mit Ausnahme des Antritts der Wanderschaft) nur mit Einwilligung des Lehrherrn oder Vaters erfolgen. Die freiwillig abgehenden Schüler haben übrigens ihren Abgang nicht nur den Lehrern, deren Unterricht sie genossen, sondern auch schriftlich oder mündlich allen, oder wenigstens dem zur besonderen Leitung der Schulangelegenheiten bestimmten Vorsteher selbst, oder in Behinderungsfällen, durch einen Beauftragten anzuzeigen. Auch wird erwartet, daß die Abgehenden eine ihrer besten Zeichnungen (wozu vorzüglich die bei der Kunst- und Industrieausstellung zu Dresden öffentlich ausgestellte gewesenen Arbeiten anzuwenden sind), so wie eine der gelungensten schriftlichen Arbeiten, mit Bemerkung ihres Namens ec. als ein Andenken für die Schule zurücklassen.

Den abgehenden Schülern, welche nach dem Zeugniß der Lehrer wenigstens ein halbes Jahr die Stunden fleißig besuchten, erhalten darüber Zeugnisse von dem Vorsteher ausgestellt, damit der fleißige Schulbesuch (in Folge der Bestimmungen der hohen Landesdirection) Seiten der Obrigkeit im Wanderbuche angemerkt werden kann; besonders ausgezeichneten Schülern wird auch bei beabsichtigtem Besuch höherer technischer und anderer Bildungsanstalten oder zu anderer Begünstigung ein besonderes Empfehlungsschreiben ausgefertigt, oder sonst für ihr Bestes nach Kräften des Schulvereins gewirkt werden.

Dokument 4
Bericht der Lehrer der Duisburger Sonntagsschule an den Logenvorstand, 1833

Unter dem, was wir thaten, um unser Streben als ein wahrhaft menschenfreundliches vor uns und vor der Welt zu bethätigen, steht vielleicht die Errichtung einer Sonntagsklasse für Handwerker und Fabrikarbeiter obenan, deren Statuten, Schulgesetze und Lections-Plan wir beifügen.

Überzeugt, daß auf der einen Seite sittliche Selbstveredlung in ernstlichen Bemühungen um sittliche Einwirkung auf Geist und Herz Andrer am erfolgreichsten möge angestrebt werden, daß auf der anderen Seite die wahre Mauerei ganz besonders auf Fortbildung der Veredlung des gesellschaftlichen Zustandes in allen Beziehungen ihre Thätigkeit richten soll, glaubten wir unser Augenmerk vorzüglich auf eine Klasse der Gesellschaft hinwenden zu müssen, deren geistige und gemüthliche Bedürfnisse in der Regel weniger berücksichtigt werden und die also die dringensten und gerechtesten Ansprüche an die Maurer macht: Unsere Aufgabe erkannte wir als eine doppelte. Es sollte zunächst jungen Leuten dieser Klasse Gelegenheit gegeben werden, die Kenntnisse, die sie überhaupt den gebildetern Stände näher zu rücken und solche die einem Jeden die für sein Gewerbe nützliche und verschönernde Bildung zu geben vermögten, sich zu erwerben oder in ihnen sich zu vervollkommnen. Es geschieht diese durch den sonntaglichen Unterricht in zwey Klassen, vor welchen die eine dem für jeden Stand nothwendigen Elementar-Unterrichte, also Übungen in Lesen, im Schön- und Rechtschreiben, die andere Klasse den Bedürfnissen des Handwerkers besonders bestimmt ist, worüber das Weitere die Statuten bekunden.

Die zweite ganz eigentliche maurerische Aufgabe war die, das ganze Leben dieser Menschen einen wohlthätigen Einfluß auszuüben. Erscheint die vollständige Lösung dieser hohen Aufgabe als höchst schwierig, ja als kaum erreichbar, so ist doch die Vereinigung einer größeren Zahl von jungen Leuten dieser Klasse zu einem schönen Zwecke, zu nützlicher Beschäftigung am Tage der Muße, zur Erlernung schöner und nützlicher Kenntnisse gewiß schon ein großer Schritt zur Lösung dieser Aufgabe gethan und zu unsrer Genugthuung und mit maurerischer Freude dürfen wir versichern, daß in dieser Beziehung sich schon die wohlthätigen Folgen dieser Anstalt erkennen lassen. Das Zusammenseyn mit diesen jungen Leuten während der Schulzeit, ihre sich deutlich Kund gebende Dankbarkeit für einen ihnen so wohltätigen, unentgeltlich gebotnen Unterricht, das in ihnen erweckte Vertrauen, daß sie nicht vergessen oder zurück gesetzt sind, sondern daß man mit herzlicher Theilnahme sich ihrer nähert und um ihr Bestes bemüht ist – dieses Alles hat beigetragen, ein Band zwischen uns und den Schülern unsrer Anstalt zu knüpfen, daß wir nicht wissentlich und frevelnd zu zerreißen gedenken. Wir suchen übrigens auch über den ganzen Lebenswandel unserer Schüler uns in Kenntnis zu setzen, sind deshalb mit der Orts-Behörde, mit den Pfarrern, mit den Brodherrn und Meistern in Verbindung getreten und jeder Bruder hat die Verpflichtung auf sich genommen, auf denjenigen unsrer Schüler mit denen er irgendwie in Berührung kommt, ein wachsames Auge zu haben, ihr Vertrauen durch Erweisung wahrer Teilnahme rege zu machen, ihnen in Verlegenheiten, wenn sie ihm Kund geworden sind, zu rathen und zu helfen, denjenigen, welche er auf solchem Wege sieht, mit Liebe zu warnen und zurückzuführen.

Wir verkennen keineswegs, daß das, was wie in dieser Beziehung ein Ideal ist, daß die That stets weit hinter dem Vorsatz zurück stehen wird; aber wir sind auch der Meinung, daß wir Großes schon gethan haben, daß das ganze Unternehmen gerechtfertigt ist, ja seinen Zweck erreicht hat, wenn uns dadurch möglich gemacht worden ist, einmal einen jungen Handwerker, der irgend in Noth und Verlegenheit sich befindet, ein Herz voll Theilnahme zu zeigen, einen Gesellen, der auf schlechtem Wege geht, auf einem besseren leiten zu helfen. Und wie die Liebe durch Liebe wächst, so wird jedes redlich gemeinte Wort der Liebe, mit dem wir einen einsam stehendem und verschlossenem Jüngling dieser Klasse zu uns heranziehen ein Stein werde zum Fortbau unsres Tempels.

Die Bürgerschaft unsrer Stadt bezeugte, daß sie das Wohlthätige und Nützliche dieser Anstalt für die ganze Stadt anerkenne, dadurch, daß sie uns in einem ihr angehörigen Locale zwei Stuben diesem Zwecke einräumte und zur Benutzung in Stande setzte. Die Herbeischaffung der Mobilien und des Lehr-Apparats wird durch jährliche Beiträge der Br.:Br.: gedeckt. Ebenso das Gehalt der Lehrer. Die Anstalt, welche bei Ihrer feierlichen, öffentlichen Einweihung gegen 70 Schüler zählte, hat derer jetzt allerdings nur 40; aber es sind dieses meistens gerade die, welche vom Anfang an, mit Fleiß und Beharrlichkeit den Unterricht besucht haben. Nach jeden Monat melden sich einzelne Schüler zur Aufnahme und es stellt sich heraus, daß unsre Anstalt stets zwischen vierzig und fünfzig Schüler zählen wird. Die Ausgetretenen sind bei weitem zum größten Teil Fabrik-Arbeiter, die eben dadurch beweisen, daß sie durchaus kein wahres Bedürfnis zu lernen und sich fortzubilden fühlten. Es liegt uns das Schicksal dieser Menschen um so mehr am Herzen, da vielleicht keine Volksklasse so wie sie oft durch ganz außer ihrer Schule liegende Umstände von dem zartesten Alter an für Höheres und Besseres abgestumpft wird.

Möchten die Logen, besonders die in Fabrikstädten sich der sittlichen und intellectuellen Zustand dieser Klasse zum Gegenstand ihrer Sorgfalt und wechselseitigen Mittheilung machen!

In Bezug auf den Lections-Plan in unsrer Anstalt bemerken wir, in Form und Inhalt desselben für diesen Winter einige Abänderungen getroffen sind. Augenblickliches Bedürfnis war, daß die erste Abtheilung außer dem bestehenden Unterrichts-Gegenständen noch eine

Stunde zur Übung in der Orthographie erhalte, da bei dem dermaligen Zustand unsrer Elementar-Schule dieser vor Vielem nothwendige Unterricht sehr vernachlässigt wird. In vieler Beziehung ratsam erscheint es, die Nachmittags-Stunden abends bei Licht zu halten. Theils wurde unseren Schülern der Genuß freier Bewegung, den die winterliche Zeit für kurze Stunden erlaubt, gelassen, theils glaubten wir auf solche Weise sie am gewissesten für einen großen Theil des Abends von dem Aufenthalt in Wirthshäuseren abzuhalten, wenn wir sie veranlaßten, denselben mit nützlicher und edlerer Beschäftigung zu vertauschen. Es gestaltet sich demnach für diesen Winter der Lections-Plan als:

1te Abtheilung:	Morgens	8–9 u. 11–12 Zeichnen. Hr. Feldmann.
	Abends	4–5 Rechnen. Hr. Susen.
		5–6 Orthographie, derselbe.
		6–7 Geomethrie, Hr. Feldmann.
2te Abtheilung:	Morgens	8–9 nehmen Mehrere dieser Abtheilung an dem Zeichen-Unterricht in der 1ten Abtheilung theil.
		11–12 Schönschreiben, Hr. Nees v. Esenbeck.
	Abends:	4–6 Übungen in Lesen und Rechtschreiben, derselbe.
		6–7 Rechnen, Hr. Susen.

An diesem Bericht von unsrer jungen Anstalt wagen wir im Namen derselben eine Bitte an unser hochwürdiges Altschottisches Directorium anzuknüpfen.

Derjenige Theil des in unser Anstalt ertheilten Unterrichts, der für die meisten unsrer Schüler das höchste Interesse hat, und uns wohl die meisten lernbegierigen und ausdauernden Schüler herbeiführen wird, ist der Unterricht im practischen Zeichnen angemessen den Bedürfnissen der verschiedenen Handwerke.

Er hat um so mehr unsrer Anstalt sogleich ein würdige Stellung gegeben und Einfluß auf die dieselbe besuchenden Handwerker, und wird um so mehr ihr Bestehen sichern, die von denen auf die sie ihren Wirkungskreis erstrebt, anerkannt werden muß, das sich nicht leicht in irgend einer Weise eine gleich günstige, gleich bequeme zu genießende Gelegenheit ergeben möchte, wie die ihnen hier gebotene, um ihren Schönheitssinn zu wecken und zu haben, um die künstlerische Seite ihres Handwerks bei sich auszubilden und zu vervollkommnen.

Es tritt uns hier aber ein Mangel an geeigneten Vorlegeblättern, besonders solchen, die eine hinreichend mannigfaltige Auswahl für die Bedürfnisse der verschiedenen Handwerke darböten, sehr störend in den Weg.

Theils erlauben uns die ökonomischen Verhältnisse unsre Anstalt, die mit einer ziemlich geringen Summe jährlichen Einkommens erhalten werden soll, reichere Anschaffungen solcher Materialien keineswegs; theils aber und sehr hinderlich ist der Übelstand, daß wirklich reichhaltige, die verschiedenen Handwerke berücksichtigende, geschmackvolle und belehrende Sammlungen dieser Art Kaum zu haben sind. Allen diesen Bedürfnissen im vollsten Maase und in der edelsten Weise begegnet das vortreffliche Werk, das unter dem Titel: <u>Abbildungen für Künstler und Handwerker</u>, von der königlich-technischen Gewerbedeputation zu Berlin. Herausgegeben, aber nicht im Handel erschienen.

Für einen hohen Gewinn würden wir es erachten und dem Gedeihen unsrer Anstalt höchst wohlthätig, wenn uns durch die Gnade unseres geliebten Königs diese Sammlung oder wenigstens ein Theil derselben überlassen werden möchte, und wir wagen es, im Bewußtsein von der lebendigen, thätigen Theilnahme unseres hochwürdigen Altschottischen Directoriums an allem dem, was ein gutes und bildendes Werk fördere und haben könnte, dasselbe um seine Vermittlung zur Erfüllung unseres Wunsches zu bitten, indem wir es bescheiden seiner besseren Einsicht dahingestellt seyn lassen, ob die Gewährung dieses Wunsches billig und möglich ist. Aber der Bruder bittet, wo in anderen Verhältnissen der Mensch sich nicht über Lippen wagt.

470

Dokument 5
Bericht über die in Duisburg bestehende Sonntagsschule
(vom Logenvorstand an den Bürgermeister in Duisburg, vom 8. März 1834)

... Was die äußeren Verhältnisse der Schule betrifft, so sind diese im Wesentlichen dieselben geblieben. Zum Locale bedient sich die Schule noch stets zweier, von der Stadt ihr zu diesem Zweck überlassenen Zimmer in der Halle (einem städtischen Gebäude) in deren Gebrauch sie allerdings einigermaßen beschränkt und gestört wurde durch die Verlegung einer Elementarschule in eben dieselben Zimmer, eine Anordnung, welche zur Zeit der Cholera, durch Einrichtung bisherigen Locale dieser Schule zum Krankenhause, für notwendig erachtet worden war. Die Kosten der Einrichtung und Erhaltung der Schule, die sich bis jetzt auf etwa 550 Thlr. belaufen, da der ganze Unterricht unentgeltlich ist, und nur für die Schreib- und Zeichen-Materialien, für Rechenbücher, Tafeln, eine monatliche Kleinigkeit – 8 pfg. – entrichtet wird, die aber ebenfalls den Aermeren bereitwillig erlassen wird, wurde bis jetzt durchaus von der Loge getragen. Es ist dieses allerdings für dieselbe kein geringes Opfer, und obgleich sie solches der guten Sache und dem wahren bürgerlichen Interesse schuldig zu sein glaubt, so drängt sich ihr doch der Wunsch auf, daß ein erweiterter Kreis sich mit ihr für das Fortbestehen der Anstalt thätig interessieren, und ein durch ersteren gewählten Ausschuß die Leitung derselben übernehmen möge.

Die Fragung der Schule war zu verschiedenen Zeiten verschieden, im Sommer überhaupt geringer als im Winter. Die Schule begann im Januar 1832 mit 70 Schülern. Die Zahl verminderte sich bald auf 40 Schüler und hat sich seitdem zwischen 30 und 40 Schülern gehalten. In diesem Augenblick gehören ihr 48 an. – Es ergab sich hier bald als ein übler Zustand, daß der Logen-Verein keine andere Gewalt oder Art von Einfluß über die Zöglinge der Klasse, die sie im Auge hat, besitzt, als den ein wohlthätiges Anerbieten überhaupt hat.

Nur wer wirklich ein inneres Bedürfnis der Fortbildung oder des Nachholens früher versäumter Elementarbildung fühlt, meldet sich zur Aufnahme und bleibt, solange das Gute Einfluß und Gewalt über ihn behält. So geschieht es, das die Anstalt, welche gerne alle Fabrik-Arbeiter und Handwerker-Gesellen oder Lehrlinge aufnähme, leider nur auf den bei weitem kleinsten Teil derselben, wohlthätig einwirken kann. Die Meisten der Anstalt haben schon längst diesen Umstand mit Leidwesen wahrgenommen und erkennen nur in thätiger, lebendiger Teilnahme des ganzen besseren Theils der Stadt an dieser gewiß nicht unnützen Anstalt, das Mittel, ihm abzuhelfen. Übrigens zeichnen sich die Schüler größtentheils durch Fleiß und Aufmerksamkeit während des Unterrichts, durch Zucht in der Schule, und soweit sie beobachtet werden konnten, auch außerhalb derselben zu ihrem Vorteil wirklich aus.

Die Tendenz der Schule war von Anfang an eine doppelte: Mittheilung von Kenntnisse und moralische Einwirkung. Beides wurde stets unverrückt im Auge behalten; – aber in der Natur der Sache liegt es, daß, während bei Mittheilung von Kenntnissen ein vorgefaßtes Ziel wirklich erreicht werden kann, – bei moralischer Einwirkung, da das Ziel selbst ein unendliches und die Thätigkeit ein rein inneres ist, weder der Fortgang bestimmt erkannt, noch das Ziel gewonnen werden kann. In Bezug auf wissenschaftlichen Unterrichth ergeben sich befriedigende Resultate. Die meisten Schüler, welche die Anstalt besuchten, haben sich in derselben eine feste zum Theil sogar eine schöne Hand erworben, obgleich bei dem mangelhaftem Zustand des Elementar-Schulwesens unserer Stadt, oft ganz unvorbereitete Schüler eintreten. Aus demselben Grund kann an einem bestimmten Cursus im Rechnen nicht gedacht werden.

Dem Plane gemäß werden die unvorbereiteten Schüler aufgenommen, und da dieses monatlich geschieht, so muß bei jedem von vorm angefangen werden; daher hat wohl nicht leicht einer die Schule verlassen, ohne die notwendige Uebung in den vier Species in ganzen, meistens auch in gebrochenen Zahlen, erworben zu haben, wenn auch unzureichend, doch hinreichend zum Hausbedarf. Bedeutend größere Schwierigkeiten macht der Unter-

richt im <u>Rechtschreiben</u>, der doch als ein sehr bedeutendes Vehikel der allgemeinen geistigen Bildung für diese Volksklassen anerkannt werden muß. Der verdorbene Dialekt, die
totale Vernachlässigung desselben im Elemantar-Unterrichte in den meisten Fällen, macht
hier wirkliche Fortschritte sehr schwer, da, – da es meistens auch an grammatischer Vorbereitung ganz fehlt, oft sehr problematisch werden. Doch hat auch hier mancher durch
Ausdauer und Fleiß fast alle Hindernisse überwunden. Mit diesem Unterricht werden verbunden: Versuche in eigenen Entwürfen, Gegenstände des gewöhnlichen Lebens betreffend, und auch die Uebungen des Rechtsschreibens beschränken sich auf solche Dinge, die
dem Handwerker im gewöhnlichen Leben häufig vorkommen und davon Kenntnis ihm
wichtig ist. Der Unterricht im <u>Zeichnen</u> hat recht schöne und erfreuliche Resultate geliefert. Diejenigen, die einmal den bedeutenden Vorteil, den dieser Unterricht für ihr bürgerliches Fortkommen und für ihre Ausbildung in ihrem Handwerke haben müßte, – erkannt
hatten, gaben sich ihm mit zum Theil ausgezeichnetem Fleiße hin und es können recht
genügende Leistungen aufgewiesen werden. Zur großen Aufmunterung dient hier ein großmüthiges und reiches Geschenk von Seiten des hohen königl. Ministeriums des Inneren für
Handel und Gewerbe, bestehend in einer eigens zu solchem Zwecke durch die hohe Königliche Bau- und Gewerbe-Deputation geordneten Sammlung von Vorlageblättern für Mauerer, Zimmerleute und Mechaniker. An den Unterricht im Zeichnen, schloß sich der in der
<u>Geometrie</u> an, in welchem die zur praktischen Ausübung nothwendigen theoretischen
Kenntnisse ertheilt wurden. Im Januar dieses Jahres wurde eine öffentliche Ausstellung
der Leistungen der Schüler veranstaltet, zu der alle Mitbürger – in der Hoffnung, vielleicht
auf diese Weise eine recht rege Theilnahme zu erreichen, eingeladen wurden.

Zur Aufmunterung und Belohnung braver und fleißiger Schüler, wurden bei dieser Gelegenheit öffentlich <u>Prämien</u> von 4 u 5 Thlr. an Werth ausgetheilt.[F]

Der unterzeichnete Logen-Vorstand glaubt, diesen Bericht über die Sonntags-Schule
nicht schließen zu dürfen, ohne Ew. Wohlgeboren die Anstalt zum freundlichen Wohlwollen und Schutze angelegentlichst zu empfehlen!

F <u>Moralische Einwirkung</u> bleibt zum Theil schon nicht aus durch das Verhältnis in welchem die Lehrer der Anstalt, als Lehrer und Freund zu den Schülern stehen, und durch
Anerkennung der dargebotenen Wohlthat von Seite derer, denen sie wird. Aber was noch
zu wünschen übrig bleibt, eine möglichst wohlthätige Einwirkung auf die ganze Volksklasse, der die Schüler angehören, dazu fehlt es dem Verein an manchen Kräften. Gerade diese wünscht und hofft er durch die erweiterte Theilnahme in eben gedachter Weise in Bewegung zu setzen.

Dokument 6
Bericht des Logenvorstandes an die evangelischen Pfarrer
vom 5. März 1834

Die von dem in hiesiger Stadt bestehenden Vereine – der Loge – am 16ten Januar 1832
gegründeten Sonntagsschule für unbemittelte Handwerker und Fabrik-Arbeiter hat sich,
wie der Verein aussprechen zu dürfen glaubt, als eine in manchfacher Beziehung wohlthätige Anstalt bewährt. Die Gewißheit, daß der größere Theil der Bürgerschaft dieses anerkennt, verbürgt das fernere Bestehen derselben.

Der Verein, der bei Einrichtung der Anstalt jede Hülfe von außen ablehnen zu müssen
glaubte, überzeugt, für die ersten Anfänge eines jeden Unternehmens dieser Art sey die
möglichst kleine Zahl thätiger und einträchig zusammenwirkenden Männer die beßte, gedenkt nun, vertrauend auf die Güte der Anstalt und die ihr zu Theil gewordene Anerkennung, die Anstalt der öffentlichen Theilnahme zu übergeben.

F Diese FN, mit einem F gekennzeichnet, ist Original im Original so enthalten.

Die Gründe, die ihn zu diesem Schritt bestimmten, sind besonders folgende: Es liegt dem Verein sehr daran, daß die Absichten, die er bei Errichtung der Sonntagsschule hatte – wissenschaftliche und sittliche Nachhülfe und Förderung der unteren Volksklassen zu gewähren – möglichst verwirklicht werden, daß eine möglichst große Zahl von Handwerkern und Fabrik-Arbeitern den Werth das ihnen für Gebotene einsehen und ergreifen möge. Er erkannte aber, daß es dazu größere Kräfte bedürfe, als dem Verein zu Gebote stehen, namentlich solcher moralischer Kräfte, die fest außer seinem Bereiche liegen. Gerade diese wünscht er besonders in Bewegung zu setzen. Wohltätige Bestrebungen haben den Segen, daß Sie gerade auf diejenigen wohlthätig zurückwirken, von denen sie ausgehen. Der Verein wünscht, daß jeder Einwohner unsrer Stadt des Segens wahrhaft menschenfreundlicher und gemeinnütziger Bemühungen sich erfreuen möge. Der Verein leugnet nicht, daß er bis jetzt nur durch nicht geringe pecuniäre Opfer die Anstalt erhalten hat. Er brachte sie gerne; so wenig er sie auch fortan gescheut hätte, wenn sie nothwendig wäre, so liegt es doch nahe, daß er sie gerne verringert sieht.

Der Verein legt es nun in Ihre Hände, hochwürdige Herrn, als von denen er zunächst erwartet und überzeugt ist, daß, daß sie eine gute Sache sich werden angelegen seyn lassen, die öffentliche Theilnahme anzuregen für die Sonntagsschule, die er hiermit Ihrer Obhut und der Obhut aller Bürger, denen das gemeine Wohl am Herzen liegt, vertrauensvoll übergibt, indem die einzelnen Mitglieder des Vereins sich nichts anderes vorbehalten als die treuste Theilnahme an dem Wohl derselben durch Wort und That. Mögen Sie in Ihren Kreisen thätige Theilnahme werben und so einem Männer-Verein ins Lebens rufen, der durch bestimmte jährliche Beiträge der Mitglieder die äußeren Bedürfnisse der Sonntags-Schule, durch reiche Beiträge derselben an gutem Willen und freudiger Hingebung für das Wohl ihrer Brüder den Bedürfnissen der Sonntagsschüler, und in weiterem Kreise der ganzen Klasse der Gesellschaft, der diese angehören, zu begegnen sich bestrebe.

Die Berufung einer Generalversammlung aller Mitglieder zur Beratung über die weitere Organisation dieses zu bildenden Vereins, zur Wahl eines Ausschusses usw. stellen wir Ihnen ganz anheim.

Dokument 7
Öffentlicher Aufruf der evangelischen Pfarrer an die Bevölkerung vom 16. Juni 1834

Die von dem in hiesiger Stadt bestehenden Vereine, der Loge am 16. Januar 1832 gegründete Sonntagsschule für unbemittelte Handwerker und Fabrikarbeiter hat sich als eine in mehrfacher Beziehung wohlthätige Anstalt bewährt, und auch als solche bei dem größeren Theil der Bürgerlichkeit ihre gewünschte Anerkennung gefunden. Der Verein, der sie gestiftet hat, wünscht sie jetzt zu einem Gemeingut der Bürgerschaft machen. Er gibt als Gründe, die ihn zu diesem Schritt bestimmten, besonders folgende an: erstens habe er die Anstalt bis jetzt durch nicht geringe pecuniäre Opfer ganz aus eigenen Mitteln erhalten; er habe sie gerne gegeben; so wenig er sie auf ferner scheuen würde, wenn sie nothwendig wäre, so wenig leugne er, und so nahe liege es, daß er dieselben gern verringert, und durch allgemein öffentliche Theilnahme der Anstalt eine Sicherheit des Bestehens gegeben sähe, welche ein einzelner Verein ihr nimmer geben kann. Sodann liege es dem Verein daran, daß die Absichten, die er bei Errichtung der Sonntagsschule hatte – wissenschaftliche und sittliche Nachhülfe und Förderung der unteren Volksklassen zu gewähren – möglichst verwirklicht werde, daß eine möglichst große Zahl von jungen Handwerkern und Fabrikarbeitern den Werth des ihnen hier Gebotenen aufsuchen und ergreifen möge; er erkenne aber auch, das es dazu größerer Kräfte bedürfe als die dem Verein zu Gebote stehen[den], namentlich des Zusammenwirken aller derer, die, durch ihre bürgerlichen Verhältnisse von Einfluß auf diese jungen Leute, Gemeinsinn und Menschenfreundlichkeit genug besitzen, diesen Einfluß zu moralischer Einwirkung zu benutzen; endlich sey er überzeugt, daß

473

wohlthätige Bestrebungen den Segen hätten, das sie ganz auf denjenigen wohltätig zurückwirken, von dem sie ausgehen; er wünscht, daß jeder Einwohner der Stadt des Segens
wahrhaft menschenfreundlicher und gemeinnütziger Bestrebungen sich erfreuen möchte.

Die Loge hat nun uns, den unterzeichneten Geistlichen anvertraut, die Bildung eines Vereines einzuleiten, der zunächst an die Förderung der betreffenden Sonntagsschule seine
Tätigkeit anknüpfe, von da aus dem sittlichen und geistigen Bedürfnissender ganz unteren
Volksklasse in unserer Stadt durch Wort und That zu begegnen und sich bestrebe. Wir nehmen diesen Antrag der Loge mit Anerkennung ihrer wohlmeinenden Gesinnung für das
öffentliche Wohl, und der Beweggründe, die sie zu diesem Schritt bestimmte, bereitwillig
an, und fordern demgemäß unsere Mitbürger freundlichst auf, dem Beispiele der Frauen
folgend, zu einem Männer-Vereine zusammenzutreten, der zunächst sich die Aufgabe stelle, die äusseren Bedürfnisse der hier bestehenden Sonntagsschule zu bestreiten, für ihre
innere Förderung Sorge zu tragen, und sodann namentlich auf den sittlichen und geistigen
Zustand derjenigen Knaben seinen Augenmerk richte, welche teils durch vollkommene
Vernachlässigung der Eltern, teils durch frühes Ausgehen nach Brodverdienst, zum Teil
aller Schulbildung entblößt und sittlich ganz verwahroset sind. Was von da aus ferner für
das sittliche Wohl der unteren Volksklassen zu thun ist, würde von selbst mit dem wachsenden Interesse der Glieder des Vereins für die gute Sache sich entwickeln. Zunächst bitten wir also unsere Mitbürger durch ihre Unterschrift und Zeichnung eines Geldbetrages
für ein Jahr zu erklären, daß sie bereit seien, mit Hand und Herz dem zu angegebenen
Zwecken zu bildenden Männer-Vereine beizutreten. Möge keiner sich dadurch vom Beitritte anhalten lassen, daß er vielleicht nur einen kleinen Beitrag an Geld geben kann. So
sehr auf der einen Seite das Gelingen dessen, was wir bezwecken, durch das Zufliessen
der Geldmittel bedingt wird, so hoch wissen wir den Beitrag an guten Willen und lebendiger Teilnahme für die Verbreitung eines ächten christlich-sittlichen Lebens zu schätzen,
auch ohne Geldbetrag. Möge besonders der Handwerkerstand, als der zum Teil in den unmittelbarsten Verhältnissen zu denen stehende, für welche die Sonntagsschule errichtet ist,
bereitwillig an einem Vereine Teil nehmen, der gerade ihm die größten Vorteile verspricht.
Sämtliche sich unterzeichnende Mitglieder laden wir sodann auf einen näher zu bestimmenden Tag ein, über die Organisation des Vereins auf das Weiter zu beraten. Thun wir
mit rechtem Sinn und Fleiß das Unsrige, so wird der Segen des Herrn nicht ausbleiben."

Dokument 8
Statuten des Sonntagsschul-Vereins zu Duisburg von 1834

§ 1. Der Zweck des Vereins ist die sittliche, geistige und gewerbliche Förderung des Standes der Handwerker und Fabrikarbeiter in hiesiger Stadt.

§ 2. Diesen Zweck sucht der Verein zunächst zu erreichen durch Sicherung und Förderung der bestehenden Sonntagsschule.

§ 3. Als Aufgabe der Sonntagsschule betrachtet der Verein, jungen Leuten aus dem Stande der Handwerker und Fabrikarbeiter Gelegenheit zu geben, in früher vernachlässigten, für einen jeden notwendigen Elementar-Unterrichts-Gegenständen sich weiter zu bilden; sodann aber auch, die für ihren jetzigen, oder künftigen Stand oder
Beruf erforderlichen Kenntnisse und Fertigkeiten sich erwerben.

§ 4. Die Sonntagsschule in ihren jetzigen Beschränkungen setzt eine Grundlage in der
Elementarausbildung voraus, und ist mehr oder weniger eine Anstalt für Erwachsene. Sie nimmt keine Zöglinge auf, die das Alter von 14½ Jahren noch nicht erreicht
haben. Von dieser Regel soll nur in dringenden Fällen eine Ausnahme gemacht werden.

§ 5. Der Unterricht in der Sonntagsschule ist für Zöglinge derselben unentgeltlich; die
Materialien zum Lernen werden aber nur nachweisbar Bedürftigen umsonst gegeben,
verbleiben aber nach deren Abgange, soweit sie noch vorhanden sind, der Schule.

474

§ 6. Das Bestehen und Gedeihen der Schule sucht der Verein noch außerdem zu befördern dadurch, dass er von der jedesmaligen Anzahl der jungen Handwerker und Fabrikarbeiter hiesiger Stadt sich in Kenntnis zu setzen sucht;

1. dass er diese, sowie auch ihre Meister und Brodherren auf das Zweckmässige und Nützliche des Instituts der Sonntagsschule aufmerksam macht;

2. dass er die Zöglinge der Schule auch ausserhalb der Schulzeit in ihren verschiedenen Lebens-Verhältnissen und mit ihrem ganzen Lebenswandel beaufsichtigt.

§ 7. Der Verein behält es sich vor, wenn seine Mittel es erlauben, dem Unterrichts-Bedürfnisse der durch § 1 von der Aufnahme in die Sonntagsschule Ausgeschlossenen durch Errichtung einer abgesonderten Klasse oder durch Verwendung bei einer anderen Anstalt oder, wenn es nötig sein sollte, durch Geldunterstützung für diesen Zweck entgegen zu kommen.

§ 8. Mitglied des Vereins ist jeder, der einen bestimmten Beitrag unterzeichnet.

§ 9. Die Mitglieder der Vereins wählen in einer jährlich zu haltenden General-Versammlung aus ihrer Mitte, jedesmal für ein Jahr, einen Vorstand, bestehend aus einem Präsidenten, einem Sekretär, und 10 Mitvorstehern, von denen jedesmal 6 aus der Zahl der Handwerker sein müssen. Sämtliche Glieder des Vorstandes sind wieder wählbar.

§ 10. Der Vorstand versammelt sich regelmäßig an einen festzusetzenden Tage. Außerordentliche Zusammenkünfte werden nach dem Ermessen des Präsidenten, oder auch nach den Wünschen von wenigstens 3 Gliedern des Vorstandes durch den Präsidenten veranlaßt.

§ 11. Gegenstand der Beratung des Vorstandes ist alles, was auf den in den §§ 1–7 ausgesprochenen Zweck des Vereins sich bezieht. Zu allen regelmäßigen Versammlungen des Vorstandes sind sämtliche Lehrer der Sonntagsschule zu zuziehen und als solche stimmfähige Mitglieder. Bei ausserordentlichen Versammlungen bleibt die Zuziehung der Lehrer dem Präsidenten überlassen.

§ 12. Bei allen Beratungen entscheidet die absolute Stimmenmehrheit; bei Stimmengleichheit giebt der Präsident die Entscheidung.

§ 13. Die besondere Tätigkeit, wozu die Mitglieder des Vorstande sich verpflichten, verzweigt sich auf folgende Weise:

1. der Präsident veranlaßt alle Versammlungen und leitet sie;

2. der Sekretär führt das Protokoll und besorgt die Verwaltung der Kassenangelegenheiten nach den Bestimmungen des Vorstandes; eine Zahlung von ihm geschieht nur auf Anweisung des Präsidenten.

3. die 10 Mitvorsteher (§ 9) teilen unter sich die verschiedenen Stadtviertel so, dass auf jedes Viertel ein Handwerksmeister (§ 9), und ein anderes Mitglied kommt, mit Ausnahme des Kuhviertels und Marienviertels, für deren jedes 2 Meister zu bestimmen sind, um die ausgesprochene ermunternde und beaufsichtigende Thätigkeit des Vereins zu verwirklichen. Die Lehrer sind zur Mitwirkung für diesen Zweck aufzufordern. Über den Erfolg dieser Thätigkeit werden in den Sitzungen des Vorstandes Mitteilungen gemacht.

4. Sämtliche Mitglieder des Vorstandes verpflichten sich, recht häufig abwechselnd die Schule zu besuchen, den Schülern zur Aufmunterung, den Lehrern als Zeichen freundlicherTeilnahme, sämtlichen Mitgliedern des Vereins zum guten Beispiele.

§ 14. Den Mitgliedern des Vereins wird in einer jährlich zu haltenden Generalversammlung über Einnahme und Ausgabe, sowie über die Wirksamkeit des Vereins überhaupt ein Bericht erstattet.

Dokument 9
Artikel im *Duisburger Kreisblatt*, 5. Jg., Nr. 100,
vom 16. Dezember 1841, S. 2f.

Wer dem Gange der Erziehung des niederen Volkes Aufmerksamkeit schenkt, wird die Ueberzeugung gewinnen, daß hauptsächlich die ersten Eindrücke derselben verderblich auf's ganze Leben wirken. Das Kind wächst gewöhnlich in Unordnung, Schmutz und Elend heran, und ist nicht selten umgeben von einem Gewerbe der Lüge und überhaupt des Lasters; wozu das einander und enge Zusammenwohnen der Armen nicht wenig beiträgt. Es giebt einzelne Wohnungen, welche zehn und mehr Familien enthalten; die recht eigentlich mit Treibhäusern verglichen werden könnten, die die sündigen Keime nach den verschiedenen Seiten ihre Ausbildung suchen. Tritt nun ein unter den angedeuteten Einflüssen heranwachsendes Kind in die Schule, wie oft sind dann nicht die größten Bemühungen des Lehrers erfolglos, die Ungezogenheiten zu ersticken oder nur niederzudrücken; die liebevolle Behandlung findet selten Anerkennung. Fangen endlich die guten Lehren an, auf das Gemüth zu wirken, dann naht auch schon wieder die Zeit der Entlassung. Gewöhnlich suchen die Eltern diese Entlassung so schnell wie möglich herbeizuführen; mitunter aus Dürftigkeit, aber auch vielseitig aus Eigennutz, ohne den Werth gehörig zu erkennen, welcher dem Kinde, in jeder Beziehung, für das ganze Leben, durch einen gründlichen Unterricht geboten wird. Dürftiges Schreiben, Lesen und Rechnen, sind gewöhnlich die Ausbeute des Schulunterrichts, und wie wenig bleibt davon, ohne fernere Nachhülfe, für das reifere Alter übrig! Der Schule entwachsen wird der Knabe in irgend eine Fabrik untergebracht, wo die Ermahnung des Lehrers bald wieder vergessen sind. Unarten, in allerlei Gestalten, werden dort häufig besprochen, und zu den seltenen Fällen gehört es, wenn man daselbst des Gebers allen Guten; des strengen Richters unserer Gedanken, Worte und Thaten gedenkt. Oft glauben selbst die Aufseher es sei nöthig, zur Aufrechterhaltung der Ordnung, Befehle und Vorwürfe mit einem Fluche bekräftigen zu müssen. Wie kann man von einem Menschen, der das Unglück hatte, unter solchen Verhältnissen heranzuwachsen, viel Gutes erwarten! Man darf ihn mit einem wilden, unveredelten Baume vergleichen, dessen unnütze Aeste die besten Säfte hinnehmen und deshalb nur wenige, kaum genießbare Früchte hervorbringt. Rühmliche Ausnahmen sind nicht zu verkennen; doch ist das bezeichnete Unglück anwendbar auf einen großen Theil unserer Mitbürger; und wenn es ihrer ja auch nur wenige wären, die in diesem geistigen Elend lebten, sie verdienten unser ganzes Mitleiden und unsere Bereitwilligkeit, durch vereinte, thätige Hülfe ihrer Armuth aufzuhelfen. Eine höhere geistige Ausbildung ist ein anvertrautes Pfund, womit wir zum Besten unserer Brüder wuchern sollen und worüber wir einstens vor dem Richterstuhle Gottes werden Rechenschaft ablegen müssen. Wohl uns, wenn wir dann nicht von dem Bewußtsein niedergedrückt werden, dasselbe vergraben oder nur eigennützig angewendet zu haben. Viel ist in unserem Staate für die Bildung des Volkes geschehen; doch die Gesetze haben ihre Gränzen, und wenn sie ihren Zweck erreichen sollen, so müssen sie mit dem Geist der Liebe aufgefaßt werden. Christliche und menschliche Rücksichten gebieten uns, für die Ausbreitung des wahren, geistigen Wohls, des innigen, friedlichen Zusammenlebens kein Opfer zu scheuen. Wie darf man sich noch auf eine Moral berufen, wenn wir zur Erreichung dieses Ziels die nöthigen Mittel verweigern und dagegen zur Belebung großartiger Unternehmen keine pekuniaire Unterstützungen scheuen. Ein Anfang zur Aufhülfe des Volkes ist bereits in der Errichtung der Kleinkinderschule gemacht; nur sind ihre Mittel noch zu beschränkt, der Wirkungskreis noch zu enge, und verdient sie gewiß, als eine sich immer mehr herausstellende Nothwendigkeit und als die Grundlage einer christlichen Erziehung, sowohl die Aufmerksamkeit der städtischen Behörde, als auch die fernere Theilnahme der Privaten. Möchten sie doch recht bald für alle Dürftigen eine Vorbereitung zur Elementarschule werden; wir dürfen uns dann der sicheren Hoffnung hingeben, daß bei der schönen Einrichtung unserer Klassenschulen und den rüstigen Kräften, welche in ihnen wirken, keiner dieselben ohne die nöthigsten Kenntnisse, ohne ein für die Religion empfängliches Gemüth, verlassen wird; besonders wenn man bei der Abgangsprüfung nicht zu gelinde verführe. Wollte man indessen seine Thätigkeit blos auf die Elementarschulen beschränken und das entlassene Kind ohne Schluss wieder einer rohen Umgebung blosstellen, so wäre die Sorge für dessen ferneres Schicksal nur gerecht und es ist deshalb nötig, auf die Mittel bedacht zu sein, dasselbe ferner zu ermuntern, ermahnen und aufzurichten.

Für den weiblichen Theil der Jugend sind edle Frauen und Jungfrauen unser Stadt in dieser Beziehung thätig. Die Sonntagsschule bietet zwar dem Knaben nach seiner Entlassung aus der Schule, Gelegenheit zur fernern Ausbildung; leider ist aber die Anzahl der Schüler im Verhältnis zur Bevölkerung [der Stadt] nur ganz unbedeutend. Vieles bleibt also für die Erziehung und Veredlung der Jugend noch zu thun; aber auch noch manches wird gelingen, wenn wir durchdrungen sind von der Liebe zu den Mitbürgern und von der Dankbarkeit für den von Gott empfangenen Segen. Zunächst verdient das gute Beispiel, als das wichtigste und einflußreichste Mittel unsere ganze Beachtung und wir dürfen von einem christlichen Lebenswandel der besten Wirkung auf unsere Umgebung gewiß sein. Dann suche man seinen Einfluß auf Fabriken und Werkstätten [...] auszudehnen. Wie Vieles würde dort nicht anders werden, wenn von Seiten mancher Besitzer mehr auf ein streng sittliches Betragen gesehen würde! Wäre es ferner nicht ausführbar, daß durch die Mitwirkung der Fabrikherren, die Sonntagsschule von den jungen Arbeitern, allenfalls bis zum zwanzigsten Jahre, fleißiger benutzt und durch Einhaltung kleiner Beiträge von ihrem Wochenlohn, gedachter Anstalt eine größere Ausdehnung gegeben würde? Wie müßte sich dann der wohlthätige Einfluß einer tiefern, allgemeinen Bildung bald zeigen. Die Brodherren hätten weniger über unredliche, faule und nachläßige Arbeiter zu klagen und das glückliche Gedeihen unserer Stadt wäre gesichert, wenn die Bürger sich das wahre Wohl der Bedürftigen so recht angelegen sein lassen, und nicht ruhen, bis auch diese Theil an einer christlichen Bildung haben.

477